GIDS VOOR MODERNE ARCHITECTUUR IN NEDERLAND/GUIDE TO MODERN ARCHITECTURE IN THE NETHERLANDS

69,50

vertaling/translation:
John Kirkpatrick, Rotterdam
vormgeving/design:
Piet Gerards, Heerlen
kaarten/maps: Mapminded, Maarssen
druk/printing: drukkerij
Mart.Spruijt, Amsterdam
fotografie/photographs:
Piet Rook, Vlaardingen
overige fotografie/additional photographs:
Aerocamera Hofmeester, Aeroview
Dick Sellenraad, de architectengroep, Architext, Arthur Blonk, Herman H. van Doorn, Gemeentelijke Archiefdienst Rotterdam, Paul Groenendijk, Wim J. van Heuvel, Historisch Archief de Erven de Wed. J. van Nelle, KLM Aerocarto, A.N. Naalden, Nederlands Architectuurinstituut, W. Opreij, Van Santen ri, Studio di Architettura, Jan Versnel, Sybolt Voeten, Piet Vollaard, Jan Vrijhof/Nederlands Fotoarchief, René de Wit, Kim Zwarts

eerste druk/first edition: 1987
tweede druk/second edition: 1987
derde druk/third edition: 1989
vierde herziene druk/fourth revised edition: 1992
vijfde herziene druk/ fifth revised edition: 1998
zesde druk/sixth edition: 2000

ISBN 90 6450 287 0
www.010publishers.nl

Uitgeverij 010 Publishers, Rotterdam 2000

Paul Groenendijk, Piet Vollaard

Gids voor Guide to moderne architectuur modern architecture in Nederland in the Netherlands

inleiding/introduction **Hans van Dijk**

fotografie/photography **Piet Rook**

Inhoud/Contents

5 Voorwoord/Preface

6 Bij de vijfde druk/To the fifth edition

7 Inleiding/Introduction

33 Aanwijzingen voor het gebruik/How to use this book

34 **A Noordoost Nederland/North-East Netherlands**

50 **B Oost Nederland/East Netherlands**

68 **C Midden Nederland/Central Netherlands**

96 **D Utrecht, Hilversum**

116 **E Noordwest Nederland/North-West Netherlands**

138 **F Amsterdam Centrum/Amsterdam City Centre**

156 **G Amsterdam**

202 **H West Nederland/West Netherlands**

226 **J Den Haag/The Hague**

250 **K Rotterdam Centrum/Rotterdam City Centre**

274 **L Rotterdam**

306 **M Zuidwest Nederland/South-West Netherlands**

320 **N Zuidoost Nederland/South-East Netherlands**

345 Personenregister/Index of names

361 Typologisch register/Index of subjects

369 Plaatsnamenregister/Index of places

370 Bibliografie/Bibliography

Voorwoord

De Gids voor moderne architectuur in Nederland is een reisgids die belangstellenden in de moderne Nederlandse architectuur behulpzaam is bij het bezoeken van gebouwen en projecten. Het handzame formaat en de geografische rangschikking van de projecten zijn op het gebruik als reisgids afgestemd.
De projectbeschrijving van circa vijfhonderd architectonische en stedenbouwkundige objecten vormt het hoofdbestanddeel van de gids. Van de objecten zijn een foto van de huidige staat en een korte beschrijving opgenomen, alsmede gegevens over de ontwerper(s), ontwerp- en bouwjaar, adressen en literatuurverwijzingen. Aan een aantal projecten die van bijzondere betekenis worden geacht is in tekst en illustratie ruimer aandacht besteed.
De selectie van de projecten beoogt een representatieve keuze te zijn uit het werk van architecten en architectuurstromingen die een relevante rol hebben gespeeld in de ontwikkeling van de moderne architectuur in Nederland. Met de verschillende architectenoeuvres als uitgangspunt is een selectie gemaakt van de belangrijkste werken. Naast overwegingen van architectuurhistorische aard is geselecteerd naar gebouwtype, stijlperiode en bouwjaar. Soms speelden overwegingen met betrekking tot bereikbaarheid en bouwkundige staat een rol.
Zo duidelijk als de landsgrenzen de Nederlandse architectuur, en daarmee het bereik van deze gids, fysiek bepalen, zo vaag en arbitrair zijn de overige in de boektitel genoemde begrippen. De gids behandelt in principe de architectuur van deze eeuw. De begrenzing van het begrip 'modern' is evenwel ook bij de figuur Berlage gelegd, terwijl in de twintigste eeuw gebouwde uitingen van vroegere stromingen niet zijn opgenomen. Ook het begrip 'architectuur' kan verschillend geïnterpreteerd worden. Bij grensgevallen als utiliteitsbouw, civiele werken en omgevingskunst stond de inbreng van de architect en de daarmee vaak samenhangende aandacht van de architectuurpers voorop.
In de gids is relatief veel aandacht besteed aan recente architectuur. Naast het grote bouwvolume van de laatste decennia is ook de grote hoeveelheid naast elkaar opererende architectuurstromingen en stijlen hiervoor verantwoordelijk. Bovendien veronderstellen wij bij de gemiddelde architectuurtoerist een grote belangstelling voor nieuwe ontwikkelingen en nog niet gevestigde reputaties.
Het documentaire gedeelte van de gids wordt voorafgegaan door een inleiding van Hans van Dijk. Hierin krijgen de verschillende architecten en projecten een plaats binnen het geheel van architectuurstromingen in Nederland en wordt de politieke, sociale en economische context geschetst waarbinnen deze architectuurproductie plaatsvond. Bij het totstandkomen van deze uitgave is veelvuldig gebruikgemaakt van de uitstekende collectie van de bibliotheek van de afdeling Bouwkunde van de Technische Universiteit te Delft.

Paul Groenendijk, Piet Vollaard, maart 1987

Preface

The Guide to Modern Architecture in the Netherlands is a travel guide designed to help those interested in modern Dutch architecture to visit buildings and other projects. Its handy size and the division into regions and cities are intended to facilitate its use as a travel guide.
Descriptions of about five hundred buildings and urban projects constitute the bulk of the Guide. Each item is represented by an up-to-date photograph and a brief description plus information about the designer or designers, when designed and when built, addresses and relevant literature. A number of projects deemed of greater significance are given more extensive verbal and visual coverage. The items selected are considered to be representative of the work of those architects and architectural streams that have played a pertinent role in the development of modern architecture in the Netherlands. Taking each architect's oeuvre as a stepping-off point, a selection was made of the most important works. Other criteria for the present choice include the type of building, the period or style involved and the year of construction. Accessibility and physical condition were also contributory factors at times.
The precision with which national boundaries physically define what is 'Dutch', and with it the scope of this guide, is equalled only by the vague and arbitrary nature of the terms 'modern' and 'architecture'. In principle the Guide is solely concerned with the architecture of this century. However, all that is 'modern' in Dutch architecture begins with Berlage, as indeed it does here, while twentieth century buildings expressing earlier tendencies have been omitted. The meaning of the word 'architecture' can be variously interpreted too. In borderline cases such as industrial and public-utility buildings, civil engineering works and Land Art the designer's input and the amount of press coverage were decisive factors.
A proportionally large percentage of the Guide is devoted to recent architecture, not just because of the sheer quantity produced during the last few decades, but also due to the great number of architectural streams and styles operating literally within a stone's throw of one another. Moreover, the authors feel safe in crediting the average architecture tourist with a genuine interest in new developments and in reputations yet to be established.
The documentary section of the Guide is preceded by an introduction by Hans van Dijk. In it, the various architects and works are given a place within the network of architectural streams in the Netherlands, while the political, social and economic backgrounds are filled in. When compiling the Guide extensive use was made of the outstanding collection in the library of the Faculty of Architecture at the TU Delft.

Paul Groenendijk and Piet Vollaard, March 1987

Bij de vijfde druk

Bij deze vijfde druk is de oorspronkelijk selectie van tien jaar geleden, die bij de vierde druk reeds van een supplement met circa 120 nieuwe objecten was voorzien, geheel herzien. Met behoud van de uitgangspunten en selectiecriteria van de eerste druk is, met wederom een uitbreiding, opnieuw gestreefd naar een representatief overzicht.
Bij de eerste druk waren wij nog grotendeels afhankelijk van publicaties in de vaktijdschriften. Sinds 1987 is het bronnenmateriaal dat aan de basis staat van de selectie van de objecten in deze gids door de toegenomen aandacht voor de hedendaagse architectuur aanzienlijk verbreed. Ten eerste verschenen er vele gidsen die de hedendaagse architectuur van steden, streken of provincies uitgebreid in kaart brachten. Het Monumenten Inventarisatie Project (MIP) zorgde voor een gebalanceerder beeld van de periode tot 1940. De recente belangstelling voor de wederopbouwperiode, die zich uitte in een reeks monografieën en studies, heeft het zicht op de jaren vijftig verhelderd. Tenslotte verschenen er vele studies en monografieën over diverse architecten en architectuurstromingen. De periode 1970-1985 die in de eerste druk vanwege haar actualiteit meer aandacht kreeg, is in deze nieuwe selectie in balans gebracht met de voorgaande perioden.
Uiteraard staat hier nog steeds, met dezelfde argumenten als in 1987, een relatief grote aandacht voor de productie van de laatste tien jaar tegenover. Het bouwvolume is nog meer toegenomen, de naast en na elkaar opererende stromingen volgen elkaar steeds sneller op en ook de architectuurtoerist lijkt de belangstelling voor 'nieuwe ontwikkelingen en nog niet gevestigde reputaties' nog niet verloren te hebben. Deze 'waan van de dag' hopen wij met deze selectie enigszins te relativeren door zicht te bieden op het totaal van grote en kleine verhalen dat de Nederlandse architectuur in deze eeuw heeft voortgebracht.

Paul Groenendijk, Piet Vollaard, maart 1998

To the fifth edition

This new edition is a fully revised and updated version of the original selection of ten years ago, which itself underwent expansion in the fourth impression with a supplement of some 120 new items. Keeping to the departure-points and selection criteria of the first edition and with a further increase in thickness, this renewed Guide once again seeks to give a representative overview of its subject.
For the first edition we were for a large part dependent on publications in the professional journals. Since 1987 the source material underpinning the selection of items in the present Guide has swelled enormously as a result of the ever widening focus on current architecture. First there was a flood of guides mapping in detail the contemporary architecture of Dutch cities, regions and provinces. Next, the Monuments Inventory Project helped achieve a more balanced picture of the years up to 1940. Recent interest in the period of post-war reconstruction also has occasioned quite a batch of monographs and studies, shedding a badly-needed light on developments in the fifties. Finally, there have been many monographs and studies published on architects and architectural streams. In this new selection the years 1970-1985, which were given particular attention in the first edition due to their closeness in time, has been brought into proportion with the periods preceding them.
Upholding the arguments forwarded in 1987, this new Guide once again provides a relatively finer focus on work built during the last ten years. The sheer quantity has increased further still, with streams often operating in parallel and succeeding one another with an ever greater rapidity. Likewise, the architecture tourist's interest 'in new developments and in reputations yet to be established' can hardly be said to have diminished. With the present selection, we hope to put such issues into some sort of perspective by presenting a clear overall picture of the sum of narratives great and small articulated by the Dutch architecture of this century.

Paul Groenendijk and Piet Vollaard, March 1998

De moderne architectuur van Nederland heeft vele malen een buitengewoon belangrijke rol gespeeld in de internationale ontwikkelingen van de twintigste-eeuwse bouwkunst. Historici die de recente architectuurgeschiedenis in kaart hebben gebracht verschillen in waardering en interpretatie van de Nederlandse bijdragen, maar geen van hen betwist dat bewegingen als De Stijl, het Nieuwe Bouwen (de Nederlandse benaming voor het functionalisme of de moderne beweging) en het zogenaamde structuralisme een uitstraling tot ver buiten de landsgrenzen hebben gehad.
In al deze gevallen ging het om gedachten en kunstzinnige of architectonische verbeeldingen, die binnen kleine, betrekkelijk geïsoleerde groepen werden ontwikkeld en vervolgens via wijdvertakte, internationale netwerken werden verspreid. Binnen die netwerken was daarnaast ook sprake van een intensieve wederzijdse uitwisseling. Nederlandse architecten namen deel aan de contacten die begin jaren twintig in Berlijn werden gelegd tussen de Duitse en de Russische avant-garde. Twee Nederlanders, Stam en Oud, bouwden woningen op de eerste internationale vlootschouw van de moderne architectuur, de Weissenhofsiedlung in Stuttgart. De Nederlandse betrokkenheid bij de bijeenkomsten van de Congrès Internationaux d'Architecture Moderne (CIAM) was van begin tot eind prominent. Bij haar oprichting in 1928 liet Nederland zich vertegenwoordigen door architecten van verschillende generaties: Berlage, Rietveld en Stam; in 1933 werd Van Eesteren voorzitter van dit internationale forum; na de Tweede Wereldoorlog manifesteerden Van Eyck en Bakema zich krachtig in Team Ten, wier activiteiten bijdroegen tot de ontbinding van de CIAM na de bijeenkomst in Otterlo van 1959. En in de jaren negentig hebben de geschriften, ontwerpen en gebouwen van Rem Koolhaas de wereldwijde architectuurdiscussie doorslaggevend beïnvloed.
Tenslotte is de Nederlandse architectuur op vele momenten eenzijdig beïnvloed door hetgeen zich in het buitenland voltrok. De belangrijkste voorbeelden daarvan zijn de rol die het werk van Frank Lloyd Wright in de jaren tien en twintig speelde bij de vorming van zowel de expressionistische als de Stijlarchitectuur, en het meesterschap van Le Corbusier waardoor vooral de Groep '32 zich liet leiden in hun streven naar een architectuur die tegelijk zakelijk als kunstzinnig was. Gezien de koopmanstraditie van de Lage Landen is de vergelijking met een handelsbalans waar import en export elkaar in evenwicht houden wellicht toepasselijk.
Bovengeschetste wisselwerkingen zouden de indruk kunnen wekken dat Nederland zich op het gebied van de architectuur internationaal heeft kunnen manifesteren binnen een klimaat van culturele vrijhandel. Desondanks kent Nederland ook perioden van cultureel protectionisme, waarin sommige architecten en stedenbouwers het historisch erfgoed en de landseigen bouwtraditie verdedigden tegen artistieke, maatschappelijke of technologische vernieuwingen, die zowel van binnenuit als van buitenaf kwamen. Hoewel deze stromingen per definitie een nationaal karakter hadden kenden ze hun parallellen in het buitenland.

DE NEDERLANDSE MAATSCHAPPIJ Pogingen om de diversiteit binnen de Nederlandse architectuur van de twintigste eeuw onder één noemer te brengen leiden tot ahistorische mystificaties, of hooguit tot halve waarheden. Sommige auteurs, ook Nederlandse, hebben een verband gelegd tussen de vaak sobere, soms beeldloze architectuur en een met de calvinistische leer doordrenkte volksaard, die zowel pragmatisme als spiritualiteit kent. Ook meent men de Nederlandse planningstraditie soms te kunnen verklaren uit de hoge bevolkingsdichtheid en de eeuwenlange strijd tegen het water.
Het enige dat de Nederlandse architectuur in al haar veelzijdigheid werkelijk gemeenschappelijk heeft zijn de achtergronden van politieke, sociale en maatschappelijke aard. Deze achtergronden hebben

Few countries can have been of greater influence on international developments in twentieth-century architecture than the Netherlands. Historians charting recent architectural history differ in their evaluation and interpretation of the many Dutch contributions to the field, yet none denies that movements like De Stijl, the Nieuwe Bouwen (the Dutch term for functionalism or the Modern Movement) and so-called structuralism have had an impact reaching far beyond the country's boundaries.
In all of the above cases, thoughts and artistic or architectural ideas evolved within small, comparatively isolated groups, to then spread across wide-ranging international networks. These networks, moreover, spawned an intensive level of exchange. Dutch architects were there when the German and Russian avant-garde made contact in Berlin in the early twenties. Two Dutchmen, Stam and Oud, built houses for the first international showcase of modern architecture, the Weissenhofsiedlung in Stuttgart. Dutch involvement at meetings of the Congrès Internationaux d'Architecture Moderne (CIAM) was intense throughout its existence. At CIAM's inception in 1928 the Netherlands was represented by architects spanning several generations: Berlage, Rietveld and Stam. In 1933 Van Eesteren became chairman of this international forum. After the Second World War Van Eyck and Bakema gave a forceful performance in Team Ten, whose activities contributed to the disbanding of CIAM after the 1959 congress at Otterlo. And in the nineties the writings, designs and buildings of Rem Koolhaas have decisively influenced architectural discourse worldwide.
Dutch architecture has in turn been influenced by the state of play abroad. The most important examples are the role played by Frank Lloyd Wright's work in the first two decades of the twentieth century in shaping both Dutch Expressionist and De Stijl architecture; and the mastery of Le Corbusier, of especial influence on Groep '32 in its efforts to achieve an architecture at once functional and artistic. In view of the mercantile tradition of the Low Countries, a comparison with the balance of import and export is perhaps not inappropriate.
The exchanges outlined above might give the impression that architecturally speaking the Netherlands has been able to operate in a climate of cultural free trade. It has, however, been subject to periods of cultural protectionism in which some architects and urban designers defended its historical heritage and national building tradition against artistic, social and technological innovations of both internal and external origin. Though these protectionist trends were by definition of a national character they ran parallel to similar tendencies abroad.

DUTCH SOCIETY Attempts to reduce the diversity within Dutch twentieth century architecture to a common denominator merely lead to ahistorical mystification, or at best half-truths. Some writers, Dutch ones included, have seen a connection between the often sober, sometimes imageless architecture and a national character steeped in Calvinist doctrine and as pragmatic as it is spiritual. It has also been advanced that the Dutch planning tradition can be explained by a high population density and the centuries-old struggle against the water.
Yet the only element truly common to Dutch architecture in all its facets is that of its political and social backgrounds. These backgrounds moreover are able to clarify in various ways specific occurrences in Dutch architectural culture. The Eighty Years' War or Revolt of the Netherlands was that country's struggle to escape Spanish rule. During the Peace of Westphalia (also known as the Peace of Münster) of 1648, recognition was accorded the Republic of the Seven United Netherlands. The Republic grew in the seventeenth and eighteenth centuries into a major sea power and trading nation; it was a flourishing centre of art and culture at this time too. The combination of this early inde-

overigens een wisselend verklarend vermogen voor het specifieke dat zich binnen de architectonische cultuur heeft voorgedaan. Nederland bevocht zijn onafhankelijkheid in een tachtigjarige oorlog tegen de Spanjaarden. Tijdens de Westfaalse Vrede (ook wel de Vrede van Münster genoemd) in 1648 werd de Republiek der Zeven Verenigde Nederlanden internationaal erkend. De Republiek ontwikkelde zich in de zeventiende en achttiende eeuw tot een belangrijke zeemacht en handelsnatie; ze was in die periode bovendien een bloeiend centrum van kunst en cultuur. De combinatie van deze vroeg verworven staatkundige en culturele onafhankelijkheid en de kosmopolitische traditie verklaart waarom Nederland in de negentiende eeuw nooit vatbaar is geweest voor nationalistische bewegingen die elders in Europa de ideologische energiebronnen vormden voor de natievorming.
De Nederlandse architectuur kenmerkt zich over het algemeen door een grote maatschappelijke betrokkenheid. Deze heeft zich zowel pragmatisch als utopisch gemanifesteerd, maar de wereldvreemde visionair met zijn geniale pose is in Nederland een zeldzaamheid. Voorts is opvallend hoe intensief de architecten zich in Nederland hebben beziggehouden met woningbouwvraagstukken. Beide houdingen komen voort uit ontwikkelingen in de Nederlandse samenleving die in de negentiende eeuw zichtbaar werden, maar waarvan de wortels nog dieper in de geschiedenis reiken. Ze zijn kortweg te kenschetsen als de wederzijdse doordringing van overheid en maatschappij, een betrekkelijk late industrialisatie, een staatkundig model en een sociaal-politiek leven die beide in hoge mate stabiel zijn.
Nederland kwam uit de napoleontische bezetting tevoorschijn als een overwegend agrarische en handeldrijvende natie. Haar geopolitieke rol als grote zeemacht was uitgespeeld en de koopvaardij ondervond sterke concurrentie van Engelse zijde. Anders dan in de zestiende en zeventiende eeuw werd het handelskapitaal niet aangewend voor het uitbouwen van de eigen bedrijfstak, laat staan voor industrialisatie, maar voor passieve beleggingen, vaak ook in het buitenland. De Zuidelijke Nederlanden (het tegenwoordige België) waren rijker gezegend met delfstoffen en ontwikkelden wel een steenkool-, ijzer- en textielindustrie.
Koning Willem I gaf met zijn mercantilistische handelspolitiek de economische impuls die de Amsterdamse en Rotterdamse kooplieden niet konden of wensten te geven. De op zijn initiatief opgerichte Nederlandsche Handel-Maatschappij zorgde ervoor dat de handelsvloot met de industriële exportproducten uit de Zuidelijke Nederlanden naar het gekoloniseerde Nederlands-Indië voer en met koffie, tabak en indigo terugkeerde. Nadat België zich in 1830 had afgescheiden dreigde dit systeem in elkaar te storten. Opnieuw was het de overheid die de economie stimuleerde: ze zette in Twente een nieuwe textielindustrie op en voerde in de koloniën het Cultuurstelsel in, waarbij de Indiërs werden gedwongen een vijfde van hun grond te bebouwen met door de regering aan te wijzen producten. In eigen land stimuleerde de koning de aanleg van kanalen en hield hij het Nederlandse monopolie op de Rijnscheepvaart naar het Duitse achterland in stand.
In het midden van de negentiende eeuw werd onder liberaal bewind het mercantilisme ingeruild voor de vrijhandel en het Cultuurstelsel geleidelijk afgeschaft. Maar ook in die tijd nam de overheid initiatieven die het economisch leven ingrijpend veranderden, zoals het graven van de Nieuwe Waterweg en het Noordzeekanaal waardoor Rotterdam en Amsterdam een betere verbinding met zee kregen. Toen deze halverwege de jaren zeventig in gebruik werden genomen kon de industrialisatie pas goed beginnen. Rotterdam ontwikkelde zich van doorvoerhaven tot wereldhaven, met een sterke nadruk op olietankvaart en de daarmee verbonden industrie. Amsterdam werd een veelzijdig centrum voor markt- en beurshandel, bankwezen en diverse takken van industrie.
Met de industrialisatie kwam tevens de verstedelijking goed op gang. Aangetrokken door de werk-

pendence of state and culture and the cosmopolitan tradition explains why the Netherlands was never susceptible in the nineteenth century to such nationalist movements as constituted the ideological powerhouses of other emerging European nations.
Generally speaking, Dutch architecture is characterized by a tremendous social involvement. This has been as much pragmatic as utopian by nature, though the unworldly visionary of genius is rare to the Netherlands. Striking, moreover, is the intensity with which Dutch architects have applied themselves to the housing question. Both attitudes stem from developments in Dutch society that were visible in the nineteenth century yet have roots reaching still farther into the past. They can be briefly summarized as the interpenetration of government and society, a comparatively late industrialization and a political model and socio-political life both informed by a large measure of stability.
The Northern Netherlands (the Netherlands of today) emerged from Napoleonic occupation as a predominantly agrarian and mercantile nation. Its geopolitical role as a major sea power was played out, its mercantile marine threatened by tough competition from England. Unlike in the sixteenth and seventeenth centuries, trade capital was used not to expand national enterprise, let alone for industrialization, but rather for passive investment, often abroad. The Southern Netherlands (now Belgium) by contrast had richer mineral deposits and a flourishing industry of coal, iron and textiles.
King William I's mercantile trade policy provided the economic impulse that Amsterdam and Rotterdam merchants could not (or would not) give. The Dutch Trading Company (Nederlandsche Handel-Maatschappij) founded on his initiative saw to it that the mercantile marine transported industrial export products from the Southern Netherlands to the colonized East Indies and returned with coffee, tobacco and indigo. After Belgium became independent in 1830 this system threatened to collapse. Once again it was the government who stimulated the economy: they set up a new textile industry in Twente and introduced to the East Indies an agricultural system (Cultuurstelsel) whereby the natives were forced to use a fifth of their land to cultivate certain crops for the authorities. At home the king instigated the construction of canals while maintaining a Dutch monopoly of inland shipping up the Rhine to the German hinterland.
In the mid nineteenth century, a Liberal government exchanged the mercantile system for one of free trade and the Cultuurstelsel was gradually abandoned. At this time, too, the government undertook enterprises which were to revolutionize economic life, such as the construction of two waterways, the Nieuwe Waterweg and the Noordzeekanaal, to improve connections between Rotterdam and Amsterdam respectively and the sea. Only when these came into use in the mid 1870s could industrialization really get under way. Rotterdam then grew from a transit harbour to an international port whose prime concern was oil shipment and its attendant industry. Amsterdam for its part became a multifarious centre for marketing and exchange, banking and many branches of manufacture.
With the arrival of industrialization the urbanization process took off with a vengeance. Attracted by favourable employment opportunities and harrassed by the agricultural crisis caused by massive American grain exports, tens of thousands of Dutch migrated from the country to the cities. The Fortifications Act (Vestingwet) of 1874 made it possible to demolish the now useless walls built to defend the towns in earlier times. In many cases, the expansions beyond these walls were already being organized by the municipal executive through the introduction of street plans.
The passing in 1901 of the National Housing Act can primarily be laid at the door of the more progressive Liberals, who can be credited with making the first social laws shortly before. One of its provisions was that every municipality of over 10,000 inhabitants was obliged to draw up plans to expand. It

gelegenheid en verjaagd door de landbouwcrisis, die door massale Amerikaanse graanexporten was veroorzaakt, trokken tienduizenden Nederlanders van het platteland naar de steden. De Vestingwet (1874) maakte de sloop van de nutteloos geworden verdedigingswallen rond de steden mogelijk. De uitbreidingen daaromheen werden in veel gevallen door de gemeentebesturen al gereguleerd door middel van stratenplannen.
Voornamelijk door het toedoen van de meer vooruitstrevende liberalen, die zich aan het eind van de vorige eeuw verdienstelijk maakten met de eerste sociale wetgeving, kwam in 1901 de Woningwet tot stand. Deze verplichtte iedere gemeente met meer dan 10.000 inwoners tot het opstellen van uitbreidingsplannen. Bovendien eiste ze de kwaliteitsbewaking van de woningen, waardoor de bouw ervan voor particulieren minder aantrekkelijk werd. De Woningwet voorzag dan ook in financieringsmogelijkheden van woningbouw die op initiatief van de gemeente of coöperatieve instellingen werd ondernomen.
Sindsdien heeft de wederzijdse doordringing van de diverse overheden en de maatschappij zich op het gebied van de architectuur en stedenbouw voortgezet. De grootschalige ruimtelijke ingrepen van de twintigste eeuw zijn dan ook niet verbonden met de namen van particuliere opdrachtgevers maar met die van gemeentebestuurders of van architecten en stedenbouwers die, in dienst van de overheid, een grote vrijheid van handelen wisten te verwerven.
Behalve in de woningbouw is ook in andere sectoren het verschijnsel van de individuele, gefortuneerde opdrachtgever een zeldzaamheid. Een hofcultuur met de daarmee verbonden bouwinitiatieven heeft Nederland nooit gekend. Na een lange republikeinse traditie werd Nederland in 1815 een koninkrijk. Maar in 1848 dwong de liberaal Thorbecke de Oranjevorsten genoegen te nemen met een marginale constitutioneel vastgelegde rol. Ook kent Nederland, met zijn lange vroegkapitalistische voorgeschiedenis, geen overblijfselen van een rijke feodale klasse. Dankzij de late industrialisatie kon de industriële en financiële bourgeoisie zich pas eind negentiende eeuw als particuliere opdrachtgever manifesteren.
Een belangrijk kenmerk van de Nederlandse samenleving dat ook zijn weerslag heeft op de architectuur, is de verzuiling. De Nederlander heeft zijn culturele identiteit jarenlang meer ontleend aan groeperingen met dezelfde religieuze of politieke overtuiging dan aan de horizontale stratificatie van maatschappelijke klassen. De grensconflicten die uit het emancipatiestreven van de verschillende groepen voortkwamen, hebben steeds een belangrijke plaats ingenomen in de politieke discussies en droegen bij tot een stabiele maatschappij waarin men het bestaansrecht van de andere zuilen op zijn minst duldde en op zijn hoogst respecteerde. De protestants-christelijke, rooms-katholieke en sociaal-democratische groeperingen kenden elk hun eigen verenigingsgebouwen, scholen, ziekenen bejaardenhuizen en woningbouwverenigingen.
In de jaren zestig en zeventig is deze overzichtelijke sociale orde in verval geraakt. De secularisatie woelde de hechte katholieke en protestantse geloofsgemeenschappen om en de arbeidersklasse, vanouds de basis voor de niet-revolutionaire maar emancipatorisch gerichte sociaal-democratische beweging, trad toe tot het burgerdom en de consumptiecultuur, van waaruit ze meer belangstelling toonde voor de pas verworven welstand dan voor structurele, maatschappelijke hervormingen. Geleidelijk ontstond er een meer ingewikkelde en diffusere maatschappelijke verkaveling. Jongeren, subculturen, intellectuelen en andere 'nieuwe elites' trachtten zich van elkaar te onderscheiden door het etaleren van hun uiteenlopende taste-cultures. Daarnaast maakte Nederland kennis met duidelijk herkenbare etnische en religieuze minderheden. Na de onafhankelijkheid van Suriname in 1975

also demanded a control on housing standards, which made the building of houses for private ownership a less attractive proposition. The Housing Act therefore covered possibilities for the financing of housing undertaken either by the council or by cooperative societies.
Since then the interpenetration of the various authorities and society has continued into the domain of architecture and planning. Thus, the large-scale spatial interventions of the twentieth century are associated not with the names of private clients but with those of councillors, or of architects and urban designers who, in the service of the authorities, managed to acquire great freedom of action.
In areas other than housing, the phenomenon of the individual wealthy patron is just as rare. A court culture with its attendant building enterprises is unknown in the Netherlands. In 1815 after a long Republican tradition the Netherlands became a kingdom. But in 1848 the Liberal Thorbecke forced the monarchs of Orange into a marginal, constitutionally established role. Again, the Netherlands with its lengthy history of early capitalism, has no remnants of a rich feudal class. As a late industrial developer, it had to wait until the end of the nineteenth century before the bourgeoisie, both as manufacturers and financiers, emerged as private patrons.
A key characteristic of Dutch society with repercussions for its architecture is what the Dutch call 'verzuiling' (denominational segregation comes close in translation). For years the Netherlander has owed his or her cultural identity more to factions of a religious or political conviction than to a horizontal layering of social classes. Boundary disputes stemming from the efforts of these factions to emancipate, occupied an important place in political discussions and contributed to a stable society in which each group at worst tolerated and at best respected the others' right to exist. Protestants, Roman Catholics and Social Democrats all had their own meeting houses, schools, hospitals, old-age homes and building societies.
In the 1960s and 70s this clearly organized social order went into a decline. The secularizing process was a blow to the tight-knit Catholic and Protestant communities, and the working class, who had always been at the root of the non-revolutionary but emancipation-conscious Social-Democratic movement, now rose to embrace civic life and the consumer culture. From this new position, they showed more enthusiasm for the newly acquired affluence than for all-embracing social change. There gradually arose a more intricate and diffuse social structure. Young people, subcultures, intellectuals and other new elites sought to distinguish themselves from one another in a show of wide-ranging taste cultures. In addition, the Netherlands became acquainted with clearly marked ethnic and religious minorities. After Suriname was given independence in 1975, the Netherlands gained a large group of black immigrants. Foreign labourers invited here since the sixties particularly from Morocco and Turkey, together constituted a quite considerable Mohammedan community.
A final characteristic of Dutch society is its stability. Since the days of French rule the country has only once fallen prey to armed conflict and foreign occupation, namely in the Second World War. In its colonial territories there was occasionally the need for military intervention, but with no real repercussions in the mother country. Except for the formation of the Republic of Indonesia the decolonizing process was an uneventful one.
At home, political radicalism or extremism has remained a fringe phenomenon. Until the 1960s the Trade Union movement was structured according to the verzuiling principle. The largest socialist party, the SDAP, soon reverted after its inception in 1894 to the model offered by German reformism. The right-wing extremism and Fascism of the thirties met with a similar lack of success.
Given an electoral system of proportional representation, it was impossible for any one political party

kreeg Nederland er een grote zwarte bevolkingsgroep bij. Gastarbeiders die vanaf de jaren zestig werden geworven uit vooral Marokko en Turkije vormden, samen met hun nakomelingen, een aanzienlijk islamitisch volksdeel.

Een laatste kenmerk van de Nederlandse samenleving is haar stabiliteit. Sinds de Franse tijd is het land slechts in de Tweede Wereldoorlog door krijgsgeweld en vreemde bezetters geteisterd. In de koloniale gebieden ging men soms zelf tot militair ingrijpen over, maar dat had geen ontwrichtende werking in het moederland. Met uitzondering van de vorming van de Republiek Indonesië verliep het dekolonisatieproces rustig.

In de binnenlandse sfeer is politiek radicalisme of extremisme een randverschijnsel. De vakbeweging is tot in de jaren zestig volgens het zuilenmodel opgebouwd geweest. De grootste socialistische partij, de SDAP, volgde al snel na haar oprichting in 1894 het model van het Duitse reformisme. Ook het rechts-extremisme en fascisme van de jaren dertig heeft weinig voet aan de grond gekregen.

Door het electorale systeem van evenredige vertegenwoordiging kon geen enkele politieke partij in het parlement de absolute meerderheid krijgen. De in het midden opererende confessionele partijen, sinds 1977 verenigd in het CDA, waren zo verzekerd van regeringsdeelname, hetgeen de continuïteit van het regeringsbeleid versterkte. Wanneer zij de liberale partij, de VVD, als coalitiepartner inwisselde voor de sociaal-democratische PvdA, of andersom, waren de koerswijzigingen minder ingrijpend dan in landen met een tweepartijensysteem. Vanaf 1994 vormen de liberalen (blauw) en de sociaaldemocraten (rood), samen met de links-liberale partij D66 een 'paarse' regeringscoalitie die een neoliberaal programma uitvoert. De christendemocraten, die zeventig jaar lang bijna vanzelfsprekend deelnamen aan het landsbestuur, voeren oppositie vanuit een ongemakkelijke, politieke middenpositie. In de jaren zeventig was zo'n constellatie nog ondenkbaar geweest; nu illustreert ze niet alleen de teloorgang van ideologische tegenstellingen van de laatste decennia, maar ook de politieke stabiliteit die Nederland al veel langer kenmerkt.

FIN DE SIÈCLE Hoewel de negentiende-eeuwse architectuur buiten het bereik van deze gids valt, hebben zich daarin ontwikkelingen voorgedaan die van belang zijn voor een beter begrip van hetgeen na de eeuwwisseling gebeurde. Vanaf 1840 werd de grondslag gelegd voor het moderne architectenberoep. In de bouw werd het stelsel van vrije aanbestedingen gemeengoed. Daardoor ontstond de behoefte aan een nieuw type bouwkundige, die als vertrouwensman van de opdrachtgever optrad en zich niet direct met de uitvoering bemoeide. Hierdoor wierpen zich de meer begaafde meestertimmerlieden op, die waren voortgekomen uit het in de Franse tijd afgeschafte gildensysteem. Dit nieuwe architectentype verhoogde zijn zelfbewustzijn binnen speciale verenigingen. De in 1841 opgerichte Maatschappij tot Bevordering der Bouwkunst organiseerde prijsvragen en tentoonstellingen en gaf ook een tijdschrift uit. Actieve leden zetten zich in voor het behoud van monumenten en het architectuuronderwijs, maar hielden zich ook bezig met stedenbouwvraagstukken en de ontwikkeling van woningtypes voor arbeiders.

Binnen die verenigingen werd de vraag welke stijl het meest geschikt was voor een bepaald bouwwerk niet uit de weg gegaan. Pas in de tweede helft van de eeuw werd dit probleem in verband gebracht met de sociaal-culturele groepsidentiteit. Door toedoen van de liberalen kreeg de rooms-katholieke kerk in 1853 het grondwettelijke recht haar organisatie naar eigen inzicht op te bouwen. Dit had een hausse in de kerkbouw tot gevolg. De clerus, met name mgr. Van Heukelom, meende dat daarbij moest worden aangesloten bij de vijftiende-eeuwse gotiek, toen de kerk op haar hoogtepunt was en

to achieve an absolute majority. The centrally placed confessional parties, united since 1977 in the Christian Democratic Party or CDA, were therefore guaranteed a place in the government, thereby strengthening the continuity of government policy. Whenever they exchanged the Liberal Party or VVD as coalition partner for the social-democratic PvdA (the Dutch Labour Party) or vice versa, changes in policy were less drastic than in countries with a two-party system. From 1994 on, the liberals (blue) and the social democrats (red) joined with the left-wing liberals of D66 in a 'purple' government coalition armed with a neo-liberal programme. The Christian Democrats, who had almost automatically helped govern the country for seventy years, are now in opposition in an uncomfortable political middlefield. Such a constellation was unthinkable in the seventies; now it is indicative not only of the decline of ideological opposition in recent decades, but of the political stability that has informed the Netherlands for a good deal longer.

FIN DE SIÈCLE Although nineteenth century architecture is beyond the scope of this guide, it includes developments that are important for a better grasp of what was happening at the turn of the century. The years after 1840 saw the basis laid for the profession of architect as it is today. In the building industry, the system of open tendering became widely accepted. It brought with it the need for a new type of architect, to act as confident to the client and not be directly involved with the actual building process. This position was filled by the more gifted master carpenters, descendants of the system of guilds abolished during the French occupation in the eighteenth century.

This new breed of architect boosted his self-confidence in a number of societies. One was the Society for the Advancement of Architecture (Maatschappij tot Bevordering der Bouwkunst), founded in 1841. It organized competitions and exhibitions and published its own magazine. Active members dedicated themselves to the conservation of monuments and to education, but also engaged in problems of town planning and in the developing of workers' dwelling types.

Such societies did not shrink from the problem of providing each building with the style most appropriate to it. Only in the second half of the century would this issue be related to socio-cultural group identity. In 1853 the Liberals gave the Roman Catholic Church the constitutional right to evolve and expand along self-chosen lines. The upshot was a sudden increase in the building of churches. The clergy, particularly Monseigneur van Heukelom, felt that this should concur with the Gothic idiom of the fifteenth century, when the Church was at its zenith and the Reformation and the Iconoclastic Fury were still to come. Also, the medieval concept of a 'community of artists' was to be revived.

For many, the Dutch Renaissance was deemed better geared towards grand buildings for cultural ends. In similar vein, Victor de Stuers called attention to the protection of threatened monuments. This would be a service to national self-assurance, he felt, as buildings both old and new would recall the halcyon days of the sixteenth- and seventeenth-century Netherlands.

The above developments converged in the activities of P.J.H. Cuypers (1827-1921). He built many neo-Gothic churches, knew Viollet-le-Duc personally and was familiar with his Gothic-based ideas on rational construction. The Dutch Renaissance he applied in minor projects, but also in two grand buildings of national significance: Amsterdam Central Station (1881-1889) and the Rijksmuseum (1876-1885), also in Amsterdam, which together marked the city limits of those days literally like two gigantic gateways. Cuypers was also an advocate of Gemeenschapskunst, a 'community art' in which all arts and crafts were organically united with architecture at their head. When building the Rijksmuseum he was confronted by a lack of trained craftsmen. So in 1879 he founded the Quellinus School of Applied Arts.

K.P.C. de Bazel, prijsvraagontwerp voor een algemeen bibliotheekgebouw, 1895/K.P.C. de Bazel, competition design for a general library building, 1895

reformatie en beeldenstorm nog in het verschiet lagen. Tevens moest de middeleeuwse praktijk van de gemeenschap van kunstenaars herleven.
Voor monumentale gebouwen met culturele doeleinden was naar veler mening de Hollandse renaissance meer geschikt. Tevens vroeg Victor de Stuers aandacht voor de bescherming van bedreigde monumenten. Het nationale zelfbewustzijn zou zo gediend worden doordat zowel oude als nieuwe gebouwen zouden herinneren aan Nederlands bloeiperiode, de zestiende en zeventiende eeuw.
In de activiteiten van P.J.H. Cuypers (1827-1921) kwamen genoemde ontwikkelingen samen. Hij bouwde veel neogotische kerken en kende de persoon Viollet-le-Duc en zijn uit de gotiek afgeleide opvattingen over de rationele constructie van nabij. De Hollandse renaissance paste hij toe in kleine projecten, maar ook in twee monumentale gebouwen van nationale betekenis: het Centraal Station (1881-1889) en het Rijksmuseum (1876-1885), die de toenmalige stadsrand van Amsterdam letterlijk als gigantische poorten markeerden. Cuypers was ook aanhanger van de Gemeenschapskunst, waarbij alle kunsten en ambachten onder leiding van de bouwkunst waren verenigd. Bij de bouw van het Rijksmuseum stuitte hij op een tekort aan geschoolde ambachtslieden. In 1879 richtte hij daarom de kunstnijverheidsschool Quellinus op. Het bureau van Cuypers zelf was ook een broedplaats van nieuw talent. De architecten De Bazel, Lauweriks, Berlage en De Groot hebben enige tijd bij hem gewerkt.
De architectuur van het fin de siècle in Nederland werd niet zo bepaald door organische motieven als de Belgische en Franse Art Nouveau. De Nederlandse 'Nieuwe Kunst' kenmerkt zich meer door geometrisch abstracte motieven waarin ook de invloed uit het verre oosten zichtbaar was.
Veel architecten en kunstenaars voelden zich aangetrokken tot esoterische denkrichtingen, zoals de theosofie, en tot het socialisme en het anarchisme. Die belangstelling was meestal sterk ethisch gekleurd. Steeds speelde daarbij de verhouding tussen de kunstenaars en het volk een belangrijke rol; het ideaal was de opheffing van de scheiding tussen de 'kunst' en het 'leven'. Velen meenden dat de vernieuwing in de architectuur uit de terugkeer naar het ambacht zou voortkomen en architecten hielden zich intensief bezig met de meubelkunst, keramiek, glaswerk en de grafische kunsten. In hun architectonische werk vertrouwden ze veelal op geometrische stelsels waarmee men, parallel aan de theosofische leer, tot de essentie meende te kunnen doordringen.
Vele gebouwen van K.P.C. de Bazel (1869-1923) zijn daarvan voorbeelden. Het niet uitgekozen prijsvraagontwerp voor een bibliotheekgebouw (1895) maakte veel indruk op het jurylid Berlage, die toen aan de Amsterdamse Beurs werkte. J.L.M. Lauweriks (1864-1932) werkte steeds met geometrische ontwerpsystemen en stond sterk onder invloed van theosofische denkbeelden. In Düsseldorf en Hagen legde hij contacten met Peter Behrens en Adolf Meyer, zodat een invloed van Lauweriks' werkwijze op hen en zelfs via hen op Gropius waarschijnlijk is. De Bazel en Lauweriks vormden samen met W.C. Bauer (1862-1904), H.J.M. Walenkamp (1871-1933) en W. Kromhout (1864-1940) de actieve kern van het architectengenootschap Architectura et Amicitia (A et A) en drukten hun stempel op het tijdschrift Architectura. Van hen is Kromhout belangrijk omdat diens werk de schakel vormt naar de Amsterdamse School. Zijn Hotel Café Restaurant American (**F35**) verenigt diverse ambachten met de architectuur en er zijn zowel vroeg-rationalistische als oriëntaals-fantastische motieven aan te wijzen. Hij verwierp de Art Nouveau maar ook Berlages strenge rationalisme. Kromhouts architectonische ideaal was 'het boetseren van een kubieke massa', waarbij individuele fantasie zich mocht manifesteren. Na een bestuurscrisis werd Kromhout voorzitter van A et A. Vanuit die positie legde hij de grondslag voor de architectuuropleidingen VHBO (de huidige Academies van Bouwkunst) en de beroepsvereniging Bond van Nederlandse Architecten (BNA).

Cuypers' office was a breeding ground for new talent. The architects De Bazel, Lauweriks, Berlage and De Groot all worked there for a time. Fin de siècle architecture in the Netherlands was less predicated on organic motifs than the Art Nouveau of Belgium and France. The Dutch 'New Art' was informed more by geometric, abstract motifs with a visible Far-Eastern influence.
Many architects and artists felt attracted to esoteric lines of thinking such as theosophy, and to socialism and anarchism. This enthusiasm usually had a strong ethical tint. Here the relationship between the artist and society invariably played a part; the ideal was to eradicate the distinction between art and life. Many supposed that innovation in architecture would result from a return to craftsmanship, and so architects took a passionate interest in furniture, ceramics, glasswork and the graphic arts. In their architectural work they often relied on geometric systems, with the intention (paralleled in theosophy) of penetrating to the essence.
Many buildings by K.P.C. de Bazel (1869-1923) exemplify this approach. His unsuccessful competition design for a library (1895) greatly impressed jury member Berlage, who was then working on the Amsterdam Exchange. J.L.M. Lauweriks (1864-1932) consistently worked with geometric systems of design and was heavily influenced by theosophical ideas. In Düsseldorf and Hagen he came into contact with Peter Behrens and Adolf Meyer, in all likelihood influencing their working methods and maybe, through them, even those of Gropius. De Bazel and Lauweriks, together with W.C. Bauer (1862-1904), H.J.M. Walenkamp (1871-1933) and W. Kromhout (1864-1940), were the active nucleus of the architects' association Architectura et Amicitia (A et A) whose ideas resonate in the magazine Architectura. Of these, Kromhout is important in that his work forges a link with the Amsterdam School. His Hotel Café Restaurant American (**F35**) combines various crafts with architecture and exhibits both early rationalist and oriental-fantastic motifs. He rejected Art Nouveau, but also Berlage's severe rationalism. Kromhout's architectonic ideal was 'the modelling of a cubic mass', an act that would bring the architect's imagination into play. Following a management crisis Kromhout became chairman of A et A. In this capacity, he laid the foundations for both the VHBO architectural education schemes (today's Academies of Architecture) and the League of Dutch Architects (BNA).

BERLAGE H.P. Berlage (1856-1934) wordt vooral vanwege zijn Koopmansbeurs in Amsterdam, algemeen bekend als 'de Beurs van Berlage' (**F01**), doorgaans gezien als de vader van de moderne Nederlandse architectuur. Zijn positie wordt vergeleken met die van Wagner in Oostenrijk, Behrens in Duitsland en Saarinen in Finland, allen architecten die zich wisten te bevrijden van de historische stijlen en de architectuur een rationele grondslag gaven. Deze reputatie werd vooral gevestigd doordat jongere architecten van zowel het Nieuwe Bouwen als de Amsterdamse School, individualisten als J.F. Staal en zelfs de traditionalisten hem als leermeester, inspiratiebron en normstellend theoreticus hebben bewonderd. Recente studies hebben dit haast mythische beeld enigszins genuanceerd, maar de uiteenlopende richtingen vanwaaruit de bijval afkomstig was, maken Berlages werk van cruciaal historisch belang.
Berlage ontving zijn opleiding in de jaren zeventig aan de ETH in Zürich. Daar maakte hij kennis met de positivistische leer van culturele ontwikkeling van G. Semper, wiens leerlingen de school destijds beheersten. Terug in Nederland werkte hij enige tijd bij Cuypers, waar hij vertrouwd raakte met het constructieve rationalisme van Viollet-le-Duc. Later behoorde Berlage tot een groep kunstenaars en intellectuelen die een ethisch getint marxisme aanhingen. Berlage streefde naar een gemeenschappelijke, niet-individualistische bouwkunst en meende dat die slechts gebaseerd kon zijn op de materiële en sociale ontwikkelingen van de eigen tijd. Het vormgeven van de ruimte vond hij belangrijker dan het schetsen van gevels. Hij benadrukte de rol van de vlakke muur als ruimtebepalend element. Hij beriep zich op geometrische proportiestelsels, zoals die waren ontwikkeld door J.H. de Groot, die hij bij Cuypers had leren kennen. Het ging Berlage daarbij om een bouwkunst met 'stijl': een bekoorlijke of verheven rust in het geheel der samenstellende delen, die hij graag aanduidde met het klassieke concept 'Eenheid in Veelheid'.
Het eerste ontwerp voor de Beurs werd nog gekenmerkt door de Hollandse renaissance zoals Cuypers die toepaste. Stap voor stap zuiverde Berlage zijn ontwerp. In het gerealiseerde gebouw is het principe van 'Eenheid in Veelheid' zichtbaar in de samenvoeging van bouwvolumes, details en kunstwerken binnen de strakke omhulling van vlakke muren. In het interieur zijn de ruimtes helder gedefinieerd en zijn de constructie en het toegepaste bouwmateriaal nergens verhuld. In 1911 maakte Berlage in de Verenigde Staten kennis met het werk van Sullivan en Wright, wiens Larkin Building grote indruk op hem maakte. In woord en geschrift deelde hij zijn reiservaringen aan zijn vakgenoten mee.
Berlage is ook van groot belang geweest voor de Nederlandse stedenbouw. In een eerste versie van zijn uitbreidingsplan voor Amsterdam-Zuid (**G59**) volgde hij de inzichten van C. Sitte en J. Stübben. In tegenstelling tot het tuinstadconcept streefde Berlage naar een monumentaal stadsbeeld, waarin grote bouwblokken de straat- en pleinruimtes bepaalden. In de definitieve versie (1915) hield hij aan dat uitgangspunt vast, maar verwerkte hij de meer praktische eisen van woningbouw en verkeersontwikkeling. Ook voor Den Haag, Rotterdam en Utrecht trad Berlage als stedenbouwkundige op. Zijn latere architectonische werk kenmerkte zich door een ingewikkelde compositie van bouwvolumes, vaak gedomineerd door een hoge toren, terwijl in het interieur vaak van boven verlichte ruimtes met een monumentale en verheven atmosfeer voorkomen. Voorbeelden daarvan zijn de First Church of Christ, Scientist (**J42**) en het Gemeentemuseum (**J40**) in Den Haag en het Jachtslot St.-Hubertus in Otterlo (**C30**).

AMSTERDAMSE SCHOOL De Woningwet van 1901 had de mogelijkheid geschapen voor gesubsidieerde woningbouw ter leniging van de huisvestingsbehoeften van de arbeidersklasse. Pas na

H.P. Berlage, gevels Koopmansbeurs met raster gebaseerd op Egyptische driehoeken/H.P. Berlage, façades of Exchange with module based on Egyptian triangles

BERLAGE H.P. Berlage (1856-1934) is usually regarded as the father of modern Dutch architecture, largely on the strength of his Amsterdam Exchange, known in the Netherlands simply as 'De Beurs van Berlage' (Berlage's Exchange, **F01**). His position has been compared with that of Wagner in Austria, Behrens in Germany and Saarinen in Finland, all of them architects who managed to shake off historical styles and give architecture a rational basis. In Berlage's case this reputation came about mainly because younger architects of both the Nieuwe Bouwen and the Amsterdam School, individualists like J.F. Staal, and even traditionalists have revered him as a teacher, a source of inspiration and a standard-setting theoretician. Recent studies have done something to tone down this almost legendary status, yet the widely differing streams it nurtured make Berlage's work of vital historical importance.
Berlage was trained during the 1870s at Zürich Polytechnic. There he became acquainted with the positivist doctrine of cultural development advocated by G. Semper, whose pupils held sway at the school at that time. Back in the Netherlands, Berlage spent some time working at Cuypers' office where he became familiar with the constructive rationalism of Viollet-le-Duc. Later he joined a group of artists and intellectuals who adhered to an ethically tinged form of Marxism. Berlage aspired to a communal, non-individualistic architecture that in his opinion could be based only on the material and social developments of the day. He considered the shaping of space to be more important than the sketching of façades. Laying stress on the role of the wall plane as a space-defining element, he resorted to geometric proportion systems such as those developed by J.H. de Groot, whose acquaintance he had made at Cuypers' office. Berlage's ultimate goal was a building art with 'style': a delightful or exalted repose embodied in the totality of component parts, which he readily labelled with the classic concept of 'Unity in Diversity'.
The first design for the Exchange was still characterized by the Dutch Renaissance as applied by Cuypers. Step by step Berlage purified his design. In the built result the principle of 'Unity in Diversity' is clearly visible in the juxtaposition of volumes, details and art works within the taut envelope of sleek walls. Inside, spaces are clearly defined, and the construction and building material are nowhere hidden from view. In 1911 while in the United States, Berlage discovered the built work of both Sullivan and Wright, whose Larkin Building made a deep impression on him. He shared these travel experiences with his colleagues in both written and spoken words.

de Eerste Wereldoorlog werd van die mogelijkheid op grote schaal gebruikgemaakt. De belangrijkste oorzaak van deze vertraging was een economische. Hoewel Nederland in de oorlog tussen de Centralen en de Geallieerden neutraal bleef, ontstond er grote schaarste, die nog werd versterkt door de op oorlogswinst beluste handelsbourgeoisie, die met beide belligerente partijen transacties afsloot. De toenemende woningnood noopte de regering in 1918 tot stimulerende maatregelen; halverwege de jaren twintig trok ze deze geleidelijk weer in omdat de particuliere woningbouw weer op gang kwam.

In Amsterdam werd F.M. Wibaut in 1914 de eerste sociaal-democratische wethouder. Een jaar na zijn aantreden richtte hij de Gemeentelijke Woningdienst op. Al eerder hadden arbeiders coöperatieve woningbouwverenigingen opgericht met namen als 'Eigen Haard' en 'De Dageraad'. Gemeenten en coöperaties grepen hun kans om veel woningen te bouwen, waarvan de meeste werden gerealiseerd in het uitbreidingsplan Zuid van Berlage, dat toen in uitvoering werd genomen.

De meeste woningbouwprojecten kenmerkten zich door een expressionistische baksteenarchitectuur, die door J. Gratama in 1916 tot 'Amsterdamse School' werd gedoopt. Deze tendens wordt vaak omschreven als een reactie op het strenge rationalisme van Berlage. Inderdaad is haar a-theoretische en onsystematische karakter en haar nadruk op het individuele kunstenaarschap in tegenspraak met Berlages ideeën over een 'gemeenschappelijke' bouwkunst. Maar met hun denkbeelden over een stedelijke architectuur en de integratie van de ambachten onder hegemonie van de architectuur sloten ze bij de meester aan. Over Berlage heen greep de Amsterdamse School terug naar de symbolische iconografie van het fin de siècle. Van de betekenis van Kromhouts denkbeelden over de 'geboetseerde massa' en het fantasierijke ontwerpen was hierboven al sprake. De belangrijkste architecten van deze beweging, Van der Mey, De Klerk en Kramer, hebben verder allen hun vorming gekregen op het bureau van Ed. Cuypers, een neef van P.J.H. Cuypers.

Als winnaar van de Prix de Rome kon J.M. van der Mey (1878-1949) veel buitenlandse reisindrukken opdoen. Zijn Scheepvaarthuis (**F22**) is het eerste gebouw waarmee de nieuwe richting zelfbewust naar voren trad. De bouwmassa is met behulp van ambachtelijke uitbundigheid in het timmer-, beeldhouw-, metsel-, smeedijzer- en glazenierswerk tot leven gebracht.

In de vroege prijsvraagontwerpen van M. de Klerk (1884-1923) is duidelijk de invloed van Kromhout aanwijsbaar. Zijn woningbouwprojecten aan het Spaarndammerplantsoen (**G07**) hebben vlakke maar door het materiaalgebruik levendige gevelwanden. De woningbouw aan de Zaanstraat is veel plastischer in massa-opbouw en gevelbehandeling en heeft een complete relatie tot zijn directe omgeving. Van de projecten aan de Vrijheidslaan (**G61**) in Amsterdam-Zuid ontwierp De Klerk alleen de gevels, die voor de standaardplattegronden van de aannemer werden geplaatst. Deze praktijk werd bevorderd doordat het uiterlijk van de woningbouwprojecten sinds 1915 door de Schoonheidscommissie moest worden goedgekeurd.

P.L. Kramer (1881-1961) werkte sinds 1917 in Amsterdam voor de Afdeling Bruggen van de Gemeentelijke Dienst Publieke Werken en bouwde in Den Haag het warenhuis De Bijenkorf (**J09**). Zijn werk wordt gedomineerd door de organische vormen die hij in zijn natuursteen-, baksteen-, smeedijzer- en betondetaillering toepaste. Samen met De Klerk bouwde Kramer de woningen aan de P.L. Takstraat (**G62**), met golvende bakstenen wanden en een goed gevoel voor stedelijke continuïteit.

De spreekbuis voor de Amsterdamse School was het door de vereniging A et A uitgegeven blad Wendingen, waarvan H.Th. Wijdeveld (1885-1987) de drijvende kracht was. Wijdeveld stamde uit het bureau van P.J.H. Cuypers en heeft bijzonder veel internationale contacten gelegd en onderhouden:

Berlage has also been of inestimable importance for Dutch urban design. The first version of his development plan for Amsterdam South (**G59**) followed closely the ideas of C. Sitte and J. Stübben. By contrast with the garden city concept, Berlage strove for a monumental 'townscape' in which great city blocks defined the space of streets and squares. In the definitive version (1915) he kept to this line of approach while incorporating the more practical demands of housing and traffic development. As an urban designer Berlage also planned for The Hague, Rotterdam and Utrecht.

His later architectural work is informed by a complicated play of volumes, frequently dominated by a tall tower, while his interiors are often toplit spaces of a monumental and exalted ambience. Examples of this later style are the First Church of Christ, Scientist (**J42**) and the Municipal Museum (**J40**), both in The Hague, and the St.-Hubertus hunting lodge in Otterlo (**C30**).

THE AMSTERDAM SCHOOL The Housing Act of 1901 had opened up the possibility of subsidized housing to mitigate the domestic needs of the working class. This possibility would only be utilized on a large scale after the First World War. The most immediate reason for this delay was an economic one. Though the Netherlands remained neutral in the war between Germany and the Allies a great shortage of commodities prevailed, abetted by a commercial bourgeoisie out for wartime profits and entering into transactions with both sides. In 1918 the increasing housing shortage compelled the government to take stimulative measures. These were gradually withdrawn in the mid-twenties once private housing construction was resumed.

In 1914, F.M. Wibaut became Amsterdam's first social-democratic alderman. A year after his appointment he founded the Municipal Housing Agency. Before then, workers had set up cooperative housing associations with names like 'Eigen Haard' (Our Hearth) and 'De Dageraad' (The Dawn). Now councils and cooperative societies seized the opportunity to build houses in large numbers, many of which were realized in Berlage's Amsterdam South development plan then under construction.

Most of these housing projects were typified by an Expressionist brick architecture, a style defined in 1916 by J. Gratama as 'Amsterdam School'. This tendency is often described as a reaction to Berlage's hardline Rationalism. Indeed, its non-theoretical, non-systematic character and its emphasis on individual artistic endeavour are the very antithesis of Berlage's concept of a 'community' building art. Yet in their world view of an urban architecture and of the integration of crafts under the hegemony of architecture, the members of the Amsterdam School acknowledged their debt to the master builder. At the same time they reached back beyond Berlage to the symbolic iconography of the fin de siècle. The significance of Kromhout's concepts of modelled mass and imaginative design has already been noted. These influences aside, the three most important architects of the Amsterdam School, Van der Mey, De Klerk and Kramer, all developed their talents at the office of E. Cuypers, a nephew of P.J.H. Cuypers.

As winner of the Prix de Rome J.M. van der Mey (1878-1949) was able to amass a wealth of impressions on his travels abroad. His Scheepsvaarthuis (**F22**) was the first building in which the new stream openly declared itself. Its mass he brought to life with a craftsmanly exuberance through its detailing in wood, sculpture, brick, iron and glass.

The influence of Kromhout is evident in the early competition designs of M. de Klerk (1884-1923). Of his mature work, the housing projects on Spaarndammerplantsoen (**G07**) have façade walls that are taut yet lively in their use of material. The housing on Zaanstraat is much more plastic in its massing and the treatment of façades and fully relates to its immediate surroundings. Of the projects on Vrij-

H.Th. Wijdeveld, ontwerp voor een Volkstheater in het Amsterdamse Vondelpark, 1919-1920/H.T. Wijdeveld, design for a People's Theatre in Amsterdam's Vondelpark, 1919-1920

A. Eibink, J.A. Snellebrand, prijsvraagontwerp voor een kerkje in Elshout, 1915/A. Eibink and J.A. Snellebrand, competition design for a church in Elshout, 1915

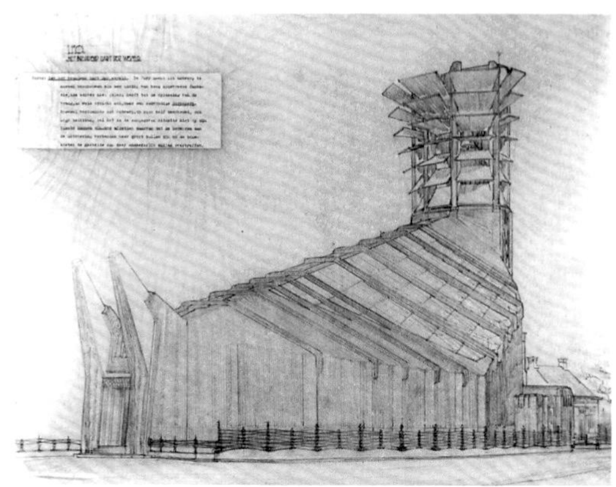

Ozenfant, Mendelsohn, Finsterlin, Taut en Wright zijn daarvan de belangrijkste. In Wendingen besteedde hij echter ook aandacht aan functionalistische en De Stijl-architecten; bovendien leverden zowel Wils, Bijvoet, Behrens, Mallet-Stevens als Lissitzky bijdragen aan het blad.
De indruk die het futurisme maakte op de architecten van de Amsterdamse School kwam nog het sterkst tot uiting in Wijdevelds plan voor het Vondelpark (1919-1920). Dertigverdiepingenhoge wolkenkrabbers flankeren hier een lange allee die naar een organisch gevormd 'Volkstheater' leidt. Wijdeveld liet zich in latere plannen kennen als dromer en utopist die de verdwijning van de chaotische wereldstad nastreefde. Net als de door J.C. van Epen (1880-1960) geschetste 'Stadtkrone' zijn dergelijke visioenen echter zeldzaam in het Nederlandse expressionisme dat zich daardoor onderscheidt van haar Duitse pendant. Wijdeveld, Van Epen en hun Amsterdamse collega's kregen volop werk in de woningbouw. Naast genoemde architecten hebben ook C. Kruiswijk, G.J. Rutgers, A.J. Westerman en N. Lansdorp woningen gebouwd in Amsterdam-Zuid.
Elders in het land ontstonden plaatselijke varianten van de Amsterdamse School. Het meest opmerkelijk in dit verband is het werk van S.J. Bouma (1899-1959), die als gemeentearchitect van Groningen een aantal scholen ontwierp (**A14**). In het villapark Meerwijk (**E23**) in Bergen werd het niet-stedelijke gezicht van de Amsterdamse School zichtbaar in ontwerpen van J.F. Staal, M. Staal-Kropholler, C.J. Blaauw, G.F. la Croix en P.L. Kramer. In Meerwijk en in landhuis Het Reigersnest (**H39**) van P. Vorkink (1878-1960) en Jac.Ph. Wormser (1878-1935) verschijnen voor het eerst organische plattegrondvormen in de Nederlandse architectuur. De voorliefde voor schelp- en kristalvormen, die later in Wendingen werd beleden, kwam voor het eerst tot uiting in het afgewezen prijsvraagontwerp voor een kerkje in Elshout uit 1915 van A. Eibink (1893-1975) en J.A. Snellebrand (1891-1963). Kromhouts plastische architectuuropvatting werkte sterk door in het uit gewapend beton opgetrokken radiostation Radio Kootwijk (**C34**) van J.M. Luthmann (1890-1973).

WONINGBOUW IN ROTTERDAM De in 1876 gereedgekomen Nieuwe Waterweg verschafte Rotterdam een moderne open verbinding met zee. In snel tempo werden om beide oevers van de Maas havens aangelegd. De handelsbetrekkingen met het economisch opbloeiende Duitse Keizerrijk stimuleerden de industriële ontwikkeling in Rotterdam. De havenuitbreidingen werden planmatig

heidslaan (**G61**) in Amsterdam South De Klerk designed only the façades, which front the standard plans of the contractor. This practice was encouraged by the fact that since 1915 the exteriors of all housing projects had to be approved by the local amenities authority.
P.L. Kramer (1881-1961) worked for the Bridges Division of Amsterdam Public Works since 1917 and also built the Bijenkorf department store (**J09**) in The Hague. His work is dominated by organic forms wrought in stone, brick, iron and concrete. Together with De Klerk, Kramer built houses on P.L. Takstraat (**G62**) with undulating brick walls and a fine sense of urban continuity.
The mouthpiece of the Amsterdam School was a periodical issued by A et A entitled Wendingen, with H.T. Wijdeveld (1885-1987) as its motivating force. Wijdeveld originally came from P.J.H. Cuypers' office, and made and maintained contact with an astounding array of international figures, of whom Ozenfant, Mendelsohn, Finsterlin, Taut and Wright were the most important. In Wendingen, however, he also devoted attention to functionalism and the De Stijl architects, with contributions by the likes of Wils, Bijvoet, Behrens, Mallet-Stevens and Lissitzky.
The impression made by Futurism on architects of the Amsterdam School found its strongest expression in Wijdeveld's plan for the Vondelpark (1919-1920). It shows skyscrapers thirty storeys high flanking a long avenue leading to an organically shaped 'People's Theatre'. Later schemes reveal Wijdeveld as a dreamer and utopist who strove to keep in check the chaos of the metropolis. Like the 'Stadtkrone' in the sketch by J.C. van Epen (1880-1960), however, such visions are rare indeed in Dutch Expressionism, which distinguishes it from its German counterpart. Wijdeveld, Van Epen and their Amsterdam confrères were well supplied with commissions for housing. Other architects who, like them, built houses in Amsterdam South were C. Kruiswijk, G.J. Rutgers, A.J. Westerman and N. Lansdorp.
Local variants on the Amsterdam School sprang up elsewhere in the Netherlands. The most remarkable of these is found in the work of S.J. Bouma (1899-1959), who designed a number of schools in Groningen (**A14**) in his capacity of architect to that city. In Meerwijk villa park (**E23**) in Bergen the non-urban face of the Amsterdam School showed through in designs by J.F. Staal, M. Staal-Kropholler, C.J. Blaauw, G.F. la Croix and P.L. Kramer. Both Meerwijk and the country house Het Reigersnest (**H39**) of P. Vorkink (1878-1960) and J.P. Wormser (1878-1935) marked the first appearance in Dutch architecture of organic plan forms. A predilection for shell and crystal shapes, later acknowledged in

J.J.P. Oud, woningbouw-ontwerp voor Blijdorp, Rotterdam, 1931/J.J.P. Oud, housing design for Blijdorp, Rotterdam, 1931

gereguleerd door de Dienst Gemeentewerken, die onder leiding stond van gewezen genie-officieren, zoals G.J. de Jongh en A.C. Burgdorffer. Rond 1900 groeide Rotterdam met 10.000 inwoners per jaar. Particuliere bouwers bouwden woningen van slechte kwaliteit op gemeentelijke stratenplannen.
Op de zuidoever namen bedrijven soms zelf het initiatief. De Rotterdamsche Droogdok Maatschappij bouwde zo het tuindorp Heyplaat voor haar werknemers. Op initiatief van bankier K.P. van der Mandele begon men in 1916 aan de bouw van het tuindorp Vreewijk (**L56**), dat ondanks Berlages bijdrage vooral het stempel draagt van M.J. Granpré Molière (1883-1972). Anders dan E. Howards tuinstadconcept was Vreewijk geen zelfstandige satelliet maar een tuinwijk aan de toenmalige stadsrand. Toen Granpré Molière in 1921 een uitbreidingsplan voor de gehele zuidoever maakte integreerde hij Vreewijk moeiteloos in zijn patroon van radiale wegen en concentrische zones.
Ook in Rotterdam begon de gemeente pas na de Eerste Wereldoorlog actief op te treden in de woningbouw. In 1916 richtte ze een Gemeentelijke Woningdienst op, die onder leiding stond van ir. A. Plate. In de wijk Spangen werd een aantal experimenten ondernomen met het gesloten bouwblok als vertrekpunt. De galerijwoningen (**L07**) van M. Brinkman (1873-1925) zijn hier het meest opmerkelijk. Door twee strateneilanden samen te voegen ontstond een ruim binnenterrein met tuinen, woningen en gemeenschappelijke voorzieningen. De woningen waren toegankelijk vanuit dit binnenterrein en een 2,2 tot 3 meter brede galerij op de tweede verdieping.
Ook J.J.P. Oud (1890-1963), die op advies van Berlage in 1918 bij de Woningdienst ging werken, bouwde een reeks gesloten blokken waarbij de oriëntatie van de woningen op het gemeenschappelijke binnenterrein steeds belangrijker werd. De stedenbouwkundige denkbeelden van Oud waren sterk beïnvloed door Berlage. In het inmiddels gesloopte Witte Dorp (**L06**) combineerde hij dat met een tuindorptypologie en met de esthetische principes van De Stijl. De Kiefhoek (**L54**) is een vroeg voorbeeld van woningbouw voor het Existenzminimum.
Typologische vernieuwing in de woningbouw kwam vooral tot uiting in de jaren dertig. Ouds woningbouwproject met strokenverkaveling voor Blijdorp (1931) werd niet gerealiseerd. Dat was wel het geval met de halfopen blokbebouwing aan de Vroesenlaan (**L19**) van J.H. van den Broek (1898-1978) en enkele hoge woongebouwen, zoals de Bergpolderflat (**L15**) en de Plaslaanflat (**L23**), waarvan W. van Tijen (1894-1974) de belangrijkste ontwerper was.

Wendingen, first made its appearance in a rejected competition design for a church in Elshout (1915) by A. Eibink (1893-1975) and J.A. Snellebrand (1891-1963). Kromhout's sculptural approach to architecture is greatly evident in the Kootwijk radio station (**C34**) designed in reinforced concrete by J.M. Luthmann (1890-1973).

HOUSING IN ROTTERDAM Completed in 1876, the Nieuwe Waterweg provided Rotterdam with a modern open waterway connecting it with the sea. Harbour basins were dug at a rapid pace on both sides of the River Maas. Trade relations with the economically flourishing German Empire served as a stimulus to industrial development in Rotterdam. Expansion of the city's docklands was systematically regulated by the Public Works Agency led by former military engineers amongst whom G.J. de Jongh and A.C. Burgdorffer.
Around 1900 Rotterdam was gaining 10,000 inhabitants a year. Private builders erected houses of poor quality using municipal street plans. On the south bank, industries sometimes took matters into their own hands. One was the Rotterdamsche Droogdok Maatschappij (Rotterdam Dry-Dock Company) which built Heyplaat garden village for its employees. In 1916 work began, under the auspices of the banker K.P. van der Mandele, on Vreewijk garden village (**L56**) which despite Berlage's contribution is more obviously the work of M.J. Granpré Molière (1883-1972) and his pupils. Unlike E. Howard's garden city concept Vreewijk was no independent satellite but a 'tuinwijk' (garden estate) then sited on the city's edge. When Granpré Molière drew up his 1921 expansion plan for the entire south bank he effortlessly integrated Vreewijk into its pattern of radial streets and concentric zones.
In 1916 the City of Rotterdam set up a Municipal Housing Agency under the leadership of A. Plate. But here, too, the council was only to play an active role in domestic construction after the First World War. One early commission was for housing in the Spangen district, where the experiments took the perimeter block as a springboard, most notably in the gallery-access flats (**L07**) of M. Brinkman (1873-1925). By amalgamating two street blocks he created a capacious interior space of gardens, housing and communal facilities. Dwellings were reached from this space and from an external gallery 2.20 to 3.00 metres wide on the second floor.
J.J.P. Oud (1890-1963) was another who, after joining the Housing Agency in 1918 on Berlage's advice, built a series of perimeter blocks that increasingly stressed orientation of dwellings towards the communal interior space. Oud's ideas on urban design were greatly indebted to Berlage's. In the now-demolished Witte Dorp (White Village, **L06**) he united this influence with a garden village typology and the aesthetic principles of De Stijl. The Kiefhoek (**L54**) is an early example of 'minimum housing' (Existenzminimum).
Typological innovation in housing took place mainly during the thirties. Oud's own housing project in an open row layout for Blijdorp (1931) was never realized. Those that were include the half-open blocks on Vroesenlaan (**L19**) of J.H. van den Broek (1898-1978) and several high-rise blocks of flats, such as the Bergpolderflat (**L15**) and the Plaslaanflat (**L23**) of which W. van Tijen (1894-1974) was the principal designer.

DE STIJL As a neutral country during the 1914-1918 war, the Netherlands was pretty well cut off from the rest of the cultural world. Those years saw artistic principles evolved at scattered localities across the country that, from 1917 on, would be brought together by T. van Doesburg (1883-1931) for dissemination in his periodical De Stijl (The Style). As a movement it was not exactly a close-knit affair.

DE STIJL Door de Eerste Wereldoorlog raakte het neutrale Nederland cultureel betrekkelijk geïsoleerd. In die periode werden op diverse plaatsen artistieke principes ontwikkeld die vanaf 1917 door Th. van Doesburg (1883-1931) werden samengevoegd in zijn tijdschrift De Stijl. Een hechte beweging is het nooit geweest. Sommigen waren slechts korte tijd met De Stijl verbonden, enkelen haakten af na meningsverschillen met Van Doesburg, die de belangrijkste polemist van de groep was. In de naam van het blad klonk een verwijzing door naar Berlages stijlconcept. Centraal stond het beoordelen van een nieuw schoonheidsbewustzijn, gericht op het universele. Obstakels als traditie, dogma en het vooropstellen van het individu moesten daarbij worden opgeruimd. Denkbeelden over de eenheid der kunsten, waardoor een evenwichtige omgeving kon worden verkregen die in de toekomst het totale leven zou beheersen, vinden hun oorsprong eveneens bij Berlage, maar krijgen in De Stijl een utopische bijklank. Dat de architectuur daarbij een leidende rol zou moeten spelen werd door de schilders B. van der Leck en vooral P. Mondriaan bestreden. Beiden stonden in Laren in nauw contact met de wiskundige M.H.J. Schoenmaekers, wiens theosofische filosofie grote invloed op hen uitoefende. Van Schoenmaekers stamt ook de term 'Nieuwe Beelding' en het palet van drie primaire kleuren. Mondriaan bleef tot het eind van zijn leven geloven dat de eenheid van kunst en leven van de abstracte kunst moest uitgaan, de meest 'vergeestelijkte' uitingsvorm waarmee de gecultiveerde mens zich van de natuur had weten los te maken. Vanuit Leiden legde Van Doesburg contact met de beeldhouwer Vantongerloo, de schilder Huszar, de dichter Kok en de architecten Van 't Hoff, Wils en Oud. Via Van der Leck, die samen met Klaarhamer in Utrecht een bureau had, ontstond het contact met de daar werkzame meubelmaker Rietveld.

De architecten uit de eerste periode van De Stijl waren vooral beïnvloed door Berlage en Wright. R. van 't Hoff (1887-1979) had in de Verenigde Staten haast gelijktijdig met Berlage Wrights werk gezien. Vooral de Prairiehuizen en de Unity Temple maakten grote indruk op hem, hetgeen tot uiting kwam in zijn villa's in Huis ter Heide (**C51**, **C52**), die voor Van Doesburg de aanleiding vormden contact te zoeken met de architect. J. Wils (1891-1972) zocht een synthese van Berlage en Wright, wat vooral zichtbaar werd in het wijkje De Papaverhof in Den Haag (**J51**). Behalve met Wils had Van Doesburg al vroeg contact met Oud en werkte hij met beide architecten soms samen.

In 1918 had G.Th. Rietveld (1888-1964) met zijn rood-blauwe stoel voor het eerst een driedimensionale projectie gemaakt van de esthetica van de Nieuwe Beelding. In diverse meubelontwerpen zette hij de lijn voort, maar het hoogtepunt van zijn loopbaan vormt het huis voor mevrouw Schröder-Schräder in Utrecht (**D12**). Hoewel typologisch verwant met de traditionele rijenwoning, zijn de buitenwanden geheel opgelost in vrijstaande vlakke en lineaire elementen en is de woonverdieping op de eerste etage door middel van schuifwanden vrij indeelbaar. In zijn volgende werken, de chauffeurswoning (**D08**) en de huizen aan de Erasmuslaan en de Prins Hendriklaan (**D10**) in Utrecht baseerde Rietveld zich meer op constructieve en functionalistische principes.

In het begin van de jaren twintig was de Stijlgroep drastisch van samenstelling gewijzigd. Mondriaan woonde in Parijs, Oud verliet De Stijl omdat hij als woningbouwarchitect meende dat de esthetische idealen te weinig aan de praktische eisen werden getoetst. Van 't Hoff had het architectenberoep ingewisseld voor het streven naar een communale levensstijl op anarchistische grondslag en ook Van der Leck, Vantongerloo, Wils en Kok hadden de groep verlaten. Van Doesburg begon echter in het buitenland contacten te leggen. Zijn Stijlcursus bracht in 1921 het Bauhaus in beroering. In Duitsland leerde hij de cineast Richter en de Russische kunstenaar El Lissitzky kennen, evenals Kiesler en Graeff, die allen tot de G-groep in Berlijn behoorden.

Some were connected with De Stijl for the shortest time; others left after quarrelling with Van Doesburg, the group's foremost polemicist. The periodical's name contains a reference to Berlage's concept of style. The theory of De Stijl sought to advance a new consciousness of beauty, directed towards the universal. Obstacles such as tradition, dogma and the preeminance of the individual were to be abolished. Notions of a unity of the arts, creating a balanced environment that in the future would dominate all aspects of life, also originated with Berlage, but in De Stijl are given a utopian slant.

That architecture would have to play a leading role in these endeavours was contested by the painters B. van der Leck and, most importantly, P. Mondrian. Both were in close contact with the mathematician M.H.J. Schoenmaekers, whose theosophical philosophy influenced them greatly. From Schoenmaekers, too, came the term 'Nieuwe Beelding' (usually rendered as Neoplasticism, although perhaps the literal 'New Imaging' comes closer) and the palette of three primary colours. Mondrian maintained for the rest of his life his belief that the unity of art and life could only come from abstract art, the most 'spiritualized' form of expression with which civilized man had managed to break away from nature. From his home in Leiden Van Doesburg made contact with the sculptor Vantongerloo, the painter Huszar, the poet Kok and the architects Van 't Hoff, Wils and Oud. It was through Van der Leck, who shared a practice in Utrecht with P.J. Klaarhamer, that he met the cabinet-maker Rietveld who also worked there.

The architects of De Stijl's initial period were influenced primarily by Berlage and Wright. R. van 't Hoff (1887-1979) had visited Wright's work in the United States at virtually the same time as Berlage. Wright's prairie houses and Unity Temple made a particularly deep impression on him, resulting in his villas at Huis ter Heide (**C51**, **C52**), which prompted Van Doesburg to make the architect's acquaintance. J. Wils (1891-1972) sought a synthesis of Berlage and Wright; this is especially evident in the Papaverhof housing in The Hague (**J51**). Van Doesburg had met Wils and Oud early on and had collaborated at times with both architects.

In 1918 the red and blue chair designed by G. Rietveld (1888-1964) became the first three-dimensional projection of Nieuwe Beelding aesthetics. Various furniture designs continued this trend, but the zenith of Rietveld's career came with his house for Madame Schröder-Schräder in Utrecht (**D12**). Though allied typologically to the traditional row house, the outer walls dissolve into free-standing planes and linear elements and the living level is variously subdivisible by sliding partitions. In his next works, the chauffeur's house (**D08**) and the houses on Erasmuslaan and Prins Hendriklaan (**D10**) in Utrecht, Rietveld kept to more constructive, functionalist principles.

The onset of the twenties brought drastic changes in the line-up of De Stijl. Mondrian was living in Paris. Oud had left the group; as a designer of housing, he felt that the aesthetic ideals of De Stijl had little to do with practical demands. Van 't Hoff had abandoned his profession as architect to pursue a communal life-style along anarchistic lines; while Van der Leck, Vantongerloo, Wils and Kok had also departed. Van Doesburg, however, began putting out feelers abroad. In 1921, his course on De Stijl at the Bauhaus caused a sensation. In Germany, he met the filmmaker Richter and the Russian artist El Lissitzky as well as Kiesler and Graeff, all members of the Berlin-based G-group.

His meeting with C. van Eesteren (1897-1988) would prove to be of seminal importance. Influenced by Lissitzky's Proun paintings, Van Eesteren and Van Doesburg produced a series of axonometric studies (of the Maison Particulière and Maison d'Artiste) which were exhibited in Paris in 1924 amidst great excitement. In the accompanying manifesto they contended that art was no longer separable from life. In place of a distinct domain of the arts they called for the construction of an environment

C. van Eesteren, Th. van Doesburg, Maison d'Artiste, 1924

Van groot belang is zijn kennismaking met C. van Eesteren (1897-1988) geweest. Onder invloed van Lissitzky's Proun-schilderijen maakten Van Eesteren en Van Doesburg een serie axonometrische studies, die onder veel belangstelling in 1924 in Parijs werden geëxposeerd (Maison Particulière, Maison d'Artiste). In een begeleidend manifest verklaarden zij dat kunst niet meer los van het leven stond. In plaats van een afgescheiden domein van de kunst eisten zij de bouw van een omgeving in overeenstemming met de creatieve wetten gebaseerd op een vast principe, vergelijkbaar met die in de economie en de wiskunde. Van Doesburgs laatste grote werk was de inrichting van het Café l'Aubette in Straatsburg, waar hij het interieur van een bestaand gebouw voorzag van een diagonale, elementaristische compositie. Hij deed dat vanuit de overtuiging dat het schilderen zonder architectonische constructie zijn bestaansreden had verloren.
Met Van Doesburgs overlijden in 1931 kwam ook de uitgave van het tijdschrift De Stijl tot een einde. Dankzij Van Doesburgs internationale activiteiten als propagandist en de erkenning die Mondriaan ten deel viel, heeft De Stijl haar stempel kunnen drukken op de internationale abstracte kunst. In Nederland zelf werd het artistieke erfgoed van De Stijl eind jaren dertig door de 'a-artistieke' functionalistische architecten in stelling gebracht in hun strijd tegen het traditionalisme. Na de Tweede Wereldoorlog vormde De Stijl een krachtige inspiratiebron voor de architecten die de ambitie koesterden de avant-gardistische fakkel van de moderne beweging over te nemen.

HET NIEUWE BOUWEN Het Nederlandse functionalisme, doorgaans aangeduid als het Nieuwe Bouwen, ontwikkelde zich in de jaren twintig eerst als een polemische positie, waardoor enkele architecten zich verbonden voelden. Vrij snel daarna kregen hun denkbeelden gestalte in enkele bouwwerken die ertoe hebben bijgedragen dat Nederland, samen met Duitsland, Rusland en Frankrijk, nog steeds wordt beschouwd als een belangrijke voedingsbodem van de internationale moderne beweging in de architectuur.
De architecten van het Nieuwe Bouwen waardeerden Berlage vooral vanwege zijn denkbeelden over normalisering en typisering in de woningbouw. Ze radicaliseerden deze ideeën tot een pleidooi voor een geïndustrialiseerde bouwproductie die betaalbare woningbouw in grote hoeveelheden mogelijk moest maken. Ze verzetten zich daarom fel tegen de ambachtelijkheid en de 'gevelarchitectuur' van de Amsterdamse School. In de jaren twintig maakten Oud en later Rietveld en Van Eesteren zich los van het formele onderzoek van De Stijl en sloten zich aan bij de functionalisten. Duiker en Bijvoet gingen daartoe over nadat ze de invloed van Berlage en Wright hadden verwerkt.
In tegenstelling tot De Stijl werd het Nieuwe Bouwen een hechte beweging omdat ze haar Nederlandse inspiratiebronnen en de impulsen die van de internationale avant-garde uitgingen in verenigingsverband bediscussieerde. In Rotterdam hadden Kromhout en Brinkman in 1920 Opbouw opgericht als discussieclub waar architecten en kunstenaars hun uiteenlopende opvattingen met elkaar bespraken. Dankzij de later toegetreden Oud, Van Tijen en Van Eesteren, maar vooral door de radicaliserende invloed van Stam en Van Loghem werd deze vereniging tot een broedplaats van het Nieuwe Bouwen.
M.A. Stam (1899-1986) had in Duitsland en Zwitserland contacten gelegd met Roth, Schmidt, Moser en Mies van der Rohe. Als redacteur van het blad ABC zette hij zich in voor een architectuur die uitsluitend voortkwam uit rationele en economische overwegingen. Zijn ontwerp voor een kantoorgebouw in Königsberg (1922) illustreert zijn principes. Stam keerde in 1925 terug naar Rotterdam en werd niet veel later voorzitter van Opbouw. J.B. van Loghem (1881-1940) trad pas in 1928 toe tot deze

answering to artistic laws based on a fixed principle, comparable to those of economics or mathematics. Van Doesburg's last major work was Café l'Aubette in Strasbourg, in which he inserted a diagonal Elementarist composition into the interior of an existing building. This he did in the conviction that painting without architectural structure had lost its raison d'être.
With his death in 1931 the periodical De Stijl, too, came to an end. Due to Van Doesburg's international activities as publicist and to the widespread recognition accorded Mondrian, De Stijl was able to leave its mark on international abstract art. In the Netherlands, De Stijl's artistic legacy was deployed by the 'non-artistic' functionalists at the end of the thirties in their war against traditionalism. After the Second World War, De Stijl served as a major inspiration for architects eager to take over the avant-garde torch of the modern movement.

THE NIEUWE BOUWEN Dutch functionalism, generally termed the Nieuwe Bouwen (literally New Building) or Nieuwe Zakelijkheid (New Objectivity), developed during the twenties initially as a polemical springboard drawing together a number of architects. Shortly after, their ideas were given shape in a clutch of buildings that have helped to ensure that the Netherlands, together with Germany, Russia and France, is regarded to this day as crucial in shaping the international modern movement in architecture. The architects of the Nieuwe Bouwen valued Berlage above all for his ideas on normalization and type in housing. These ideas they radicalized into an argument for an industrialized building system able to provide affordable housing in large quantities. They were thus vehemently opposed to the craftsmanship and 'façade architecture' of the Amsterdam School. In the twenties Oud and later Rietveld and Van Eesteren broke away from De Stijl's exploration of form and joined the ranks of the functionalists. Duiker and Bijvoet followed suit, having first absorbed the twin influences of Berlage and Wright. Unlike De Stijl, the Nieuwe Bouwen was a close-knit movement, discussing as a group both its Dutch sources of inspiration and the stimuli it received from the international avant-garde. In the Rotterdam of 1920 Kromhout and Brinkman had founded Opbouw, a club where architects and artists thrashed out their wide-ranging ideas. With the later inclusion of Oud, Van Tijen and Van Eesteren, but above all through the radicalizing influence of Stam and Van Loghem, this society became a centre for the propagation of Nieuwe Bouwen architecture.

vereniging. Na een redacteurschap van Wendingen en de bouw van enkele tuinwijken in Haarlem (**E39**, **E45**) vertrok hij in 1926 naar Siberië om mee te werken aan de bouw van de mijnbouwkolonie Kemerovo. De socialistische overtuiging van beide architecten bleef niet beperkt tot ethisch-wijsgerige bespiegelingen zoals bij Berlage. Voor hen lagen functionele architectuur en een revolutionair-politieke stellingname in elkaars verlengde. Afschaffing van het winstmotief en de heerschappij van de arbeidersklasse waren volgens hen voorwaarden voor een architectuur die zich volledig in dienst kon stellen van elementaire, menselijke behoeften.

Invloeden van de buitenlandse avant-garde onderging Nederland ook via het tijdschrift i10, waar Oud als enig architect in de redactie zat. In 1927 publiceerde dit blad het manifest van de Amsterdamse architectengroep De 8, die op initiatief van B. Merkelbach (1901-1961) was opgericht en verder bestond uit J.H. Groenewegen, Ch.J.F. Karsten, H.E. van de Pauwert, P.J. Verschuyl en J. van den Bosch. De groep presenteerde zich als 'a-aesthetisch, a-dramatisch, a-romantisch en a-kubistisch'. Ze verklaarden meer te streven naar een bouwwetenschap dan een bouwstijl en zette zich af tegen De Stijl, de Amsterdamse School en indirect ook tegen Berlages stijlconcept.

Toch zijn de belangrijkste functionalistische gebouwen niet door deze actieve polemisten gebouwd

maar door jonge architecten die hun praktijk in snel tempo wisten te professionaliseren. J. Duiker (1890-1935) ontwikkelde een belangstelling voor constructie- en installatietechniek. Drie werken getuigen daarvan: de Nirwana-flat in Den Haag (**J26**), de Openluchtschool in Amsterdam (**G52**) en het sanatorium Zonnestraal in Hilversum (**D28**). Vooral in de laatste twee werken wist hij het betonskeletsysteem van de Fransman F. Hennebique te verfijnen en dit, samen met het gebruik van puien in staal en glas, tot uitgangspunt te maken voor een transparante architectuur, gericht op een economische constructie en hygiënische en comfortabele condities.

J.A. Brinkman (1902-1949) en L.C. van der Vlugt (1894-1936) kregen van C.H. van der Leeuw, een verlichte directeur van de handelsmaatschappij Van Nelle de opdracht voor een fabrieksgebouw waarin koffie, thee en tabak moesten worden verwerkt. De Van Nelle-fabriek (**L08**) introduceerde betonnen paddestoelvloeren en vliesgevels van glas en staal, maar demonstreerde vooral dat de functionalistische principes realiseerbaar waren en de arbeidsomstandigheden werkelijk konden verbeteren. Dit gebouw werd het triomfalistische pronkstuk van het Nieuwe Bouwen, vooral na de lovende woorden die Le Corbusier er in het openbaar aan wijdde na een bezoek in 1932. Omgekeerd bewezen Brinkman en Van der Vlugt hun schatplichtigheid aan de Franse meester in een aantal privé-woonhuizen, waaronder dat voor Van der Leeuw (**L25**).

DE JAREN DERTIG Amsterdamse School, De Stijl en het Nieuwe Bouwen hadden zich naast elkaar ontwikkeld. Alleen in manifesten en polemische geschriften kwam hun onderlinge onverenigbaarheid tot uiting. In de praktijk bestond er echter wel degelijk grensverkeer. Bovendien waren er architecten die een eigen weg zochten en daarbij kenmerken van de drie stromingen overnamen en met elkaar combineerden.

Voor J.F. Staal (1879-1940) lag het vertrekpunt bij Berlage en de Amsterdamse School, hetgeen te zien is in zijn gebouw voor De Telegraaf in Amsterdam (**F11**). Met zijn hoge woongebouw De Wolkenkrabber (**G60**), dat een prominente plaats in Berlages plan voor Amsterdam-Zuid markeert, sloot hij zich meer bij de functionalistische principes aan. W.M. Dudok (1884-1974) onderging dezelfde invloeden als Staal, maar ontwikkelde een eigen idioom, gekenmerkt door composities van kubische volumes. Van 1915 tot 1928 was hij directeur van de Dienst Publieke Werken in Hilversum. In die functie bouw-

M.A. Stam, prijsvraagontwerp voor een kantoorgebouw in Königsberg, 1922/M.A. Stam, competition design for an office building in Königsberg, 1922

In Germany and Switzerland, M.A. Stam (1899-1986) had come into contact with Roth, Schmidt, Moser and Mies van der Rohe. As editor of the architectural magazine ABC he pressed for an architecture based exclusively on rational and economic considerations. Illustrative of his principles is his design for an office building in Königsberg (1922). In 1925 Stam returned to Rotterdam and not long after became chairman of Opbouw. J.B. van Loghem (1881-1940) would only join this association in 1928. Two years earlier, following a stint on the editorial board of Wendingen and after realizing several garden estates in Haarlem (**E39**, **E45**), he left for Siberia to help build the miners' colony at Kemerovo. The socialist convictions of both architects were not just limited to ethico-philosophical reflections as in Berlage's case. For them, functional architecture and a revolutionary, political stance were each an extension of the other. Equally, abolition of motives of profit and the supremacy of the working classes were conditions necessary to creating an architecture that could be devoted entirely to answering basic human needs.

Avant-garde influences from abroad also filtered into the Netherlands care of the periodical i10, with Oud as sole architect among its editors. In 1927 it published the manifesto of De 8 (The Eight), an Amsterdam group of architects founded on the initiative of B. Merkelbach (1901-1961) and further consisting of J.H. Groenewegen, C.J.F. Karsten, H.E. van de Pauwert, P.J. Verschuyl and J. van den Bosch. Describing itself as 'non-aesthetic, non-dramatic, non-romantic and non-cubistic', the group professed to aim more for a science than for a style of building, rejecting De Stijl, the Amsterdam School and, if indirectly, Berlage's concept of style also.

Yet the seminal functionalist buildings were built not by these active polemicists but by younger architects, who were quick to excel in their profession. J. Duiker (1890-1935) developed an interest in the technical aspects of construction and building services. Three works bear witness to this enthusiasm: the Nirwanaflat in The Hague (**J26**), the Open Air School in Amsterdam (**G52**) and Zonnestraal aftercare colony in Hilversum (**D28**). In the last two in particular he managed to refine the concrete frame system of the Frenchman F. Hennebique and combine it with large areas of steel-framed glass to create a transparent architecture geared to economical construction and hygienic, comfortable conditions.

J.A. Brinkman (1902-1949) and L.C. van der Vlugt (1894-1936) were commissioned by C.H. van der

de hij o.a. woningbouwprojecten en scholen (**D26**) en het Hilversumse raadhuis (**D25**). F.P.J. Peutz (1896-1974) bediende zich van vele stijlen, maar in zijn warenhuis Schunck in Heerlen (**N41**) bleek dat hij ook de Van Nelle-fabriek op zich in had laten werken. Zijn raadhuis in dezelfde plaats (**N39**) combineerde een sobere opzet, bestudeerde verhoudingen en classicistische details. In het gebouw De Volharding in Den Haag (**J10**) van J.W.E. Buijs (1889-1961) en J.B. Lürsen (1894-1995) zijn materialen van het Nieuwe Bouwen samengebracht in een plastische compositie die aan De Stijl doet denken.
Het Nieuwe Bouwen oogstte in de jaren dertig enkele successen, maar maakte ook een periode van crisis en onzekerheid door. Op het eerste CIAM-congres dat op initiatief van Le Corbusier in 1928 bijeen was geroepen, waren zowel Berlage, Stam, Van Eesteren als Rietveld vertegenwoordigd. Naar aanleiding van dit congres ging De 8 samenwerken met de Rotterdamse tegenhanger Opbouw. Van 1932 tot 1942 was hun tijdschrift De 8 en Opbouw de belangrijkste spreekbuis van het Nederlandse functionalisme.
Het revolutionaire radicalisme nam in betekenis af. Stam was in 1928 naar Frankfurt en later naar de Sovjet-Unie vertrokken en keerde in 1936 teleurgesteld terug. Brinkman & Van der Vlugt en Duiker kregen grote opdrachten. Maar doordat de overheid de woningbouw in toenemende mate aan particuliere bouwers overliet, waren er weinig kansen om de functionalistische denkbeelden op dit gebied in de praktijk te toetsen. Tekenend in dit opzicht is dat Oud in 1931 de Rotterdamse Woningdienst verliet.
Het Nieuwe Bouwen boekte echter haar belangrijkste succes op het gebied van de stedenbouwkundige planning. Van Eesteren, die in Parijs stedenbouw had gestudeerd, werd in 1929 hoofdarchitect van de Afdeling Stadsontwikkeling van de Amsterdamse Dienst Publieke Werken. Met K.T. van Lohuizen ondernam hij een uitgebreid onderzoek naar de samenstelling en de groei van de bevolking. Daarop werden prognoses gebaseerd voor de behoefte aan woningen, verkeerswegen, openbaar groen en voorzieningen. Dit resulteerde in 1934 in het Algemeen Uitbreidingsplan (AUP) voor Amsterdam-West, dat moest voorzien in de stadsuitbreiding tot het jaar 2000. De principes van de CIAM, waarvan Van Eesteren van 1930 tot 1947 voorzitter was, werden voor het eerst op grote schaal in de praktijk gebracht toen het AUP na de Tweede Wereldoorlog werd uitgevoerd.
Dankzij de fusie tussen De 8 en Opbouw had het Nieuwe Bouwen zich als actieve beweging weten te consolideren. Maar hetzelfde coalitiebeleid leidde ook tot onzekerheid. Nadat A. Boeken (1891-1951) en A. Staal (1907-1993), de zoon van J.F. Staal, er niet in slaagden de vereniging A et A voor het Nieuwe Bouwen te winnen, sloten ze zich, met onder anderen P. Zanstra, J.H.L. Giesen en K.L. Sijmons, in 1934 aan bij De 8 en Opbouw. Deze Groep '32 bleek echter vooral het kunstzinnige aspect van de architectuur in ere te willen herstellen, waarbij Le Corbusier en de klassieke oudheid als voorbeelden dienden. S. van Ravesteyn (1889-1983) raakte na een functionalistische periode onder de indruk van de Italiaanse barok en bracht dat tot uiting in het kantoorgebouw Holland van 1859 (**H53**) en de verbouwing van schouwburg Kunstmin in Dordrecht (**H54**). Na hevige discussies verlieten Van Ravesteyn en de meeste leden van Groep '32 in 1938 De 8 en Opbouw.
Aan het toenemende cultuurpessimisme, gevoed door de economische crisis, de opkomst van het fascisme en de oorlogsdreiging, wisten ook de trouwe functionalisten niet te ontsnappen. Belangrijke figuren als Berlage, Duiker, Van der Vlugt en Van Loghem waren bovendien tegen de jaren veertig overleden. De prijsvraag voor het Amsterdamse stadhuis, waaraan veel functionalisten en leden van Groep '32 meededen, markeerde tenslotte de toenemende invloed van een andere stroming, het traditionalisme.

Leeuw, an enlightened director of the Van Nelle trading company, to build premises for a factory to process coffee, tea and tobacco. The Van Nelle factory (**L08**) introduced concrete mushroom columns and curtain walls of glass and steel, but more than this proved that functionalist principles could be put into practice and could truly improve workers' conditions. This building became the triumphal showpiece of the Nieuwe Bouwen, particularly after the glowing terms in which Le Corbusier publicly described it after visiting the factory in 1932. Conversely, Brinkman and Van der Vlugt demonstrated their obligation to the French master in a number of private houses, including one for Van der Leeuw (**L25**).

THE THIRTIES Amsterdam School, De Stijl and Nieuwe Bouwen had evolved in close proximity. That they were incompatible is apparent from their manifestos and polemical writings, but in practice a certain cross-pollination did exist. There were, besides, architects who followed their own paths, drawing on and combining characteristics of all three streams.
J.F. Staal (1879-1940), for example, took as his springboard Berlage and the Amsterdam School, as is exemplified by his building for De Telegraaf in Amsterdam (**F11**). Yet with his tall housing block De Wolkenkrabber (**G60**), which figures prominently in Berlage's plan for Amsterdam South, his sympathies move closer to functionalist principles. W.M. Dudok (1884-1974) underwent the same influences as Staal, yet emerged with his own idiom, characterized by compositions of cubic volumes. From 1915 to 1928 he was director of Public Works in Hilversum. It was in this function that he built housing and schools (**D26**) and Hilversum City Hall (**D25**). F.P.J. Peutz (1896-1974) drew on a great many styles. His Schunck department store in Heerlen (**N41**) is clearly indebted to the Van Nelle factory. Then again Heerlen City Hall (**N39**) combines a subdued layout, studied proportions and Classical details. In the Volharding cooperative building in The Hague (**J10**) designed by J.W.E. Buijs (1889-1961) and J.B. Lürsen (1894-1995) Nieuwe Bouwen materials were worked up into a sculptural composition reminiscent of De Stijl.
The Nieuwe Bouwen scored several successes in the thirties, yet also went through a period of crisis and uncertainty. At the first CIAM congress (instigated in 1928 by Le Corbusier) Berlage, Stam, Van Eesteren and Rietveld were all represented if not present. It was on the strength of this congress that the De 8 group joined forces with its Rotterdam counterpart Opbouw. From 1932 to 1942 their periodical De 8 en Opbouw was the most important mouthpiece of Dutch functionalism.
Revolutionary radicalism began to lose its significance. In 1928 Stam went to Frankfurt and later left for the Soviet Union, returning disillusioned in 1936. Brinkman & Van der Vlugt and Duiker landed some big commissions. Yet because the authorities left housing more and more to private builders, the opportunities for putting functionalist ideas on the subject into practice were few and far between. Noteworthy in this respect is Oud's voluntary departure from the Rotterdam Housing Agency in 1931.
The Nieuwe Bouwen did, however, have outstanding success in urban planning. In 1929 Van Eesteren, who had studied urban design in Paris, became chief architect of the Urban Development Department of Amsterdam Public Works. Together with K.T. van Lohuizen he carried out exhaustive investigations into population make-up and growth, from which forecasts could be made regarding the need for housing, main roads, green space and facilities. All this resulted in 1934 in the General Extension Plan (Dutch initials AUP) for Amsterdam West which had to meet urban expansion up until the year 2000. The principles of CIAM, of which Van Eesteren was chairman from 1930 to 1947, were first put into practice on a grand scale when the AUP was implemented after the war.

J.F. en A. Staal, prijsvraagontwerp voor het Amsterdamse stadhuis, tweede ronde, 1938-1939/J.F. and A. Staal, competition design for Amsterdam City Hall, second round, 1938-1939

TRADITIONALISME Halverwege de jaren twintig begonnen enkele architecten weer houvast te zoeken bij de architectuur van het verleden. Sommigen wendden zich tot de Nederlandse Gouden Eeuw, anderen tot de klassieken of tot de vroeg-christelijke kerkbouw, weer anderen idealiseerden de sobere plattelandsarchitectuur. Bovendien werd in Wendingen al vroeg aandacht besteed aan het Scandinavische classicisme van Östberg, Asplund en Tengbom.

Een voorbeeld voor de traditionalisten was het werk van A.J. Kropholler (1882-1973), die de ambachtelijke soberheid van Berlage combineerde met historische vormen, zoals in zijn raadhuis in Waalwijk (**N01**). Maar het was M.J. Granpré Molière die het traditionalisme een eigen schoonheidsleer gaf. Hij zocht naar een nederige architectuur die op eeuwige waarden was gebaseerd. Schoonheid stond voor hem gelijk aan waarheid; dit ideaal was te bereiken als de eenheid van lichaam en geest werd gerespecteerd en de materiële en formele kanten van het bouwen met elkaar in evenwicht werden gebracht. Hij wees het vergankelijke af, evenals het functionalisme dat te eenzijdig op het materiële zou zijn gericht. Na zijn bekering tot het katholicisme in 1927 baseerde hij zich op de denkwereld van Aristoteles en Thomas van Aquino. Hij streefde naar een architectuur die niet zozeer de mens diende maar op nederige wijze God verheerlijkte.

Granpré Molière verbreidde zijn leer op de Technische Hogeschool in Delft, waar hij vanaf 1924 hoogleraar was. Het traditionalisme wordt daarom vaak aangeduid als de 'Delftse School'. Bovendien domineerde hij de jaarlijkse studiedagen van de Algemene Katholieke Kunstenaars Vereniging in Huybergen. Hoewel niet alle traditionalisten het katholieke geloof aanhingen was het Rooms Katholiek Bouwblad de spreekbuis van deze stroming. Granpré Molière bouwde zelf weinig. Zijn belangrijkste gebouwen realiseerde hij na de Tweede Wereldoorlog: een kerk in Breda (**M18**) en het raadhuis van Oosterbeek (**C22**). In de jaren dertig behaalde de Delftse School echter haar belangrijkste openbare succes toen Molière als jurylid de inzending van twee leerlingen, J.F. Berghoef (1903-1994) en J.J.M. Vegter (1907-1982), als winnend aanwees van de prijsvraag voor het Amsterdamse Stadhuis. In het Museum Boijmans Van Beuningen in Rotterdam (**K45**) van A. van der Steur (1893-1953) en het stadhuis in Enschede (**B33**) van G. Friedhoff (1892-1970) is de Scandinavische invloed afleesbaar.

WEDEROPBOUW In mei 1940 werd Nederland gewapenderhand bezet door de troepen van Nazi-Duitsland. Steden, havens, bedrijven en infrastructuur werden verwoest; de bombardementen op

The fusion of De 8 and Opbouw enabled the Nieuwe Bouwen to consolidate its position as an active movement. Yet the self-same coalition policy was also to lead to uncertainty. In 1934, having failed to win over the A et A association to the Nieuwe Bouwen, A. Boeken (1891-1951) and A. Staal (1907-1993), the son of J.F. Staal, joined the ranks of De 8 and Opbouw along with the likes of P. Zanstra, J.H.L. Giesen and K.L. Sijmons. Taking the name Groep '32, this faction seemed most interested, however, in honourably restoring the artistic side of architecture, taking Le Corbusier and Classical Antiquity as its models. S. van Ravesteyn (1889-1983), after having pursued a functionalist style, became fascinated by Italian Baroque which produced the office building Holland van 1859 (**H53**) and the Kunstmin Theatre (**H54**), both in Dordrecht. After heated discussions Van Ravesteyn and most members of Groep '32 left De 8 and Opbouw in 1938.

A mounting cultural pessimism nurtured by the economic crisis, the rise of Fascism and the threat of war, was to affect the hard-core functionalists too. Moreover by 1940 such key figures as Berlage, Duiker, Van der Vlugt and Van Loghem were dead. Finally, the competition for Amsterdam City Hall which attracted many functionalists and members of Groep '32, marked the rising influence of yet another stream: traditionalism.

TRADITIONALISM In the mid-twenties various architects turned once again to the architecture of the past for support. Some harked back to the Golden Age of the Netherlands, some to Classical times or early Christian church building, while others idealized the sobriety of rural architecture. Wendingen, besides, had long focused on the Scandinavian Classicism of Östberg, Asplund and Tengbom.

One example the traditionalists followed was that of A.J. Kropholler (1882-1973), whose work combined the craftsmanly restraint of Berlage with historical forms, as in his town hall at Waalwijk (**N01**). But it was M.J. Granpré Molière who gave traditionalism an aesthetics of its own. He strove for a self-effacing architecture steeped in centuries-old values. For him beauty was tantamount to truth: an ideal attainable by respecting the unity of matter and spirit and by striking a balance between the material and formal aspects of building. He rejected the transient, as he did functionalism, as tipping the scales too far to the material side. After his conversion to Catholicism in 1927 he took as his basis the ideas of Aristotle and Thomas Aquinas. He sought to achieve an architecture not so much serving mankind as humbly glorifying God.

Granpré Molière amplified his theories at the Technische Hogeschool (now the University of Technology) at Delft, where he began teaching in 1924. Which is why traditionalism is often described as the Delft School. He also dominated the annual seminars of the General Catholic Artists Association in Huybergen. Although not all traditionalists adhered to Catholicism the architectural publication Rooms Katholiek Bouwblad was the official organ of this stream. Granpré Molière built little himself. His most important buildings were done after the Second World War, these being a church in Breda (**M18**) and the town hall at Oosterbeek (**C22**). But the Delft School's finest hour came in the thirties when Molière, in his capacity as jury member, chose the design by a pair of his pupils, J.F. Berghoef (1903-1994) and J.J.M. Vegter (1907-1982), as the winning entry in the competition for Amsterdam City Hall. Two built works which exhibit an unmistakeably Scandinavian influence are the Boijmans Van Beuningen Museum in Rotterdam (**K45**) of A. van der Steur (1893-1953) and Enschede Town Hall (**B33**) designed by G. Friedhoff (1892-1970).

steden als Middelburg en Rotterdam dienden om Nederland tot een snelle capitulatie te dwingen. In de vijf jaar durende bezettingstijd werd nog meer oorlogsschade aangericht door geallieerde bombardementen en het terugtrekkende Duitse leger, dat onder meer grote delen van het land onder water zette.

In 1945 werd de tol die de oorlog had geëist in volle omvang zichtbaar. Het nog op militaire leest geschoeide landsbestuur voerde een krachtige centralisatie van bevoegdheden door om de wederopbouw ter hand te kunnen nemen. Daarnaast zag de regering zich gesteld voor een tweede taak: het bestrijden van de woningnood die in de jaren vijftig als 'volksvijand nummer één' werd aangeduid. Deze was ontstaan door de vernietiging en beschadiging van woningen door het oorlogsgeweld, het stilvallen van de woningbouwproductie en het onderhoud, en het grote aantal gezinnen dat na de bevrijding werd gesticht. Herstel van havens, industrie en infrastructuur kreeg de hoogste prioriteit. Pas in de jaren vijftig kwam de woningbouw op gang. De overheid ging daarbij opnieuw een belangrijke rol spelen. Ze financierde en subsidieerde de woningbouw, die in handen van de particuliere bouwers tot een te hoog huurpeil zou leiden. Dankzij de lage huren konden ook de lonen beperkt blijven, hetgeen bijdroeg aan het herstel van de industrie en de exportpositie. Het tempo van de woningbouw werd niet te hoog gelegd, uit vrees voor massale werkloosheid als de woningnood voorbij zou zijn. De volkshuisvesting werd zo een belangrijk instrument in de economische politiek.

De architectuurdiscussie richtte zich op deze wederopbouw- en volkshuisvestingstaken maar werd vooral beheerst door de controverse tussen de Delftse School en het Nieuwe Bouwen. Op initiatief van Granpré Molière werden tijdens en na de oorlog studieconferenties gehouden in Doorn, waaraan ook Rietveld en Van Tijen deelnamen. Hoewel dit bijdroeg tot wederzijds begrip slaagde men er niet in beide stromingen te verzoenen. Dit gebeurde evenmin in het blad Forum, dat vanaf 1946 door A et A werd uitgegeven als een platform waar verschillende stromingen elkaar konden ontmoeten. Eind jaren veertig werden toch weer verbitterde polemieken gevoerd. De invloedrijke posities die de traditionalisten innamen bij de wederopbouw en de inrichting van de IJsselmeerpolders werden door de functionalisten aan de kaak gesteld als 'Delftse dictatuur'.

De wederopbouwplannen voor de stadscentra van Rhenen en Middelburg ademen nog het zuiverst de sfeer van de Delftse School. Als invloedrijke theorie boette de stroming aan belang in nadat Granpré Molière in 1953 Delft had verlaten en Van den Broek en Van Eesteren daar hun intrede hadden gedaan. Veel traditionalisten gingen hun ontwerpen aanpassen aan de moderne techniek en vormgeving. Typische voorbeelden daarvan zijn Berghoefs woningbouw in de Sloterhof te Amsterdam (**G32**) en het provinciehuis in Arnhem van Vegter (**C15**). In het laatste gebouw is ook geprobeerd eigentijdse en oude gebouwen met elkaar te verenigen. In de kerkelijke architectuur werd de Delftse School opgevolgd door de Bossche School. Met deze benaming wordt een groep architecten rond de benedictijner monnik H. van der Laan aangeduid, die elkaar van 1946 tot 1973 voor studiedoeleinden ontmoetten in 's-Hertogenbosch. Van der Laan (1904-1991) ontwikkelde een eigen proportietheorie en paste die toe in zijn eigen werk, zoals het klooster bij Vaals (**N60**) en het woonhuis Naalden (**N09**).

De onzekerheid binnen functionalistische kring werkte na in het monumentale en gedecoreerde BIM-gebouw in Den Haag (**J27**) van Oud. Hierover ontstond een internationale discussie. Oud herwon zijn zuiverheid weer in het Bio-Herstellingsoord in Arnhem (**C20**). Van Tijen wilde, geheel in de geest van de studieconferenties van Doorn, een 'huwelijk tussen baksteen en beton' bewerkstelligen in zijn bedrijfsverzamelgebouwen in Rotterdam (**K35**). Met het Groothandelsgebouw (**K03**), ontworpen met zijn compagnon H.A. Maaskant (1907-1977), introduceerde hij het type van de megastructuur in

POST-WAR RECONSTRUCTION In May 1940 the Netherlands was taken by force of arms by the troops of Nazi Germany. Cities, docks, industries and infrastructure were devastated; towns such as Middelburg and Rotterdam were bombed as a means of forcing an early capitulation. Five years of occupation saw further damage done by allied bombings and by the German army which flooded vast tracts of land during its retreat.

In 1945 the full extent of the toll taken by the war was all too evident. The country's administration, still acting along military lines, pushed through a high-powered centralization of authority so as to be able to address itself to the post-war reconstruction. Besides reconstruction there was a second task facing the government, namely to combat the housing shortage, labelled 'public enemy number one' in the fifties. This shortage was caused by the destruction and impairment of houses during hostilities, the standstill in housing production and maintenance, and the large numbers of families begun after the liberation. The first priority, however, was to restore the docks, industry and infrastructure. Only in the fifties did housing really come under consideration. Here the authorities were once again to play a key role. They financed and subsidized it, rather than leaving it in the hands of private builders which would have resulted in exorbitant rents. Given the low rent level wages, too, could be kept down, all of which contributed to the restitution of industry and export. The pace at which housing was built was intentionally slow, for fear that mass unemployment would ensue once the housing shortage had been taken care of. So housing became an important tool in economic politics.

Discussions in the architectural world were focused on the twin tasks of reconstruction and housing, yet were dominated by the controversy between the Delft School and the Nieuwe Bouwen. Conferences initiated by Granpré Molière had been held during and after the war in Doorn, in the province of Utrecht, with Rietveld and Van Tijen among those taking part. Though this did help to bring about something like mutual understanding a reconciliation was unforthcoming. It was just as little in evidence in the pages of the magazine Forum, which was published from 1946 on by A et A as a platform where different streams could exchange views. At the end of the forties rancorous argument once more raged forth. The influential positions held by traditionalists in the reconstruction and layout of the IJsselmeerpolders were denounced in functionalist circles as 'Delft dictatorship'.

But it is the reconstruction plans for Rhenen and Middelburg town centres that best conjure up the atmosphere of the Delft School. Its influence as a theory dwindled after Granpré Molière left Delft in 1953 and Van den Broek and Van Eesteren made their appearance there. Many traditionalists modified their projects to suit modern technology and design. Typical examples of this approach are Berghoef's Sloterhof housing in Amsterdam (**G32**) and Vegter's Provincial House in Arnhem (**C15**). The latter, moreover, attempts to unite a modern building with an old, existing work. In religious architecture the Delft School was succeeded by the so-called Bossche School, a group of architects centred around the Benedictine monk H. van der Laan that met for study purposes in 's-Hertogenbosch from 1946 to 1973. Van der Laan (1904-1991) developed his own theory of proportions and applied it to his own work, such as the monastery at Vaals (**N60**) and the Naalden house (**N09**).

The uncertainty felt in functionalist circles lingered on in Oud's monumental, decorative BIM building in The Hague (**J27**) which triggered off an international discussion. Oud would later regain his purity of style in the Bio Sanatorium at Arnhem (**C20**). Van Tijen for his part sought, completely in the spirit of the Doorn conferences, to achieve a 'marriage of brick and concrete' in his industrial buildings in Rotterdam (**K35**). With the Rotterdam Business Centre (**K03**), designed together with his partner H.A. Maaskant (1907-1977), he introduced to the Netherlands the megastructure, a large building

Nederland, een groot gebouw dat uiteenlopende functies en verkeerswegen in zich opneemt. Als zelfstandig architect ontwikkelde Maaskant een combinatie van functionalisme en monumentaliteit die het meest controversieel tot uiting kwam in zijn provinciehuis in 's-Hertogenbosch (**N02**) en zijn fabrieksgebouw in Mijdrecht (**C61**). Veel van wat er in de jaren vijftig werd gebouwd ademde voorts de geest van de Groep '32, die als zodanig niet meer bestond.
Tegen dit beeld van hybridisering en compromisbereidheid wisten van de ouderen alleen Stam, Merkelbach, Elling, Bodon, Kloos, Salomonson en Rietveld de zuiverheid van het Nieuwe Bouwen te bewaren. Ze konden hun gerijpte talenten echter vooral tot uiting brengen in kleine bouwwerken, waarvan de villa's van Rietveld in Heerlen (**N46**) en Ilpendam (**E27**) de beste voorbeelden zijn. Slechts een paar grotere opgaven werd aan deze generatie toevertrouwd: het Van Gogh Museum in Amsterdam (Rietveld, **F38**), het Rijnhotel in Rotterdam (Merkelbach & Elling, **K08**), de RAI expositiehallen in Amsterdam (Bodon, **G68**) en de hangbrugwoningen in Amsterdam (Kloos, **G33**). Een van de jongeren die in het voetspoor van deze 'moderne meesters' trad was W.G. Quist (geb. 1930). In zijn drinkwaterproductiebedrijf De Berenplaat (**H38**) en andere gebouwen combineerde hij eenvoudige gebouwvolumes met het expressief gebruik van nieuwe constructieprincipes, zoals betonnen hypparschalen. Maar het waren vooral Bakema en Van Eyck die de moderne architectuur een nieuwe wending zouden geven.

TEAM TEN EN FORUM De organisatorische kern van het Nieuwe Bouwen, de verenigingen De 8 en Opbouw, bleven ook na de oorlog bestaan als de Nederlandse afdeling van de CIAM. De eerste internationale congressen hadden de wederopbouw, de humanisering van de industrialisatie en de begrippen 'core' en 'habitat' tot onderwerp. De CIAM zocht een nieuwe koers; ze wilde zich niet meer louter op functionele en rationele aspecten richten, maar ook op het bevorderen van gemeenschapszin en een rijk stedelijk leven. Een groep jongeren uit diverse landen nam bij dit zoeken het initiatief. Dit Team Ten, zo genoemd omdat ze het tiende congres in 1956 mocht voorbereiden, besprak concepten als samenlevingspatronen, identiteit en cluster. Binnen Team Ten waren twee Nederlandse architecten actief.
J.B. Bakema (1914-1981) wilde het begrip functionalisme verbreden en lanceerde daartoe termen als 'beeldend functionalisme' en 'de functie van de vorm'. Volgens hem moest de omgeving op ieder niveau, 'van stoel tot stad', menselijke gedragingen en cultuur-maatschappelijke waarden tot uiting brengen en stimuleren. Binnen Opbouw was Bakema betrokken bij studies voor de Rotterdamse wijken Pendrecht (**L61**) en Alexanderpolder, waarbij met 'wooneenheden' of 'stempels' werd gewerkt: herhaalbare patronen waarin diverse woonvormen en woningtypes waren samengevoegd, zodat uiteenlopende bevolkingscategorieën geïntegreerd konden samenwonen. Op deze wijze werd vorm gegeven aan de wijkgedachte, die tijdens de oorlog door een groep rond A. Bos in Nederland werd geïntroduceerd als een remedie tegen het verlies aan gemeenschapsgevoel in de grote stad.
Bakema had zich in 1948 geassocieerd met Van den Broek. Hun belangrijkste werk is de Lijnbaan in Rotterdam (**K13**), waarmee ze aantoonden hoe een goed functionerende openbare ruimte kon samengaan met hoge en middelhoge woongebouwen. In 1965 presenteerde Bakema, geïnspireerd door Kenzo Tanges Tokyo Bay Plan, het Pampusplan, een project voor een lineaire stadsuitbreiding van Amsterdam in het oostelijk gelegen IJ-meer en een voltooiing van het vingerstadsmodel dat de Amsterdamse stadsuitleg sinds de jaren dertig had bepaald. In de praktijk kon Bakema zijn stedenbouwkundige ambities slechts op kleine schaal realiseren, zoals in de kernwandgebouwen in Tilburg

H.A. Maaskant, handtekening van de architect op het provinciehuis in 's-Hertogenbosch, 1971/H.A. Maaskant, Provincial House, 's-Hertogenbosch, 1971. The architect's signature in concrete.

J.B. Bakema, ontwerpschets voor de Lijnbaan, Rotterdam, 1955/J.B. Bakema, design for the Lijnbaan, Rotterdam, 1955

Van den Broek & Bakema, ontwerp voor Pampus in het Amsterdamse IJ-meer, 1965/Van den Broek & Bakema, design for Pampus in Amsterdam's IJ-meer, 1965

type incorporating a multitude of functions and roads for motorized traffic. Maaskant, as an architect in independent practice, developed a synthesis of functionalism and monumentality whose most controversial expression can be found in his Provincial House in 's-Hertogenbosch (**N02**) and factory building in Mijdrecht (**C61**). Much of what was built in the fifties still breathed the spirit of Groep '32 though this group had officially ceased to exist.
Against this image of mongrelism and ready compromise only Stam, Merkelbach, Elling, Bodon, Kloos, Salomonson and Rietveld of the older architects managed to preserve the purity of the Nieuwe Bouwen. Their well-seasoned talents were best expressed in small buildings, the finest examples of which are Rietveld's villas in Heerlen (**N46**) and Ilpendam (**E27**). Just a few larger briefs were entrusted to this generation: the Van Gogh Museum in Amsterdam (Rietveld, **F38**), the Rijn Hotel in Rotterdam (Merkelbach & Elling, **K08**), the RAI exhibition complex in Amsterdam (Bodon, **G68**) and the suspension-bridge maisonettes (Kloos, **G33**). One younger man who followed in their footsteps was W.G. Quist (b. 1930). In his water purification plant De Berenplaat (**H38**) and other works he combined basic building volumes with the expressive use of new constructional principles, such as concrete hypar roofs. Yet it was chiefly Bakema and Van Eyck who would point modern architecture in a new direction.

TEAM TEN AND FORUM The organizing nucleus of the Nieuwe Bouwen, the twin associations De 8 and Opbouw, continued life after the war as the Dutch branch of CIAM. The first international congresses were devoted to the post-war reconstruction, how to humanize the industrialization process, and the concepts 'core' and 'habitat'. CIAM was searching for a new course: its intention was not simply to continue concentrating on functional and rational aspects but to add to these the enhancement of public spirit and a rich urban life. Leadership of this search was assumed by an international coterie of young architects. Known as Team Ten, as they had been charged with organizing the tenth congress in 1956, they discussed such ideas as social patterns, identity and cluster. Among its number were two Dutch architects.
J.B. Bakema (1914-1981) wished to expand the concept of functionalism, introducing to this end terms such as 'expressive functionalism' and 'the function of form'. He felt that the environment had to express and stimulate human behaviour and socio-cultural values on all levels, 'from seat to city', to quote his bon mot. As a member of Opbouw Bakema was involved in studies for the Rotterdam dis-

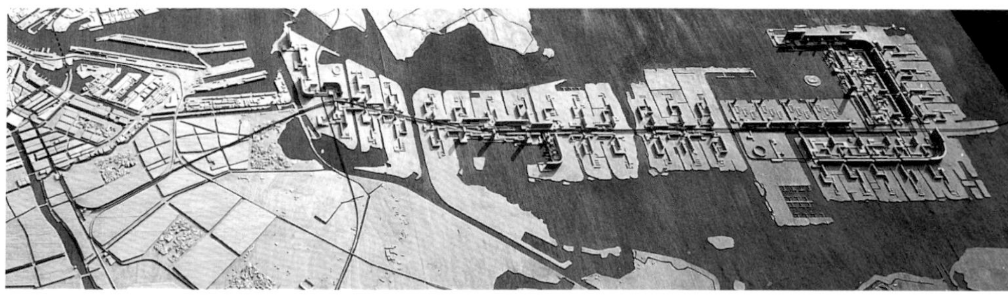

(**M22**). Als architect van afzonderlijke bouwwerken had hij meer succes. De aula voor de Technische Universiteit in Delft (**H31**) en het raadhuis in Terneuzen (**M06**) zijn treffende voorbeelden van zijn plastische, 'brutalistische' betonarchitectuur.
A.E. van Eyck (geb. 1918) had tijdens de Tweede Wereldoorlog kennisgemaakt met de cercle van avant-gardistische kunstenaars rond Sigfried en Carola Giedion in Zürich. Hij beschouwde het relativiteitsbeginsel als de grootste verworvenheid van de moderne kunst en wilde daar een architectonische uitdrukking aan geven. Van Eyck bestreed de reductieve geesteshouding die tijdens de eerste naoorlogse CIAM-conferenties de erfenis van de moderne beweging in de architectuur en stedenbouw dreigde te verschralen. Geïnspireerd door zijn kennismaking met de Dogon-cultuur (Mali) propageerde hij een bouwwijze die meer recht zou doen aan de meer complexe behoeften van zowel het individu als de samenleving. Het vraagstuk van het 'grote aantal', dat na de oorlog vooral in de woningbouw aan de orde was, beantwoordde hij met de 'configuratieve discipline'; polariteiten als groot/klein en veel/weinig wilde hij verzoenen tot 'tweelingfenomenen'. Deze beginselen komen het sterkst tot uiting in het Burgerweeshuis in Amsterdam (**G44**).
In 1959 vormden Bakema en Van Eyck op verzoek van A et A een nieuwe redactie van het tijdschrift Forum. Van een tamelijk kleurloos 'ontmoetingsplatform' veranderde het blad in een spreekbuis van een actieve beweging. De redactie pleitte voor 'een andere gedachte', een samenvoegen van architectuur en stedenbouw, om daarmee de contravorm voor een complexe maatschappij te verbeelden, de vervanging van een positivistisch mensbeeld door een mensvisie die het transcendente insluit en het herstel van de relatie tussen de mens en zijn omgeving, die door de bureaucratie en technocratie verstoord was geraakt.
H. Hertzberger (geb. 1932), een van de jongere redactieleden, bouwde het configuratieconcept om tot een consequent architectuuridioom, waarmee hij grote kantoorgebouwen, zoals dat voor het Apeldoornse Centraal Beheer (**B17**), kon geleden, maar dat hem ook in staat stelde ontvankelijk te blijven voor de spontane inbezitname van de ruimte door de gebruikers. Tot de Forumredactie, die tot 1963 aanbleef, behoorden ook D.C. Apon en J. Hardy. Hun invloed op de Nederlandse architectuur was vooral van pedagogische aard. Met zijn configuratieconcept beïnvloedde Van Eyck ook enkele van zijn studenten aan de Amsterdamse Academie van Bouwkunst. P. Blom (geb. 1934) ontwikkelde daarbij een grote virtuositeit die blijkt uit zijn ontwerp voor een kinderdorp uit de eindronde van de Prix de Rome 1963, waar een hiërarchische organisatiestructuur is ondergebracht in een niet-hiërar-

tricts of Pendrecht (**L61**) and Alexanderpolder which deployed 'wooneenheden' (clusters) or 'stempels' (stamps): repeatable patterns juxtaposing dwelling forms and house types so that widely differing categories of inhabitant could live in integration together. This is how shape was given to the 'wijkgedachte' (neighbourhood idea), introduced in the Netherlands during the war by a group centred around A. Bos as a remedy against loss of community spirit in the major cities.
In 1948 Bakema went into partnership with Van den Broek. Their major built achievement is the Lijnbaan shopping precinct in Rotterdam (**K13**), in which they showed how a public space functioning properly could combine with high-rise and middle-rise housing blocks. In 1965 Bakema, fired by Kenzo Tange's Tokyo Bay Plan, presented the Pampus Plan, a linear urban development extending Amsterdam into the IJ-meer east of the city and completing the finger-model that had informed Amsterdam's expansion since the thirties. In practice, Bakema was only able to realize his ambitions as an urbanist on a more modest scale, such as his megastructural blocks in Tilburg (**M22**). He had greater success as an architect of single buildings. The main auditorium building for the TU Delft (**H31**) and the town hall in Terneuzen (**M06**) are impeccable examples of his expressive, brutalist concrete architecture.
A.E. van Eyck (b. 1918) had got to know the circle of avant-garde artists gathered round Sigfried and Carola Giedion in Zurich during the Second World War. He regarded the principle of relativity as modern art's greatest achievement and wished to express it in architectural terms. Van Eyck railed against the reductive mentality with which the first post-war CIAM congresses threatened to fritter away the legacy of the modern movement. Inspired by his first-hand acquaintance with the Dogon culture of Mali he proposed a mode of building that would be truer to the more complex needs of both the individual and society. His answer to the problem of the 'great number' was a 'configurative discipline'; polarities such as large/small and many/few he wished to reconcile in 'twin phenomena'. These principles come most strongly to the fore in his Orphanage in Amsterdam (**G44**).
In 1959 Bakema and Van Eyck, at the behest of A et A, formed a new editorial board for the magazine Forum. From a fairly bland meeting platform this journal transformed into the vibrant mouthpiece of an active movement. Its editors called for 'another idea', a fusion of architecture and urban design, as the counterform for a complex society. It was to replace a positivistic view of man with a vision embracing the transcendental and recover the relationship between man and his environment, a relationship that had been thrown off balance by bureaucratic and technocratic forces.

P. Blom, ontwerp voor een kinderdorp, 1963/
P. Blom, design for a children's village, 1963

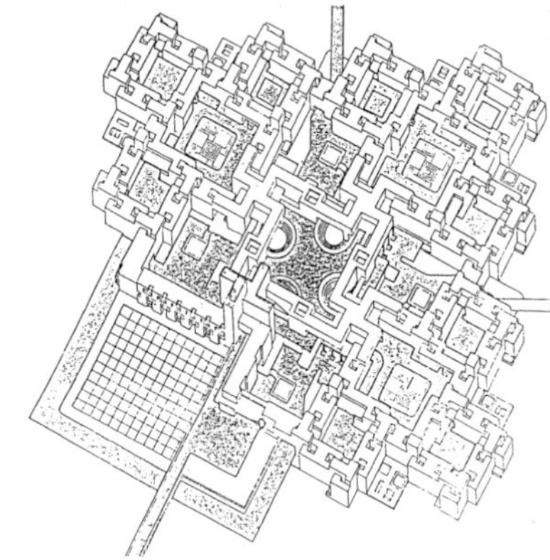

chisch architectonisch beeld. Bloms latere werk neigt naar het extravagante, zoals bij de kubuswoningen in Helmond en Rotterdam (**N16**, **K31**) en het Russische paleisje in Amersfoort (**C41**).
De navolgers van de Forumgeneratie vertaalden Van Eycks configuratieconcept vaak in strakke, geometrische ordeningspatronen die vooruitliepen op Mandelbrots theorieën over fractals. Achteraf is aan deze stroming de naam 'structuralisme' gegeven. De belangrijkste werken daarvan zijn het raadhuis in Ter Aar (**H12**) van J. van Stigt (geb. 1934) en het woningbouwproject in Rotterdam (**L14**) van J. Verhoeven (1926-1994). In de kantorenbouw werd het structuralistische credo om van een 'groot gebouw' een 'kleine stad' te maken diverse malen vertaald in een horizontaal uiteengelegde, wetmatig gearticuleerde bouwstructuur, die vaak moeizaam aansloot op de stedelijke omgeving. In zijn gebouw voor de Rijksdienst voor Oudheidkundig Bodemonderzoek in Amersfoort (**C38**) trachtte A. Cahen (geb. 1934) dit conflict te overbruggen. Het was echter de zwanenzang van het Hollandse structuralisme; kantoorgebouwen worden sindsdien niet meer in historische centra gebouwd maar in de periferie, vaak in speciale bedrijvenparken.

WONINGBOUW EN STADSVERNIEUWING Sinds de woningbouw als instrument in de economische politiek was gaan functioneren was overheidsbemoeienis daarbij een structureel gegeven. In de naoorlogse woonwijken is dat sterker dan ooit afleesbaar. De regering stelde de financiering afhankelijk van toetsing aan Voorschriften en Wenken (V&W). Deze werden in 1951 van kracht, maar waren al tijdens de oorlog voorbereid door de Studiegroep Woningarchitectuur waarvan Van Tijen, Merkelbach, Berghoef, Van Embden en Van den Broek deel uitmaakten. De V&W hadden al een zeker uniformerend effect, maar grootschalige woonwijken zoals Ommoord in Rotterdam en de Bijlmermeer in Amsterdam (**G88**) die vanwege hun monotonie werden verguisd, konden pas ontstaan na een beleidswijziging in 1963. Volkshuisvestingminister Bogaers wilde de toen nog steeds nijpende woningnood bestrijden door opvoering van de productie en stimulering van industriële bouwtechnieken.
Het verzet dat deze door hoogbouw gedomineerde slaapsteden in de architectenwereld opriep werd vooral gekleurd door de denkbeelden van Team Ten en Forum. Maar ook N.J. Habraken (geb. 1928) wilde de 'natuurlijke relatie' tussen mens en omgeving herstellen. Hij bepleitte het aanbieden van 'dragers' als infrastructuur die de bewoners zelf konden invullen met 'inbouwpakketten' die hij zich

H. Hertzberger (b. 1932), one of Forum's younger editors, compounded the configuration idea into a consistent architectural idiom that enabled him to articulate such large office buildings as Centraal Beheer in Apeldoorn (**B17**) while remaining alive to the spontaneous appropriation of the building's space by its users. Also on the Forum editorial board, which remained operational until 1963, were D.C. Apon and J. Hardy who were influential primarily as teachers. Several of Van Eyck's students at the Amsterdam Academy of Architecture were fired by his configuration concept too. P. Blom (b. 1934) imbued it with a high degree of virtuosity as evidenced by his 1963 design in the final round of the Prix de Rome for a children's village, where a hierarchically structured organization is accommodated in a non-hierarchical architectural image. Blom's later work verges on the extravagant, exemplified by the pole dwellings in Helmond and Rotterdam (**N16**, **K31**) and the Russian palace in Amersfoort (**C41**).
Those who came in the wake of the Forum generation often translated Van Eyck's configurative idea into taut, geometric patterns of organization that prefigure Mandelbrot's fractal theories. This stream has since been dubbed Structuralism. Key buildings done in this style are the town hall in Ter Aar (**H12**) designed by J. van Stigt (b. 1934) and the housing project in Rotterdam (**L14**) of J. Verhoeven (1926-1994). In office construction the structuralist credo of making a 'small city' from a 'large building' was rendered on several occasions as a horizontally configured, systematically articulated structure that often had the greatest difficulty mating up with the urban environment. With his premises for the State Service for Archaeological Investigation (**C38**) A. Cahen (b. 1934) attempted to bridge this conflict. As it happened, it signalled the end of Dutch structuralism; since then, office buildings are erected in the peripheries of cities rather than in their historical centres, often in business parks laid out for the occasion.

HOUSING AND URBAN RENEWAL With housing enlisted as a tool of economic politics, government involvement became fundamental to it. In post-war residential areas this is more strongly in evidence than ever. The government decreed that the financing of a housing project depended on how it stood up to the norms of Voorschriften en Wenken (Prescriptions and Hints for Housing). This law, though enforced in 1951, had been got ready during the war by the Studiegroep Woningarchitectuur (Study Group for Housing Architecture) which included Van Tijen, Merkelbach, Berghoef, Van Embden and Van den Broek. The Prescriptions and Hints had already led to a certain uniformity, though such large-scale residential areas as Ommoord in Rotterdam and the Bijlmermeer in Amsterdam (**G88**), both denounced for their monotony, were possible only after a change of policy in 1963. Bogaers, the then Minister of Housing, wanted to combat the housing shortage, at that time still acute, by stepping up production and encouraging industrialized building techniques.
Hostility among architects to these dormitory towns dominated by high-rise was largely coloured by the ideas of Team Ten and Forum. N.J. Habraken (b. 1928) was another who wished to reinstate the 'natural relationship' between man and environment. He advocated the provision of 'supports', an infrastructure to be fitted out by the tenants themselves with 'sets of detachable units', durable consumer goods made by private contractors. In 1964, aided by several architectural practices, he established the Foundation for Architectural Research (Dutch initials SAR) to elaborate these ideas. Due to legal and economic drawbacks the SAR principle could be applied in only a few experimental situations, one being the Lunetten residential district outside Utrecht (**D20**).
Mass housing came under fire from sociologists, psychologists and doctors alike. Partly as a result A. van Dien decided in 1968 to set up the Stichting Nieuwe Woonvormen (Foundation for New Dwell-

Voorbeeld van het door N.J. Habraken ontwikkelde systeem van 'dragers' en 'inbouwpakketten'/Example of the system of 'supports' and 'sets of detachable units' as developed by N.J. Habraken

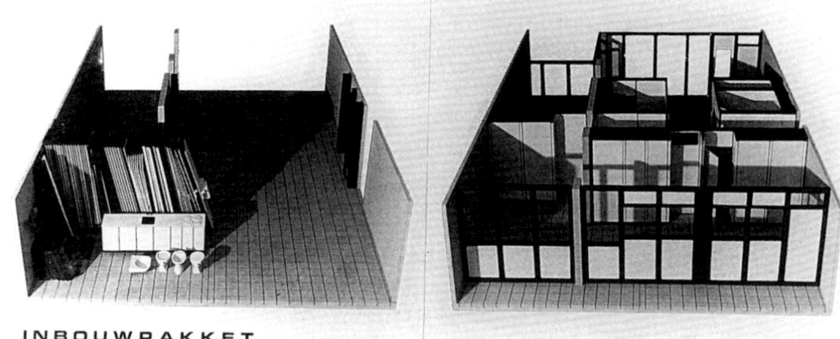

voorstelde als door particuliere ondernemers geproduceerde, duurzame gebruiksgoederen. Gesteund door enkele architectenbureaus richtte hij in 1964 de Stichting Architecten Research (SAR) op, die deze denkbeelden moest uitwerken. Vanwege juridische en economische obstakels kon het SAR-concept slechts in enkele, experimentele situaties worden gerealiseerd, zoals in de Lunetten bij Utrecht (**D20**). De massawoningbouw werd ook bekritiseerd door sociologen, psychologen en artsen. Mede onder invloed hiervan nam A. van Dien in 1968 het initiatief tot de Stichting Nieuwe Woonvormen. Aanvankelijk werd deze gedomineerd door het gedachtengoed van de Forumarchitecten. Maar het waren vooral hun volgelingen die er enkele opdrachten aan overhielden, zoals Brinkman, Klunder, Verhoeven en Witstok (**E16**, **H20**). Om de eentonige woonmilieus een minimum aan openbaar leven mee te geven ontwikkelde F. van Klingeren (geb. 1919) multifunctionele gemeenschapscentra in de nieuwe poldernederzettingen zoals de Meerpaal in Dronten (**B08**) en in uitbreidingswijken, zoals 't Karregat in Eindhoven (**N28**).

Aan het begin van de jaren zestig kreeg de Nederlandse economie, meegezogen door het Duitse Wirtschaftswunder en opgestuwd door de aardgasvondsten in Groningen, de kenmerken van een welvaartsstaat: inkomensstijging, toenemende consumptie en grote sociale zekerheid. Deze welvaartsstijging was merkbaar in het dagelijks leven van bijna iedere Nederlander. Loonrondes waarbij tien procent inkomensstijging werd gegarandeerd vormden geen uitzondering. Dit had drie belangrijke gevolgen.

In de eerste plaats sterkte de nieuwverworven welvaart het individuele zelfbewustzijn. Het consumptiegedrag werd belangrijker voor iemands identiteit en levensstijl dan de traditionele binding aan een godsdienstige of politieke 'zuil'. De toenemende behoefte om over het eigen lot te beschikken uitte zich in de aandrang tot inspraak en medezeggenschap, de opkomst van emancipatiebewegingen voor vrouwen en homoseksuelen en in een breed gedragen verlangen om de maatschappij in al haar geledingen en sectoren te 'democratiseren'. Er werd zelfs een nieuwe politieke partij opgericht, D66, die met genoemd programma in 1967 een opmerkelijk verkiezingssucces oogstte.

Ten tweede leidde de opulentie van de toegenomen welvaart tot weerzin die vanaf 1965 op speelse wijze tot uiting werd gebracht door de Provobeweging in Amsterdam. Tijdens 'happenings' ritualiseerde ze haar verzet tegen de 'verslaafde consument' en trachtte ze het bevoegde gezag, gesymboliseerd door de monarchie, maar in de praktijk belichaamd door het politiecorps, te 'provoceren'. De provo's vonden een artistieke bondgenoot in de COBRA-schilder Constant Nieuwenhuys (geb. 1920), die in de jaren zestig werkte aan het project Nieuw Babylon: een utopisch visioen, waarbij de mensen zich als bevrijde, welvarende nomaden konden verplaatsen binnen een wereldomspannend netwerk van megastructuren, enkele tientallen meters opgetild boven de bestaande steden en landschappen.

Ten derde vertaalde de welvaartsgroei zich in een heftige strijd binnen de bestaande stadskernen. De groei van de dienstensector leidde tot een toenemende behoefte van kantoren en bedrijven om zich te vestigen vlakbij de binnensteden, een ontwikkeling die gretig werd verwelkomd door menig stadsbestuurder. Het toenemende autobezit zorgde voor verkeersproblemen die men dacht op te lossen door het aanleggen van stedelijke autowegen en parkeergarages. In de Tweede Nota inzake de Ruimtelijke Ordening (1966) kondigde de rijksoverheid een beleid van 'gebundelde deconcentratie' aan: nieuwe woningen dienden vooral in buitenwijken en 'groeigemeenten' rond de grote steden te worden gebouwd. De woningnood, die volgens de autoriteiten was opgelost, verscheen in een nieuwe gedaante, nu als welvaartsverschijnsel. Jongeren verlieten op steeds vroegere leeftijd het

ing Forms). To begin with, it was dominated by the ideas of the Forum architects. But it was chiefly their followers, amongst whom Brinkman, Klunder, Verhoeven and Witstok (**E16**, **H20**) who were to benefit most in terms of commissions. So as to enliven the monotony of daily living environments with at least some public life F. van Klingeren (b. 1919) designed mixed-use social centres both in the new polder settlements (De Meerpaal in Dronten, **B08**) and in development areas ('t Karregat in Eindhoven, **N28**).

As the sixties dawned, the Dutch economy, drawn on by the German 'economic miracle' and upward by the discovery of natural gas resources in Groningen, took on the attributes of a welfare state: a rise in incomes, increasing consumerism and a strong sense of social security. This increase in prosperity was noticeable in the daily life of almost every Netherlander. Pay rounds guaranteeing a ten per cent rise were no exception. This had three major consequences.

In the first place, the newly won prosperity buoyed up the individual's self-awareness. Consumer behaviour became more important for one's identity and lifestyle than the traditional ties to a religious or political denomination. The burgeoning need to control one's own destiny found expression in the call for bilateral decision-making and user participation, the rise of liberation movements for women and gays, and a broad-based desire to democratize society in all its facets. A new political party, D66, was even founded that enjoyed a remarkable election success in 1967 with the programme outlined above.

Secondly, the luxury of having more money to spend triggered off a backlash, one that was given playful expression from 1965 on by the Provo movement in Amsterdam. During 'happenings' these Provos ritualized their opposition to the 'addicted consumer' and set out to provoke (hence the name) those in power, symbolized by the monarchy but in practice embodied by the police. The Provos found an artistic confederate in the COBRA artist Constant Nieuwenhuys (b. 1920), who worked throughout the sixties on New Babylon, a Utopian vision peopled with affluent nomads moving freely within a worldwide network of megastructures, elevated tens of metres above the existing cities and landscapes.

Thirdly, the growth in prosperity translated into a pitched battle within the existing city cores. The growth of the services sector ushered in an increasing need for offices and industries to domicile themselves near the central cities, a development that many a city administrator welcomed with open arms. The increasing number of households with cars created traffic problems thought to be solvable by constructing urban freeways and parking garages. In the Second Report on Physical Planning of 1966

Constant Nieuwenhuys, gezicht op Nieuw-Babylonische sectoren, 1971/Constant Nieuwenhuys, view of New Babylonian sectors, 1971

ouderlijk huis en zochten goedkope woonruimte in de oude buurten. Een deel van hen nam hun toevlucht tot 'kraken', het illegaal bezetten van leegstaande panden. In de jaren zeventig werd het 'woonrecht' voor jongeren vanaf 18 jaar door de regering erkend. Ook de immigranten deden een beroep op de bestaande woningvoorraad. Tenslotte vergrootte de gestaag voortzettende 'gezinsverdunning' de vraag naar woningen, ook in de duurdere categorieën. Het overheidsbeleid werd samengevat in het begrip 'doorstroming': de bouw van duurdere woningen buiten de stad moest de bestaande woningvoorraad vrijmaken voor de lagere inkomensgroepen.

De combinatie van cityvorming en suburbanisering had ingrijpende gevolgen voor zowel de politieke verhoudingen als de woningbouwpraktijk. In de eerste plaats zochten veel stadsbestuurders de voor bedrijfshuisvesting en autoverkeer benodigde ruimte in negentiende-eeuwse wijken, waar de woningen vanwege slechte kwaliteit en achterstallig onderhoud rijp werden geacht voor afbraak. De bewoners van deze buurten verzetten zich heftig en ijverden voor het renoveren van hun woningen en de verbetering van hun woonomgeving. Later wilden ze betrokken zijn bij de plannen voor 'vervangende nieuwbouw', die de stadsbestuurders als alternatief voor kantoorgebouwen en verkeersdoorbraken voorstelden. Het eerste gebouwde resultaat van dit buurtverzet vormden de woningen van J. van den Bout (geb. 1943) en P. de Ley (geb. 1943) op het Bickerseiland in Amsterdam (**G06**). Andere successen volgden, zoals in de Haarlemmer Houttuinen (**F04**) en de Dapperbuurt (**G77**, **G78**). De strijd voor het 'bouwen voor de buurt' laaide hoog op in de Nieuwmarktbuurt in Amsterdam, die werd omgewoeld door de aanleg van een metrolijn. A.E. van Eyck kreeg de supervisie over het herstel van deze buurt; samen met zijn compagnon Th.J.J. Bosch (1940-1994) realiseerde hij er een aantal woningbouwprojecten (**F20**).

Begin jaren zeventig werd het georganiseerde verzet vanuit de oude woonbuurten een politieke machtsfactor van belang. Binnen de sociaal-democratische partij PvdA, die het bestuur in veel grote gemeenten domineerde, leidde dit tot paleisrevoluties en programmabijstellingen. In Rotterdam trad in 1974 een nieuw bestuurscollege aan dat de stadsvernieuwing tot hoogste prioriteit had verheven. De gemeente kocht op grote schaal oude woningen en voerde renovatie- en nieuwbouwprogramma's uit. Deze werden begeleid door projectgroepen waarin buurtbewoners een structurele meerderheid hadden. In Amsterdam verliep de beleidsomslag geleidelijker, maar niet minder ingrijpend.

In de buitenwijken en de groeigemeenten vond eveneens een omwenteling plaats. De grootschalige woningbouwprojecten van de jaren zestig werden omgeven door buurten met lage eengezinswoningen, soms gegroepeerd rond autovrije 'woonerven'. De voorlopers van deze 'humane stedenbouw'

the state authorities announced a policy of 'bundled deconcentration': new houses were to be built mainly in suburbs and 'growth municipalities' round the major cities. The housing shortage, which the authorities claimed had been solved, reappeared in a new guise, this time as a symptom of prosperity. Young people were leaving home at an increasingly early age to look for cheap lodgings in the old parts of the city. Some resorted to squatting, illegally occupying vacant property. In the seventies, the rights of young people aged 18 and over to accommodation of their own was recognized by the government. The immigrant population also made claims to the existing housing stock. Finally, the steady thinning out of the family unit increased the demand for houses, also in the up-market categories. Government policy at that time espoused a population flow (doorstroming) out of the city centres to more expensive new-build so as to free the existing housing stock for the lower income groups.

The combination of core formation and suburbanizing had far-reaching consequences as much for the political set-up as for the practicalities of housing. In the first place, many city councillors sought the space needed for company premises and motorized traffic in nineteenth-century districts, where houses were considered ripe for demolition because of their poor quality and a maintenance backlog. Those living in these areas fought such plans tooth and nail and tenaciously campaigned to get their houses renovated and improve their daily living environment. Later on, they demanded to be involved in the plans for 'replacement new-build' proposed by the council as an alternative to office buildings and traffic cuts. The first built result of this local resistance was the housing of J. van den Bout (b. 1943) and P. de Ley (b. 1943) on Bickerseiland in Amsterdam (**G06**). Other successes followed, such as the housing on Haarlemmer Houttuinen (**F04**) and in the Dapperbuurt (**G77**, **G78**), also in Amsterdam. The conflict centred on 'building for the neighbourhood' flared up with a vengeance in the same city's Nieuwmarkt area which had been laid waste by the construction of a Metro line. A.E. van Eyck was entrusted with rebuilding this neighbourhood; he and his partner T.J.J. Bosch (1940-1994) realized several housing projects there (**F20**).

At the start of the seventies, the organized opposition from the old residential areas emerged as a major factor of political power. Within the social-democratic workers' party, the PvdA, which loomed largest on the councils of many big municipalities, it brought its share of personal downfalls and adjustments to local agendas. 1974 saw the arrival in Rotterdam of a new municipal executive that raised urban renewal to the highest priority. The council bought up old houses en masse and implemented programmes of renovation and new-build. These were supervised by project groups in which local inhabitants had a built-in majority. In Amsterdam this swing in policy was more gradual but no less drastic.

A like upheaval took place in the suburbs and growth municipalities. Neighbourhoods of low-rise single-family houses, sometimes grouped around pedestrian priority areas or 'woonerven', sprang up around the large-scale housing projects of the sixties. The forebears of this 'humane urbanism' were the sensitively designed housing districts of Angelslo and Emmerhout in Emmen (**A35**), though their level would be seldom equalled. In many cases the followers of the Forum architects and the Foundation for New Dwelling Forms made their presence felt, often thanks to government subsidies that expressly encouraged experimentation. Consequently almost all peripheral housing districts were possessed of a sharp dividing line between the tall uniform housing blocks of the sixties and the varied, small-scale response to these of the seventies. The Hoptille housing block (**G93**) figures as a literal demarcation line between the deflated utopia of the Bijlmermeer and the acres of low-rise built as compensation.

waren de zorgvuldig ontworpen Emmense wijken Angelslo en Emmerhout (**A35**), maar hun niveau werd zelden geëvenaard. In veel gevallen lieten de volgelingen van de Forumarchitecten en de Stichting Nieuwe Woonvormen zich gelden, vaak dankzij het verwerven van overheidssubsidies die experimenten aanmoedigden. In bijna alle perifere woonwijken ontstond zo een scherpe scheidslijn tussen de hoge, uniforme woongebouwen van de jaren zestig en het gevarieerde, kleinschalige antwoord daarop van de jaren zeventig. Het woongebouw Hoptille (**G93**) vormt een letterlijke demarcatielijn tussen de teleurstellende utopie van de Bijlmermeer en de omvangrijke laagbouwakkers die ter compensatie werden gebouwd.

MEERDERE MODERNISMEN Zowel de praktijk van de stadsvernieuwing als die van de nieuwe woningbouw aan de stadsranden werd gelegitimeerd door wat de Nederlandse columnist H.J.A. Hofland eens 'de emancipatie der deelbelangen' heeft genoemd. Deze had zowel een politieke als een consumentistische dimensie. Ten eerste had de organisatiegraad van de bewoners in de oude wijken, de democratiseringstendens en de daardoor afgedwongen hervorming van de PvdA geleid tot een triomfalisme in de sociaal-democratie, waarvan de emancipatorische kern was gecorrigeerd met een flinke dosis individuele vrijheid. In de landelijke politiek leidde dat in 1973 tot het aantreden van de centrum-linkse regering Den Uyl. In de tweede plaats werd het optimaliseren van de variatie in typologie en verschijningsvorm van de nieuwe woningbouwprojecten, zowel op oude als nieuwe locaties, gerechtvaardigd door een selectief beroep op de mens- en maatschappijwetenschappen. De retorische beelden waarmee de Forumarchitecten hun credo verwoordden ('de stad als groot huis', de 'donorfunctie' van de historische binnenstad, het 'dorpsgewijs bewonen van de stad') werden vervangen door sociaal-psychologische noties als 'flatneurose', 'sensorische deprivatie' en 'belevingswaarde'. De architecten zelf leken hun vak zo uit te leveren aan maatschappelijke krachten en externe disciplines. De 'behoeften van de mens' stonden centraal; de radicaalsten onder hen behartigden de belangen van de buurtbewoners, de nieuwsgierigsten bestudeerden wat de gangbare sociologische en psychologische theorieën over die behoeften te berde brachten.
Deze externe legitimering kwam echter niet in strijd met de mate waarin de architecten zich de erfgenamen voelden van de moderne beweging. In 1980 verscheen in het tijdschrift Intermediair de artikelenreeks 'Wie is er bang voor nieuwbouw?'. Bijna alle 23 uitgenodigde architecten verklaarden zich uiteindelijk geïnspireerd te voelen door de modernen, die eveneens een gecombineerd beroep op 'de mensen' en 'de wetenschap' hadden gedaan. Opmerkelijk was vooral dat het door Charles Jencks vanaf 1977 gepropageerde postmodernisme, met zijn nadruk op semiotiek, 'radicaal eclecticisme' en op historische voorbeelden terugvallende stijlpluriformiteit, in Nederland nauwelijks weerklank vond. In tegenstelling tot de weinig expliciete wijze waarop het modernistische ethos werd beleden pakte Van Eyck de handschoen op. Zijn Londense RIBA-lezing 'The Rats, Posts and other Pests' was in 1981 de meest welsprekende filippica tegen het postmodernisme. Zowel verbaal als met gebouwd werk benadrukte Van Eyck steeds nadrukkelijker dat de betekenis van de moderne kunst en architectuur was gelegen in het relativiteitsbeginsel. Naast 'tweelingfenomenen' sprak hij over 'evenwaardigheid' en 'omkeerbare hiërarchieën'. Hij maakte dit aanschouwelijk in het kleurgebruik van het Moederhuis (**F24**), de uitbreiding van het Estec-laboratorium (**H03**), alsmede in de ongebruikelijke typologie van kantoorgebouwen (**G45**, **J31**).
Ook in het latere werk van Hertzberger bleef het modernistische ethos een belangrijke inspiratiebron. In het Ministerie van Sociale Zaken (**J23**) moest hij zijn denkbeelden over een bevrijde kantoorom-

A MULTIPLE OF MODERNISMS Both the practice of urban renewal and that of the new housing in the urban peripheries were legitimated by what Dutch columnist H.J.A. Hofland once described as 'the emancipation of sub-interests'. This has as much a political as a consumerist dimension. Firstly, the degree of organization among inhabitants of the old districts, the trend towards democratization and the reforms in the PvdA exacted by this trend, meant a triumph for social democracy, whose emancipatory core was corrected with a stiff dose of individual freedom. It brought to national politics the left-of-centre government of J. den Uyl in 1973. Secondly, the greatest variation in typology and appearance in the new housing projects, whether these were on old or new sites, was backed up by a selective appeal made to the social sciences. The rhetoric imagery with which the Forum architects worded their credo ('the city as a large house', the 'donor-function' of the historical central city, 'inhabiting the city as a village') were replaced by socio-psychological notions such as 'flat neurosis', 'sensory deprivation' and 'experiential value'. The architects themselves seemed, then, to be relinquishing their profession to social forces, external disciplines. 'Man's needs' were now uppermost; the most radical among them looked after the interests of the local community, the most inquisitive sought to discover what current sociological and psychological theories had to say about those needs.
Yet this external legitimation in no way clashed with the extent to which architects felt themselves to be the heirs of the modern movement. In 1980 the magazine Intermediair published the series of articles whose title translates as 'Who's afraid of new-build?'. Almost all of the twenty-three invited architects admitted at the end of the day to feeling inspired by the moderns, who themselves had made a combined appeal to 'the people' and 'science'. Most notably, postmodernism, the style C. Jencks had been propagating since 1977, with its stress on semiotics, 'radical eclecticism' and a style pluriformity that leant on historical examples, had almost no resonance in the Netherlands. Countering the none too explicit way the modernist ethos was expressed, Van Eyck seized the bull firmly by the horns. His London RIBA lecture of 1981, 'The Rats, Posts and other Pests', was the most eloquent philippic against postmodernism. Van Eyck emphasized with increasing force both verbally and in his built work, that the meaning of modern art and architecture lay in the theory of relativity. He spoke of 'equivalence' and 'inverted hierarchies', as well as 'twin phenomena'. These he illustrated with his use of colour in the Mothers' House (**F24**), the extension to the European Space Agency Estec (**H03**), and in his uncustomary approach to office buildings (**G45**, **J31**).
Hertzberger's later work was likewise informed to a large degree by the modernist ethos. In his building for the Ministry of Social Affairs (**J23**), he had to largely relinquish his ideas of a liberated office environment to satisfy the requirements of management and security. Even the dogmas of his structuralist architectural 'order' were to disappear from his work. In the Chassé Theatre (**M15**) in Breda, his modern-looking building parts cluster round an interior street beneath an undulating roof.
Besides, and on occasion in reaction to, the urban renewal practices and the work of the structuralist 'masters', there arose an aversion to the tendency to legitimate architecture with external forces and sources, and the need for rational insight into the architectural discipline itself. In 1980, Plan magazine focused on a trio of architects, announcing them as 'the rationalists'. C.J.M. Weeber (b. 1937) expressed in his Peperklip housing block (**L49**) the repetition typical of mass housing and prefabricated concrete structures. J. Hoogstad (b. 1930) developed a geometric system based on the way spaces and sequences of spaces are perceived, and applied it in his town hall at Lelystad (**B05**). His office building for the Ministry of Housing, Spatial Planning and Environment (**J04**) offers a large-scale al-

A.E. & H. van Eyck, uitbreiding Estec, 1989/A.E. & H. van Eyck, extensions to Estec, 1989

geving grotendeels prijsgeven vanwege de eisen van bedrijfsvoering en beveiliging. Later verdween ook de dogmatiek van zijn structuralistische 'bouworde' uit zijn werk. In het Chassé-theater (**M15**) in Breda zijn modernistisch ogende gebouwdelen samengevoegd rond een binnenstraat en onder een golvend dak.

Naast en in sommige gevallen als reactie op de stadsvernieuwingspraktijk en het werk van de 'meesters' van het structuralisme ontstond weerzin tegen de neiging om de architectuur te legitimeren met externe krachten en kennisbronnen. Er ontstond behoefte aan een rationeel inzicht in de architectonische discipline zelf. Onder de noemer 'de rationalisten' besteedde het tijdschrift Plan in 1980 aandacht aan drie architecten. C.J.M. Weeber (geb. 1937) gaf in zijn woningbouw De Peperklip (**L49**) uitdrukking aan het repeterend karakter dat kenmerkend is voor massawoningbouw en betonnen prefabconstructies. J. Hoogstad (geb. 1930) ontwikkelde een geometrische systematiek, gebaseerd op de wijze waarop ruimten en hun opeenvolging worden waargenomen; hij paste die toe in zijn stadhuis voor Lelystad (**B05**). Zijn Ministerie van VROM (**J04**) vormt een grootschalig alternatief voor het gangbare, schijfvormige kantoor. Quist streefde in zijn latere werk naar een gesublimeerde, zuivere hoofdvorm, maar maakte vooral overtuigende gebouwen als hij deze 'minimalistische' vormvoorkeur in overeenstemming moest brengen met de eisen van een lastige situatie, zoals in het museum Beelden aan Zee (**J46**).

Parallel aan deze rationalisten ontwikkelde C.G. Dam (geb. 1932) een combinatie van succesvol professionalisme en esthetische verfijning, dat vooral tot uiting kwam in zijn stadhuis voor Almere (**E04**).

Het modernistische ethos belastte de term postmodernisme dusdanig dat ook jonge architecten zich er liever niet mee afficheerden. Dat gold zeker voor de eerste generatie die afstudeerde aan de Technische Universiteit Eindhoven, die in 1967 was opgericht als alternatief voor de opleiding in Delft. Een van hen is Sj. Soeters (geb. 1947) wiens vroege werk enigszins schatplichtig is aan dat van Van Eyck. Met een frivole toepassing van het motief van de Nederlandse vlag rekende hij af met de conventies die bij de bouw van hedendaagse casino's vaak overheersen (**E36**). J.M.J. Coenen (geb. 1949) sprak zich uit voor een 'vriendelijk monumentalisme, veiligheid, rust, evenwicht, luciditeit en serene orde', maar benadrukte daarbij telkens dat de moderne architectuur was doordesemd met nieuwe interpretaties van klassieke thema's. De 'herinnering van de architectuur' waaruit hij wil putten is zo rijk dat er voedsel aan kan worden ontleend voor zowel formele stedenbouwkundige ontwerpen als dat voor het Amsterdamse KNSM-eiland (**G69**), de strakke regie van de gevels van de Haagse Vaillantlaan (**J18**), als een meer vrije terugkeer naar Corbusiaanse thema's in afzonderlijke gebouwen (**M25**, **N35**). R.H.M. Uytenhaak (geb. 1949) heeft een reputatie opgebouwd met woningbouwprojecten (**F05**, **F28**) en is vooral geïnteresseerd in de reliëfbehandeling van de vlakken en schermen die zijn architectuur bepalen. Het werk van W.M.J. Arets (geb. 1955) kenmerkt zich in een elementair en minimalistisch materiaalgebruik (onbehandeld beton, stalen roosters, glazen bouwstenen, melkglas), een geometrische zuiverheid bij de bepaling van zowel binnenruimtes als externe volumes en een soevereine beheersing van de detaillering. Zijn belangrijkste werken zijn de Kunstacademie in Maastricht (**N51**) en het politiebureau in Vaals (**N61**).

Een groter verschil tussen het werk van deze Eindhovense architecten en dat van A.C. Alberts (geb. 1927) en M. van Huut (geb. 1947) is nauwelijks denkbaar. Mede dankzij de populariteit van hun ING-bank (**G92**) en het hoofdkantoor voor de Gasunie (**A13**) wordt hun werk door de apologeten van het postmodernisme toegeëigend. In werkelijkheid wortelt hun 'organische' architectuur in de antroposofische traditie, die in Nederland vanaf de jaren twintig een kleine, maar continue onderstroom heeft gevormd.

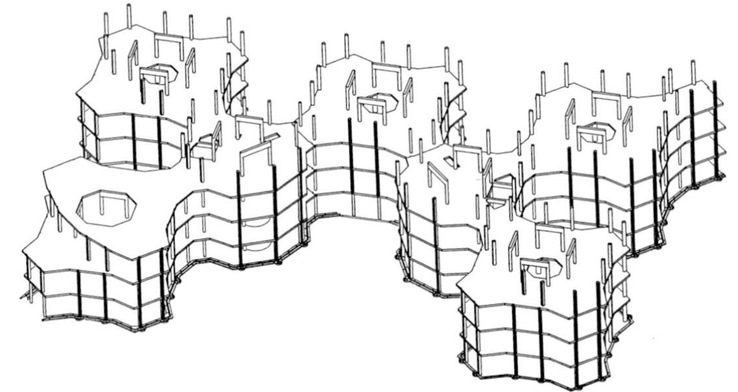

ternative to the customary slab-shape. Quist's later work sees him striving after a sublimated, pure basic form, yet he convinces most when obliged to tune this 'minimalist' choice of form to meet the demands of an awkward situation, such as in the sculpture museum Beelden aan Zee (**J46**). C.G. Dam (b. 1932) developed in parallel with these rationalists a mix of successful professionalism and aesthetic refinement best expressed in his town hall for Almere (**E04**).

The modernist ethos was so deprecating of the term postmodernism that even young architects were wary of being labelled as such. This held particularly for the first generation to graduate at Eindhoven University of Technology, which was founded in 1967 as an alternative to the TU Delft. One of its number is S. Soeters (b. 1947) whose early work owes much to Van Eyck's canon. Slagging the conventions that generally afflict the construction of present-day casinos, he playfully tacked onto his the motif of the Dutch national flag (**E36**). J.M.J. Coenen (b. 1949) spoke out for 'a friendly monumentalism, security, tranquillity, equilibrium, lucidity and serene order', though at the same time stressing that modern architecture was saturated with new interpretations of Classical themes. The 'memory of architecture' he seeks to draw on is so rich that it can nourish both formal urban designs and that for Amsterdam's KNSM Island (**G69**), both the strict regime of the façades on Vaillantlaan in The Hague (**J18**) and the freer return to Corbusian themes in individual buildings (**M25**, **N35**). R.H.M. Uytenhaak (b. 1949) has built up a reputation with a string of housing projects (**F05**, **F28**) and is primarily interested in handling the planes and screens typifying his architecture as three-dimensional reliefs. The work of W.M.J. Arets (b. 1955) is informed by an elementary and minimalist use of material (fair-faced concrete, steel grids, glass block and frosted glass), a geometric purity in determining both internal spaces and external volumes, and a supreme command of detail. His principal works are the Arts Academy in Maastricht (**N51**) and the police station at Vaals (**N61**).

It would be hard to imagine a greater difference than that between the work of these Eindhoven architects and that of A.C. Alberts (b. 1927) and M. van Huut (b. 1947). Partly thanks to the popularity of their ING bank building (**G92**) and the Gasunie headquarters (**A13**) their work has been embraced by the apologists of postmodernism. In reality their 'organic' architecture is rooted in the anthroposophical tradition, which has existed in the Netherlands since the twenties as a modest if persistent undercurrent.

De dominante traditie van de moderne architectuur werd het meest vruchtbaar voortgezet binnen de belangrijkste architectuurfaculteit, die van de Technische Universiteit te Delft. Terwijl de hoogleraren Van Eyck en Hertzberger (Bakema overleed in 1981) het modernistische ethos belichaamden kregen, vaak onder hun hoede, jonge docenten de gelegenheid door middel van plananalyses het rationele onderzoek van de architectuur centraal te stellen. Het werk van Loos, Le Corbusier, de Russische constructivisten, Ernst May en de Nederlandse woningbouwtraditie werd intensief bestudeerd. Het instellen van de afstudeerrichting volkshuisvesting droeg bij tot een realistisch inzicht in de maatschappelijke verhoudingen waaronder woningbouw tot stand komt. De historische en maatschappelijke rol van de architectuur, van de Renaissance tot heden, werd bestudeerd aan de hand van theoretische literatuur die uit Frankrijk en Italië beschikbaar kwam. Ondanks de soms heftige conflicten vormde deze combinatie van factoren een klimaat waarin een nieuwe generatie architecten kon ontstaan. Hun werk, aanvankelijk gekenmerkt door een strak modernistisch idioom, kreeg in de loop van de jaren tachtig volop kansen om te worden gerealiseerd binnen de voortgezette stadsvernieuwing. Daar zorgde het ervoor dat de discussies over belangenbehartiging van bewoners werden geïnjecteerd met andere argumenten: die van het doordachte architectonisch ontwerp.
De Delftse architectengroep Mecanoo, bestaande uit H.J. Döll (geb. 1956), F.M.J. Houben (geb. 1955), C. de Weijer (geb. 1956) en tot 1988 R. Steenhuis (geb. 1956) en tot 1995 E.L.J.M. van Egeraat (geb. 1956), beet het spits af met een woongebouw voor jongeren aan het Rotterdamse Kruisplein (**K06**). In het latere werk ontwikkelde Mecanoo een geïntegreerde aanpak van woning en woonmilieu, zoals in de wijken Corpus Den Hoorn (**A15**) en Prinsenland (**L32**) en bewees ze onder moeilijke omstandigheden te kunnen omgaan met hun kennis van woningtypologie en het herinterpreteren van voorbeelden uit de geschiedenis, zoals in het project Hillekop (**L51**). Enkele jaren later presenteerde de groep DKV, met D. Dobbelaar (geb. 1952), H.J. de Kovel, (geb. 1953) en P. de Vroom (geb. 1953), zich met woningbouwcomplexen in Rotterdam (**L13**, **L53**). In dezelfde periode konden Delftse combinaties als De Nijl, Duinker Van der Torre, Geurst & Schulze, Claus & Kaan en Molenaar & Van Winden een succesvolle loopbaan beginnen met de nadruk op woningbouwprojecten. Uit Eindhoven kwam daar het bureau Dirrix & Van Wylick bij en van de Amsterdamse academie A. van Herk (geb. 1944), die aanvankelijk samenwerkte met C. Nagelkerke (geb. 1944) en later met S. de Kleijn (geb. 1946). Het bureau van de in Delft opgeleide J. Benthem (geb. 1952) en W.M. Crouwel (geb. 1953) behoort tot dezelfde generatie. Beide architecten zijn gefascineerd door de mogelijkheden van eigentijdse bouwtechnieken en constructiemethoden en benaderen hun ontwerpopgaven op rationele en analytische wijze. Dat is zichtbaar in zowel hun eerste woonhuis (**E07**) als in hun grootste werk tot nu toe, de westelijke terminal van de luchthaven Schiphol (**E48**). Dit werk illustreert de levensvatbaarheid van een rationeel/technische traditie die zich al manifesteerde in de door het bureau OD 205 ontworpen universiteits- en hospitaalcomplexen (**K52**, **N23**). Het is een traditie die wordt voortgezet door J.J.H.M. van Heeswijk (geb. 1952), H.A.J. Henket (geb. 1940) en bureaus als Cepezed en Zwarts & Jansma.
In uiteenlopende selecties werden deze jonge bureaus gepresenteerd in tentoonstellingen en vakbladen, zowel in Nederland als daarbuiten. Ze werden beschouwd als de nieuwe 'hoofdstroom' die het ging om een 'modernisme zonder dogma', een hergebruik van de goed geïnventariseerde erfenis van de moderne architectuur die werd opgevat als een soort formele correctheid. Vooral in de stadsvernieuwing wisten de vertegenwoordigers van dit neomodernisme op effectieve wijze hun vakkennis aan te wenden om een typisch postmodern doel te bereiken: steun verwerven bij het publiek, de

The dominant tradition of modern architecture was most productively continued within the number one architecture faculty, that of the TU Delft. While the incumbent professors Van Eyck and Hertzberger embodied the modernist ethos (Bakema had died in 1981), young lecturers, often in their charge, had the opportunity to bring rational research into architecture to the forefront using design analyses. The works of Loos, Le Corbusier, the Russian Constructivists, Ernst May and the Dutch housing tradition were subjected to intense scrutiny. Introducing housing as a graduation subject did much to encourage an understanding of the social structure within which houses are built. Architecture's historical and social role, from the Renaissance on, was examined using theoretical literature that had made its way to the Netherlands from France and Italy. Despite the sometimes fierce conflicts, this combination of factors presented a fertile climate for the emergence of a new generation of architects. Their work, originally characterized by a crisp modernist idiom, had every chance during the eighties to be realized as part of the ongoing urban renewal. There it ensured that the discussions on promoting community interests were injected with other arguments: those of the well-considered architectural design.
The Mecanoo group of Delft architects, consisting of H.J. Döll (b. 1956), F.M.J. Houben (b. 1955), C. de Weijer (b. 1956), and until 1988 R. Steenhuis (b. 1956) and until 1995 E.L.J.M. van Egeraat (b. 1956), set the ball rolling with a young people's housing complex on Rotterdam's Kruisplein (**K06**). In their later work Mecanoo evolved an all-in approach to housing and the daily living environment, as exemplified by the Corpus den Hoorn and Prinsenland developments (**A15**, **L32**) and proved capable of exploiting their knowledge of housing typology and the reinterpreting of examples from history in the most difficult situations, such as in the Hillekop project (**L51**). A few years later, the DKV group, D. Dobbelaar (b. 1952), H.J. de Kovel (b. 1953) and P. de Vroom (b. 1953), made their debut with housing complexes in Rotterdam (**L13**, **L53**). In that same period, Delft-based combinations such as De Nijl, Duinker Van der Torre, Geurst & Schulze, Claus & Kaan and Molenaar & Van Winden began successful careers with the emphasis on housing. They were soon joined there by an Eindhoven practice, Dirrix & Van Wylick, and, from the Amsterdam Academy of Architecture, A. van Herk (b. 1944), who first worked with C. Nagelkerke (b. 1944) and then with S. de Kleijn (b. 1946). To this same generation belongs the firm of two Delft graduates, J. Benthem (b. 1952) and W.M. Crouwel (b. 1953). Both architects are fascinated by the possibilities of state-of-the-art building techniques and construction methods and approach their design tasks along rational and analytical lines. This can be seen as much in their first house (**E07**) as in their largest opus so far, the western terminal of Schiphol airport (**E48**). This work illustrates the viability of a rational-technical tradition already manifest in the universities and hospitals designed by the firm of OD 205 (**K52**, **N23**). Among those perpetuating this tradition are J.J.H.M. van Heeswijk (b. 1952), H.A.J. Henket (b. 1940) and offices such as Cepezed and Zwarts & Jansma.
These young practices were presented in exhibitions and professional journals in various combinations both in and out of the Netherlands. They were regarded as the new 'mainstream' whose concern was a 'modernism without dogma', a recycling of the well-inventoried legacy of modern architecture conceived of as a kind of formal correctness. It was in urban renewal that the representatives of this neomodernism managed to effectively employ their professional acumen to attain a typically postmodern goal: getting the support of the public, the client and politics. The critics, often of their own generation, were already converted. A new consensus had succeeded the old with a minimum of oedipal conflicts.

opdrachtgever en de politiek. De critici, vaak generatiegenoten, waren al op hun hand. Een nieuwe consensus had, zonder veel oedipale conflicten, de oude opgevolgd.
Een van de oorzaken daarvan lag in een verschuiving van de politieke agenda: in plaats van fragmentarische stadsvernieuwing werd integrale 'stedelijke vernieuwing' nu de hoofdkwestie. De diensten van architecten, die de culturele status van hun vak zelf hadden hersteld, vonden grif aftrek bij plaatselijke politici en later ook particuliere projectontwikkelaars. Op het niveau van de landsregering werd de bevordering van 'architectonische kwaliteit' begin jaren negentig een belangrijk, cultuurpolitiek aandachtspunt. Er werden subsidiefondsen in het leven geroepen en in 1988 werd het Nederlands Architectuurinstituut opgericht dat archieven beheert en tentoonstellingen en manifestaties organiseert. Vijf jaar later betrok dit instituut een door Coenen ontworpen gebouw in Rotterdam (**K48**).

STEDELIJKE VERNIEUWING Zoals Rotterdam de hoofdrol kreeg bij de opkomst van de stadsvernieuwing, zo nam ze ook het voortouw in de overgang naar stedelijke vernieuwing. Als grootste havenstad ter wereld moest ze al vroeg antwoord geven op de vraag wat er met de in onbruik geraakte haven- en industrieterreinen dichtbij het centrum moest gebeuren. Gemeentelijke stedenbouwkundigen verlangden terug naar een integrale visie op het schaalniveau van de hele stad, maar waren gebonden aan de heersende 'probleemgerichte aanpak' op wijk- en buurtniveau, in een stad die vanouds al een verbrokkelde structuur bezat. Tegen deze praktijk, waarbij het proces meer telde dan het resulterende stedelijke beeld, organiseerde de Rotterdamse Kunststichting, destijds gedomineerd door C.J.M. Weeber en S.U. Barbieri, de manifestatie 'Kop van Zuid'. Voor de toekomstige ontwikkeling van dit negentiende-eeuwse havengebied aan de zuidoever van de Nieuwe Maas werd aan toonaangevende architecten uit het buitenland, J.P. Kleihues, A. Rossi, O.M. Ungers en D. Walker, gevraagd aansprekende 'beelden' te leveren.
In Den Haag nodigde de sociaal-democratische wethouder A.Th. Duivesteijn, uit onvrede over de eerste generatie stadsvernieuwingsarchitectuur, de buitenlandse architecten R. Bofill en A.J.M. Siza Vieira uit om meer aansprekende ontwerpen te leveren (**J16**, **J17**) en waardeerde hij de stadsvernieuwing op tot 'culturele activiteit'. Tevens gebruikte hij zijn invloed om het verpauperde Spuigebied te revitaliseren door daar een nieuw stadhuis te projecteren. Na een meervoudige opdracht werd de Amerikaan R.A. Meier met de opgave belast (**J01**). In dezelfde stad kreeg A. Rossi de opdracht voor het masterplan van het voormalige slachthuisterrein (**J15**) en R. Krier voor het herinrichtingsplan De Resident (**J06**). In Maastricht maakte Coenen een plan voor het voormalige terrein van de Sphinx-Céramique fabriek (**N59**) waarbij ook enkele buitenlandse architecten werden betrokken.
Andere steden volgden deze voorbeelden. Van de gerenommeerde, buitenlandse architecten werd verwacht de stad te kunnen redden. Amsterdam, geconfronteerd met vergelijkbare problemen zocht haar stedenbouwers dichter bij huis: Soeters maakte een stedenbouwkundig plan voor het Java-eiland, de landschapsarchitect A.H. Geuze (geb. 1960) voor het complex Borneo Sporenburg (**G69**). In Rotterdam had inmiddels het bureau van T. Koolhaas (geb. 1940) een masterplan voor de Kop van Zuid (**L44**) gemaakt. Kenmerkend voor al deze plannen is een scheiding tussen bouwblokken en strak vormgegeven openbare ruimte, een doctrine die was gestimuleerd door de intensieve bestudering van typologische, morfologische en contextuele vraagstukken tijdens de jaren tachtig en die het meest radicaal werd verwoord door Weeber met zijn pleidooi voor een 'objectieve stedenbouw'.

One of the causes lay in the shift in priorities on the political agenda: urban planning strategies now involved all-in regeneration on a city scale rather than piecemeal renewal. The services of architects, who had themselves restored their profession's cultural status, were promptly in demand with local politicians and later with private property developers as well. At national government level, the advancement of 'architectural quality' would become a key focus of cultural policy as the nineties began. Subsidizing funds were set up, and in 1988 the Netherlands Architecture Institute was founded to manage archives and organize exhibitions and other cultural events. Five years later, this institute moved into new premises designed for it by Coenen (**K48**).

URBAN RESTRUCTURING Just as Rotterdam played the leading role in the emergence of urban renewal in the mid-seventies, so it too spearheaded the drive to the 'urban restructuring' in the eighties. As the world's largest port, Rotterdam bore the responsibility of promptly resolving the issue of what to do with the abandoned docklands and industrial areas near the city centre. Municipal urban designers desired a return to an all-encompassing vision on a city scale, but were tied to the prevailing 'problem-driven approach' at district and neighbourhood level, in a city that had been afflicted with a crumbling structure for centuries. In defiance of this practice, one in which the process counted for more than the resulting urban image, the Rotterdam Arts Council, at that time dominated by C.J.M. Weeber and S.U. Barbieri, organized the Kop van Zuid manifestation. Name architects from abroad, J.P. Kleihues, A. Rossi, O.M. Ungers and D. Walker, were asked to produce eloquent 'images' for the future development of this nineteenth-century dockland area on the south bank of the River Maas.
In The Hague, the social-democratic councillor A.T. Duivesteijn, unimpressed by the first generation of urban-renewal architecture, invited two foreign architects, R. Bofill and A.J.M. Siza Vieira, to provide more appealing designs (**J16**, **J17**), in a move to upgrade urban renewal to a 'cultural activity'. At the same time he used his influence to revivify the dilapidated Spui quarter by projecting a new city hall there. After a limited competition the American R.A. Meier was entrusted with the design task (**J01**). In that same city A. Rossi was commissioned to draw up the master plan for the former site of the municipal abbatoir (**J15**) and R. Krier for the redevelopment scheme De Resident (**J06**).
In Maastricht Coenen made a design for the site formerly occupied by the Sphinx-Céramique factory (**N59**); this was another project to involve several non-Dutch architects.
Other cities followed these examples; the imported luminaries would save the day. Amsterdam, faced with similar problems, looked for its urban designers closer to home. Soeters made an urban plan for Java Island, the landscape architect A.H. Geuze (b. 1960) did likewise for the Borneo Sporenburg complex (**G69**). Meanwhile in Rotterdam, the firm led by T. Koolhaas (b. 1940) drew up a master plan for the Kop van Zuid development (**L44**). Informing every one of these schemes is the distinction they make between building blocks and tightly organized public space, a doctrine stimulated by intensive study of typological, morphological and contextual issues during the eighties, and most radically voiced by Weeber in his call for an 'objective urbanism'.

DIFFERENTIATION AND EXPERIMENT More radical still than Weeber's was the influence on Dutch architecture and urbanism exerted by R.L. Koolhaas (b. 1944). As early as 1977 he had rehabilitated the Bijlmermeer in Amsterdam as Holland's most heroic achievement in modern urban design, at a time when it was most vilified. In his Delirious New York (1978) he pitted the modernity of utopian

A. Rossi, ontwerp voor de Kop van Zuid in Rotterdam, 1982/A. Rossi, design for the Kop van Zuid in Rotterdam, 1982

OMA, prijsvraagontwerp voor de uitbreiding van het parlementsgebouw in Den Haag, 1978/OMA, competition design for the extension to Parliament in The Hague, 1978

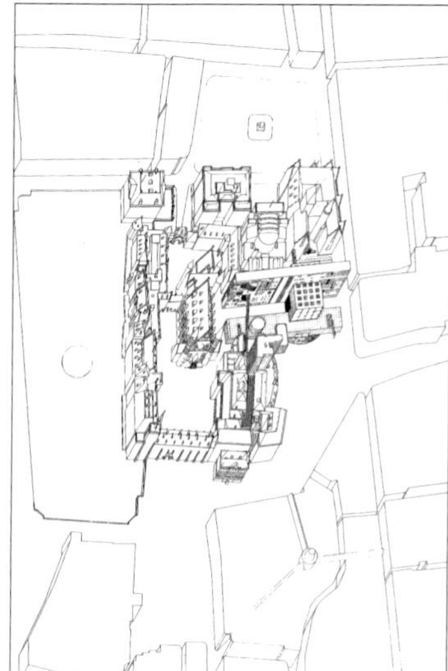

DIFFERENTIATIE EN EXPERIMENT Radicaler dan die van Weeber was de invloed die R.L. Koolhaas (geb. 1944) op de Nederlandse architectuur en stedenbouw uitoefende. Al in 1977 rehabiliteerde hij de Amsterdamse Bijlmermeer als Nederlands meest heroïsche prestatie in de moderne stedenbouw, juist op een moment dat deze wijk het meest werd verguisd. In zijn Delirious New York (1978) poneerde hij tegenover de moderniteit van de utopische stedenbouw die van de metropool: een cultuur van congestie en programmatische instabiliteit. Zijn in 1975 opgerichte Office for Metropolitan Architecture (OMA) leverde in 1978 de meest spraakmakende inzending voor de prijsvraag voor de uitbreiding van het Nederlandse parlementsgebouw in Den Haag. Tegenover de gevestigde doctrines van rationalisme, structuralisme en contextualisme stelde hij voor een 'bres van moderniteit' te slaan in de uit de Middeleeuwen stammende, gesloten burchtvorm van het Binnenhof. De prijsvraag mislukte en de politiek gevoelige opdracht ging naar P.B. de Bruijn (geb. 1942) die het gebouw in 1992 voltooide (**J07**).
De eerste opdracht die Koolhaas in Nederland kon realiseren was het stedenbouwkundig plan voor het IJ-plein in Amsterdam (**G08**), waarvoor zeven architectenbureaus werden uitgenodigd en hijzelf twee woongebouwen en een buurtgebouw maakte. Het markeerde de overgang van stadsvernieuwing naar stedelijke vernieuwing. Bij de herinrichting van dit negentiende-eeuwse haventerrein werden de verworven inspraakrechten van de omwonenden gerespecteerd, maar de confrontatie met tientallen historische voorbeelden op het plangebied liep uit op een ware cursus architectuur- en stedenbouwgeschiedenis. Deze methode droeg bij tot de combinatie en hybridisering van ontsluitingsvormen en woningtypen in het gebouwde resultaat.
De inzendingen waarmee OMA deelnam aan prijsvragen in binnen- en buitenland leidden zelden tot opdrachten, maar ze hadden steevast een grote invloed op het theoretische en kritische architectuurdebat. De belangrijkste realisaties van OMA zijn het Byzantium (**F37**) in Amsterdam, het Danstheater (**J02**) in Den Haag, de Kunsthal (**K49**) in Rotterdam en het Educatorium (**D17**) in Utrecht. In 1995 vatte Koolhaas zijn ervaringen, denkbeelden en speculaties samen in het 1346 bladzijden tellende boek S,M,L,XL. In plaats van het doorborduren op het modernistische vormvocabulair, zoals dat door de Nederlandse hoofdstroom werd gepraktiseerd, stond bij OMA steeds de onzekerheid van het programma en het absorberen van de grootstedelijke dynamiek voorop.
Dat Koolhaas de reductie van de architectuur tot neomodernistische haute couture als een belemmering zag liet hij blijken tijdens het symposium 'Hoe modern is de Nederlandse architectuur?' dat hij in 1990 in Delft organiseerde. Door afstand te nemen van het IJ-plein distantieerde hij zich tevens van een hele generatie architecten die in de jaren tachtig tot bloei was gekomen en die zich gaandeweg toelegden op het esthetiseren van hun handschrift en het cultiveren van formele differentiatie. Zo werd bijvoorbeeld de esthetiek van goedkope en naturel behandelde materialen, die K.J. van Velsen

urbanism against that of the metropolis: a culture of congestion and programmatic instability. His Office for Metropolitan Architecture (OMA), founded in 1975, produced in 1978 the most influential entry for the extension to the Dutch Parliament building in The Hague. His proposal, countering the established doctrines of rationalism, structuralism and contextualism, was to make a 'breach of modernity' in the enclosed fortress-form of the courtyard or Binnenhof, dating as this did from mediaeval times. The competition was a wash-out and the politically delicate commission went to P.B. de Bruijn (b. 1942) who completed the extension in 1992 (**J07**).
The first commission Koolhaas was able to realize in the Netherlands was the urban plan for IJ-plein in Amsterdam (**G08**), for which seven architects were invited and for which he himself designed two apartment buildings and a community centre. It marked the transition from the old socialist urban renewal of social housing and advocacy planning to 'urban restructuring', the new liberalist mode of more radical interventions of far broader scope. While the participation rights of local inhabitants were respected when redesigning this nineteenth-century dockland area, being confronted with dozens of historical examples in the planning area made the task something of a course in architectural and urban design history. This method contributed to the combining and hybridizing of access forms and housing types in the built result.
Few of the entries submitted by OMA to competitions at home and abroad have resulted in commissions to build, yet these invariably have a tremendous influence on theoretical and critical architectural discourse. The office's major built works to date are Byzantium (**F37**) in Amsterdam, the Danstheater (**J02**) in The Hague, the Kunsthal (**K49**) in Rotterdam and the Educatorium (**D17**) in Utrecht. In 1995 Koolhaas summarized his experiences, ideas and speculations in the 1346-page book S,M,L,XL. Instead of elaborating on the modernist formal idiom as the Dutch mainstream was doing, OMA per-

(geb. 1952) vooral in zijn bibliotheek in Zeewolde (**E13**) had geïntroduceerd, tot verfijning gebracht in de latere werken van Mecanoo, zoals de bibliotheek in Almelo (**B24**), de school in Silvolde (**C01**) en het faculteitsgebouw in Utrecht (**D16**).

Enkele architecten die bij OMA werkzaam waren geweest trachtten een meer experimentele houding te ontwikkelen. Voor K.W. Christiaanse (geb. 1953) vormt de typologische variatie binnen een sculpturaal behandeld hoofdvolume een leidend thema (**G19**). W.J.M. Neutelings (geb. 1959) weet aan de eisen van energiezuinigheid te voldoen, onder meer door een creatieve manier van kostenbeheersing, zoals in het Minnaertgebouw (**D15**). De groep MVRDV, bestaande uit W. Maas (geb. 1959), J.J. van Rijs (geb. 1964) en N.A. de Vries (geb. 1965) brengt in haar omroepgebouw voor de VPRO (**D33**) uiteenlopende en veranderende vormen van gebruik samen op een complex gevouwen oppervlak. B. van Berkel (geb. 1957), die niet bij OMA werkte, poneerde het rolmodel van de architect die temidden van onzekere en mobiele krachten tot resultaten moet zien te komen. In het woon-, winkel- en hotelgebouw De Kolk (**F07**) is de heterogene samenvoeging en stapeling van functies in het gebouw afleesbaar. Bij zijn Erasmusbrug (**L43**) leidde een intensieve samenwerking met bestuurders, ambtenaren en technische adviseurs tot een enkelvoudig, karakteristiek en voor Rotterdam beeldbepalend merkteken.

Net als bij Van Berkel spelen de mogelijkheden van geavanceerde computertechnologie een belangrijke rol in het werk van L.M.M. Spuybroek (geb. 1959) en K. Oosterhuis (geb. 1951). Gezamenlijk realiseerden ze het Waterpaviljoen (**M05**) dat tracht te ontsnappen aan een cartesiaanse ruimteopvatting en de wet van de zwaartekracht. Deze experimentele generatie heeft een al te makkelijk, formeel modernisme achter zich gelaten, tracht inventief te reageren op eigentijdse moderniseringsprocessen en heeft daarbij de omweg van het postmodernisme vermeden.

sistently advocated programmatic indeterminacy and the absorption of metropolitan dynamics. That Koolhaas regarded the reduction of architecture to a neomodernist haute couture as a stumbling block, was made plain during the symposium 'How modern is Dutch architecture?' which he organized in Delft in 1990. In distancing himself from IJ-plein he was placing at arm's length an entire generation of architects who had come into full flower in the eighties and who steadily set to aestheticizing their signature and cultivating a differentiation of form. For example, we see the aesthetic of low-cost naturally treated materials introduced by K.J. van Velsen (b. 1952) in his library at Zeewolde (**E13**), brought to a high level of refinement in the work of Mecanoo, as demonstrated by their library at Almelo (**B24**), the school in Silvolde (**C01**), and the faculty building in Utrecht (**D16**).

A number of Koolhaas's ex-colleagues at OMA sought to develop a more experimental stance. A guiding theme for K.W. Christiaanse (b. 1953) is typological variation contained within a sculptural main statement (**G19**). W.J.M. Neutelings (b. 1959) manages to satisfy the demands of energy-saving by, among other things, being creative about keeping costs down, such as in his Minnaert building (**D15**). The VPRO broadcasting 'villa' (**D33**) designed by MVRDV, consisting of W. Maas (b. 1959), J.J. van Rijs (b. 1964) and N.A. de Vries (b. 1965), assembles wide-ranging and changing use-forms upon a complex folded surface. B. van Berkel (b. 1957), who has no past connection with OMA, has called attention to the role model of the architect who, in the midst of uncertain, mobile forces has to somehow get results. In De Kolk (**F07**), a complex that combines housing, shops and a hotel, the heterogeneous packing and stacking of functions is clearly legible in the exterior. His Erasmus Bridge (**L43**) is a monolithic image-making Rotterdam landmark, the result of intensive collaboration with administrators, officials and technical consultants.

As in Van Berkel's work, the possibilities of advanced computer technology figure prominently in that of L.M.M. Spuybroek (b. 1959) and K. Oosterhuis (b. 1951). Together they realized the Water Pavilion (**M05**), an attempt to escape the Cartesian conception of space and the laws of gravitation. This generation of experimenters has left a facile and formal modernism behind, seeking instead to respond inventively to state-of-the-art processes of modernization, in so doing avoiding the roundabout route travelled by postmodernism.

Aanwijzingen voor het gebruik

Ieder object in de gebouwendocumentatie bevat een aantal zakelijke gegevens met informatie over ontwerper(s), ontwerp- en bouwjaar en adres. De volgende regels zijn hier gehanteerd:

A01 Objectnummer. Deze zijn ook op de verschillende kaarten aangegeven.

OMSCHRIJVING Naam en functie van het object. Bij voorkeur is hier de oorspronkelijke benaming gebruikt. Wanneer meerdere objecten worden besproken zijn deze met een puntkomma (;) van elkaar gescheiden. Dit leesteken is in dat geval ook terug te vinden bij de adressen, de ontwerper(s) en de jaartallen.

ADRES Huisnummers zijn alleen opgenomen wanneer er twijfel kan bestaan over de exacte locatie van het object. Wanneer het object zich op een hoek van twee straten bevindt is dit met een schuine deelstreep (/) aangegeven. Bij stedenbouwkundige objecten wordt vaak de belangrijkste straatnaam genoemd met de toevoeging 'e.o.' ('en omstreken').

ONTWERPER(S) Genoemd worden de architecten of de architectenbureaus die in de literatuur als ontwerper(s) worden aangegeven. Een puntkomma geeft aan dat er sprake is van meerdere objecten en dus ook van meerdere ontwerpers. Een schuine deelstreep geeft aan dat een uitbreiding of een reconstructie door een andere ontwerper is uitgevoerd. Deze leestekens zijn ook in de jaartallen terug te vinden. Bij veel stedenbouwkundige projecten is een selectie gemaakt van deelnemende architecten. Een dergelijke selectie wordt voorafgegaan door de toevoeging '(o.a.)', ('onder anderen').

JAARTALLEN In het algemeen worden twee jaartallen genoemd. Het eerste betreft het ontwerpjaar, het tweede het jaar van ingebruikname. Bij stedenbouwkundige objecten is veelal alleen het ontwerpjaar aangegeven, aangezien de realisatie soms enige decennia omvat. Een schuine deelstreep geeft aan dat er ofwel een eerder (niet uitgevoerd of prijsvraag)ontwerp aan de bouw voorafging, ofwel een latere uitbreiding van het object heeft plaatsgevonden.

MEDEWERKERS Bij grotere projecten is vaak sprake van meerdere ontwerpers. Ook is het zo dat bij grotere bureaus veelal één architect verantwoordelijk is voor het project: de projectarchitect (proj.). De volgende afkortingen zijn hier gebruikt: (b.k.) beeldend kunstenaar; (constr.) constructeur; (int.) interieurontwerp; (medew.) medewerkende architect; (oorspr. ontw.) oorspronkelijk ontwerp; (proj.) projectarchitect; (ren.) renovatie; (rest.) restauratie; (stedenb.) stedenbouwkundig ontwerp; (tuinarch.) tuinarchitect; (uitbr.) uitbreiding; (verb.) verbouwing.

LITERATUUR Voor meer informatie is bij de projecten een selectie uit Nederlandse en buitenlandse tijdschriften en boeken opgenomen. De literatuur over oeuvres van architecten is verwerkt in het personenregister. De overige literatuur is in de bibliografie opgenomen.

De samenstellers wijzen erop dat veel van de in deze gids opgenomen gebouwen zich op privéterrein bevinden en dat bij een eventueel bezoek het nodige respect voor de privacy van de bewoners en gebruikers in acht genomen dient te worden.

How to use this book

Each entry in the documentary section includes the following list of data, designer(s), years of design and construction and addresses:

A01 Object number. These are also marked on the various maps.

DESCRIPTION Name and function of the object, preferably its original name. If there is more than one object this is indicated by a dividing semicolon (;), which in such cases also separates the addresses, designers and dates.

ADDRESS House numbers are only included if doubt may arise as to the object's location. If it is situated at the junction of two streets this is indicated by a slash (/). The more large-scale urban projects are often identified by a principal street followed by 'e.o.' ('and vicinity').

DESIGNER(S) The names given are those of the architects or firms credited as such in the architectural literature. A semicolon indicates more than one object and therefore more than one designer. A slash occurs in cases of extensions and alterations by another designer. These punctuation marks are carried over to the dates. Many urban projects are accompanied by a selection of names of contributing architects. Each such selection is preceded by the description '(o.a.)', ('amongst others').

DATES Generally speaking two dates are given, the first being the year of design and the second the year when appropriated. Urban designs are credited only with the former, considering that construction sometimes takes tens of years. A slash indicates either an earlier design (unexecuted, or a competition entry) or a later extension.

TEAM MEMBERS Large-scale projects often mean more than one designer. Equally, in larger offices each project is frequently the responsibility of one architect, the project architect (proj.). Abbreviations used at this point are as follows: (b.k.) artist; (constr.) structural engineer; (int.) interior designer; (medew.) contributing architect; (oorspr. ontw.) original design; (proj.) project architect; (ren.) renovation; (rest.) restoration; (stedenb.) urban design; (tuinarch.) landscape design; (uitbr.) extension; (verb.) alteration

LITERATURE For those requiring further information on the projects, these are accompanied by a selection of relevant Dutch and foreign magazines and books. Literature on architects' oeuvres is incorporated in the index of names. All other literature can be found in the bibliography.

The compilers would like to remind the user that many buildings included in this guide are on private ground, so that when viewing such buildings care should be taken to disturb the privacy of their occupants as little as possible.

AMELAND
Ballum
Nes
Hollum
Oosterend
Lauwersoog
Lauwersmeer
Pieterburen
Usquert
Uithuizen
Roodeschool
Kloosterburen
Warffum
2
Spijk
Eems
Pewsum
Garsthuizen
Mensingeweer
Middelstum
Delfzijl
Holwerd
Metslawier
Leens
Zoutkamp
Loppersum
Ferwerd
Engwierum
Winsum
Termunten
DOKKUM
Kollumerpomp
Bedum
Ten Post
APPINGEDAM
Hallum
Eems kanaal
Schildmeer
Ny Altoenae
Birdaard
Damwoude
GRONINGEN
Woldendorp
Kollum
Den Ham
Zwaagwesteinde
Zuidwolde
Siddeburen
St. Jacobiparochie
St. Annaparochie
Oentsjerk (Oenkerk)
Feanwâldsterwâl (Veenwoudsterwal)
Buitenpost
Grijpskerk
17
kan.
Slochteren
Nieuwolda
Stiens
Zuidhorn
12,14
1
Harkstede
Tzummarum
Van Starkenborch
LEEUWARDEN
Hoogkerk
4-11
GRONINGEN
Midwolda
3
Oosterbierum
Marssum
20-25
18
Burgum (Bergum)
13
Noordbroek
Finsterwolde
Nieuw
Hurdegarijp (Hardegarijp)
Surhuisterveen
Boerakker
Midlum
Dronrijp
19
Bergumermeer
15,16
Scheemda
Beerta
Deinum
kanaal
Leekstermeer
HAREN
Foxhol
Winschoterdiep
HARLINGEN
FRANEKER
van Harinxma
LEEK
RODEN
Peize
Sappemeer
Heiligerlee
Oudeschans
Zuidlaardermeer
Hoogezand
Winschoten
Winsum
Warten (Wartena)
Marum
Eelde-Paterswolde
Noordlaren
Muntendam
Oosterlittens
Nijega
Veendam
Arum
Princenhof
kan.
Earnewâld (Eernewoude)
26
Oude Pekela
Rheden
Oosterwierum
Frieschepalen
29
Donderen
Zurich
Wommels
Grou (Grouw)
ZUIDLAREN
Wildervank
Witmarsum
DRACHTEN
Vries
Oostermoersche vaart
Nieuwe Pekela
Alteveer
FRYSLÂN
Nij Beets
Tynaarlo
Bareveld
E 15
BOLSWARD
Pr. Margriet
Haulerwijk
Norg
HONDSRUG
Kornwerderzand
Nijland
Sneek
Beetsterzwaag
Wijnjewoude
32
Annen
Bourtange
Anloo
Tijnje
Veenhuizen
Nrd-Willemskanaal
Vlagtwedde
Makkum
Sneekermeer
Akrum
Aldeboarn (Oldeboorn)
Gasteren
Donkerbroek
30,31
ASSEN
Rolde
Gieten
Stadskanaal
Kloosterveen
Gorredijk
28
IJlst
Oudega
kan.
Makkinga
OOSTERWOLDE
Gasselternijveen
27
Joure
Langezwaag
Jubbega-Schurega
Appelscha
Gasselte
Sellingen
Workum
Heeg
Heerenveen
Smilde
Nieuw-Buinen
MUSSELKANAAL
Heegermeer
Gaastmeer
Oudehaske
Mildam
Tjonger
Oldeberkoop
Elsloo
Hindeloopen
Woudsend
Grolloo
Borger
Tweede Exloermond
Hoofdvaart
Hunze
Fluessen
St. Nicolaasga
Hooghalen
Slotermeer
Schoonloo
Koudum
Ter Idzard
Exloo
Valthermond
Ter Apel
Balk
DRENTHE
Stavoren
Tjeukemeer
Noordwolde
Planetron
Sloten
Beilen
Westerbork
Orvelte
Oranje kan.
Odoorn
Vledder
Oosterzee
WOLVEGA
Diever
Weerdinge
Emmer-Compascuum
Munnekeburen
Schoonoord
LEMMER
Oldemarkt
Frederiksoord
Dwingeloo
Wijster
34
Oudemirdum
Mantinge
Rutten
Steenwijkerwold
35
Zweeloo
Emmen
Kuinre
Havelte
Drentse
meer
STEENWIJK
33
Sleen
Ruinen
Oosterhesselen
Barger-Compascuum
Creil
Scheerwolde
Tiendeveen
Bant
Fluitenberg
Hogeveen
Verl. Hoogeveense vaart
Giethoorn
NOORDOOST-
Luttelgeest
Ruinerwold
Zwinderen
KLAZINAVEEN

A01 J. Körmeling Starthuisje Roeibaan/Starter's Platform
A02 H.P. Berlage Raadhuis/Municipal Hall
A03 G. Daan, A.J. Karelse Galerie/Art Gallery Waalkens
A04 A. Mendini Groninger Museum
A05 F.J. van Gool Hoofdkantoor/Headquarters PTT
A06 P. Blom Academie/Academy Minerva
A07 S.J. Bouma/Karelse & Van der Meer Kantoorgebouw/Office Building Openbare Werken
A08 A. Natalini Reconstructie/Reconstruction Waagstraat
A09 G. Daan Havenkantoor/Harbour Office
A10 G. Grassi Bibliotheek/Library
A11 Kuiler & Drewes Odd Fellowhuis/Oddfellows Hall
A12 L.C. van der Vlugt, J.G. Wiebenga Middelbare Technische School/Polytechnic School
A13 Alberts & Van Huut Hoofdkantoor/Headquarters Gasunie
A14 S.J. Bouma Lagere Scholen/Primary Schools
A15 Diverse Architecten Corpus den Hoorn
A16 Claus & Kaan Woningbouw/Housing
A17 L.C. van der Vlugt, K. Siekman Woonhuis/Private House Vink
A18 A. Bonnema Eigen Woonhuis/Own House
A19 A. Bonnema Gemeentehuis/Municipal Hall Tietjerksteradeel
A20 Atelier PRO Hogeschool voor Agrarisch Onderwijs/College
A21 Diverse Architecten Kantoorgebouwen/Office Buildings
A22 A. Bonnema Kantoorgebouw GSD, Woningbouw/Office Building, Housing
A23 G. Daan Uitbreiding/Extension to Fries Museum
A24 G.B. Broekema Centraal Apotheek/Pharmacy
A25 F.J. van Dongen Theatercomplex/Theatre Complex De Harmonie
A26 Th. van Doesburg De Papegaaienbuurt
A27 J.H. Wouda, G.J. van der Schaaf Jopie Huisman Museum
A28 G. Daan Atelierwoning/Studio House
A29 E. Reitsma Noordersanatorium
A30 Tuns + Horsting Gezondheidscentrum/Health Centre
A31 M.E. Zwarts Industriële Woning/Industrialized Dwelling Shell
A32 H.P. Berlage Modelboerderij/Model Farm De Schipborg
A33 A.L. van Gendt Woonhuis/Private House Rams Woerthe
A34 R. Smithson Broken Circle and Spiral Hill
A35 Diverse Architecten Woningbouw, Stedenbouw/Housing, Urban Design

A01 STARTHUISJE ROEIBAAN/STARTER'S PLATFORM

Kooilaan, Harkstede
J. KÖRMELING | 1991-1992
J. Groot (constr.)
Archis 1991-7

Dit gebouwtje is in twee opzichten een starthuisje. Het is bestemd om het startsignaal voor roeiwedstrijden zichtbaar te maken, maar het is ook het eerste gerealiseerde gebouw van John Körmeling, actief op het grensvlak van beeldende kunst en architectuur. Officieel is het gebouw overigens een kunstobject ter verfraaiing van de roeibaan. Körmelings architectuur is ontwapenend functioneel en helder van vorm en constructie: een betonnen schijf dient als achtergrond voor het balkon van de startmeester; de hulpstarter heeft een eigen aluminium huisje om de digitale tijdmeting in werking te stellen.

▮ This building is a starter's platform in two senses. It is to render visible the starting signal of rowing competitions, but it is also the first realized building by John Körmeling, who operates on the interface between art and architecture. Officially the building is an art object to liven up the rowing course. However, Körmeling's architecture is disarmingly functional and lucid of form and construction: a concrete slab serves as a backdrop for the umpire's balcony; his assistant has his own aluminium box to operate the digital timekeeping.

A02 RAADHUIS/MUNICIPAL HALL

Raadhuisstraat 3, Usquert
H.P. BERLAGE | 1928-1930
de Architect 1980-3; Plan 1980-4; E. Taverne – Het raadhuis van Berlage in Usquert, 1980

De opdracht voor het raadhuis van deze kleine gemeente (1700 inwoners) wordt door Berlage ruim geïnterpreteerd. Door de raadzaal op de eerste verdieping één moduul hoger te maken, door toevoeging van een toren en door uitvoering in voor deze regio afwijkende materialen ontstaat een ongevraagd hoge representativiteit. Toren en entree zijn naar de weg gekeerd, terwijl de hoofdmassa het schuingelegen terrein volgt. De constructie is traditioneel, de afwerking zeer gedetailleerd.

▮ The commission for a town hall for this modest municipality (1700 inhabitants) was given a broad interpretation by Berlage. Making the council chamber on the first floor one module higher, adding a tower and building in materials foreign to the area resulted in a more striking appearance than was requested. Tower and entrance face the road, while the main mass follows the obliqueness of the site. The structure is traditional, the modelling highly detailed.

A03 GALERIE/ART GALLERY WAALKENS

Hoofdweg 39, Finsterwolde
G. DAAN, A.J. KARELSE | 1983-1984
de Architect 1984-7/8; Wonen-TA/BK 1984-12/13; Architecture d'Aujourd'hui 1988-6; B. Colenbrander – Gunnar Daan, architect, 1995

De plattegrond bestaat uit twee aaneengesloten gelijkzijdige driehoeken. Eén driehoek is naar de weg gekeerd en bevat de galerie, de andere naar het privéterrein bevat de woning. In elke driehoek is een staalskelet geplaatst met daarin vloeren, balkons en binnenwanden. Door plaatsing van het staalskelet onder 45° op de schuine gevel zijn t.p.v. het glas in de gevel serres ontstaan. Op de grens van glas en baksteen is de oplopende gevel onderbroken door een uitstekend vierkant trappenhuis.

▮ This art gallery consists of two linked equilateral triangles, one containing the gallery and facing the road, the other the residence overlooking private ground. Each triangle has a steel frame with floor slabs, balconies and wall partitions. Placing the frame at 45° in the façade has created conservatories where there is glass. Where glass and brick meet, the sloping façade is interrupted by a projecting square staircase.

A04 GRONINGER MUSEUM

Zwaaikom/Verbindingskanaal, Groningen

A. MENDINI | 1988-1994

E. Mendini, Alchimia, Team 4, M. de Lucchi, Coop Himmelb(l)au, Ph. Starck (medew.)

Archis 1990-8; de Architect 1990-10; Bouw 1990-22; Architectuur in Nederland. Jaarboek 1990-1991; Forum 1993-2; M. Martin e.a. – Alessandro en Francesco Mendini etc. in Groningen, 1995

Dankzij een genereuze schenking van de Gasunie kan het Groninger Museum midden jaren tachtig serieus aan nieuwbouw gaan denken. Na veel politiek geharrewar wordt als locatie een nieuw te maken eiland in de Zwaaikom van het Verbindingskanaal tegenover het station toegewezen. De Gasunie rekent vanwege zijn schenking op een voorbeeldig monument van internationale allure, de gemeenteraad verlangt hoge architectonische kwaliteit, maar niet zodanig opvallend dat het zal detoneren in de historische omgeving en vraagt bovendien om een doorgaande fietsroute van het station naar de binnenstad, de omwonenden willen eigenlijk niets en museumdirecteur Frans Haks eigenlijk alles als de Italiaanse ontwerper Mendini de architect zal zijn. Het is bepaald geen stabiele situatie waarbinnen in alle rust tot een uitgewogen ontwerp kan worden gekomen. Maar dat is dan ook niet de bedoeling: zowel Haks als Mendini zijn van mening dat deze tijd wordt gekenmerkt door een heterogeen geheel van confronterende esthetica's en het museum is een reflectie van deze situatie. Mendini's ontwerp wordt in hoofdopzet gekenmerkt door een 'archaïsche symmetrische vorm' die bestaat uit een aantal in de langsrichting geschakelde paviljoens. Voor de uitwerking van de verschillende onderdelen zoekt hij echter samenwerking met een aantal internationaal vermaarde architecten, vormgevers en kunstenaars, zodat binnen het homogene kader van de hoofdopzet een heterogene collage van architectuuropvattingen wordt samengebracht. Het museum bestaat uit drie gebouwdelen die op de onderste laag door middel van een centrale gang met elkaar zijn verbonden. Het centrale deel is door Mendini zelf ontworpen en bevat de voorzieningen als restaurant, bibliotheek en kantoren. Boven alles uit steekt de goudgele depottoren, de schatkamer van het museum. De twee overige bouwdelen bevatten de eigenlijke museumzalen en bestaan elk uit een stapeling van twee paviljoens met elk een eigen architect. Het basement van het westelijke deel is met ruwe rode baksteen bekleed en door Michele de Lucchi ten behoeve van de collectie archeologie en historie ingericht. De metalen 'pillendoos' daarbovenop is ontworpen door Philippe Starck en bevat de collectie kunstnijverheid. Het open interieur kan door middel van slingerende gordijnen worden ingedeeld. Het basement van het oostelijk deel huisvest de collectie moderne kunst en is door Mendini zelf ontworpen. Het dakpaviljoen ten behoeve van de collectie oude kunst zou oorspronkelijk door beeldend kunstenaar Frank Stella worden ontworpen. Nadat deze zich terugtrekt wordt Coop Himmelblau gevraagd op korte termijn een nieuw ontwerp te maken. Het is een expressieve explosie van staalplaten en glas, die intuïtief met behulp van maquettes is ontworpen: een poging 'vloeibare' architectuur te realiseren die ruw, scherp en beweeglijk is. Opvallend genoeg, gezien de bewust confronterende architectuur, verstomde het gekrakeel onmiddellijk bij de opening en was het, na een succesvol eerste jaar, alsof het museum al een eeuwigheid op deze vanzelfsprekende plaats had gelegen.

▪ In the mid eighties, the Groninger Museum could serious turn its thoughts to a new building thanks to a generous gift from the local gas company (Gasunie). After a great deal of political bantering it was decided to site it on an island to be built in the turning basin of the Verbindingskanaal, opposite the station. Gasunie expected its donation to produce an exemplary monument of international standing; the council desired top architectural quality but nothing arresting enough to clash with the historical surroundings, plus a cycle route through from the station to the inner city; the locals didn't really want anything and the museum director Frans Haks everything providing the Italian designer Mendini was the architect. Hardly the most stable of situations in which to hone a design into shape. But then that wasn't the idea: both Haks and Mendini opine that our age is marked by a heterogeneous totality of confronting aesthetics and that the museum is a reflection of this condition. Mendini's design sports an 'archaic symmetrical form' consisting of several pavilions linked longitudinally. To flesh out his scheme, Mendini enlisted the collaboration of an international coterie of architects, designers and artists, to bring to the homogeneous framework of the main statement a heterogeneous collage of architectural ideas.

The museum breaks down into three parts linked at the lowest level by a central corridor. Mendini himself designed the central portion which includes the restaurant, library, offices and other facilities. Towering over the whole is the all-gold storeroom, the treasure house of the museum. The two remaining parts contain the museum galleries and each consist of two stacked pavilions with an architect apiece. Of the western portion, the basement clad in untreated red brick was designed by Michele de Lucchi for the archaeology and history section. Perched above it is a metal pillbox care of Philippe Starck housing the applied art section. Its open interior can be subdivided using undulating curtains. The basement of the eastern part houses the modern art collection and is the work of Mendini himself. Originally, the rooftop pavilion for the old masters was to have been designed by the artist Frank Stella. When he backed down Coop Himmelblau were asked to fill the gap at short notice. An expressive explosion of steel plate and glass, their design was done intuitively with the aid of models, an attempt to realize 'fluid' architecture that is raw, sharp, vibrant. Remarkably, in view of the deliberately provocative architecture, the hubbub died down immediately on delivery and following a successful first year it was as though the museum had been standing on this most logical of sites for centuries.

A05 HOOFDKANTOOR/HEADQUARTERS PTT

Stationsplein/Emmasingel, Groningen

F.J. VAN GOOL (ARCHITECTEN CIE) | 1985-1990

P. Kirkeby (b.k.)

de Architect 1991-12, 1996-10; Archis 1991-12, 1996-12; Architectuur in Nederland. Jaarboek 1996-1997

Begin jaren tachtig besloot de regering de toenmalige rijksdienst PTT van Den Haag naar Groningen te verhuizen. In hoofdopzet bestaat het complex uit een hoge en twee lage evenwijdig geplaatste kantoorstroken. Deze stroken zijn vervormd teneinde aan te sluiten op de omgeving. Zo is de hoge strook langs het Emmaviaduct halverwege geknikt en ter plaatse van de knik voorzien van twee bollingen. Op beganegrondniveau zijn de stroken gekoppeld door middel van een laag collectieve voorzieningen en op de vijfde laag door luchtbruggen. De complexe bouwdeelorde wordt door de uniforme baksteengevels met standaardramen tot een eenheid gebracht.

▮ As the eighties dawned, the government decided to move what was then the State Postal and Telegraph headquarters from The Hague to Groningen. Broadly speaking the complex consists of three parallel rows of offices, two low and one tall. They are distorted to mate up with the surroundings: the tall row along the Emma Viaduct, for instance, billows out either side of a kink halfway. At ground floor level the rows are linked by a layer of communal facilities and five floors up by footbridges. The uniform brick cladding and standard windows serve to unite the complex massing of volumes.

A06 ACADEMIE/ACADEMY MINERVA

Gedempte Zuiderdiep 158, Groningen

P. BLOM | 1976-1984

Wonen-TA/BK 1984-15; S. Hiddema – Piet Blom en de Kunst van het Bouwen, 1984; Architecture + Urbanism 1985-11

De nieuwbouw van de kunstacademie bestaat uit drie hoofdblokken op een vierkant terrein met een symmetrieas over de diagonaal. Alle ruimtes zijn georiënteerd op een centrale ontmoetingsruimte met op het dak een openbaar terras. Zo ontstaat een compact, inzichzelfgekeerd gebouw ('vestingstadje'). Gevarieerd licht bereikt veelal via daklichten de leslokalen: dubbelhoge ruimtes met een insteekvloer. Alle 150 ruimtes zijn verschillend, een diversiteit die ook in kapvormen, detaillering en gevels te zien is.

▮ The new buildings of the Arts Academy consist of three main blocks on a square site with a symmetry axis along the diagonal. All rooms face a central meeting space with a public roof terrace. This creates a compact, introverted whole: a citadel. The lecture rooms, volumes of double height with a mezzanine level, receive an assortment of lighting mainly via rooflights. All 150 spaces are different, further emphasized outside by the cappings, ornamentation and façades.

A07 KANTOORGEBOUW/OFFICE BUILDING OPENBARE WERKEN

Gedempte Zuiderdiep 98, Groningen

S.J. BOUMA/KARELSE & VAN DER MEER | 1928/1989-1990

J. van de Beek – Architectuurgids Groningen 1900-1990, 1990; H. Hekkema – S.J. Bouma 1899-1959, 1992

Het voormalige kantoorgebouw voor Gemeentewerken is een van de fraaiste voorbeelden van de Groningse variant van de Amsterdamse School, met als opvallend kenmerk de plastisch uitgewerkte hoek die de verticaal geaccentueerde kantoorgevel langs de Ubbo Emmiusstraat verbindt met het Gedempte Zuiderdiep. De gebogen lijn van de voorgevel van de uitbreiding refereert aan het bestaande gebouw. De langgerekte invulling in het bestaande bouwblok bestaat uit twee wijkende kantoorstroken, ontsloten vanuit een middengang, die zich aan de voorzijde verbreedt tot een vide.

▮ The former Public Works office building is one of the finest examples of Groningen's variation on the Amsterdam School, with as its most striking feature the sculpturally treated corner linking the vertically accentuated office façade on Ubbo Emmiusstraat with the horizontal façade along the Gedempte Zuiderdiep. The curved line of the front façade of the extension is a reference to the existing building. The elongated infill in the existing block comprises two diverging office strips, reached from a central passage which broadens at the front into a void.

A08 RECONSTRUCTIE/RECONSTRUCTION WAAGSTRAAT

Waagstraat/Groote Markt, Groningen

A. NATALINI | 1991-1996

C. Kalfsbeek (medew.)

de Architect 1991-12, 1996-10; Archis 1991-12, 1996-12; Architectuur in Nederland. Jaarboek 1996-1997; Crimson – Re-Urb, 1997

In 1991 worden zes architecten uitgenodigd de stedenbouwkundig en architectonisch ongewenst geachte naoorlogse uitbreiding van het stadhuis van J.J.M. Vegter te vervangen door een nieuw complex. Vooral door de steun van de bevolking is het historiserende plan van Natalini uitgevoerd. De nostalgisch monumentale architectuur is evenals de stedenbouwkundige opzet ingegeven door een veronderstelde continuïteit van de gebouwde geschiedenis. Natalini spreekt van een 'evocatie van wat tijdens de oorlog is verwoest' die reageert op de 'stedelijke roeping' van dit stadsdeel.

▪ In 1991 six architects were invited to replace J.J.M. Vegter's post-war extension to the town hall, an extension now regarded as a failure in both urban and architectural terms, with a new complex. Public support was largely instrumental in getting Natalini's historicist scheme implemented. The nostalgic monumental architecture is motivated by the architect's sense of historical continuity in the built environment. Natalini refers to an 'evocation of what was destroyed in the war' that responds to the 'urban calling' of this part of town.

A09 HAVENKANTOOR/HARBOUR OFFICE

Oosterkade 14, Groningen

G. DAAN | 1989-1990

J. van de Beek – Architectuurgids Groningen 1900-1990, 1990; de Architect 1991-3; Architectuur in Nederland. Jaarboek 1990-1991

Een bestaand rechthoekig gebouwtje is uitgebreid met een lensvormig torentje in drie lagen. De houtskeletgevels van de aan scheepsboegen refererende vorm zijn bekleed met geprofileerd aluminium. De betonvloeren van het torentje worden gedragen door een vierkant staalskelet. Een betonnen spiltrap verbindt de entree onder het torentje met de twee kantoorverdiepingen daarboven. Vanhieruit biedt een panoramische raamstrook met een aluminium lamellenzonwering uitzicht op het water. De binnenwanden bestaan, analoog aan de interieurs van binnenvaartschepen, uit transparant gelakte multiplex platen.

▪ Here an existing small rectangular building has been extended with a modest lens-shaped tower in three levels. The volume alluding to the bows of a ship has timber frame façades with ribbed aluminium facing. The small tower's concrete floors are borne aloft by a steel skeleton. A spiral stair, also of concrete, links the entrance below the tower to the two office floors above. From here a panoramic strip window with a shading device of aluminium slats offers a prospect of the water. The inner walls are of clear-finished multiply panels.

A10 BIBLIOTHEEK/LIBRARY

Oude Boteringestraat, Groningen

G. GRASSI | 1990-1992

C. Kalfsbeek (medew.)

Domus 1990-3, 1993-3; de Architect 1992-6; Archis 1992-10; Baumeister 1993-1; Bauwelt 1993 p.92

De nieuwe bibliotheek van de Italiaanse rationalist Grassi is een sober gebouw, dat door het materiaal baksteen en de verticale raamvorm aansluit op de bestaande bebouwing, waaronder een viertal monumentale woonhuizen. Het gebouw bestaat uit twee langwerpige gebouwdelen rond een binnenhof: een publiek bibliotheekgedeelte en een kantoorgedeelte. Deze zijn verbonden door een entreepaviljoen en een smal afsluitend blok voor horizontaal en verticaal transport.

▪ The new library by the Italian Rationalist Grassi is a sober building whose brickwork and vertical window shapes stand it in good stead with the surrounding buildings which include a quartet of monumental houses. The library consists of two elongated sections round an interior court: a public library and an office section, linked by an entrance pavilion and a narrow terminating block for horizontal and vertical circulation.

A11 ODD FELLOWHUIS/ODDFELLOWS HALL

W.A. Scholtenstraat 21, Groningen

KUILER & DREWES | 1923

J. van de Beek – Architectuurgids Groningen 1900-1990, 1990

De Amsterdamse School kende in Groningen een lokale variant. Een van de meer expressieve uitingen van deze Groningse School is het Odd Fellow Huis, een gemeenschapshuis voor deze vrijmetselaarachtige vereniging. De drie bolle, gemetselde pilaren in de voorgevel symboliseren waarschijnlijk de drie graden van waardigheid van de vereniging: vriendschap, liefde en trouw. De gevel is in donkere baksteen gemetseld en bevat enige decoratieve baksteenornamenten. In dezelfde straat op nummer 1 en 5 bevinden zich twee in dezelfde tijd gebouwde woonhuizen van Evert van Linge, een tijdgenoot die een wat soberder vorm van de Groningse School hanteerde.

▮ Groningen has its own version of the Amsterdam School. One of the more expressive utterances of the Groningen School is Oddfellows Hall, a clubhouse for this secret benevolent society. The three convex brickwork pillars in the front façade most probably symbolize the three grades of honour in the society: fellowship, love and trust. The dark brick façade boasts a clutch of decorative brick ornaments. In the same street at numbers one and five are two houses also built around that time by Evert van Linge, a contemporary who wielded a somewhat toned-down variant of the Groningen School.

A12 MIDDELBARE TECHNISCHE SCHOOL/ POLYTECHNIC SCHOOL

Petrus Driessenstraat/C.H. Petersstraat, Groningen

L.C. VAN DER VLUGT, J.G. WIEBENGA | 1922-1923

Bouwkundig Weekblad 1924 p.22, p.65; J. Geurst e.a. – Van der Vlugt, architect 1894-1936, 1983

Het over de middenas volkomen symmetrische gebouw is in de dwarsrichting verdeeld in twee scholen aan weerszijden van een langgerekte strook werkplaatsen. Wiebenga, destijds directeur van de school, ontwikkelde een innovatieve draagstructuur met een skelet van betonnen kolommen en balken. Hierdoor zijn de gevels van hun dragende functie ontdaan en kunnen de ramen zonder onderbreking over de gehele breedte van de gevel doorlopen. De school wordt algemeen gezien als het eerste volkomen functionalistische ontwerp in Nederland. Diverse interne en externe verbouwingen hebben het gebouw geen goed gedaan; door verhuizing van de MTS naar nieuwbouw is de toekomst van het gebouw onzeker.

▮ Absolutely symmetrical lengthways, the building then divides breadthways into two schools separated by an elongated row of workshops. Wiebenga, at that time director of the school, developed an innovative loadbearing structure with a frame of concrete columns and beams. With façades relieved of their loadbearing function, windows could now run the full length of each without interruption. This school is generally regarded as the first completely functionalist design in the Netherlands. Numerous internal and external alterations have done nothing to improve the building; its future is uncertain now that the school has moved to newly-built premises.

A13 HOOFDKANTOOR/HEADQUARTERS GASUNIE

Concourslaan, Groningen

ALBERTS & VAN HUUT | 1988-1994

Bouw 1992-20; Architectuur in Nederland. Jaarboek 1994-1995; Deutsche Bauzeitschrift 1995-8

Het gebouw voor de Gasunie bestaat uit een zestien verdiepingen hoog kantoorgedeelte dat zich als een organisch gegroeide baksteenberg opheft uit een uitwaaierende, veelvormige onderbouw met koperen daken. Hier zijn de algemene bedrijfsfuncties ondergebracht. Om de medewerkers ook 'psychologisch het gevoel te geven een eenheid te vormen' is een over alle verdiepingen doorlopende, beglaasde vide aangebracht. Bijzonder is het feit dat de gevel van het hoogbouwgedeelte dragend is uitgevoerd. Door middel van een staalconstructie op de derde bouwlaag wordt deze lijnlast overgebracht op betonkolommen ter plaatse van de onderlagen.

▮ The building for the local gas company Gasunie consists of a sixteen-storey office section, a mountain of brick that seems to have sprouted from the amoebic copper-roofed basement of general facilities. A glazed void thrusts up through all storeys to give employees 'the feeling of being one psychologically'. A remarkable detail is that the façade of the high-rise feature is loadbearing. A steel structure on the third floor serves to transfer its line of load to concrete columns issuing from the basement.

A14 LAGERE SCHOLEN/PRIMARY SCHOOLS

Groningen

S.J. BOUMA

Hendrik Westerschool (Parkweg 128, 1927), Rabenhauptschool (Grafisch Museum, Rabenhauptstraat 65, 1928-1929), Van Houtenschool (Oliemuldersweg 47, 1931-1932), Simon van Hasseltschool (Heesterpoort 1, 1926-1928)

Bouwkundig Weekblad 1928 p.267; Moderne Bouwkunst in Nederland-13, 1941; J. van de Beek – Architectuurgids Groningen 1900-1990, 1990; H. Hekkema – S.J. Bouma 1899-1959, 1992

Siebe Bouma kan in de jaren twintig en dertig als jonge ontwerper bij de Dienst Gemeentewerken zijn stempel drukken op het Groninger stadsbeeld. Hij verkeerde daarmee in een positie die vergelijkbaar is met die van Dudok in Hilversum. Bouma ontwerpt in deze periode bruggen, een reeks schakelhuisjes, een aan Ouds Directiekeet verwant houten paviljoen in het Noorderplantsoen, straatmeubilair, woningbouwprojecten (waarvan de Bloemenbuurt wel het meest bekend is) en het gebouw voor Gemeentewerken. Architectonisch het meest interessant is echter de reeks van zes openbare lagereschoolgebouwen die hij tussen 1925 en 1932 realiseerde. Door een samenloop van omstandigheden, de Wet op het Lager Onderwijs van 1922, een heroplevende economie en een daarmee gepaard gaande versnelling van de aanleg van woonwijken, werd in deze periode een groot aantal openbare lagerescholen gebouwd. In de reeks ontwerpen die Bouma maakt ontwikkelt zijn architectuur zich gaandeweg van de lokale variant van de Amsterdamse School tot een aan de door Bouma bewonderde Dudok ontleende, kubisch-geometrische vormgeving. De eerste school die Bouma bouwt is een combinatiegebouw voor twee scholen: de Scheepstraschool en de Van Starckenborgschool. Hier is de architectuur nog duidelijk van Amsterdamse School-snit: expressief baksteengebruik, gebogen vormen en een dominerende pannenkap. De tweede school: de gecombineerde Leonard Springer/Mulock Houwerschool is een bijzonder krachtig ontwerp met een dominante middenpartij in de as van de Westinghousestraat. De entrees van de beide scholen bevinden zich links en rechts van de halfronde centrale uitbouw, waarin de gezamenlijke gymnastiekzaal is ondergebracht. Het gesloten metselwerk van dit bouwdeel wordt bekroond met een grote stalen glaspui. De volgende scholen laten een overgang zien naar een steeds grotere abstractie. De gecombineerde Th. Thijssen/D. Bosschool en de dependance aan de Rabenhauptstraat zijn in hun hoofdopzet nog Amsterdamse Schools, maar tonen in hun details, met name in de schoorsteentoren invloeden van Frank Lloyd Wright. De twee laatste scholen die Bouma bouwt, de Van Houtenschool en de kleuterschool De Zonnebloem, zijn het meest volwassen in hun vormgeving en tonen de definitieve overgang naar een expressief kubische architectuur.

▪ During the twenties and thirties Siebe Bouma, then a young designer on the Public Works payroll, was able to set his stamp on the Groningen cityscape. This placed him in a position not unlike that of Dudok in Hilversum. During this period Bouma designed bridges, a string of distributing substations, a timber pavilion on Noorderplantsoen reminiscent of Oud's celebrated Site Office, street furniture, housing projects (the most famous being the Bloemenbuurt) and the Public Works building. The most interesting architecturally, however, is a series of six primary schools he built between 1925 and 1932. A coincidence of events, the 1922 Primary Education Act, a reviving economy and the attendant added momentum in building residential estates, led to a great many primary schools being built during this period. The series of designs Bouma made saw his architecture develop from a local variant on the Amsterdam School to a cubic-geometric style deriving from Dudok whom he admired. The first building in fact houses two institutions, the Scheepstra School and the Van Starckenborg School. This architecture is still unmistakably Amsterdam School: sculptural brickwork and curved forms presided over by a tiled roof. The second, the combined Leonard Springer and Mulock Houwer Schools, is a particularly potent design whose dominating central section follows the axis of Westinghousestraat. The entrances to the two schools are left and right of the semicircular centralized extension containing the shared gymnasium, its introverted brickwork topped by an expanse of steel-framed glass. The next schools illustrate the move towards an increasing abstraction. If the main shape of the combined Th. Thijssen and D. Bos Schools and the annex on Rabenhauptstraat is still Amsterdam School, the details, particularly the chimney, betray the influence of Frank Lloyd Wright. The two final schools built by Bouma, the Van Houten School and De Zonnebloem Infants' School, are the most mature in design and mark his arrival at an expressive cubic architecture.

A15 CORPUS DEN HOORN

Verlengde Sportlaan/Palmestraat e.o., Groningen

DIVERSE ARCHITECTEN | 1986-1990

(o.a.) **1 Mecanoo** (1986-1990), **2 P.B. de Bruijn (Architecten Cie)** (1986-1988), **3 Geurst & Schulze** (1989-1992), **4 Karelse & Van der Meer** (1989-1992), **5 K.W. Christiaanse** (1989-1992)

J. van de Beek – Architectuurgids Groningen 1900-1990, 1990; de Architect 1990-1, 1990-5, 1992-12; Architectuur in Nederland. Jaarboek 1989-1990

Voor deze uitbreidingswijk aan het Paterswoldse Meer is door Roelf Steenhuis een stedenbouwkundig plan gemaakt op basis van een globaal plan van de gemeente. Deelplannen zijn uitgewerkt door verschillende architecten, onder wie Steenhuis, wiens plan is uitgegroeid tot een icoon van architectonische en stedenbouwkundige kwaliteit in de volkshuisvesting. Zijn werk is geïnspireerd op de modernistische woningbouw van J.J.P. Oud, Mart Stam en Bruno Taut, maar is door de zorgvuldige ondogmatische uitwerking en de afstemming van woning en woonomgeving niet rigide of monotoon. Het complex heeft een eenvoudige stedenbouwkundige structuur met rechthoekige halfopen bouwblokken, oost-west georiënteerd, verlevendigd door enkele ruimtelijke accenten: een viertal stadsvilla's aan het meer, een pleintje en een wandelroute. Met eenvoudige middelen als lessenaardaken en een wisselende bebouwingshoogte zijn aantrekkelijke straatprofielen ontstaan. Ook het door Karelse & Van der Meer en Geurst & Schulze ontwikkelde deelplan is architectonisch en stedenbouwkundig schatplichtig aan de moderne traditie.

■ Proceeding from a broad scheme by the council, Roelf Steenhuis drew up an urban plan for this new estate on the expansive waters of Paterswoldse Meer. Various architects had their own areas to flesh out, including Steenhuis himself whose overall plan has since swelled into an icon of domestic architectural and urban quality. His work is inspired by the Modern housing of Oud, Stam and Taut, yet has nothing rigid or monotonous about it, being worked out sensitively and undogmatically with houses attuned to the dwelling environment. The complex has a simple urban structure of rectangular semi-open blocks set in an east-west alignment, enlivened by such spatial features as a quartet of lakeside villas, a plaza and a walking route. Attractive street profiles are achieved by such simple means as lean-to roofs and variation in building height. The area assigned to Karelse & Van der Meer and Geurst & Schulze leans heavily on the Modern tradition in both architecture and planning.

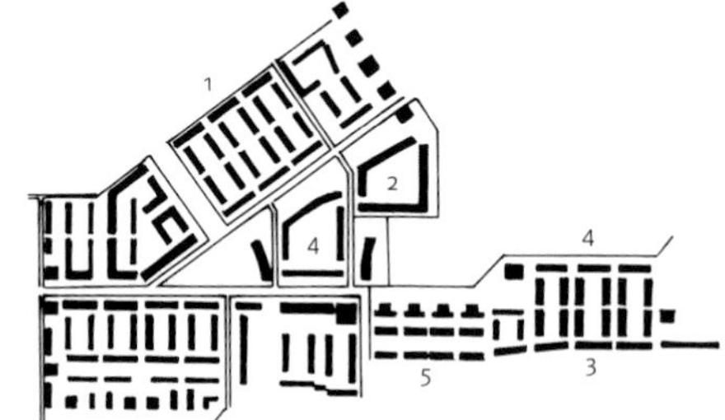

A16 WONINGBOUW/HOUSING

Landsteinerlaan, Groningen

CLAUS & KAAN | 1991-1993

de Architect 1994-5; Archis 1994-6; Architectuur in Nederland. Jaarboek 1993-1994; C. Ferrater – Claus en Kaan, 1997

Op een driehoekige locatie in een jarenzestigwoonwijk realiseerden Claus en Kaan langs de zijden van de driehoek twee elegante woonstroken: drie galerijflatblokjes met ouderenwoningen aan de noordrand en vier blokjes van elk zes eengezinswoningen langs de zuidrand. De vier verdiepingen van de galerijflats bevatten opeenvolgend vijf, drie en vier woningen per laag. De blokjes eengezinswoningen bestaan telkens uit twee rijtjes van drie woningen in twee bouwlagen. De dubbelhoge baksteenwand van de voorgevel loopt ter plaatse van de dwarsgevel door in een lage tuinmuur, zodat een patioachtige gezamenlijke tuin wordt omsloten. Onderling worden de blokjes gescheiden door smalle woonstraatjes.

■ Newcomers to a sixties residential estate on a triangular site are these two elegant rows of houses by Claus & Kaan — three small blocks of gallery flats for the elderly along the north edge of the triangle and four of six single-family houses each along the south edge. The four storeys of the three old-age blocks contain successively five, three and four units. Each block of single-family houses is divided into two rows of three units over two storeys. The double-height brick wall of the front façade continues between the blocks, which are separated by narrow living-streets, as a low garden wall to enclose a patio-like communal garden.

A17 WOONHUIS/PRIVATE HOUSE VINK

Hoofdstraat 49, Zuidhorn

L.C. VAN DER VLUGT, K. SIEKMAN | 1925

J. Geurst e.a. – Van der Vlugt, architect 1894-1936, 1983

Met het ontwerp voor dit huis van een bevriende notaris neemt Van der Vlugt definitief afstand van zijn min of meer traditionele vroege werk. Het is een asymmetrische compositie van rechthoekige volumes, waarbij elk te onderscheiden volume een verschillend programmatisch onderdeel bevat: een langgerekt volume twee kantoren en een garage, een hoger middendeel de entree, de keuken en de slaapkamers en een lager volume naast de ingang de woon- en eetkamer. De woning is gedeeltelijk verbouwd en witgeverfd.

▮ In designing this house for a notary friend Van der Vlugt broke away for good from his earlier, more or less traditional period. It is an asymmetrical composition of rectangular volumes each distinguishable from the other and comprising its own programmatic component — an elongated volume of two offices and a garage, a taller central section with entrance, kitchen and bedrooms, and a less-tall volume next to the entrance containing a living/dining room. The house has been partly altered and painted white.

A18 EIGEN WOONHUIS/OWN HOUSE

Rijksstraatweg/Eibertsnest, Hardegarijp

A. BONNEMA | 1961-1963

Bouwkundig Weekblad 1964 p.269

Aan het begin van zijn loopbaan als architect bouwde Abe Bonnema een eigen woonhuis met kantoor. Het was bedoeld als statement om zijn bedoelingen als architect concreet gestalte te geven. Zo kon hij grote glasvlakken realiseren en 'een stalen kolom zonder eiken omtimmering vrij in de ruimte plaatsen'. Het huis bestaat uit een staalconstructie van zeven portalen met een vaste kern van metselwerk voor de stabiliteit. Alle overige binnenwanden zijn verder verplaatsbaar. In de gevels is behalve staal en glas ook redwood gebruikt voor de dichte vlakken. De tuin is ontworpen door Mien Ruys, die ook aan andere projecten van Bonnema meewerkte.

▮ At the beginning of his career Abe Bonnema built himself a house and office. He intended it to be a built statement of his aspirations as an architect. There are, for example, large expanses of glass and 'a steel column unencased in oak and freestanding in space'. The house consists of a steel frame construction of seven portals stabilized by a fixed brickwork core. All other internal partitions can be slid away. The opaque areas of the steel and glass façade are of redwood. The garden was designed by Mien Ruys, who has since collaborated with Bonnema on other projects.

A19 GEMEENTEHUIS/MUNICIPAL HALL TIETJERKSTERADEEL

Raadhuisweg 7, Bergum

A. BONNEMA | 1982-1985

P. de Vries (oorspr. ontw.)

Architectuur & Bouwen 1986-2

Het uit 1934 daterende gemeentehuis werd door de architect van een vrijstaande uitbreiding voorzien, waarbij de gevels van een uitbreiding uit 1971 in de nieuwbouw werden opgenomen. De uitbreiding, een aan De Stijl refererend stelsel van uitspringende, vrij ten opzichte van elkaar geplaatste gestucte schijven op een orthogonaal raster, met daartussen rechthoekige bouwmassa's met spiegelglasruiten op een strak vierkant raster, contrasteert hierdoor maximaal met de architectuur van het bestaande gemeentehuis.

▮ The original building dating from 1934 was provided by Bonnema with a free-standing extension which incorporated the façades of an earlier extension done in 1971. The latest extension, a system referring to De Stijl of projecting white rendered slabs freely interrelated in an orthogonal grid, with in-between rectangular masses punctured with mirror-glass windows in a taut square grid, contrasts to a maximum degree with the architecture of the existing municipal hall.

A20 HOGESCHOOL VOOR AGRARISCH ONDERWIJS/COLLEGE

Oostergoweg, Leeuwarden

ATELIER PRO | 1992-1996

H. van Beek, D. Kristensen, E. Paardekooper Overman (proj.)

Architectuur & Bouwen 1996-9; Architectuur in Nederland. Jaarboek 1996-1997

De fusie tussen twee Noord-Nederlandse instellingen, het Groningse Van Hall Instituut en het Friese Agrarisch Opleidings Centrum, leidde tot nieuwbouw van de Hogeschool voor Voeding, Landbouw en Milieu met 3000 studenten en 450 personeelsleden. Het langgerekte complex bestaat uit een gedeelte rond een cirkelvormig plein, waarin zich de hoofdentree, de mediatheek, de kantine, het auditorium en de administratie van het Van Hall Instituut bevinden en een aantal techniekhallen en practicumlokalen aan een 150 m. lang atrium, bedoeld als wandel-, discussie- en ontmoetingsplaats. In de gevels en voor de 123 gelamineerde spanten is op grote schaal inlands (lariks)hout toegepast.

▪ The fusion of two north-country institutions, the Van Hall Instituut (Groningen) and the Agrarisch Opleidings Centrum (Friesland), spawned this new college building for 3000 students and a staff of 450. The distended complex wraps one part round a circular plaza to contain the main entrance, mediatheque, canteen, auditorium and administration of the Van Hall Instituut; the other part being a clutch of workshops and labs lining a 150 metre long atrium, a place to walk, discuss and meet. The façades and the 123 laminated trusses make generous use of native timber (larch).

A21 KANTOORGEBOUWEN/OFFICE BUILDINGS

Lange Marktstraat/Tesselschadestraat, Leeuwarden

DIVERSE ARCHITECTEN | 1972-1991

A. Bonnema (Girokantoor, 1972-1975), **F.J. van Gool** (Uitbreiding Girokantoor, 1977-1982), **A. Bonnema** (Kantoorgebouw OBF, 1978-1985), **A. Bonnema** (Kantoorgebouw FBTO, 1980-1986), **A. Bonnema** (Kantoorgebouw Avéro, 1991), **Spruyt De Jong Heringa, D. Buren** (b.k.) (Kantoorgebouw Aegon, 1991)

Bouw 1976 p.433, 1984-11, 1986-25, 1987-10; Wonen-TA/BK 1983-6

Het stationsgebied van Leeuwarden wordt gedomineerd door een aantal grootschalige kantoorgebouwen, voor een groot deel van de hand van Abe Bonnema. Het oorspronkelijke girokantoor bestaat uit een betonnen kern vanwaaruit de verdiepingen uitkragen. De uitbreiding van Van Gool is door middel van een laagbouw hiermee verbonden. Twee verzekeringskantoren tonen de abstracte systematiek en het kleur- en materiaalgebruik van Bonnema's architectuur in hoogbouw en laagbouw: de 72 meter hoge kantoortoren van Avéro, respectievelijk de laagbouw rond een passage van FBTO.

▪ The station zone of Leeuwarden is dominated by a number of big office buildings, many by Abe Bonnema. The original giro office consists of a concrete core with the upper floors canting out from it. Low-rise serves to link this to F.J. van Gool's extension. Two insurance offices show off the abstract systematics and the colour and material of Bonnema's architecture in both high- and low-rise: the 72 metre tall Avéro office tower, and the low-rise and arcade of FBTO.

A22 KANTOORGEBOUW GSD, WONINGBOUW/ OFFICE BUILDING, HOUSING

Noordvliet 37, Leeuwarden

A. BONNEMA | 1972-1975

Bouw 1976 p.399

Met behulp van prefabbetonelementen (kolommen, balken, vloeren, borstweringen) is getracht een eigentijds gebouw in een historische context te realiseren. In het gebouw bevinden zich kantoortuinen die met behulp van een kleinschalig raster (2,50×2,50 m. en 5×5 m.) zijn ingedeeld. De straatgevel is een typisch voorbeeld van de architectuur van de jaren zeventig, waar het onderscheid tussen de individuele woning en het kantoorgebouw geheel is vervaagd.

▪ The aim here was to introduce a modern building into a historical context aided by precast concrete elements (columns, beams, floor slabs, parapets). Inside the building are 'kantoortuinen' (office landscapes) designed using a small-scale module (2.50×2.50 m. and 5×5 m.). The street elevation is a typical example of seventies architecture, with its blurred distinction between individual dwelling units and the office block as a whole.

A23 UITBREIDING/EXTENSION TO FRIES MUSEUM

Turfmarkt 11, Leeuwarden

G. DAAN | 1991-1995

A. Bouman (medew.), **T. Buy, G. Groenewoud** (b.k.)

Forum 1991-3; Archis 1995-7; B. Colenbrander – Gunnar Daan, architect, 1995; Architectuur in Nederland. Jaarboek 1995-1996

Een aantal losse panden in de binnenstad, zoals de statige Kanselarij en het Van Eysingahuis zijn door Daan aaneengesmeed tot een geheel. Een aanvankelijk voorgestelde zeskantige verbindingsbrug over de Turfmarkt werd na vele protesten van de bevolking vervangen door een oplossing die het beschermde stadsgezicht intact laat: een tunnel, die het bestaande gebouw verbindt met de nieuwbouw. Deze nieuwbouw voegt zich qua schaal in de bestaande bebouwing, maar wijkt qua materiaalgebruik sterk ervan af. Een markant element in de gevel is de driehoekige glaspui die zicht biedt op de tunnel. Het gebouw is voorzien van beeldhouwwerken van Buy en Groenewoud.

▪ Daan took a number of discrete premises in the inner city, among them the stately Kanselarij and the Van Eysingahuis, and welded them together into a whole. The original proposal, a six-sided bridge across the Turfmarkt, was replaced after a storm of local opposition with a solution that left the protected cityscape intact, a tunnel linking the existing building to the new. This latter matches the existing development in scale, but is nothing like it material-wise. A striking feature of the façade is the triangular glass window overlooking the tunnel. Gracing the building are sculptures by Buy and Groenewoud.

A24 CENTRAAL APOTHEEK/PHARMACY

De Tuinen/Voorstreek O.Z. 58, Leeuwarden

G.B. BROEKEMA | 1904-1905

de Architect 1981-2

Veel Art Nouveau-gebouwen kent Nederland niet. Deze apotheek is een van de weinige geslaagde voorbeelden van deze voornamelijk rond de eeuwwisseling florerende stijl, die een totale vernieuwing ten opzichte van voorgaande stijlen voorstond en zich daarbij baseerde op florale motieven. De apotheek heeft bovendien, in tegenstelling tot de meeste andere voorbeelden, drastische verminkingen weten te weerstaan. Afgezien van de leien dakbedekking, de entreedeur en de in 1940 aangebrachte glas-in-loodbovenlichten verkeert de gevel nog in oorspronkelijke staat.

▪ Art Nouveau buildings are few and far between in the Netherlands. This pharmacy is one of a few successful examples in this style, one based on floral motifs which flourished mainly around the turn of the century, and represented a complete revolution in regard to preceding styles. Moreover, unlike most other examples, the pharmacy has managed to avoid drastic disfigurement. Apart from the slate roofing, the entrance door, and the leaded glass toplights added in 1940, the façade has retained its original state.

A25 THEATERCOMPLEX/THEATRE COMPLEX DE HARMONIE

Wilhelminaplein, Leeuwarden

F.J. VAN DONGEN (ARCHITECTEN CIE) | 1990-1995

de Architect 1995-2; Archis 1995-6; Architectuur in Nederland. Jaarboek 1994-1995

Het gebouw is gesitueerd aan de Stadsgracht aan de rand van de oude stad. De verschillende zalen zijn als onafhankelijke delen in een min of meer rechthoekig volume geplaatst; aan de zuidzijde bevindt zich een strook met kantoren en dienstruimtes. De restruimte tussen de zalen fungeert als foyer. Zij is vrijwel geheel voorzien van semitransparante glaspanelen, waardoor het gebouw bij avond als een schimmenspel oogt. In het interieur is de wereld van glamour en glitter opgeroepen door felle kleuren, gouden kolommen en lichteffecten. Het gebouw verwijst door de vrije vormgeving van de zalen en het gebruik van betonnen piloti naar het naoorlogse modernisme van Le Corbusier en Oscar Niemeyer.

▪ Sited along Stadsgracht on the rim of the old town, the various auditoria are treated as discrete elements set in a largely rectangular volume; to the south is a strip of offices and service spaces. The residual space between the auditoria acts as a foyer. All but fully clad in semi-transparent glass panels, it turns the building into a shadow pantomime by night. Inside, the world of glamour and glitter is evoked by loud colours, gold columns and lighting effects. The free form of the auditoria and deployment of concrete pilotis are an allusion to the postwar modernism of Le Corbusier and Oscar Niemeyer.

A26 DE PAPEGAAIENBUURT

Torenstraat, Drachten

TH. VAN DOESBURG | 1921-1922

C. de Boer (oorspr. ontw.)

E. van Straaten – Theo van Doesburg, schilder en architect, 1988

De traditionele middenstandswoningen werden door Van Doesburg, voorman van De Stijl, van abstracte kleurschema's voorzien. Niet alleen bemoeide hij zich met de kleuren van het exterieur, ook het interieur en zelfs de tuinindeling tot en met de kleur van de bloemen werd door Van Doesburg voorgeschreven. Reeds twee jaar na de oplevering werd de buurt, die inmiddels de scheldnaam 'Papegaaienbuurt' had gekregen, overgeschilderd om in 1988 weer in ere te worden hersteld. De glas-in-loodramen en de kleurschema's van de nabijgelegen landbouwschool zijn eveneens van Van Doesburg.

▮ These traditional 'lower middle class' houses were provided with abstract colour schemes by De Stijl spokesman Theo van Doesburg. Not only did he attend to the colours of the exterior; the interior and even the layout of the garden up to and including the colours of the flowers were prescribed by Van Doesburg. A mere two years after completion the neighbourhood, by then known derisively as the 'parrot district', was painted over; in 1988 it was honourably restored to its original colours. The leaded windows and colour schemes of the nearby agricultural school are also by Van Doesburg.

A27 JOPIE HUISMAN MUSEUM

Noard 6, Workum

J.H. WOUDA, G.J. VAN DER SCHAAF | 1992

BNA Architectuurestafette, 1992

Dit museum is gewijd aan het werk van de schilder Jopie Huisman, die de wens uitte zijn werk te exposeren in een 'stronteenvoudige ruimte'. Het bestaat uit twee lange smalle traditioneel gebouwde bouwmassa's, die zich naadloos voegen in het beschermde stadsgezicht. Hierin bevinden zich kabinetten waarin de schilderijen hangen. De overdekte tussenruimte tussen de gebouwen bevat de entree en bezit een glazen dakconstructie, opgebouwd uit portalen van cortenstaal. Het roestige staal is een verwijzing naar Huismans verleden als handelaar in oud-ijzer.

▮ Devoted to the work of the painter Jopie Huisman, who enunciated the desire to show his work in a space 'as simple as shit', the museum consists of two long, narrow traditionally built masses stitched seamlessly into the protected cityscape. Here are the galleries where the paintings are hung. The space between the buildings contains the entrance below a glazed roof structure of Cor-Ten steel portals. The rusty steel is a reminder of Huisman's former trade of iron merchant.

A28 ATELIERWONING/STUDIO HOUSE

Lytse Wyngaerden 22, Langezwaag

G. DAAN | 1985-1990

Architectuur in Nederland. Jaarboek 1987-1988; Bouw 1989-1; de Architect 1989-3; B. Colenbrander – Gunnar Daan, architect, 1995

Ter vervanging van een afgebrande boerderij bouwden de bewoners zelf deze energiezuinige atelierwoning. In de buitenste schil van de ronde, half ingegraven woonverdieping zijn de slaapkamers en de keuken ondergebracht. Een open haard in het hart van de woning verwarmt tezamen met de daarop aangesloten vloerverwarming het gehele huis. De cirkel rond de open haard wordt gecompleteerd door een dubbelhoge wintertuin aan het water. Het verbindt de woonlaag met het ronde glazen atelier dat boven het ingegraven huis uitsteekt en als uitkijkpost over het vlakke landschap fungeert.

▮ This energy-efficient studio house was built by the occupants themselves to replace a farmhouse that had been burnt down. In the outermost shell of the circular half-sunken living level are the bedrooms and kitchen. An open fireplace in the heart of the dwelling attached to a heating system below the floor warms the entire house. Completing the circle around the fireplace is a double-height winter garden on the water. This connects the living level to the circular glass studio projecting from the sunken house and functioning as an observation tower looking out across the flat landscape.

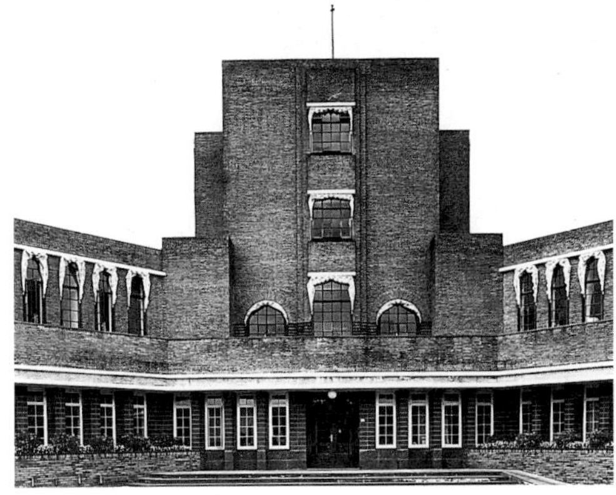

A29 NOORDERSANATORIUM
Stationsweg, Zuidlaren
E. REITSMA | 1935
J. Vroom (tuinarch.)
J.B.T. Krijger – Architectuur en stedebouw in Drenthe 1850-1940, 1991; J.H. Furnée, J.H.G. Jonkman – Het Noorder Sanatorium te Zuidlaren, 1994

Het Noordersanatorium, oorspronkelijk een open psychiatrische inrichting, is thans in gebruik als instituut voor geneesmiddelen-onderzoek. In een parkachtige tuinaanleg met vijver bevindt zich een centraal hoog bouwdeel met kantoorruimtes en spreek- en onderzoekkamers en radiaalsgewijs vier lage vleugels voor de patiënten. Het uit gele baksteen opgetrokken gebouw heeft blauwe stalen kozijnen en ultramarijnblauw betegelde penanten. Op het terrein bevindt zich tevens de woning voor de geneesheer-directeur, eveneens ontworpen in deze aan Dudok verwante kubistische vormentaal.

▮ Originally a mental hospital with an 'open' character, Noorder Sanatorium now houses an institute for clinical pharmacology. In a parklike landscape design including an ornamental lake stands a tall central volume of offices, consulting rooms and examination rooms, fanning out from which are four wings for the patients. Erected in yellow brick, the building has blue steel frames and piers with ultramarine tiling. The site also includes the medical superintendent's house which exploits the same Cubist formal vocabulary, one allied to Dudok.

A30 GEZONDHEIDSCENTRUM/HEALTH CENTRE
Molenstraat 262, Assen
TUNS + HORSTING | 1980-1982
Bouw 1983-11; de Architect 1983-12

Een bakstenen muur over de gehele breedte van het terrein verbergt het eigenlijke gebouw, dat bereikbaar is door een boogvormige poort en via een binnenplein. In het H-vormige gebouw zijn verschillende artsen en medische diensten gehuisvest. Een kleine glazen cilinder doet dienst als speelruimte voor kinderen. De ogenschijnlijk overgedimensioneerde kolommen bepalen de ritmiek van de gevels. Zij bestaan uit met aluminium beklede staalprofielen.

▮ A brick wall running the entire breadth of the site conceals the health centre, which is reached through an arched gateway and inner court. Shaped lika a H, the building houses a number of surgeries and medical services. Its seemingly oversized columns fix the rhythm of the façades and consist of aluminium-dressed steel I-beams. A small glazed cylinder serves as a children's play room.

A31 INDUSTRIËLE WONING/INDUSTRIALIZED DWELLING SHELL
Taxusplantsoen 22-24, Assen
M.E. ZWARTS | 1967
Bouwkundig Weekblad 1969 p.56

In deze woningen wordt geëxperimenteerd met een industrieel bouwsysteem met een maximaal gebruik van kunststof (zie ook **G13**). Het systeem bestaat uit dragende gevelkolommen met daarop een stalen ruimtevakwerk en verdiepingshoge uitwisselbare wandpanelen, gebaseerd op een maatraster van 1,20 m. De enige vaste elementen in de woning zijn de natte cellen. De overige wanden zijn verplaatsbaar, zodat de woonruimtes rond een atrium aan veranderende omstandigheden kunnen worden aangepast.

▮ These dwellings constitute an experiment with an industrialized building system using a maximum of synthetic materials (see also **G13**). This system comprises loadbearing façade columns supporting both a steel space frame and interchangeable wall panels one storey high, based on a grid of 1.20 m. The sole fixed elements are kitchen, bathroom and toilet. All remaining walls can be moved around, so that the living spaces about a central atrium can be constantly adapted to suit changing circumstances.

A32 MODELBOERDERIJ/MODEL FARM DE SCHIPBORG

Schipborgerweg 66, Anloo

H.P. BERLAGE | 1914

S. Polano – Hendrik Petrus Berlage, het complete werk, 1988

Tussen 1913 en 1919 is Berlage in vaste dienst bij het echtpaar Kröller-Müller. De eerste opdracht is het ontwerp van een 'moderne' modelboerderij voor de oudste zoon die het familiebezit in Drente beheert. Het complex beslaat een vierkant terrein dat aan één zijde is afgesloten door een muur met ingangsportaal in het midden. Aan de andere zijde bevindt zich het woonhuis. Haaks op het woonhuis zijn twee stroken met schuren en stallen geplaatst zodat een C-vormige plattegrond ontstaat. Het exterieur met bakstenen wanden en leistenen daken is sober; in het interieur zijn de bakstenen wanden verlevendigd met natuurstenen en keramieke ornamenten.

▮ Between 1913 and 1919 Berlage was on the payroll of the Kröller-Müllers. The first commission from this wealthy couple was for a 'modern' model farm for their eldest son who ran the family estate in Drente. The complex occupies a square plot of land closed off on one side by a wall with an entryway punched in its centre. On the other side is the dwelling-house, square to which are two rows of barns and stables placed so as to define a C in plan. The exterior of brick walls and slate roofs is restrained; inside, the brick walls are enlivened by cut stone and ceramic ornaments.

A33 WOONHUIS/PRIVATE HOUSE RAMS WOERTHE

Gasthuisstraat 2, Steenwijk

A.L. VAN GENDT | 1895-1899

H. Copijn (tuinarch.)

B. Lamberts, H. Middag – Architectuur en stedebouw in Overijssel 1850-1940, 1991

De nalatenschap van de welgestelde Salco Tromp Meesters aan zijn zoon Jan Hendrik bestond uit een fraai gelegen stuk grond. Na een prijsvraag laat deze een Art Nouveau-villa bouwen door de Amsterdamse architect A.L. van Gendt. Rond de villa is een park in Engelse landschapsstijl aangelegd naar ontwerp van tuinarchitect Copijn. In het interieur zijn vele versieringen aangebracht, waaronder enkele fraaie plafonds en wandschilderingen van Co Breman. In 1918 kocht de gemeente Steenwijk het pand en verbouwde het tot gemeentehuis. Op het terrein bevindt zich een bevrijdingsmonument van de Steenwijker beeldhouwer Hildo Krop.

▮ The estate the wealthy Salco Tromp Meesters passed on to his son Jan Hendrik was a handsomely sited expanse of ground. Following a competition the latter had the Amsterdam architect A.L. van Gendt build an Art Nouveau villa on it. Surrounding the villa is a park in English landscape style set in place to a design by the landscape architect Copijn. The interior is graced with a wealth of decoration including several very fine ceilings and mural paintings by Co Breman. In 1918 Steenwijk municipality bought the villa and rehabbed it as a Municipal Hall. In the grounds stands a monument to the liberation by the Steenwijk sculptor Hildo Krop.

A34 BROKEN CIRCLE AND SPIRAL HILL

Emmerhoutstraat 138, Emmen

R. SMITHSON | 1971

Sonsbeek buiten de perken, 1971; Beeldengids Nederland, 1994

In het kader van de tentoonstelling Sonsbeek Buiten de Perken (1971) werden diverse land-art projecten door heel Nederland gerealiseerd. Dit project bestaat uit twee elementen, waarbij als basis een cirkelvorm is gebruikt. Aan de rand van een waterpartij, ontstaan door grondwinning, bevindt zich een halfrond plateau met daarop een gletsjerkei, omgeven door een halfronde steiger en een uitgegraven contravorm. Terzijde ligt een kunstmatige duinpan, waar een zandpad spiraalsgewijs naar de top voert.

▮ As part of the exhibition 'Sonsbeek Buiten de Perken' (1971), various Land Art projects were realized all over the Netherlands. This one consists of two elements based on the circle. On the edge of a stretch of water, the by-product of land reclamation, is a semicircular plateau with on it a glacial boulder, surrounded by a semicircular jetty and a water-filled counterform. Close by is an artificial hill up which a sand path spirals to the summit.

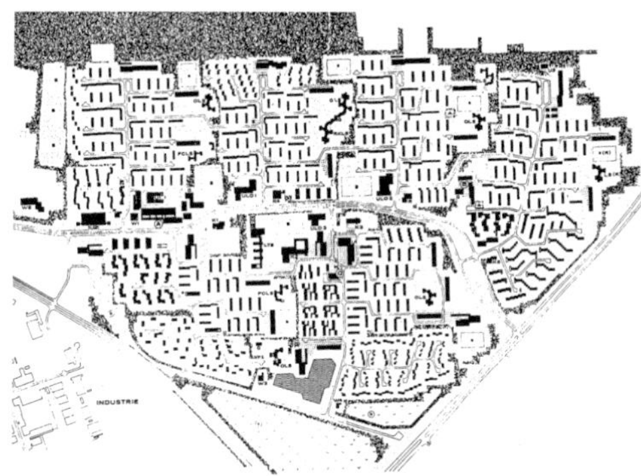

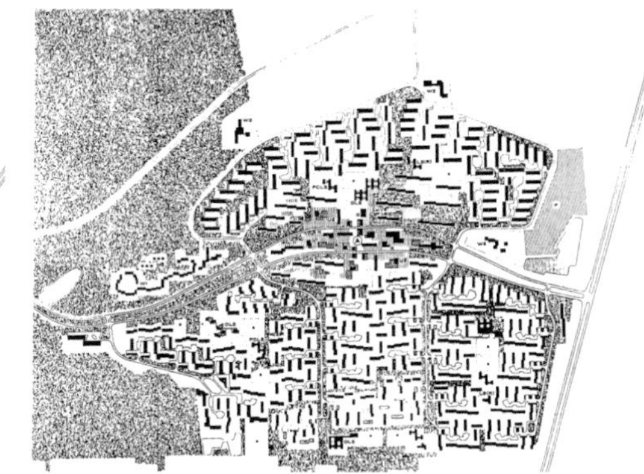

A35 WONINGBOUW, STEDENBOUW/ HOUSING, URBAN DESIGN

Emmen

DIVERSE ARCHITECTEN | 1947-1996

(o.a.) **Den Boer, Z. Naber** (Emmermeer, Haagjesweg e.o., 1947-1960), **N.A. de Boer, A.J.M. de Jong,** m.m.v. **T. Strikwerda, A.A. Oosterman, J.J. Sterenberg** (Angelslo, Statenweg e.o., 1956-1969), **N.A. de Boer, A.J.M. de Jong,** m.m.v. **A.C. Nicolaï, A.A. Oosterman, J.J. Sterenberg** (Emmerhout, Houtweg e.o., 1961-1974), **A.J.M. de Jong** (Bargeres, Brinkenweg e.o., 1967-1983), **A.J.M. de Jong** (Rietlanden, Veldstukken e.o., 1977-1996), **G. Boon** (Lagere Scholen, De Strubben, Oldenhave, Bensingecamp, Holtackers, 1961-1967)

TABK 1968 p.649; Bouwkundig Weekblad 1969 p.444; Plan 1970 p.104; Forum 1970-3; N. de Boer, D. Lambert – Woonwijken, 1988; P. Huygen – Emmen, 1995

Uitgangspunt bij de bouw van nieuwe woonwijken voor de jonge industriestad Emmen wordt het begrip 'open groene stad', waarbij de voordelen van wonen in het landschap worden gecombineerd met gedifferentieerde stedelijke voorzieningen en een compact centrum. Zowel in Angelslo, waarvan de bouw in 1960 startte, als in Emmerhout (1966-1975) zijn een aantal stedenbouwkundige elementen ontwikkeld, die in de jaren zeventig in veel (laagbouw) wijken in Nederland zouden worden toegepast. De wijken borduren stedenbouwkundig en architectonisch voort op de ideeën van het Nieuwe Bouwen. De architectuur is sober, systematisch en zakelijk, met uitzondering van de structuralistische lagere scholen die Forumredacteur G. Boon in houten systeembouw realiseert. De beide wijken worden ontsloten door een centrale wijkweg met loodrecht daarop veelal doodlopende buurtstraten. De woninggroepen worden op hun beurt weer ontsloten door hierop aansluitende cul-de-sacs. Tussen de woonbuurten bevinden zich groenzones met scholen en speelvelden. Het gemotoriseerde verkeer wordt ondergeschikt gemaakt aan de fietser en de wandelaar. In Emmerhout resulteert dit ontsluitingssysteem in geschakelde, enigszins verdiepte, parkeerplaatsen en gedeeltelijk verharde en beplante openbare gebieden tussen de woningen. De straat heeft definitief plaatsgemaakt voor het 'woonerf'. Door een door stedenbouwkundige De Jong voorgeschreven getrapte verkaveling wordt de individualiteit van de woning benadrukt. Door het sterke stedenbouwkundige concept is hier een potentiële wildgroei nog gemakkelijk te voorkomen. Bij latere navolgers in het land resulteert een al te gedifferentieerde ontsluiting en een overmatige hang naar variatie maar al te vaak in woonwijken waar de samenhang volledig zoek is.

▪ The basic premise when building new estates for the fledgling industrial town of Emmen was the concept of an 'open, green city' combining the advantages of living in the landscape with multifarious urban facilities and a compact town centre. Both in Angelslo, begun in 1960, and in Emmerhout (1966-1975) numerous urban designs elements were developed which would reappear during the seventies in many (low-rise) districts across the Netherlands. The residential areas embroider on urban and architectural themes of the Modern Movement. Their architecture is sober, methodical and functional, except for the 'structuralist' primary schools built there in timber frame construction by Forum magazine editor G. Boon. Both estates are reached from a central highway criss-crossed by neighbourhood streets, many with dead-ends. Off these are cul-de-sacs providing access to the clusters of dwellings. Between the neighbourhoods are green zones containing schools and playing fields. Here motorized traffic takes second place to cyclists and pedestrians. In Emmerhout this access system has produced interlinked, slightly sunken parking places and half-paved, half-planted public areas between dwellings. The street has resolutely made way for the 'woonerf' or pedestrian priority area. A stepped arrangement of plots prescribed by the urban designer De Jong emphasizes the individuality of each house. This sturdy urban structure can thus easily prevent any potential tendency towards chaos. Subsequent applications of this system have invariably resulted in too many types of access and too much variety in general, but worst of all in housing estates completely devoid of any kind of coherence.

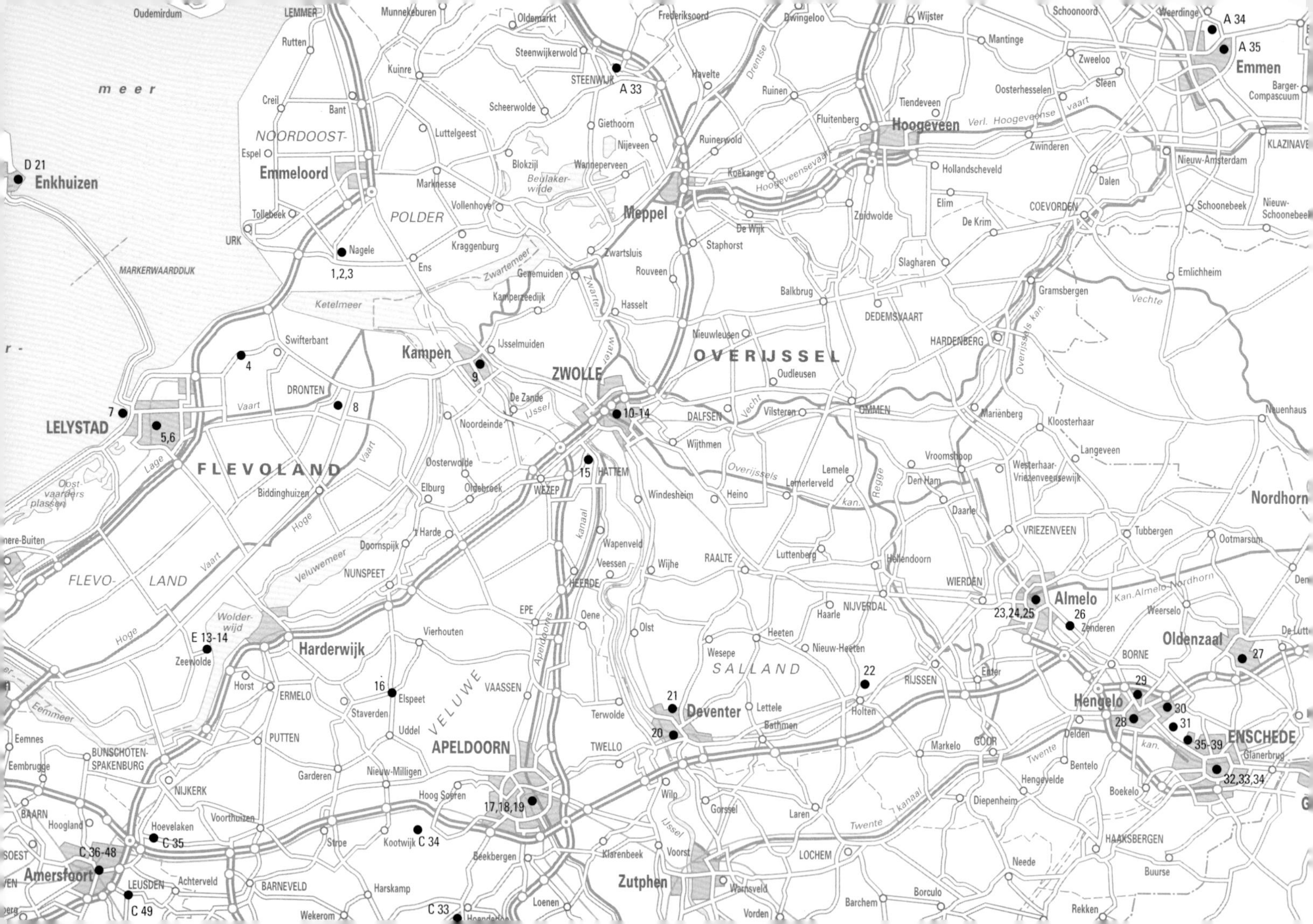

Oudemirdum
LEMMER
Munnekeburen
Oldemarkt
Frederiksoord
Dwingeloo
Wijster
Schoonoord
Weerdinge
A 34
A 35
Emmen
Rutten
Steenwijkerwold
Mantinge
Zweeloo
meer
Kuinre
STEENWIJK
A 33
Havelte
Drentse
Ruinen
Oosterhesselen
Sleen
Barger-Compascuum
Creil
Bant
Scheerwolde
Giethoorn
Tiendeveen
Fluitenberg
Hoogeveen
Verl. Hoogeveense vaart
NOORDOOST-
Luttelgeest
Nijeveen
Ruinerwold
Zwinderen
KLAZINAVEEN
Espel
Blokzijl
Wanneperveen
Nieuw-Amsterdam
D 21
Enkhuizen
Emmeloord
Beulaker-wijde
Koekange
Hoogeveensevaart
Hollandscheveld
Dalen
Marknesse
Elim
Vollenhove
Meppel
COEVORDEN
Schoonebeek
Nieuw-Schoonebeek
Tollebeek
POLDER
De Wijk
Zuidwolde
De Krim
URK
Kraggenburg
Staphorst
Nagele
Zwartsluis
1,2,3
MARKERWAARDDIJK
Ens
Zwartemeer
Genemuiden
Rouveen
Slagharen
Emlichheim
Kamperzeedijk
Zwarte-water
Balkbrug
Gramsbergen
Ketelmeer
Hasselt
DEDEMSVAART
Vechte
Swifterbant
Nieuwleusen
HARDENBERG
Overijssels kan.
4
Kampen
IJsselmuiden
OVERIJSSEL
9
ZWOLLE
Oudleusen
DRONTEN
8
De Zande
Vaart
7
IJssel
10-14
DALFSEN
Vecht
Vilsteren
OMMEN
Mariënberg
Neuenhaus
LELYSTAD
5,6
Noordeinde
Kloosterhaar
Wijthmen
Vroomshoop
Langeveen
Lage
FLEVOLAND
Vaart
Oosterwolde
15
HATTEM
Lemele
Westerhaar-Vriezenveensewijk
Oost-vaarders plassen
Elburg
Oldebroek
WEZEP
Overijssels
Lemelerveld
Regge
Den Ham
Biddinghuizen
Windesheim
Heino
kan.
Daarle
Nordhorn
Hoge
't Harde
kanaal
Wapenveld
VRIEZENVEEN
Tubbergen
Ootmarsum
Almere-Buiten
Doornspijk
Veluwemeer
Veessen
Wijhe
RAALTE
Luttenberg
Hellendoorn
Vaart
NUNSPEET
HEERDE
WIERDEN
FLEVO-
LAND
Almelo
Kan. Almelo-Nordhorn
EPE
Oene
Haarle
NIJVERDAL
23,24,25
26
Zenderen
Weerselo
Wolderwijd
Olst
Heeten
Nieuw-Heeten
Oldenzaal
De Lutte
Hoge
E 13-14
Zeewolde
Harderwijk
Vierhouten
Apeldoorns
Wesepe
BORNE
27
SALLAND
22
Horst
ERMELO
16
Elspeet
VELUWE
VAASSEN
21
Deventer
Lettele
RIJSSEN
Enter
29
Hengelo
30
Eemmeer
Staverden
Terwolde
Holten
28
31
Eemnes
PUTTEN
Uddel
20
Bathmen
Delden
35-39
ENSCHEDE
Eembrugge
BUNSCHOTEN-SPAKENBURG
APELDOORN
TWELLO
Markelo
GOOR
kan.
Glanerbrug
Garderen
Nieuw-Milligen
Twente
Bentelo
32,33,34
NIJKERK
Hoog Soeren
17,18,19
Wilp
Hengevelde
Boekelo
BAARN
Hoogland
Voorthuizen
Gorssel
Laren
Diepenheim
Twente kanaal
Hoevelaken
C 35
Stroe
Kootwijk
C 34
IJssel
C 36-48
SOEST
Beekbergen
Klarenbeek
Voorst
LOCHEM
HAAKSBERGEN
Neede
Amersfoort
LEUSDEN
Achterveld
BARNEVELD
Harskamp
Zutphen
Warnsveld
Borculo
Buurse
C 49
Wekerom
C 33
Loenen
Vorden
Barchem
Rekken

B01 **De 8** Woningbouw, Stedenbouw/Housing, Urban Design
B02 **Van den Broek & Bakema** Gereformeerde Kerk/Church
B03 **A.E. van Eyck, H.P.D. van Ginkel** Lagere Scholen/Primary Schools
B04 **R. Morris** Observatorium/Observatory
B05 **J. Hoogstad** Stadhuis/Town Hall
B06 **B. Loerakker** Combinatiegebouw/Mixed-Use Block
B07 **V. Mani; Benthem Crouwel** Sportmuseum; Poldermuseum/Sports Museum; Polder Museum
B08 **F. van Klingeren** Multifunctioneel Centrum/Multi-Function Centre De Meerpaal
B09 **W. Kromhout** Ziekenhuis/Hospital De Engelenbergstichting
B10 **J.G. Wiebenga** Uitbreiding/Extension to Sophiaziekenhuis
B11 **G.Th. Rietveld** Kantoorgebouw/Office Building Schrale's Beton
B12 **R.H.M. Uytenhaak** Woonhuis, Werkplaats/Private House, Workshop
B13 **Van Eyck & Bosch** Stadsvernieuwing/Urban Redevelopment
B14 **J.J. Konijnenburg** Uitbreiding Stadhuis/Town Hall Extension
B15 **A. Komter** Woonhuis/Private House De Witte Raaf
B16 **A. van der Linden** Jachinschool
B17 **H. Hertzberger** Kantoorgebouw/Office Building Centraal Beheer
B18 **H.J.M. Ruijssenaars** Stadhuis/Town Hall
B19 **H.J.M. Ruijssenaars** Openbare Bibliotheek/Public Library
B20 **Th.J.J. Bosch** Woningbouw/Housing
B21 **A.E. & H. van Eyck** Maranathakerk/Church
B22 **OMA** Woonhuis/Private House Geerlings
B23 **K. van der Gaast** Station
B24 **Mecanoo** Bibliotheek/Library
B25 **J.J.P. Oud, H.E. Oud** Stadhuis/Town Hall
B26 **K. Oosterhuis** Voorzieningengebouw Afvalverwerking/Waste Processing Plant
B27 **B. van Aalderen, J. Jonges** Arbeidsbureau/Employment Exchange
B28 **J.F. Berghoef, J.F. Hondius** Raadhuis/Town Hall
B29 **Van den Broek & Bakema** Hengelose Es
B30 **P. Blom** De Kasbah
B31 **J.B. van Loghem** Woonhuis/Private House Zijlstra
B32 **W.K. de Wijs, A.H. Op ten Noort** Woningbouw/Housing Pathmos
B33 **G. Friedhoff** Raadhuis/Town Hall
B34 **Van Berkel & Bos** Uitbreiding/Extension to Rijksmuseum Twente
B35 **W. van Tijen, S.J. van Embden** Campus TU Twente/Technical University Campus
B36 **J. van Stigt** Personeelskantine/Staff Canteen
B37 **Environmental Design** Toegepaste Wiskunde, Rekencentrum/(Applied) Mathematics
B38 **P. Blom; P. Blom, R. Blom van Assendelft, L. Lafour** Mensa/Student Restaurant; Mensa De Bastille
B39 **H.P.C. Haan** Studentenhuisvesting/Student Accommodation

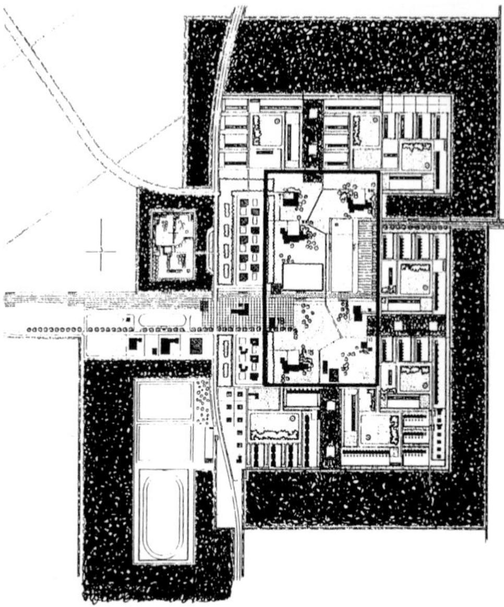

B01 WONINGBOUW, STEDENBOUW/ HOUSING, URBAN DESIGN

Ring e.o., Nagele

DE 8 | 1947-1957

M. Kamerling, A.E. van Eyck (proj.), **G.Th. Rietveld, J.C. Rietveld** (Woningbouw Vlashof), **G.Th. Rietveld, J.C. Rietveld** (Woningbouw Klaverhof), **W. van Bodegraven** (Woningbouw Koolzaadhof), **J. Niegeman, F.J. van Gool** (Woningbouw Karwijhof), **M.A. Stam, E.F. Groosman** (Woningbouw Ring), **Van den Broek & Bakema** (Winkelcentrum Zuiderwinkels), **J. Niegeman** (Landarbeidershuisjes), **E.F. Groosman** (Bank Zuiderpoort), **Van den Broek & Bakema** (Werkplaatsen Eggestraat), **M. Ruys, E. Hartsuyker** (Kerkhof Akkerstraat), **W. Wissing, E. Hartsuyker** (Kerkhof), **W. Wissing** (Werkplaats Eggestraat)

Forum 1952 p.172; Bauen + Wohnen 1959 p.352; Werk 1961 p.164; Bouw 1964 p.1134; B. Rebel – Het Nieuwe Bouwen, 1983; Z. Hemel, V. van Rossem – Nagele, een collectief ontwerp 1947-1957, 1984; C. van der Wal – In Praise of Common Sense, 1997

Drieëndertig architecten van de Amsterdamse architectengroep De 8 werkten tien jaar aan het stedenbouwkundig plan voor een dorp van 300 woningen en enige voorzieningen. Nagele is een van de satellietdorpen die in de eerste grote polder van de Zuiderzeewerken, de Noordoostpolder, rond de centrale stad Emmeloord zijn gesitueerd. De opdracht voor Emmeloord ging evenals de meeste grote opdrachten van het eerste decennium na de oorlog naar de traditionalistische architecten van de Delftse School. Nagele was een van de weinige kansen die de modernen kregen om hun ideeën op grote schaal te realiseren. Hoewel Nagele wel degelijk een collectief ontwerp is en als zodanig ook door De 8 is ondertekend, zijn het met name de schetsen van Rietveld geweest, die onder leiding van Van Eesteren door de jongere architecten Kamerling en Van Eyck tot het uiteindelijk plan zijn uitgewerkt. Het dorp bestaat uit een groen hart met collectieve voorzieningen dat aan drie zijden wordt omsloten door zeven 'wooneenheden' (zie ook **L61**), onderling gescheiden door smalle groenzones. Langs de vierde zijde liggen winkels, een kerkhof en sportvoorzieningen. Het dorp wordt door brede boomstroken beschermd tegen de polderwinden. Evenals het stedenbouwkundig plan zijn de uitwerkingen van de verschillende woningen en gebouwen vaak collectieve ontwerpen.

▪ Thirty-three members of the Amsterdam architect's group De 8 spent ten years working on the urban plan for a village of 300 dwellings and some facilities. Nagele is one of the satellite villages surrounding Emmeloord, a town in the Zuiderzee Works' first large reclaimed polder, the Noordoostpolder. The commission for Emmeloord went, as did most large-scale commissions during the first post-war decade, to the traditionalist architects of the Delft School. Nagele was one of the few chances open to 'moderns' of putting their ideas into practice on a larger scale than usual. Though Nagele was indeed a genuine collective design and was signed as such by De 8 it was based for a large part on sketches by Rietveld. These were elaborated by the young architects Kamerling and Van Eyck (under Van Eesteren's supervision) into the definite urban plan. The village consists of a green heart with communal facilities, closed in on three sides by seven 'wooneenheden' (clusters, see also **L61**) separated from each other by narrow green zones. Lining the fourth side are shops, a cemetery and sports facilities. Broad rows of trees protect the village from the polder winds. Like the urban plan, many of the individual houses and other buildings were designed collectively.

B02 GEREFORMEERDE KERK/CHURCH

Ring, Nagele

VAN DEN BROEK & BAKEMA | 1958-1962

Bouwkundig Weekblad 1961 p.476; Bauen + Wohnen 1961 p.152; J. Joedicke – Architektur und Städtebau, 1963

Het gebouw kent een geleidelijke overgang van openheid en openbaarheid naar de beslotenheid van de kerkelijke ruimtes. Een muur van betonblokken begint laag als bank, klimt op tot muur, krijgt een dak, wordt entree en voorruimte en resulteert in de grote omsloten kerkzaal. Deze bevat een hoger gedeelte waarin preekstoel, doopvont en orgel. Het dak bestaat uit voorgespannen betonliggers op gemetselde kolommen. Een vrijstaande klokkentoren domineert de compositie en vormt een poort naar het voorplein.

▪ This church follows a gradual transition from the open and public to the privacy of its inner recesses. A wall of concrete blocks starts off as a seat, rises to a wall, gains a roof, becomes an entrance-hall and terminates in the large enclosed main church space. A raised section includes the pulpit, the font and the organ. The roof is a structure of pre-stressed concrete beams on brickwork columns. Presiding over the composition is a free-standing bell tower which forms a gateway to the forecourt.

B03 LAGERE SCHOLEN/PRIMARY SCHOOLS

Ring, Nagele

A.E. VAN EYCK, H.P.D. VAN GINKEL | 1954-1957

Forum 1957 p.242; Werk 1958 p.170; H. Hertzberger e.a. – Aldo van Eyck, 1982; F. Strauven – Aldo van Eyck, 1994

Ondanks de strenge voorschriften kan Van Eyck toch enige ideeën realiseren. De school bestaat uit twee stroken van drie gelijke lokalen, waarvan één lokaal gedraaid is. De lokalen hebben een open hoek in de buitengevel; deuren zijn niet toegestaan, maar toch gerealiseerd in de vorm van grote betonnen ramen. De gang is méér dan verkeersruimte, een tussengebied waarin ook de overblijfruimte is opgenomen.

▪ Here despite stringent regulations Van Eyck still managed to realize a few ideas of his own. The school block consists of two staggered rows of three classrooms of equal size, with the third rotated 90°. Their projecting angles contain accesses (doors having been forbidden) in the form of large concrete-framed windows. More than just a circulation route, the corridor acts as an intervening area that includes accommodation for those remaining for lunch.

B04 OBSERVATORIUM/OBSERVATORY

Weg Lelystad-Swifterbant, Lelystad

R. MORRIS | 1977

Sonsbeek buiten de perken, 1971, deel 2 p.57

Op een kavel van 6 ha. is met aarden wallen een moderne variant op prehistorische observatoria als Stonehenge gecreëerd; een gerealiseerd voorbeeld van land-art van de Amerikaanse kunstenaar Robert Morris. Op de langste en kortste dag van het jaar wordt de opkomende zon in een reusachtig stalen vizier 'gevangen'. Ook op andere tijdstippen is een interessant spel met zon en licht te aanschouwen.

▪ On a site of six hectares stand the earthen walls of this latter-day variation on prehistoric observatories such as Stonehenge; a realized example of Land Art by the American artist Robert Morris. On both the longest and shortest day of the year, the rising sun is lined up in gigantic steel sights. On other days, too, an interesting play of sun and light is to be seen.

B05 STADHUIS/TOWN HALL
Stadhuisplein 2, Lelystad
J. HOOGSTAD | 1976-1984
Plan 1983-7/8; Bouw 1984-13, 1985-7; R. Dettingmeijer – Jan Hoogstad, architect, 1996

Het stadhuis, een winnend prijsvraagontwerp met veel nadruk op klimaatbeheersing en passieve zonne-energie, bestaat uit een bestuursgedeelte van twee etages (o.a. een raadzaal met bolvormig dak), aan drie zijden omgeven door zes lagen kantoren. De tussenliggende publieke hal is schuin overspannen door houten spanten; het dak is afgedekt met gemoffelde staalplaat. In het ontwerp is een markante plaats toebedeeld aan trappen, loopbruggen en luchtbehandelingskanalen.

▪ This town hall, a prize-winning design laying great stress on climate control and passive solar energy, consists of a two-storey administrative section, including a council chamber with concave roof, with six office storeys on three of its sides. The intervening public hall has a slanting roof of powder-coated sheet steel with timber joists. The design accords a prominent place to stairs, bridges and air circulation.

B06 COMBINATIEGEBOUW/MIXED-USE BLOCK
Neringweg, Lelystad
B. LOERAKKER (LRR) | 1981-1983
Bouw 1984-7, 1986-14/15; J. Schilt, D. van Gameren – Ben Loerakker Architect, 1996

Op een plaats waar oorspronkelijk alleen een parkeergarage was gepland zijn woningen, een supermarkt, een jongerencentrum en een parkeergarage gecombineerd tot een stedelijk blok. De stramienmaat van de woningen is gebaseerd op de maat van twee parkeerplaatsen. Per stramien worden telkens twee woningen van anderhalve woonlaag ontsloten vanuit een middencorridor op de tweede verdieping die door middel van drie trappenhuizen vanaf de straat bereikbaar is.

▪ Housing, a supermarket, a youth centre and an indoor car park (originally intended as the site's sole occupant) here combine in a single urban block. Dwelling units follow a module the size of two parking spaces, with pairs of units of one and a half levels facing each other across a central access corridor reached from the street by three staircases.

B07 SPORTMUSEUM; POLDERMUSEUM/ SPORTS MUSEUM; POLDER MUSEUM
Museumweg 10; Oostvaardersdijk 01-13, Lelystad
V. MANI; BENTHEM CROUWEL | 1993-1995; 1991-1993
de Architect 1994-4, 1995-9; Archis 1995-10; Bauwelt 1995 p.1480; Architectuur in Nederland. Jaarboek 1993-1994, 1995-1996

Op een locatie langs de IJsselmeerdijk is een tweetal kleine musea gerealiseerd. Het Museum Nieuw Land heeft de ontstaansgeschiedenis van de nieuwe IJsselmeerpolders als thema. Een ovale, zilveren buis biedt aan beide uiteinden uitzicht over respectievelijk de getemde zee en het nieuw gewonnen land. Het Sportmuseum, dat in fasen zal worden gerealiseerd, moest met een extreem laag budget worden gebouwd. Gezien deze achtergrond is een informeel, maar opmerkelijk verzorgd en gedetailleerd gebouw ontstaan dat alleen in vorm en materiaalgebruik nog refereert aan de anonieme architectuur van het modale sportcomplex.

▪ This pair of small museums was realized on a site along the IJsselmeerdijk. The Nieuw Land Museum focuses on the history of the new IJsselmeer polders. An oval, silver tube offers views of the conquered sea at one end and the newly reclaimed land at the other. The potentially extendable Sports Museum had to be built from a wafer-thin budget. For all that, the result is an informal yet strikingly well-groomed and detailed building that refers to the anonymous architecture of sports complexes in form and material only.

B08 MULTIFUNCTIONEEL CENTRUM/ MULTI-FUNCTION CENTRE DE MEERPAAL

De Rede 80, Dronten

F. VAN KLINGEREN | 1966-1967

Bouwkundig Weekblad 1968 p.57; Bauen + Wohnen 1968 p.336; Architectural Design 1969 p.358; Architectural Forum 1969-nov; Werk 1975 p.176; Deutsche Bauzeitung 1988-8

Van Klingerens eerste realisatie van zijn 'agora'-gedachte: een multifunctionele ruimte voor sport en spel, markt en beurs, manifestaties, optredens en tv-opnamen, tevens functionerend als buurthuis en ontmoetingsruimte. In een grote neutrale hal, een onbeschermde staalconstructie met glazen wanden, zijn enkele vaste elementen geplaatst: twee grote projectieschermen, twee afgesloten zaaltjes, een ovaal theater en een verhoogd vloerniveau met foyer en café-restaurant, waaronder zich de dienstruimtes bevinden.

▪ This is Van Klingeren's first application of his 'agora' concept, a multi-function space for sports and play, markets, fairs and events, concerts and television shows, further functioning as community centre and meeting place. Within a spacious neutral hall of steel construction and glazed skin are a number of fixed elements: two large cinema screens, two enclosed sections, an oval theatre and a raised level of foyer and bar-restaurant with services underneath.

B09 ZIEKENHUIS/HOSPITAL DE ENGELENBERGSTICHTING

Engelenbergplantsoen 7, Kampen

W. KROMHOUT | 1911-1916

J.P. Kloos (uitbr.)

B. Lamberts, H. Middag – Architectuur en stedebouw in Overijssel 1850-1940, 1991; I. Jager – Willem Kromhout Czn., 1992

Vooral wat betreft de uitbundige middenpartij is dit ziekenhuis karakteristiek voor Kromhouts expressieve baksteenarchitectuur. Het bood oorspronkelijk plaats aan 72 bedden, symmetrisch verdeeld over zalen links en rechts van de centrale entreepartij. Dit monumentale bouwdeel is voorzien van glas-in-lood rondboogramen en wordt bekroond door twee terugliggende, bakstenen hoektorentjes en een uurwerk. De torentjes doen dienst als ventilatieschachten voor de ziekenzalen en hun vereiste hoogte vormde Kromhouts alibi voor het aanscherpen van 'het architectonische karakter van de middenbouw'.

▪ This hospital is typical of Kromhout's expressive brick architecture, particularly the exuberant central portion. It originally had 72 beds on offer, symmetrically divided over wards left and right of the central entrance zone. This monumental part has stained-glass round-arch windows and is crowned by two recessed brick corner turrets and a clock. The turrets serve as ventilator shafts for the sickbays and their required height was Kromhout's alibi to intensify 'the architecture of the central volume'.

B10 UITBREIDING/EXTENSION TO SOPHIAZIEKENHUIS

Rhijnvis Feithlaan/Nieuwe Vecht, Zwolle

J.G. WIEBENGA | 1931-1935

J. van der Linden (medew.)

J. Molema, P. Bak – Jan Gerko Wiebenga, 1987; B. Lamberts, H. Middag – Architectuur en stedebouw in Overijssel 1850-1940, 1991

Als directeur van de technische dienst van de gemeente Zwolle ontwerpt Wiebenga de uitbreiding van dit ziekenhuis. De ideeën van het Nieuwe Bouwen die Wiebenga in het eerste plan verwerkt vallen bij de Schoonheidscommissie niet in goede aarde. Bovendien wordt getwijfeld aan de kundigheid van Wiebenga als constructeur; de betonconstructie zou onmogelijk dun zijn. Architect Van der Linden wordt verzocht een alternatief op te stellen en het uiteindelijke plan is het resultaat van een min of meer gedwongen samenwerking. Karakteristiek is de expressieve hoekpartij die de nieuwe vleugel met het bestaande gebouw verbindt.

▪ Wiebenga designed the extension to this hospital as director of the maintenance service of Zwolle Municipality. The ideas of the Modern Movement that Wiebenga had worked into the first version were poorly received by the Municipal Amenities Committee. This learned body likewise doubted Wiebenga's capacities as structural engineer; the concrete of the structure seemed impossibly thin. Accordingly, architect Van der Linden was asked to draw up an alternative, and the version on site is in fact the result of an imposed collaboration. A notable feature is the expressive corner stitching the new wing to the existing building.

B11 KANTOORGEBOUW/OFFICE BUILDING SCHRALE'S BETON

Willemsvaart 21, Zwolle

G.TH. RIETVELD | 1958-1963

Bouwkundig Weekblad 1959 p.430

Het gebouw voor Schrale's Beton- en Aannemingsmaatschappij is door de opdrachtgever zelf uitgevoerd. Op een onderbouw van gestort beton, deels dichtgezet met betonnen blokken, is een staalconstructie geplaatst. Deze is ingevuld met stalen ramen en verplaatsbare binnenwanden. Door het gebruik van elementaire vormen en primaire kleuren in het interieur is deze late Rietveld een duidelijke echo van de vroege De Stijl-Rietveld.

▪ This building housing a firm of contractors dealing in concrete was erected by the client. On a basement of poured concrete, partly filled in with concrete blocks made on site, stands a steel structure with steel-framed windows and partition walls that are in principle rearrangeable. Exploiting elementary forms and primary colours indoors, this late Rietveld design is a distinct echo of his De Stijl days.

B12 WOONHUIS, WERKPLAATS/ PRIVATE HOUSE, WORKSHOP

Posthoornsbredehoek 12-14, Zwolle

R.H.M. UYTENHAAK | 1982-1985

Architecture d'Aujourd'hui 1988-6; T. Verstegen – Rudy Uytenhaak, architect, 1996

Dit hoekpand bestaat uit een werkplaats, kantoor- en winkelruimte op de begane grond en een woning op de twee verdiepingen daarboven. De woonvertrekken bevinden zich op de eerste verdieping, de slaapkamers en een dakterras op de tweede. Op verzoek van de bewoner, die het huis zelf bouwde, is gekozen voor een houtskeletconstructie. De architect bereikt met gebruik van traditionele materialen en vormen een zinvol postmodernisme dat evenzeer lijkt te steunen op De Stijl als op de plaatselijke architectuur.

▪ These corner premises contain a workshop plus office and shop areas on the ground floor with a two-storey residence upstairs: living spaces on the first floor, bedrooms and a roof terrace on the second. The timber-frame structure was requested by the occupant, who built the house himself. Using traditional materials and forms the architect has achieved a meaningful post-modernism which leans as heavily on De Stijl as it does on the local vernacular.

B13 STADSVERNIEUWING/URBAN REDEVELOPMENT

Nieuwstraat/Waterstraat, Zwolle

VAN EYCK & BOSCH | 1971-1975

G. Knemeijer, P. de Ley (medew.)

TABK 1971 p.554; Polytechnisch Tijdschrift Bouwkunde 1976 p.459; F. Strauven – Aldo van Eyck, 1994

Uitgangspunten waren: een verscheidenheid aan functies in de binnenstad (werken en wonen), een hoge bebouwingsdichtheid en aansluiting op de bestaande stedelijke structuur van straat en binnenterrein. Deze aangepaste nieuwbouw, gekenmerkt door baksteenwanden, kleine ramen, houten kozijnen, betonelementen, maar met name door het afgeknotte zadeldak, diende lange tijd als voorbeeld voor stadsvernieuwingsarchitectuur, echter veelal zonder de stedenbouwkundige en woningtypologische diepgang.

▪ The points of departure for this urban redevelopment scheme were a diversity of functions in the inner city (living and working), a high-density development and absorption in the existing urban fabric of streets and courtyards. This development geared to its surroundings is characterized by brick walls, small windows, wooden window and door frames, concrete elements and above all by its truncated gable roofs. It has long served as model for the architecture of urban renewal, which invariably lacks, however, its profundity in terms of both planning and dwelling typology.

B14 UITBREIDING STADHUIS/TOWN HALL EXTENSION

Grote Kerkplein 15, Zwolle

J.J. KONIJNENBURG | 1963-1975

J.C. van Strien, P.B. Offringa (rest.), **Van Hasselt & De Koning** (medew.)

TABK 1972 p.81; Bouw 1976 p.781

De nieuwbouw vormt de verbinding tussen twee gerestaureerde panden. De kantoorgevels hebben een verticale structuur van glaspuien en dragende betonnen schijven, bekleed met natuursteen (ceppo di gré). De raadzaal achter de spitse gevelschijven heeft een zaagtanddak, gedragen door gelamineerde houten liggers. De dakconstructie bestaat verder uit hypparschalen. Deze eigenzinnige invulling in een historische context oogstte veel kritiek, met name echter door de grootte van het gebouw.

▪ This extension to Zwolle Town Hall takes its place between two restored older buildings. Its office façades are structures of sheet glass and loadbearing concrete piers clad in ceppo di gré, a type of stone from Northern Italy. The council chamber behind the spiky frontage has a sawtooth roof supported by laminated timber beams. Roofs are otherwise hyperbolic paraboloids. This uncompromising infill in a historical setting has received much criticism, levelled mainly, however, at its size.

B15 WOONHUIS/PRIVATE HOUSE DE WITTE RAAF

Veldweg 69, Hattem

A. KOMTER | 1927-1936

De 8 en Opbouw 1937 p.206; W. de Wit – Auke Komter/architect, 1978

Dit woonhuis voor zijn moeder is een van de meest functionalistische ontwerpen van Auke Komter, nog enigszins beïnvloed door zijn vroegere leermeester Le Corbusier. Het huis heeft een (zichtbaar) staalskelet, diverse gebogen wanden en schuif- en vouwwanden. Een gedeelte met garage, keuken en dienstbodenkamer is van het woongedeelte onderscheiden, maar niet gescheiden.

▪ This house for the architect's mother is one of the most functionalist of Komter's designs, still influenced somewhat by his former teacher Le Corbusier. Within its steel frame are a variety of curved walls and sliding and folding partitions. A section containing the garage, kitchen and servants' room is distinguished from the living area but not separated from it.

B16 JACHINSCHOOL

Staverdenseweg, Elspeet

A. VAN DER LINDEN | 1954

Forum 1955 p.266; Nederland naar school, 1996

De Jachinschool is een van de weinige scholen die afwijken van het gangbare naoorlogse standaardtype. De lokalen zijn in een lineaire reeks tot een langgerekt, boven het maaiveld zwevend bouwlichaam samengevoegd. De ontsluitingsgang bevindt zich echter niet op de verdieping maar op de begane grond onder het lokalenblok. De lokalen worden elk voor zich door middel van een reeks trappen in een smalle transparante zone aan de achterzijde van het blok ontsloten. Toiletruimtes, bergingen en een leraarskamer zijn als aparte bouwdelen onder het blok geschoven. Een recente uitbreiding kon gemakkelijk in dit systeem worden ingevoegd.

▪ This is one of the few school buildings to deviate from the current postwar standard type. Classrooms in a linear sequence combine into an elongated volume floating above ground level. The access corridor is not on this level, however, but on the ground floor beneath the classroom block. Each classroom is reached individually by a series of stairs in a narrow transparent zone at the rear of the block. Toilets, storerooms and a staffroom form a separate volume tucked beneath the main block. An extension added recently could be slotted with ease into this configuration.

B17 KANTOORGEBOUW/OFFICE BUILDING
CENTRAAL BEHEER
Prins Willem Alexanderlaan 651, Apeldoorn
H. HERTZBERGER | 1967-1972/1990
Lucas & Niemeijer (medew.)
Plan 1970-5; Architecture d'Aujourd'hui 1972/73-dec/jan; Forum 1973-3; Bouw 1973 p.147; Deutsche Bauzeitung 1973 p.1227; Domus 1973-mei; Architectural Design 1974 p.108; Architect's Journal 28-7-1982; Architecture + Urbanism 1983-12; W. Reinink – Herman Hertzberger, architect, 1990; Herman Hertzberger, Projekte/Projects 1990-1995, 1995; Baumeister 1996-2

Het kantoorgebouw voor de verzekeringsfirma Centraal Beheer vormt Hertzbergers belangrijkste bijdrage tot de zgn. Forumarchitectuur. Al zijn ideeën over de sociale implicaties van architectuur zijn hier gerealiseerd. De opdracht, 'een werkplaats voor 1000 mensen', en het uitgangspunt dat werknemers gemiddeld langer op kantoor verblijven dan thuis en het kantoor dus een vervan-
 gend 'thuis' moet zijn, hebben geleid tot de volgende specifieke uitgangspunten:

- architectuur moet contacten tussen bewoners/gebruikers bevorderen en drempels wegnemen;
- architectuur moet een gemeenschappelijk totaal vormen zonder hiërarchie;
- de individuele werkplek moet binnen het totaal herkenbaar zijn en zelf indeelbaar blijven;
- architectuur moet niet hiërarchisch of representatief zijn.

Het gebouw, een synthese van kantoortuin en cellenkantoor, bestaat uit vier kwadranten, gescheiden door een neutrale zone met circulatie-, sanitaire en technische ruimtes. Hoogste punt is de centrale 'technische toren'. Drie kwadranten dienen als kantoorruimte; één kwadrant bevat algemene ruimtes als personeelsrestaurant, recreatieve ruimtes en openbare functies. Door de flexibele, 'onaffe' structuur is het gebouw eenvoudig uitbreidbaar. Het gebouw is opgebouwd met een herhaalde standaardconfiguratie, die in nauwe samenhang met de draagconstructie de zonering van de ruimte bepaalt. Een blauwdruk voor een dergelijk gebouw is Hertzbergers prijsvraagontwerp voor het stadhuis van Amsterdam (1968), een verzameling onderling verbonden torentjes. Standaard vormelement is een vierkant van 9×9 m., door een kruisvormige zone verdeeld in vier hoekvlakken (3×3 m.). Deze hoekvlakken zijn flexibel indeelbaar als werkplek, de kruisvormige zone dient voor circulatie of als uitbreiding van de werkvlakken. Een dergelijke configuratie vormt een 'eiland', verbonden met andere eilanden door bruggen die in het verlengde van de circulatiezone liggen. Soms is er letterlijk sprake van eilanden en bruggen, als de tussenruimte als vide wordt gebruikt. Zo ontstaat er ook verticaal en diagonaal contact. Door de getrapte opbouw van het gebouw ontstaan dakterrassen. De eilandjes zijn tot een hecht geheel gesmeed door de consequent doorlopende draagconstructie. Twee spanten, bestaande uit twee kolommen waarop een aan beide zijden overstekende balk, vormen evenwijdig geplaatst een brug tussen de eilanden. Vier van zulke bruggen vormen nu met hun overstekken de draagconstructie van een eiland. Dit eiland wordt gedetermineerd door vier randbalken; in het centrum wordt een kruisvormig middenelement toegevoegd. Het interieur wordt bepaald met borstweringen van B2-blokken en met behulp van standaardmeubilair. Hoewel de inrichting van de kantoorvloeren in de loop der jaren wel enigszins is aangepast is de hoofdopzet al die tijd geen geweld aangedaan. Tussen het eerste Centraal Beheer-kantoor en Hertzbergers gebouw is in de jaren negentig een glazen volume geplaatst teneinde een betere verbinding tussen de beide gebouwen tot stand te brengen en een einde te maken aan de onduidelijkheid over de ingangen. In het glazen volume is een tweede 'gebouw' opgenomen dat onder meer plaats biedt aan vergader- en conferentieruimten. De uitbreiding illustreert de enorme ontwikkeling die Hertzbergers architectuur het voorafgaande decennium heeft doorgemaakt.

▮ The office building for the Centraal Beheer insurance company is Hertzberger's most important contribution to 'Forum architecture'. All his ideas on architecture's social implications are included here. The commission ('a work area for 1000 people') and the fact that employees on average spend more time at the office than at home, requiring that the office function as a stand-in home, led to the following basic premises:

- architecture should increase contact between its tenants/users and do away with inhibiting thresholds;
- architecture should form a social whole devoid of hierarchies;
- individual work stations should be both recognizable within the whole and freely subdivisible;
- architecture should not be hierarchic or representative.

The building, a synthesis of 'kantoortuin' (office landscape) and office cubicles, consists of four quadrants separated by a neutral zone containing circulation, toilets and plant rooms, the latter marking the building's highest point. Three quadrants serve as office space, the other containing such general spaces as restaurant, recreational areas and public functions. With its flexible, 'unfinished' structure the building can be easily added to. Centraal Beheer is built up using a repeated standard pattern, which collaborates closely with the loadbearing structure to fix the zoning of the interior. A blueprint for a building of this type is Hertzberger's own competition design for Amsterdam town hall (1968), a configuration of interlinked towers. The basic formal unit is a square of 9×9 m. subdivided by a cruciform zone into four corner areas of 3×3 m. The latter are variously subdivisible into individual work areas, the cruciform zones serving as additional work space or for circulation. This basic element constitutes an 'island', linked to others by bridges extending from the circulation zones. Sometimes it really is a case of islands and bridges where the intermediary space forms a void, inciting vertical and diagonal contact. The building's stepped composition generates a series of roof terraces.
The islands are welded into a close-knit whole by the consistent and continuous loadbearing structure. Two trusses, each of two col-

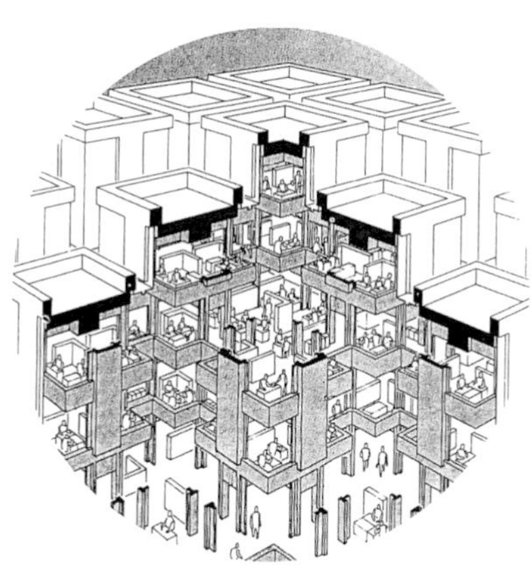

umns spanned by a beam cantilevered at both ends, when placed parallel form a bridge between islands. Four such bridges then constitute with their cantilevers the loadbearing structure of one island, each of which is defined by four edge beams; linking these four bridges is a cruciform central element. The interior is determined by parapets of concrete block, and by the use of standard furniture. Although the office floors have seen some degree of adaptation over time the main shape of the building has survived all those years unscathed.

In the nineties a glazed volume was inserted between the first office and Hertzberger's building. This insertion was to end all uncertainty as to accessing the complex, and provide a better link between the two buildings. Housing a second 'building' for meetings and conferences, the extension is illustrative of the enormous advances made by Hertzberger's architecture in the intervening decades.

B18 STADHUIS/TOWN HALL

Marktplein/Deventerstraat, Apeldoorn

H.J.M. RUIJSSENAARS (LRRH) | 1988-1992

Archis 1988-4, 1989-3; Architectuur & Bouwen 1993-2; de Architect 1993-12

Een 120 m. lang kantoorgebouw met een colonnade van ranke stalen kolommen en een in een wit-rood ruitpatroon geschilderde baksteengevel wordt aan het eind afgesloten door een vrijstaande bakstenen toren met vlaggenmast. Centraal in het gebouw bevindt zich een vijf verdiepingen hoge ruimte die fungeert als verkeersknooppunt en ontmoetingsruimte, maar die ook kan worden ingericht voor grote bijeenkomsten en concerten. Aan weerszijden van de middenpartij bevinden zich twee met een glasdak overdekte ruimten voor publieksfuncties en voor de raadzaal. Opmerkelijk is verder het gebruik van natuurlijke ventilatie voor de luchtbehandeling van de kantoorruimten.

▪ Here a 120 metre long office building with a colonnade of tenuous steel columns and a red-and-white checked façade is terminated by a freestanding brick tower sporting a flagpole. Central to the building is a quintuple-height space functioning as a place for milling and meeting that can also be fitted out for major gatherings and concerts. On either side of the central portion is a glass-roofed space for civic purposes and for the council chamber. A noteworthy aspect is the use of natural ventilation for the offices.

B19 OPENBARE BIBLIOTHEEK/PUBLIC LIBRARY

Vosselmanstraat 299, Apeldoorn

H.J.M. RUIJSSENAARS (LRR) | 1980-1984

de Architect 1985-1; Bouw 1985-13, 1986-23

Centraal thema in het gebouw is de daglichttoetreding. Vanaf de entree wordt de bezoeker naar een lichte plek in het interieur geleid, vanwaaruit men via een van boven verlichte gang naar de boeken loopt die in een relatief donkere tussenzone zijn opgesteld. Met een boek loopt men naar het licht bij de leestafels langs de gevel. De draagconstructie bestaat uit een stelsel van gemetselde schijven en getoogde betonbalken in de dwarsrichting van het gebouw.

▪ The basic theme of this library is daylight penetration. On entering, the visitor is drawn to a well-lit interior zone, from which he follows a corridor lit from above to the books, housed in a somewhat darker, intermediary area. Book in hand he then makes for the much brighter zone of tables along the façade. The loadbearing structure consists of a system of brickwork piers and arched concrete beams laid breadthways.

B20 WONINGBOUW/HOUSING

Sijzenbaanplein e.o., Deventer

TH.J.J. BOSCH | 1985-1988

de Architect 1988-10; Archis 1988-11; Architectuur in Nederland. Jaarboek 1988-1989; Architectural Review 1990-2; Architect's Journal 1990-24

Dit complex ligt op voorbeeldige wijze verankerd in de historische stad. Aan alle zijden reageert de kamstructuur van het complex, met de Sijzenbaan als centrale ruggegraat, op adequate wijze op de directe omgeving. Een winkelgalerij aan de zuidzijde vormt een functionele schakel met het stadscentrum. De golvende hoofdvormen, de uitgekiende plattegrondopbouw en de precieze detaillering, maar vooral het feit dat een groot deel van de woningen is voorzien van een dubbelhoge halfronde serre, verheffen deze woningwetwoningen ver boven de middelmaat.

▪ This complex lies moored in exemplary fashion in the old city. The comb-like structure, with the Sijzenbaan serving as its backbone, responds adequately to its immediate environment. A shopping arcade on the south side forms a functional link with the city centre. The undulating basic form, the sophisticated composition of floor plans and painstaking detail, but most of all the fact that a large percentage of the houses is provided with a double-height semicircular conservatory, elevate this social housing far above the average.

B21 MARANATHAKERK/CHURCH

Maranathaplein 1, Deventer

A.E. & H. VAN EYCK | 1986-1992

I. Ambar (b.k.)

de Architect 1992-12; Architectuur in Nederland. Jaarboek 1992-1993; F. Strauven – Aldo van Eyck, 1994

Met deze kerk voor de Molukse gemeenschap heeft Van Eyck getracht een gebouw te maken dat zich ten opzichte van zijn omgeving niet isoleert. Op verschillende manieren wordt het verschil tussen binnen en buiten opgeheven. De gesloten buitengevels zijn begroeid met klimrozen zodat de kerk in de tuin opgaat. Tussen de beide hoofddelen van de kerk, de eigenlijke kerkruimte en een deel met vergaderruimte en consistories, is een binnenstraat gesitueerd die twee entrees met elkaar verbindt. De kerkruimte heeft een vierkante plattegrond waarvan de vier hoeken door verschillende halfronde bovenlichtelementen worden bepaald. De eenduidige axialiteit van de traditionele kerk is hierdoor vervangen door een multi-axiaal stelsel van plaatselijke symmetrieën. De gebogen bovenlichtelementen zijn aan de buitenzijde bekleed met onbehandeld irokohout. Een plat dak op een stelsel van ronde betonkolommen definieert het oorspronkelijke vierkant. De binnenwanden zijn in van donker naar licht verlopende blauwe banen geschilderd en door kunstenares Iene Ambar voorzien van golvende lijnen met op de Molukse eilanden gevonden schelpen. Door de blauwe kleur van de gebogen wanden en doordat deze in het daglicht staan, lijkt het alsof men onder een plat dak in de open lucht is samengekomen.

▮ In designing this church for the Moluccan community Van Eyck sought a building that was in no way isolated from its surroundings. He did away with the difference between inside and outside by several means. To begin with, the containing outer walls are overgrown with climbing roses so that the church melts into the garden. Between the two principal volumes, the main space and a volume combining a meeting room and vestries, is an internal street with an entrance at each end. The main church space has a square plan whose four corners are localized by semicircular dome lights. As a result the unambiguous axiality of the traditional church makes way for a multi-axial system of local symmetries. The billowing domelight features are clad on the outside with untreated iroko wood; a flat roof held aloft on a system of round concrete columns marks out the original square. The internal partitions are painted in blue bands that descend from light to dark, decorated by the Moluccan artist Iene Ambar with sweeping lines of shells found off the Moluccas. Given the blue of the billowing walls and their exposure to daylight, the impression one gets is of worshipping beneath a flat roof in the open air.

B22 WOONHUIS/PRIVATE HOUSE GEERLINGS

Holterbergweg 1a, Holten

OMA | 1992-1994

R.L. Koolhaas, G. Bonesmo, J. Thomas (proj.)

Archis 1994-11; Architectuur in Nederland. Jaarboek 1994-1995; Architecture d'Aujourd'hui 1996-4; Arch+ 1996-6; Deutsche Bauzeitschrift 1996-9; Architecture + Urbanism 1996-11; El Croquis 1996-79; GA Houses 43

Op een geaccidenteerd terrein met naaldbomen bouwt OMA haar tweede Hollandse villa. Het programma bestond uit permanente woonruimten voor de ouders en een 'logeerhuis' voor drie uitwonende dochters. Deze scheiding is uitgewerkt in twee aparte bouwvolumes: een opgetild glazen blok met woonruimten rond een centraal slaap/patioblok voor de ouders en een verzonken 'motel' voor de dochters. Op de scheidslijn van beide volumes bevinden zich de entree en een hellingbaan. In de woning zijn twee terugkerende thema's van OMA verwerkt: de glazen Miesiaanse patiovilla (het ouderhuis) en de programmatische strookzonering (het motel).

▮ OMA's second Dutch villa sits on an even site studded with conifers. The brief called for a permanent living area for the parents and a 'guesthouse' for three non-resident daughters. This division finds expression in two distinct volumes: an elevated glazed block of living rooms round a central sleeping cum patio block for the parents and a sunken 'motel' for the daughters. Marking the place where the two volumes converge are the entrance and a ramp. The house flaunts two typical OMA themes; the glazed Miesian 'court-house' (the parental house) and a programme laid out in belts (the motel).

B23 STATION

Stationsplein, Almelo

K. VAN DER GAAST | 1960-1964

J.H. Baas (medew.)

Bouw 1964 p.1058

Het station van Almelo is het derde op deze plaats, met als belangrijkste veranderingen de vervanging van een luchtbrug door een tunnel en de toevoeging van een busstation. Teneinde het complex in overeenstemming te brengen met de schaal van de moderne transportmiddelen is gekozen voor een markant, expressief gebouw. Behalve een 25 m. hoge toren van gewapend beton, bekleed met geglazuurde baksteen, wordt het gebouw gedomineerd door de grote stalen liggers en de v-vormige kolommen. De invulling is verder luchtig en transparant gehouden. Het gebouw is een sprekend voorbeeld van de expressiviteit van het naoorlogse modernisme.

▮ The station at Almelo is the third to stand here, the most important changes this time being a tunnel instead of a bridge and the addition of a bus station. To scale the complex to today's modes of transport, the architect chose an expressive landmark of a building. Its most conspicuous features are the huge steel joists and v-shaped columns, together with the 25 metre high tower of reinforced concrete dressed in glazed brick. Everything else about it is airy and transparent. The station exemplifies perfectly the expressiveness of postwar modernism.

B24 BIBLIOTHEEK/LIBRARY

Haven Noordzijde/Het Baken, Almelo

MECANOO | 1991-1994

H.J. Döll (proj.)

de Architect 1995-2; GA Document 45; Architectuur in Nederland. Jaarboek 1994-1995; K. Somer – Mecanoo, architecten, 1995

Het gebouw bestaat uit twee langgerekte bouwdelen, door een videstrook met trappen gescheiden van de à la Aalto uitwaaierende eigenlijke bibliotheek. De vrijwel gesloten zwarte bakstenen schijf bevat dienstruimtes; de tweede schijf, die de overige bibliotheekfuncties bevat, heeft een kopgevel van felblauw geëmailleerd glas, maar wordt gedomineerd door de gebogen voorgevel van koper. Op de begane grond is dit bouwdeel vrijwel geheel beglaasd en bevat het een leescafé, een informatiecentrum en de entree met uitgiftebalie. De veelheid aan materialen, vormconcepten en detailleringen hebben tot een heterogeen, fragmentarisch en dus uiterst eigentijds gebouw geleid.

▮ Mecanoo's building consists of two elongated volumes divided by a long void of stairs separated from the library itself, which fans out in Aaltoesque fashion. The all but hermetic black brick slab contains services; the second slab housing all other library facilities has a head elevation of bright blue enamelled glass, yet is dominated by the curved front façade of copper. On the ground floor this portion is almost all glass and contains a reading room cum café, an information centre and the entrance and book registration counter. The wealth of materials, forms and details add up to a heterogeneous, fragmented and therefore utterly contemporary building.

B25 STADHUIS/TOWN HALL

Stadhuisplein, Almelo

J.J.P. OUD, H.E. OUD | 1962-1973

H. Dethmers (medew.)

Bouw 1961 p.126; H. Oud – J.J.P. Oud, Architekt 1890-1963, 1984; S.U. Barbieri – J.J.P. Oud, 1987; Bouw 1991-23

Dit laatste ontwerp van Oud werd na zijn dood op een gewijzigde locatie gerealiseerd. Na gereedkoming werd het gebouw vrijwel genegeerd, hoewel velen het nu als schoolvoorbeeld van Ouds poëtisch functionalisme zien. Aan beide uiteinden van een langwerpig kantoorgebouw met een dubbel corridorsysteem en aluminium gordijngevels zijn de bijzondere functies gehuisvest: aan de noordzijde de raadzaal met een driehoekige opbouw en aan de zuidzijde de uitkragende burgerzaal. Kleuren markeren de gebouwdelen en zijn onveranderbaar: blauwe en gele geglazuurde baksteen en wit natuursteen.

▮ This final design of Oud's was realized after his death at a new site. After completion the building was ignored, though many now see it as a classic example of Oud's poetic brand of functionalism. Set at each end of an oblong office block with a double corridor system and aluminium curtain walls are the special functions: on the north side the council chamber with its triangular composition and at the south the cantilevered civic hall. Colours mark the various building parts in a permanent arrangement: blue and yellow glazed brick and white stone.

B26 VOORZIENINGENGEBOUW AFVALVERWERKING/ WASTE PROCESSING PLANT
Almelosestraat, Zenderen
K. OOSTERHUIS | 1995
de Architect 1995-12; Bouwen met Staal 1996-sep/oct

Als een ruimteschip ligt dit organisch gevormde ellipsvormige gebouw in het landschap. Bij een dergelijke vorm zijn traditionele architectonische begrippen als gevel en dak niet meer van toepassing. Het organische karakter van het afvalverwerkingsbedrijf komt terug in de hoofdopzet van het gebouw, dat als een metafoor voor de spijsvertering gezien kan worden: in de kop bevinden zich de kantoren, gevolgd door een opslagruimte in de nek en een kolossale verwerkingshal als maag. In de staart bevinden zich de zuiveringsinstallaties.

▪ This organically shaped, elliptic building sits like a spaceship in the landscape. In such instances as this, traditional architectural concepts such as façade and roof just don't apply. The organic nature of the waste processing plant is echoed in the building's parti, which is nothing other than a metaphor for the process of digestion: offices in the head, storage space in the neck and a colossal processing hangar symbolizing the stomach. Last in line are the purification units.

B27 ARBEIDSBUREAU/EMPLOYMENT EXCHANGE
Nieuwstraat/Steenstraat, Oldenzaal
B. VAN AALDEREN, J. JONGES | 1985-1987
Bouw 1988-22

Het arbeidsbureau is gesitueerd op een driehoekig terrein aan de rand van de binnenstad. In het gebouw zijn de verschillende richtingen en bouwhoogtes uit de directe omgeving op een plastische wijze verwerkt; de gebogen gevel begeleidt de bocht in de weg. Op de begane grond bevinden zich de voornaamste publieksfuncties; op de verdieping bevinden zich de kantoren en spreekkamers rond een vide. Via een glaskap en een vide dringt daglicht tot ver in het gebouw. In de dakopbouw op de tweede verdieping bevinden zich de technische installaties. In het exterieur verwijst het gebouw nadrukkelijk naar het vooroorlogse modernisme.

▪ Set on a triangular site on the edge of the inner city, the employment office building absorbs in a sculptural fashion the various local axial lines and building heights; the curved façade follows the bend of the road. On the ground floor are the principal civic facilities; above these are the offices and interview rooms ranged round a glass-roofed void that delivers daylight deep into the building. All plant is housed in the roof structure on the second floor. The exterior is an emphatic nod to prewar modernism.

B28 RAADHUIS/TOWN HALL
Burgemeester Jansenplein 1, Hengelo
J.F. BERGHOEF, J.F. HONDIUS | 1948-1963
Bouw 1950 p.830

De architecten hebben getracht 'eenheid en samenhang van het representatieve en het werkgedeelte duidelijk zichtbaar' te maken. Secretarie, administratie en representatieve vertrekken zijn gegroepeerd rond een centrale hal op de eerste etage. Deze hal is drie etages hoog, verlicht vanuit hoge zijvensters en afgedekt met een stalen dak. Met monumentale elementen als trappen, bordessen, zuilen en een Palazzo Vecchio-achtige toren met carillon symboliseert het gebouw traditionele machtsstructuren.

▪ In this town hall the architects have tried to make 'the unity and cohesion of public and non-public areas clearly visible'. Offices for the town clerk and administration and reception rooms are grouped around a central triple-height hall on the first floor, lit by high sidelights and capped with a steel roof. With monumental elements such as stairs, landings, pillars and campanile the building symbolizes traditional hierarchies of power.

B29 HENGELOSE ES

Jeroen Boschstraat/Weusthagstraat, Hengelo
VAN DEN BROEK & BAKEMA | 1962-1968
J.M. Stokla (proj.)
Bouw 1964 p.972

Dit voorbeeld van het stedenbouwkundige werk van Van den Broek & Bakema is het meest complexe en uitgebalanceerde plan uit de reeks Hengelo (Klein Driene), Leeuwarden en Kampen. De wijken zijn gecomponeerd met behulp van een zogenaamd 'stempel', een herhaalbaar stedenbouwkundig element (zie ook **L61**), hier bestaande uit laagbouwblokjes met individuele woningen, een lang blok middelhoogbouw en een splitlevelflat van twaalf lagen. De woningen zijn klein en eenvoudig, maar gevarieerd in grootte en prijsklasse. De gevels zijn eenvoudig, ritmisch en goed van verhoudingen. Recent is een deel van de wijk gesloopt.

▮ This example of Van den Broek & Bakema's work on the urban design front is the most complex and balanced of the Hengelo, Leeuwarden and Kampen series of schemes. Districts are organized using the 'stempel' (stamp), a repeatable element in urban planning (see also **L61**). In this case it is composed of low-rise blocks, a long middle-rise block and a twelve-storey block of split-level flats. Dwelling units are small and simple though they vary in size and price bracket. Elevations are straightforward, rhythmic and well-proportioned. Part of the scheme was demolished recently.

B30 DE KASBAH

Jacques Perkstraat/Zwavertsweg, Hengelo
P. BLOM | 1969-1973
Plan 1970 p.81; Architecture d'Aujourd'hui 1975-jan/feb; S. Hiddema – Piet Blom en de Kunst van het Bouwen, 1984

De 128 woningen in dit experimentele plan zijn in een zeer hoge dichtheid op een verhoogd niveau ('woondak') geplaatst, met daaronder parkeerplaatsen, speelruimte en gemeenschappelijke tuinen. De woningen hebben een open plattegrond en delen een terras met z'n vieren. Aanvankelijk fungerend als bedevaartsoord voor architecten, is men tien jaar later terug in de realiteit door klachten over gebrek aan privacy en het niet functioneren van de begane grond, waar de verwachte spontane en gezamenlijke activiteiten uitbleven.

▮ The 128 dwelling units in this experimental scheme are packed together on a raised level ('living roof') above parking lots, play area and communal gardens. Each unit has an open plan and four share a terrace. At first a Mecca for architects, things were more mundane a decade later with complaints about lack of privacy and the nonfunctioning ground floor where 'spontaneous, collective activities' have yet to take place.

B31 WOONHUIS/PRIVATE HOUSE ZIJLSTRA

Leutinkweg 45, Enschede (Hengelo)
J.B. VAN LOGHEM | 1933
De 8 en Opbouw 1933 p.208; Plan 1971-12

De situering aan een bosrand van dit functionalistische woonhuis (wit stucwerk en zilverkleurige stalen kozijnen, lateien en kolommen) was aanleiding voor het ontstaan van twee verschillende 'gezichten': een strakke, door horizontale raamstroken gedomineerde gevel ter plaatse van de woonkamer die is gericht op het uitzicht en de zon, en een meer plastische behandeling van de entreezijde. Het strenge rechthoekige karakter van de woning wordt op bevrijdende wijze doorbroken door de opvallende compositie van een uitkragende berging, gecombineerd met een balkon en een glaswand.

▮ The setting, on the edge of a wood, of this functionalist house (white rendering and silver steel frames, lintels and columns) was the inducement to provide two distinct 'countenances': a taut living room façade dominated by horizontal strip windows oriented towards the view and the sun and a more sculptural treatment of the entrance façade. Here the severe, rectangular character of the house is relieved by a striking composition of jutting storage area, balcony and glazed wall.

B32 WONINGBOUW/HOUSING PATHMOS

Pathmossingel e.o., Enschede

W.K. DE WIJS, A.H. OP TEN NOORT | 1914-1927

B. Lamberts, H. Middag – Architectuur en stedebouw in Overijssel 1850-1940, 1991

In Overijssel neemt met name de textielindustrie aan het eind van de negentiende eeuw een grote vlucht. Enkele fabriekscomplexen, de vele luxueuze buitenplaatsen en de arbeiderstuinwijken herinneren hieraan. Tussen 1914 en 1922 werden in de wijk Pathmos 974 laagbouwwoningen gerealiseerd; in 1927-1928 aan de noordwestkant gevolgd door 226 woningen voor arbeiders uit de Drentse veenkoloniën. Door de korte zichtlijnen, bochtige straten en poortdoorgangen heeft het geheel een besloten karakter. De wijk is voorzien van winkels, scholen, een wijkcentrum, een badhuis en verschillende pleinen en groenvoorzieningen, waaronder een centraal gelegen park.

▮ As the nineteenth century drew to a close the textile industry in Overijssel took a tremendous step forward. A handful of factory complexes, many luxury country houses and the workers' districts are still there as a reminder. Between 1914 and 1922 974 low-rise houses were built in the Pathmos district; in 1927-1928 it was expanded to the northwest with a further 226 to house workers from the peat districts of Drenthe. The short sight lines, winding streets and gateways breathe an air of containment. The district is served by shops, schools, a community centre and public baths, along with many squares and green facilities including a centrally sited park.

B33 RAADHUIS/TOWN HALL

Langestraat 24, Enschede

G. FRIEDHOFF | 1928-1933

Bouwkundig Weekblad 1929 p.88, 1933 p.249

Het ontwerp is resultaat van een meervoudige opdracht uit 1928 en een voorbeeld van de traditionele architectuur die na 1930 opleeft. Het is geïnspireerd op de Scandinavische bouwkunst; de uitbollende toren is letterlijk overgenomen van het stadhuis van Stockholm van R. Östberg. De sobere, strakke gevels en nauwe entree verbergen een rijk gedecoreerd interieur met kunstwerken, mozaïeken, tapijten en glas-in-loodramen.

▮ The result of a limited competition in 1928, this town hall is an example of the post-1930 revival of traditional architecture. Inspired by Scandinavian models, its bulging tower was copied in detail from R. Östberg's town hall in Stockholm. Sober, taut façades and narrow entrance conceal a richly decorated interior of art works, mosaics, carpets and leaded windows.

B34 UITBREIDING/EXTENSION TO RIJKSMUSEUM TWENTE

Lasondersingel 129-131, Enschede

VAN BERKEL & BOS | 1992-1996

J.L. Baljon (tuinarch.)

Architecture + Urbanism 1995-5; de Architect 1996-dossier 1

Het in 1928 in historiserende stijl gebouwde museum met lage bebouwing rond een vijfhoekige beeldentuin is meerdere malen uitgebreid, onder meer met een apart bouwdeel rond een vierkante binnentuin. Deze tweede binnentuin is bij de meest recente uitbreiding door architect Van Berkel overdekt met een lichtkap waarin tevens de klimaatinstallaties zijn verwerkt. Hierdoor is de gevraagde uitbreiding van de tentoonstellingsruimte gerealiseerd. Daarnaast is een multifunctionele ruimte als een autonoom element in de vijfhoekige tuin geplaatst. De hoekige ijsschotsenarchitectuur van Van Berkel is door landschapsarchitect Lodewijk Baljon doorgezet in de nieuwe inrichting van de beeldentuin.

▮ Built in 1928 in a historical style as a low-rise development round a pentagonal sculpture garden, the museum has been extended on several occasions, one addition being a discrete block round a square courtyard. This second courtyard is spanned by a rooflight added during the latest extension done by Ben van Berkel and also accommodating the climate control. This enabled the exhibition space to be expanded as required. The architect went on to place a mixed-use space free-standing in the pentagonal garden. Van Berkel's icepack architecture is continued outdoors by the landscape architect Lodewijk Baljon in the redesigned sculpture garden.

B35 CAMPUS TU TWENTE/ TECHNICAL UNIVERSITY CAMPUS

Vrijhof e.o., Drienerlo

W. VAN TIJEN, S.J. VAN EMBDEN | 1960-1964

W. van Tijen (Hoofdgebouw voor Bestuur en Beheer, Drienerlolaan, 1964), **W. van Tijen** (Studentenhuisvesting, Calslaan, 1964), **N.P.H.J. Roorda van Eysinga, S.J. van Embden, J.L.C. Choisy, H.G. Smelt, J.E.B. Wittermans (OD 205)** (Hallencomplex, De Achterhorst, 1962-1964), **Tj. Hazewinkel** (Studentenhuisvesting, Campuslaan, 1967), **OD 205** (Gebouw voor Electrotechniek en Fysica, Langenkampweg, 1967), **D. van Mourik, J.W. du Pon** (Gebouw voor Werktuigbouwkunde, De Achterhorst, 1966-1968), **H.P.C. Haan** (Sport- en winkelcentrum, Calslaan, 1969), **H.P.C. Haan** (Stafwoningen, Reelaan, 1969), **Verster, Dijkstra, Loerakker (VDL)** (Cultureel Centrum De Vrijhof, Drienerlolaan, 1970), **H.P.C. Haan** (Studentenhuisvesting, Langenkampweg/Matenweg, 1972), **W.T. Schippers** (Kunstwerk, Campuslaan, 1979), **J.P.Th. Dekkers (EGM)** (Gebouw voor Informatica, Toegepaste Onderwijskunde, De Achterhorst, 1983-1985), **J.P.Th. Dekkers (EGM)** (Congres/Studiecentrum Drienerburght, Campuslaan/Oude Drienerloweg, 1987), **J.P.Th. Dekkers (EGM)** (Kinderdagverblijf De Vlinder, Campuslaan, 1989)

Bouwkundig Weekblad 1964 p.302, 1969 p.157; Bouw 1965 p.1532; de Architect 1985-12; P. Huygen – Vormgeven aan de campus, 1990; J. van Geest – S.J. van Embden, 1996

De Technische Universiteit in Drienerlo is de enige universiteit in Nederland die volgens het campusprincipe is gebouwd. Bij de opzet is getracht de landschappelijke kwaliteit van het bestaande landgoed tussen Enschede en Hengelo zo veel mogelijk intact te laten. De verschillende onderwijsgebouwen en studentenhuisvestingscomplexen zijn als vrijstaande objecten in de beboste situatie gevoegd. Het centrum van het gebied bevat collectieve voorzieningen als het sportcomplex, de mensa en een bescheiden winkelcentrum. Het hoofdgebouw is aan de centrale as tussen de hoofdentree en het centrum gesitueerd. De onderwijsgebouwen bevinden zich aan de oostzijde, de studentenwoningen aan de westzijde van deze as. De beide supervisoren Van Tijen en Van Embden betrokken bij de bouw van de verschillende gebouwen jonge architecten van de Forumgeneratie als Blom, Van Stigt, Heijdenrijk en Haan. De campus is hierdoor een klein openluchtmuseum voor de Forumarchitectuur en met name de structuralistische tak geworden. Daarnaast waren de projecten die OD 205, het bureau van Van Embden, realiseerde van belang: de inmiddels deels gesloopte hallencomplexen, een variant op de W-hal in Eindhoven en het robuuste Gebouw voor Elektrotechniek en Fysica. De laatste jaren wordt er opnieuw gebouwd, met name door Jeanne Dekkers van EGM, die een aantal opmerkelijke, vrolijk geometrische gebouwen realiseerde.

▮ The Technische Universiteit in Drienerlo is the only university in the Netherlands to resort to the campus principle. The underlying premise was to spare as much as possible of the rural quality of the existing properties between Enschede and Hengelo. College buildings and student accommodation are slotted as freestanding features into the wooded setting. At the centre are communal facilities including a sports complex, student kitchen and modest shopping centre. The main building is set on the central axis between the main entrance and the centre. College buildings are to the east side, student digs to the west side of this axis. For the individual buildings the two supervisors Van Tijen and Van Embden enlisted the help of young architects of the 'Forum' generation including Piet Blom, Joop van Stigt, Leo Heijdenrijk and Herman Haan. As a result the campus is a miniature open air museum of Forum architecture, particularly the structuralist branch. Other major projects there were the work of what was then Van Embden's office, OD 205: the partly demolished complex of workshops, a variant on the 'W-hal' at Eindhoven University and the sturdy Physics Building. In recent years the campus has seen a new spate of building, particularly by Jeanne Dekkers of EGM, who has turned out a string of remarkably blithe geometric buildings.

B36 PERSONEELSKANTINE/STAFF CANTEEN

Dienstweg, Drienerlo

J. VAN STIGT | 1963-1965

TABK 1968 p.57; P. Huygen – Vormgeven aan de campus, 1990

Gelamineerde houten liggers zijn samengesteld tot kruisvormige structuren die, onderling gekoppeld, samen het dakvlak van de kantine vormen. De gevels zijn zoveel mogelijk open gelaten. De houten kolommen zijn niet op de einden van de liggers, maar halverwege het overstek geplaatst. Hoewel de open ruimte van de kantine door de balkenstructuur in het plafond in verschillende subruimtes wordt onderverdeeld is het spel met vierkante configuraties op tekening fascinerender dan gebouwd.

▮ Laminated timer beams interlink in cruciform structures which combine to form the roof plane of this canteen. Façades remain open where possible. Timber posts support not the extremities of the beams but their centre. Though the pattern of beams overhead creates a variety of subspaces in its subdivision of the canteen's open zone this play of squares is nevertheless more enthralling on paper than it is in reality.

B37 TOEGEPASTE WISKUNDE, REKENCENTRUM/ (APPLIED) MATHEMATICS

De Zul, Drienerlo

ENVIRONMENTAL DESIGN | 1970-1973

L.J. Heijdenrijk (proj.), **J. Mol** (proj.)

Environmental Design, 1974; P. Huygen – Vormgeven aan de campus, 1990

De staf-, les- en de grotere algemene ruimtes zijn als losse elementen geschakeld tot een complexe structuur. De constructie en de gevels zijn opgebouwd uit geprefabriceerde elementen. De kolommen zijn afwisselend constructief en, in holle uitvoering, als leidingschachten uitgevoerd. Om de ruimtelijke continuïteit te bevorderen zijn smalle langwerpige lichtstroken toegepast.

▪ Here at the (applied) mathematics department of the Technische Universiteit, staffrooms, classrooms and larger general spaces interlink to form a complex structure. Both frame and façades are of precast concrete elements. Structural columns alternate with hollow ones housing service shafts. Narrow, elongated strips of lighting aid spatial continuity.

B38 MENSA/STUDENT RESTAURANT; MENSA DE BASTILLE

De Hems; Campuslaan, Drienerlo

P. BLOM; P. BLOM, R. BLOM VAN ASSENDELFT, L. LAFOUR | 1962-1964; 1964-1969

Bouwkundig Weekblad 1964 p.318; S. Hiddema – Piet Blom en de Kunst van het Bouwen, 1984; P. Huygen – Vormgeven aan de campus, 1990

Binnen de bestaande structuur van een oude boerderij realiseert Blom in 1964 de eerste tijdelijke mensa met een interieur vol verrassende ruimtelijke effecten als tegenpool van de zakelijke architectuur van de rest van de campus. Het gebouw vormt thans een Centrum voor Vraagstukken van Wetenschap en Samenleving. Bij het definitieve mensagebouw De Bastille is een basiseenheid, bestaande uit een vierkante verticale kern (trappenhuis of leidingschacht) met daaromheen vier velden, aaneengeschakeld tot een complexe in prefabbeton uitgevoerde structuur. In de gevel worden de vierkante kernen gemarkeerd door ruitvormige torentjes.

▪ For the first, temporary student restaurant of 1964 Blom took an old farm and gave the existing structure an interior packed with surprising spatial effects: the very antithesis of the objective architecture otherwise characterizing the campus. The building is at present a Science and Society Enquiry Centre. The definitive student restaurant De Bastille is a multifarious system of spaces for diners. Basic units, each of a square vertical core (staircase or service shaft) framed by four 'fields' interlink to form a complex structure in pre-cast concrete. The square cores are represented in the façade by lozenge-shaped turrets.

B39 STUDENTENHUISVESTING/ STUDENT ACCOMMODATION

Reelaan, Drienerlo

H.P.C. HAAN | 1964-1965

Bouwkundig Weekblad 1969 p.165; P. Huygen – Vormgeven aan de campus, 1990; P. Vollaard – Herman Haan, architect, 1995

Haan realiseerde op de campus verschillende woningbouwprojecten en het sportcentrum. Naast de stafwoningen tonen vooral de piramidenwoningen en het complex patiowoningen zijn grote belangstelling voor Afrikaanse culturen. Het complex, dat enigszins verdiept gelegen grotendeels in één laag is gebouwd, is een schakeling van wooneenheden die bestaan uit studentenkamers en gezamenlijke voorzieningen gegroepeerd rondom een patio. De patio's worden ontsloten door een fiets/voetpad dat over het dak van het complex loopt. Een grote patio in het hart van het complex dient als gezamenlijk plein.

▪ On the campus at Drienerlo Haan realized various housing projects and a sports centre. Besides the staff residences the pyramid dwellings and the complex of patio dwellings in particular show Haan's interest in African cultures. The complex, slightly sunken and largely of one level, is a concatenation of clusters each composed of students' rooms and communal facilities grouped round a patio. The patios are reached from a cycle/footpath running across the roof of the complex. A large patio in the heart of the complex serves as a community square.

Kerkbuurt
MONNICKENDAM
Oostzaan
MARKEN
ZAANDAM
Landsmeer
Broek in Waterland
Uitdam
F
AMSTERDAM
DIEMEN
Muiden
68
Muiderberg
Amstelveen
Duivendrecht
WEESP
A'dam-Z.O.
G
Ouderkerk a/d Amstel
Abcoude
NAARDEN
66,67
65
Bussum
63
64
BLARICUM
Huizen
LAREN
69,70
Nederhorst den Berg
's-Graveland
Hilversum
D
Vinkeveense plassen
62
61
UITHOORN
Vinkeveen
MIJDRECHT
Wilnis
Loenen
Loosdrechtse plassen
60
Breukelen
Nieuw-Loosdrecht
59
Tienhoven
MAARSSEN
Kockengen
Nieuwkoopse plassen
Vleuten
Woerden
Harmelen
De Meern
UTRECHT
D
Linschoten
Nieuwerbrug
IJssel
Nieuwegein
57
Montfoort
IJSSELSTEIN
55-56
Oudewater
Hollandse IJssel
Lopik
Lek
VIANEN
58
Hagestein
SCHOONHOVEN
Lexmond
Everdingen
Groot-Ammers
Noordeloos
Goudriaan
LEERDAM
Merwede kan.
Bleskensgraaf
Arkel
Beesd
HARDINXVELD-GIESSENDAM
Gorinchem
Boven-Hardinxveld
WERKENDAM
Sleeuwijk
Woudrichem
Brakel
Giessen
Nieuwendijk
Wijk en Aalburg
Hank
Dussen
Genderen
Heusden
E 1-12
Almere
Almere-Buiten
Almere-Haven
Gooimeer
Eemmeer
Oostvaardersplassen
FLEVOLAND
FLEVO-
LAND
Hoge Vaart
E 13,14
Zeewolde
Wolderwijd
Eemnes
Eembrugge
BUNSCHOTEN-SPAKENBURG
NIJKERK
BAARN
Hoogland
SOEST
Maartensdijk
BILTHOVEN
Amersfoort
36-48
Hoevelaken
35
LEUSDEN
49
Achterveld
50,51,52
DE BILT
Soesterberg
Zeist
53
54
Bunnik
Maarn
Woudenberg
Scherpenzeel
Maarsbergen
Renswoude
DOORN
DRIEBERGEN-RIJSENBURG
HOUTEN
UTRECHT
A'dam-Rijn kan.
Leersum
Amerongen
WIJK BIJ DUURSTEDE
Nederrijn
Maurik
Lienden
CULEMBORG
BETUWE
Linge
Zoelen
Buren
GELDERMALSEN
Tiel
Meteren
Wadenoijen
Ophemert
Waardenburg
ZALTBOMMEL
Waal
Maas
Dreumel
Lith
Hedel
Kerkdriel
Oss
Nuland
Veenendaal
RHENEN
Kesteren
Echteld
Ochten
Beneden-Leeuwen
Druten
Dodewaard
Wageningen
28
24-27
Opheusden
Heteren
Ede
29
LUNTEREN
BARNEVELD
Wekerom
Voorthuizen
Harderwijk
Horst
ERMELO
PUTTEN
Garderen
Biddinghuizen
Elburg
Oldebroek
WEZEP
't Harde
Doornspijk
NUNSPEET
Veluwemeer
Vierhouten
EPE
B 16
Elspeet
Staverden
Uddel
VELUWE
Nieuw-Milligen
APELDOORN
Hoog Soeren
B 17,18,19
Stroe
Kootwijk
34
Harskamp
Otterlo
33
33
Hoenderloo
30,31,32
Deelen
33
Schaarsbergen
20
21
BENNEKOM
RENKUM
22
OOSTERBEEK
11-19
23
Doorwerth
ARNHEM
VELP
9,10
Rheden
Beekbergen
Loenen
EERBEEK
Brummen
VAASSEN
Apeldoorns kanaal
Heerde
Wapenveld
Veessen
Wijhe
Oene
Olst
Terwolde
TWELLO
Wilp
B 20
B 21
Deventer
Gorssel
Klarenbeek
Voorst
Zutphen
Warnsveld
Windesheim
Heino
RAALTE
Luttenberg
Lemelerveld
Den Ham
Hellendoorn
NIJVERDAL
Haarle
Heeten
Nieuw-Heeten
Wesepe
SALLAND
B 22
RIJSSEN
Holten
Lettele
Bathmen
Markelo
Laren
LOCHEM
Twentekanaal
Barchem
Borculo
Vorden
Ruurlo
Baak
Steenderen
DIEREN
GELDERLAND
ACHTERHOEK
Hengelo
Keijenborg
Hummelo
DOESBURG
Zelhem
Ziewent
Harreveld
Doetinchem
2
3
Wehl
Loil
Giesbeek
DIDAM
Gaanderen
Terborg
Varsseveld
Silvolde
1
ULFT
Beek
's-Heerenberg
Dinxperlo
Isselburg
Emmerich
Rhein
Rees
Kleve
Kalkar
WESTERVOORT
DUIVEN
ZEVENAAR
Pannerden
Pannerdens kan.
Elden
Elst
HUISSEN
Bemmel
Gendt
Lobith
Millingen a/d Rijn
Andelst
Zetten
Beuningen
Lent
5,6,7
8
NIJMEGEN
Wijchen
Bergharen
Beek
4
Malden
GROESBEEK
Mook
Overasselt
Grave
Herpen
Ravenstein
Megen
Oijen
Berghem
Schaijk
N 14
CUIJK
Milsbeek
Beers
DUITS

C01 Mecanoo Isalacollege
C02 Rietveld Van Dillen Van Tricht Gemeentelijke Scholengemeenschap/Municipal School
C03 H.A.J. Henket Gemeentehuis/Municipal Hall
C04 O. Bartning Landhuis/Country House Wylerberg
C05 D.E. van Gameren, B. Mastenbroek Woongebouw/Housing Block
C06 G.H.M. Holt, B. Bijvoet Schouwburg/Theatre
C07 S. van Ravesteyn Station; Stationspostkantoor/Station Post Office
C08 B.J. Meerman, J. van der Pijll Benzinestation/Petrol Station
C09 G.Th. Rietveld Woonhuizen/Private Houses Stoop; Slegers
C10 H.Th. Wijdeveld Woonhuis/Private House Klaassen
C11 S. van Ravesteyn Benzinestation/Petrol Station
C12 K.P.C. de Bazel Kantoorgebouw/Office Building Nederlandsche Heidemaatschappij
C13 H. Fels Schakelstation/Distributing Substation PGEM
C14 W.M. Dudok Kantoorgebouw/Office Building De Nederlanden van 1845
C15 J.J.M. Vegter, H. Brouwer Provinciehuis/Provincial House
C16 P. Struycken Omgevingskunstwerk/Environmental Art
C17 G.Th. Rietveld Academie voor Beeldende Kunsten/Art Academy
C18 Meyer & Van Schooten Bedrijfsgebouwen/Company Buildings KEMA
C19 ABT, Wiegerinck Architecten Oerwoudhal/Jungle Hall
C20 J.J.P. Oud Bio-Herstellingsoord/Sanatorium
C21 J. Verhoeven Rijksbrandweeracademie/Fire Brigade Academy
C22 M.J. Granpré Molière Raadhuis/Town Hall
C23 J. Rothuizen Heveadorp
C24 Diverse Architecten Landbouwuniversiteit/Agricultural University
C25 C.J. Blaauw Microbiologie/Microbiology; Plantenfysiologie/Plant Physiology
C26 Mecanoo Bibliotheek/Library; Laboratorium/Botanical Centre
C27 Baneke & Van der Hoeven Laboratorium voor Erfelijkheidsleer/Genetics Building; Agrotechnion
C28 H.J.M. Ruijssenaars Dienst Landbouwkundig Onderzoek/Department for Agricultural Research
C29 Van den Broek & Bakema Raadhuis/Town Hall
C30 H.P. Berlage Jachtslot/Hunting Lodge St.-Hubertus
C31 H. van de Velde/W.G. Quist Museum Kröller-Müller
C32 G.Th. Rietveld Sonsbeek-paviljoen/Pavilion
C33 MVRDV Portiersloges/Porter's Lodges
C34 J.M. Luthmann Radiostation
C35 J. Verhoeven Eigen Woonhuis/Own House
C36 G.Th. Rietveld Expositieruimte/Exhibition Hall De Zonnehof
C37 O. Greiner Cultureel Centrum/Cultural Centre De Flint
C38 A. Cahen Kantoorgebouw/Office Building ROB
C39 Van Berkel & Bos Schakelstation/Distributing Substation REMU
C40 Diverse Architecten Villawijk/Villa District De Etalage
C41 P. Blom Woonhuis/Private House De Waal
C42 Van Berkel & Bos Woonhuis/Private House Wilbrink
C43 A. Bhalotra (Kuiper Compagnons) Kattenbroek
C44 Van Berkel & Bos Kantoorgebouw/Office Building Karbouw
C45 P.J. Gerssen Hoofdkantoor/Headquarters Fläkt
C46 C.B. van der Tak Johan van Oldenbarneveldt Gymnasium/Grammar School
C47 H.Th. Wijdeveld Woonhuis/Private House De Wachter
C48 D. Zuiderhoek, DHV Kantoorgebouw/Office Building DHV
C49 H. Klunder, D. Zuiderhoek Parkstad Leusden
C50 R. van 't Hoff Woonhuis/Private House Løvdalla
C51 R. van 't Hoff Woonhuis/Private House Verloop
C52 R. van 't Hoff Woonhuis/Private House Henny
C53 Maaskant, Van Dommelen, Kroos, Senf Sportcentrum/Sports Centre KNVB
C54 J.I. Risseeuw IONA-Gebouw Vrije Hogeschool/Anthroposophical Centre
C55 P.J. Gerssen Hoofdkantoor/Headquarters Zwolsche Algemeene
C56 J. Verhoeven Woningbouw/Housing
C57 Cepezed High-Tech Center
C58 W. Hamdorff, Rijkswaterstaat Stormvloedkering/Flood Barrier
C59 J.C. Rietveld Vakantiehuis/Holiday Residence Klein
C60 G.Th. Rietveld Vakantiehuis/Holiday Residence Verrijn Stuart 'De Braamakkers'
C61 Maaskant, Van Dommelen, Kroos, Senf Kantoorgebouw, Fabriek/Office Building, Factory Johnson-Wax
C62 K.J. van Velsen Woonhuis/Private House Cramer
C63 De Jonge, Dorst, Lubeek, De Bruijn, De Groot Centraal Wonen/Central Living Complex
C64 H.G.J. Schelling Station
C65 K.P.C. de Bazel Hofstede/Farm Oud-Bussem
C66 H.Th. Wijdeveld Woonhuis/Private House Bendien
C67 R. Lim, H. Roebers Bedrijfsgebouw/Industrial Building ERCO
C68 OD 205 Maxis Supermarkt/Supermarket
C69 J. Verhoeven Woningbouw, Winkels/Housing, Shops De Postkoets
C70 Gerretsen & Wegerif Woonhuis/Private House Van Houten

C01 ISALACOLLEGE

Laan van Schuylenburch 8, Silvolde

MECANOO | 1990-1995

F.M.J. Houben, C. de Weijer, E.L.J.M. van Egeraat (proj.)

de Architect 1995-10; Bauwelt 1995 p.780; Architectuur in Nederland. Jaarboek 1995-1996

De in een parkachtige omgeving gesitueerde school bestaat uit twee vleugels van twee lagen met lokalen aan weerszijden van een wigvormige middengang en een derde bouwdeel waarin zich de aula en de verdiepte gymzalen bevinden. Deze bouwdelen komen samen in een centrale ontmoetingsruimte nabij de entree. In het exterieur zijn de verschillende functies duidelijk herkenbaar: ruwe steen bij de lokalen, zink bij de aula en houten delen bij de gymzalen. In het interieur is veel aandacht besteed aan de lichtval in de gangen via de grote ramen in de trappenhuizen en door de als glazen erkers in de gang geplaatste lokaalentrees.

▮ This school, set in parklike surroundings, is designed as two wings each comprising two storeys of classrooms to either side of a wedge-shaped central corridor, and a third volume housing the main hall and the sunken gyms. These masses converge at a central gathering space near the entrance. The various functions resonate clearly in the exterior: untreated stone at the classrooms, zinc at the main hall and wood panels at the gyms. Inside, there is a fine focus on the light in the corridors which pours in through the large windows in the stair towers as well as through the classroom entrances set like glass bays in the corridor.

C02 GEMEENTELIJKE SCHOLENGEMEENSCHAP/ MUNICIPAL SCHOOL

Kruisbergseweg 4, Doetinchem

RIETVELD VAN DILLEN VAN TRICHT | 1964-1971

M. Küper, I. van Zijl – Gerrit Th. Rietveld, 1992

Op basis van schetsen uit 1961 wordt deze middelbare school, evenals het Van Gogh-museum, pas jaren na Rietvelds dood gerealiseerd door zijn medewerker Van Tricht. Het gebouw, gesitueerd aan de rand van een groenstrook, vormt met zijn abstracte zwartwitte gevels een sterk contrast met zijn omgeving. Het gebouw bestaat uit enkele lokalenvleugels, een vleugel met gymnastieklokalen en een enigszins apart geplaatste driehoekige aula. De oorspronkelijke glasgevel is vervangen.

▮ Using sketches Rietveld made in 1961, his partner Van Tricht built this secondary school years after Rietveld's death, as he did the Van Gogh Museum. Consisting of several classroom wings, one wing of gymnasiums and a somewhat detached triangular main auditorium, the school sits on the edge of a sliver of green, its abstract black and white façades contrasting starkly with the surroundings. The original glass front has been replaced by the present one.

C03 GEMEENTEHUIS/MUNICIPAL HALL

Raadhuisplein 1 (Wilhelminastraat), Wehl

H.A.J. HENKET | 1990-1992

H.A.J. Henket, M. van de Ven (proj.)

Architectuur in Nederland. Jaarboek 1992-1993; Architectural Review 1993-3; de Architect 1993-6; Archis 1994-5

Het nieuwe gemeentehuis van Wehl is gesitueerd op een plek net buiten het centrum, waar genoeg ruimte is voor een voorplein. De ruimtes in het gebouw zijn gegroepeerd rond een binnenhof met vide. De eenvoudige geometrische volumes zijn voorzien van grote dakoverstekken. Om tegemoet te komen aan de wensen van de gemeente is de onderbouw in donkere baksteen uitgevoerd. De bovenbouw van glas en metalen panelen vertoont het van Henket bekende verzorgde hightech-uiterlijk. Hierin passen ook de prominent buiten de gevel geplaatste kolommen. De raad/trouwzaal is in een apart, verhoogd volume ondergebracht boven de entree.

▮ The new municipal hall for Wehl west of Doetinchem is sited just outside the village centre where there is sufficient room for a forecourt. Its rooms are ranged round a courtyard and void. Large roof overhangs grace the simple geometric volumes. The dark brick of the basement is a concession to the wishes of the council. Above, the glass and metal panels are typical of Henket's familiar well-groomed High-Tech exterior which this time includes columns placed prominently beyond the envelope. The council chamber cum wedding room has a raised volume to itself, perched above the entrance.

C04 LANDHUIS/COUNTRY HOUSE WYLERBERG

Rijksstraatweg 178, Beek

O. BARTNING | 1921-1924

Archis 1988-2; Huis Wylerberg, een expressionistisch landhuis van Otto Bartning, 1988

Deze villa, die door een grenscorrectie in 1949 op Nederlands grondgebied kwam te liggen, vormt een van de zuiverste uitingen van het Duitse expressionisme. Door de stervormige plattegrond en het gevouwen dak ontstaat een compositie die uit vele onregelmatige vlakken is opgebouwd. De muziekzaal aan de noordzijde, met uitzicht op het dal, is het architectonische hoogtepunt. Door de concerten en kunstenaarslogeerpartijen die opdrachtgeefster Marie Schuster en later haar dochter Alice er organiseerden, kent het huis een rijke culturele geschiedenis.

▮ This villa, which joined the Netherlands as the result of a boundary adjustment in 1949, is one of the purest utterances of German Expressionism. The star-shaped plan and the folded plate roof create a composition built up of many irregular surfaces. Its architectural climax is the music room on the north side, offering a view of the valley. That artists lodged here and concerts were held on the initiative of the client, Marie Schuster, and later her daughter Alice, gives the house a rich cultural history.

C05 WOONGEBOUW/HOUSING BLOCK

Gerard Noodtstraat, Nijmegen

D.E. VAN GAMEREN, B. MASTENBROEK (DE ARCHITECTENGROEP) | 1991-1996

de Architect 1997-1; Archis 1997-1; Architectuur in Nederland. Jaarboek 1996-1997

De opdracht voor dit woongebouw kwam tot stand dankzij een in 1991 gewonnen Europan-prijsvraag op een andere locatie. Het langgerekte gebouw is opgedeeld in een aantal losgekoppelde volumes. Bijzonder is het parkeerdek op het dak van het woongebouw. Hierdoor kon het maaiveld worden benut voor woningen en bleef er tussen de deelvolumes ruimte voor poorten naar de achterliggende openbare tuin. Het parkeerdek wordt ontsloten door middel van een autolift. Door het aanbrengen van hoogteverschillen, het wisselen van de positie van de galerij en het variëren van het gevelbekledingsmateriaal onderscheiden de deelvolumes zich subtiel van elkaar.

▮ A prize-winning design (for another site) in the 1991 Europan competition led to the present commission. This elongated apartment building breaks down into a number of detached volumes. A noteworthy feature is the roof-top parking deck accessed by a car lift. This left the ground level free for housing as well as space between the component volumes for gateways to the public garden beyond. Differences in height and in the position of the external gallery, plus variety in the cladding material serve to subtly distinguish one volume from another.

C06 SCHOUWBURG/THEATRE

Keizer Karelplein, Nijmegen

G.H.M. HOLT, B. BIJVOET | 1955-1961

Bouwkundig Weekblad 1961 p.283; Bouw 1962 p.988; La Technique des Traveaux 1962 p.322; H.P.G. de Boer – Architect G.H.M. Holt (1904), 1983

De verschillende onderdelen van het gebouw hebben een eigen uitdrukking en vormgeving. De langwerpige foyer staat op betonnen 'pilotis'; de zaal bestaat uit een rond zitgedeelte met twee balkons en omgangen en een rechthoekig toneel voorzien van een imposante toneeltoren. De betonconstructies zijn afgedekt met stalen dakspanten. De robuuste architectuur maakt gebruik van het contrast tussen gesloten vlakken en glaswanden en is door vides, balkons, omgangen en monumentale trappen verrassend ruimtelijk.

▮ Each component of this, the Town Theatre, has its own expression and design. The oblong foyer stands on concrete pilotis; the hall is built up of a circular auditorium containing two balconies and aisles, and a rectangular stage with its imposing fly-tower. The robust architecture, supported by concrete frames decked with steel roof joists, makes play of the contrast between opaque and glazed surfaces, while a game of voids, balconies, galleries and grand staircases provides a surprising spaciousness.

C07 STATION; STATIONSPOSTKANTOOR/ STATION POST OFFICE

Stationsplein, Nijmegen

S. VAN RAVESTEYN | 1954; 1964

E.G. Scheltens (uitbr.)

Bouw 1954 p.570, 1965 p.1033; Bouwkundig Weekblad 1959 p.464

Met dit ontwerp toont Van Ravesteyn zijn interesse voor Italiaanse pleinen. De gevel van het station vertoont grote overeenkomst met de gevelwanden van de Via della Conciliazione in Rome. Een slanke toren beheerst het door baksteenbogen omsloten plein. Een van de vele stijlwisselingen in het wonderlijke oeuvre van Van Ravesteyn wordt gedemonstreerd aan de noordzijde van het plein. Hier verrijzen tien jaar later de strakke functionele gevels van het stationspostkantoor.

▮ This design reveals Van Ravesteyn's interest in Italian piazzas. The station façade bears a strong resemblance to the façades lining the Via della Conciliazione in Rome. A sleek tower dominates a square surrounded by brick archways. One of the many changes in style in Van Ravesteyn's remarkable oeuvre is demonstrated on the square's north side with the appearance ten years later of his post office with its taut functional façades.

C08 BENZINESTATION/PETROL STATION

Muldersweg 16, Nijmegen

B.J. MEERMAN, J. VAN DER PIJLL | 1936

de Architect 1986-12; T. Tummers – Architectuur in Nijmegen, 1994

Dit voor Texaco gerealiseerde object is een van de weinige resterende benzinestations uit de jaren dertig. Het gebouw bestaat uit een vierkant bedrijfsgedeelte waaruit een slanke ronde luifel met een diameter van 17 m. ontspringt. Het gebouw was van grote afstand zichtbaar door de witte gestucte gevels en door een 25 m. hoge lichttoren, een stalen vakwerk, aan vier zijden bekleed met wit opaalglas en in gebrandschilderde letters de naam 'Auto Palace'. Door een gewijzigde verkeerssituatie is het station sinds 1977 buiten gebruik.

▮ Realized for Texaco, this object is one of the few remaining petrol stations of the thirties. It consists of a square works area, out of which projects a slender rounded canopy with a diameter of 17 m. The building was visible from a great distance through its white rendered façades and a 25 metre high light mast, a steel latticework clad on four sides in white clouded glass stained onto which was the name 'Auto Palace'. The station has been out of use since 1977, when the traffic was rerouted.

C09 WOONHUIZEN/PRIVATE HOUSES STOOP; SLEGERS

Beekhuizenseweg 44; Den Bruyl 35, Velp

G.TH. RIETVELD | 1950-1951; 1952-1954

Forum 1953 p.368; G. Rodijk – De huizen van Rietveld, 1991

Met woonhuis Stoop keert Rietveld terug naar zijn De Stijl-ontwerpen uit de jaren twintig. Vooral de uitgewogen compositie van de oostgevel kan de vergelijking met het Schröderhuis gemakkelijk doorstaan. De woning is opgebouwd uit vrijstaande gevelvlakken, houten puien en een uitkragend plat dak. Door de wandvlakken door middel van smalle donkere stroken te scheiden van het dak en het maaiveld lijken ze te zweven. Ernaast ligt de atelierwoning van de schilder Slegers, gedomineerd door een groot raamvlak op het noorden.

▮ The Stoop house heralds Rietveld's return to his De Stijl designs of the twenties. Its well-balanced east façade in particular stands comparison with the Schröder house. The house is built up of freestanding façade planes, wooden lower fronts and a cantilevered flat roof. Divided from both roof and ground level by narrow, dark strips, the wall surfaces seem to float. Next door is the studio house of the artist Slegers, dominated as it is by the large expanse of glass on its north side.

C10 WOONHUIS/PRIVATE HOUSE KLAASSEN
Biesdelselaan 39, Velp
H.TH. WIJDEVELD | 1962-1963
Forum 1995-1

De pensioengerechtigde leeftijd al lang gepasseerd ontwerpt Wijdeveld deze functionalistisch ogende villa op de hoek van twee lanen. Het huis bestaat uit een souterrain met garage en tandartspraktijk met aparte entree, de iets verhoogd geplaatste begane grond met de hoofdentree en woonvertrekken en een verdieping met slaapkamers. Het souterrain is iets teruggelegd en bekleed met groengeglazuurde baksteen. Het rechthoekige hoofdvolume is abstract witgepleisterd. In de voorgevel is deze abstractie versterkt door een kruisvorm, gevormd door de voordeur, de ramen, het trapraam en een betonreliëf met een abstract patroon.

▮ Long after having passed the age of retirement, Wijdeveld designed this functionalist-looking villa at the corner of two avenues. The house consists of a basement of garage and separately accessed dentist's surgery, a slightly raised ground floor containing the main entrance and living spaces, and an upstairs level of bedrooms. The basement is slightly set-back and clad in green-glazed brick. The rectangular main volume is white rendered, its abstract air enhanced by the cruciform pattern of front door, windows, stair window and an abstract concrete relief.

C11 BENZINESTATION/PETROL STATION
Apeldoornseweg 105, Arnhem
S. VAN RAVESTEYN | 1957
Bouwkundig Weekblad 1959 p.460; Bouw 1960 p.1182

Door de kopgevel van het langgerekte blokje af te schuinen en naar de weg toe te draaien, een beweging die wordt versterkt door een driehoekig om de hoek lopend raam en een gekartelde dakrand, is een ruimtelijke compositie ontstaan die een dynamische uitzondering vormt in de reeks fantasieloze benzinestations die de Nederlandse wegen ontsieren. Op de vertande dakrand was oorspronkelijk de naam Purfina aangebracht.

▮ The head elevation of this elongated box is splayed and turned to the road, a movement strengthened by a triangular window which turns the corner and the serrated roof. The spatial composition thus created forms a dynamic exception to the string of unimaginative petrol stations disfiguring the main roads of Holland. On the toothed roof edge once stood the brand name 'Purfina'.

C12 KANTOORGEBOUW/OFFICE BUILDING NEDERLANDSCHE HEIDEMAATSCHAPPIJ
Sickeszplein, Arnhem
K.P.C. DE BAZEL | 1912-1913
H. Klarenbeek, J.F. Berghoef (uitbr.)
Architectura 1913 p.335; A.W. Reinink – K.P.C. de Bazel, architect, 1965/1994

Het ontwerp weerspiegelt het conflict tussen de traditionele hiërarchische en de moderne democratische architectuur. Een symmetrische voorgevel met monumentale entree en directievertrekken verbergt een moderne open 'kantoorzaal'. De betonconstructie is aan de buitenzijde bekleed met geelgrijze waalklinkers. Plinten, friezen en penanten zijn voorzien van decoratieve zwartgeteerde banden. Naast kantoren bevatte het gebouw een museum, cursusruimtes, een leeszaal en een bibliotheek.

▮ This office design reflects the conflict between traditional hierarchic and modern democratic architecture. A symmetrical façade with monumental entrance and director's rooms conceals a modern open 'office zone'. The concrete structure is clad on the outer face with yellowish-grey bricks. Plinths, friezes and piers wear decorative bands tarred black. Besides offices the building used to contain a museum, rooms for classes, a reading-room and a library.

C13 SCHAKELSTATION/DISTRIBUTING SUBSTATION PGEM

Broekstraat/Van Oldenbarneveldtstraat, Arnhem

H. FELS | 1927

W. Lavooij – Gebouwd in Arnhem, 1990

Dit schakelstation was noodzakelijk om de hoge spanning van 50 kV plaatselijk om te vormen naar 10 kV. Het complex bestond uit een viertal dienstwoningen met een toegangspoort en het eigenlijke onderstation: een bedieningsgebouw, een hijstoren voor zware objecten en vier hoogspanningsmasten waarvan er nu slechts één resteert. Het gebouw is in een kubische, aan Dudok en de Haagse School verwante stijl opgetrokken en voorzien van decoratief beeldhouwwerk en metselwerk. Fels was huisarchitect van de PGEM en ook verantwoordelijk voor de zakelijker gebouwen van de KEMA.

▪ This substation was necessary to locally transform the high tension of 50 kV into 10. The complex consisted of a quartet of service houses with an entrance gate, and the substation itself: a service building, a hoisting tower for heavy objects and four high tension masts, only one of which remains. The building is in a cubist style allied to Dudok and the 'Hague School' and sports decorative sculpture and brickwork. Fels was house architect to the PGEM (Gelderland Electricity Company) and was also responsible for the more functionalist of the KEMA company buildings west of Arnhem.

C14 KANTOORGEBOUW/OFFICE BUILDING DE NEDERLANDEN VAN 1845

Willemsplein 5/6, Arnhem

W.M. DUDOK | 1938-1939

R.H.M. Magnée – Willem M. Dudok, 1954; H. van Bergeijk – Willem Marinus Dudok 1884-1974, 1995

Het verzekeringsbedrijf 'De Nederlanden van 1845' was onder het directeurschap van Carel Henny een van de belangrijkste opdrachtgevers van Berlage. Na Berlages dood werkt Dudok aan enige projecten. In dit kantoorgebouw past Dudok zijn bekende ontwerpthema's, kleur- en materiaalgebruik op een zakelijke, voor deze opgave geëigende wijze toe.

▪ When Carel Henny was director of 'De Nederlanden van 1845', this insurance company was one of Berlage's most important patrons. After the latter's death Dudok worked for them on a number of projects. In this office building he applied his characteristic themes and use of colour and material in an objective manner befitting the commission.

C15 PROVINCIEHUIS/PROVINCIAL HOUSE

Markt 11, Arnhem

J.J.M. VEGTER, H. BROUWER | 1950-1955

Forum 1955 p.109; Bouwkundig Weekblad 1955 p.481; RIBA 1955 p.43; Architecture d'Aujourd'hui 1957-feb/mrt

Rond een binnenhof liggen twee kantoorschijven aan beide zijden, een door twee zuilen gemarkeerde, asymmetrisch geplaatste poort aan de pleinzijde en een hoger blok met de vergaderzaal en een als een erker uitkragende omloop aan de rivierzijde. Het ontwerp, een mengeling van Italiaanse palazzo-architectuur en Delftse School, moderne en traditionele materialen, is uitgewogen gecomponeerd en bevestigt door zijn uiterlijk de macht en het conservatisme van het ambtenarenapparaat.

▪ Facing each other across an inner court are two office slabs joined on the square side by an asymmetrical entrance portal marked by two pillars, and at the rear by a taller block containing the provincial government chamber and, cantilevered like a bay window, the great south gallery looking towards the river. The design's composition, a mixture of Italian 'palazzo' style and Delft School architecture using both modern and traditional materials, is well-thought-out and reflects in its appearance both the power and conservatism of officialdom.

C16 OMGEVINGSKUNSTWERK/ENVIRONMENTAL ART

Roermondsplein, Arnhem

P. STRUYCKEN | 1972-1978

Wonen-TA/BK 1977-8; Beeldengids Nederland, 1994

Binnen een ovaalvormig verkeersplein dat auto's naar de brug over de Rijn leidt, realiseert beeldend kunstenaar Peter Struycken een omgevingskunstwerk dat naar eigen zeggen 'pas echt mooi is vanuit een vliegtuig'. Een kale parkeervlakte is bestraat met blauwe en witte banen waardoor een, aan het water refererend, golvend landschap is ontstaan. Struycken adviseerde eveneens bij het vernieuwen van de kademuren langs de Rijn.

▪ Within an oval roundabout leading traffic to the bridge across the river Rijn, sculptor Peter Struycken laid out an environmental artwork which in his own words 'only really looks good from the air'. Here an empty expanse of parking space has been paved with blue and white lines creating an undulating, almost rippling landscape. Struycken also acted as an adviser during renovation of the embankments along the Rijn.

C17 ACADEMIE VOOR BEELDENDE KUNSTEN/ ART ACADEMY

Onderlangs 9, Arnhem

G.TH. RIETVELD | 1957-1962

H.A.J. Henket (rest.)

Bouwkundig Weekblad 1963 p.464; Bouw 1963 p.1477; Domus 1965-9; Bauen + Wohnen 1965 p.443

Het gebouw is qua materiaalgebruik en opzet vergelijkbaar met de meer bekende academie in Amsterdam. Het hoofdblok is door de entree met hal en trappenhuis in twee ongelijke delen verdeeld. Aan de korte kant bevindt zich op de begane grond naast de entree een aula/overblijflokaal en op de verdieping de stafruimtes; de lange kant bevat lokalen. In de uitbouw op het dak bevindt zich een lokaal voor modeltekenen. De geknikte laagbouw bevat werkplaatsen. Het gebouw is gebaseerd op een duidelijk in de gevel te zien stramien van 2,10 m. Het gebouw is stijlzuiver gerenoveerd door Henket, die ook de loopbrug naar de bijgebouwen ontwierp.

▪ Comparable in terms of material and parti with its better-known Amsterdam counterpart, the main block of this academy is divided into two unequal parts by the entrance, lobby and stairtower. Added to these downstairs is a main hall cum after-school room along the short side with staff rooms above; the long side contains the classrooms. In the structure on the roof is a classroom for model drawing. The kinked lowrise is given over to workshops. The building proceeds from a grid of 2.10 m. clearly expressed in the façade. It has been faithfully renovated by Henket, who added the footbridge reaching to the outbuildings.

C18 BEDRIJFSGEBOUWEN/COMPANY BUILDINGS KEMA

Utrechtseweg e.o., Arnhem

MEYER & VAN SCHOOTEN | 1995

de Architect 1995-3, 1996-9; Archis 1996-2; Architectuur in Nederland. Jaarboek 1996-1997

De architecten hebben voor dit 55 ha. grote bosrijke terrein een masterplan opgesteld, waarbij horizontale gelaagdheid en een ingetogen kleur- en materiaalgebruik de uitgangspunten voor de gebouwen vormen. Enkele kantoorgebouwen (HES 21 en 31) zijn zo uitgewerkt, met als voornaamste blikvanger het nieuwe hoofdkantoor aan de Utrechtseweg. Op een gesloten, schoonbetonnen onderbouw van twee verdiepingen bevindt zich een geheel transparante laag met vergaderzalen. Daarboven bevindt zich de 'zwevende' pregnant vormgegeven vierde laag met een overstek van 6 m., doorsneden door een robuuste toren met trappenhuis en lift.

▪ For this well-wooded site of 55 hectares the architects drew up a master plan, with horizontal layers and a subdued application of material and colour prevailing among the buildings. A pair of office buildings (HES 21 and 31) have been realized along these lines, the stand-out being the new headquarters on Utrechtseweg. This places upon a two-level dark basalt block a thoroughly transparent level of meeting rooms; crowning the composition is a 'floating' fourth level of prodigal shape canting 6 metres and skewered by a beefy tower containing vertical circulation.

C19 OERWOUDHAL/JUNGLE HALL

Schelmseweg, Arnhem

ABT, WIEGERINCK ARCHITECTEN | 1986-1988/1994

Architectuur & Bouwen 1988-5; Bouwwereld 1994-14

Een stuk geaccidenteerd terrein van 90 bij 150 m. is voorzien van een kolomvrije lichtdoorlatende overkapping, waaronder een kunstmatige 'jungle' is gecreëerd. In het interieur is het gebouw nauwelijks merkbaar aanwezig. In het exterieur wordt het gebouw gedomineerd door de spectaculaire hangconstructie, waarbij vakwerkliggers via pylonen worden afgespannen. Het dak bestaat uit luchtkussens van 3 bij 6 m. van transparante kunststof. Het gebouw is een goed voorbeeld van de kwaliteiten van het constructiebureau ABT, ook verantwoordelijk voor de nieuwe kap voor de Rotterdamse Kuip (**L50**).

▮ Spanning a patch of uneven ground of 90 by 150 metres is this columnless, translucent canopy housing an artificial 'jungle'. Inside, the building's presence is scarcely felt. Outside, it is dominated by the spectacular suspension construction of truss girders spanned between pylons. The roof consists of transparent air cushions of 3 by 6 metres. The building is a fine example of the qualities of ABT, the engineering office also responsible for the new roof of the Feijenoord stadium in Rotterdam (**L50**).

C20 BIO-HERSTELLINGSOORD/SANATORIUM

Wekeromscheweg 6, Arnhem/Wolfheze

J.J.P. OUD | 1952-1960

H.E. Oud (uitbr.), **K. Appel** (b.k.)

Bouw 1960 p.1306, 1965 p.1676; Architectural Design 1961 p.127; H. Oud – J.J.P. Oud, Architekt 1890-1963, 1984

Dit herstellingsoord voor motorisch gestoorde kinderen is Ouds meest expressieve ontwerp. In een bosrijke omgeving zijn de te onderscheiden functies in vrijstaande gebouwdelen ondergebracht. De verblijfspaviljoens liggen naar de zon gedraaid aan weerszijden van een centrale as. De tien identieke paviljoens huisvesten ieder zes jongens en zes meisjes. In de centrale as bevinden zich het hoofdgebouw voor de directie, een L-vormig sportgebouw met gymnastiekzaal en zwembad voorzien van een uitkijktoren en als dominerend middelpunt, letterlijk en figuurlijk, een rond ketelhuis met conciërgewoning, voorzien van een kegelvormig aluminium dak. Een geprojecteerde kapel is nooit gerealiseerd. Ouds zoeken naar een poëtisch functionalisme resulteert soms in een expressionisme ten koste van de functionaliteit. De grafische, aan De Stijl schatplichtige architectuur krijgt in de beeldende-kunsttoepassing een pendant in de vorm van een tegeltableau 'Circusnummer' van Karel Appel boven de hoofdingang.

▮ This sanatorium for motorially disturbed children is Oud's most expressive design: free-standing masses in a wooded setting, each with a distinct function. Patients' pavilions are turned either side of a central axis towards the sun. The ten identical pavilions house six boys and six girls apiece. Along the central axis are the headquarters, an L-shaped sports block of gymnasium and swimming pool topped off with an observation tower, and a circular boilerhouse and porter's lodge (the hub of the complex, literally and metaphorically) sporting a conical aluminium cap. A projected chapel was never built. Oud's search for a poetic functionalism led sometimes to a form of Expressionism gained at the expense of the project's efficiency. The graphic architecture, with more than a nod to that of De Stijl, is echoed in the tiled artwork by Karel Appel above the main entrance.

C21 RIJKSBRANDWEERACADEMIE/ FIRE BRIGADE ACADEMY

Kemperbergerweg 783, Arnhem/Schaarsbergen

J. VERHOEVEN | 1975-1980

de Architect 1981-11; Werk/Bauen + Wohnen 1981-12; Bouw 1982-8; Bauwelt 1982 p.1134

Vier kruisvormige gebouwdelen zijn diagonaal ten opzichte van elkaar geplaatst zodat ze samen een vierkant vormen. De 'knopen' aan de uiteinden van de gebouwdelen bieden de mogelijkheid tot latere uitbreiding en fungeren als slangentoren, oefentoren, maquettetoren en recreatieruimte. De knoop in het midden bevat de alarmcentrale. Door gebruik te maken van het hoogteverschil in het bosachtige terrein zijn de drie programmaonderdelen verduidelijkt: woongedeeltes boven, lesruimtes in het midden en technische ruimtes en garages daaronder.

▪ Here four cruciform blocks stand at diagonals forming a square of x's. The 'nodes' on the extremities of each allow for eventual extensions and per block serve as hose storage, practice space, maquette department and recreation zone, with one node per function. The central node contains an alarm communications centre. The difference in height in this wooded area aided clear separation of the three programme components (living quarters above, classrooms in the middle, plant rooms and garages below).

C22 RAADHUIS/TOWN HALL

Generaal Urquhartlaan/Utrechtseweg, Oosterbeek

M.J. GRANPRÉ MOLIÈRE | 1956-1966

H.P. Ahrens (proj.)

Bouwkundig Weekblad 1956 p.374, 1967 p.110

Een raadhuis, het 'meest waardige bouwwerk' van een gemeente, is bij uitstek een opgave waar architecten van de Delftse School hun ideeën over representatie, hiërarchie en harmonie in traditionele vormen en materialen kunnen uitwerken. Het gebouw bestaat uit twee symmetrische kantoorvleugels en een middendeel met publieke en representatieve ruimtes. De entree, aan de achterzijde gesitueerd, wordt ingeleid door een voorplein met toren en monumentale trappartij.

▪ The town hall, a municipality's 'most dignified edifice', was the perfect commission for architects of the Delft School, allowing them to put into practice their ideas on ceremony, hierarchy and harmony using traditional forms and materials. This one consists of two symmetrical office wings and a central section of public and representative areas. The entrance, situated at the rear, is announced by a forecourt graced with a tower and a monumental flight of steps.

C23 HEVEADORP

Middenlaan, Centrumlaan e.o., Doorwerth

J. ROTHUIZEN | 1916-1918

B.N. Verhaagen (rest.)

Wonen-TA/BK 1977-17, 1978-2

Heveadorp, een van de weinige fabrieksdorpen in Nederland, is gebouwd als huisvesting voor de arbeiders van de rubberfabriek Hevea. Hoewel sociale overwegingen een rol speelden, is met de bouw van het dorp vooral getracht om arbeiders naar de afgelegen fabriek te lokken. De woningen met de karakteristieke rieten kappen zijn in de loop der jaren aangevuld met een postkantoor, winkelvoorzieningen en een school. In de jaren zeventig is het dorp gerenoveerd.

▪ One of the few 'company towns' in the Netherlands, Heveadorp was built to house workers at the Hevea rubber factory. Though social considerations also played a role here, the main purpose of the village was to entice workers to a factory way off the beaten track. Its dwellings with their characteristic thatched roofs have been supplemented over the years with a post office, shopping facilities and a school. The village was renovated during the seventies.

C24 LANDBOUWUNIVERSITEIT/ AGRICULTURAL UNIVERSITY

Generaal Foulkesweg e.o., Wageningen

DIVERSE ARCHITECTEN

(o.a.) **F.E. Röntgen** (Laboratorium voor Landmeetkunde, Westberg, 1953), **W. van Tijen** (De Dreijenborch, Ritzema Bosweg, 1956-1961), **J. Schrieke** (Jan Kops-huis, Generaal Foulkesweg, 1982), **L.J. Heijdenrijk** (Bestuurscentrum, Costerweg, 1990), **G. Behnisch & Partner** (Onderzoekscentrum IBN-DLO, Droevendaalsesteeg, 1992-1998)

Bouwkundig Weekblad 1953 p.225; W. Botman, T. Tummers – Het Schip van Blaauw, 1990; Architectuur & Bouwen 1997-3

De Rijkslandbouwschool is in 1876 in Wageningen gevestigd. De eerste gebouwen worden eind negentiende eeuw door de Rijksgebouwendienst verzorgd. Op instigatie van rijksbouwmeester Teeuwisse, die na de Eerste Wereldoorlog enkele Amsterdamse School-architecten in dienst neemt, ontwerpt C.J. Blaauw twee expressieve laboratoriumgebouwen. In de jaren vijftig worden nog twee belangrijke beeldbepalende gebouwen gerealiseerd: het markant gesitueerde Laboratorium voor Landmeetkunde met uitkijkpost van F.E. Röntgen en een gebouw voor Landbouwhuishoudkunde van W. van Tijen. Typerend voor de jaren zeventig is de bibliotheek in het van inspringende gevels en puntdaken voorziene Jan Kops-huis van J. Schrieke (B&D Architecten). Begin jaren tachtig neemt de Landbouwuniversiteit zelf het heft in handen bij het bouwbeleid, wat resulteert in een frisse, gedurfde architectuur van jonge architecten als Baneke & Van der Hoeven en Mecanoo.

▪ 1876 saw the arrival in Wageningen of the 'state agricultural college'. Its first buildings were provided by the Government Buildings Agency at the close of the nineteenth century. At the instigation of Henry Teeuwisse, the Chief Government Architect who after the First World War engaged for the Agency the services of several Amsterdam School architects, one of these, Cornelis Blaauw, designed two expressive laboratory blocks. In the fifties a further two major landmarks arrived: the strikingly sited 'surveyors' laboratory, with F.E. Röntgen's observation tower, and W. van Tijen's agronomics building. Typical of the seventies is the library housed in the Jan Kops-huis designed by J. Schrieke of B&D Architecten, with indented façades, gable roofs and all. As the eighties dawned the Agricultural University themselves took over the building policy; the upshot was a spate of fresh, spunky architecture by the likes of Baneke & Van der Hoeven and Mecanoo.

C25 MICROBIOLOGIE/MICROBIOLOGY; PLANTENFYSIOLOGIE/PLANT PHYSIOLOGY

H. van Suchtelenweg 4; Generaal Foulkesweg 70, Wageningen

C.J. BLAAUW | 1919-1922

J. Polet (b.k.)

Wendingen 1923-11/12; W. Botman, T. Tummers – Het Schip van Blaauw, 1990

In deze vroege gebouwen voor de Landbouwuniversiteit, onmiskenbaar uitingen van de Amsterdamse School, is de huisvesting van de hoogleraar gecombineerd met onderwijs- en onderzoeksruimtes. De expressieve welvingen van het exterieur, waaraan beide gebouwen de bijnaam 'Het Schip' te danken hebben, maken in het interieur plaats voor een opvallend zakelijke indeling. De gebouwen zijn gedecoreerd met exotisch-kubistische beeldhouwwerken van Johan Polet; een illustratie van Blaauws grote interesse in de integratie van beeldhouwkunst in de architectuur.

▪ Housing the Agricultural University and unmistakably the work of the Amsterdam School, these buildings combine the professor's house with lecture rooms and laboratories. The expressive curves of the exterior, earning both buildings the nickname 'The Ship', make way indoors for a strikingly objective subdivision of spaces. The buildings are decorated with exotic-Cubist sculptures by Johan Polet, evidence of Blaauw's keen interest in the integration of sculpture in architecture.

C26 BIBLIOTHEEK/LIBRARY; LABORATORIUM/ BOTANICAL CENTRE

Dreijenlaan/Arboretumlaan, Wageningen

MECANOO | 1986-1991; 1990-1992

E.L.J.M. van Egeraat, C. de Weijer, F.M.J. Houben (proj.)

de Architect 1992-7/8; Bauwelt 1992 p.1574; K. Somer – Mecanoo, architecten, 1995

Het Botanisch Laboratorium, een diverse malen uitgebreid Amsterdamse School-gebouw uit 1933, is door Mecanoo voorzien van een banaanvormig gebouw dat het rommelige complex visueel afsluit. Het gebouw bestaat uit een aan één zijde wit gestucte en aan de andere zijde gemetselde doos, verbonden door een corridor die aan beide zijden als noodtrappenhuis tot buiten het gebouw doorloopt en is voorzien van een luifel. Een loopbrug en een verbindingsgang vormen de aansluiting met het bestaande complex. De bibliotheek aan de voorzijde is aan twee zijden voorzien van een in glasstroken gevatte gepotdekselde houten wand.

▪ The banana-shaped Botanical Centre was Mecanoo's means of visually terminating the botany complex, built in 1933 in Amsterdam-School style and since then regularly extended to the point of congestion. The Centre is a box white-rendered on one side and brick-clad on the other, the two joined by a corridor that peeks out under a canopy to either side of the building as an emergency stair. A footbridge and a connecting passage serve to tie it to the extremities of the existing complex. Two sides of the library up front are clad in weatherboarding held between strips of glass.

C27 LABORATORIUM VOOR ERFELIJKHEIDSLEER/ GENETICS BUILDING; AGROTECHNION
Dreijenlaan/Generaal Foulkesweg; Bomenweg 4, Wageningen
BANEKE & VAN DER HOEVEN | 1986-1990; 1992
de Architect 1986-5, 1990-3, 1992-9; Bouw 1987-16; W. Botman, T. Tummers – Het Schip van Blaauw, 1990

Het gebouw voor Erfelijkheidsleer is in twee fasen uitgebreid door Baneke & Van der Hoeven. Bij de eerste fase is een villa uit 1926 door middel van een U-vormig bouwdeel uitgebreid, waarbij een patio is gevormd. De tweede uitbreiding in de noordoosthoek van het terrein wordt gedomineerd door de van een golvend dak voorziene vleugel met practicumzalen. In in- en exterieur is een breed scala van kleuren en materialen toegepast. Het Agrotechnion bestaat uit een kantoorschijf op poten, waaronder twee roodgestucte collegezalen liggen en een doosvormige laagbouw met onderzoeksfaciliteiten. De spectaculair uitkragende 'bonbondoos' bevat de stafkantine.

▪ The Genetics building was enlarged in two phases by Baneke & Van der Hoeven. The first phase involved extending a villa dating from 1926 with a U-shaped feature, generating a patio. The second expansion in the northeast corner of the site is presided over by a practical wing beneath an undulating roof. A wide range of colours and materials prevails both inside and out. The Agrotechnion consists of an office slab on stilts, tucked beneath which are two red stucco lecture halls and a low-rise box of research facilities. The spectacularly outriding drum contains the staff canteen.

C28 DIENST LANDBOUWKUNDIG ONDERZOEK/ DEPARTMENT FOR AGRICULTURAL RESEARCH
Bornsesteeg, Wageningen
H.J.M. RUIJSSENAARS (LRRH) | 1988-1991; 1991-1993
Architectuur & Bouwen 1993-2; de Architect 1993-12; F. Bless – Hans Ruijssenaars, architect, 1993

Op het terrein Born-Zuid worden de verschillende verspreid gehuisveste onderdelen van de Dienst Landbouwkundig Onderzoek geconcentreerd. Het Centrum voor Agrobiologisch Onderzoek vormt een nieuwe laboratoriumvleugel tussen twee bestaande gebouwen. Het lichtgebogen gebouw is voorzien van een afgerond dak, samengesteld uit rechthoekige elementen en taps toelopende lichtstraten. Het Centrum voor Agrotechnologisch Onderzoek heeft een L-vormige plattegrond. De entree op de kop geeft toegang tot een lichte, hoge verkeersruimte tussen de vier kantoorlagen aan de zuidgevel en de drie lagen met laboratoria aan de noordgevel.

▪ The Born-Zuid site is where the components of the Department for Agricultural Research, once spread everywhere, are now concentrated. A wing of laboratories, the Centre for Agrobiological Research, bridges the gap between two existing buildings. The gently curving building has a lightly arching roof compiled of rectangular panels and tapering slit rooflights. The Centre for Agrotechnological Research, on the other hand, is L-shaped in plan. The entrance at the head gives onto a tall airy circulation space between the four levels of offices on the south face and the three of laboratories to the north.

C29 RAADHUIS/TOWN HALL
Raadhuisstraat, Ede
VAN DEN BROEK & BAKEMA | 1969-1976
W.J. van der Jagt (proj.)
Bouw 1977 p.526

Het raadhuis, dat over een verkeersweg is gebouwd, bestaat uit vijf bouwdelen, in hoogte oplopend met in de knooppunten trappen en liften. Vlakbij de kerk ligt de glazen trouwzaal; het personeelsrestaurant met terras ligt boven de weg en in het halfronde bouwdeel aan het eind van de 'wand' bevindt zich de raadzaal. Het betonskelet is bekleed met uitgewassen betonplaten, variërend van borstweringspanelen tot tweeverdiepingshoge gebogen elementen met dunne kijkspleten bij de raadzaal.

▪ Straddling a main road, this town hall consists of five building parts of increasing height with stairs and lifts at the nodes. Near the church is the glazed wedding room, while the staff restaurant and terrace are set above the road. The semi-circular section at the end of the 'wall' contains the council chamber. The concrete frame is clad with washed concrete panels, varying from spandrel panels to double-height curved elements with narrow apertures piercing the council chamber wall.

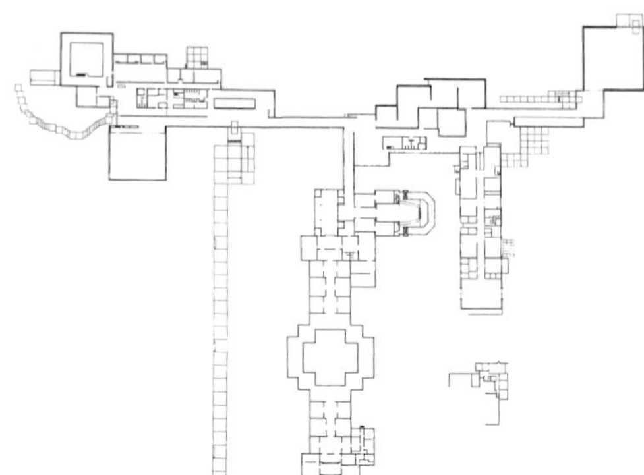

C30 JACHTSLOT/HUNTING LODGE ST.-HUBERTUS
Nationaal Park de Hoge Veluwe, Otterlo
H.P. BERLAGE | 1913-1919
Moderne Bouwkunst in Nederland-6, 1941; M. Gunnink – St. Hubertus, 1985; R.W.D. Oxenaar – Kröller-Müller: honderd jaar bouwen en verzamelen, 1988

C31 MUSEUM KRÖLLER-MÜLLER
Nationaal Park de Hoge Veluwe, Otterlo
H. VAN DE VELDE/W.G. QUIST | 1919-1938/1969-1977
Wonen-TA/BK 1977-17; Bouw 1978-5; R.W.D. Oxenaar – Kröller-Müller: honderd jaar bouwen en verzamelen, 1988; A. van der Woud – Wim Quist, architect, 1989

C32 SONSBEEK-PAVILJOEN/PAVILION
Nationaal Park de Hoge Veluwe, Otterlo
G.TH. RIETVELD | 1954/1965
Bouwkundig Weekblad 1955 p.361; Architectural Design 1955 p.383; Bouw 1965 p.902; Domus 1965-sep

C33 PORTIERSLOGES/PORTER'S LODGES
Nationaal Park de Hoge Veluwe, Otterlo
MVRDV | 1994-1995
W. Maas, J.J. van Rijs, N.A. de Vries (proj.)
de Architect 1995-12; Architecture d'Aujourd'hui 1996-9; Architectuur in Nederland. Jaarboek 1996-1997

In 1913 treedt Berlage in vaste dienst bij de familie Kröller-Müller, voor wie hij een monumentaal jachtslot ontwerpt aan een speciaal aangelegde vijver. De plattegrond heeft de vorm van een gewei. Dit en het gestileerde kruis in de toren zijn verwijzingen naar de legende van St.-Hubertus, patroon van de jacht, die christen werd nadat hij in een woud een hert met een kruis op het hoofd had gezien. De interieurs zijn luxueus gestoffeerd en gemeubileerd; de wanden zijn uit al dan niet verglaasde gekleurde baksteen opgemetseld.
Nadat tussen 1911 en 1913 de plannen van Berlage, Behrens en Mies van der Rohe zijn afgewezen, krijgt Van de Velde in 1919 de opdracht voor de huisvesting van de kunstcollectie van de familie. In 1921 start de bouw van een ambitieus project dat korte tijd later vanwege de economische crisis moet worden gestopt. Nadat de collectie en het omringende landgoed aan het Rijk zijn geschonken, wordt in 1938 een tijdelijke huisvesting opgeleverd. Het museum, dat in 1953 met een beeldenzaal en een aula is uitgebreid, wordt geroemd om zijn intimiteit, zijn inpassing in de omringende natuur en zijn uitgewogen belichting door middel van daklichten, waardoor de collectie, met onder andere een groot aantal Van Goghs, optimaal tot zijn recht komt.
In 1975-1977 wordt het in 1971 gerestaureerde museum uitgebreid met expositieruimtes, een auditorium, kantoren en werkplaatsen. Quist verplaatst de ingang naar de nieuwbouw die zich verscholen tussen de beuken bescheiden tegen het oude gebouw vleit. Verspreid geplaatste, gesloten kubusvormige expositieruimtes en voorzieningenblokken zijn verbonden door glazen gangen waardoor de bezoeker telkens met de hem omringende natuur wordt geconfronteerd. De expositiezalen worden door een ingenieuze zaagtanddakconstructie van indirect daglicht voorzien. De zwarte aluminium puien van de verbindingsgangen lopen vanaf de vloer tot voorbij het vlakke aluminium plafond. Naast deze 'open' relatie met het bos wordt het uitzicht in de gesloten expositieruimtes soms omkaderd als één van de kunstwerken tentoongesteld. Quist refereert met deze uitbreiding aan verschillende architectuurstromingen. De belichting verwijst naar het oude gebouw van Van de Velde, de zorgvuldige detaillering en de doorlopende glasvlakken naar het werk van Mies van der Rohe en de vrije plaatsing van wanden in een orthogonaal stelsel naar De Stijl en de neoplastische villa's van Mies van der Rohe.
In de beeldentuin van het museum staat een open expositiepaviljoen dat Rietveld als tijdelijke constructie voor een tentoonstelling in het Arnhemse Sonsbeekpark heeft ontworpen. Een reddingsoperatie van de BNA maakte definitieve herbouw mogelijk. Het paviljoen is naast een functionele overkapping voor beelden een ruimtekunstwerk op zich. Doordat klimaateisen ontbraken was Rietveld in staat om het neoplastische ideaal, de ononderbroken overgang van binnen- in buitenruimte, optimaal vorm te geven door het samenbrengen van vrijstaande, uit eenvoudige materialen geconstrueerde, vlakken in een orthogonaal stelsel.
In 1992 worden tien jonge ontwerpers uitgenodigd een prijsvraagontwerp voor een drietal portiersloges voor het Nationaal Park de Hoge Veluwe te maken. De opzet van MVRDV wordt gekozen met drie variaties op de archetypische 'boshut' in geheel verschillende materialen: hout, baksteen en cortenstaal.

▪ From 1913 Berlage was in the service of the Kröller-Müller family, for whom he realized this monumental hunting lodge with artificial lake. The plan is shaped like a pair of antlers. This and the stylized cross in the tower are references to the legend of St. Hubert, patron of hunters, who was converted after seeing in the forest a stag with a cross between its antlers. The interiors are luxuriously upholstered and furnished; the walls are of coloured brick both glazed and unglazed.

After the designs made between 1911 and 1913 by Berlage, Behrens and Mies van der Rohe had been rejected, it was Van de Velde who received the commission to design accommodation for the family art collection. In 1921 building of his ambitious plan began, only to be discontinued due to the economic crisis. The collection and the surrounding landed property were bequeathed to the State, who then commissioned temporary accommodation. The resulting museum building of 1938, later extended in 1953 with a sculpture gallery and great hall, became celebrated for its intimacy, its aptness within its natural surroundings and its balanced lighting involving rooflights with which the collection, including a large number of Van Goghs, is shown to good advantage.

Having undergone restoration in 1971, the museum was extended between 1975 and 1977 with new galleries, an auditorium, offices and workshops. Quist moved the entrance to the new section tucked away among the beeches in unobtrusive proximity to the old block. Spread across the site are enclosed cube-shaped blocks containing galleries and facilities linked by glazed corridors continually confronting the visitor with the natural surroundings. The exhibition galleries are indirectly lit through an ingenious sawtooth roof structure. The black aluminium frames of the connecting passages stretch from floor to beyond the taut aluminium ceiling. Besides this 'open' relationship with the woods the view out from the enclosed gallery spaces is sometimes 'framed' as an extra exhibit. Quist refers in his extension to various architectural trends. The lighting pays tribute to Van de Velde's original building, the painstaking detail and unbroken glazed surfaces acknowledge Mies van der Rohe, and the free placing of walls in an orthogonal system points to De Stijl and to Mies' Neoplastic villas.

In the museum's sculpture park is an open pavilion designed by Rietveld as a temporary structure for an exhibition in Sonsbeek Park in Arnhem. A rescue operation by the BNA (League of Dutch Architects) enabled it to be rebuilt on a permanent basis. Besides functioning as a shelter for sculpture the pavilion is a work of art in itself. The lack of climatic requirements allowed Rietveld to realize a Neoplastic ideal – to give optimum shape to the uninterrupted transition from inside to outside by the juxtaposition of free-standing surfaces of basic materials in an orthogonal system.

In 1992 ten up-and-coming designers were invited to design a trio of porter's lodges for the National Park de Hoge Veluwe. The winning submission by MVRDV comprises three variations on the archetypal 'hut' in utterly distinct materials: wood, brick and Cor-Ten steel.

C34 RADIOSTATION

Radioweg, Radio Kootwijk

J.M. LUTHMANN | 1919-1922

Wendingen 1923-11/12; L'Architecture Vivante 1926-I; Wonen-TA/BK 1979-2; de Architect 1981-12

De zender diende voor contacten met Bandoeng op Java in voormalig Nederlands-Indië. Omdat in het gebouw geen geleidende materialen als hout of spijkers gebruikt mochten worden, viel de keuze op de destijds nog onbekende massieve betonbouw. Een duidelijk programma van eisen was niet voor handen. De zendtoren en de erachter gelegen machinehal zijn geworden tot een rijzige, monumentale, symmetrische kathedraal. De machinehal heeft aan weerszijden zeven hoge vensters, een trapsgewijs dak, een overspanning van betonnen ribben en een vloer met tegelpatroon in zwart en wit.

▮ This radio station was once used to contact Bandung in Java (formerly a Dutch colony). As all conductive structural materials such as wood and nails were ruled out, the choice fell on solid concrete, at that time an unknown medium. There was no clear brief to hand. The radio mast and the main volume behind it give the impression of a towering, symmetrical cathedral, with seven tall windows, stepped roof, concrete structural ribbing and a floor pattern in black and white tiles.

C35 EIGEN WOONHUIS/OWN HOUSE

Park Weldam 10a, Hoevelaken

J. VERHOEVEN | 1965-1966

Katholiek Bouwblad 1967 p.136; Bouw 1973 p.97, 1976 p.521

Een belangrijk vroeg werk van Verhoeven is zijn eigen woonhuis met atelier. De over de diagonaal symmetrische plattegrond is opgebouwd uit een stelsel van vierkante patronen. De twee belangrijkste ruimtes, de woonruimte en het atelier, zijn geaccentueerd door twee piramidevormige kappen. Het gebruik van onbehandelde materialen en de geometrische hoofdopzet zijn eveneens terug te vinden in drie woningbouwprojecten aan het Laantje van Horst (1975) en de Kyftenbeltlaan (1968-1971).

▮ An important early work of Verhoeven is his own house and studio. Symmetrical over the diagonal, its plan is based on a system of square patterns. The two principal spaces, the living room and studio, are emphasized by a pair of pyramid-shaped roofs. Its use of untreated materials and geometric layout are also to be found in the three housing projects on Laantje van Horst (1975) and Kyftenbeltlaan (1968-1971).

C36 EXPOSITIERUIMTE/EXHIBITION HALL DE ZONNEHOF

Zonnehof 8, Amersfoort

G.TH. RIETVELD | 1958-1959

B. Mulder (rest.)

Bouwkundig Weekblad 1960 p.323; Deutsche Bauzeitung 1962 p.23

Wandvlakken van primair gekleurde, geglazuurde baksteen omhullen een tentoonstellingsruimte die wordt overspoeld door daglicht vanuit de dubbelhoge glaspuien en vanuit glaskappen in het dak met daaronder metalen lamellenroosters. Een insteekverdieping loopt gedeeltelijk rond deze centrale lichtkap. Rietvelds precieze plaatsing van wandvlakken en kolommen in de eenvoudige rechthoekige ruimte resulteert in een verrassende ruimtelijke complexiteit binnen een direct te overzien geheel.

▮ Wall surfaces of glazed brick in primary colours enclose an exhibition space, by day flooded with light entering through double-height glass fronts and through a glazed section of roof underlaid with a grid of metal strips. An upper gallery wraps around this central rooflight in a semicircle. Rietveld's unerring placement of wall surfaces and columns within the basic rectangular space results in a disarming spatial complexity within an immediately surveyable whole.

C37 CULTUREEL CENTRUM/CULTURAL CENTRE DE FLINT
Coninckstraat 60, Amersfoort
O. GREINER | 1974-1977
M.J. van Goor (proj.)
Wonen-TA/BK 1975-10; Bouw 1978-8

De architect, die vele culturele centra heeft ontworpen, noemt het gebouw een 'speelstadje'. Twee overdekte binnenstraten ontsluiten een aantal functies: een grote stadshal, een theater, een café en een creatief centrum. De ruimtes zijn georganiseerd in een patroon van vierkanten (6,40×6,40 m.). Deze vierkanten zijn apart geconstrueerd uit prefabelementen: vier kolommen en een houten kapje. De opbouw uit kleinschalige elementen in een baksteen 'jasje' is kenmerkend voor dit gebouwtype uit de jaren zeventig. Na een brand is een gedeelte van het gebouw door Greiner gemoderniseerd.

▮ The designer of many cultural centres, Greiner calls this one a 'play-town'. Two roofed inner streets provide access to a large hall, theatre, bar and creative centre. Volumes are organized in a pattern of squares (6.40×6.40 m.) individually constructed of ready-made elements (four posts and a timber roof). The use of small-scale components to generate larger structures dressed in brick is typical of this type of building from the seventies. After a fire, part of the building was modernized by Greiner.

C38 KANTOORGEBOUW/OFFICE BUILDING ROB
Kerkstraat/Muurhuizen, Amersfoort
A. CAHEN | 1976-1988
Archis 1988-10; Architectuur in Nederland. Jaarboek 1988-1989

De huisvesting van de Rijksdienst voor Oudheidkundig Bodemonderzoek bestaat uit een gerenoveerd seminariecomplex dat is uitgebreid met een aantal 'huizen' die elk een aparte afdeling bevatten. Tussen de 'huizen' is ruimte voor 'stegen' vrijgehouden. Een grote open ruimte die door een glaskoepel is overdekt dient als plein. Op deze wijze wordt de fijnmazige stedelijke structuur van de historische binnenstad tot in het gebouw doorgetrokken. Het gebouw is een van de weinige voorbeelden van het structuralisme dat aanpassing aan een complexe stedelijke situatie op overtuigende wijze aantoont.

▮ The premises of the State Service for Archaeological Investigation consist of a renovated seminar complex expanded with a number of 'houses' each comprising a separate department. Between the 'houses' space has been cleared for 'lanes'. A large open space roofed by a glass dome serves as a square. In this way the intricate urban fabric of the old inner city is drawn right into the building. This is one of the few examples of Structuralism that demonstrates convincingly the ability to adapt to a complex urban situation.

C39 SCHAKELSTATION/DISTRIBUTING SUBSTATION REMU
Smallepad, Amersfoort
VAN BERKEL & BOS | 1989-1993
de Architect 1991-3, 1994-1, 1994-11; Architectuur in Nederland. Jaarboek 1993-1994; Architectural Review 1994-1; Architecture + Urbanism 1995-5; El Croquis 1995-72

Het gebouw is een vrijwel geheel gesloten omhulsel voor drie transformatoren. Het volume is opgedeeld in twee onderling licht verschoven delen die in verschillende materialen zijn uitgevoerd: donkere basaltblokken en lichtgrijze kunststofpanelen. Deze tweedeling is een verwijzing naar het transformatieproces. De weliswaar verschillende panelen zijn op identieke wijze in een raamwerk van roestvrijstaal en hout gevat, dat door de verkleuring van het hout langzaam in een grijs lijnenspel verandert. Door de wijkende vlakken heeft het gebouw, dat vanuit verschillende richtingen te zien is, een sculpturaal karakter.

▮ The substation is a virtually sealed container for three transformers. The volume is divided into two parts that slide by each other, one of dark basalt blocks, the other of light grey synthetic aluminium panels. This division into two symbolizes the process of transformation. Different as they are, the panels still share an identical framework of stainless steel and wood, with the gradual discoloration of the wood leaving in time a game of grey lines. Its deviating planes make of the building a sculpture, visible as it is from several directions.

C40 VILLAWIJK/VILLA DISTRICT DE ETALAGE

Le Corbusierstraat e.o., Amersfoort

DIVERSE ARCHITECTEN | 1988-1994

(o.a.) **R.H.M. Uytenhaak** (Haussmannstraat 22, 1990-1992), **C. de Weijer (Mecanoo)** (Le Corbusierstraat 14, 1991-1992), **Arets & Van den Bergh** (Le Corbusierstraat 16, 1990), **M.A.A. van Schijndel** (Le Corbusierstraat 12, 1991)

M. Kuperus – De villa's van Zielhorst, 1993; M. Cramer, A. Groot – Architectuur in Amersfoort, 1995

Nabij de wijk Kattenbroek aan de rand van de eerdere uitbreiding Zielhorst bevindt zich een villawijkje van 42 kavels, het zgn. Etalage-project. Om opdrachtgevers te interesseren voor een woning ontworpen door vooraanstaande Nederlandse architecten zijn eerst een zevental modelvilla's in maquettevorm ontwikkeld. Van de antroposofische architectuur van Alberts & Van Huut tot de verstilde eenvoud van Arets & Van den Bergh en het verantwoorde modernisme van Mecanoo. Vermeldenswaard is ook de uit een speciaal gevormde baksteen opgetrokken villa van Rudy Uytenhaak.

▮ Near the Amersfoort district of Kattenbroek on the rim of the earlier Zielhorst overspill area is this villa district of 42 plots. To interest buyers in a house designed by front-line Dutch architects seven model villas were developed in maquette form. The built results illustrate the range of ideas, from the anthroposophical buildings of Alberts & Van Huut to the frozen simplicity of Arets & Van den Bergh and Mecanoo's studied modernism. Also worthy of mention is Rudy Uytenhaak's villa in specially shaped bricks.

C41 WOONHUIS/PRIVATE HOUSE DE WAAL

Haussmanstraat 22, Amersfoort

P. BLOM | 1989-1994

Architectuur & Bouwen 1993-2; Archis 1994-7; M. Cramer, A. Groot – Architectuur in Amersfoort, 1995

Het meest opvallende bouwwerk in deze villawijk is ongetwijfeld het zgn. Russische paleisje van Piet Blom. Het feit dat Blom, na eerder gefascineerd te zijn geweest door de Kasbahgedachte en de kubuswoningen, nu geïnspireerd is door de uivormen van de Russische architectuur, sloot goed aan bij de ideeën van de opdrachtgever. Projectontwikkelaar De Waal, die eerder Ton Alberts de vrije hand gaf een woning te ontwerpen, liet deze woning bouwen voor zijn vrouw, een Russische pianiste. Het gebouw bestaat uit een hoofdgebouw, waarbij de kunststof koepels fungeren als afsluiting van de installatieschachten, en een entreepaviljoen waar de koepel fungeert als duiventil.

▮ The most eye-catching edifice in the entire park is unquestionably Piet Blom's 'Russian palace'. That Blom, whose earlier enthusiasms included kasbahs and tilting cubes, should now turn to the onion-domes of Russian architecture, admirably suited the client's ideas. H. de Waal, the property developer, who before then had given Ton Alberts free rein in designing a house, had this new one built for his wife, a Russian pianist. It consists of a main block whose synthetic onion-domes terminate the service shafts and a gatehouse where the dome serves as a dovecote.

C42 WOONHUIS/PRIVATE HOUSE WILBRINK

Alvar Aaltostraat 4, Amersfoort

VAN BERKEL & BOS | 1992-1994

de Architect 1994-11; Archis 1995-3; Domus 1995-6; Architectuur in Nederland. Jaarboek 1994-1995; M. Cramer, A. Groot – Architectuur in Amersfoort, 1995; Architecture + Urbanism 1995-5; Architectural Review 1996-10

De wens van de opdrachtgever, 'een huis met geen tuin', heeft tot een bijzondere oplossing geleid. Vanaf straatniveau rijst de villa langzaam uit de grond; het schuine dakvlak is met zwart grind bedekt. Uit het schuine volume zijn een ingang voor de garage en een patio gesneden, waaromheen de L-vormige woning is gecreëerd. Door de baksteen in de gevel niet in verband te metselen maar recht boven elkaar te lijmen en lateien te verhullen ontstaat een monolitisch geheel. Door schuingeplaatste wanden, ramen en kozijnen en door niveauverschillen is op natuurlijke wijze het voor Van Berkel kenmerkende samenspel van rechte en scheve volumes ontstaan.

▮ The client's wish, 'No garden!', led to a unique solution. Seen from the street the villa rises ominously from the earth, its slanting roof plane coated with black gravel. Hewn from its oblique volume are the garage entrance and a patio, around which is draped the L-shaped dwelling. The monolithic look of the whole is due to the bricks being directly agglutinated in stacks rather than divided by mortar joints in courses; all eaves and suchlike are hidden too. Walls, windows and frames placed obliquely and differences in level engage naturally in Van Berkel's customary game of upright and tilting volumes.

C43 KATTENBROEK

Laan der Hoven e.o., Amersfoort

A. BHALOTRA (KUIPER COMPAGNONS) | 1988-1994

de Architect 1992-4; Archis 1992-7; Bauwelt 1992 p.2396; Casabella 1993-7/8; H. Hekkema – Kattenbroek, een woonwijk in Amersfoort, 1994; M. Cramer, A. Groot – Architectuur in Amersfoort, 1995; G. Wallis de Vries – Kattenbroek. Groeistad Amersfoort en Ashok Bhalotra, 1997

In de loop van de jaren negentig ontstaat een groeiende belangstelling voor de architectuur, met deze nieuwe woonwijk aan de noordrand van Amersfoort als één van de publieksfavorieten. Stedenbouwkundige Ashok Bhalotra heeft zich met het ontwerp gericht op de 'subjectieve verbeelding van het individu' en zich daarmee afgekeerd van zowel het formele modernisme dat tot in de jaren zestig opgang deed, als van de door de sociale wetenschappers beïnvloede jaren zeventig. Door gebruik te maken van associatieve symboliek en een veellagige thematiek tracht Bhalotra de verbeelding van de bewoners te stimuleren en te orkestreren.
De wijk bestaat uit vijf formele elementen: De Ring, een centraal gelegen door een cirkelvormige bebouwing omsloten buurt met de maat van het historische centrum van Amersfoort; De Laan der Hoven, een belangrijke oost-westas met opeenvolgende woonblokken en een winkelcentrum waarin tevens de wijkontsluiting is opgenomen; De Verborgen Zone, een 'symbolische stad', die aan avontuur, ontdekken en geheimzinnigheid refereert; Het Masker, de zuidoostelijke grens van de wijk die in de vorm van een lange gebogen lijn meerlagigheid, anonimiteit en representativiteit symboliseert; en tenslotte De Kreek die verspreid liggende boerderijen verbindt en het irrationele, romantische levensgevoel symboliseert. Behalve deze vijf stedenbouwkundige hoofdelementen is in het plan voorzien in vijf woonthema's (De Gesloten Stad, Het Fort, De Boerderijenkamer, De Brugwoningen, Wonen aan Wintertuinen), vijf landschappen (Water, Bos, Veld, Moeras, Heuvel) en vijf stedelijke morfologieën (Laan, Singel, Plein, Steeg en Straat). De architecten van de deelplannen hebben de 'verhalen' en de beoogde symboliek zo veel mogelijk in hun architectuur trachten te verwerken, wat tot een bonte verzameling contemporaine woningbouw heeft geleid.

▪ As the nineties progressed so too did a broad interest in architecture. One of the great favourites among the public at large is this new residential district on the northern rim of Amersfoort. Ashok Bhalotra, who drew up the master plan, focused on 'the subjective imaging of the individual', in doing so turning away as much from the formal modernist housing being built well into the sixties as from the 'building for the neighbourhood' brigade of a decade later. Resorting to associative symbolism and a reading at many levels, Bhalotra sought to fire and orchestrate its inhabitants' imagination.
The district can be broken down into five formal elements: De Ring, a central neighbourhood circumscribed by a perfect circle of development scaled to Amersfoort's historic centre; De Laan der Hoven, a major east-west axis with successive apartment buildings, a shopping centre and the access to the district as a whole; De Verborgen Zone, a 'symbolic city' predicated on adventure, discovery and secrecy; Het Masker, the district's south-eastern border whose long groping line symbolizes the many-layered, the anonymous

and the representative; and finally De Kreek, which pulls together farms scattered locally and represents the irrational, romantic lifefeeling. Joining these five key urban elements are a quintet of habitats (the contained city, the fort, the 'room of farms', bridge-houses and 'living on winter-gardens'), five landscapes (water, wood, field, swamp and hill) and five urban morphologies (avenue, canal, square, path and street). The architects entrusted with fleshing out the plan's components have done their best to express the 'narratives' and symbolism in their architecture, generating the most varied imaginable collection of contemporary housing.

C44 KANTOORGEBOUW/OFFICE BUILDING KARBOUW

Basicweg 7, Amersfoort

VAN BERKEL & BOS | 1990-1992

de Architect 1992-4; Archis 1992-4; Bauwelt 1992 p.1017; Architectural Design 1992-11/12; Architecture + Urbanism 1992-7, 1995-5; Domus 1992-11; Architectuur in Nederland. Jaarboek 1991-1992; Architectural Review 1994-1; El Croquis 1995-72

Ben van Berkel werd bekend door zijn spectaculaire ontwerpen, zowel voor interieurs als voor gehele stadsdelen en civiele werken. Dit gebouw is bestemd voor een bouwbedrijf en bevat een showroom, een werkplaats en een kantoorgedeelte. Het wijkt door de zorgvuldige detaillering, bijzondere materiaalkeuze en eigenzinnige vormgeving met hoekige vormen en het afgeronde dak sterk af van het gemiddelde gebouw op dit soort bedrijvenparken. Het gebouw staat op een asfalt sokkel, een materiaal dat ook in het gebouw en op de trappen is toegepast.

▮ Ben van Berkel came to prominence largely through his spectacular designs, as much for interiors as for entire urban areas and engineering works. This building houses a construction company and comprises a showroom, a workshop and an office section. It deviates radically from the average building found in business parks through its meticulous detailing, unusual choice of materials and singular design incorporating angular forms and a curved roof. It sits on a plinth of asphalt, a material also found inside the building and on the stairs.

C45 HOOFDKANTOOR/HEADQUARTERS FLÄKT

Uraniumweg 23, Amersfoort

P.J. GERSSEN | 1973-1974

Polytechnisch Tijdschrift Bouwkunde 1974 p.571; Plan 1984-9

Het gebouw bestaat uit drie cilinders met een diameter van 20,6 m. Deze zijn opgebouwd uit prefab betonelementen: wigvormige vloerplaten, opgelegd op een centrale kolom, en dragende gevelpanelen met aluminium bekleding. De cilinders zijn met elkaar verbonden door een driehoekig bouwdeel waarin toiletten, trap en liften zijn opgenomen. Naast een hoge bezettingsgraad (15 à 20 mensen per cirkel) en korte looplijnen heeft de cirkelvorm het voordeel van een minimaal leidingenverloop en een minimale buitenomtrek.

▮ This office building comprises three cylinders each 20.6 m. in diameter built of precast concrete elements: wedge-shaped floor sections resting on a central column, and loadbearing aluminium-dressed cladding panels. The cylinders are connected by a three-sided volume containing toilets, stair and lifts. The advantages of circular forms are a minimum of walking distance, wiring and pipes, the shortest possible perimeter, and in this case accommodating a possible 15 to 20 people per circle.

C46 JOHAN VAN OLDENBARNEVELDT GYMNASIUM/GRAMMAR SCHOOL

Groen van Prinstererlaan 33, Amersfoort

C.B. VAN DER TAK (GEMEENTEWERKEN) | 1931-1933

Moderne Bouwkunst in Nederland-13, 1932; Bouwkundig Weekblad 1933 p.358; Het Bouwbedrijf 1933 p.267; M. Cramer, A. Groot – Architectuur in Amersfoort, 1995

Als stadsarchitect heeft Van der Tak in de jaren dertig een belangrijke invloed op het karakter van Amersfoort. Hij bouwde veel openbare gebouwen, beoordeelde plannen van collega-architecten en had grote invloed op de stedenbouwkundige planvorming. Het monumentale gymnasium is het belangrijkste openbare gebouw dat hij in deze periode ontwerpt. Door de krachtige plasticiteit van kubische volumes, de horizontale en verticale accenten, het gebruik van gele baksteen en lange horizontale stalen raamstroken is een vergelijking met Dudok onontkoombaar, maar ook invloeden van Frank Lloyd Wright en het Nieuwe Bouwen zijn herkenbaar.

▮ As City Architect to Amersfoort, Van der Tak exerted a major influence on the character of that city in the thirties. He built many civic buildings, passed judgment on schemes by fellow architects and did much to steer local urban planning. The monumental grammar school is the most significant public building he designed during this period. The high-powered plasticity of cubic volumes, the horizontal and vertical accents, the use of yellow brick and long horizontal steel window bands makes comparison with Dudok inevitable, but Frank Lloyd Wright and the Modern Movement are in there too.

C47 WOONHUIS/PRIVATE HOUSE DE WACHTER
Dr. J.P. Heijelaan 2, Amersfoort
H.TH. WIJDEVELD | 1925-1926
Forum 1995-1; M. Cramer, A. Groot – Architectuur in Amersfoort, 1995

Dit vrijstaande woonhuis heeft een langwerpige hoofdvorm, een complexe kubistische compositie, verlevendigd door de ronde vormen van erkers en balkons en het bijzondere materiaalgebruik, zoals de verticale leien bekleding en het decoratieve metselwerk. Een pergola van baksteen en hout leidt naar een vrijstaand tuinpaviljoen. De woning is thans in tweeën gedeeld, waarbij de vroegere onderdoorgang tussen woning en garage is dichtgebouwd en als extra entree functioneert.

▮ This free-standing house has an oblong basic form, a complex Cubist composition enlivened by the curves of bays and balconies and by an individual use of material, including vertical slate cladding and decorative brickwork. A brick and wood pergola leads to a free-standing garden pavilion. These days the house is divided into two, with the former underground passage between house and garage sealed off and functioning as an extra entrance.

C48 KANTOORGEBOUW/OFFICE BUILDING DHV
Laan 1914 35, Amersfoort
D. ZUIDERHOEK, DHV | 1967-1970
Plan 1971-1, 1971-11; Bouw 1972 p.956

Dit gebouw kwam direct na oplevering in de publiciteit vanwege de consequente uitwerking van het kantoortuinconcept: alle kantoorfuncties zijn opgenomen in één grote open ruimte zonder tussenwanden. Het gebouw bestaat uit twee gebouwdelen, van elkaar gescheiden door een dubbelhoog tussendeel met entree en hoofdtrappen die het niveauverschil tussen beide delen overbruggen. Toiletten, noodtrappen en installaties zijn opgenomen in gesloten cilindervormige elementen.

▮ Immediately after its completion this building achieved fame through its consistent elaboration of the office landscape concept, with all office functions being incorporated in one large open space devoid of partitions. The building itself is in two portions separated by a double-height interjacent section containing the entrance and a main stair bridging the difference in level between volumes. Toilets, emergency stair and services are housed in sealed cylindrical shafts.

C49 PARKSTAD LEUSDEN
Asschatterweg e.o., Leusden
H. KLUNDER, D. ZUIDERHOEK | 1969-1972
Bouw 1969 p.1094, 1970 p.834; Bauen + Wohnen 1976-1

Het stedenbouwkundige plan is gebaseerd op een aantal overlappende cirkels van gelijke diameter. De woonblokken zijn cirkelsegmenten, die omsloten ovale buitenruimtes in de directe woonomgeving creëren. De overige amorfe restruimte is ingedeeld als collectief park. De woonblokken bestaan uit verspringende, in principe gelijkvormige drive-inwoningen met identieke gevels van betonelementen. Door de plaatsing van balkons ter plaatse van de verspringing ontstaat een natuurlijke, overdekte entree en een ritmisch gevelbeeld.

▮ The urban plan of this development area is based on a number of overlapping circles of equal diameter. Blocks of housing form segments enclosing oval outdoor areas, all leftover space being resolved into a park. The blocks consist of staggered drive-in units of basically the same form with identical façades of concrete cladding panels. Placing balconies where the façade steps back creates a natural, sheltered entrance and a rhythmic whole.

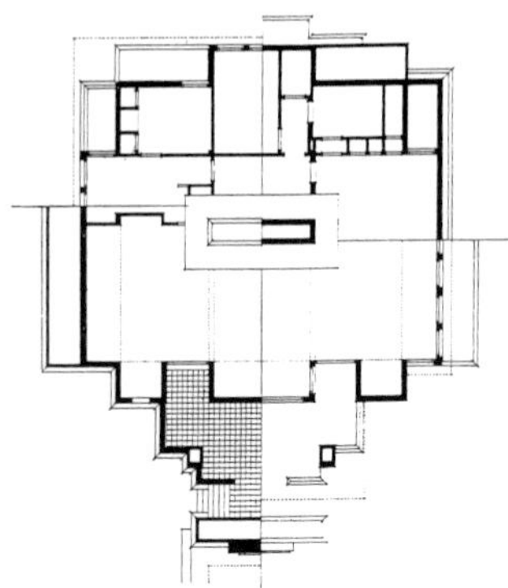

C50 WOONHUIS/PRIVATE HOUSE LØVDALLA
Amersfoortseweg 13, Huis ter Heide
R. VAN 'T HOFF | 1911
Bouw 1979-12; C. Blotkamp – De beginjaren van De Stijl 1917-1922, 1982

C51 WOONHUIS/PRIVATE HOUSE VERLOOP
Ruysdaellaan 2, Huis ter Heide
R. VAN 'T HOFF | 1915-1916
De Stijl 1919-3, 1919-9; L'Architecture Vivante 1925-11; C. Blotkamp – De beginjaren van De Stijl 1917-1922, 1982

C52 WOONHUIS/PRIVATE HOUSE HENNY
Amersfoortseweg 11a, Huis ter Heide
R. VAN 'T HOFF | 1915-1919
De Stijl 1919-3, 1919-7; L'Architecture Vivante 1925-11; C. Blotkamp – De beginjaren van De Stijl 1917-1922, 1982

Als Robert van 't Hoff zich in 1922 op 34-jarige leeftijd terugtrekt in Engeland, bestaat zijn gebouwde oeuvre uit enkele traditionele woonhuizen en twee moderne villa's. Een voorbeeld van zijn traditionele ontwerpen is het huis Løvdalla uit 1911. Dit woonhuis voor zijn ouders is geïnspireerd op de Engelse Arts & Craftsbeweging met hoge puntdaken en uitgevoerd en gedetailleerd in ambachtelijke materialen. Wanneer Van 't Hoff in 1913 kennisneemt van een publicatie over Frank Lloyd Wright, besluit hij het werk van deze Amerikaanse architect ter plaatse te bestuderen. Terug in Nederland ontwerpt hij in 1915 het zomerhuis Verloop. Dit huis vertoont grote overeenkomsten met de prairiehouses van Wright.
Kenmerkend is de overheersende horizontaliteit van de woning, benadrukt door het lage uitkragende dak, en het gebruik van elementen als grijze plinten en banden, bloembakken, terrassen en erkers.
Van 't Hoffs faam is gebaseerd op het ontwerp van de villa voor de familie Henny. Over deze villa is uitgebreid gepubliceerd in De Stijl. Van 't Hoff is lid van deze kunstenaarsbeweging en vertegenwoordigt met Jan Wils de abstract-kubistische architectuur geënt op het werk van Wright. Van eigenlijke De Stijl-architectuur wordt pas later gesproken met werk van Oud, Van Doesburg, Van Eesteren en Rietveld. De villa voor A.B. Henny is een van de eerste toepassingen van gewapend beton voor woningbouw in Nederland. De woning heeft een vrijwel symmetrische plattegrond. Op de begane grond, één meter boven het maaiveld, bevinden zich de entree, keuken en woonkamer over de volle breedte op het zuiden, de verdieping bevat slaapkamers. De interieurs zijn zorgvuldig afgewerkt met houten of witgeverfde profileringen aan plafond en wanden. Centraal in de woonkamer ligt een open haard. Het huis wordt verwarmd met centrale verwarming, de radiatoren en leidingen zijn in vier verticale schachten opgenomen. Voor het huis ligt een overdekt terras met een vijver, dat door een trapsgewijze opbouw een 'verfijnd spel van lichtpartijen en slagschaduwen' oplevert. Ook de balkons en bloembakken zijn zorgvuldig ingepast in de totaalcompositie van de gevels. Deze zijn witgepleisterd en voorzien van grijze plinten, banden en luifels. Door het gebruik van een gewapend betonconstructie is een grote vrijheid in het vormen van luifels en dakoverstekken ontstaan. De vrijheid van een kolommenstructuur is echter in plattegrond en gevel nauwelijks benut. De horizontale raamstroken zijn verdeeld in kleinere eenheden van gelijke maat, waarbij de iets smallere penanten nauwelijks afwijken van de gevelkolommen.
De villa verkeert nog in vrijwel ongewijzigde staat. Meest in het oog lopende wijziging is het dichtzetten met glas van het terras tot een serre. Enige kleine wijzigingen, zowel tijdens de bouw door verandering van opdrachtgever, als in de jaren vijftig bij een verbouwing door G.Th. Rietveld, hebben nooit Van 't Hoffs goedkeuring of enthousiasme kunnen opbrengen.

▪ In 1922, when Robert van 't Hoff went into retirement in England at the age of 34, his built oeuvre added up to a handful of traditional houses and two modern villas. Illustrative of his traditional designs is the Løvdalla house of 1911. Built for his parents, it was inspired by the Arts and Crafts movement, with high gabled roofs and executed and detailed in traditional materials. In 1913, having read of the activities of Frank Lloyd Wright, Van 't Hoff decided to see this American architect's work for himself. On his return to Holland he designed in 1915 the Verloop summer residence which displays great similarities with Wright's prairie houses. The main features are its overpowering horizontality, emphasized by a low, cantilevered roof and the use of such elements as grey plinths and bands, plant boxes, terraces and bay windows.
Van 't Hoff's fame rests almost entirely on his design for a villa for the Henny family. This has been given extensive coverage in the magazine De Stijl. Van 't Hoff was a member of this artists' movement and together with Jan Wils represented an Abstract-Cubist architecture based on the work of Frank Lloyd Wright. Genuine De Stijl architecture came only later with Oud, Van Doesburg, Van

Eesteren and Rietveld. The villa for A.B. Henny is one of the earliest applications of reinforced concrete to housing in the Netherlands. Virtually symmetrical in plan, its ground floor one metre above ground level contains the entrance, the kitchen and a living room spanning the full breadth of the south side; the upper level contains bedrooms. The interiors are painstakingly finished with wooden mouldings, either left exposed or painted white, on ceilings and walls. Focal point of the living room is the fireplace. The house is centrally heated, radiators and pipes being incorporated in four vertical shafts. In front of the house is a sheltered terrace and ornamental pool in a stepwise construction permitting a 'refined play of light and shadow'. Balconies and plant boxes complete the scene. All elements fit neatly within the compositional whole of the façades, which are white-rendered with grey plinths, bands and awnings. The use of reinforced concrete allowed great freedom when shaping awnings and eaves. The freedom of a column structure, however, has been made little use of in either plan or façade. Horizontal strips of fenestration are divided into smaller units of equal size while their slightly narrower piers deviate little from the façade columns.

The villa has known few alterations since its construction, the most obvious being the glazed recasting of the terrace as a conservatory. Several minor modifications, whether due to a change of client during building or resulting from Rietveld's alterations of the fifties, invariably failed to meet with Van 't Hoff's approval, let alone excite his enthusiasm.

C53 SPORTCENTRUM/SPORTS CENTRE KNVB

Woudenbergseweg 56, Zeist

MAASKANT, VAN DOMMELEN, KROOS, SENF | 1956-1965

G.P. de Bruyn (proj.)

Bouwkundig Weekblad 1965 p.434; Bouw 1966 p.482; Architecture d'Aujourd'hui 1967-oct/nov; H. Fluks e.a.- Architect H.A. Maaskant, 1983

In een bosrijke omgeving zijn een sporthal en diverse paviljoens zorgvuldig in het landschap ingepast. De sporthal heeft een staalconstructie, verpakt in een abstracte compositie van gesloten wanden van mangaansteen en glasstroken. Een onderbouw bevat kleedruimtes en de medische dienst en overbrugt een niveauverschil van 3 m. Het recreatiepaviljoen biedt een fraaie wisselwerking tussen binnen- en buitenruimte, omdat de vier grote betonnen spanten onafhankelijk van de wanden zijn geplaatst.

▪ Carefully placed within their wooded setting are a sports hall and several pavilions. The hall is steel-framed, enveloped in an abstract composition of containing walls of manganese spruce-fir and strips of fenestration. A basement containing changing-rooms and medical facilities bridges a difference in level of 3 m. The recreation pavilion offers a lively overlapping of inside and out with its four large concrete trusses placed free of the walls.

C54 IONA-GEBOUW VRIJE HOGESCHOOL/ ANTHROPOSOPHICAL CENTRE

Hoofdstraat 20, Driebergen

J.I. RISSEEUW | 1976-1978

de Architect 1979-4; Bouw 1979-19

Op de begane grond van deze school/conferentieruimte bevinden zich een eetzaal met keukenaccommodatie en enige groepskamers. Op de verdieping zijn de groepskamers gegroepeerd rond een centrale ontmoetingsruimte die tevens als toneel/muziekzaal kan fungeren. De organische architectuur, die mede is gebaseerd op de gedachten van Rudolf Steiner, de grondlegger van de antroposofie, wordt vooral gekenmerkt door het gebruik van natuurlijke materialen en vormen.

▪ On the ground floor of this school and conference centre combined is a dining-hall with kitchen space and several rooms for group activities. Upstairs further group activity rooms are ranged around a central meeting space which also functions as a theatre and music-room. The predominant feature of this organic architecture, based in part on the ideas of Rudolf Steiner, founder of the anthroposophical movement, is the use of natural materials and forms.

C55 HOOFDKANTOOR/HEADQUARTERS ZWOLSCHE ALGEMEENE

Buizerdlaan 12, Nieuwegein

P.J. GERSSEN | 1982-1984

Plan 1984-9; Bouw 1985-24

Vier trapeziumvormige kantoorvleugels zijn als molenwieken rond een vierkante kern geplaatst. De vleugels (12,60 m. breed) worden in één keer overspannen met standaard kanaalplaten, opgelegd op dragende gevelelementen. Het gebouw is geheel afgewerkt met 6 mm. hardglazen panelen van 1,80×3,60 m., profielloos verlijmd en voorzien van een reflecterende laag. Hierdoor is een zeer glad en energiezuinig gebouw ontstaan. De kern is ingericht met glazen liften, luchtbruggen, spiegelwanden en roestvrijstalen vloeren.

▪ In this insurance company headquarters four trapezium-shaped office wings form a windmill around a square core. 12.60 m. wide. These wings are spanned in one piece by standard channel sections resting on loadbearing façade elements. The skin is entirely of 6 mm. hardened glass panels of 1.80×3.60 m., with luted joins and a reflecting layer, resulting in a sleek structure economical on energy. The core is furnished with glazed lifts, bridges, mirrored walls and stainless-steel floors.

C56 WONINGBOUW/HOUSING

Zwaluw, Nieuwegein

J. VERHOEVEN | 1976-1980

Bouw 1981-6; W.J. van Heuvel – Structuralisme in de Nederlandse Architectuur, 1992

Terwijl eind jaren tachtig het neomodernisme alom in de woningbouw zijn intrede doet, realiseert Jan Verhoeven met dit wijkje van 87 woningen in hoge dichtheid een laatste monument voor het zo verguisde structuralisme. Een aantal half, tweederde of driekwart rond een achthoekig pleintje gebouwde woningblokken zijn via overbouwingen en poorten met elkaar verbonden tot een labyrintisch geheel. Woningwet-, premie- en vrije sectorwoningen zijn vrijwel onherkenbaar in een homogeen geheel opgenomen. In het exterieur overheersen twee bouwmaterialen: rode baksteen met de typerende zaagtandhoeken, en dakpannen die in de stijl van de Amsterdamse School zelfs verticaal zijn toegepast.

▪ At the close of the eighties, while neomodernist architecture was infiltrating housing from all sides, Jan Verhoeven built this 87-house high-density estate as a last monument to structuralism, by now almost a swearword. Half, two-thirds and three-quarter blocks of housing ranged round an octagonal courtyard link arms either in the air or by means of gateways into a labyrinthine whole. Social housing, subsidized and up-market houses all look the same in this sea of homogeneity. Outside, two materials predominate: red brick, with the inevitable sawtooth effects, and roofing tiles which even get applied vertically in Amsterdam-School fashion.

C57 HIGH-TECH CENTER

Wattbaan, Nieuwegein

CEPEZED | 1984-1987

de Architect 1988-5; Architecture d'Aujourd'hui 1988-6; Bouw 1989-23

Twee vrij indeelbare, evenwijdige kantoorvleugels zijn door middel van een geheel beglaasde open middenzone met elkaar verbonden. Midden door deze ruimte loopt op elke verdieping een galerij waaraan trappen, liften, losse sanitaire units en alle leidingen (vanuit de installatietoren aan de achterzijde) zijn gekoppeld. Door losse verbindingsbruggen tussen de galerij en de kantoorvleugels aan te brengen en door de kantoorvloeren geheel vrij te houden van vaste elementen kan de indeling van dit voor onderverhuur aan bedrijven in de computerbranche bedoelde gebouw gemakkelijk worden gewijzigd.

▪ Here two freely subdivisible, parallel office wings are connected by a fully glazed open central zone. Through the centre of this space on each level runs a footbridge off which are stairs, lifts, sanitary capsules and all service shafts from the plant tower at the rear. With the office floors completely free of fixed elements, the internal subdivision of this building for subletting to companies in the computer industry can be simply modified by introducing detachable bridges between the main footbridge and the office wings.

C58 STORMVLOEDKERING/FLOOD BARRIER

Bandijk, Hagestein

W. HAMDORFF, RIJKSWATERSTAAT | 1953-1960

P. Blokland (constr.)

Bouw 1961 p.804; K. Bosma – De kunstwerken van Rijkswaterstaat, 1993

Het stuwcomplex reguleert het waterpeil in de Neder-Rijn en is daarvoor ongeveer 265 dagen per jaar gesloten. De schepen kunnen dan gebruik maken van een 220 m. lange schutsluis. Naast de sluis ligt de stuw, bestaande uit twee landhoofden en een middenpijler, waartussen twee vizierschuiven zijn aangebracht. De bedieningsgebouwen van de stuw zijn gebouwd op betonnen pijlers, ondersteund door bogen en bereikbaar via een stalen spiltrap. Deze betonconstructies geven het complex zijn karakteristieke civieltechnische uitstraling.

▪ This weir complex regulates the level of water in the River Neder-Rijn for which it is closed off for some 265 days a year. Ships can travel through a lock 220 metres long. Alongside this lock is the weir, two abutments and a central pier between which are slung two so-called visor gates. The weir service buildings sit atop concrete piers supported by arches and reached up a steel spiral stair. These concrete elements are confirmation of the civil engineering nature of the complex.

C59 VAKANTIEHUIS/HOLIDAY RESIDENCE KLEIN
Dwarsdijk 3, Tienhoven
J.C. RIETVELD | 1951
W.M. Crouwel (uitbr.)
P. Salomons, S. Doorman – Jan Rietveld, architect, 1990; de Architect 1993-2; V. van Rossem – Benthem Crouwel, architecten, 1994

Dit vakantiehuisje contrasteert door zijn abstracte vormen en witte kleur met het Hollandse landschap, maar past zich door de lichtgebogen kap ook aan. Het compacte huis bevat slaapkamers op de begane grond. Vanwege het uitzicht zijn woonkamer en keuken op de verdieping geplaatst. Een terras is met de tuin verbonden door een fraaie buitentrap met vrij uitkragende betonnen treden, een element dat in veel ontwerpen van Rietveld voorkomt. De huidige bewoner, architect Mels Crouwel, heeft het huis uitgebreid met een bescheiden staal-en-glas volume waarin een nieuwe eetkeuken en de hoofdslaapkamer zijn ondergebracht.

▮ With its abstract shapes and white colour this compact holiday house contrasts with the typically Dutch landscape, though its lightly curved roof is a concession. Its bedrooms occupy the ground floor; for the sake of the view the living room and kitchen are upstairs. Linking a terrace to the garden is a handsome outdoor stair with cantilevered concrete treads, an element often come across in Rietveld's designs. The present occupant, the architect Mels Crouwel, has extended the house with a subdued steel-and-glass volume housing a new kitchen-diner and the master bedroom.

C60 VAKANTIEHUIS/HOLIDAY RESIDENCE VERRIJN STUART 'DE BRAAMAKKERS'
'De Kalverstraat', Breukeleveen
(bootverhuur bij jachthaven Toekomst, Scheendijk 11, Breukelen)
G.TH. RIETVELD | 1941
De 8 en Opbouw 1941 p.103; G. Rodijk – De huizen van Rietveld, 1991

Op de grens van land en water bouwt Rietveld uit traditionele materialen een woning die door haar organische vorm, ontstaan door de combinatie van een gekromde plattegrond en een gebogen dak, met de omringende natuur vergroeid lijkt. Het interieur verraadt Rietvelds liefde voor een eenvoudige leefstijl. De leefruimte wordt door een insteekverdieping met slaapkamers op de zuidzijde opgedeeld in een hoge eetruimte en een half achter een open haard verscholen lage zitruimte.

▮ On a site where land and water meet, Rietveld used traditional materials to build a house whose organic form, based on curves both in plan and roof, seems fused with its natural surroundings. Its interior betrays Rietveld's love of the simple life. The living room is divided by an upper half-level of bedrooms on the south side into a tall dining space and, half hidden behind the fire place, a low-ceilinged sitting area.

C61 KANTOORGEBOUW, FABRIEK/OFFICE BUILDING, FACTORY JOHNSON-WAX
N201 Aalsmeer-Hilversum, Mijdrecht
MAASKANT, VAN DOMMELEN, KROOS, SENF | 1964-1966
G.P. de Bruyn (medew.)
Bouw 1968 p.278

De wasfabriek bestaat uit een kleine productieafdeling, een grote opslagruimte en een kantoorgedeelte, gesitueerd rond een patio. Johnson sr., vriend en opdrachtgever van Frank Lloyd Wright, gaf Maaskant de vrije hand bij het kantoorgedeelte. Het resultaat, de 'boemerang' boven de vijver, is volledig door vormwil bepaald. De bijpassende constructie, plattegronden en detaillering vertonen een zelfde sculpturale kwaliteit. De plastiek is geen toevoeging, het hele gebouw is plastiek geworden.

▮ These premises consist of a small production unit, a large storage area and an office section, ranged around a patio. Johnson Sr., friend and patron of Frank Lloyd Wright, gave Maaskant a free hand with the office section. The result, hovering like a boomerang above the ornamental pond, was determined by purely aesthetic considerations. Structure, plans and details all display a like sculptural quality. This sculptural element is no addition, the entire building is sculpture.

C62 WOONHUIS/PRIVATE HOUSE CRAMER

Baambrugse Zuwe 194, Vinkeveen

K.J. VAN VELSEN | 1983-1984

de Architect 1985-10; J. Rodermond – Koen van Velsen, architect, 1995

Deze woning bestaat uit twee door een glazen tussendeel gekoppelde bakstenen blokken. Het grootste blok bevat de slaap- en werkruimtes. Langs dit blok loopt een transparante gang die van een gesloten trapelement wordt gescheiden door een vrijstaand scherm van metselwerk. Het lage element bevat de woonkamer die aan drie zijden is gesloten zodat de blik wordt gefixeerd op het uitzicht over het water. Een uitgekiend geconstrueerd vrijstaand boothuisje completeert de compositie.

▪ This house consists of a pair of brickwork blocks joined by a glazed interjacent section. The larger of the two contains sleep and work areas. Along this block runs a transparent passage separated from an enclosed stair unit by a free-standing brickwork screen. The less-tall block contains the living room, blankwalled on three sides so as to limit one's choice to a view across the water. A sophisticated free-standing boathouse completes the composition.

C63 CENTRAAL WONEN/CENTRAL LIVING COMPLEX

Zuidermeent, Hilversumse Meent

DE JONGE, DORST, LUBEEK, DE BRUIJN, DE GROOT | 1974-1977

P.D. Weeda, L. de Jonge (proj.)

Bouw 1978-18; de Architect 1983-5

Het complex vormt een van de eerste gerealiseerde projecten voor Centraal Wonen, een woongemeenschap van gezinnen, bejaarden en alleenstaanden. Het is opgebouwd uit clusters van vier of vijf woningen met een gemeenschappelijke woon/eetkamer. Negen clusters, een ontmoetingsruimte en een jeugdhonk zijn gegroepeerd rond een voetgangersgebied. De individuele woning wordt gemarkeerd door een boogvormig dak.

▪ This was one of the first realized development projects for Centraal Wonen (central living), a community of families, elderly and single persons. The block is built up of clusters of four to five dwellings sharing a communal living/dining room. Nine clusters, a meeting hall and a clubhouse for the young are grouped around a pedestrian precinct. Each dwelling has its own arched roof.

C64 STATION

Stationsweg, Bussum

H.G.J. SCHELLING | 1925-1928

Bouwkundig Weekblad 1958 p.510; L. van Paddenburgh, J.G.C. v.d. Meene – Spoorwegstations in Nederland, 1981

Naarden-Bussum vertoont door een vroeg gebruik van platte daken en beton een radicale breuk met de eerdere stationsarchitectuur. Schellings voorkeur voor vierkante maatsystemen en de architectuur van Frank Lloyd Wright is duidelijk herkenbaar in de horizontale opbouw van de gevels en de vrije schakeling van de rechthoekige blokken. De zorgvuldig gedetailleerde stationshal wordt verlicht door een groot vierkant rasterraam boven de ingang en hoge verticale lichtstroken in de zijgevels.

▪ In its early use of flat roofs and concrete, Naarden-Bussum signifies a radical break with all earlier railway station architecture. Schelling's preference for square measurement systems and the architecture of Frank Lloyd Wright is clearly visible in the horizontal build-up of façades and free linking of rectangular blocks. The carefully detailed main hall is lit by a large square lattice window above the entrance and high vertical lights in the side elevations.

C65 HOFSTEDE/FARM OUD-BUSSEM

Flevolaan 41, Naarden (Oud-Bussum)

K.P.C. DE BAZEL | 1902-1906

Moderne Bouwkunst in Nederland-9, 1941

Deze modelboerderij, een initiatief van Jan van Woensel Kooy en het latere parlementslid Floris Vos, was de eerste boerderij waar gesteriliseerde melk werd geproduceerd. Het gebouw vertoont overeenkomsten met traditionele Gooise boerderijen. Een U-vormig gebouw ligt rond een hoftuin en wordt afgedekt met een enorm rieten dak. Het gebouw is in de jaren zeventig verbouwd tot kantoor voor een uitgeverij, waarbij het exterieur gehandhaafd is maar het interieur ingrijpend werd gewijzigd.

▮ This model farm was the initiative of Jan van Woensel Kooy and Floris Vos, later a member of parliament, and was the first in the Netherlands to produce sterilized milk. The building exhibits similarities to traditional farms in the Gooi region, its U-shape enfolding a garden and bearing an enormous thatched roof. It was converted in the seventies into a publisher's office; though the exterior was preserved, the interior was drastically altered.

C66 WOONHUIS/PRIVATE HOUSE BENDIEN

Thierenseweg 30, Naarden

H.TH. WIJDEVELD | 1920

Bouwkundig Weekblad 1965 p.333-364; Forum 1995-1

Dit woonhuis voor de kweker en plantengroeimiddellenfabrikant Bendien ligt binnen het vestinggebied van Naarden en moest om die reden snel kunnen worden afgebroken. Wijdeveld ontwikkelde een woning op basis van een houten, dragend skelet. Na een eerste versie met een rieten dak volgde een definitief ontwerp met een (bijna) verticaal dak. De 'gevel' bestaat uit een bakstenen sokkel met daarboven een strook van houten delen in een harmonicapatroon, oorspronkelijk alternerend geel en paars geschilderd. Het 'dak' bestaat uit platte, rode dakpannen. Het exterieur bevindt zich vrijwel geheel in de oorspronkelijke staat.

▮ Built for the market gardener and fertilizer manufacturer Bendien, this house is sited inside the fortified area of the old town of Naarden. As regulation required that the house should be easy to dismantle, Wijdeveld took as his departure-point a timber frame. After a first version sporting a thatched roof, came the final scheme with a near vertical 'roof' in flat red tiles. The 'façade' consists of a brick plinth from which rises a timber feature in section resembling a concertina, originally painted in an alternating pattern of yellow and purple. The exterior is almost exactly as it was when built.

C67 BEDRIJFSGEBOUW/INDUSTRIAL BUILDING ERCO

Gooimeer 13 (bedrijvenpark Gooiland), Naarden

R. LIM, H. ROEBERS | 1992

Architectural Review 1993-4; Architectuur & Bouwen 1993-6/7; Archis 1993-6; Deutsche Bauzeitung 1993-special; Bauwelt 1993 p.2247

Op een zwart betegeld podium zijn twee drieverdiepingenhoge betegelde volumes geplaatst. De ruimte tussen deze volumes is in het interieur open gelaten. Deze open ruimte is afgedekt door een glazen dak. Voor het geheel is een opaalglazen scherm geplaatst met in het midden een kleine opening die via een heldere glazen lichtsluis toegang biedt tot het kantoor. De achterzijde van het gebouw is geheel beglaasd zodat vanuit de vide en vanaf de werkplekken een ruim uitzicht op het weidelandschap mogelijk is. Karakteristiek voor het ontwerp is de sequentie van lichtervaringen die de bezoeker ondergaat als hij zich door het gebouw beweegt.

▮ From a black tiled podium rise a pair of three-storey tiled volumes. The space between them is left open in the interior, except for a glass roof. In front of all this stands a frosted glass screen with a single small opening punched in its centre leading to the office by way of a light trap. The rear of the building is all glass giving an ample view of the surrounding polder landscape from both the void and the work stations. The design's principal feature is the sequence of lighting experienced by visitors on their way through the building.

C68 MAXIS SUPERMARKT/SUPERMARKET

Rijksweg A1/E35, afslag Muiden, Muiden

OD 205 | 1972-1974

T.P. van der Zanden, J.L.C. Choisy (proj.), **J.J.L. Buisman** (constr.)

Bouw 1974 p.897; Acier Stahl Steel 1974 p.511

Dit zelfbedieningswarenhuis met meer dan 10.000 m² winkeloppervlak is vooral opmerkelijk door zijn draagconstructie. Deze bestaat uit vorkvormige kolommen op een stramien van 12×18,6 m., gekoppeld door stalen vakwerkspanten waartussen gebogen stalen profielplaten zijn gehangen. De verschillende installaties zijn in de constructieve elementen geïntegreerd: de kolommen bevatten de hemelwaterafvoer, de hoofdligger dient tevens als leidingkoker, etc.

▮ The most remarkable thing about this self-service department store of more than 10,000 m² sales space is its loadbearing structure. Y-shaped columns using a grid of 12×18.6 m. are connected by steel lattice girders from which are suspended curved corrugated steel sections. All services are integrated within structural elements: columns contain rainwater pipes, the main girder further acts as a service shaft, and so on.

C69 WONINGBOUW, WINKELS/HOUSING, SHOPS DE POSTKOETS

Klaaskampen/Schoutenbosje, Laren

J. VERHOEVEN | 1977-1979

Bouw 1981-2

Het gebouw bestaat uit vier losse bouwdelen op een parkeergarage die elk een winkel over twee lagen bevatten. Op de drie lagen daarboven bevinden zich per bouwdeel telkens twee woningen in twee lagen en een kleine woning in de nok. De woningen worden ontsloten door centrale trappenhuizen die bereikbaar zijn vanaf een straatje op de eerste verdieping.

▮ De Postkoets (the mail-coach) consists of four discrete masses set above an underground parking lot. Each mass comprises a two-storey shop below three levels of housing: a pair of two-storey units side by side and a small flat in the roof. All units are off a central staircase reached from a 'street' on the first floor.

C70 WOONHUIS/PRIVATE HOUSE VAN HOUTEN

Raboes 21, Laren

GERRETSEN & WEGERIF | 1929

E. van der Kleij – Architectuur en stedebouw in Noord-Holland 1850-1940, 1993

Vooral dankzij de populariteit van het werk van Alberts beleeft de organische architectuur aan het eind van de jaren tachtig een ware wedergeboorte. Deze architectuurstroming, met name de antroposofische variant die zich op het gedachtengoed van Rudolf Steiner beroept, kende in Nederland in de jaren twintig en dertig een eerste bloeiperiode. Belangrijke exponenten waren de Haagse architecten Gerretsen en Wegerif. Dit woonhuis, een van hun meest sprekende ontwerpen, bevat alle kenmerken: een organische hoofdopbouw in baksteen met weinig rechte hoeken, afgeschuinde raamvormen, veel veelvormige dakvlakken en een specifiek kleurgebruik.

▮ It is largely owing to the popularity of Alberts' work that organic architecture enjoyed what amounted to a rebirth at the end of the eighties. This architectural tendency, particularly the anthroposophical variant rooted in the ideas of Rudolf Steiner, first took off in the Netherlands in the twenties and thirties. The major exponents then were the Hague architects Gerretsen and Wegerif. This private house is one of their most eloquent designs. All the hallmarks are there: an organic parti in brick with a minimum of right angles, irregular window shapes, many multi-form roof planes and a prodigal use of colour.

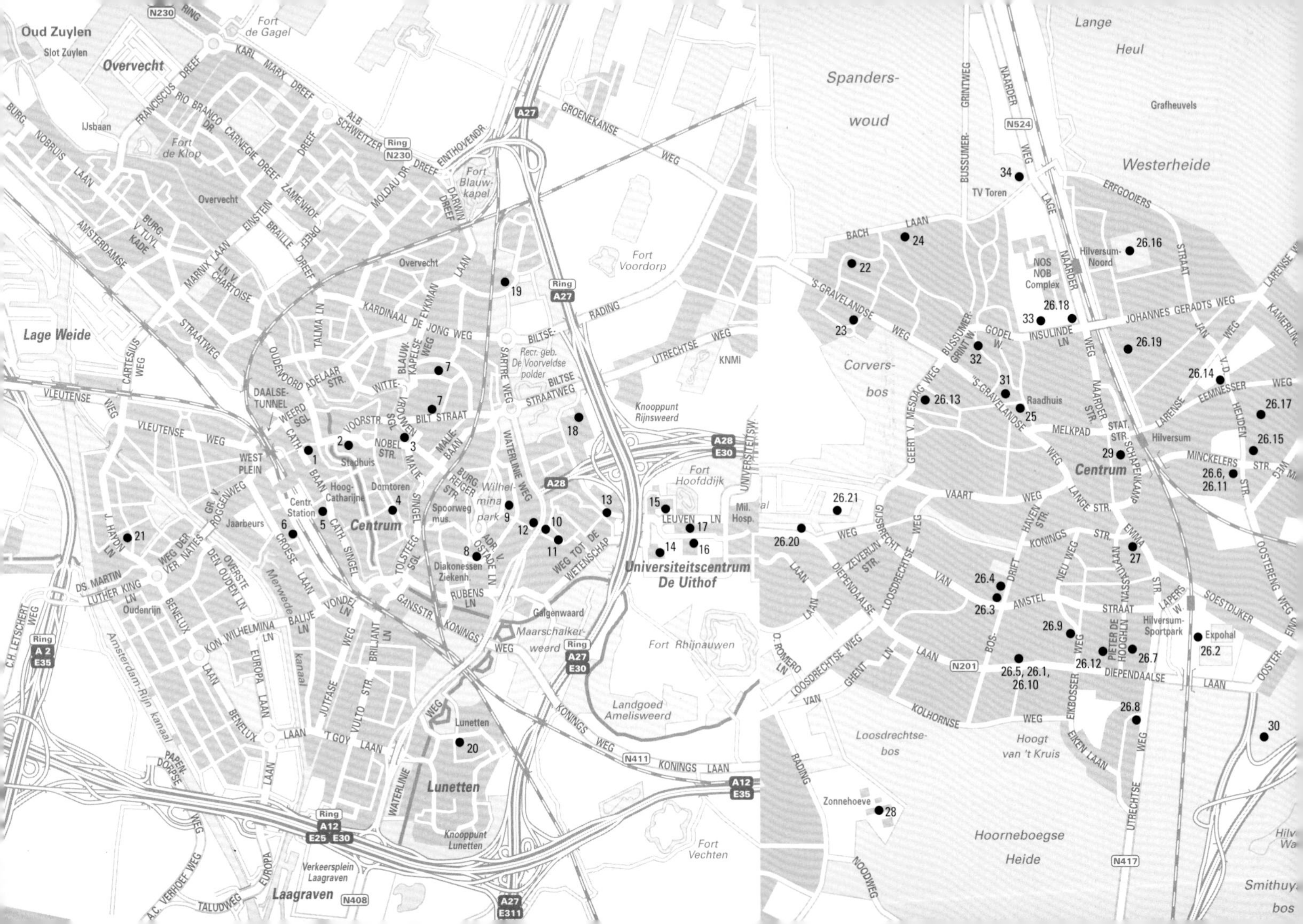
Oud Zuylen
Slot Zuylen
Overvecht
Fort de Gagel
Fort de Klop
IJsbaan
Lage Weide
Fort Blauwkapel
Fort Voordorp
Recr. geb. De Voorveldse polder
Knooppunt Rijnsweerd
KNMI
Fort Hoofddijk
Mil. Hosp.
Universiteitscentrum De Uithof
Centrum
Stadhuis
Domtoren
Hoog-Catharijne
Centr. Station
Jaarbeurs
Spoorweg mus.
Wilhelmina park
Diakonessen Ziekenh.
Galgenwaard
Maarschalkerweerd
Fort Rhijnauwen
Landgoed Amelisweerd
Lunetten
Knooppunt Lunetten
Fort Vechten
Oudenrijn
Verkeersplein Laagraven
Laagraven
Amsterdam-Rijn kanaal
Merwede kanaal
DAALSE-TUNNEL
WEST PLEIN
1
2
3
4
5
6
7
7
8
9
10
11
12
13
14
15
16
17
18
19
20
21
Spanders-woud
Lange Heul
Grafheuvels
Westerheide
TV Toren
NOS NOB Complex
Hilversum-Noord
Corvers-bos
Raadhuis
Hilversum
Centrum
Hilversum-Sportpark
Expohal
Loosdrechtse-bos
Hoogt van 't Kruis
Zonnehoeve
Hoorneboegse Heide
22
23
24
25
26.1
26.2
26.3
26.4
26.5
26.6
26.7
26.8
26.9
26.10
26.11
26.12
26.13
26.14
26.15
26.16
26.17
26.18
26.19
26.20
26.21
27
28
29
30
31
32
33
34

D01 **H. Hertzberger** Muziekcentrum/Music Centre Vredenburg
D02 **J. Crouwel jr.** Hoofdpostkantoor/Central Post Office
D03 **W.M. Dudok/Architectenbureau Wouda** Stadsschouwburg/Theatre
D04 **K.J. van Velsen** Universiteitsmuseum/University Museum
D05 **G.W. van Heukelom** Derde Administratiegebouw NS/Railway Administration Building
D06 **Articon** Hoofdkantoor/Headquarters RABO-bank
D07 **J. Crouwel jr.** Instituut voor Rijksveeartsenijkunde/State Institute for Veterinary Medicine
D08 **G.Th. Rietveld** Chauffeurswoning/Chauffeur's House
D09 **B. Mastenbroek, MVRDV** Woonhuizen/Private Houses KBWW
D10 **G.Th. Rietveld** Twee Woningbouwprojecten/Two Housing Projects
D11 **S. van Ravesteyn** Eigen Woonhuis/Own House
D12 **G.Th. Rietveld** Schröderhuis/Schröder House
D13 **A.C. Alberts** Woonhuis/Private House De Waal
D14 **Environmental Design** Tandheelkundig Instituut/Dental Surgery Institute
D15 **W.J.M. Neutelings** Minnaertgebouw/Minnaert Building
D16 **Mecanoo** Faculteit Economie & Management/School of Economics and Management
D17 **OMA** Educatorium
D18 **Van Mourik & Vermeulen** Hoofdkantoor/Headquarters VSB
D19 **Th.J.J. Bosch** Woningbouw/Housing
D20 **Kokon, SAR** Woningbouw, Stedenbouw/Housing, Urban Design SAR
D21 **G.Th. Rietveld** Woningbouw/Housing
D22 **P.J. Elling** Woonhuis/Private House
D23 **P.J. Elling** Woonhuis/Private House
D24 **P.J. Elling** Woonhuis/Private House
D25 **W.M. Dudok** Raadhuis/City Hall
D26-1 **W.M. Dudok** Geraniumschool
D26-2 **W.M. Dudok** Gemeentelijk Sportpark
D26-3 **W.M. Dudok** Dr. H. Bavinckschool
D26-4 **W.M. Dudok** Badhuis
D26-5 **W.M. Dudok** 1e, 2e, 5e, 7e Gemeentelijke Woningbouw
D26-6 **W.M. Dudok** Jan van der Heydenschool
D26-7 **W.M. Dudok** Fabritiusschool
D26-8 **W.M. Dudok** Eigen Woonhuis De Wikke
D26-9 **W.M. Dudok** Julianaschool
D26-10 **W.M. Dudok** Catharinaschool
D26-11 **W.M. Dudok** Nassauschool
D26-12 **W.M. Dudok** Ruysdaelschool
D26-13 **W.M. Dudok** Vondelschool
D26-14 **W.M. Dudok** Calvijnschool
D26-15 **W.M. Dudok** Kleuterschool Nelly Bodenheim
D26-16 **W.M. Dudok** Noorderbegraafplaats
D26-17 **W.M. Dudok** Lorentzschool
D26-18 **W.M. Dudok** Multatulischool
D26-19 **W.M. Dudok** Snelliusschool
D26-20 **W.M. Dudok** Paviljoen Wildschut
D26-21 **W.M. Dudok** Havenkantoor
D27 **J. Duiker, B. Bijvoet** Grand Hotel Gooiland
D28 **J. Duiker, B. Bijvoet, J.G. Wiebenga** Sanatorium Zonnestraal
D29 **K.J. van Velsen** Eigen Woonhuis/Own House
D30 **R.A. Meier** Hoofdkantoor/Headquarters KNP
D31 **B. Merkelbach/B. Merkelbach, Ch. Karsten, A. Bodon** AVRO-Studio's/Broadcasting Studios
D32 **P.J. Elling/A. Eibink, J.A. Snellebrand** VARA-Studio's/Broadcasting Studio's
D33 **MVRDV** Villa VPRO
D34 **Van den Broek & Bakema** Wereldomroep/World Service Radio Nederland

D01 MUZIEKCENTRUM/MUSIC CENTRE VREDENBURG

Vredenburg, Utrecht

H. HERTZBERGER | 1973-1979

Wonen-TA/BK 1979-24; Polytechnisch Tijdschrift Bouwkunde 1979 p.391, p.432; Bouw 1981-7; Bauwelt 1981 p.300; Deutsche Bauzeitung 1981 p.1487; M. Kloos – Muziekcentrum Vredenburg, Utrecht, 1985; W. Reinink – Herman Hertzberger, architect, 1990

Rond de grote amfitheatervormige zaal (1700 zitplaatsen) zijn winkels en voorzieningen gesitueerd, hiervan gescheiden door met glaskappen overdekte binnenstraten. Hoewel het kolommenstramien zeer dominant is zijn de diverse ruimtes niet van dit maatsysteem afgeleid maar vormen ze een conglomeraat van ongelijksoortige 'plekken'. Door in- en uitgangen, trappen en buffetten in grote hoeveelheden op te nemen konden overal 'woonhuismaten' worden toegepast. De gevels zijn resultante van de zich achter de gevel bevindende functies. Eenheid wordt bereikt door een regelmatig stelsel van gelijke kolommen in de gevel te verwerken. Deze kolommen reageren echter telkens op de plaatselijk wisselende omstandigheden. Met de ronde betonkolom en het vierkante betonblok als kapiteel wordt op deze wijze een bouworde met een grote verscheidenheid opgebouwd. Het ideaal van 'eenheid in verscheidenheid' wordt op deze wijze op het niveau van de kolom-bouworde benaderd. De zaal wordt op het dak bekroond door een groot vierkant daklicht; een verwijzing naar het glazen doosje op het Rietveld-Schröderhuis.

▮ Circling the large amphitheatre-like auditorium seating 1700 are shops and other facilities, separated from it by glass-roofed internal streets. Though the regular spacing of columns is most forceful, ancillary spaces do not relate to it but form a conglomeration of disparate 'moments'. A welter of entrances and exits, stairs and buffets are grouped together here and there in 'home-sized' units. The façades derive directly from the adjoining functions within. Unity is achieved by working into the façade a regular system of identical columns which respond individually to their immediate circumstances. The circular concrete columns and square concrete 'capitals' generate an architectural order of tremendous variety, 'unity in diversity' at a new level. Crowning the roof of the main auditorium is a large square rooflight, a reference to the glass box in Rietveld's Schröder House.

D02 HOOFDPOSTKANTOOR/CENTRAL POST OFFICE

Neude 11, Utrecht

J. CROUWEL JR. | 1917-1924

Bouwkundig Weekblad 1924 p.355; P. Hefting – Hoofdpostkantoor en Telefoongebouw, 1924; C.J.M. Schiebroek e.a. – Baksteen in Nederland, 1991

Het bijna vierkante gebouw is verlevendigd door verticale accenten als ramen en de twee traptorens. Door een nauwe doorgang bereikt men de imposante hal (30×16×18 m.) van dit postkantoor. De hal is overspannen door parabolische bogen van gele verglaasde baksteen en wordt verlicht door tussenliggende parabolen van geslepen glas. Op de vloer is zwart hardsteen met banen wit marmer toegepast. De kopgevels boven de halfronde loketten bevatten diverse decoraties die invloed van de Amsterdamse School vertonen.

▮ This almost square post office is enlivened by vertical elements such as windows and the two stairtowers. A narrow passage leads to the imposing main space (30×16×18 m.) spanned by parabolic arches of yellow glazed brick and lit by intermediate parabolas of cut glass. The floor slabs are faced with black freestone and courses of white marble. The walls above the semi-circular service windows contain decorations which reveal the influence of the Amsterdam School.

D03 STADSSCHOUWBURG/THEATRE
Lucasbolwerk 24, Utrecht
W.M. DUDOK/ARCHITECTENBUREAU WOUDA | 1937-1941/1996
E. Knippers (proj. uitbr.)
H. van Bergeijk – Willem Marinus Dudok 1884-1974, 1995; Archis 1996-3

Deze schouwburg is een van Dudoks minder gewaardeerde bouwwerken. De zware toneeltoren aan de zijde van het water vindt zijn meer lichtvoetige tegenpool in de (later toegevoegde) gebogen vleugel aan de entreezijde. In 1988 is besloten tot een verbouwing met behoud van de oorspronkelijke karakteristiek. Architect Knippers plaatst, na een eerste interne verbouwing in 1992, in 1996 een nieuwe transparante huid om de oorspronkelijke toneeltoren waardoor deze zowel in hoogte als in breedte is uitgebreid. Door de bewuste keuze voor een respectvol contrast met het oorspronkelijke gebouw is een zinvolle dynamiek tussen oud en nieuw ontstaan.

▪ This city theatre is one of Dudok's less appreciated efforts. Its beefy fly tower on the water is countered by a daintier curved wing added later on the entrance side. In 1988 it was elected to renovate the building retaining its original function. In 1996, three years after carrying out an initial internal phase, architect Erik Knippers wrapped the original fly tower in a new transparent skin expanding it both upwards and across. By opting for a respectful contrast with the original building, Knippers has achieved a meaningful dynamic between old and new.

D04 UNIVERSITEITSMUSEUM/UNIVERSITY MUSEUM
Lange Nieuwstraat 106, Utrecht
K.J. VAN VELSEN | 1993-1996
de Architect 1997-2; Architectuur in Nederland. Jaarboek 1996-1997

Een van de twee bestaande gebouwen op deze locatie is ten behoeve van de nieuwe museumfunctie vervangen door een glazen volume. Een nieuw, met geperforeerde kersenhouten panelen bekleed tentoonstellingsvolume is als een enorm meubel half in het bestaande en half in het nieuwe deel geplaatst. Het verkeer vindt plaats in de ruimte tussen het tentoonstellingsmeubel en de oude en nieuwe buitengevels. Door de volkomen glazen gevels van het nieuwe deel wordt de structuur van het museum op de straat inzichtelijk gemaakt. Bovendien is de tot het museum behorende Hortustuin vanaf de straat zichtbaar geworden.

▪ One of the two existing buildings on this site has been replaced by a glass volume to accommodate the new museum. A new exhibition 'box' clad in perforated cherrywood panels sits half in the existing part, half in the new. Circulation takes place in the space between this furnishing unit and the old and new external walls. The all-glass façades of the new portion ensure that the museum's structure can be seen from the street. The Botanical Gardens belonging to the museum are likewise made visible to passers-by.

D05 DERDE ADMINISTRATIEGEBOUW NS/ RAILWAY ADMINISTRATION BUILDING
Moreelsepark 1, Utrecht
G.W. VAN HEUKELOM | 1918-1921
G.W. & H. van Heukelom – Dr.Ir. G.W. van Heukelom, 1953; C.J.M. Schiebroek e.a. – Baksteen in Nederland, 1991

Dit monumentale gebouw kwam ondanks fundatieproblemen en de moeilijke oorlogsomstandigheden (materiaalrantsoenering, vervoersproblemen) in zeer korte tijd tot stand. In het gebouw zijn 22 miljoen bakstenen verwerkt. Ondanks deze traditionele constructiewijze en materialen (eikenhout, glas-in-lood) oogt het gebouw modern door de ritmische abstracte gevels. In het interieur domineren zware bakstenen kolommen en pilasters en elliptische bogen, wat het gebouw een strenge, sacrale sfeer geeft.

▪ Despite problems with the foundations and wartime conditions (rationing of materials, transport difficulties) this monumental railway administration building was erected in double-quick time, using no less than 22 million bricks. Despite this traditional method of construction and the materials (oak, leaded windows) its rhythmic, abstract façades give the building a modern look. The interior is dominated by heavy brick columns and pilasters and elliptical arches, creating a severe, almost devotional atmosphere.

100 **D06 HOOFDKANTOOR/HEADQUARTERS RABO-BANK**
Croeselaan 18, Utrecht
ARTICON | 1978-1983
J. Bak, A.J. Fichtinger (proj.), **B. Maters** (b.k.)
Bouw 1984-11

Op een ondergrondse parkeergarage van twee lagen bevinden zich twee etages voor algemene functies, de 1800 werknemers bevolken de acht kantoorlagen daarboven. De containerachtige dozen op de tussenlaag zijn vergaderruimtes. De gevels bestaan grotendeels uit prefab betonplaten met raamopeningen, bij de kantoorlagen bekleed met blauw reflecterend glas. De verschijningsvorm van dit gebouw is mede bepaald door ideeën en suggesties van beeldend kunstenaar Bas Maters.

▮ Above the underground two-storey car park are a further two storeys for general facilities, with the 1800 bank employees occupying the remaining eight. The container-like boxes on the mezzanine floor are meeting rooms. Elevations are largely of precast concrete panels with window openings, clad on the office floors in blue reflecting glass. This building's appearance was partly determined by the ideas and suggestions of artist Bas Maters.

D07 INSTITUUT VOOR RIJKSVEEARTSENIJKUNDE/ STATE INSTITUTE FOR VETERINARY MEDICINE
Bekkerstraat 141, Utrecht
J. CROUWEL JR. | 1921
De Kleine Stad (verb.)
B. van Santen – Architectuur en stedebouw in de gemeente Utrecht 1850-1940, 1990; G. Kemme – Architectuurgids voor Utrecht, 1990

Dit gebouw is gerealiseerd in een periode dat de Rijksgebouwendienst een meer kunstzinnige, oftewel Amsterdamse School-architectuur voorstond. Het door halfronde bouwdelen en verticale baksteenstroken gedomineerde exterieur is evenals het interieur rijk gedecoreerd met aan de voormalige functie refererende beestenkoppen. De ruimtes in het gebouw zijn gegroepeerd rond een dubbelhoge centrale hal. De opvallende halfronde uitbouw aan de Griftzijde bevatte een anatomisch theater voor colleges veterinaire anatomie. Vlakbij ligt Crouwels Kliniek voor Kleine Huisdieren (Alexander Numankade 93).

▮ This building was realized during a period when the Ministry of Works and Buildings advocated a more plastic, i.e. Amsterdam School-style architecture. The exterior, dominated by semicircular volumes and vertical strips of bricks is, like the interior, decorated with animal heads referring to the building's former function. The interior spaces are grouped around a double-height lobby. The striking semicircular extension on the Grift once contained a hall for lectures on veterinary anatomy. Nearby is Crouwel's Clinic for Small Pets (Alexander Numankade 93).

D08 CHAUFFEURSWONING/CHAUFFEUR'S HOUSE
Waldeck Pyrmontkade 10, Utrecht
G.TH. RIETVELD | 1927-1928
D. de Maar (rest. 1989-1996)
De Stijl 1927-79-84 p.46; i10 1928-13; Casabella 1991-3

Deze woning, door Rietveld 'een proeve voor industrialisering der bouw' genoemd, is geheel opgebouwd uit geprefabriceerde elementen. Op een stalen frame zijn betonplaten gemonteerd die met witte emaillen spikkels zijn bespoten. Gevels en plattegronden zijn gebaseerd op een maatraster van 1×1 m. Het woonhuis, dat vanwege de vele lekkages al gauw 'het mandje' of 'het zeefje' werd genoemd, is door de huidige bewoner met respect voor de oorspronkelijke verschijningsvorm gerestaureerd.

▮ Described by Rietveld as 'an experiment in industrialized building', this house was built entirely of off-the-peg components, with concrete panels speckled with white enamel mounted on a steel frame. The façades and plans are based on a module of 1×1 m. Soon nicknamed 'the basket' or 'the sieve' because of the many leaks, the chauffeur's house was renovated by its present owner showing respect for its original appearance.

D09 WOONHUIZEN/PRIVATE HOUSES KBWW

Koningslaan 124, Utrecht

B. MASTENBROEK (DE ARCHITECTENGROEP), MVRDV | 1994-1997

Bouw 1997-2; de Architect 1997-7/8; Archis 1997-11

Als een driedimensionale Chinese puzzel zijn twee woonhuizen met elkaar vervlochten. Door de twee woningen als een geheel te ontwerpen konden beide architecten hun opdrachtgever een woonruimte aanbieden over vrijwel de gehele breedte van het gezamenlijke kavel, een op de eerste en de ander op de tweede verdieping. Hierdoor profiteren beide evenredig van het uitzicht. In de gevel is de heen en weer slingerende woningscheidende vloer/wand duidelijk te volgen. In beide woonhuizen zijn de verschillende verdiepingen zo veel mogelijk door vides met elkaar verbonden.

▮ Interlocking like a three-dimensional Chinese puzzle, these two villas were originally to have been allotted half a plot apiece. By designing the two as a single entity, both architects were able to give their respective clients a living room across the full width of the shared plot, one on the first floor, the other on the second. The result is that both houses profit equally from the views out. The to-and-fro movement traced by the floor and wall separating the houses comes across loud and clear in the façade. Inside, the levels within each house enjoy maximum linkage by means of voids.

D10 TWEE WONINGBOUWPROJECTEN/ TWO HOUSING PROJECTS

Erasmuslaan 5-11; Erasmuslaan 1-3/Prins Hendriklaan, Utrecht

G.TH. RIETVELD | 1930-1931; 1934

T. Schröder-Schräder (medew.), **B. Mulder** (rest.)

Het Bouwbedrijf 1931 p.581; De 8 en Opbouw 1932 p.1; Bouwkundig Weekblad 1937 p.47

Deze woningblokken zijn door Rietveld in samenwerking met mevrouw Schröder ontworpen. De constructie bestaat uit een stalen skelet met houten vloeren en bakstenen scheidingswanden. In de vier woningen aan de Erasmuslaan is de woonkamer door schuifwanden in kleinere ruimtes onder te verdelen. Het blok aan de Prins Hendriklaan heeft een slaapverdieping op de tussenlaag die wordt gedeeld door het onder- en het bovenhuis. Met deze woningen lijkt Rietveld zich definitief tot het functionalisme te bekeren.

▮ These housing blocks were designed by Rietveld together with Madame Schröder. Their structure consists of a steel frame with wooden floors and brick party walls. In the four dwellings on Erasmuslaan the living room may be subdivided into smaller spaces using sliding partitions. The block on Prins Hendriklaan has its bedrooms on a mezzanine shared by upper and lower units. With these houses Rietveld seems to have become fully converted to functionalism.

D11 EIGEN WOONHUIS/OWN HOUSE

Prins Hendriklaan 112, Utrecht

S. VAN RAVESTEYN | 1932-1934

i10 1929-21/22 p.174; Bouwkundig Weekblad 1934 p.1

In deze woning die Van Ravesteyn voor zichzelf bouwt zijn de thema's uit zijn vooroorlogse werk, een zakelijke opbouw, het gebruik van moderne materialen en een voorliefde voor de gebogen lijn, terug te vinden. De woning is gesitueerd in de hoek van een driehoekig terrein en heeft eveneens een driehoekige plattegrond. Gebogen glaswanden van de woonkamer en het dakterras daarboven bieden uitzicht op de toen nog ongerepte natuur.

▮ Built by Van Ravesteyn for himself, this house exploits his prewar themes: a functional parti, use of modern materials and a predilection for curves. Standing in one corner of a triangular site its plan, too, is triangular. The curved glass partitions of both living room and roof terrace above offer a view of what was then unspoilt country.

D12 SCHRÖDERHUIS/SCHRÖDER HOUSE

Prins Hendriklaan 50, Utrecht

G.TH. RIETVELD | 1924

T. Schröder-Schräder (medew.), **B. Mulder** (rest.)

De Stijl 1924/25-10/11, 12, 1928-85/86; Bouwbedrijf 1925 p.329; L'Architecture Vivante 1925-II; Wendingen 1927-8; Th.M. Brown – The work of G. Rietveld, architect, 1958; B. Mulder, G.J. de Rook – Rietveld-Schröderhuis 1924-1975, 1975; D. Baroni – Gerrit Thomas Rietveld Furniture, 1978; Forum 1981-1; N.J. Troy – The De Stijl Movement, 1983; P. Overy e.a. – Het Rietveld-Schröderhuis, 1988

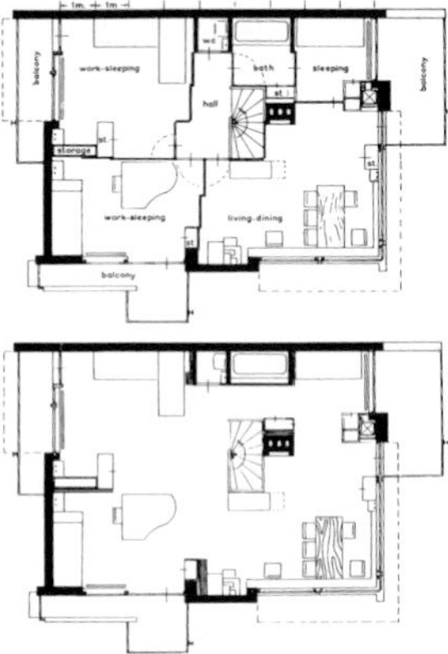

Het Rietveld-Schröderhuis vertoont zowel wat betreft zijn uiterlijk als wat betreft het interieur een radicale breuk met elke architectonische traditie. In het interieur vindt men geen statische opstelling van verschillende kamers, maar een dynamische, veranderbare open ruimte. Deze laatste vernieuwing is vooral te danken aan de opdrachtgeefster mevrouw Schröder, die Rietveld had leren kennen bij de verbouwing van haar vorige woonhuis. Als zij Rietveld bij het ontwerp voor een nieuwe woning betrekt, ontstaat die katalyserende samenwerking tussen opdrachtgeefster en architect die men vaak aan de wieg van een meesterwerk treft.

De woning is gebouwd tegen de kop van een rijtje woningen aan de rand van de stad, vanwaaruit een vrij uitzicht over de omringende natuur mogelijk was. Nadat Rietveld de plattegronden samen met mevrouw Schröder globaal had vastgesteld is het exterieur met behulp van kleine maquettes en schetsen ontworpen. Van een beschilderde rechthoekige doos groeien de gevels tot een collage van vlakken en lijnen, waarbij de onderdelen bewust van elkaar zijn losgemaakt zodat ze langs elkaar lijken te schuiven. Evenals bij Rietvelds beroemde roodblauwe stoel heeft elk onderdeel zijn eigen vorm, plaats en kleur gekregen. De kleuren zijn zodanig gekozen dat de plasticiteit van de gevels hierdoor wordt verduidelijkt en versterkt: de vlakken in wit en verschillende tinten grijs, de ramen en kozijnen in zwart en een aantal kleine lineaire elementen in rood, geel en blauw.

Van de plattegronden is die op de begane grond nog traditioneel te noemen: rond een centrale traphal zijn een woonkeuken en drie zit/slaapkamers gegroepeerd. De woonruimte op de verdieping, die om aan de voorschriften van Bouw- en Woningtoezicht te voldoen op de tekeningen als zolder staat aangegeven, vormt in feite één grote open ruimte waarvan alleen het toilet en het bad zijn afgescheiden. Rietveld wilde de verdieping zo laten, mevrouw Schröder vond echter dat de woonruimte zowel open als onderverdeeld in verschillende ruimtes te gebruiken moest zijn. Dit is gerealiseerd door een stelsel van schuifbare en gedeeltelijk draaibare panelen. In geheel gesloten toestand bestaat de woonverdieping uit drie slaapkamers, een badkamer en de woonkamer. Tussen gesloten en open ligt een oneindige reeks mogelijkheden, die elk hun eigen ruimtelijke beleving opleveren. Mevrouw Schröder, die tot haar dood in 1985 in de woning is blijven wonen, maakte hiervan dagelijks gebruik.

In het huis is te zien dat Rietveld naast architect vooral meubelmaker was. In elk hoekje, van de verschillende kasten tot het telefoontafeltje, van de uitgekiende trap tot het geheel te openen hoekraam van de woonkamer, overal vindt men het plezier van deze begenadigde timmerman in zijn schepping terug. Met latjes en plankjes realiseerde hij een ruimtelijk kunstwerk dat ook nu nog, na meer dan zeventig jaar, verbazing opwekt dat zoiets ooit gebouwd is.

▮ The Rietveld-Schröder house constitutes both inside and outside a radical break with all architecture before it. Inside there is no static accumulation of different rooms but a dynamic, changeable open zone. This latter innovation is largely due to the client, Truus Schröder, whom Rietveld had met when altering her previous house. Her involvement of Rietveld in the design of a new house resulted in the kind of catalytic collaboration between client and architect often encountered at the birth of a masterpiece.

The house was built against the head of a row of houses on the edge of town, with in those days an unhampered view of the surrounding country. Having established with Madame Schröder the broad lines of the plan Rietveld began designing the exterior aided by small models and sketches. The façades developed from a painted rectangular box into a collage of planes and lines whose components are purposely detached from, and seem to glide past, one another. Like Rietveld's celebrated red and blue chair each component has its own form, position and colour. Its colours were so chosen as to strengthen the plasticity of the façades: surfaces in white and various shades of grey, with black window and door frames, and a number of linear elements in primary colours.

The ground floor can still be termed traditional: ranged around a central staircase are kitchen and three sitting/sleeping spaces. The living room upstairs, given as an attic to satisfy the planning authorities, in fact forms one large open zone except for a separate toilet and bathroom. Rietveld wanted to leave the upper level as it was. Madame Schröder, however, felt that as living space it should be usable in either form, open or subdivided. This was achieved with a system of sliding and partly-revolving panels. When entirely partitioned in, the living level comprises three bedrooms, bathroom and living room. In-between this and its open state is an endless series of permutations, each providing its own spatial experience. Madame Schröder, who lived here until her death in 1985, made daily use of this system.

Inside, one can see that Rietveld besides being an architect was principally a cabinet-maker. At every point, from the assortment of cupboards to the telephone table, from the sophisticated stair to the living room corner window which can be opened up entirely — wherever one looks one can see the pleasure this inspired carpenter took in his work. With laths and boards he created a spatial work of art which after more than seventy years still astonishes merely by the fact of its very existence.

D13 WOONHUIS/PRIVATE HOUSE DE WAAL

J. Buziaulaan 25, Utrecht

A.C. ALBERTS | 1978-1980

Bouw 1981-23; Architectural Review 1981 p.1015

Deze woning voor projectontwikkelaar De Waal is ontworpen op basis van hetzelfde betonnen casco en dezelfde materialen als de omliggende woningen. Een letterlijk organische architectuur ontstaat als, uitgaande van een kleimodel (schaal 1:50), architect, opdrachtgevers en bouwers nog tijdens de bouw maquette én gebouw modelleren. Alberts: 'Rechthoekige vormen maken de mens die erin verblijft hard, hoekig, ongevoelig, rationeel. Een wat lossere, vrijere opvatting doet de mens vriendelijker, vrijer, losser zijn'.

▪ This house for the property developer De Waal was designed adopting the concrete box-form and materials of its neighbours. Working from a clay model (scale 1:50), architect, client and contractors continued to shape both model and building during the building process to create a truly organic architecture. To quote Alberts, 'Rectangular forms make their residents hard, angular, insensitive, rational. A somewhat looser, freer concept leave them more amicable, unrestrained, flexible'.

D14 TANDHEELKUNDIG INSTITUUT/ DENTAL SURGERY INSTITUTE

Sorbonnelaan 16, Utrecht

ENVIRONMENTAL DESIGN | 1970-1974

T. Koolhaas, G.J. van der Grinten (proj.), **J.J. Beljon** (b.k.), **M.A.A. van Schijndel** (uitbr. 1990)

Bouw 1969 p.391; Environmental Design, 1974; Architectuur in Nederland. Jaarboek 1990-1991

De bouw van dit grote complex wordt al gestart voordat het complete programma bekend is. De verschillende bouwdelen zijn in fasen gerealiseerd: een hoogbouw met klinische functies, een laagbouw met sheddaken voor de pre-kliniek, een werkplaats, researchpractica en ronde collegezalen. De vierkante hoogbouw heeft een grote diepte, afgeleid van de maat van de behandelzalen. Op een betonnen plaat naast de toren ontwierp Mart van Schijndel een licht geconstrueerd laboratoriumgebouw. Daglicht treedt binnen door een gelijmde glazen gevel en door glasvlakken in het piramidedak.

▪ Work on this large dental surgery complex began before its complete programme was known. Building took place in several phases: a high-rise block for clinical work, a low-rise pre-clinical section with shed roofs, a work area, research labs and circular lecture rooms. The square building derives its great depth from the size of the surgeries. Mart van Schijndel has since added a lightweight laboratory building on a concrete slab next to the tower. Daylight is delivered in through an agglutinated glass façade and through areas of glass in the pyramid roof.

D15 MINNAERTGEBOUW/MINNAERT BUILDING

Leuvenlaan, Utrecht

W.J.M. NEUTELINGS | 1995-1997

de Architect-thema 60

In dit onderwijsgebouw is alle verkeersruimte samengebracht in een grote centrale hal op de eerste verdieping. De praktijklokalen op de begane grond, de kantoren en collegezaal in de westelijke en het restaurant in de oostelijke kop zijn alle door middel van trappen direct met deze hal verbonden. Het gebouw wordt gekoeld door regenwater dat vanaf het dak via grote trechters in de vijver van de centrale hal wordt verzameld. De gevel is bekleed met helderrood spuitbeton in een golvend patroon. In het interieur zijn de betonwanden grotendeels onbehandeld gelaten en wordt de sfeer van de ruimtes bepaald door grote kleurvlakken.

▪ This university building concentrates all circulation in a large hall on the first floor. The ground-floor labs, the offices and lecture room at the western head, and the restaurant at the eastern end are all linked to this hall along stairs. Rainwater collected on the roof is conveyed through giant funnels to the pool in the main hall, where it is used to cool the building. The façade is clad in bright red concrete sprayed on in a wavy pattern. Inside, the concrete walls are largely left untreated, with large colour fields determining the ambience of the spaces.

D16 FACULTEIT ECONOMIE & MANAGEMENT/ SCHOOL OF ECONOMICS AND MANAGEMENT
Padualaan 101, Utrecht
MECANOO | 1991-1995
E.L.J.M. van Egeraat, F.M.J. Houben, C. de Weijer (proj.)
de Architect-thema 60; Archis 1995-7; Architectuur in Nederland. Jaarboek 1995-1996; Domus 1996-9; Architectural Review 1996-10

Deze hogeschool bestaat uit een glazen doos met voorzieningen en vier loodrecht daarop geschakelde lokalenvleugels. In het voorzieningenblok zijn de aula en de collegezalen, elk met een eigen kleur- en materiaaltoepassing, als apart vormgegeven en geconstrueerde dozen geplaatst. Het middelste lokalenblok is voorzien van een door stalen hellingbanen en trappen doorsneden vide. De open ruimten tussen de lokalenvleugels zijn ingericht als tuinen, waarbij de materialisering van de gevels aansluit op de sfeer van de desbetreffende tuin. De thema's van de tuinen zijn achtereenvolgens: een Zen-patio, een junglepatio met een stalen loopbrug en een waterpatio.

▪ This school consists of a glass box of facilities and four interlinked classroom wings meeting it more or less at right angles. In the facilities block are the main hall and the lecture rooms, each a separately designed and constructed box with its own approach to colour and material. Between the two linked central wings is a void shot through with ramps and stairs. All three spaces between wings contain gardens, with the material of the façades adhering to the atmosphere of the garden concerned: from east to west these are a Zen garden, a jungle garden with steel footbridge, and a water garden.

D17 EDUCATORIUM
Leuvenlaan, Utrecht
OMA | 1992-1997
R.L. Koolhaas, C. Cornubert (proj.), **ABT** (constr.)
de Architect-thema 60; Arch+ 1996-6; Architectuur & Bouwen 1996-9; El Croquis 1996-79; de Architect 1997-12

In dit onderwijsverzamelgebouw zijn tentamenzalen, twee grote collegezalen en een pauzeruimte annex restaurant gecombineerd. De functies zijn ondergebracht in een omhullende doos waarbinnen door het gebruik van hellingbanen en schuine vloeren een continue ruimte is ontworpen. Binnen deze ruimte zijn de twee collegezalen als aparte volumes vormgegeven: een glazen ovaal en een beton-stalen rechthoek. De oplopende vloeren van de collegezalen krullen zich aan het eind van de zalen om en lopen als daken boven de zalen terug om uiteindelijk de vloer van de grote tentamenzaal te vormen. De doorsnede van deze continue beweging van vloer naar wand naar dak is in de glazen gevel zichtbaar gemaakt.

▪ This mixed-use education building is an amalgamation of examination rooms, two large lecture halls and a hefty common room cum restaurant. OMA concentrated all functions in a containing box whose sloping floors and ramps generate a single uninterrupted space. In it the two lecture halls are configured as distinct entities: a glass oval and a concrete and steel rectangle. The raked floors of the lecture halls curl up at the top end to double back as their roofs and finally combine as the floor to the large examination room. The section described by this unbroken movement from floor to wall to roof is expressed in the glass façade.

D18 HOOFDKANTOOR/HEADQUARTERS VSB
Archimedeslaan, Utrecht
VAN MOURIK & VERMEULEN | 1991-1995
R.T.M. Dreissen, P.G. Vermeulen (proj.), **West 8** (tuinarch.)
Archis 1995-5; Architectuur in Nederland. Jaarboek 1995-1996; Bouw 1996-6

Dit kantoorgebouw bestaat uit drie volumes die zijn samengebracht op een verhoogd podium: een negentien verdiepingen hoge kantoorschijf, een horizontaal gearticuleerde, transparante laagbouw met restaurant, vergadercentrum, entreehal en expeditieruimten en een uit het laagbouwblok stekend wigvormig auditorium. Onder het podium bevindt zich een parkeergarage. De drie volumes onderscheiden zich door materiaalgebruik en kleur: wit graniet met zwarte kozijnen voor de hoogbouw, donker glas met witte horizontale kozijnen voor de laagbouw en witte aluminium platen voor het auditorium. Het tuinontwerp van West 8 wordt gedomineerd door een dinosaurusachtige brug.

▪ This office complex assembles three volumes on a raised podium: a nineteen-storey office slab, a horizontally articulated transparent low-rise block containing a restaurant, conference centre, entrance lobby and dispatch zone, and a wedge-shaped auditorium jutting from the low-rise block. Beneath the podium is a basement parking structure. The trio of volumes are distinguishable in colour and material: white granite with black frames for the high-rise, dark glass with white horizontal frames for the low-rise and white aluminium panels for the auditorium. Dominating the garden design done by West 8 is a real dinosaur of a bridge.

D19 WONINGBOUW/HOUSING

Thomas Masarykstraat e.o., Utrecht

TH.J.J. BOSCH | 1988-1993

Bouw 1993-9; Architectuur in Nederland. Jaarboek 1991-1992

Op een waaiervormig, door een vaart doorsneden kavel zijn langs de randweg zeven korte woonblokken geplaatst. In deze blokken zijn maisonnettes met een galerijontsluiting opgenomen. De hoogte van de blokken wordt in twee sprongen teruggebracht van vijf naar drie lagen. Op deze wijze wordt een overgang van de grote schaal van de randweg naar de kleine schaal van het binnengebied gecreëerd. In dit binnengebied liggen vier langwerpige, op de koppen afgeronde laagbouwblokken met geschakelde eengezinswoningen. De diepte van de laagbouwblokken neemt per verdieping af zodat een getrapt profiel ontstaat. Karakteristiek is de serrestrook aan de tuinzijde en de smalle glazen dakstrook met een halfrond gebogen dak.

▪ Occupying a fan-shaped plot along the ring road, sliced through by a waterway, are these seven brief blocks of gallery-accessed maisonettes. The blocks step back in two stages from five to three storeys to accommodate the great change in scale between the ring road at the front and the intimate courtyard at the rear. In this courtyard are four oblong blocks of low-rise with rounded ends. Containing linked single-family houses, the depth of these blocks decreases with each succeeding storey in a stepped profile. Notable features are the strip of sun lounges on the garden side and the narrow glazed roof with semicircular peak.

D20 WONINGBOUW, STEDENBOUW/HOUSING, URBAN DESIGN SAR-METHODIEKEN

Brennerbaan, Hondsrug e.o., Utrecht

KOKON, STICHTING ARCHITECTEN RESEARCH (SAR) | 1971-1982

F.J.M. van der Werf (proj.)

de Architect 1979-11, 1982-9; Architectuur & Bouwen 1992-2

Deze woonwijk met in totaal 5600 woningen is een gezamenlijk initiatief van negen woningbouwverenigingen en opgezet en ontwikkeld volgens de principes van de SAR, de Stichting Architecten Research van de theoretici Habraken en Carp. Het realisatieproces heeft op elk niveau inspraakrondes gekend. Het stedenbouwkundig 'weefsel' is ingevuld met neutrale 'dragers', waarin elke bewoner een in principe individueel 'bouwpakket' kiest.

▪ A joint venture by nine housing associations, this estate with its 5600 dwellings was initiated and developed along lines established by the Foundation for Architectural Research (Dutch initials SAR) headed by the theoreticians Habraken and Carp. The building process was accompanied at all levels by discussion with the users. Here the urban 'tissue' is filled in with neutral 'supports', for which each tenant chooses what in principle is his own 'infill kit'.

D21 WONINGBOUW/HOUSING

Robert Schumannstraat, Utrecht

G.TH. RIETVELD | 1932

B. Mulder (rest.)

Th.M. Brown – The work of G. Rietveld, architect, 1958

Dit blokje van vier woningen is gebouwd als vervolg op het blok aan de Erasmuslaan. Het was oorspronkelijk de bedoeling ook deze woningen in drie verdiepingen uit te voeren maar wegens bezuinigingen is de derde laag in dit project vervallen. De opbouw is verder vrijwel gelijk aan de woningen aan de Erasmuslaan. De badkamer bevindt zich halverwege de trap; later zou Rietveld deze combinatie van trap met utilitaire ruimtes in de zogenaamde 'kernhuizen' verder uitwerken.

▪ This modest block of four dwellings was built as a sequel to his Erasmuslaan block and like the latter its design was originally in three levels. However in this case a lack of funds confined it to two; otherwise the construction is virtually the same. The bathroom is located halfway up the stairs; later Rietveld would elaborate further this combination of utilities and stair in the 'core'-house principle.

D22 WOONHUIS/PRIVATE HOUSE

Hertog Hendriklaan 1, Hilversum

P.J. ELLING | 1929

i10 1929 p.171; J.G. Wattjes – Moderne Nederlandsche Villa's en Landhuizen, 1931; J.B. van Loghem – Bouwen/Bauen/Bâtir/Building – Holland, 1932; Het Bouwbedrijf 1932 p. 241

Een moderne zakelijke villa in witgepleisterd metselwerk met gewapend-betonvloeren. In het ontwerp komt een van de thema's van de witte-villa-architectuur naar voren: de toepassing van balkons en terrassen. Op het achterste gedeelte van de woning, dat twee lagere verdiepingen telt, is een dakterras gecreëerd. Door een opgemetselde borstwering is dit gedeelte in verhouding gebracht met het hoofdblok. Het terras is bereikbaar met een trapje vanaf het balkon aan de zuidzijde.

▪ A modern functional villa in white-rendered brickwork with reinforced concrete floor slabs. Its balconies and terraces illustrate one theme of 'white villa' architecture. At the rear are two less-tall storeys with a roof terrace – this section adds a parapet to harmonize with the scale of the main block. The terrace is reached from a balcony on the south side.

D23 WOONHUIS/PRIVATE HOUSE

Joelaan 2, Hilversum

P.J. ELLING | 1930

J.G. Wattjes – Moderne Nederlandsche Villa's en Landhuizen, 1931; J.B. van Loghem – Bouwen/Bauen/Bâtir/Building – Holland, 1932; Het Bouwbedrijf 1932 p. 241

Deze villa vormt de meest geslaagde uit de serie villaontwerpen. Door de toepassing van een betonskelet kon in de gevels een verfijnde compositie van wit pleisterwerk en dunne stalen raampartijen worden gerealiseerd. Achter twee identieke en symmetrische tuingevels bevinden zich verschillende plattegronden: achter de zuidwestgevel een asymmetrische begane grond en een symmetrische verdieping, bij de zuidoostgevel is dit juist andersom.

▪ This is the most successful of Elling's villa designs. Its concrete skeleton supports a refined composition of white rendering and slender steel window-frames. Two identical, symmetrical garden façades conceal dissimilar plans: asymmetrical upstairs and symmetrical downstairs behind the south-west face, and for the south-east the reverse.

D24 WOONHUIS/PRIVATE HOUSE

Rossinilaan 11, Hilversum

P.J. ELLING | 1936

B. van der Leck (int.)

Bouwkundig Weekblad 1937 p.320

Deze villa bestaat uit een hoofdblok met woon- en slaapvertrekken en een lager blok met garage en berging. In de tussenzone bevinden zich entree, trappenhuis en rookkanaal. Aan de achterzijde zijn terras en balkon in een overdekte binnenhoek opgenomen. Het kleurenontwerp voor in- en exterieur was van De Stijl-kunstenaar Bart van der Leck.

▪ This villa combines a main block for living and sleeping with a less-tall block of garage and storage space. In-between are the entrance, staircase and flues; a terrace and balcony are absorbed by a covered area at the back. Colours both inside and out were the work of De Stijl artist Bart van der Leck.

D25 RAADHUIS/CITY HALL

Dudokpark 1/Witten Hullweg, Hilversum

W.M. DUDOK | 1924-1930

T. van Hoogevest (rest.)

Wendingen 1924-8, 1928-1; Bouwkundig Weekblad 1925 p.63, 1931 p.261; M. Cramer e.a. – W.M. Dudok, 1980; GA 58; Domus 1987-2; H. van Bergeijk – Willem Marinus Dudok 1884-1974, 1995

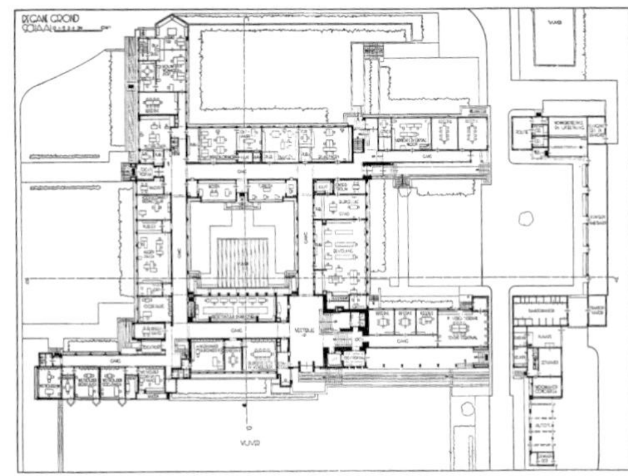

Reeds in 1913 denkt men aan de bouw van een nieuw raadhuis, als gevolg van de groei van de gemeente Hilversum. Met de komst van Dudok bij Publieke Werken (1915) wordt het idee van een (bij dit soort projecten gebruikelijke) prijsvraag verlaten. De ambitieuze architect ontwerpt reeds in zijn eerste ambtsmaand een traditioneel raadhuis in het centrum van de stad. Vanwege de Eerste Wereldoorlog en de slechte financiële situatie duurt het nog tot 1924 voordat Dudok zijn definitieve ontwerp kan presenteren. De aanvankelijke twijfel aan zijn capaciteiten met name onder vakgenoten is dan verdwenen. Ter promotie van het plan wijdt Wijdeveld een heel nummer van Wendingen aan het raadhuisontwerp en ook via een handtekeningenactie wordt aangedrongen op de bouw. Deze vond tussen 1927 en 1931 plaats.

Door de situering op een vrij terrein zonder rooilijnen en beperkingen van de bouwhoogte kan Dudok vrij ontwerpen. Het gebouw rijst vanuit een parkachtige omgeving geleidelijk op, met een hoge toren als culminatiepunt. Het gebouw is vanuit de perspectieftekening ontworpen en bestaat uit twee carrés: een kantoorgedeelte rond een binnenhof en een door laagbouw en een conciërgewoning omsloten binnenplaats, doorsneden door een toeleveringsweg. Langs de monumentale zuidgevel, die is voorzien van expressieve raamopeningen, luifels, balkons en de toren, loopt een pad naar de hoofdingang die alleen voor officiële gelegenheden wordt gebruikt. Bij slecht weer kan een evenwijdige overdekte gang gebruikt worden. De toren bevat een monumentale trap naar de eerste verdieping waar zich de raadzaal bevindt. Deze heeft hoge smalle ramen, bekroond met lichtarmaturen en een balkon. De karakteristieke verticale bouwlichamen naast de raadzaal bevatten de publieke tribune, een trapportaal en een tekeningenarchief. De werkkamer van Dudok ernaast heeft een groot hoekraam. Aan de oostkant van de eerste verdieping bevindt zich de burgerzaal, slechts gescheiden van de gang door een rij ronde kolommen. Naast deze hoofdpunten bevat het gebouw nog vele interessante detailleringen en kleur- en materiaalaccenten, met name het dak op een langwerpige uitbouw (berging) aan de noordzijde, dat lijkt te zweven door een glasstrook eronder.

Doordat de bouw in eigen beheer wordt uitgevoerd zijn vele details en interieurelementen speciaal door Dudok ontworpen: het formaat van de gevelsteen, de meubilering, stoffering, belettering, tot en met de deurkrukken. De constructie bestaat uit dragende wanden, betonnen vloeren en betonnen lateien bij de horizontale raamstroken; de raadzaal heeft een stalen dakconstructie. De perfecte synthese van traditionele Scandinavische architectuur, de decoratie van de Amsterdamse School en de abstractie van de Nieuwe Zakelijkheid oogst alom bewondering. De uitgebalanceerde bouwmassa's maken het gebouw tot een synthese van zakelijkheid en romantiek. Er is echter ook kritiek, op de niet-constructieve, 'onverantwoorde schikking en proporties van de vormen'.

▪ In 1913 there were already plans to build a new town hall in response to the growth of Hilversum municipality. When Dudok became Director of Public Works in 1915 the idea of a competition usual for such projects was abandoned. Within his first month the ambitious architect had already designed a traditional town hall destined for the town centre. Because of the Great War and lack of funds it was not until 1924 that Dudok presented his definitive design. All original doubts as to his capacities particularly among fellow architects promptly vanished. To promote the scheme Wijdeveld devoted an entire number of Wendingen to the design and a petition was organized urging its construction. This subsequently took place between 1927 and 1931.

A site devoid of building lines and with no restriction in height allowed Dudok free rein. The city hall, rising in stages from its parklike surroundings and culminating in a high tower, was designed from the perspective drawings. It consists of two squares: an inner court enclosed by offices, and a second courtyard surrounded by low-rise and a caretaker's residence and bisected by a service road. Extending along the monumental south façade with its expressive window openings, awnings, balconies and the tower, is a path leading to the main entrance, which is used on official occasions only. In bad weather an arcade parallel to the main entranceway can be resorted to. The tower contains a monumental stair to the first floor on which is the council chamber with its tall narrow windows graced with light fittings and a balcony. The characteristic vertical mass adjoining the council chamber contain a public gallery, landing and archives. Next to these is Dudok's own office with its large corner window. On the east side of the first floor is the civic hall, barely separated from the corridor by a row of round columns. Besides these principal points of interest the building contains many other details and accentuations in colour and material, in particular above the oblong storage section on the north side where the roof, attached to it by strips of glass, seems to hover.

Because building was carried out under supervision of the municipality many details inside and out are Dudok's own: the size of brick in the façades, the furniture, the upholstery, the lettering, even the door-handles. The structure consists of loadbearing walls, concrete floor slabs and concrete lintels above the horizontal windows, while the council chamber's roof structure is of steel. This perfect synthesis of traditional Scandinavian architecture, Amsterdam School ornament and abstract New Objectivity has earned widespread admiration. Its well-balanced masses make it a synthesis of functionalism and romanticism. There has been criticism, however, of the non-constructive 'irresponsible arrangement and proportions of its forms'.

D26 DUDOK IN HILVERSUM

1 Geraniumschool (Geraniumstraat, 1917-1918), **2** Gemeentelijk Sportpark (Soestdijkerstraatweg, 1919-1920), **3** Dr. H. Bavinckschool (Bosdrift 21, 1921-1922), **4** Badhuis (Bosdrift, 1922), **5** 1e, 2e, 5e, 7e Gemeentelijke Woningbouw (Bosdrift/Diependaalselaan/Hilvertsweg, 1916-1923), **6** Jan van der Heydenschool (Zwaluwplein 2, 1925-1926), **7** Fabritiusschool (Fabritiuslaan 52, 1925-1926), **8** Eigen Woonhuis De Wikke (Utrechtseweg 71, 1926), **9** Julianaschool (Eikbosserweg 166, 1925-1927), **10** Catharinaschool (Egelantiersstraat 115, 1925-1927), **11** Nassauschool (Merelstraat 45, 1927-1928), **12** Ruysdaelschool (Ruysdaellaan 6, 1928), **13** Vondelschool (Schuttersweg 36, 1928-1929), **14** Calvijnschool (Eemnesserweg 107/J. van der Heydenstraat, 1929), **15** Kleuterschool Nelly Bodenheim (Minckelersstraat 38, 1929), **16** Noorderbegraafplaats (Laan 1940-1945 2, 1927-1930), **17** Lorentzschool (Lorentzweg 135, 1929-1930), **18** Multatulischool (Sumatralaan 40, 1928-1931), **19** Snelliusschool (Snelliuslaan 10, 1930-1932), **20** Paviljoen Wildschut (Vreelandseweg, 1936), **21** Havenkantoor (Nieuwe Havenweg, 1937)

Bouwkundig Weekblad 1924 p.102; Wendingen 1924-8; L'Architecture Vivante 1926-II; M. Cramer e.a. – W.M. Dudok, 1980; T. Tummers – Architectuur aan de zijlijn, 1993; H. van Bergeijk – Willem Marinus Dudok 1884-1974, 1995

Als directeur Publieke Werken (1915-1928) en gemeentearchitect van Hilversum (1928-1954) heeft Willem Marinus Dudok een groot stempel gedrukt op de architectonische en stedenbouwkundige verschijningsvorm van deze stad. Het meest duidelijk komt dit natuurlijk tot uiting in het monumentale beeldbepalende raadhuis dat bijna tot symbool van de stad is uitgegroeid. Maar met de vele woningbouwprojecten, schoolgebouwen en andere gemeentelijke gebouwen heeft hij een veel structurelere invloed gehad. Gedurende zijn ambtsperiode ontwerpt Dudok twee dozijn gemeentelijke woningbouwprojecten, die alle in een traditionalistische tuinstadstedenbouw zijn gerealiseerd. Vaak zijn deze wijkjes voorzien van een bijzondere functie, die meestal in een markante bouwvorm is gerealiseerd. De lagere scholen zijn hier een goed voorbeeld van, maar ook het Badhuis aan de Bosdrift en de openbare bibliotheek kunnen hiertoe worden gerekend. Vooral de negentien schoolgebouwen zijn karakteristiek voor Dudoks kubistische, veelal vanuit de perspectieftekening ontwikkelde architectuur. Zij bestaan meestal uit een langwerpig lokalenblok van twee lagen en een gymnastieklokaal, gekoppeld door een monumentale entreepartij. De lengte van de blokken wordt benadrukt door strookvensters, repeterende ramen, luifels en platte of afgeplatte daken. De entreepartij daarentegen vormt een sterk verticaal gearticuleerd contrasterend element. In de vroegste voorbeelden, zoals de Geraniumschool, zijn nog Amsterdamse School-invloeden te vinden. Via de op De Stijl geïnspireerde Bavinckschool uit 1921 komt Dudok op zijn kenmerkende vormentaal. Soms wordt er in de vorm van afgeplatte of rieten daken aangesloten bij de architectuur van de directe omgeving. Er zijn ook invloeden van het functionalisme bij Dudok te vinden. Bij de Snelliusschool uit 1931 zijn grote glasvlakken toegepast en is de entree voorzien van een halfrond monumentaal trapportaal met een gevel die vrijwel geheel uit glazen bouwstenen bestaat. Het Modernisme vormt bij Dudok slechts een vorminspiratie, de filosofie van het Nieuwe Bouwen neemt hij niet over. Een aparte plaats binnen zijn oeuvre nemen zijn eigen woonhuis 'De Wikke' en het Gemeentelijk Sportpark uit 1919 in, één van de eerste werken van Dudok in Hilversum. Op een bakstenen onderbouw is een expressieve houten tribune geplaatst, voorzien van geometrische decoraties en geverfd in lichte heldere kleuren.

Tot de weinige gebouwen in een zakelijk modernistisch idioom behoren Dudoks havenkantoor (1937), het Paviljoen Wildschut (1936) en de Noorderbegraafplaats (1927-1930). Op deze niet landschappelijke, maar streng geordende begraafplaats met witgestuct, abstract entreepaviljoen/beheerderswoning ligt de architect zelf begraven. Na de oorlog is Dudoks architectuur behoudender, wat vooral in zijn particuliere opdrachten buiten Hilversum tot uiting komt.

▪ Willem Marinus Dudok was first director of Public Works (1915-1928) and then City Architect to Hilversum (1928-1954) and in both capacities set an indelible stamp on the architecture and planning in that city. This is obviously most legible in the monumental officiating city hall, that has become almost synonymous with Hilversum. But his many housing projects, schools and other municipal buildings have exerted a more fundamental influence. During his long period of office Dudok designed two dozen municipal housing projects, all realized in a traditionalist garden-city planning mode. These neighbourhoods are often graced with a specific facility executed in a striking building form. The primary schools are a good example, but the Bathhouse on Bosdrift and the public library also fall into this category. The nineteen school buildings are perhaps the best illustration of Dudok's 'cubist' architecture developed as it often was from perspective drawings. This usually consists of an elongated two-storey block of classrooms and a gymnasium, the two linked by a monumental entry zone. The length of the blocks is accentuated by window bands, repeating windows, canopies and flat or flattened roofs. The entry zone by contrast is a high-powered thrust upwards. In the earliest examples (e.g. the Geraniumschool) we can still discern Amsterdam School influences. The 1921 Bavinckschool with its shades of De Stijl was the springboard to Dudok's characteristic formal idiom. His flattened or thatched roofs when they occur are a conciliatory gesture to the architecture of the immediate surroundings. There are also functionalist touches in his work. In the Snelliusschool dating from 1931 he applied large glass surfaces, and the entrance sports a semicircular monumental stairtower with a façade almost entirely of glass block. However modernism for him was a formal inspiration only; he left Modern Movement philosophy where it lay. Out on a limb stylistically are his own house, 'De Wikke' and the City Sports Park of 1919, the first of Dudok's Hilversum works. Its brick basement bears aloft an expressive wood tribune decorated with geometrical patterns and painted in light bright colours.

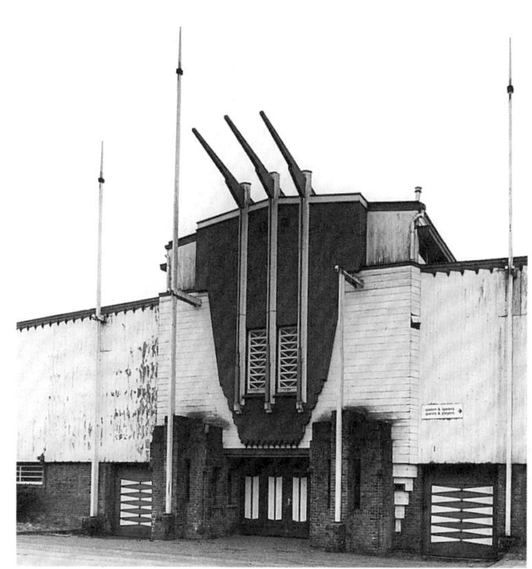

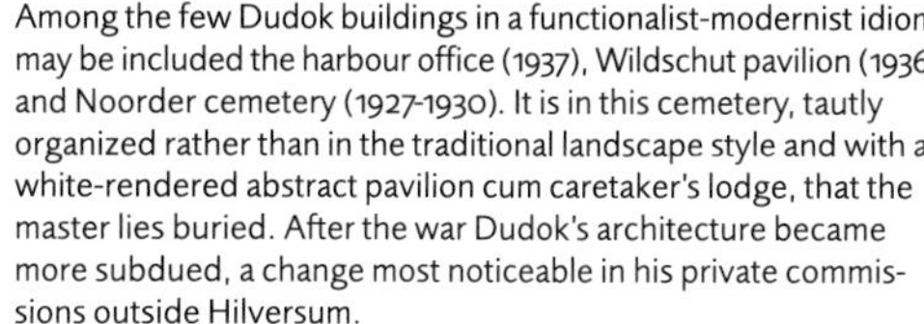

Among the few Dudok buildings in a functionalist-modernist idiom may be included the harbour office (1937), Wildschut pavilion (1936) and Noorder cemetery (1927-1930). It is in this cemetery, tautly organized rather than in the traditional landscape style and with a white-rendered abstract pavilion cum caretaker's lodge, that the master lies buried. After the war Dudok's architecture became more subdued, a change most noticeable in his private commissions outside Hilversum.

D27 GRAND HOTEL GOOILAND

Emmastraat 2, Hilversum

J. DUIKER, B. BIJVOET | 1934-1936

K.J. van Velsen, J.G.L. van Klooster (rest. 1990)

De 8 en Opbouw 1936 p.235; Bouwkundig Weekblad 1936 p.529; Het Bouwbedrijf 1937 p.1; Forum 1972-5/6; Duikergroep Delft – J. Duiker bouwkundig ingenieur, 1982; Archis 1990-9; de Architect 1990-9; Deutsche Bauzeitung 1991-7

Duiker krijgt in 1934 de opdracht voor het ontwerp van een gecombineerd schouwburg/hotelcomplex. Na zijn vroege overlijden in 1935 wordt het schetsontwerp onder supervisie van zijn voormalige compagnon Bijvoet door Elling en Tuynman uitgewerkt. Het complex is gesitueerd op een hoeklocatie waar de Emmastraat met een bocht overgaat in de Langestraat. Een bijkomend probleem was het feit dat de hoekbebouwing niet gesloopt mocht worden. Het uiteindelijke ontwerp dwingt vooral respect af door de wijze waarop het overladen programma van eisen en de functionele complexiteit op soepele en vanzelfsprekende wijze in de ingewikkelde situatie zijn opgelost. Het hotel bestaat uit een wigvormige onderbouw die de bocht van de straat volgt, met daarboven de hotelkamers in een U-vorm. Tussen de kamervleugels is een dakterras met vijver aangebracht. In de onderbouw zijn lobby, keuken, restaurant en café ondergebracht. De entree van de schouwburg bevindt zich aan de haaks op de Emmastraat gelegen Luytgardeweg. De wanden van de schouwburgfoyer tussen de zaal en het hotelrestaurant kunnen geheel worden geopend. Door de vloeiende lijnen van het ontwerp, de betegelde gevels en het gebruik van 'luxe' materialen als koper voor de kolommen in de lobby, heeft het complex een geriefelijk moderne uitstraling gekregen.
Het complex is in de loop der jaren vele malen verbouwd en verliest uiteindelijk haar functie. Na in 1975 door de gemeente te zijn gekocht, wordt het in 1987 op de Monumentenlijst geplaatst. Dankzij de geruchtmakende verkoop van een schilderij van Mondriaan verwerft de gemeente fondsen voor restauratie van het complex. De gevel wordt door architectenbureau Van Klooster geheel stijlzuiver gerestaureerd. Bij de interne verbouwing tot cultureel centrum behoudt Koen van Velsen daarentegen weliswaar de ruimtelijke karakteristiek van het hotel, maar drukt hij met zijn duidelijk herkenbare interventies en het gebruik van afwijkende materialen als verzinkt staal en een 'ruwe' detaillering een eigen stempel op het geheel.

▪ In 1934 Jan Duiker was commissioned to design a combined city theatre and hotel complex. After his early death in 1935 the scheme he outlined was brought to fruition by Elling and Tuynman under the supervision of his erstwhile partner Bijvoet. The complex stands on a corner site where Emmastraat bends to become Langestraat. An additional problem was that the existing corner development had to be retained. The final design impresses not least for its ability in handling the complicated circumstances, accommodating with great subtlety and logic the top-heavy programme and the functional intricacy of combining a hotel and theatre. The hotel begins as a wedge-shaped basement that follows the street, to then rise in a U-shaped volume of hotel rooms. Nestling up between the wings of rooms is a roof garden and reflecting pool. Below in the basement are the lobby, kitchen, restaurant and café. The entrance to the theatre is discovered on Luytgardeweg, a road square to Emmastraat. The walls of its foyer can be fully slid open between the auditorium and the hotel restaurant. With its flowing lines, tiled façades and 'luxury' materials such as copper for the columns in the lobby, the Modern complex emanates an air of practicality. Gooiland was renovated many times over the years and ultimately relieved of its original function. In 1975 it was bought by the City of Hilversum and made a listed monument in 1987. Thanks to the controversial sale of one of its Mondrians, the City was able to come by the funds necessary to restore the complex. The façade was fully (and faithfully) reinstated by the firm of Van Klooster. By contrast, Koen van Velsen's conversion of the interior into a cultural centre, for all its retention of the hotel's spatial characteristics, inevitably colours the whole in its tell-tale introduction of such alien materials as zinc-coated steel and the 'rough-and-ready' detailing.

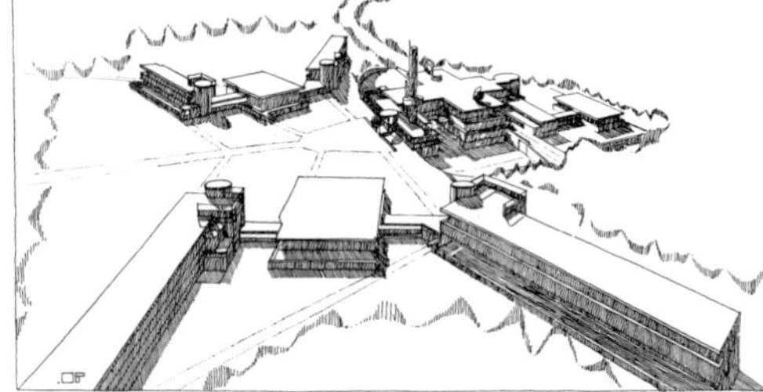

D28 SANATORIUM ZONNESTRAAL

Loosdrechtse Bos 7, Hilversum

J. DUIKER, B. BIJVOET, J.G. WIEBENGA | 1926-1931

Bouwkundig Weekblad 1928 p.225; De 8 en Opbouw 1932 p.220; L'Architecture Vivante 1933-II; Bouw 1971 p.1592; Forum 1972-5/6; Wonen-TA/BK 1982-22; G. Milelli – Zonnestraal Il sanatorio di Hilversum, 1978; Duikergroep Delft – J. Duiker bouwkundig ingenieur, 1982; R. Zoetbrood – Jan Duiker en het sanatorium Zonnestraal, 1984; A. de Back e.a. – A Space of Their Own, 1996

De nazorgkolonie Zonnestraal, een herstellingsoord voor tuberculosepatiënten, is gesticht met geld dat door de diamantbewerkersbond is verzameld. Het hoofdgebouw bestaat uit drie langgerekte blokken: een medische afdeling en entree in het noordelijke blok, de keuken en opslagruimtes in het middenblok en wasruimtes en het ketelhuis in het zuidelijke blok. Over de drie blokken is een kruisvormig restaurant geplaatst dat aansluit op een dakterras op het zuidelijke blok. In het zuidelijke blok bevindt zich tevens de entree voor de patiënten die vanuit de paviljoens naar het restaurant gaan. De patiëntenpaviljoens bestaan elk uit twee vleugels van twee verdiepingen die 45° ten opzichte van elkaar zijn gedraaid waardoor elke vleugel een vrij uitzicht op de omringende bossen heeft en toch naar het zonlicht gericht blijft. De beide vleugels zijn gekoppeld door een gezamenlijke conversatiezaal. De draagconstructie bestaat uit betonkolommen op een stramien van 9×3 m. die betonbalken in de langsrichting dragen. De vloeren kragen tot 1,5 m. voorbij de balken uit. Ook de balken hebben over het algemeen een overstek. Door deze momentreducerende overstekken is het gebruik van beton geminimaliseerd. De gevels zijn ingevuld met stalen glaspuien. De incidentele borstweringen en de wanden van de bijruimtes bestaan uit spouwconstructies van gestuct steengaas.

Zonnestraal is een onbetwist hoogtepunt van de moderne architectuur in Nederland. Het glazen vlies, gevouwen om de ranke constructie, de langgerekte witte gevels, de trapcilinders en de schoorsteen completeren het beeld van aangemeerde witte schepen: de metafoor bij uitstek van de moderne architectuur. Van een stralend voorbeeld is echter geen sprake meer; het complex ligt er als een ruïne bij. Ondanks een keur aan restauratieplannen en ideeën is op dit moment dankzij zelfwerkzaamheid van studenten van de Technische Universiteit Delft alleen het ronde dienstbodehuis daadwerkelijk gerestaureerd.

▮ Zonnestraal aftercare colony for tuberculosis sufferers was founded with money collected by the diamond-workers union. The main building consists of three elongated blocks: a north block containing the medical department and the entrance, a central block of kitchen and storage space, and a south block with sanitary facilities and the boilerhouse. Placed above these three is a cruciform restaurant giving onto a roof terrace on the south block. The latter also contains the entrance for patients coming from the pavilions to the restaurant. Each pavilion configures as two two-storey wings set at an angle of 45°, giving both wings an unhampered view of the surrounding woods and yet plenty of sunlight. Linking the two wings is a communal lounge. The loadbearing structure consists of concrete columns in a grid of 9×3 m. and supporting beams running longitudinally. Floor slabs cantilever 1.5 m., the beams invariably cantilever too. This counterbalance of moment helped to minimize the use of concrete. The façades have an infill of steel-framed glass sheets, while parapets and annex walls are hollow constructions of plastered wire mesh.

Zonnestraal is an undisputed pinnacle of Dutch modern architecture. Its glass skin folded around the slender structure, the elongated white façades, cylindrical stairhouses and the chimney combine to create an image of white ships at their moorings, the metaphor par excellence for this Modern Architecture. Regrettably, Zonnestraal is nothing like the shining example it used to be. More a ruin than anything else, a whole string of plans to restore it have come to naught. To date, only the circular servants' house has been actually restored thanks to the unselfish labour of Delft students.

D29 EIGEN WOONHUIS/OWN HOUSE

Spoorstraat 67, Hilversum

K.J. VAN VELSEN | 1980-1982/1995

de Architect 1982-9; Plan 1983-9; J. Rodermond – Koen van Velsen, architect, 1995; Architectural Review 1985-1; de Architect 1996-4

Twee transparante gevels zijn ingeklemd tussen bestaande panden. De woning boven de kapsalon bestaat uit een slaapverdieping met een studio en een woonverdieping onder de schuinstaande zaagtandlichtkappen op het dak. De wanden bestaan uit lichtdoorlatende kunststofpanelen met het karakter van Japanse kamerschermen. De ruimte wordt verder onderverdeeld door vrijstaande interieurelementen, evenals het onorthodox materiaalgebruik en de aandacht voor daglichttoetreding een terugkerend thema in Van Velsens werk.

▪ Here, two transparent façades are wedged between existing houses. Living quarters above the ground floor hairdresser's consist of a first floor sleeping level with studio and above that a living level lit by a slanting sawtooth roof. Walls are of translucent Kalwall panels resembling shoji screens. The space within is subdivided further by free-standing interior elements which like the unorthodox handling of material and concern for daylight penetration constitute a recurring theme in Van Velsen's work.

D30 HOOFDKANTOOR/HEADQUARTERS KNP

Bonairelaan 4, Hilversum

R.A. MEIER | 1989-1992

Architectuur & Bouwen 1990-9; de Architect 1992-9; Architectural Design 1994-7/8

Het eerste gerealiseerde werk van Richard Meier in Nederland is dit in een bosrijke omgeving gesitueerde kantoorgebouw. Het bestaat uit een kubusvormig representatief gedeelte van vier lagen en een opgetilde langwerpige kantoorvleugel van twee lagen, waaronder zich parkeerruimte bevindt. Uitgangspunt is een 4 m. brede middengang in de kantoorvleugel, door vides ruimtelijk gekoppeld en van boven belicht, die van de kantoren gescheiden is door glazen bouwstenen. Samen met Meiers karakteristieke witte aluminiumpanelen vormen deze het belangrijkste bouwmateriaal van dit gebouw.

▪ This office building in a well-wooded setting is the first work realized in the Netherlands by Richard Meier. It consists of a cube-shaped public section in four layers and a raised oblong two-storey office wing with parking space below. The underlying principle is a four metre wide central corridor in the office wing, toplit and unified spatially by voids. This corridor is separated from the offices by partitions of glass block, which together with Meier's characteristic white aluminium panels, is the office's primary building material.

D31 AVRO-STUDIO'S/BROADCASTING STUDIOS

's-Gravelandseweg 52, Hilversum

B. MERKELBACH/B. MERKELBACH, CH. KARSTEN, A. BODON | 1934-1936/1940

Bouwkundig Weekblad 1936 p.425; De 8 en Opbouw 1936 p.1, 1940 p.169; A. Roth – Die neue Architektur, 1940

De architectuur is in hoge mate bepaald door functionele eisen, akoestiek en geluidsisolatie. Na vele proeven ontstonden de trapeziumvormige studio's, geconstrueerd uit onverbonden, afzonderlijk gefundeerde baksteenwanden. De vorm van de zalen levert natuurlijkerwijze een straalsgewijze plattegrond en een duidelijke articulatie in de gevel. Een uitbreiding uit 1940 van dezelfde architecten toont een zwieriger, meer decoratieve architectuur, kenmerkend voor de crisis in het functionalisme eind jaren dertig.

▪ The architecture of these broadcasting studios was largely determined by functional requirements, acoustics and soundproofing. Extensive testing resulted in trapezium-shaped studios constructed of discrete, individually founded brick partitions. The shape of the studios led naturally to a radial ground plan and a distinct articulation in the façade. An extension dating from 1940 by the same architects exhibits a more flamboyant, decorative architecture, characteristic of the crisis that overtook functionalism at the end of the thirties.

D32 VARA-STUDIO'S/BROADCASTING STUDIOS

Heuvellaan 33, Hilversum

P.J. ELLING/A. EIBINK, J.A. SNELLEBRAND | 1958-1961/1931

B. van der Leck (b.k.)

Bouwkundig Weekblad 1932 p.205, 1962 p.318

Aan de oorspronkelijke studio (Eibink & Snellebrand, 1931) is een nieuwe studioaccommodatie toegevoegd met een dubbelhoge entreehal en een technische vleugel langs de Heuvellaan. Loodrecht op deze uitbreidingen zijn in twee latere fases twee vleugels gebouwd, een met vier kleine studio's en een met een grote studiozaal. De kantine vormt een brug tussen deze twee vleugels.

▪ The original studio (Eibink & Snellebrand, 1931) was provided with additional studio space plus a double-height entrance hall and a technical wing on Heuvellaan. Set at right angles to these extensions are two still newer wings added separately: one comprising a large studio, the other four small ones. A cafetaria serves as a bridge between these two wings.

D33 VILLA VPRO

Sumatralaan 45, Hilversum

MVRDV | 1993-1997

W. Maas, J.J. van Rijs, N.A. de Vries (proj.)

Arch+ 1996-4, 1997-4; Werk, Bauen + Wohnen 1997-4; de Architect-thema 60, 1997-9; Architectuur & Bouwen 1997-5; Archis 1997-5

Het 'villagevoel' van de oude behuizing in een groot aantal vrijstaande villa's wordt in het nieuwe gebouw voor deze omroepvereniging bereikt door de open, vloeiende ruimte en een kantoortuininrichting. De villa heeft een opvallende 'vrije doorsnede' met zich plooiende en knikkende vloeren. De transparante vlakken tussen de vloeren bestaan voor een groot deel uit hardhouten schuifpuien. De vloeren, waarin tevens alle installaties zijn opgenomen, worden gedragen door een stelsel van ronde kolommen op een vierkant raster. Direct achter het gebouw bevindt zich het spectaculaire nieuwe kantoor voor de RVU, eveneens ontworpen door MVRDV.

▪ In this new building for the VPRO broadcasting company, the villa-like ambience of its former home in a string of freestanding villas resonates in the open flowing space and an 'office landscape' design. The villa has a remarkable 'free section' of floor slabs that fold and kink. Most of the transparent planes separating the floors are sliding glass panels held in hardwood frames. The floors themselves, which house all the services, are borne aloft by a system of round columns on a square grid. Immediately behind the Villa VPRO is the spectacular new office for RVU, another MVRDV design.

D34 WERELDOMROEP/WORLD SERVICE RADIO NEDERLAND

Witte Kruislaan 55, Hilversum

VAN DEN BROEK & BAKEMA | 1961

H.B.J. Lops (medew.)

Bouw 1962 p.208; Bouwkundig Weekblad 1962 p.46; Deutsche Bauzeitung 1965 p.2057; J. Joedicke – Architektur und Städtebau, 1963

Een van de eerste zgn. kruisgebouwen van Van den Broek & Bakema. Het kruispunt van de twee hogere kantoorvleugels bevat toiletten, trappenhuis en een lift, vrijstaand in een schacht en buiten het gebouw uitstekend zodat men langs de kruisende gevels kan kijken. Onder de administratievleugel bevinden zich twee honingraatvormige studiogebouwen met speciale akoestische wanden, vrijgehouden van de bovenbouw met een glasstrook die zich voortzet in de terugliggende stalen vliesgevel van de begane grond.

▪ This World Service building was one of Van den Broek & Bakema's earliest 'cruciform' designs. The intersection of the two higher office wings contains toilets, staircase and a free-standing lift which projects outside the building so that its users can look along the intersecting elevations. Below the administrative wing are two hexagonal studios with acoustically attuned walls, separated from the structure above by a glass strip which continues in the set-back steel curtain wall of the ground floor.

Den Helder
Den Oever
Hippolytushoef
Julianadorp
Anna Paulowna
Callantsoog
Wieringerwerf
Wieringerwaard
Middenmeer
Petten
SCHAGEN
Kolhorn
Medemblik
Warmenhuizen
Nieuwe-Niedorp
NOORD-
Wervershoof
Andijk
Stede Broec
Enkhuizen
Camperduin
Schoorl
Opmeer
Midwoud
LANGEDIJK
Wognum
Hoogkarspel
Bovenkarspel
Bergen aan Zee
BERGEN
Heerhugowaard
ALKMAAR
Venhuizen
Avenhorn
Hoorn
Egmond aan Zee
Wijdenes
Heiloo
Schermerhorn
HOLLAND
Limmen
Oosthuizen
CASTRICUM
De Rijp
Middenbeemster
Akersloot
Uitgeest
Nrd-Hollands kan.
Alkmaarder-meer
HEEMSKERK
Krommenie
Edam
Wijk aan Zee
BEVERWIJK
WORMER
VOLENDAM
Purmerend
Velsen-Noord
Assendelft
MONNICKENDAM
Kerkbuurt
IJmuiden
Zaan-stad
Oostzaan
Ilpendam
MARKEN
VELSEN
Santpoort
ZAANDAM
Landsmeer
Broek in Waterland
Uitdam
Bloemendaal
Spaarndam
HAARLEM
ZANDVOORT
Zwanenburg
F
AMSTERDAM
Aerdenhout
HEEMSTEDE
BADHOEVEDORP
DIEMEN
Muiden
Muiderberg
Vogelenzang
Bennebroek
HOOFDDORP
Amstel-veen
Duivendrecht
WEESP
Schiphol
A'dam-Z.O.
NAARDEN
HILLEGOM
Ouderkerk a/d Amstel
G
Bussum
Abcoude
NOORDWIJKERHOUT
LISSE
NIEUW-VENNEP
AALSMEER
Nederhorst den Berg
Noordwijk
IJssel-
meer
Marker-
meer
Workum
Heeg
Gaastmeer
Heeger meer
Hindeloopen
Woudsend
Fluessen
Sloter-meer
Koudum
Balk
Stavoren
Sloten
Oudemirdum
Heerenveen
Oudehaske
Mildam
Tjonger
St. Nicolaasga
Ter Idzard
Tjeuke-meer
Oosterzee
WOLVEGA
LEMMER
Munnekeburen
Oldemarkt
Rutten
Steenwijkerwold
Kuinre
STEENW
Creil
Bant
Scheerwolde
NOORDOOST-
Luttelgeest
Espel
Emmeloord
Blokzijl
Wanne
Marknesse
Beulaker-wijde
Tollebeek
POLDER
Vollenhove
URK
Nagele
Kraggenburg
Ens
Genemuiden
Zwartemeer
MARKERWAARDDIJK
Ketelmeer
Kampereiland
Zwarte-
Swifterbant
Kampen
IJsselmuiden
ZWOLLE
DRONTEN
De Zande
Vaart
IJssel
LELYSTAD
Noordeinde
Lage
FLEVOLAND
Oosterwolde
Oost-vaarders plassen
Biddinghuizen
Elburg
Oldebroek
WEZEP
HAT
Hoge
Almere-Buiten
't Harde
Doornspijk
kanaal
Veluwemeer
NUNSPEET
HEERDE
FLEVO-
LAND
Almere
EPE
Oene
Wolder-wijd
Vierhouten
Almere-Haven
Gooimeer
Zeewolde
Harderwijk
Huizen
Hierden
Horst
ERMELO
VAASSEN
Elspeet
BLARICUM
Staverden
Eemmeer
VELUWE
LAREN
Eemnes
PUTTEN
Uddel
APELDOORN
Apeldoorns
BUNSCHOTEN
Rijn
kan.
Noord-Hollands
kan.
A 27
15
16
17
18
19
20
21
22
23
24
25
26
27
28
29
30
31
32
33
34
35
36
37,38
39,40,41
42
43,44
45,46
47
48
49-52
H 1
C 68
C 66,67
C 65
C 64
C 63
8
4,5,6
9
7
10,11,12
1,2,3
13,14
B 1,2,3
B 4
B 7
B 5,6
B 8
B 9
B 16

E01 Apon, Van den Berg, Ter Braak, Tromp Woningbouw, Stedenbouw/Housing, Urban Design
E02 J. van Stigt Woningbouw/Housing
E03 H. Hertzberger Bejaardencomplex/Old-Age Home De Overloop
E04 C.G. Dam Stadhuis/Town Hall
E05 H. Tupker Arbeidsbureau/Employment Exchange
E06 J.M.J. Coenen Restaurant met Woningen/Restaurant and Dwellings
E07 Diverse Architecten De Fantasie
E08 Diverse Architecten De Realiteit
E09 Diverse Architecten Bouw-RAI I
E10 Diverse Architecten Bouw-RAI II
E11 H. Hertzberger Basisscholen/Primary Schools De Polygoon; De Bombardon
E12 A.E. & H. van Eyck Gezondheidscentrum/Health Centre
E13 K.J. van Velsen Bibliotheek/Library
E14 Sj. Soeters Supermarkt met Woningen/Supermarket and Housing
E15 C. Lely, Bureau Zuiderzeewerken; W.M. Dudok; D. Roosenburg Afsluitdijk; Monument; Uitwateringssluizen/Discharge Sluices
E16 W.J. Brinkman, H. Klunder, J. Verhoeven, N. Witstok Stadsvernieuwing/Urban Redevelopment Sluisdijk
E17 R.W. van de Wint Nollen Project
E18 D. Roosenburg, Bureau Zuiderzeewerken Gemaal/Pumping Station Lely
E19 A.J. Kropholler Raadhuis/Town Hall
E20 E. Reitsma Gereformeerde Kerk/Church
E21 C.B. Posthumus Meyjes Snouck van Loosenpark
E22 Benthem Crouwel Bedrijfsgebouw/Industrial Building Mors
E23 C.J. Blaauw, P.L. Kramer, G.F. la Croix, J.F. Staal, M. Staal-Kropholler Park Meerwijk
E24 A. Bonnema Kantoorgebouw/Office Building PEN
E25 A. Bonnema Woningbouw/Housing
E26 J. den Hollander Dijkgraaf W. de Boergemaal/Pumping Station
E27 G.Th. Rietveld Woonhuis/Private House Van den Doel
E28 M.F. Duintjer/R.H.M. Uytenhaak Raadhuis met Uitbreiding/Municipal Hall and Extension
E29 M.J.M. Min Bezoekerscentrum/Information Centre De Hoep
E30 W.M. Dudok Hoofdgebouw/Headquarters Hoogovens
E31 J. Emmen Sluisgebouwen/Lockhouses Noordersluis
E32 H.J.M. Ruijssenaars Woningbouw/Housing
E33 F. de Wit Klimwand en Uitzichtpunt/Climbing Wall and Look-Out Point
E34 H. Klunder Woningbouw/Housing
E35 J.H. Groenewegen Montessorischool
E36 Sj. Soeters Circustheater
E37 B. Bijvoet, G.H.M. Holt Woonhuis/Private House Looyen
E38 K.L. Sijmons Adventskerk/Church
E39 J.B. van Loghem Woningbouw/Housing Rosenhaghe
E40 J.Th.A.M. Kuijt Warenhuis/Department Store V&D
E41 D.A.N. Margadant Station
E42 M.A.A. van Schijndel Bedrijfsgebouw/Industrial Building Lumiance
E43 Diverse Architecten Woningbouw/Housing Zuiderpolder
E44 G.H.M. Holt Pastoor van Arskerk/Church
E45 J.B. van Loghem Woningbouw/Housing Tuinwijk-Zuid
E46 Sj. Soeters Woonhuis/Private House Bakels
E47 Rietveld Van Dillen Van Tricht Aula Begraafplaats/Cemetery Hall
E48 M.F. Duintjer, F.C. de Weger, NACO; Benthem Crouwel Schiphol Airport; Terminal-West
E49 J.G. Wiebenga ULO-School/Comprehensive School
E50 H. Sangster Watertoren/Water Tower
E51 J. Duiker, B. Bijvoet Woonhuis/Private House Suermondt
E52 M. de Klerk Woonhuis/Private House Barendsen

E01 WONINGBOUW, STEDENBOUW/ HOUSING, URBAN DESIGN

Marktgracht, Kerkgracht, Brink, Almere-Haven

APON, VAN DEN BERG, TER BRAAK, TROMP | 1974-1979

Wonen-TA/BK 1979-19; Bouw 1980-17; C. van der Wal – In Praise of Common Sense, 1997

Centrum en stedenbouw van Almere-Haven zijn een reactie op de CIAM-stedenbouw van Lelystad, een tien jaar eerder gebouwde new town in de polder. Men grijpt terug op architectuur en stedelijke context van Amsterdam en Zuiderzeestadjes: woningbouw boven winkels, een voetgangersgebied met een marktplein en een grachtje. De woningen zijn individueel herkenbaar door hun topgevels en wisselende bouwhoogte. De gevels zijn bekleed met baksteen en betonelementen.

▪ The centre and layout of Almere-Haven are a reaction to the CIAM design for Lelystad (a new town in the polder built ten years before) and revert to the architecture and urban context of Amsterdam and the Zuiderzee towns: housing above shops, a pedestrian precinct with a market-place, and a canal. Houses are individually recognizable by their gables and the variation in height. Façades are brick-clad with concrete elements.

E02 WONINGBOUW/HOUSING

De Werven, Almere-Haven

J. VAN STIGT | 1974-1977

Bouw 1978-8; de Architect 1979-10

De stedenbouwkundige basis van dit plan wordt gevormd door op een hoek geopende, vierkante clusters van 20 à 25 woningen rond een groen of stenen binnenplein. Door vier clusters opnieuw tot een vierkant te groeperen wordt een grotere schakel gevormd. De woningen zijn voorzien van standaard trap/toiletelementen en standaard keukens en badkamers. Door de plaats van deze elementen te variëren zijn 26 verschillende woningtypen ontstaan, waaronder een aantal splitlevelwoningen.

▪ This plan is based on square clusters, each open at one corner, of 20 to 25 dwellings around a green or paved inner court. Four of these clusters form a square creating a further link-up on a larger scale. Dwellings are fitted with standard core elements, and standard kitchens and bathrooms. Varying the position of these has produced a total of 26 different types of unit, including a number of split-level dwellings.

E03 BEJAARDENCOMPLEX/OLD-AGE HOME DE OVERLOOP

Boogstraat 1, Almere-Haven

H. HERTZBERGER | 1980-1984

Casabella 1984-dec; Architectural Review 1985-4; Bouw 1985-10; W. Reinink – Herman Hertzberger, architect, 1990

Hoofdgebouw en laagbouwwoningen omsluiten een gemeenschappelijke tuin. De gangen naar de wooneenheden lopen vanuit een centrale hal over alle etages. Naarmate het structuralisme als vorm- en ontwerpuitgangspunt op de achtergrond raakt, tendeert Hertzbergers architectuur naar een moderne verwerking van de Nieuwe Zakelijkheid. In het interieur, op knikpunten en bij trappenhuizen, overheersen nog zijn oude thema's als persoonlijke expressie en het bevorderen van sociale contacten.

▪ Main block and low-rise dwellings in this old-age home surround a communal garden. Corridors to units sprout from a central hall on all floors. As Structuralism recedes as basis for its form and design, Hertzberger's architecture gravitates towards a 'New Objectivity' brought up to date. Inside, however, such familiar themes as personal expression and advancement of social contact still dominate in corners and at staircases.

E04 STADHUIS/TOWN HALL

Stadhuisplein 1, Almere-Stad

C.G. DAM | 1979-1986

R. Houben, R. Eygenbrood, J. Tor (medew.)

de Architect 1986-10; Archis 1987-3; Bouw 1987-20; B. Lootsma – Cees Dam, architect, 1989

Twee haaks op elkaar staande kantoorvleugels van vijf lagen omsluiten een vierkante parkeergarage. Het hoekpunt wordt gedomineerd door de ronde raadzaal, die tevens de hoofdentree markeert. In beide vleugels loopt een lange trap over alle verdiepingen door, met als contravorm een getrapte achtergevel. Diagonaal vanuit de entreehal zal een derde kantoorvleugel van zes lagen over het parkeerdek worden gebouwd.

▮ Two five-storey office wings meet at right angles to enclose a square parking garage. The corner of this town hall is dominated by the circular council chamber also marking the main entrance. In each wing is a stair to all levels, the rear façade stepping down as counterbalance. A third wing of six floors is to be built as a diagonal from the entrance hall across the car park roof.

E05 ARBEIDSBUREAU/EMPLOYMENT EXCHANGE

Hoekmanstraat/Makelaarstraat, Almere-Stad

H. TUPKER | 1989-1990

de Architect 1990-4; Archis 1990-5

Dit bescheiden, maar zorgvuldig vormgegeven arbeidsbureau bestaat uit een glazen onderlaag van twee verdiepingen met daarop een uit rode baksteen gemetselde bovenlaag. Doordat de rubber afdekstrips van de beglazing en de voegen van het metselwerk in dezelfde rode kleur zijn uitgevoerd manifesteert het gebouw zich als een sterke eenheid. In de lange poot van het L-vormige gebouw bevindt zich de door een daklichtstrook verlichte publiekshal. De bakstenen bovenlaag was niet strikt noodzakelijk, maar is toegevoegd om te voorkomen dat het gebouw in de omringende hogere bebouwing zou wegvallen.

▮ The two lowest levels of this restrained yet sensitively designed office building have a glazed façade, the uppermost level is in red brick. As the rubber sealant of the glazing and the joints of the brickwork are in the same red the building conveys a strong feeling of unity. In the long side of the L-shape and toplit by a monitor rooflight is the public zone. The brick upper level was not strictly necessary but was added to prevent the employment exchange from being swallowed up by the taller buildings surrounding it.

E06 RESTAURANT MET WONINGEN/ RESTAURANT AND DWELLINGS

Grote Markt, Almere-Stad

J.M.J. COENEN | 1984-1987

Bouw 1988-23; Architecture + Urbanism 1988-9; Architectuur in Nederland. Jaarboek 1987-1988; A. Oxenaar – Jo Coenen, architect, 1994

Een langgerekte, spits toelopende lichtschacht vormt het hart van dit combinatiegebouw, waar op de begane grond en de entresol oorspronkelijk een restaurant was gevestigd, dat inmiddels tot bankfiliaal is verbouwd. Op de tweede en derde verdieping, aan weerszijden van de lichtspleet, bevinden zich een grotere woning in twee lagen en, aan de straatzijde, tien eenkamerappartementen. Door de sterke, vijfbeukige ruimtestructuur, die wordt bepaald door de afwisselend in lichtrose en witte betonsteen uitgevoerde dragende metselwerk schijven, kon deze functiewisseling gemakkelijk worden opgevangen.

▮ An elongated, tapering light shaft forms the heart of this building whose ground floor and mezzanine, originally housing a restaurant, have since been converted into a bank branch. On the second and third storeys, on either side of the light shaft, is a larger dwelling in two levels; on the street side are ten one-room apartments. Given the sturdy, five-bay spatial arrangement fixed by loadbearing piers alternately executed in pale pink and white concrete block, this alternation of functions can be accommodated with ease.

E07 DE FANTASIE

De Fantasie, Almere-Stad

DIVERSE ARCHITECTEN | 1982-1986

1 Benthem Crouwel (Hardglas, eigen woonhuis Benthem), **2 R.H. van Zuuk** (Psyche, 1993), **3 T. van Halewijn** (In Vitro), **4 G. Bakker, E. van Leersum** (Twee + Plus), **5 R.J. de Kloe, W. Heijligers, F. van Hoeken, W. van Rijn** (Conform), **6 D. Kinkel** (Onder de 16), **7 J.G.C. Abbo** (Koepel-paneelhuis), **8 P. Loerakker, D. Bruijne** (A82), **9 J. van Staaden** (Nenohi no tana)

Forum 1983-3; Architecture d'Aujourd'hui 1984-jan; Architectural Review 1985-1; Architect's Journal 1985-32; Bouw 1985-21, 1993-4; B. Lootsma – Peter Loerakker, architect, 1992; V. van Rossem – Benthem Crouwel, architecten, 1994

E08 DE REALITEIT

De Realiteit, Almere-Stad

DIVERSE ARCHITECTEN | 1985-1991

1 T. Koolhaas (Polderblik), **2 M. Koolen** (Ibis), **3 D. Bruijne, G. Koppelman** (Er vliegt een vogel onder ons huis), **4 J. Wagenaar, H. Weijsenfeld** (Boven de Zeespiegel), **5 L. van Bemmelen, H. Liem** (De Cirkelwoning), **6 B.J. van den Brink** (Meerzicht), **7 M. Meijs** (Diogenes II), **8 M. van der Dalen, P. Claassens** (Cargo) **9 E.F. Böhtlingk** (Markies), **10 H. Hammink** (De naam van het huis), **11 H. Slawik** (Tijdelijk Wonen), **12 J.G.C. Abbo** (Golfhuis), **13 M. Janga** (De Steigerhut), **14 Holvast & Van Woerden** (Amfibie), **15 J.H.M. & R.M. van Well** (P.S.), **16 W.M. Gerretsen** (Zeiltoren)

Bouw 1987-25, 1989-10, 1990-3, 1990-23, 1995-5; de Architect 1990-6; Architectuur in Nederland. Jaarboek 1990-1991

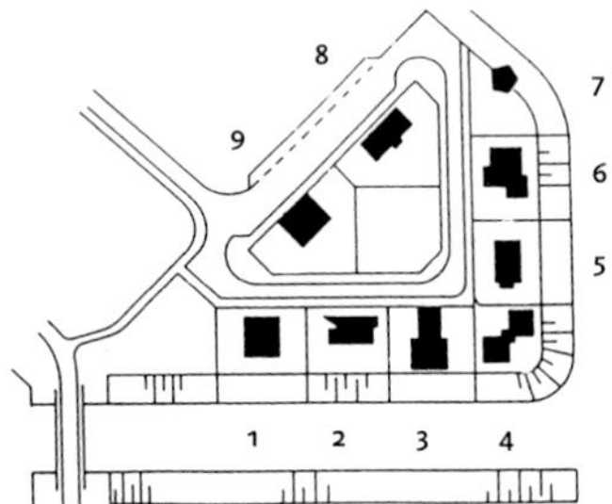

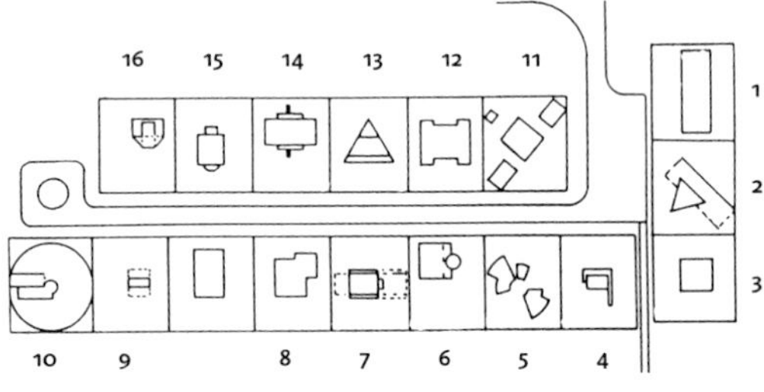

In 1982 schrijft het comité De Fantasie een prijsvraag uit onder het motto 'ongewoon wonen'. Er wordt gevraagd om experimentele, vrijstaande, tijdelijke woningen die niet behoeven te voldoen aan welstandseisen of wettelijke voorschriften. De prijswinnaars (niet alleen professionele architecten) ontvangen een geldbedrag en een stuk grond in (tijdelijke) bruikleen. De wedstrijd en de gebouwde resultaten waren drie jaar later aanleiding tot een tweede, uitgebreidere versie op een andere locatie, ditmaal onder de titel De Realiteit. Vrijwel alle prijswinnende ontwerpen zijn in de loop der jaren daadwerkelijk gebouwd, veelal door zelfbouwende ontwerpers en gesponsord door bouwmateriaalleveranciers. De resultaten zijn uiteenlopend van aard en kwaliteit, maar vertonen allemaal de charme van het direct gebouwde idee. Bij De Fantasie zijn de opvallendste woningen het inmiddels uitgebreide woonhuis van Jan Benthem met dragende, hardglazen gevels en het recenter gebouwde, expressieve woonhuis van René van Zuuk. Op het grotere terrein van De Realiteit zijn de blikvangers: het lowtech, op drijvers geplaatste Amfibie, het hightech zonne-energie-experiment met karakteristiek warmwateropslagvat Meerzicht, de stalen directiekeet op pilotis met classicistische referenties Polderblik, de containerstapeling Tijdelijk Wonen, het huis met de mooiste naam 'Er vliegt een vogel onder ons huis' en de uitklapcaravan Markies.

▪ In 1982 a committee calling itself De Fantasie ('fantasy') held a competition for 'unusual homes'. The brief called for experimental, freestanding, temporary houses that need not satisfy legal regulations or official standards. The prize-winners (not only professional architects) each received a sum of money and a plot of land on loan. The success of De Fantasie prompted a second, more extensive version at another site three years later, this time under the name De Realiteit ('reality'). Almost all the prized submissions have been built over the years, often by the designers themselves and sponsored by suppliers of building materials. The results vary in nature and quality, yet all possess the charm of an idea directly translated into built terms. In De Fantasie the most striking houses are Hardglas with its loadbearing toughened-glass walls (since extended) and the more recently built, expressive Psyche. On the larger site provided by De Realiteit the more sensational items include the low-tech, waterbound Amfibie; Meerzicht, a high-tech solar energy experiment with its arresting hot water storage tank; Polderblik, a steel site office on pilotis with a dash of classicism; Tijdelijk Wonen, a stack of containers; the most attractively named of the houses (in translation, 'There's a bird flying beneath our house'); and Markies, a fold-out caravan.

E09 BOUW-RAI I
Muziekwijk, Almere-Stad
DIVERSE ARCHITECTEN | 1990
(o.a.) **T. Koolhaas** (Wessel Ilckenstraat), **H. Hertzberger** (Wessel Ilckenstraat), **A.P.J.M. Verheijen** (Glenn Millerweg), **E.B. Vreedenburgh, Archipel Ontwerpers** (Duke Ellingtonstraat/Benny Goodmanstraat), **INBO** (Duke Ellingtonstraat), **Mecanoo** (Benny Goodmanstraat)
Bouw 1989-9; Architectuur & Bouwen 1990-4; Archis 1990-5; de Architect 1990-5

E10 BOUW-RAI II
Filmwijk, Almere-Stad
DIVERSE ARCHITECTEN | 1992
(o.a.) **Loof & Van Stigt** (James Stewartstraat), **Sj. Soeters** (Ingrid Bergmanstraat/James Stewartstraat), **INBO/Gjalt de Jong** (Humphrey Bogartstraat), **Lafour & Wijk** (Hollywoodlaan), **F.J. van Dongen, Architecten Cie** (Hollywoodlaan), **Mecanoo** (Grace Kellystraat), **A.P.J.M. Verheijen** (Bette Davisstraat)
de Architect 1991-4, 1992-6; Architectuur & Bouwen 1992-3; Casabella 1993-7/8

In 1990 krijgen achttien architecten de kans hun ideeën ten aanzien van het wonen in de jaren negentig te realiseren. In het kader van de tweejaarlijkse bouwmaterialenbeurs in de Amsterdamse RAI krijgen zij elk een bouwblok in de Muzenwijk ter beschikking. De woningen moeten wel verkoop- of verhuurbaar zijn en voldoen aan de bestaande regelgeving. Binnen deze grenzen wordt gezocht naar nieuwe woonvormen. Het meest bij-de-tijd en daarmee inmiddels het meest gedateerd zijn de postmoderne life-style keuzewoningen van Archipel Ontwerpers. De verfijnde neomoderne herenhuizen van Mecanoo bieden binnen de typologie van de traditionele tweebeukige woning de meeste ruimte voor functie- en indelingswijziging. In bouwtechnisch opzicht zijn de stalen gevels van Fons Verheijen en de aluminium trappenhuizen, gevels en dakopbouw van Teun Koolhaas opmerkelijk.
Twee jaar later wordt opnieuw een voorbeeldwijk gerealiseerd, ditmaal met 36 verschillende ontwerpers. Als reactie op het wat chaotische stedenbouwkundige kader van Bouw-RAI I, worden de verschillende plannen nu binnen een strak, radiaal plan ondergebracht. De invulling van dit radiale plan met een veelheid van veelal 'recht' ontworpen blokken, is op zijn minst problematisch gebleken. De materialen, de kleurtjes en de vormpjes zijn behoorlijk bij-de-tijd, maar van experimenten met nieuwe woonvormen is amper nog sprake. Gunstige uitzonderingen vormen: het 'Modern Acropolisme' van Sjoerd Soeters en de vergelijkbare opzet van Fons Verheijen, en de plannen van Mecanoo, Loof & Van Stigt, Van Dongen en Lafour & Wijk.

▪ In 1990 eighteen architects were given the opportunity to put their ideas about dwelling in the nineties into practice. As part of the two-yearly building materials fair in Amsterdam's RAI complex each was allotted a block in the Muzenwijk, a district in Almere-Stad. The houses had to conform to existing standards. Within these limits, entrants were asked to examine new dwelling forms. The most fashionable and consequently the most passé are Archipel Ontwerpers' postmodern multi-lifestyle units. Mecanoo's refined neo-modern larger-than-standard houses offer within the traditional two-bay typology the most space for modification in function and internal arrangement. In constructional terms Fons Verheijen's steel façades and Teun Koolhaas's aluminium stairtowers, façades and roof structure are the most arresting.
Two years later a second such 'model district' took shape, this time shared among 36 designers. In view of the somewhat chaotic urban framework of Bouw-RAI I, these new schemes were sited in a taut, radial plan. Filling in this radial plan with a mixed bag of mostly rectilinear blocks was evidently no easy task. Though the materials, colours and shapes are decidedly contemporary, this time there is little evidence of experimentation with new dwelling forms. Notable exceptions are Sjoerd Soeters's 'Modern Acropolisme', and the comparable line taken by Fons Verheijen, and the schemes by Mecanoo, Loof & Van Stigt, Van Dongen and Lafour & Wijk.

E11 BASISSCHOLEN/PRIMARY SCHOOLS DE POLYGOON; DE BOMBARDON

Hollywoodlaan 109; Simon van Collemstraat, Almere-Stad

H. HERTZBERGER | 1990-1992; 1995

Herman Hertzberger, Projekte/Projects 1990-1995, 1995; de Architect 1996-9

Na de realisatie van zijn Amsterdamse Apollolaanscholen geldt Hertzberger als een van de weinige architecten die in staat is binnen het uiterst krappe budget te experimenteren met nieuwe schoolgebouwtypen. De twee basisscholen die hij in Almere bouwt kennen beiden een lineaire hoofdopzet, waarbij de lokalen zijn gerangschikt langs een langgerekt, open middengebied. Bij De Polygoon is deze gevuld met een voorzieningenruggengraat die met luchtbruggen verbonden is met een dakterras op de lokalen. De Bombardon kan worden gezien als een extrusie van de Apolloschool, waarbij een stelsel van schuine trappen en bruggen de open middenzone doorsnijdt.

▪ The two Apollolaan schools in Amsterdam established Hertzberger's reputation as one of the few architects able to experiment with new school building types within the tightest of tight budgets. The two primary schools he built in Almere both have a linear parti with classrooms strung out either side of an elongated open central area. In the Polygoon the open space is filled with a backbone of facilities linked by aerial walkways to a roof terrace perched above the classrooms. The Bombardon, for its part, can be regarded as an extrusion of the Apollo Schools, with its system of oblique stairs or bridges stabbing through the open central zone.

E12 GEZONDHEIDSCENTRUM/HEALTH CENTRE

Greta Garboplantsoen 1, Almere-Stad

A.E. & H. VAN EYCK | 1993

J. Wickham (proj.)

Archis 1993-11; Architectural Review 1994-10

In het kader van de Bouw-RAI II krijgt Van Eyck de opdracht voor het gezondheidscentrum van de Filmwijk. Vanbuitenaf oogt het gebouw gesloten, en door de rij kanteelachtige 'periscopen' op de noordgevel zelfs als een vesting. Intern blijkt het ontwerp een illustratie van Van Eycks 'huis als een kleine stad'. De verschillende gezondheidsfuncties zijn langs een van boven verlichte middenstraat geordend en voorzien van vitrines en balies. Aan de einden van de straat bevinden zich, binnen de ommuring, twee speelpatio's. De entrees zijn gesitueerd op plaatsen waar de buitenwand naar binnen buigt.

▪ Aldo van Eyck was commissioned to design a health centre for the Filmwijk neighbourhood as part of Bouw-RAI II. From outside the building looks hermetic, a fortress even, judging by its series of 'periscopes' poking up like battlements along the north façade. Internally the design proves to be another illustration of Van Eyck's 'house as a small city' theme. The various services and their glazed reception areas are ranged in orderly fashion along a toplit central 'street'. At each end of the street, and within the centre's walls, is an open-air patio where children can play. The entrances are located at places where the outer walls sweep inward.

E13 BIBLIOTHEEK/LIBRARY

Kerkstraat 2, Zeewolde

K.J. VAN VELSEN | 1985-1989

Archis 1989-5; de Architect 1989-9; Architectuur in Nederland. Jaarboek 1989-1990; J. Rodermond – Koen van Velsen, architect, 1995

De bibliotheek lijkt een eenvoudig vierkant gebouw van geperforeerde betonpanelen, met een transparante stalen voorbouw boven de entree, ingegeven door de stedenbouwkundig voorgeschreven arcade. In het interieur vormt een collage van elementaire vormen, onbewerkte materialen (hout, beton, golfplaat, spaanplaat) en maat- en constructiesystemen een complexe compositie, zowel in het platte vlak als in de doorsnede. Zo is de studiezaal een van een apart gebogen dak voorzien 'huisje', dat door de verdiepingsvloer is gezakt, en vormen hellingbanen verticale verbindingen.

▪ From the outside it seems a simple square building of perforated concrete panels with a transparent steel-framed prefatory volume above the entrance, prompted by the arcade prescribed in the brief. Inside, a collage of elementary forms, untreated materials (wood, concrete, corrugated sheet, multi-ply) and measurement and constructional systems combine in a composition complex in both plan and section. For example, the reading room takes the form of a small house sunk into the upper floor, and ramps effect vertical circulation.

E14 SUPERMARKT MET WONINGEN/ SUPERMARKET AND HOUSING

Kerkstraat/Horstersteeg, Zeewolde

SJ. SOETERS | 1993

H. Ibelings – Sjoerd Soeters, architect, 1996

Soeters, 'het stoutste jongetje van de Nederlandse architectuur', is een van de weinige architecten in Nederland die de vrolijke variant van het postmodernisme hebben omarmd. Op een open, glazen onderbouw waarin een supermarkt is opgenomen zijn vier oplopende woningblokken, elk van twee woonlagen, geplaatst. De blokken zijn afzonderlijk gearticuleerd door golvende gevelvlakken in olijke pasteltinten. Het laatste zijvlak van deze blokken is voorzien van een streepjescodegevel die verwijst naar de winkelfunctie op de begane grond.

▪ Soeters, 'the naughtiest boy in Dutch architecture', is one of the few architects in the Netherlands to have embraced the more frolicsome brand of postmodernism. Four two-storey blocks of housing rise in height atop an open glazed basement containing a supermarket. The blocks are articulated individually by waving-flag façades in mischievous pastel hues. The zebra code emblazoned on the rear elevation refers to the retail function on the ground floor.

E15 AFSLUITDIJK; MONUMENT; UITWATERINGSSLUIZEN/DISCHARGE SLUICES

Den Oever/Kornwerderzand

C. LELY, BUREAU ZUIDERZEEWERKEN; W.M. DUDOK; D. ROOSENBURG | 1918-1933

Bouwkundig Weekblad 1933 p.415; K. Bosma – De kunstwerken van Rijkswaterstaat, 1993; H. van Bergeijk – Willem Marinus Dudok 1884-1974, 1995

Met de bouw van de Afsluitdijk begint de droogmaking van de Zuiderzee, sindsdien het IJsselmeer geheten. Op de plaats waar de dijk werd gesloten staat een monument ontworpen door Dudok. Een horizontaal uitkijkplatform biedt uitzicht over de overwonnen zee. Het wordt in balans gehouden door een half betonnen, half glazen traptorentje met een uitzichtplatform over de dijk en de wadden. Aan de beide uiteinden van de dijk bevinden zich twee reeksen uitwateringssluizen van architect Roosenburg. De sluizen bestaan uit majestueuze rijen betonnen machinetorens met daartussen stalen sluisschotten.

▪ The construction of the Afsluitdijk signalled the start of drainage of the Zuiderzee, since known as IJsselmeer. The final section of dike is marked by a monument designed by Dudok. A horizontal observation platform looks out over the conquered sea. Balancing it is a half-concrete, half-glass tower with stairs leading up to a lookout post with a view of dike and mud-flats. At each end of the dike is a series of discharge sluices designed by the architect Roosenburg, consisting of concrete machine rooms in solemn ranks with steel sluice gates slung in-between.

E16 STADSVERNIEUWING/URBAN REDEVELOPMENT SLUISDIJK

Parallelweg/Beatrixstraat/Sluisdijkstraat, Den Helder

W.J. BRINKMAN, H. KLUNDER, J. VERHOEVEN, N. WITSTOK | 1974-1978

de Architect 1977-4; Wonen-TA/BK 1978-15

Een stadsvernieuwingsproject met uiteenlopende reacties, variërend van 'een lichtend voorbeeld' tot 'Anton Pieck-architectuur'. De eigenzinnige woninggroepering, clusters rond woonhoven (Klunder), achthoekige hoven (Verhoeven) en rug-aan-rug-woningen (Brinkman en Witstok), sluit slecht aan op de omringende bebouwing. Door de compacte bouwwijze met veel gemeenschappelijke bouwmuren kon deze sociale woningbouw voorzien worden van vele extra's als decoraties en open haarden. Gebruik, lichttoetreding en bezonning blijven ver achter bij dit uiterlijk vertoon.

▪ This urban redevelopment project has evoked widely differing reactions, being considered both a shining example and a caricature. Its eccentric grouping of dwellings, clusters around 'living-courts' (Klunder), octagonal courts (Verhoeven) and back-to-back units (Brinkman and Witstok) clashes with the surrounding built environment. Because of the compact method of building including many party walls, this social housing could be permitted many extras such as decorations and fireplaces. Utility and penetration by light and sun, however, lag far behind its showy appearance.

E17 NOLLEN PROJECT

Burgemeester Ritmeesterweg, Den Helder

R.W. VAN DE WINT | 1981-

de Architect-thema 1986-22

Sinds 1980 werkt beeldend kunstenaar Van de Wint aan het Nollenproject, waarbij kunst, architectuur en landschap op zeer persoonlijke wijze tot een eenheid worden gevormd. Een verzameling bunkers op een verwaarloosd duinterrein dient als basis voor grote wandschilderingen. Zo heeft een verbouwde bunker een glazen dak en transparante olieverf wandschilderingen. Een nieuwgebouwde vlindervormige bunker 'Vergilius' bevat een witte en een zwarte ruimte, die eveneens als drager dienen voor schilderingen, waarbij de tegenstelling kleur op witte ondergrond of zwarte ondergrond wordt onderzocht.

▪ Since 1980 the artist Van de Wint has been working on the Nollen project, in which art, architecture and landscape are welded along highly personal lines into a single entity. An assemblage of air-raid shelters on a neglected stretch of duneland serves as the basis for large mural paintings. A newly built butterfly-shaped shelter named 'Vergilius' contains a white and a black space, likewise serving as grounds for paintings which explore the contrast between colour on a white and a black background.

E18 GEMAAL/PUMPING STATION LELY

Zuiderdijkweg 22, Medemblik

D. ROOSENBURG, BUREAU ZUIDERZEEWERKEN | 1928-1930

Bouwkundig Weekblad 1933 p.419; de Architect 1982-10; Forum 1991-april; K. Bosma – De kunstwerken van Rijkswaterstaat, 1993

Het droogleggen van de Wieringermeer vormde de eerste fase van de Zuiderzeewerken. Het waterpeil in deze polder wordt door het gemaal Lely met drie pompen in de lengterichting van het gebouw op peil gehouden. Drie afzonderlijke afsluitbare kanalen waarin schoepen zijn gemonteerd, voeren het water aan. Het beeld van het witte gemaal in de vlakke polder vormt nog steeds een monument voor het optimisme waarmee in de jaren dertig aan het droogmaken van een complete binnenzee werd begonnen.

▪ The drainage of the Wieringermeer constituted the first phase of the Zuiderzee reclamation project. Lely, with three pumps along its length, maintains control of the water level in this polder. Water enters through three channels which can be shut off separately using paddles. The image of this white pumping station above the flat polder landscape survives as a monument to the optimism felt during the thirties when embarking on the drainage of an entire inland sea.

E19 RAADHUIS/TOWN HALL

Dam 4, Medemblik

A.J. KROPHOLLER | 1940-1942

J. Raedeker (b.k.)

E. van der Kleij – Architectuur en stedebouw in Noord-Holland 1850-1940, 1993

De traditionalist Kropholler zocht bij de ontwerpen voor de zes raadhuizen die hij bouwde naar 'blijvende waarden der Nederlandse Bouwkunst' en 'vakkundige verwerking en toepassing van het inheemse materiaal'. De traditionele middelen die hij bij dit raadhuis toepast, de verhoogde ligging in de as van de Nieuwstraat, het gebruik van baksteen, de trapgevels, de kruiskozijnen, de zware houten deur met smeedijzeren beslag en het centraal geplaatste gemeentewapen sluiten inderdaad aan bij de Nederlandse bouwtraditie. Ten aanzien van de detaillering en met name wat betreft het interieur toont de architect zich tevens een bewonderaar van Berlage.

▪ When designing his six municipal halls, the traditionalist Kropholler sought the 'perennial values of the Dutch building art' and the 'craftsmanly processing and application of local materials'. The traditional means he used for the one in Medemblik, its raised position on the axis of Nieuwstraat, the use of brick, the stepped gables and dormer windows, the heavy timber door with its wrought ironwork and the centrally placed municipal coat of arms, all obviously adhere to the Dutch building tradition. The detailing, especially in the interior, betrays Kropholler's admiration for Berlage.

E20 GEREFORMEERDE KERK/CHURCH
Middenweg 4, Andijk
E. REITSMA | 1930
R. Steensma, C.A. van Swigchem – Honderdvijftig jaar gereformeerde kerkbouw, 1986

Een van de belangrijkste vooroorlogse kerkenbouwers is de Groningse architect Egbert Reitsma. Voor de ongekende expressionistische vormenrijkdom van de gereformeerde 'kathedraal' van Andijk was een vrijwel onbeperkt budget beschikbaar. De kerkruimte met 1200 zitplaatsen is overwelfd met een complex parabolisch gewelf. De plattegrond is in de breedte gelegd met de kansel aan de lange zijde tegenover de hoofdingang met een groot raam. De benedenramen met gebrandschilderd glas tonen voorstellingen van handel, techniek, landbouw en scheepvaart.

▮ One of the most important prewar designers of churches is the Groningen architect, Egbert Reitsma. There was an almost unlimited budget available for the unprecedented wealth of Expressionist form characterizing this 'cathedral' at Andijk. The main space, with seating for 1200, is roofed by a complex parabolic vault. The plan is set breadthwise with the pulpit on the long side opposite the main entrance with its large window. The fenestration lower down comprises stained glass depictions of trade, technique, agriculture and shipping.

E21 SNOUCK VAN LOOSENPARK
Snouck van Loosenpark, Enkhuizen
C.B. POSTHUMUS MEYJES | 1897
H. Copijn (tuinarch.)
Wonen-TA/BK 1978-2

Dit arbeiderswoningencomplex, opgezet met middelen uit de nalatenschap van een redersfamilie, vormt met het Delftse Agnetapark een van de markantste voorbeelden van filantropische woningbouw. De vijftig traditioneel gebouwde woningen zijn in groepjes van twee of vier tot vrijstaande, villa-achtige gebouwen gevormd en gesitueerd in een park in de Engelse landschapsstijl, met als belangrijkste landschappelijke elementen een grillig gevormde vijver en een rond pleintje met een zonnewijzer.

▮ This workers' housing complex, set up with capital from the legacy of a family of shipowners, forms together with Agneta Park at Delft one of the most striking examples of 'philanthropic' housing. The fifty traditionally built dwellings are combined in groups of two and four into free-standing, villa-like buildings sited in a park in English landscape style whose principal elements are a fancifully-shaped ornamental lake and a circular open space later provided with a sundial.

E22 BEDRIJFSGEBOUW/INDUSTRIAL BUILDING MORS
Industrieterrein De Veken 106, Opmeer
BENTHEM CROUWEL | 1987-1989
Architectural Review 1989-3; Bouw 1989-4; Deutsche Bauzeitung 1989-10; V. van Rossem – Benthem Crouwel, architecten, 1994

Door de geprofileerde stalen gevel ter plaatse van de opslagruimte als een huls over een reeks stalen vakwerkspanten te schuiven, en door een glazen doos met daarin de showroom- en kantoorruimte, tussen de spanten, half in deze huls te schuiven ontstaat het beeld van een uitgeschoven lucifersdoosje. Met eenvoudige middelen wordt op deze manier de wijze van constructie en het verschil in functie tussen beide gebouwonderdelen zichtbaar gemaakt.

▮ By sliding a ribbed steel façade like a shell over a series of steel frame trusses at the storage zone and by tucking a glass box containing showroom and office space, between the trusses, half into this shell, the resulting image is that of a half-open matchbox. Such simple means express the method of construction and the difference in function between the two components.

E23 PARK MEERWIJK

Studler van Surcklaan, Lijtweg, Meerweg, Bergen

C.J. BLAAUW, P.L. KRAMER, G.F. LA CROIX, J.F. STAAL, M. STAAL-KROPHOLLER | 1915-1918

I J.F. Staal (Villa De Bark), **II J.F. Staal** (Villa De Ark), **IIa J.F. Staal** (Tuinhuisje De Ark), **III C.J. Blaauw** (Villa Boschkant, nu De Klopper), **IV C.J. Blaauw** (Villa Beek en Bosch, nu Mussennest), **V M. Staal-Kropholler** (Villa Meezennest), **VI M. Staal-Kropholler** (Villa Meerlhuis, nu De Speeldoos), **VII M. Staal-Kropholler** (Villa Beukenhoek, ingrijpend gewijzigd), **VIII, IX G.F. la Croix** (Dubbel woonhuis), **X, XVII, XII J.F. Staal** (Drie woningen onder een kap), **XIII, XIV, XV** Afgebrand, **XVI C.J. Blaauw** (Villa Meerhoek, nu De Ster), **XVII P.L. Kramer** (Tuinhuisje, nu De Hut)

Wendingen 1918-8; de Architect 1980-6; Perspecta 13/14; M. Casciato – The Amsterdam School, 1996

Park Meerwijk is het enige totaalproject van vrijstaande woonhuizen ontworpen door architecten van de Amsterdamse School. In 1917 geeft de tegelfabrikant A.M.A. Heystee aan vijf architecten de opdracht om een aantal villa's te bouwen in een park in het kunstenaarsdorp Bergen. Heystee kent de architecten omdat zij sinds 1914 in een van zijn zalen vergaderen. De architecten krijgen de volledige vrijheid in uitwerking en plaatsing van de villa's. Hierdoor kunnen ze hun expressionistische ideeën ongewijzigd uitwerken. De woningen zijn bescheiden van afmeting en rekening houdend met de verkoopbaarheid op verzoek van de opdrachtgever in het interieur 'niet te veel verschillend van het tegenwoordig verlangde'. De meeste villa's hebben een rieten kap en bakstenen gevels met houten kozijnen. In het interieur is, uiteraard, veel tegelwerk aangebracht. De drie woningen onder een kap van Kramer (XIII, XIV, XV) zijn in 1922 afgebrand en vervangen door nieuwe woningen. De overige woningen staan er nog. Staal beschouwde zijn drie woningen onder een kap aan de Lijtweg als mislukt en wilde ze de namen Bildad, Elifaz en Zofar (de namen van Jobs vrienden) geven. Villa Beukenhoek van M. Staal-Kropholler is na een brand ingrijpend gewijzigd en witgekalkt, evenals een gedeelte van De Ark. Het torentje op de luifel van Villa Boschkant is verdwenen. Het expressionisme van de architectuur van Park Meerwijk wordt geëvenaard door Wijdevelds beschrijving in Wendingen: 'duizenden sprookjes zijn er reeds gefluisterd. Hij (de architect) is de wever van een schoonen schijn, vlechtend in glanzende kleuren en welige vormen, geheimzinnige vormen door de zoo nuchtere architectuur'.

▪ Park Meerwijk is the only complete project of free-standing houses designed by architects of the Amsterdam School. In 1917 tile manufacturer A.M.A. Heystee commissioned five architects to build a group of villas in a park in Bergen (known as the 'artist's village'). Heystee was already acquainted with these architects as they had been using one of his halls as meeting-room since 1914. They were granted complete freedom in elaboration and siting of the villas, which enabled them to give their Expressionist ideas free rein. The houses are modest in size and meet the client's request that in terms of sales potential their interiors should 'not depart too much from today's tastes'. Most of the villas have a thatched roof and brick façades with wooden window and door frames, and, not unexpectedly, well-tiled interiors. Three houses under one roof by Kramer (XIII, XIV, XV) were destroyed by fire in 1922 and replaced with new houses. All the others have survived. Staal considered his trio of houses with a single roof on Lijtweg a failure and wanted to name them Bildad, Eliphaz and Zophar (after Job's friends). Villa Beukenhoek

I

II

VI

XVI

IIa

IIa

IV

XVII

designed by M. Staal-Kropholler was radically altered after a fire, and, like part of De Ark, plastered white. The tower above the porch of Villa Boschkant has since disappeared. The Expressionism of the architecture in Park Meerwijk is matched by Wijdeveld's description in Wendingen: 'a myriad fairy tales have been whispered. He (the architect) is the weaver of a splendid illusion, of shimmering colours and luxuriant forms entwined around such sober architecture'.

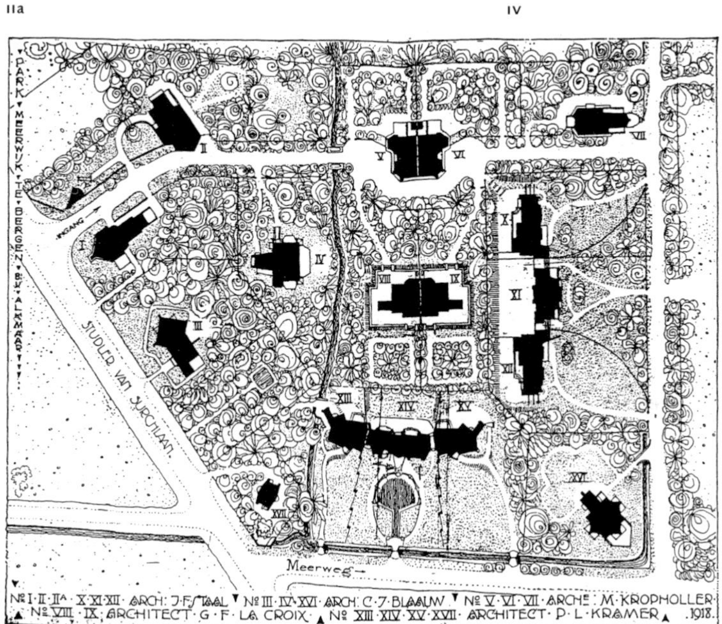

E24 KANTOORGEBOUW/OFFICE BUILDING PEN

Helderseweg/Voltastraat 2a, Alkmaar

A. BONNEMA | 1978-1982

M. Ruys, H. Veldhoen (tuinarch.)

Bouw 1983-22; Architecture + Urbanism 1983-10; Deutsche Bauzeitung 1984-5; Technique & Architecture 1984-8/9; Architectuur & Bouwen 1992-6/7

Dit kantoorgebouw voor het provinciale elektriciteitsbedrijf verbeeldt als geen ander kantoorgebouw de kleinschaligheidsidealen van de jaren zeventig. Het complex bestaat uit een groot aantal informeel geschakelde woonhuisachtige elementen rond een centrale vijver. Aan de ogenschijnlijke chaos ligt een strak vierkant raster ten grondslag, waarbinnen met een beperkt aantal geprefabriceerde betonelementen die de draagstructuur vormen, gezocht is naar een maximale variatie. Daarnaast is het een letterlijke vertaling van het idee van analogie tussen gebouw en stad.

▮ These premises of the provincial electricity company illustrate as no other office building the 'small-scale' ideals of the seventies. The complex consists of a great many house-like elements loosely linked about a central reflecting pool. At the basic of this apparent chaos is a strict square grid within which, using a limited number of prefabricated concrete members for the loadbearing structure, a maximum of variation was striven after. It is in addition a literal rendering of the idea of an analogy between building and city.

E25 WONINGBOUW/HOUSING

Wielingenweg e.o., Alkmaar

A. BONNEMA | 1977-1979

de Architect 1979-12

Deze 75 woningen aan het water, een van de winnende plannen uit een prijsvraag voor houtskeletbouw, zijn geplaatst in een diagonale schakeling, voortvloeiend uit de opbouw van de woning: vier verschoven vierkanten (3,90×3,90 m.) rond een kern (1,20×2,20 m.). De vierkanten zijn afgedekt met lessenaardaken, elk in een eigen richting. Het verticale karakter van de gevels wordt nog versterkt door de uitstekende kern, die overigens niet de trap maar de centrale verwarming bevat.

▮ These 75 waterside dwellings constitute one of the winning plans in a competition for timber-frame housing. The layout's diagonal basis stems from the structure of the dwelling unit: four displaced squares (3.90×3.90 m.) around a core (1.20×2.20 m.). The squares are covered with individually oriented lean-to roofs. The vertical character of the façades is strengthened further by the protruding core, which incidentally contains central heating and not the stair.

E26 DIJKGRAAF W. DE BOERGEMAAL/ PUMPING STATION

Kanaaldijk 11, Spijkerboor (Jispersluis)

J. DEN HOLLANDER | 1987-1990

de Architect 1988-7/8

Het eenvoudige gebouwtje bestaat uit een afwisselend in lichte en donkere banden gemetselde rechthoek, met daarin een cilinder van glazen bouwstenen waarin twee schroefpompen zijn opgenomen. De cilinder wordt afgedekt met een ten behoeve van het verwisselen van de pompen afneembaar piramidevormig dak. Twee door de zijwand stekende afgeschuinde stalen liggers geven de plaats van een loopkraan aan, waarmee de pompen ter revisie kunnen worden opgetild. In de omringde polder bevinden zich her en der kleine aluminium schroefpompen van dezelfde architect.

▮ This simple edifice consists of a rectangle of alternating light and dark bands of brick, with in it a glass block cylinder housing two rotary pumps. The cylinder has a pyramid-shaped roof which can be removed to change the pumps. Two tapering steel beams projecting through one of the side walls announce the presence of a travelling crane, there to raise the pumps should they need maintenance. Here and there in the surrounding polder landscape one can find small steel-clad rotary pumps by the same architect.

E27 WOONHUIS/PRIVATE HOUSE VAN DEN DOEL

Monnickendammerrijweg 31c, Ilpendam

G.TH. RIETVELD | 1957-1959

Bouwkundig Weekblad 1960 p.145; Werk 1960 p.427; Goed Wonen 1961-2; G. Rodijk – De huizen van Rietveld, 1991

Evenals bij het vakantiehuis in Breukeleveen uit 1941 is deze woning gebouwd op de grens van land en water. Nu, twintig jaar later, komt Rietveld echter met een radicaal verschillend concept: een compositie van in hoogte en kleur verschillende rechthoekige volumes. Door de afwezigheid van zichtbare dakranden en de verdiepte uitvoering van de kozijnen wordt het vrijstaande karakter van de baksteenwanden versterkt.

▮ Like the holiday residence in Breukeleveen from 1941 this house, too, stands where land meets water. But twenty years separate one from the other and here Rietveld presents a radically different concept: a composition of rectangular volumes varying in both height and colour. The absence of visible eaves and the full-length windows serve to strengthen the free-standing character of its brick walls.

E28 RAADHUIS MET UITBREIDING/ MUNICIPAL HALL AND EXTENSION

Dorpsstraat/Raadhuisstraat 1, Landsmeer

M.F. DUINTJER/R.H.M. UYTENHAAK | 1956-1968/ 1992-1993

H. Meindersma (medew.)

Bouwkundig Weekblad 1969 p.386; P. Pennink e.a. – Marius Duintjer, architect, 1986; Architectuur in Nederland. Jaarboek 1993-1994; de Architect 1994-5; T. Verstegen – Rudy Uytenhaak, architect, 1996

Dit bescheiden, onopvallende gemeentehuis is voorzien van een haaks erop staande nieuwbouwvleugel van Uytenhaak. Deze bevat de personeelsruimtes, spreekkamers en balies, waardoor de representatieve en ceremoniële ruimtes in het oude gebouw nu beter tot hun recht komen. Als overgang tussen oud- en nieuwbouw fungeert een van een luifel voorzien tussenlid met de duidelijk gemarkeerde entree, de entreehal, trappenhuis en lift. In de nieuwbouw is het thema van horizontale gelaagdheid op geheel andere wijze uitgewerkt dan in het bestaande gebouw.

▮ This shy, unobtrusive municipal hall now boasts a new wing designed by Uytenhaak. Standing square to the original building, it contains the staff rooms, interview rooms and counters so that the old representative and ceremonial spaces are shown to greater advantage. A glazed feature set under a broad canopy acts as a link between old and new, and contains the clearly marked entrance, entrance lobby, stairwell and lift. In the new-build the theme of horizontal layering gets a decidedly different treatment from Duintjer's version of it in the original building.

E29 BEZOEKERSCENTRUM/INFORMATION CENTRE DE HOEP

Johannisweg 2, Castricum

M.J.M. MIN (MIN 2 PRODUKTIES) | 1992-1994

Architectuur & Bouwen 1995-1; Architectuur in Nederland. Jaarboek 1994-1995

Dit bezoekerscentrum is vormgegeven als een stuk duin, compleet met beloopbaar glooiend dak en ook de entree door een rioolbuis verwijst naar het waterleidingbedrijf. De ovale filmzaal in het centrum van het gebouw steekt door het grasdak. In een strook aan de noordkant zijn de dienst- en kantoorruimtes geconcentreerd. De draagconstructie bestaat uit gelamineerde houten liggers en kolommen, die tezamen met de luchtkanalen, interieurelementen, binnenwanden en de tentoonstellingsdisplays in het interieur tot een voor sommigen weldadig complex geheel hebben geleid, terwijl anderen dit als een chaotische jungle ervaren.

▮ This information centre wants to be part of the dunes, even having an undulating roof you can walk across; entry through a large drainpipe is an unmistakable reference to water management. The centrally-placed oval film theatre pokes up through the grass roof; services and offices assemble in a strip on the north side. The whole is supported by a structure of laminated timber beams and posts which combines with the welter of air ducts, interior fittings, partitions and exhibition displays into a magnificently complex interior for some, a chaotic jungle for others.

E30 HOOFDGEBOUW/HEADQUARTERS HOOGOVENS

Wenckenbachstraat, Velsen-Noord

W.M. DUDOK | 1948-1951

R.M.H. Magnée (medew.)

Forum 1950 p.388, 1951 p.332; H. van Bergeijk – Willem Marinus Dudok 1884-1975, 1995

Achter de statige gevels van dit winnende prijsvraagontwerp bevindt zich het hoofdkantoor van de staalgigant Hoogovens. Slechts de constructie is in staal uitgevoerd; de gevels zijn betegeld en voorzien van vlak geplaatste ramen om snelle verontreiniging tegen te gaan. De monumentale toegangspoort bevat drie glazen gangen. De typische dakvorm van de voorbouw (een stalen spant) zorgt voor een gelijkmatige verlichting van de tekenzaal.

▪ Behind the stately façades of this prizewinning design is the head office of the Hoogovens steel empire. Its structure alone is of steel; façades are tiled and with the fenestration form a flat skin to facilitate cleaning. The monumental gateway comprises three glazed corridors. The singular form of the steel roof above the building's main entrance is to spread light evenly throughout the drawing room.

E31 SLUISGEBOUWEN/LOCKHOUSES NOORDERSLUIS

Sluiseiland, IJmuiden

J. EMMEN | 1930

Bouwkundig Weekblad 1930 p.129; J.B. van Loghem – Bouwen/Bauen/Bâtir/Building – Holland, 1932; Moderne Bouwkunst in Nederland-19, 1941; K. Bosma – De kunstwerken van Rijkswaterstaat, 1993

Oorspronkelijk bestond het ontwerp uit een rond havenkantoor, een schuilhuisje met bergplaats voor reddingsboeien, een vlaggenmast van gewapend beton en twee sluisgebouwtjes. Volgens Van Loghem worden 'de beste werken op technisch bouwgebied niet meer door architecten gemaakt, maar door ingenieurs'. Hij geeft dit staaltje ingenieurskunst, waarvan slechts de twee sluisgebouwtjes resteren, een belangrijke plaats in zijn boek Bouwen/Bauen/Bâtir/Building.

▪ Originally comprising a harbour office, a refuge with life-buoy store, a reinforced concrete flagstaff and two lockhouses, only the lockhouses survive today. According to J.B. van Loghem, 'the best work of this nature is no longer carried out by architects, but by engineers'. This particular feat of engineering occupies an important place in Van Loghem's book Bouwen/Bauen/Bâtir/Building.

E32 WONINGBOUW/HOUSING

Zandershof/Velserduinweg, IJmuiden

H.J.M. RUIJSSENAARS (LRRH) | 1988-1992

Architectuur & Bouwen 1993-2; de Architect 1993-12; F. Bless – Hans Ruijssenaars, architect, 1993

Het complex bestaat uit 77 woningen in twee stroken aan weerszijden van een binnenhof van 90 bij 30 meter, waarbij de hof aan weerszijden is afgesloten door twee langgerekte, deels op ranke stalen kolommen geplaatste poortgebouwen. Het geheel is voorzien van een doorlopend gebogen aluminium dak, dat ook in de rijtjeswoningen voor een bijzonder ruimtelijk effect zorgt. De rij woningen aan de noordkant bestaat uit eengezinswoningen; die aan de zuidkant uit gestapelde bouw. De afwijkende woningtypes zijn geconcentreerd in de poorten en in een losstaand halfrond bouwdeel.

▪ Seventy-seven units in two rows either side of a large court (90×30 m) are terminated at each end by an elongated gateway building partly borne aloft on skinny steel posts. Capping it all is a full-length curving aluminium roof whose spatial impact extends into the row houses below: single-family units on the north side, stacked flats to the south. Dissenting dwelling types are concentrated at the gateways and in a crescent-shaped block beyond the main envelope.

E33 KLIMWAND EN UITZICHTPUNT/ CLIMBING WALL AND LOOK-OUT POINT
Recreatiegebied Spaarnwoude
F. DE WIT | 1992
Beeldengids Nederland, 1994

De kunstenaar Frans de Wit heeft van deze recreatieve opgave, een klimwand en een uitzichtpunt, een fraai stukje landschapskunst gemaakt. De klimwand bestaat uit onregelmatig gestapelde betonblokken, afgietsels van echte klimrotsen uit de Ardennen. Het uitzichtpunt wordt gevormd door een kunstmatige heuvel die is opgenomen in een trimparcours. De heuvel is ook te beklimmen via een smalle trap die tussen twee gigantische betonnen schijven met een doorsnede van 26 m. voert. Dit verticale accent contrasteert met de horizontale banen puin op de heuvel.

▪ Frans de Wit, the artist charged with designing this recreational combination of rock-climbing facility and look-out point, went on to produce a fine example of landscape art. The climbing wall is a string of concrete blocks irregularly stacked, casts of mountaineering rocks made in the Ardennes. The look-out point is reached up an artificial hill forming part of a training circuit. Narrow steps wedged between two gigantic concrete discs 26 m. in diameter provide an alternative way up. This vertical thrust offsets the horizontal trails of rubble across the hill.

E34 WONINGBOUW/HOUSING
Westhoff, Spaarndam
H. KLUNDER | 1975-1977
W.J. van Heuvel – Experimentele Woningbouw, 1976; U. Schreiber – Modelle für Humanes Wohnen, 1982

Een van de betere voorbeelden van kleinschalige woningbouw, gepropageerd door de Stichting Nieuwe Woonvormen die door cynici ook wel 'Stichting Nieuwe Dakvormen' werd genoemd. Inderdaad zijn bij dit project de duiventil-achtige dakkamers het meest karakteristiek. Met de schuine kappen, pannendaken in diverse kleuren, ongewone raamvormen en met name de donkergroen geverfde houten beplatingen vormt deze architectuur een moderne variant op de regionale 'Zaanse Schans'-architectuur.

▪ This is one of the better examples of small-scale housing advocated by the 'Foundation for New Housing Models', or 'New Roof Models' according to cynics. Certainly the most striking aspect of this project is its dovecot-like attics. With its sloping roofs of variously coloured tiles, unusual window-shapes and in particular its dark green painted wooden panels this architecture constitutes a modern variant of the traditional picturesque architecture of the Zaandam region.

E35 MONTESSORISCHOOL
Vijverweg 27, Bloemendaal
J.H. GROENEWEGEN | 1930
De 8 en Opbouw 1932 p.135, 1936 p.293; J.B. van Loghem – Bouwen/Bauen/Bâtir/Building – Holland, 1932

De Montessorischool, bestaande uit een benedenlokaal met annexen en een bovenlokaal, werd in 1936 uitgebreid met een rond paviljoenlokaal. Het zuidelijke geveldeel van dit lokaal bestond geheel uit openslaande deuren en functioneerde als overdekte 'playground'. Het hoofdgebouw heeft een betonskelet, ingevuld met gepleisterde baksteenwanden en raampartijen in de stalen kozijnen. Het schooltje is inmiddels verbouwd tot woonhuis. Bij de overdekte entree zijn de banken voor de wachtende ouders weggehaald.

▪ Originally comprising two classrooms, one downstairs with ancillary areas and one upstairs, the school was expanded in 1936 with a circular pavilion. The south side of this pavilion consisted entirely of folding doors opening to create a sheltered playground. The main building has a concrete frame, plastered brick cladding and steel-framed windows. The school has since been converted into a house; benches for waiting parents that once lined the sheltered entrance area have been removed.

E36 CIRCUSTHEATER

Gasthuisplein/Kosterstraat, Zandvoort

SJ. SOETERS | 1986-1991

Architectuur & Bouwen 1991-5; de Architect 1991-5; Archis 1991-6; H. Ibelings – Sjoerd Soeters, architect, 1996

Het gebouw bevat een speel- en gokautomatenhal en een bioscoopzaal. De speelhal is een kleurig samenspel van vides, niveauverschillen en loopbruggen, afgedekt met een betonnen circustentdak. Het theater is in de gevel afgewerkt met spiegelglas en versierd met vijf gigantische vlaggen, gemaakt van staalplaat en bekleed met gelijmde mozaïektegels. Twee vlaggen vormen de eindgevels van het theater, de drie andere zijn slechts suggestie. Zowel in interieur als exterieur is, conform de ideeën van Venturi, de banale vormentaal van de amusementsindustrie als uitgangspunt genomen.

▮ The 'circus theatre' combines an amusement hall cum fruit machine arcade with a cinema. The first is a colourful interplay of voids, differences in level and footbridges beneath a concrete roof resembling a circus tent. The cinema façade has mirror-glass cladding and is decorated with five gigantic flags of sheet steel glued to which are mosaic tiles. Two complete flags form the head elevations of the cinema; the other three are only suggested. The point of departure both inside and out is, in accordance with the ideas of Venturi, the trashy formal vocabulary of the amusement industry.

E37 WOONHUIS/PRIVATE HOUSE LOOYEN

Zwarteweg 5, Aerdenhout

B. BIJVOET, G.H.M. HOLT | 1948

J.J. Vriend – Na-oorlogse kleine landhuizen in Nederland, 1956

Dit woonhuis, minder bekend maar desalniettemin een van de hoogtepunten van de naoorlogse villa-architectuur, heeft door de sculpturale vormgeving, ondanks zijn geringe inhoud (500 m³), toch een riant karakter. De gevels bestaan uit gemetselde ruwe keien. De glazen bouwstenen pui ter plaatse van de keuken refereert aan het Maison de Verre in Parijs, een ontwerp van de Franse architect Chareau en van Bijvoet. Aan de tuinzijde bevindt zich een fraaie glazen binnentuin. Deze wordt afgebakend door een loopbrug bestaande uit betonplaten met ingestorte glazen tegels die zijn opgehangen in een stalen frame.

▮ Not so well-known yet nonetheless one of the pinnacles of postwar villa architecture, this house with its cobblestone façades has a sculptural design that despite the smallish volume (500 m³) gives a sense of spaciousness. The glass block wall at the kitchen is a reference to Maison de Verre in Paris, on which Bijvoet worked with the French architect Chareau. On the garden side is a charming sheltered garden enveloped in glass and circumscribed by a footbridge of concrete panels inlaid with glass tiles and hung in a steel frame.

E38 ADVENTSKERK/CHURCH

Leeuwerikenlaan, Aerdenhout

K.L. SIJMONS | 1958

Bouw 1960 p.1050

Het gebouw bestaat uit een kerkzaal, gemarkeerd door betonnen schaaldaken en een gevel van glas en beton, en een langwerpig rechthoekig dienstgebouw, onderling verbonden door een vrijgevormd verkeersgebied. De onregelmatige, uit een handschets voortgekomen maten, zijn gecontroleerd door de Modulor, het op de gulden snede gebaseerde maatsysteem van Le Corbusier. Diens invloed is duidelijk, maar toch persoonlijk verwerkt in dit ontwerp. In het interieur zijn robuuste materialen als zichtbeton en ongeschaafd vurenhout gecombineerd met marmer en notenhout.

▮ This building consists of a main church space expressed by concrete shell roofs and a façade of glass and concrete, and an oblong, rectangular services block, the two being interlinked by a free-form circulation area. The irregular dimensions deriving from free-hand sketches are controlled by the Modulor, Le Corbusier's system of proportion based on the Golden Section. His influence is clear, yet assimilated in the design along personal lines. Inside, sturdy materials such as untreated concrete and unpolished pine combine with marble and walnut.

E39 WONINGBOUW/HOUSING ROSENHAGHE
Hoofmanstraat, Kopsstraat, Anslijnstraat, Brouwerskade, Haarlem
J.B. VAN LOGHEM | 1919-1922
Wendingen 1920-3/4; Stedebouw en Volkshuisvesting 1928 p.109; Plan 1971-12; W. de Wagt – J.B. van Loghem (1881-1940), 1995

Geïnspireerd op de tuinstadgedachte van Ebenezer Howard en op collectivisering van het socialisme ontwerpt Van Loghem tussen 1917 en 1923 enkele wijkjes in Haarlem. Deze 130 arbeiderswoningen, met drie winkels en een gemeenschapsgebouw, vormen het eerste compleet gerealiseerde plan. Het terrein biedt weinig ruimte voor hoven en groenstroken. De architectuur is rechthoekig, met platte daken en zeker niet landelijk.

▮ Inspired by Ebenezer Howard's garden city idea and the collectivist principles of socialism, Van Loghem designed between 1917 and 1923 several neighbourhoods in Haarlem. This one of 130 workers' dwellings with three shops and a community centre constitutes the first of these plans to be realized in its entirety. The site left little space for courts and strips of green. Its architecture is rectangular with flat roofs, and anything but rural.

E40 WARENHUIS/DEPARTMENT STORE V&D
Grote Houtstraat 70, Haarlem
J.TH.A.M. KUIJT | 1929
E. van der Kleij – Architectuur en stedebouw in Noord-Holland 1850-1940, 1993

Het gebouw is stedenbouwkundig zeer markant gesitueerd, nog net ruimte latend voor een historische drogisterij. Het massale gebouw is verlevendigd met speklagen en afgeronde hoeken. De voor warenhuizen weinig gebruikelijke vensters zijn thans dichtgezet. Het torentje is een verlichtingselement en onlangs in ere hersteld. De architectuur vormt een verwerking van Amsterdamse School-invloeden in de traditionele bouwpraktijk van een plaatselijk architect.

▮ This department store is conspicuously sited within the urban fabric, leaving just enough space for a historic chemist's shop. The massive block is animated with bands of different colour and rounded corners. Its windows, an unusual element in a department store, have since been blocked in; the light-giving tower, on the other hand, was recently restored. The style is reworked Amsterdam School by a local architect in a traditional practice.

E41 STATION
Stationsplein, Haarlem
D.A.N. MARGADANT | 1899-1908
H.W.M. Werker (constr.)
Wonen-TA/BK 1974-15

Met de verhoging van de spoorbaan kreeg Haarlem een nieuw station, het derde op deze plek. Het gebouw valt vooral op door de luxueuze opzet en de prachtige decoraties met tegeltableaus, versieringen in zandsteen, houtsnijwerk en belettering, vooral bij de wachtkamers (1e, 2e en 3e klasse) op het eilandperron. De decoraties met o.a. plantenmotieven vertonen de sterke invloed van de Art Nouveau.

▮ When the level of the tracks were raised Haarlem was provided with a new railway station, the third on this site. The building's stand-out features are its luxurious design and magnificent decorations including tiled murals, sandstone ornamentation, woodcarvings and lettering, in particular at the waiting-rooms (first, second and third class) on the central platform. The decorations which include plant motifs betray the strong influence of Art Nouveau.

E42 BEDRIJFSGEBOUW/INDUSTRIAL BUILDING LUMIANCE

Oude Weg 155, Haarlem

M.A.A. VAN SCHIJNDEL | 1986

de Architect 1986-5

Dit bedrijfsgebouw bestaat uit een kantoorstrook aan de voorzijde en twee grote magazijnen aan de achterzijde. De verbinding tussen de beide delen wordt gevormd door een expeditiestraat, overdekt door een kunststof lichtstraat. De gevels van de kantoorstrook bestaan uit zelfdragende glazen platen. Door de niet-doorzichtruiten van verschillende tinten emaille te voorzien ontstaat bij een bepaalde lichtval een patroon op de gevel.

▪ These commercial premises combine an office strip at the front with two large warehouses at the rear. The two sections are linked by a dispatch corridor capped by a plastic vaulted rooflight. Façades of the office strip consist of self-bearing glass sheets. Various tints of enamel on the non-transparent sheets under certain lighting conditions produce a pattern on the façade.

E43 WONINGBOUW/HOUSING ZUIDERPOLDER

Solidarnoscstraat e.o., Haarlem

DIVERSE ARCHITECTEN | 1986-1993

(o.a.) **Bakker & Bleeker** (stedenb.), **K.J. van Velsen** (Solidarnoscstraat, 1986-1993), **Van Sambeek & Van Veen** (Solidarnoscstraat, 1986-1991), **Van Herk & De Kleijn** (Pal Maleterweg, 1986-1990), **B. van Aalderen, J. Jonges** (Pal Maleterweg, 1986-1992)

de Architect 1987-2, 1990-4; Architectuur & Bouwen 1987-2, 1991-2; Architectuur in Nederland. Jaarboek 1990-1991; Casabella 1993-7/8; J. Rodermond – Koen van Velsen, architect, 1995

Op initiatief van stadsarchitect Wiek Röling werd een deel van de nieuwbouwwijk de Zuiderpolder voor experimentele sociale woningbouw bestemd. Hoewel de meest experimentele projecten, de vrijstaande geprefabriceerde huizen van Cepezed en de drijvende huizen van Hertzberger niet zijn gerealiseerd, is het resultaat toch de moeite waard. Blikvanger is de terrassenflat van Koen van Velsen, die door de schuine belijning lijkt achterover te hellen. Ernaast ligt een ronde basisschool van stadsarchitect Röling. Andere projecten tonen interessante varianten op het traditionele rijtjesblok. Het extreem lange, licht gebogen roze gestucte blok van Van Herk & De Kleijn sluit de wijk visueel af. De woningbouw van Van Aalderen & Jonges is ingetogen. Het woongebouw van Van Sambeek & Van Veen bestaat uit 7,2 m. brede woningen, maisonnettes en dakwoningen met een groot dakterras, die in feite over drie maisonnettes heen lopen. De woningen worden ontsloten door langs de bakstenen straatgevel gelegen rechte trappen, die in een door stalen kolommen en windschermen afgebakende zone zijn opgenomen.

▪ It was Wiek Röling, City Architect to Haarlem, who set aside part of the Zuiderpolder development for experimental housing. Though the most experimental projects, Cepezed's freestanding industrialized units and Hertzberger's floating homes, were never built, the results are rewarding all the same. Principal attention-grabber is Koen van Velsen's block of terrace flats whose oblique lines threaten to send it toppling. Next door is Röling's own contribution, a primary school. Other projects offer interesting variations on the traditional row of houses. Van Herk & De Kleijn's extremely long, gently curving pink rendered block visually terminates the development. Van Aalderen & Jonges' housing takes a more restrained line. That of Van Sambeek & Van Veen consists of broad units (7.20 m.): maisonettes and penthouses with a large roof garden marching across three maisonettes. The houses are accessed by straight stairs hugging the brick frontage within a zone defined by steel columns and wind shields.

E44 PASTOOR VAN ARSKERK/CHURCH

Kromhoutlaan, Haarlem

G.H.M. HOLT | 1958-1961

Bouwkundig Weekblad 1962 p.110; Katholiek Bouwblad 1962 p.261

Deze kleine kerk is afgedekt met twee lessenaardaken van verschillende hoogte. Het grensvlak tussen deze twee daken vormt een groot raam en zorgt voor de lichttoetreding. In de zo ontstane tweedeling van de kerkruimte doet het kleinere deel dienst als 'dag'-kerk. De constructie, een staalskelet, is overal in het zicht gelaten. De kalkzandsteenwanden zijn aan de buitenzijde bekleed met brokken Limburgs carboonzandsteen. Klokkentoren, pastorie en een strook biechtruimtes zijn volgens het thema van de doorsnede vormgegeven.

▮ Two lean-to roofs shelter this small church, their difference in height occupied by a large window. This vertical divides the main space into two, the smaller section serving as a 'day' church. The completely exposed steel frame has an infill of sand-lime brick dressed with carbonized limestone chips from Limburg. Clocktower, vicarage and a row of confessionals all take the section as their design theme.

E45 WONINGBOUW/HOUSING TUINWIJK-ZUID

Spaarnelaan, Zonnelaan, Tuinwijklaan, Haarlem

J.B. VAN LOGHEM | 1920-1922

Stedebouw en Volkshuisvesting 1922 p.182; Plan 1971-12; Wonen-TA/BK 1974-2; W. de Wagt – J.B. van Loghem (1881-1940), 1995

In het Zuiderhoutpark, een villawijk waarin hij inmiddels vele traditionele woningen heeft ontworpen, realiseert Van Loghem 86 middenstandswoningen rond een gemeenschappelijke tuin. Deze is bereikbaar door twee poorten. De woningen zijn afwisselend twee- en driehoog, waarbij de laatsten een dakterras met houten pergola hebben. De entree wordt gemarkeerd door een uitbouw met berging en daarop een balkon. De woonkamers bevinden zich aan de tuinzijde, waar de privé-tuin geleidelijk overgaat in de 'oase' van de gemeenschappelijke tuin.

▮ In the Zuiderhoutpark, a residential area for which he had already designed many houses, Van Loghem built 86 'middle-class' dwellings around a communal garden reached by two gateways. Houses alternate between two and three storeys, the latter having a roof terrace with wooden pergola. Entrances are marked by a storeroom extension with balcony above. Living rooms each look onto a private plot that merges softly into the oasis of the communal garden.

E46 WOONHUIS/PRIVATE HOUSE BAKELS

Crayenesterlaan 20, Haarlem

SJ. SOETERS | 1983-1984

Bouw 1985-22; Architectural Review 1986-2; Bauwelt 1987-10; Architecture d'Aujourd'hui 1988-6; H. Ibelings – Sjoerd Soeters, architect, 1996

Deze woning bestaat uit een woonkamer aan de tuinzijde en een relatief gesloten blok in twee lagen aan de straatzijde. Beide blokken zijn door lichtstroken in de wanden en het dak van elkaar gescheiden. In het interieur is uitbundig gebruikgemaakt van materiaal en kleur en veel aandacht besteed aan de daglichttoetreding. De vrijstaande open haard in de woonkamer is een miniatuur van de voorgevel. Het woonhuis 'Golders Green' aan de overkant van de straat op nr. 13 is een vroeg ontwerp van Van Loghem met overduidelijke Arts & Crafts-invloeden.

▮ This house comprises a living room on the garden side and a relatively closed block in two levels on the street side. Separating these two blocks are glazed strips in the walls and roof. The interior makes lavish use of materials and colours, with much attention paid to daylight penetration. A free-standing fireplace in the living room is in fact the façade in miniature. The house 'Golders Green' across the street at no. 13 is an early design by Van Loghem clearly influenced by the Arts & Crafts movement.

E47 AULA BEGRAAFPLAATS/CEMETERY HALL

Hoofdweg 395/Vijfhuizerweg, Hoofddorp

RIETVELD VAN DILLEN VAN TRICHT | 1958-1966

G.Th. Rietveld, J.F.H. van Dillen (proj.)

Bouwkundig Weekblad 1968 p.313; de Architect 1982-1

De hoofdopzet van het gebouw volgt de gang van de rouwenden vanaf de aankomst via de aula naar het graf en vandaar terug naar een koffiekamer. Tijdens deze gang worden het gebouw en de verschillende ruimtelijke condities daarin en daaromheen beleefd. Door kleur en materiaalgebruik en door de overvloedige daglichttoetreding onderscheidt het gebouw zich in optimistische zin van de donkere, gedragen ruimtes die op de meeste begraafplaatsen gebruikelijk zijn.

▪ The principal line follows the passage of mourners from arrival to cemetery via this hall, then circling back to a room where coffee is served. Along this route the mourners experience something of the building itself, and the different spatial conditions both inside and out. Use of colour and material and an abundance of daylighting distinguish this building in a positive way from the dark, formal spaces usually encountered at such places.

E48 SCHIPHOL AIRPORT; TERMINAL-WEST

Schipholweg 1, Schiphol

M.F. DUINTJER, F.C. DE WEGER, NACO; BENTHEM CROUWEL | 1961-1993

Kho Liang Ie (int.); **J. Körmeling, N. Coates** (b.k.)

Bouwkundig Weekblad 1968 p.178; Bouw 1989-24; de Architect 1992-thema 46; Archis 1993-9; Bouw 1993-12/13; l'Arca 1994-79; M. Kloos, B. de Maar – Schiphol Architecture, 1996

Het stationsgebouw van Schiphol wordt alom geroemd om zijn heldere opzet, zijn doeltreffende bewegwijzering en zijn verfijnd moderne interieur. De aankomst- en vertrekhal zijn boven elkaar geplaatst. In beide doorlopen de passagiers telkens een aantal evenwijdige zones: entree, incheckbalie, paspoortcontrole, winkelstrook en wachtruimte. Deze opzet is bij de nieuwe terminal gehandhaafd. Dit 150 m. lange gebouw kent een constante doorsnede en wordt gedomineerd door een golvend stalen dak op V-vormige kolommen.

▪ The passenger terminal building at Schiphol Airport has been eulogized on all fronts for its crystal-clear parti, utterly functional signage and refined Modern interior. The arrivals hall occupies the ground floor and the departures hall the floor above. In both, passengers are led through a sequence of parallel zones: entrance, check-in counter, passport control, a row of shops and a waiting room. That configuration has been retained in the new terminal. This 150 m. long building is of constant section and is presided over by an undulating steel roof on V-shaped columns.

E49 ULO-SCHOOL/COMPREHENSIVE SCHOOL

Schoolstraat 2-4, Aalsmeer

J.G. WIEBENGA | 1931-1932

De 8 en Opbouw 1932 p.83; Bouwkundig Weekblad 1932 p.257; J. Molema, P. Bak – Jan Gerko Wiebenga, 1987; de Architect 1989-10

Met het ontwerp voor deze school toont de constructeur Wiebenga zich tevens een architect die het functionalistisch idioom volledig beheerst. De school bestaat uit een hoger blok dat door een trap/entreehal is gescheiden van een lager, langgerekt blok waarvan het dak als terras is uitgevoerd. De draagconstructie bestaat uit een betonskelet waaraan verschillende stalen trappen en kozijnen zijn toegevoegd. De school is gedeeltelijk verbouwd, maar heeft minder geleden dan de Naai- en Knipschool aan de Ophelialaan uit 1930, eveneens van directeur Gemeentewerken Wiebenga, die in 1989 nogal drastisch werd verbouwd.

▪ Wiebenga's design for this school shows that besides being a structural engineer he was also an architect in full command of the Functionalist idiom. It consists of two blocks separated by an entrance hall with stair, with the roof of the less-tall elongated block functioning as a roof terrace. The loadbearing structure comprises a concrete frame into which a number of steel stairs and window and door frames have been inserted. Though partly renovated, this school has suffered less than another designed by Wiebenga when director of Public Works, the Naai- en Knipschool (1930) on Ophelialaan, which was wilfully mutilated in 1989.

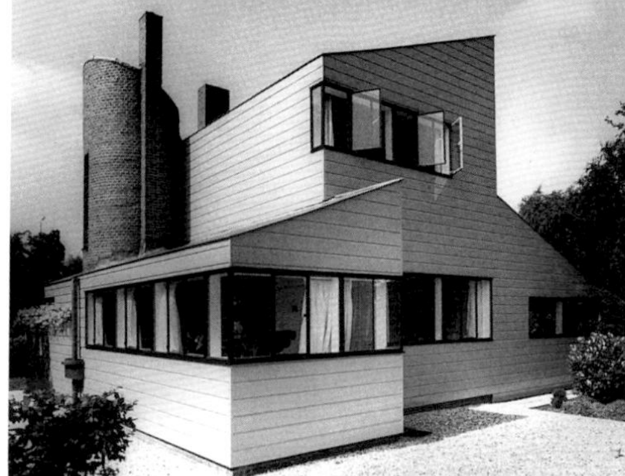

E50 WATERTOREN/WATER TOWER
Kudelstaartseweg, Aalsmeer
H. SANGSTER | 1928
H. van der Veen – Watertorens in Nederland, 1989

Deze opvallend aan de Westeinder Plassen gesitueerde 50 m. hoge watertoren is een van de weinige voorbeelden van Art Deco-architectuur in Nederland. De toren is nagenoeg vierkant en geconstrueerd uit vier zware betonnen kolommen op de hoeken en vier lichtere halverwege de gevelvlakken van rode baksteen, verbonden door horizontale betonnen koppelbalken. De constructie is verbijzonderd door zich verbredende betonnen vlakken, abstract geometrische decoraties die ook te zien zijn bij de deur- en raampartijen op de begane grond.

▪ This 50 metre high water tower standing on the Westeinder Plassen near Aalsmeer is remarkable in that it constitutes one of the few examples of Art Deco architecture in the Netherlands. Virtually square, it is constructed from four massive concrete columns at the corners and four lesser ones halfway across the red brick façades, bridged by horizontal concrete beams. A stand-out feature is the gradual superimposition of layers of concrete to form abstract geometric decoration also evident at the door and windows on the ground floor.

E51 WOONHUIS/PRIVATE HOUSE SUERMONDT
Stommeerkade 64, Aalsmeer
J. DUIKER, B. BIJVOET | 1924-1925
L'Architecture Vivante 1927-1; Forum 1972-5/6; Duikergroep Delft – J. Duiker bouwkundig ingenieur, 1982; Architectuur & Bouwen 1989-1

Duiker en Bijvoet demonstreren hier voor het eerst hun denkbeelden over licht en goedkoop bouwen. Afgeschuinde rechthoekige volumes reflecteren de verschillende functies (schuur, woning en serre). De eveneens afgeschuinde trapcilinder is het enige bakstenen element in deze geheel uit hout geconstrueerde woning. Nadat de houten gevels jarenlang onder een pleisterlaag verborgen zijn geweest is de woning bij een restauratie in 1987 volledig in haar oorspronkelijke luister hersteld.

▪ Here, Duiker and Bijvoet demonstrated for the first time their ideas on lightweight, low-cost building. Sloping, rectangular volumes reflect their individual functions of shed, house and conservatory. The similarly bevelled cylindrical staircase is the sole brick component of this otherwise wholly wooden house. In 1987, after having been hidden for years under a layer of plaster, its timber façades were fully restored to their original state.

E52 WOONHUIS/PRIVATE HOUSE BARENDSEN
Oosteinderweg 215, Aalsmeer
M. DE KLERK | 1923
Moderne Bouwkunst in Nederland-7, 1932; S.S. Frank – Michel de Klerk 1884-1923, 1991

In deze woning voor een bloementeler zijn alle belangrijke ruimtes op de begane grond gesitueerd. De woonkamer aan de voorzijde en de slaapkamers en keuken daarachter zijn gegroepeerd rondom een centrale hal. Doordat de entree in de zijgevel is geplaatst kon de voorgevel worden uitgerust met een prachtige, over de hoeken doorlopende raamstrook. Deze raamstrook en de asymmetrische schoorsteen, waarvan één van de zijden in feite een voortzetting is van het schuine dak van de achter het huis geplaatste schuur, zijn de belangrijkste plastische elementen van het huis.

▪ In this house for a flower grower all the major spaces are sited on the ground floor. The living room at the front and bedrooms and kitchen behind, are ranged round a central vestibule. With the entrance at the side, the front façade is graced with a magnificent window band that turns both corners. This and the asymmetrical chimney, one side of which is in fact a continuation of the pitched roof of the barn at the back, are the house's major sculptural elements.

MUSEUM PLEIN
PRINSEN GRACHT
KEIZERS GRACHT
HEREN GRACHT
SINGEL
SPUI
NIEUWEZIJDS VOORBURGWAL
KALVER STRAAT
ROKIN
DAM
DAMRAK
WARMOES STRAAT
OUDEZIJDS VOORBURGWAL
OUDEZIJDS ACHTERBURGWAL
KLOVENIERSBURGWAL
NIEUWMARKT
ZEEDIJK
GELDERSE KADE
PRINS HENDRIK KADE
DE RUYTER KADE
STATIONSPLEIN
RAADHUISSTRAAT
WESTERMARKT
LEIDSE PLEIN
LEIDSE GRACHT
SPIEGEL GRACHT
VIJZEL GRACHT
VIJZEL STRAAT
REGULIERS GRACHT
REMBRANDT PLEIN
THORBECKE PLEIN
MUNT PLEIN
AMSTEL
Binnenamstel
WATERLOO PL.
JODENBREESTR.
VALKENBURGER STRAAT
Uilenburgergracht
Oosterdok
Het IJ
IJ - TUNNEL
PLANTAGE
HORTUS PLANTS
WEESPER STRAAT
SARPHATI
STADHOUDERS KADE
HOBBEMA KADE
Singel
WESTEINDE
FREDERIKS PLEIN
ROETERS STR.
WIBAUT STRAAT
Amstel
MAURITS KADE
1
2
3
4
5
6
7
8
9
10
11
12
13
14
15
16
17
18
19
20
21
22
23
24
25
26
27
28
29
30
31, 32
33
34
35
36
37
38
39
G 8-12

 Amsterdam Centrum/Amsterdam City Centre

F01 **H.P. Berlage** Koopmansbeurs/Exchange
F02 **Benthem Crouwel** Hotel, Kantoorgebouw/Office Building
F03 **W.M. Dudok, R.M.H. Magnée** Havengebouw/Harbour Building
F04 **H. Hertzberger; A. van Herk, C. Nagelkerke** Stadsvernieuwing/Urban Redevelopment
F05 **R.H.M. Uytenhaak** Woongebouw/Housing Block
F06 **Claus & Kaan** Invulwoningen/Infill Housing
F07 **Van Berkel & Bos** Winkelcentrum/Shopping Centre De Kolk
F08 **C. van Arkel** Kantoorgebouw/Office Building Eerste Hollandsche Levensverzekeringsbank
F09 **Th.J.J. Bosch** Letterenfaculteit/Language Faculty
F10 **C.H. Peters/H.J.M. Ruijssenaars** Postkantoor/Post Office, Magna Plaza
F11 **J.F. Staal, G.J. Langhout** Kantoorgebouw/Office Building De Telegraaf
F12 **B. van Kasteel, J. Schipper** Restauratie/Restoration Amsterdams Historisch Museum
F13 **A. Cahen** Woonhuis/Private House
F14 **G.Th. Rietveld** Showroom Metz & Co
F15 **K.P.C. de Bazel** Kantoorgebouw/Office Building Nederlandsche Handel-Maatschappij
F16 **J. Duiker** Cineac Handelsblad
F17 **H.L. de Jong** Tuschinski Theater/Cinema
F18 **M.A.A. van Schijndel** Effectenkantoor/Stockbroker's Office
F19 **W. Holzbauer, C.G. Dam** Stadhuis en Opera/City Hall and Opera House (Stopera)
F20 **Van Eyck & Bosch** Stadsvernieuwing/Urban Redevelopment Nieuwmarkt
F21 **H.L. Zeinstra** Eigen Woonhuis/Own House
F22 **J.M. van der Mey** Scheepvaarthuis/Shipping Office Building
F23 **R. Piano** Science Centre New Metropolis
F24 **A.E. van Eyck** Moederhuis/Mothers' House
F25 **H.P. Berlage** Kantoorgebouw/Office Building Diamantbewerkersbond
F26 **Zwarts & Jansma** Kas/Glasshouse Hortus Botanicus
F27 **H. Hertzberger** Studentenhuis/Students' House
F28 **R.H.M. Uytenhaak** Woongebouw/Housing Block
F29 **K.J. van Velsen** Rijksakadamie van Beeldende Kunsten/State Academy of Fine Arts
F30 **M.F. Duintjer** Hoofdkantoor/Headquarters Nederlandse Bank
F31 **Merkelbach & Elling** Kantoorgebouw/Office Building Geïllustreerde Pers
F32 **J.J.H.M. van Heeswijk** Kantoorgebouw/Office Building
F33 **F.J. van Gool** Twee Kantoorvilla's/Two Office Blocks
F34 **J. Wils** Citytheater/Cinema
F35 **W. Kromhout, G.J. Jansen** Hotel Café Restaurant American
F36 **C. Spanjer (P. Zaanen); M. Evelein, H.J.M. Ruijssenaars** Verbouwing Huis van Bewaring/Former House of Detention; Casino, Lido
F37 **OMA** Byzantium
F38 **Rietveld Van Dillen Van Tricht** Rijksmuseum Vincent van Gogh
F39 **M. de Klerk** Hillehuis

F01 KOOPMANSBEURS/EXCHANGE

Beursplein/Damrak 277, Amsterdam

H.P. BERLAGE | 1884-1903

A.J. Derkinderen, J. Mendes da Costa, R.N. Roland Holst, J.Th. Toorop, L. Zijl (b.k.); **P. Zaanen, C. Spanjer** (rest.), **A.C.J.M. Eekhout** (constr.)

Bouwkundig Weekblad 1898 p.81; Architectura 1903 p.309; Nederlands Kunsthistorisch Jaarboek 1974; Wonen-TA/BK 1975-2; A.W. Reinink – Amsterdam en de beurs van Berlage, 1975; S. Polano – Hendrik Petrus Berlage, het complete werk, 1988; Architectuur & Bouwen 1988-4, 1990-2; M. Bock – De inrichting van de Beurs van Berlage, 1996

De totstandkoming van een nieuwe koopmansbeurs ter vervanging van het oude gebouw van Zocher uit 1845 heeft een lange voorgeschiedenis. Reeds aan het eind van de jaren zeventig dienen verschillende architecten, gevraagd en ongevraagd, plannen in voor diverse locaties. In 1884 wordt een prijsvraag uitgeschreven, welke na 199 inzendingen en een tweede ronde voor vijf geselecteerde

ontwerpteams (o.a. Berlage) een slepende affaire wordt met een plagiaatkwestie en onverkwikkelijke stijlcontroversen. Aan de voortvarendheid van wethouder Treub is het te danken dat Berlage in 1896 een nieuw schetsplan (zonder gevels) mag ontwerpen en in 1898 de definitieve opdracht voor een nieuwe beurs krijgt. De plattegrondopzet ligt al in grote lijnen vast en wordt bepaald door functionele eisen. Het ontwerp is gebaseerd op een geometrisch verhoudingenstelsel. Voor de gevels gebruikt Berlage de zgn. Egyptische driehoek, i.e. de verhouding 5:8. De plattegronden zijn gebaseerd op een praktische moduul van 3,80 m. Opvallend aan het exterieur is de grote eenheid. De verschillende functies, zoals kantoren, entrees en de drie grote zalen voor goederen, granen en effecten, zijn ondergeschikt gemaakt aan de totaliteit van de gevel. De gestrekte lange gevel aan het Damrak vormt een doorlopend vlak met vensterpartijen, verlevendigd door verticale elementen. In de oostgevel stuiten de grote rechthoekige zalen op de scheve rooilijn. Berlage gebruikt vele middelen om dit divergeren te accentueren, o.a. door lage bebouwing langs de rooilijn en een dubbele gevel. De twee korte gevels bestaan meer uit een verzameling losse bouwdelen. Aan de zuidzijde is de toren asymmetrisch geplaatst t.o.v. de hoofdentree. De noordgevel is zeer fragmentarisch en heeft, omdat de graanbeurs ver naar achteren ligt en slechts met een lage galerij is afgesloten, een groot 'gat' in de gevelwand. De grote zalen zijn overspannen door in het zicht gelaten gebogen stalen spanten. Het ornament is in de totale compositie van het gebouw opgenomen en vormt veelal een expressie van een functie, zoals natuurstenen consoles, sluitstenen en lateien, hang- en sluitwerk en afvoerpijpen.

In de Nederlandse architectuur zijn Berlage en de Beurs synoniemen geworden voor het begin van de moderne architectuur. Het gebouw, op de grens van twee eeuwen gebouwd, vormt een overgang van neostijlen en Art Nouveau naar zakelijkheid, van fantasie en romantiek naar rationalisme. Het werk dient als voorbeeld voor zowel de architecten van de Amsterdamse School als voor de Modernen. Als er in 1959 plannen zijn voor verbouw of zelfs afbraak protesteert de Nederlandse architectuurwereld unaniem. Vanaf 1984 zijn de beursactiviteiten geleidelijk naar nieuwbouw verplaatst. De Beurs van Berlage heeft sindsdien een culturele bestemming: de grote zaal (Goederenbeurs) wordt gebruikt voor tentoonstellingen en manifestaties, de twee kleine zalen zijn in gebruik als concertzaal (Effectenbeurs) en concertzaal/repetitieruimte (Graanbeurs), de kantoren zijn verhuurd aan in de culturele sector werkzame bedrijfjes en de hoofdentree is verbouwd tot grand-café. De restauratie van de Beurs is het werk van de in theaterbouw gespecialiseerde architect Pieter Zaanen; de nieuwe toevoegingen zijn contrasterend en zoveel mogelijk losgehouden van het bestaande gebouw. Niet onomstreden is de zgn. AGA-zaal, een glazen doos waarbij gebruik is gemaakt van een afgespannen glasconstructie waardoor een zo transparant mogelijke neutrale doos werd gecreëerd die de ruimte intact laat.

▪ The replacement of Zocher's old Exchange building of 1845 with a new one has a long history. Already at the end of the 1870s many architects were submitting plans, commissioned or not, for various locations. In 1884 a competition attracted 199 entries, reduced for a new scheme to five selected teams, Berlage included. It dragged on through problems of copyright and sordid disputes about style. In 1896, largely due to Alderman Treub's tenacity, Berlage was permitted to design a new scheme (without façades) and in 1898 received the official commission for the new Exchange. Its floor plan arrangement, specified by functional demands, had been largely mapped out beforehand. The design is based on a system of geometrical proportions. Elevations use the so-called 'Egyptian' triangle (the ratio 5:8); floor plans follow a working module of 3.80 m. What is striking about the exterior is its unity. The different functions (offices, entrances, the three large halls for commodities, grain and stock) are subordinate to the totality of its frontage. The elongated façade on the Damrak is one continuous surface lined with windows and enlivened by vertical elements. The east side ranges the large rectangular halls along the slanting building line. This obliqueness Berlage emphasizes in many ways, including a reduction in height, and double fronting. The two short sides are more conglomerations of individual masses. On the south side the tower is asymmetrical in relation to the position of the main entrance. The north façade is highly fragmentary with a large gap in its wall due to the grain exchange being placed far back and enclosed by just a low gallery. The large halls are spanned by arched steel trusses left visible. Ornament is treated in terms of the composition as a whole and as a rule expresses a function; stone consoles, keystones and lintels, door and window hardware and drainpipes.

In Dutch terms Berlage and the Amsterdam Exchange mean the beginning of Modern Architecture. Built at the turn of the century, the work forms a transition from 'neo' styles and Art Nouveau to objectivity, from fantasy and romanticism to rationalism, serving as model as much for the Amsterdam School as for the Moderns.

In 1959 plans to rebuild or even demolish were greeted with unanimous protest from the Dutch architectural world. From 1984 on, exchange activities have shifted gradually to new buildings. Berlage's magnum opus is now given over to cultural events; the main hall (commodity exchange) now houses exhibitions and major events, the two small spaces function as a concert hall (stock exchange) and concert/rehearsal hall (grain exchange), the offices are let to firms in the cultural sectors and the main entrance is recast as a 'grand café'. The restoration of the Exchange was the work of Pieter Zaanen, an architect specializing in theatre building; the new accretions contrast with and, where possible, keep their distance from the existing building. A controversial aspect is the AGA-zaal or Glass Music Hall, a stabilized glass box ensuring maximum transparency and neutrality in the interests of the original building.

F02 HOTEL, KANTOORGEBOUW/OFFICE BUILDING

Stationsplein, Amsterdam

BENTHEM CROUWEL | 1988-1992

Bouw 1992-20, 1993-3; de Architect 1993-2; Deutsche Bauzeitung 1993-10; l'Arca 1994-mrt; V. van Rossem – Benthem Crouwel, architecten, 1994

Het complex bestaat uit een hoog kantoorgebouw en een langwerpig lager gebouw met hotelkamers, op de begane grond gekoppeld door een strook algemene ruimtes. Bij de standaardkamers in het hotel is (volgens een Frans concept) de badkamer niet aan de middengang maar aan de gevel gesitueerd. De golvende gevel van de hotelkamers is uitgevoerd in geprefabriceerde elementen van glazen bouwstenen. Het kantoorgebouw heeft afgeronde koppen en is voorzien van een gelaagde gevel met servicebalkons en zonweringslamellen. De stabiliteitskern met stijgpunten en toiletten is deels buiten het hoofdvolume geplaatst.

▪ The ensemble consists of a tall office building and an elongated less-tall block of hotel rooms, the two linked on the ground floor by a strip of general spaces. In the typical hotel rooms the bathroom is set against the outer wall French style rather than along the central corridor. The rippling frontage of the hotel is in prefabricated glazed brick panels; the office building has rounded ends and a façade in layers alternating service balconies and sun baffles. The core of vertical circulation and toilets stabilizes the ensemble from its position partly outside the main volume.

F03 HAVENGEBOUW/HARBOUR BUILDING

De Ruijterkade 7, Amsterdam

W.M. DUDOK, R.M.H. MAGNÉE | 1957-1965

Bouwkundig Weekblad 1960 p.381; La Technique des Traveaux 1962 p.11

Door verregaande systematisering en prefabricage van gevelelementen, balken en trappen, wordt dit gebouw binnen de gestelde limieten van tijd en geld gerealiseerd. Bovenop de betonconstructie op de twaalfde en dertiende etage is een stalen opbouw geplaatst, waarin zich een restaurant met terras bevond. Een kleine laagbouw bevat twee dienstwoningen; een tweede langwerpig bouwblok is nooit gerealiseerd.

▪ By taking the organization and prefabrication of façade elements, beams and stairs to an extreme, this building was realized within both the allowed time and budget. Above the concrete structure of the twelfth and thirteenth floors rests a steel crown with a restaurant and terrace. The small low-rise building contains two live-in units; a second large oblong block was never realized.

F04 STADSVERNIEUWING/URBAN REDEVELOPMENT

Haarlemmer Houttuinen, Amsterdam

H. HERTZBERGER; A. VAN HERK, C. NAGELKERKE | 1978-1982; 1978-1983

Wonen-TA/BK 1982-18/19; de Architect 1982-10; Bouw 1983-23, 1984-13; Architecture d'Aujourd'hui 1983-feb; Architecture + Urbanism 1983-12

Rond een zeven meter brede woonstraat ligt aan de noordzijde de woningbouw van Hertzberger, voorzien van een bijzondere portiekontsluiting; aan de zuidzijde bevinden zich twee bouwblokken van 30 woningen en twee poortgebouwen met 15 woningen van Van Herk en Nagelkerke. Wegens de geringe breedte van de straat zijn deze blokken getrapt van opbouw. De constructie bestaat uit een betonskelet, ingevuld met kalkzandsteen en afgewerkt met gestucte buitengevelisolatie, de eerste toepassing van dit systeem in de sociale woningbouw. De witte gebouwen passen zich aan de omgeving aan in schaal en functie, maar vormen ook een contrastrijk eigentijds element.

▪ Ranged along the north side of a seven metre wide pedestrian street is housing by Hertzberger boasting a unique variant on the porch access; on the south side are two blocks of thirty units each and two gateway buildings of fifteen units by Van Herk and Nagelkerke. Owing to the narrowness of the street, the blocks have a stepped structure. Concrete-framed with an infill of sand-lime bricks, they are finished with stuccoed exterior insulation, the first social housing in Holland to do so. These white blocks fit well into their surroundings, yet inject a contemporary element rich in contrasts.

F05 WOONGEBOUW/HOUSING BLOCK
Haarlemmer Houttuinen, Amsterdam
R.H.M. UYTENHAAK | 1986-1989
de Architect 1990-2; Archis 1990-3; Bouw 1990-14/15; Architectuur in Nederland. Jaarboek 1989-1990; Domus 1991-6; T. Verstegen – Rudy Uytenhaak, architect, 1996

Het lichtgebogen woongebouw, een wand oplopend tot maximaal acht bouwlagen, wordt naar de autoweg van het verkeerslawaai afgeschermd door glazen schermen en opent zich op het zuiden aan de stadszijde met ruime balkons, opgenomen in een betonraster. Het gebouw bevat 95 woningen: twee lagen maisonnettes op een ondergrondse parkeergarage, vier lagen 'normale' twee- en driekamerwoningen en bovenin groepswoningen voor bejaarden. Zoals het gebouw een samenstel van verschillende woningtypen is, zo is de architectuur van de gevels een collage van materialen en vormen.

■ This gently meandering apartment block, a megastructure rising to a maximum of eight levels, is sheltered from the noise of the main road on that side by glass screens and opened up on its south side to the city with ample balconies. The block comprises 95 dwelling units: two levels of maisonettes above an underground car park, four levels of 'standard' two- and three-room units and at the top communal dwellings for the aged. In the same way that the building is an assemblage of different dwelling types, so too is the architecture of its façades a collage of materials and forms.

F06 INVULWONINGEN/INFILL HOUSING
Binnen Wieringerstraat, Haarlemmerstraat 69, Amsterdam
CLAUS & KAAN | 1995
Architectuur & Bouwen 1995-10; Deutsche Bauzeitung 1997-1; C. Ferrater – Claus en Kaan, 1997

Op drie vlak bij elkaar gelegen historische locaties zijn met de precisie van een microchirurg verschillende combinaties van restauratie en nieuwbouw gerealiseerd. Aan de Binnen Wieringerstraat is een 3,5 meter breed monumentje uitgebreid met een 'infuus' op een nog smaller kavel. Dit infuus bestaat uit een geheel glazen trappenhuis aan de straatzijde met een woondeel daarachter. Door de twee kavels per verdieping samen te voegen tot één woonlaag konden drie sociale huurwoningen in het project worden ondergebracht. De locatie aan de Haarlemmerstraat bestaat eveneens uit een combinatie van oud en nieuw en wordt gekarakteriseerd door een brutaal dubbelhoog 'penthouse' op het nieuwbouwdeel (zie ook **H26**).

■ Three historical sites within close proximity have been treated to a combination of restoration and new-build done with microsurgical precision. The intervention on Binnen Wieringerstraat concerns a tiny monument of a building expanded with an 'infusion' on a still narrower plot, an all-glass stairwell to the street with living space behind. Three rented social housing units could be achieved here by spreading each level across the two plots. The site on Haarlemmerstraat likewise consists of old and new in combination and is characterized by a brazen double-height penthouse perched atop the new segment (see also **H26**).

F07 WINKELCENTRUM/SHOPPING CENTRE DE KOLK
Nieuwendijk/Nieuwezijds Voorburgwal, Amsterdam
VAN BERKEL & BOS | 1991-1996
de Architect 1996-10; Archis 1996-10; Crimson – Re-Urb, 1997

Na een lange planfase wordt de jonge architect Van Berkel benaderd om de programmatisch uiterst complexe opdracht in deze historisch en morfologisch gevoelige locatie vorm te geven. In het fijnmazige patroon van straten en stegen zijn een winkelpassage, kantoor- en woonruimte, een hotel en een parkeergarage ingepast. Van Berkel heeft met de complexe morfologie van schots en scheef lopende lijnen geen harmonie nagestreefd in het 'stedelijk krachtenveld'. Toch is er wel degelijk sprake van samenhang in materiaal (getint glas, steen en blank hout) en in vorm (een samenhangende collage van schuine vlakken).

■ After a lengthy planning procedure the young architect Van Berkel was approached to give shape to the devilishly intricate programme of De Kolk at a historically and morphologically sensitive location. Into the finely meshed pattern of streets and alleyways he inserted a shopping mall, commercial and residential space, a hotel and a multi-storey car park. Van Berkel refrained from trying to pull together the complex morphology of lines shooting every which way in the 'urban force field'. All the same, he has achieved a real sense of harmony, in both material (tinted glass, brick and untreated wood) and form (a close-knit collage of oblique planes).

F08 KANTOORGEBOUW/OFFICE BUILDING EERSTE HOLLANDSCHE LEVENSVERZEKERINGSBANK

Keizersgracht/Leliegracht, Amsterdam

C. VAN ARKEL | 1904-1905

C. Wegener Sleeswijk (uitbr.)

Bibliotheek voor Moderne Hollandsche Architectuur, deel 3-2, G. van Arkel, 1917; de Architect 1982-11

Dit kantoorgebouw voor de Eerste Hollandsche Levensverzekeringsbank kwam in de plaats van drie bestaande grachtenpanden. Van Arkel ontwierp een massaal Art Nouveau-pand van zeven lagen. Opvallend zijn de gedetailleerde entree met vergulde stenen en het geveltableau in de toren. Eind jaren zestig is het pand door C. Wegener Sleeswijk aan weerszijden uitgebreid zodat bij de hoge blinde zijmuren een geleidelijke overgang naar de lagere grachtenhuizen werd gecreëerd.

▪ This office building for the First Dutch Life Insurance Bank took the place of three existing canal houses. Van Arkel designed a chunky Art Nouveau building seven storeys high. Salient points are the detailed entrance of gilded bricks and the mural in the tower. At the end of the sixties the building was enlarged by C. Wegener Sleeswijk creating a gradual transition from its high blind sidewalls to the less-high neighbouring canal houses.

F09 LETTERENFACULTEIT/LANGUAGE FACULTY

Spuistraat/Raadhuisstraat, Amsterdam

TH.J.J. BOSCH | 1976-1984

de Architect 1984-9; Wonen-TA/BK 1985-1; Architectural Review 1985-1; Bouw 1986-13; Architecture + Urbanism 1987-2

Om dit grote universiteitscomplex (100 m. lang) aan te passen aan de schaal van de grachtenwand is het gebouw sterk geleed en de gevel verticaal gearticuleerd met erkers en kolommen. Op de eerste drie lagen bevinden zich centrale voorzieningen. Op de etages erboven liggen clusters (vijf kamers rond een werkruimte) asymmetrisch aan weerszijden van een lange middengang, gescheiden door brede nissen voor daglichttoetreding. De constructie volgt deze geleding met een meanderende moederbalk op zware kolommen.

▪ To adapt this large block (100 m. long) belonging to Amsterdam University to the scale of the canal street walls called for a strong articulation using vertical bay windows and columns. On the first three levels are the central facilities. The floors above contain clusters (five tutors' offices around a seminar room) arranged asymmetrically on either side of a long central corridor and separated by deep recesses allowing in daylight. The loadbearing structure follows this articulation with a meandering main beam on massive columns.

F10 POSTKANTOOR/POST OFFICE, MAGNA PLAZA

Nieuwezijds Voorburgwal, Amsterdam

C.H. PETERS/H.J.M. RUIJSSENAARS | 1893-1899/1993

Renovatie & Onderhoud 1992-10; Bouw 1992-25; F. Bless – Hans Ruijssenaars, architect, 1993

Het imposante neogotische hoofdpostkantoor van rijksbouwmeester Peters is gerestaureerd en verbouwd tot winkelcentrum. Twee bestaande lichthoven zijn vergroot en een derde binnenhof is met glas overkapt. De bestaande hoofdentree en de trappenhuizen zijn gehandhaafd en aangevuld met twee stelsels van roltrappen. Door de dienstingang aan de Raadhuisstraat te vergroten heeft het winkelcentrum een tweede entree gekregen. De 6.000 m² aan luxe winkels liggen tegen de buitengevels en zijn van de galerijen afgescheiden door luchtige, niet tot de plafonds doorlopende vouwwanden.

▪ In 1993, the imposing Neo-Gothic main post office of government architect Peters was restored and recast as a shopping centre. Two existing light courts were enlarged for the purpose and a third inner court was given a glass roof. Ruijssenaars retained the existing main entry and stairtowers supplementing them with two escalator systems. The service entrance on Raadhuisstraat was enlarged into a second entry to the shopping centre. In all, there are 6,000 m² of luxury stores ranged along the outer walls, separated from the galleries by airy folding partitions kept clear of the ceiling.

F11 KANTOORGEBOUW/OFFICE BUILDING DE TELEGRAAF

Nieuwezijds Voorburgwal 225, Amsterdam

J.F. STAAL, G.J. LANGHOUT | 1927-1930

H.L. Krop (b.k.)

Bouwkundig Weekblad 1930 p.333; Het Bouwbedrijf 1930 p.431

Dit voormalige kantoorgebouw/drukkerij is ingepast in een moeilijke situatie, waarvan het oppervlak volledig is benut. Staal, die zich voornamelijk met de vormgeving van de gevels heeft beziggehouden, accentueert de overgang tussen oud en nieuw met aparte, afwijkende bouwdelen en past de indeling van de ramen in de vlakke gevel aan op de maat en verhoudingen van de woningen in de omgeving. Het beeldhouwwerk op de toren is van Hildo Krop.

▪ This former office building/printers' works slots into an awkward site making full use of its surface area. Staal, who was occupied mainly with designing the façades, accentuated the transition from old to new with visually distinct volumes and geared the arrangement of windows in the taut façade to the size and interrelation of the surrounding houses. The tower is decorated with sculpture by Hildo Krop.

F12 RESTAURATIE/RESTORATION AMSTERDAMS HISTORISCH MUSEUM

Kalverstraat 92, Amsterdam

B. VAN KASTEEL, J. SCHIPPER | 1969-1975

Bouw 1977 p.681

Het museum is gehuisvest in het voormalige burgerweeshuis, een ingewikkeld complex van gebouwen (1414-1579). Bij de voorbeeldige restauratie is een tweetal contrastrijke elementen toegevoegd: een harnassenvitrine en een overdekte vrij toegankelijke museumstraat, de Schuttersgalerij, die tevens dienst doet als openbare voetgangersverbinding. Deze moderne elementen van glas en staal geven een interessante etalagewerking aan het verder vrij gesloten gebouw.

▪ Occupying a former orphanage, a complicated amalgamation of volumes (1414-1579), the Historical Museum underwent an exemplary restoration which included two heterogeneous additions: an armoury and a sheltered, freely accessible museum street, the Shooting Gallery, further serving as public pedestrian passage. These modern elements in glass and steel contribute a lively shop-window effect to the building's otherwise all but contained character.

F13 WOONHUIS/PRIVATE HOUSE

Singel 428, Amsterdam

A. CAHEN | 1964-1975

J.P.H.C. Girod, J. Koning (medew.)

TABK 1972 p.181; Architectural Review 1972-juli; Bouw 1973 p.529; Domus 1973-mrt

Dit moderne grachtenpand bevat een bedrijfsruimte in het souterrain, drie standaardflats en een luxe flat over twee etages boven-in. De woningen worden ontsloten vanuit een rond trappenhuis met lift in het midden van het pand. De gevel van dit onopvallende, goed geproportioneerde gebouw is uit prefabbetonelementen vervaardigd. Het ontwerp werd door de welstandscommissie veertien keer afgewezen.

▪ This modern canal house comprises business premises in the basement, three standard flats, and a luxury two-storey flat at the top. Apartments are reached from a circular staircase and lift in the core. The façade of this unobtrusive, well-proportioned building is constructed of precast concrete elements. The design was rejected fourteen times by the Amenities Authority.

F14 SHOWROOM METZ & CO
Leidsestraat/Keizersgracht, Amsterdam
G.TH. RIETVELD | 1933
C.G. Dam (rest.)
Bouwkundig Weekblad 1933 p.388; De 8 en Opbouw 1933 p.185

Op het dak van de meubelwinkel Metz & Co, waar onder meer Rietveldmeubelen werden verkocht, plaatste de architect een ronde glazen toonzaal om nieuwe functionalistische meubelen in de juiste omgeving tentoon te kunnen stellen. Ook nu nog kan men hier genieten van zowel goed ontworpen meubelen als het daklandschap van Amsterdam. De koepel is 1986 gerenoveerd door Cees Dam.

▪ On the roof of Metz & Co's furniture store, which sold Rietveld furniture amongst other things, the architect placed a round glass showroom designed to show off modern functionalist furniture in an appropriate setting. Here today one can still enjoy both well-designed furniture and a view of Amsterdam's roofscape. The showroom was renovated in 1986 by Cees Dam.

F15 KANTOORGEBOUW/OFFICE BUILDING NEDERLANDSCHE HANDEL-MAATSCHAPPIJ
Vijzelstraat 32, Amsterdam
K.P.C. DE BAZEL | 1919-1926
A.D.N. van Gendt (constr.), **H.A. van den Eijnde, J. Mendes da Costa, L. Zijl** (b.k.), **J.F. Berghoef** (rest. 1979), **M.F. Duintjer** (uitbr.)
L'Architecture Vivante 1926-I; A.W. Reinink – K.P.C. de Bazel, architect, 1965/1994

Het laatste na zijn dood voltooide ontwerp van De Bazel oogstte veel kritiek vanwege de grootschaligheid. Het enorme bouwvolume is welhaast sculpturaal behandeld door gebruik te maken van een hoge sokkel, twee terugspringende verdiepingen, een veelheid aan verticale geledingen en een geometrisch geornamenteerde gevel van baksteen en natuursteen. Het betonskelet, aan de buitenkant verhuld door de indruk van gestapelde bouw, krijgt in het interieur een architectonische functie, met name bij de twee hoge lichthoven.

▪ This design for the Dutch Trading Company by De Bazel, the last he completed, was much criticized for its monumentality. The vast building volume was almost treated as sculpture by using a high base, two receding upper storeys, much vertical articulation and a geometrically ornamented front of brick and cut stone. The concrete frame, concealed from outside by the impression of layered construction, plays an architectural role in the interior, particularly at the two high light courts.

F16 CINEAC HANDELSBLAD
Reguliersbreestraat 31-33, Amsterdam
J. DUIKER | 1933-1934
C.G. Dam (rest.)
De 8 en Opbouw 1934 p.197; Bouwkundig Weekblad 1935 p.103; Forum 1972-5/6; Duikergroep Delft – J. Duiker bouwkundig ingenieur, 1982

Een bioscoop voor doorlopende voorstellingen is ingepast in een bestaande situatie. Door de paraboolvormige zaal diagonaal te plaatsen wordt de beperkte ruimte optimaal benut. De stalen draagconstructie rust grotendeels op een bestaande fundering. Bijzondere elementen aan dit hoogtepunt van vooroorlogs constructivisme/functionalisme zijn verder de entreepartij met glazen luifel, de vanaf de straat zichtbare projectoren daarboven en de constructivistische lichtreclame op het dak. De stalen gevelplaten verbergen een traditionele spouwmuur. Dankzij de vestiging van een filmrestaurant kon het exterieur worden gerestaureerd, inclusief (zij het met een andere titel) de lichtreclame op het dak.

▪ A cinema showing non-stop programmes was slotted into the available site, its parabola-shaped auditorium placed diagonally to make optimum use of limited space. Its steel frame rests largely on existing foundations. Other special features of this pinnacle of pre-war constructivism/functionalism include its entrance with glazed porch, projection booth visible from the street and constructivist illuminated sign above the roof. Steel facings conceal a traditional cavity wall. Since its occupation by a restaurant serving the film industry the exterior has been restored and the illuminated roof sign returned bearing a new title.

F17 TUSCHINSKI THEATER/CINEMA
Reguliersbreestraat 26-28, Amsterdam
H.L. DE JONG | 1918-1921
J. Gidding (int.), **C. Bartels, B. Jordens** (b.k.)
Architectural Review 1973 p.323; M.M. Bakker e.a. – Architectuur en stedebouw in Amsterdam 1850-1940, 1992

Scherp contrasterend met Duikers Cineac is het Tuschinski Theater in uitbundige Art Deco uitgevoerd. Het smalle kavel (13,5×57,5 m.) is volgezet met een imposante, exuberante façade, rijk gedecoreerd en geheel bekleed met geglazuurde tegels. Ook het interieur, met name de lobby, is voorzien van kunstige decoraties als tapijten, muur- en plafondschilderingen, verlichtingseffecten en meubilair. Volgens het Bouwkundig Weekblad werd 'het stadsbeeld totaal bedorven' door de 'vormlooze torens' in 'den vorm van een 42 cm. projectiel'.

∎ A sharp contrast with Duiker's Cineac, the Tuschinski Theatre displays an exuberant Art Deco style. Squeezed into the narrow site (13.5×57.5 m.) is an imposing façade, opulently decorated and covered with glazed tiles. The interior too, particularly the lobby, is rich in carpets, wall and ceiling paintings, lighting effects and furniture. The Bouwkundig Weekblad (an architectural weekly) wrote of 'pollution of the cityscape' by 'shapeless towers like 42 cm. projectiles'.

F18 EFFECTENKANTOOR/STOCKBROKER'S OFFICE
Rokin 99, Amsterdam
M.A.A. VAN SCHIJNDEL | 1988-1990
Architectuur & Bouwen 1990-12

Het smalle pand huisvest naast het effectenkantoor een dakwoning. Door een vide rond het trappenhuis in de middenzone dringt het daglicht tot ver in het gebouw door. De trap staat onder een hoek van 45° tussen de splitlevelverdiepingen. De gevel is opgebouwd uit lagen zandgeel en turkoois graniet en afgedekt met een timpanon. Deze combinatie van klassieke vormen en materialen met hypermodern spiegelglas en felle kleuren, toegepast in een historische gevelwand, is gedurfd en niet onomstreden.

∎ The narrow premises combine a stockbroker's office with a small top-floor apartment. A void containing the staircase in the central zone delivers daylight deep into the building. The stair swings 45° back and forth between the split-level floors. The façade is built up of layers of sand-coloured and turquoise granite which terminate in a tympanum. This combination of Classical forms and materials and ultramodern mirror-glass and gaudy colours inserted into a traditional urban elevation is audacious and has not gone uncriticized.

F19 STADHUIS EN OPERA/CITY HALL AND OPERA HOUSE (STOPERA)
Waterlooplein, Amsterdam
W. HOLZBAUER, C.G. DAM | 1979-1987
Plan/Forum/TABK 1970; Forum 1980/81-3; Plan 1982-3/4; Bauwelt 1983 p.1834; W. Holzbauer, Bauten und Projekte 1953-1985, 1985; de Architect 1986-11; Archis 1986-11; Bouw 1986-21; M. van Rooy – De Stopera, 1986; Architectuur & Bouwen 1988-10; B. Lootsma – Cees Dam, architect, 1989

Twee belangrijke prijsvragen voor een nieuw stadhuis (1937, 1968) en een ontwerp voor een operagebouw van Holt en Bijvoet (1971) resulteren in 1979 in een gecombineerd gebouw voor stadhuis en opera naar een idee van de nieuwe prijsvraagwinnaar Holzbauer. Door het L-vormige kantoorgedeelte rond de operazaal te bouwen worden ruimte en kosten gespaard. De grote omvang van dit stedenbouwkundig autonome complex, de coulissenarchitectuur en het compromiskarakter van het gebouw ontlokken de gebruikelijke stormen van protest bij bevolking en architecten, die luwen naarmate de bouw vordert.

∎ Two major competitions for a new town hall (1937, 1968) and a design for an opera house by Holt and Bijvoet (1971) resulted in 1979 in a city hall and opera house combined, based on an idea by the new competition winner Holzbauer. Building an L-shaped office section around the auditorium saved both space and cost. The great scale of this autonomous urban block, the structure and the element of compromise unleashed a storm of protest from townspeople and architects alike, which subsided as building progressed.

 F20 STADSVERNIEUWING/URBAN REDEVELOPMENT NIEUWMARKT

Sint Antoniesbreestraat e.o., Amsterdam

VAN EYCK & BOSCH | 1970-1975

Th.J.J. Bosch (proj.), **G. Knemeijer, P. de Ley, D. Tuijnman** (medew.), **Th.J.J. Bosch** (Moddermolensteeg/Raamgracht, 1975-1978; Het Pentagon, Sint Antoniesbreestraat/Zandstraat, 1975-1983; Sint Antoniesbreestraat, 1975-1978), **H.L. Hagenbeek** (Sint Antoniesbreestraat/Zuiderkerkhof, 1979-1984; Sint Antoniesbreestraat/Snoekjesgracht, 1983-1985), **H. Borkent, K. Makkink** (b.k.) (Sint Antoniesbreestraat/Nieuwe Hoogstraat, 1979-1983), **P. de Ley, F. Oorthuys** (Zwanenburgwal, 1986)

Forum 1970-4; Architecture d'Aujourd'hui 1975-jul/aug; Architectural Record 1985-1; Bouw 1990-6; Architectuur in Nederland. Jaarboek 1988-1989; F. Strauven – Aldo van Eyck, 1994

De verpaupering van de Nieuwmarkt bereikt rond 1970 haar hoogtepunt wanneer grootschalige ingrepen als de bouw van een metro en verkeersdoorbraken voor het bedrijfsleven worden voorbereid. Onder het motto 'Bouwen voor de buurt' bundelen buurtbewoners, activisten en architecten de krachten voor renovatie van de buurt: restauratie van historische panden, nieuwbouw aangepast aan bestaande rooilijnen en schaal, prioriteit aan wonen in combinatie met kleinschalige bedrijven en winkels en betaalbare nieuwbouw voor buurtbewoners. De bemoeienis van Van Eyck en Bosch gaat terug naar een stedenbouwkundig plan voor de Nieuwmarkt uit 1970 waarin voor het eerst de kwaliteiten van het wonen in de oude stad tegenover de expansie-ideeën uit de jaren zestig worden geplaatst. Bij de nieuwbouw worden kostbare en gecompliceerde overbouwingen van de metrobuis niet uit de weg gegaan. De eerste realisaties zijn twee projecten van Bosch. In deze invullingen is de typische jaren-zeventigopvatting van aangepaste nieuwbouw te zien: kleinschaligheid gesuggereerd door kapvormen en aanpassing door traditionele baksteenbouw. Belangrijkste werk van Bosch is het Pentagon, een vijfhoekig, min of meer gesloten bouwblok dat de bestaande rooilijnen volgt met 88 woningen rond een semi-openbare binnenplaats. Het woonblok aan het Zuiderkerkhof van Hans Hagenbeek is een technisch hoogstandje. Het is gefundeerd op de tunnelcaissons en bevat een luchtschacht voor de metro, kunstig achter een waterval geïntegreerd in het bouwblok. Het blokje van Hans Borkent heeft een gewaagde kleurencompositie naar ontwerp van K. Makkink. Een later project van Paul de Ley, de hoekbebouwing aan de Zwanenburgwal, toont de recente tendensen in de stadsvernieuwing: een herbezinning op de functionalistische architectuur van de jaren dertig met gestucte gevels, strookramen en afgeronde hoeken.

▮ The deterioration of the Nieuwmarkt reached its peak around 1970 with preparations for a large-scale swathe of demolition for construction of the Metro and industrial transport routes. Taking the slogan 'building for the neighbourhood', locals, activists and architects fought together to revivify the area: this was to include restoration of historic buildings, developments made to fit in with existing street patterns and scale, priority for combining housing with small businesses and shops, and new buildings which locals could afford. The intervention of Van Eyck and Bosch goes back to a 1970 urban plan for this area in which, for the first time, traditional urban values were to co-exist with sixties expansionism. The redevelopment scheme did not shun expensive and complicated structures straddling the Metro. The first buildings realized were two projects by Bosch. This infill housing illustrates typical seventies ideas on development adapted to its surroundings, with a suggestion of the small-scale in the cappings and of attunement in the traditional brick structure. Bosch's major contribution is the Pentagon, a five-sided perimeter block adhering to the existing building lines and ranging 88 dwelling units round a semi-public internal court. Hans Hagenbeek's apartment building on Zuiderkerkhof is quite a feat of technique, founded as it is on Metro tunnel sections and cleverly concealing air ducts for the metro behind a waterfall. The block by Hans Borkent has a daring colour scheme to a design by the artist K. Makkink. A later project by Paul de Ley, the corner development on Zwanenburgwal, illustrates recent trends in urban regeneration: a revamping of functionalist architecture of the thirties with rendered walls, ribbon windows and rounded corners.

F21 EIGEN WOONHUIS/OWN HOUSE
Oudeschans 3, Amsterdam
H.L. ZEINSTRA | 1977
de Architect 1981-1; Technique & Architecture 1984/85-357

De traditionele kenmerken van de Amsterdamse grachtenhuizen worden met gebruik van moderne materialen en een moderne vormentaal tot een geraffineerd ruimtelijke gevel verwerkt. De straatwand heeft een dubbele gevel. Doordat de uit betonelementen opgebouwde eerste gevel 'op vlucht' (licht naar voren hellend) is gebouwd, wordt de ruimte tussen de beide gevels naar boven toe steeds groter. Boven een appartement in twee lagen bevinden zich drie verdiepingen met elk een appartement.

▪ The traditional characteristics of the Amsterdam canal houses have here been elaborated into a refined spatial façade using modern materials and a modern formal syntax. The street wall has in fact a double front. As the foremost façade of concrete elements is gently tilted forward, the space between the two façade layers increases with height. Its five levels comprise, from the ground up, one two-level apartment and three of one storey each.

F22 SCHEEPVAARTHUIS/SHIPPING OFFICE BUILDING
Prins Hendrikkade 108-114, Amsterdam
J.M. VAN DER MEY | 1912-1916
P.L. Kramer, M. de Klerk (medew.), **J.G. & A.D.N. van Gendt** (constr.), **W. Bogtman, W.C. Brouwer, H.A. van den Eijnde, H.L. Krop, C.A. Lion Cachet, T. Nieuwenhuis, J. Raedeker** (b.k.)
H. Boterenbrood – Van der Mey en het Scheepvaarthuis, 1989; M. Casciato – The Amsterdam School, 1996

In het Scheepvaarthuis waren de kantoren van zes scheepvaartmaatschappijen gehuisvest. Het wordt algemeen gezien als het eerste gebouw dat volledig in de stijl van de Amsterdamse School is gebouwd, hetgeen voornamelijk is te danken aan De Klerk en Kramer die in die tijd op het bureau van Van der Mey werkten. De decoraties ter plaatse van de fantastisch gebeeldhouwde entreepartij geven de hoek een sterk verticaal accent. Ruimtelijk hoogtepunt is de geometrisch gedecoreerde centrale traphal.

▪ Once the office premises of six shipping companies, this is generally considered the first building to be realized exclusively in the style of the Amsterdam School, mainly due to De Klerk and Kramer, at that time both working at Van der Mey's office. The decoration at the fantastically sculpted entrance gives this corner a strong vertical thrust. The building's crowning achievement spatially is its geometrically ornamented central well.

F23 SCIENCE CENTRE NEW METROPOLIS
Oosterdok, Amsterdam
R. PIANO | 1990-1997
de Architect 1997-5; Archis 1997-7

Waar de IJ-tunnel in het water wegduikt, rijst het hellende dak van dit wetenschapsmuseum op. De vorm volgt de gebogen lijn van de tunnel en eindigt in een vooroverhellende, ronde 'boeg'. Het scheepskarakter van het gebouw wordt versterkt door de gevelbekleding van deels geperforeerde koperen platen die voor de hardglazen puien zijn aangebracht. Het interieur bestaat uit een open, doorlopende ruimte met trapsgewijs oplopende verdiepingen waarin de publieks- en tentoonstellingsfuncties zijn opgenomen. Het hellende dak is ingericht als openbaar plein en biedt de bezoeker uitzicht op de schepen in het Oosterdok, de historische stad en het IJ.

▪ At the place where the IJ Tunnel submerges, the roof of this science centre slopes upward. Its shape follows the curving course of the tunnel to terminate in a blunt jutting 'prow'. The ship metaphor is enhanced by the cladding of semi-perforated copper panels fronting the toughened-glass fenestration. Inside, there is a continuous open space with levels stepping up beneath the roof to contain exhibitions and other public functions. The sloping roof itself is designed as a public plaza, offering a view of ships in the eastern docks, the old city and the waters of the IJ.

150 **F24 MOEDERHUIS/MOTHERS' HOUSE**

Plantage Middenlaan 33, Amsterdam

A.E. VAN EYCK | 1973-1978

Architecture d'Aujourd'hui 1975-jan/feb; de Architect 1979-4; Wonen-TA/BK 1980-8; Forum 1980/81-3; Architectural Review 1982-3; Progressive Architecture 1982-3; GA-Document 4; F. Strauven – Aldo van Eyck, 1994

Was Van Eyck met de architectuur van het Burgerweeshuis de opvoeders twintig jaar vooruit, bij deze opdracht kon hij werken in nauw overleg met staf én cliënten van de Hubertusvereniging. Deze instelling is in de negentiende eeuw opgericht ter ondersteuning van 'gevallen vrouwen' en in de jaren zeventig geëvolueerd tot een instelling die ongehuwde moeders op voet van gelijkwaardigheid opvang en bescherming biedt. Het pension biedt een tijdelijk verblijf voor zestien ouders en ± 78 kinderen, alsmede ruimtes voor staf en administratie. Het betreft de invulling van een gat in een negentiende-eeuwse straatwand en de restauratie van twee aangrenzende historische panden. De invulling past zich aan bij de bestaande structuur (bouwhoogte, verticale hoofdindeling, onderbouw), maar wijkt er ook ingrijpend van af. De positie van entree en trappenhuis is zodanig dat er eigenlijk twee gebouwen ontstaan: een hoge nieuwbouw en een lagere uitbouw van de bestaande panden. Door kleur- en materiaalgebruik is er toch weer een eenheid. In de bestaande panden zijn de stafruimtes en de woon- en slaapkamers van de ouders ondergebracht. Deze hebben terrassen op de nieuwbouw. Het nieuwe gedeelte bevat bergingen, een kantine en keuken en het dagverblijf voor kinderen van 1-6 jaar. De bovenste twee lagen, hoog en geïsoleerd, zijn voor de baby's. Aan een binnenplaats bevindt zich een laagbouw van twee etages met woningen. Elke woning huisvest tien kinderen en bevat een slaapkamer, sanitair, keuken en woonkamer met veranda. Een minipassage op de verdieping verbindt de woningen en het dakterras. De draagstructuur is een regelmatige betonconstructie van kolommen en vloeren met een vaste kern (lift en toiletten). De niet-dragende binnenwanden zijn veelal beglaasd en zorgen voor een transparante ruimtegeleiding. In plattegronden en gevels ontbreekt een eenduidige geometrie; er is een egale ordening van verschillende specifieke geometrieën: rechthoekige ruimtes, hoeken van 45°, cirkels, cirkelsegmenten en de vrije curven in de woningen voor kinderen. Ten tijde van de ruwbouw besluit Van Eyck, naast de kleurcodering van de laagbouw met paars, rood, oranje, geel en groen, de opeenvolgende metalen puien van de hoogbouw in verschillende kleuren te schilderen, waardoor de articulatie van de gevel beter tot uiting komt. 'Ik kies geen kleuren, mijn lievelingskleur is de regenboog.' Dit motief komt op enkele plaatsen terug.

▪ If the architecture of the Orphanage saw Van Eyck twenty years ahead of the educators, this time he was able to work closely with both staff and clients of the Hubertusvereniging. This association was set up in the nineteenth century to help 'fallen women' and during the seventies evolved into an institution offering on equal footing the reception and protection of unmarried mothers. This boarding house, providing temporary lodgings for sixteen parents and some 78 children plus staff and administrative spaces, was to fill a gap in a nineteenth century wall of housing, two neighbouring historic houses being restored at the same time. The infill was geared in height, layout and basement to the existing fabric, yet deviates radically from it in other ways. Entrance and stairhouse are so positioned as to create two buildings: a high, entirely new block and a less-tall extension to an existing house. The use of colour and material acts as a unifying element. Accommodated in the existing premises are staffrooms and parents' living and sleeping quarters with their terraces in the new addition. The entirely new block contains storage space, a canteen and kitchen, and a day nursery for children aged one to six. The two uppermost levels, high and isolated, are for babies. Off an inner court is a low-rise section containing two storeys of dwellings. Each unit houses ten children and comprises a bedroom, toilet and washroom, kitchen and living room with veranda. A tiny passage upstairs links the dwellings to a roof terrace. The loadbearing structure is a regular concrete construction of columns and floor slabs with a core of lift and toilets. Non-loadbearing walls are for the most part glazed and provide a transparent spatial articulation. Both plans and façades eschew geometric regularity, there being instead an even distribution of various geometric elements: rectangular spaces, 45° angles, circles and segments, and free-form curves in the children's living quarters. During the construction stage, Van Eyck decided to supplement the intended colour scheme of the low-rise dwellings (purple, red, orange, yellow and green) by painting different sections of the high-rise façade different colours to give its articulation the expression it would otherwise have lacked. 'I don't choose colours', says Van Eyck, 'my favourite colour is the rainbow.' The rainbow motif can be found here more than once.

F25 KANTOORGEBOUW/OFFICE BUILDING DIAMANTBEWERKERSBOND
Henri Polaklaan 9, Amsterdam
H.P. BERLAGE | 1898-1900
R.N. Roland Holst (b.k.), **H. van Beek (Atelier PRO)** (rest.)
L'Architecture Vivante 1924-11; J. Kroes – Het paleis aan de laan, 1979; S. Polano – Hendrik Petrus Berlage, het complete werk, 1988; M. van der Heijden – De burcht van Berlage, 1991

Het gebouw van de Algemeene Nederlandsche Diamantbewerkersbond (een van de eerste vakbonden) symboliseert met zijn sobere gevel en ingangspartij de kracht van de arbeidersbeweging. De harmonieuze gevel bevat raamopeningen, steeds drie gelijke delen die in de breedte gelijk zijn maar in de hoogte variëren. Het trappenhuis is licht en vrolijk door het gebruik van gele baksteen en een daklicht. Deze trap is evenals de ooit weggetimmerde wandschilderingen van R.N. Roland Holst weer grotendeels in oude glorie hersteld met de verbouwing van het gebouw tot Vakbondsmuseum.

▮ With its sober façade and entrance, this building for the Union of Diamond Workers (one of the first Dutch trade unions) symbolizes the power of the workers' movement. The well-proportioned front includes windows grouped in threes of equal size, of constant width though of variable height. The staircase is bright and cheerful through the use of yellow brick and a rooflight. This stair, along with boarded-up mural paintings by R.N. Roland Holst, was largely restored to its former glory when the building was recycled as a Trade Union Museum.

F26 KAS/GLASSHOUSE HORTUS BOTANICUS
Plantage Middenlaan, Amsterdam
ZWARTS & JANSMA | 1990-1993
ABT (constr.), **J.M. van der Mey** (oorspr. ontw.)
Archis 1992-12; Bouwen met Staal 1994-mrt/apr; M. Kloos – Amsterdam Architecture 1991-93, 1994

De Amsterdamse Hortus Botanicus bevat gebouwen uit verschillende perioden, onder meer een in 1912 gebouwd laboratoriumgebouw van Van der Mey, die overigens alleen de gevel ontwierp. De privatisering van de Hortus heeft geleid tot restauratie van de bestaande gebouwen en de bouw van een nieuwe kas van 1.500 m² met drie zones, een tropisch, een subtropisch en een woestijnklimaat. Het gebouw is opgebouwd uit standaardelementen uit de glastuinbouw, maar de draagconstructie is nieuw ontwikkeld. Stalen kolommen worden door kabels afgespannen langs vier assen in acht richtingen.

▮ The Botanical Gardens in Amsterdam contain buildings from various periods, including a laboratory block of 1912 by Van der Mey, who in fact only designed the façade. When the gardens were privatized the existing buildings were restored and a new glasshouse built of 1,500 m² in three zones each with its own climate: tropical, subtropical and desert. The building resorts to standard elements deriving from glasshouse construction, though the loadbearing frame is a new departure. Cables spanned between steel columns follow four axes in eight directions.

F27 STUDENTENHUIS/STUDENTS' HOUSE
Weesperstraat 7-57, Amsterdam
H. HERTZBERGER | 1959-1966
H.A. Dicke, Tj. Hazewinkel (medew.)
Forum 1963-4; Bouwkundig Weekblad 1966 p.412; Domus 1967-sep; Werk 1968 p.310; Architecture d'Aujourd'hui 1968-apr/mei; A. Lüchinger – Herman Hertzberger, Bauten und Projekte 1959-1986, 1987; W. Reinink – Herman Hertzberger, architect, 1990

De studentenkamers liggen aan een dubbele corridor, met stijgpunten en sanitair in de middenzone, en hebben een gemeenschappelijke zit- en eetruimte met terras. Er is een laag woningen voor gehuwde studenten met een ontmoetingsruimte aan de kop. Het gebouw bevatte voorts een mensa, een vakbondskantoor en een café op de begane grond. Het 'binnenkomen' verloopt geleidelijk door overdekte buitenruimtes, niveauverschillen en lichteffecten, zonder strikte scheiding tussen privé en openbaar.

▮ Here, students' quarters are ranged along a double corridor with a central zone for vertical circulation and ablutions and a communal dining/cooking space with terrace. One floor houses married students off a corridor with a common room at one end. The building also included a restaurant, a union office and a bar on the ground floor. Entry from the street is a gradual affair of sheltered inner courts, differences in level and lighting effects, with no clear-cut division between private and public.

F28 WOONGEBOUW/HOUSING BLOCK

Weesperstraat, Amsterdam

R.H.M. UYTENHAAK | 1980-1994

de Architect 1993-6; Archis 1993-8; Architectuur in Nederland. Jaarboek 1993-1994; T. Verstegen – Rudy Uytenhaak, architect, 1996

Dit complex vormt de overgang van het fijnmazige weefsel van de grachtengordel met de grootschalige kantoorbebouwing aan de Weesperstraat. Door de hoekverdraaiingen in het plan, gebaseerd op richtingen uit de directe omgeving, is een complex geheel ontstaan. De gevels zijn beschouwd als vlakken met elk een eigen karakteristiek: een combinatie van een steenachtig scherm, o.a. van speciaal beton met ruitjespatroon, en een metalen pui. Met de gevelsystematiek is zowel een eigentijdse invulling van een grachtenwand mogelijk als een antwoord op de grootschalige kantoorgevels. Onder het complex bevindt zich een parkeerkelder van twee lagen.

▪ Uytenhaak's housing bridges the gap between the fine mesh of the concentric rings of canals and the big office development on Weesperstraat. It is intricate in plan, with angles rotated to follow local lines of direction. The façades are treated as planes, combining a freestanding concrete grid with metal-framed glazing. That the housing succeeds both as a contemporary infill in a old canalside elevation and as a response to the adjoining large-scale office frontage is due to this façade configuration. Beneath the complex is a two-storey parking garage.

F29 RIJKSAKADAMIE VAN BEELDENDE KUNSTEN/ STATE ACADEMY OF FINE ARTS

Sarphatistraat 470, Amsterdam

K.J. VAN VELSEN | 1987-1992

Archis 1992-10; de Architect 1992-11; Architectuur in Nederland. Jaarboek 1993-1994; J. Rodermond – Koen van Velsen, architect, 1995

De voormalige Cavaleriekazerne uit 1863 is verbouwd tot Rijksakademie van Beeldende Kunsten. In de stallen en de manege zijn werkplaatsen en ateliers ondergebracht. Op het binnenplein staan twee nieuwe gebouwen met voorzieningen: bibliotheek, gehoorzaal, galerie, studio en administratie. Ze zijn met luchtbruggen onderling en aan het bestaande gebouw verbonden. Aan de achterzijde aan het water bevindt zich een klein restaurant. De nieuwbouw vertoont de van Van Velsen bekende architectonische complexiteit, maar is met baksteen bekleed om niet al te opzichtig tegen het bestaande gebouw af te steken.

▪ Here, a former cavalry barracks of 1863 has been converted into a fine arts academy. In the former stalls and arena are now workshops and studios. The inner courtyard contains two new blocks of facilities: library, auditorium, gallery, studio and administration. Footbridges link them to each other and to the existing building. At the rear on the water is a small restaurant. The new buildings display Van Velsen's customary architectural complexity, yet have stone cladding so as not to stand out too much from the existing block.

F30 HOOFDKANTOOR/HEADQUARTERS NEDERLANDSE BANK

Frederiksplein, Amsterdam

M.F. DUINTJER | 1960-1968

D.H. Cox, P.H. Goede, P.A. v.d. Heiden (medew.), **J. Abma** (uitbr.)

Forum 1957-8; Bouwkundig Weekblad 1968 p.418; Bouw 1968 p.932; P. Pennink e.a. – Marius Duintjer, architect, 1986

Als winnaar van een prijsvraag ontwerpt Duintjer dit bankgebouw, dat door zijn schaal en geïsoleerde ligging nog steeds als schrikbeeld geldt wanneer nieuwbouw in de oude stad ter sprake komt. Op twee lagen parkeergarages met schuilkelder en kluizen is een laagbouw (100×110 m.) met twee binnenhoven geplaatst. De hoogbouw met kantoorruimtes verjongt zich naar boven toe; per verdieping ligt de gevel 2 cm. terug. Het gebouw is uitgebreid met een ronde kantoortoren naar ontwerp van J. Abma.

▪ Having won a competition Duintjer designed this bank, which because of its size and isolated position is still the bête noire of new-build development within the old town. Set above two underground levels of parking space with a fall-out shelter and strong rooms is a low-rise block (100×110 m.) enfolding two inner courts. The high-rise office slab tapers 2 cm. per storey. The building has been extended with a circular office tower by J. Abma.

F31 KANTOORGEBOUW/OFFICE BUILDING GEÏLLUSTREERDE PERS
Stadhouderskade 85, Amsterdam
MERKELBACH & ELLING | 1959
M.A. Stam (proj.)
S. Rümmele – Mart Stam, 1991

De gevel van dit kantoorgebouw bestaat uit een glazen vliesgevel die tussen twee baksteenwanden is geplaatst. Een terugliggende balkonstrook op de bovenlaag, stalen glazenwassersbalkons, een uitspringende vlakke entreeluifel en vrij geplaatste kleine balkons die aan Gropius' ontwerp voor het Bauhaus in Dessau herinneren, geven juist voldoende profilering aan de vlakke glasgevel.

▮ The façade of this office building consists of a glazed curtain wall sandwiched between two walls of brick. A row of setback balconies on the upper level, steel window-cleaners' ledges, a sleek projecting entrance awning and freely placed small balconies reminiscent of Gropius' design for the Bauhaus in Dessau, add just the right amount of modulation to the taut glass façade.

F32 KANTOORGEBOUW/OFFICE BUILDING
Stadhouderskade 84, Amsterdam
J.J.H.M. VAN HEESWIJK | 1989-1991
de Architect 1991-11; Architectuur in Nederland. Jaarboek 1991-1992; Bauwelt 1992 p.164; Bouw 1993-4; Baumeister 1995-apr; Hans van Heeswijk, architect, 1995

Met dit kantoorgebouw realiseert de architect een eigentijdse equivalent van het naastgelegen kantoor van Mart Stam. Stams ragfijne stalen kozijnen vinden hun pendant in een zorgvuldig vormgegeven vliesgevel met in neopreen gevatte glasplaten. De horizontale articulatie van de gevel die Stam realiseerde door de vloeren door de gevel te laten steken, wordt in Van Heeswijks ontwerp gerealiseerd door deze juist te laten inspringen. Een equivalent van Stams balkons ontbreekt, maar daar staat een veel opener en transparanter interieur van de nieuwbouw tegenover. Een terugliggende glazen lifttoren vormt de verbinding tussen de beide kantoorblokken.

▮ This is Van Heeswijk's contemporary version of the office next door built by Mart Stam. The latter's superslender steel frames are echoed in a sensitively shaped curtain wall set in neoprene gaskets. The horizontal articulation of Stam's building achieved by extending the floors through the outer walls is effected in Van Heeswijk's by the very reverse, having them recede. Though there is no physical equivalent of Stam's balconies, the new building does have a much more open and transparent interior. Linking the two office blocks is a setback all-glass lift tower.

F33 TWEE KANTOORVILLA'S/TWO OFFICE BLOCKS
Weteringschans 26-28, Amsterdam
F.J. VAN GOOL | 1976-1979
Wonen-TA/BK 1979-23; Forum 1980-1, 1993-mrt; Bouw 1981-1

De twee kantoorvilla's die in schaal, contour en volume overeenkomen met de vroegere villabebouwing op die plek, staan op de grens van grachtengordel en negentiende-eeuwse uitbreidingen. In 1980 speelt deze 'solo van 312 ramen' een hoofdrol in de discussie over 'nieuwe lelijkheid' van zakelijke architectuur en design. Hoofdstedelijke columnisten spreken hierbij van 'doodskoparchitectuur' en 'het lelijkste van Amsterdam'. Alles went kennelijk, want naarmate de tijd vordert verstomt de kritiek en groeit de waardering bij aanvankelijke tegenstanders.

▮ These two office blocks, taking their scale, contour and volume from the villas previously occupying that site, border on both the canal zone and the nineteenth-century developments. In 1980 this 'solo of 312 windows' was to play a leading role in discussions on the new wave of ugliness sweeping functionalist architecture and design. Local columnists described it as 'death's-head architecture', and 'Amsterdam's ugliest'. Yet even here the criticism has gradually subsided over the years and one-time detractors admit to a growing appreciation.

F34 CITYTHEATER/CINEMA

Kleine Gartmanplantsoen 13, Amsterdam

J. WILS | 1934-1935

Bouwkundig Weekblad 1936 p.165

Deze bioscoop is binnen een uitzonderlijk korte bouwtijd gerealiseerd. Op een vierkante situatie bevinden zich utilitaire ruimtes in de kelder, een foyer/wachtruimte op de begane grond en de bioscoopzaal op de verdieping. De zaal is gericht op de diagonaal van de vierkante plattegrond. De aanwezigheid van een door de exploitanten vereiste toneeltoren en een orkestbak verraadt nog enige onbekendheid met de toekomst van het bioscoopbedrijf. De helaas in slechte staat verkerende gevel duidt op een beter begrip bij de architect.

▪ This cinema was erected in a remarkably short time. Occupying a square site are a cellar containing services, a foyer/waiting room on the ground floor and above it the auditorium. The latter faces along the diagonal of the square plan. The presence of a fly tower and an orchestra pit insisted on by the proprietors reveal some uncertainty on their part as to the future of the cinema in general. Though in a deplorable state, the façade still shows that the architect knew better.

F35 HOTEL CAFÉ RESTAURANT AMERICAN

Leidseplein 28, Amsterdam

W. KROMHOUT, G.J. JANSEN | 1898-1902

G.J. Rutgers (uitbr.)

Architectura 1902 p.81, 273; Het Bouwbedrijf 1930 p.211; I. Jager – Willem Kromhout Czn., 1992

De verschillende functies van het gebouw, hotel, café-restaurant en feestruimte, hebben ieder een eigen expressie in de gevel gekregen. Een horizontale loggia vormt de overgang van de bogen van de cafézaal naar het verticalisme van de hotelgevels, geaccentueerd door de hoektoren. De decoraties zijn speels en fantasierijk. Half-abstract en vol verwijzingen naar andere architecturen vormt deze architectuur een overgang tussen Art Nouveau en Amsterdamse School. De uitbreiding van G.J. Rutgers uit 1928 volgt het origineel.

▪ The famous American Hotel is also a bar-restaurant and party centre, with all three functions individually expressed in the façade. A horizontal loggia connects the curvilinear coffee hall with the soaring hotel façades emphasized at the corner by a tower. Decorations are playful and imaginative. Semi-abstract and containing much of other works, this building's style forges a link between Art Nouveau and the Amsterdam School. The extension by G.J. Rutgers in 1928 keeps to the original tenor.

F36 VERBOUWING HUIS VAN BEWARING/ FORMER HOUSE OF DETENTION; CASINO, LIDO

Kleine Gartmanplantsoen, Amsterdam

C. SPANJER (P. ZAANEN); M. EVELEIN, H.J.M. RUIJSSENAARS | 1983-1991; 1985-1991

Architectuur & Bouwen 1992-6/7; Architectuur in Nederland. Jaarboek 1991-1992; F. Bless – Hans Ruijssenaars, architect, 1993

Dit voormalige gevangeniscomplex is na jarenlange discussies, protestacties en ontwerpplannen uiteindelijk bestemd voor winkels, woningen en een casino. Het kruisvormige Huis van Bewaring vormt de basis van een nieuw winkel- en recreatiegebied. De gebogen lijn van het voormalige bolwerk langs de Singel is voorzien van een meerlagig gevelscherm. Daarachter bevindt zich de ronde Casinozaal met een kleurig en uitbundig lichtplafond. De oude Lido-villa is gerestaureerd en in het complex opgenomen.

▪ After years of discussion, protest and rejected plans, this former prison complex was finally allocated for shops, houses and a casino. The new shopping and recreation area exfoliates from the cruciform House of Detention, whose curving course along the canal (Singel) is marked by a multi-layered screen. Beyond this is the round gaming hall with its lively illuminated ceiling. The old Lido villa has been restored and drawn into the complex.

F37 BYZANTIUM

Stadhouderskade/Tesselschadestraat, Amsterdam

OMA | 1985-1991

K.W. Christiaanse, R.L. Koolhaas, R. Steiner (proj.)

de Architect 1991-7/8; Archis 1991-8; Architectuur in Nederland. Jaarboek 1991-1992; R. Koolhaas – S M L XL, 1995

In de pers werd dit luxe appartementengebouw met winkels en kantoren omschreven als toonbeeld van arrogantie en smakeloosheid. In feite is het een sober, degelijk en voornaam gebouw dat goed aansluit op de omgeving, door de kamvormige structuur op het Vondelpark en door de hoge bebouwing en de kantoortoren op de pleinwand. Op straatniveau is het gebouw verlevendigd door een opzichtige uitbouw. De bekroning met een goudkleurige kegel, oorspronkelijk bedoeld als skybar, bevat de living van het bovenste appartement.

▪ In the press, this luxury apartment building containing shops and offices has been branded as the epitome of arrogance and tastelessness. It is in fact a sober, respectable, distinguished building which fits well into its setting, through the comb-shaped structure to the Vondel Park and the tall mass and office tower on the square side. The block is enlivened at street level by a flamboyant extension and crowned with a gold truncated cone, originally intended as a sky bar and now containing the living room of a top-floor penthouse.

F38 RIJKSMUSEUM VINCENT VAN GOGH

Paulus Potterstraat 13, Amsterdam

RIETVELD VAN DILLEN VAN TRICHT | 1963-1973

J. van Tricht (proj.), **K. Kurokawa** (uitbr.)

Plan 1970 p.316; Bouw 1973 p.1127; Architectural Review 1973 p.376; Bauen + Wohnen 1973 p.414

Een uitgebreide collectie Van Goghs wordt geëxposeerd op het entreeniveau en rond een vide die over de volledige hoogte van het gebouw doorloopt. De hand van Rietveld, wiens schetsontwerp na zijn dood door zijn partners is uitgewerkt, is herkenbaar in de compositie van doorlopende vlakken bij de hoofdentree en in het, gezien het massieve uiterlijk, verrassend open en ruimtelijke interieur. Het gebouw wordt uitgebreid met een halfrond, vrijstaand paviljoen naar ontwerp van de Japanse architect Kisho Kurokawa dat een onderdeel moet gaan vormen van de herinrichting van het Museumplein naar ontwerp van de Deense landschapsarchitect Sven-Ingvar Andersson.

▪ Here, an extensive collection of Van Gogh's work hangs both on the entrance level and round a void extending to the building's roof. The hand of Rietveld, whose outline scheme was completed by his partners, is recognizable in the composition of continuous surfaces at the main entrance and, considering the building's blocky outer appearance, the surprisingly open and spacious interior. The museum will be enlarged with a semicircular freestanding pavilion designed by the Japanese architect Kisho Kurokawa, as part of the redesigned Museumplein to a plan by the Danish landscape architect Sven-Ingvar Andersson.

F39 HILLEHUIS

Johannes Vermeerplein 34, Amsterdam

M. DE KLERK | 1911-1912

M. Casciato – De Amsterdamse School, 1991; The Amsterdam School, 1996

Hoewel het Hillehuis nog tamelijk traditioneel oogt, wordt het beschouwd als het eerste gebouw waarin de Amsterdamse School-architectuur zichtbaar wordt. In de gevel overheersen verticale accenten en decoratief gebruik van baksteen in de medaillons boven de ramen. Het gebouw is een opdracht van de Amsterdamse eigenbouwer Klaas Hille, die ook verantwoordelijk was voor de woningen in de Spaarndammerbuurt. Aanvankelijk benaderde hij de Amsterdamse architect Baanders voor dit project. Deze geeft de opdracht door aan zijn nogal onzakelijke protégé De Klerk, die hij steunt en een werkruimte op zijn bureau heeft gegeven.

▪ Fairly traditional-looking though it is, the Hillehuis is regarded as the first building to exhibit Amsterdam School architecture. Outside, vertical touches predominate along with the decorative use of brick in the medallions above the windows. The building was commissioned by the Amsterdam property developer Klaas Hille, who was also responsible for the Spaarndammerbuurt housing. He originally approached Baanders, a local architect, who passed on the commission to his fairly unbusinesslike protégé De Klerk, supporting him and giving him a workplace at his office.

Noordzeekanaal
Amerikahaven
Westhaven
Westpoort
Noordzee kanaal
Hemhavens
Coentunnel
Knooppunt Coenplein Noord
Nieuwe Hem Weg
Tuindorp Oostzaan
C. Douwes Weg
Klaprozen Weg
Buiksloot
IJdoornlaan
Noord
Het IJ
Oud Noord
Nieuwendam
IJdoorn Laan
W.H. Vliegenbos
Uitdam
Holysloot
Zunderdorp
Ransdorp
Durgerdam
Markermeer
Spaarnwoude
Noordzee Weg
Basis Weg
Transformator Weg
Sloterdijk
Haarlemmerweg
Burg. De Vlugtlaan
Westerpark
Jordaan
Prins Hendrik Kade
De Ruyter Kade
Centraal Station
IJ-tunnel
Havens Oost
Zeeburgertunnel
Toekomstige Piet Hein tunnel
Buiten IJ
Zwanenburg
Geuzenveld
Burg Roel Straat
De Vlugtlaan
Jan v. Galen Str.
Nassau Kade
Oud West
Dam
Centrum
F
Artis
Zeeburgerdijk
Zuider Zee Weg
Zeeburgerbrug
Muiderpoort
Flevo park
Sloter park
Sloterplas
Ookmeerweg
Johan Cornelis Huizinga Laan
Corn. Lely Ln
Overtoom
Hoofd Weg
Vijzelstr.
Weesper Str.
Stadhouderskade
Maurits Kade
Oost
IJ-meer
Knooppunt Watergraafsmeer
Watergraafsmeer
Osdorp
Baden Powell Weg
Zuid
Hobbema K.
Amstel Dijk
Wibautstr.
Hugo de Vries Ln
Middenweg
Ringvaart
Plesman Weg
Sloten
Amstelv. Weg
Stadion Pl
Stadion Weg
Churchill Laan
Pres. Kennedy Ln
RAI
Amstel
Gooise Weg
Diemen
A'dam-Rijn kan.
Muider Straat Weg
Muiden
Schiphol Weg
Badhoevedorp
Knooppunt De Nieuwe Meer
Nieuwe Meer
Zuid/WTC
Van Nijenrode Weg
Knooppunt Amstel
Diemen-zuid
Knooppunt Diemen
Knooppunt Badhoevedorp
Bosbaan
Buitenveldert
Amstelveense Weg
Daalwijk Dreef
Gooise Dreef
Bijlmer Dreef
Karspel
Bijlmer
Weesp
Amsterdamse
Amsterdam Airport
Schiphol
Beneluxbaan
Amstelveen
Burg. Stramanweg
Gaasperplas
Burg. Colijn Weg
Bos
Ouderkerk a/d Amstel
Zuid-oost
Gein
Ringvaart
Bovenkerker Weg
V.D. Hooplaan
Knooppunt Holendrecht
A10
E35
N247
N202
E22
A 9
N232
A 4
E19
N231
A 2
A 1
N236
N 5
C 68
E 48
1
2
3
4
5
6
7
8-12
13
14
15
16
17
18
19
20,21
22
23
24
25
26
27
28
29
30
31
32
33
34
35
36
37
38
39
40
41
42
43
44
45
46
47
48-55
56
57,58
59
60
61
62
63,64
65
66
67
68
69-73
74
75
76
77
78
79
80
81
82
83
84
85
86
87
88
89
90
91
92
93
94
95
100

G01 **E.A.J. Venhoeven** Politiebureau, Woningbouw/Police Station, Housing
G02 **Merkelbach & Karsten/Merkelbach & Elling** Uitbreiding Lettergieterij/Extension Type-Foundry v/h Tetterode
G03 **Ch. Vandenhove** Woningbouw/Housing De Liefde
G04 **Zanstra, Gmelig Meyling, De Clercq Zubli** Parkeergarage/Multi-Storey Car Park
G05 **De Kat & Peek** HAT-Eenheden/One to Two Persons Units
G06 **Girod & Groeneveld; P. de Ley, J. van den Bout; P. de Ley** Stadsvernieuwing/Urban Redevelopment Bickerseiland
G07 **M. de Klerk** Eigen Haard, Postkantoor/Post Office
G08 **OMA** IJ-Plein
G09 **OMA** Woongebouw/Housing Block
G10 **OMA/Kingma & Roorda** Openbare Basisschool/Primary School
G11 **H.M.A. van Meer** Woningbouw/Housing
G12 **De Kat & Peek** Woongebouw/Housing Block
G13 **M.E. Zwarts** Polymerencentrum/Polymer Centre
G14 **Claus & Kaan** Eurotwin Business Centre
G15 **F.J. van Gool** Buikslotermeer
G16 **Bosch Haslett & Kruunenberg** Woningbouw/Housing
G17 **B.T. Boeyinga** Tuindorp/Garden Village Oostzaan
G18 **E.M. van der Pol** Woningbouw/Housing Twiske-West
G19 **Diverse Architecten** GWL-terrein
G20 **J. Gratama, G. Versteeg, A.R. Hulshoff** Plan West
G21 **H.P. Berlage** Woningbouw, Winkels/Housing, Shops
G22 **H.Th. Wijdeveld** Woningbouw/Housing
G23 **J.M. van der Mey, J.J.B. Franswa** Woningbouw/Housing
G24 **Merkelbach & Karsten** Landlust
G25 **Dienst Stadsontwikkeling** Bosch en Lommer
G26 **H. Hertzberger** Uitbreiding LinMij Wasserijen/Extension of a Laundry
G27 **J.C. Rietveld** Woongebouw/Housing Block
G28 **A.E. van Eyck, J.C. Rietveld** Bejaardenwoningen/Old-Age Dwellings
G29 **M.F. Duintjer** Opstandingskerk/Church
G30 **F.J. van Gool** Zaagtandwoningen/Sawtooth Dwellings
G31 **H. Hertzberger** Verzorgingscomplex/Nursing Home De Drie Hoven
G32 **J.F. Berghoef** Woningbouw/Housing Sloterhof
G33 **J.P. Kloos** Hangbrugmaisonnettes/Suspension Bridge Maisonettes
G34 **MVRDV** Woonzorgcomplex/Sheltered Housing Complex
G35 **W. van Tijen, H.A. Maaskant** Nationaal Luchtvaart Laboratorium/National Aviation Laboratory
G36 **Mecanoo** Woningbouw/Housing Park Haagseweg
G37 **Diverse Architecten** Woningbouw/Housing Nieuw-Sloten
G38 **ZZ&P** Kantoorgebouw/Office Building Nissan
G39 **Claus & Kaan** Gebouw voor Stadsdeelwerken/Urban District Works Building
G40 **M.F. Duintjer** Lyceum/Secondary School Buitenveldert
G41 **M. Breuer** Kantoorgebouw/Office Building Van Leers Vatenfabrieken
G42 **W.G. Quist** Cobra-museum
G43 **J. Wils, C. van Eesteren, G. Jonkheid** Olympisch Stadion/Olympic Stadium
G44 **A.E. van Eyck** Burgerweeshuis/Orphanage
G45 **A.E. & H. van Eyck** Kantoorgebouw/Office Building Tripolis
G46 **Rietveld Van Dillen Van Tricht** Gerrit Rietveld Academie/Academy
G47 **B. Loerakker** Kantongerecht/Courthouse
G48 **H. Salomonson** Woonhuis/Private House Orlow
G49 **P.L. Kramer** Brug en Boothuis/Bridge and Boathouse
G50 **H. Hertzberger** Montessorischool, Willemsparkschool
G51 **W. van Tijen, M.A. Stam, C.I.A. Stam-Beese** Montessorischool
G52 **J. Duiker, B. Bijvoet** Eerste Openluchtschool voor het Gezonde Kind/Open Air School
G53 **W. van Tijen, M.A. Stam, C.I.A. Stam-Beese, H.A. Maaskant** Drive-In Woningen/Dwellings
G54 **H. Elte** Synagoge/Synagogue
G55 **J.F. Staal; J. Boterenbrood** Woningbouw/Housing; Huize Lydia
G56 **J.C. van Epen** Woningbouw/Housing
G57 **D. Roosenburg** Rijksverzekeringsbank
G58 **A. Boeken, W. Zweedijk** Tennis- en Tentoonstellingshal/Tennis and Exhibition Hall Apollo
G59 **H.P. Berlage** Amsterdam-Zuid
G60 **J.F. Staal** De Wolkenkrabber/The Skyscraper
G61 **M. de Klerk** Woningbouw/Housing
G62 **M. de Klerk, P.L. Kramer** De Dageraad
G63 **A. Elzas** Synagoge/Synagogue
G64 **Zanstra, Giessen, Sijmons** Atelierwoningen/Studio Houses
G65 **M. Staal-Kropholler** Woningbouw/Housing
G66 **Brinkman & Van der Vlugt** Gebouwen/Buildings Theosophische Vereniging
G67 **H. Salomonson** Kantoorgebouw/Office Building Turmac Tobacco Company
G68 **A. Bodon** Tentoonstellingsgebouw, Congrescentrum/Exhibition and Congress Centre RAI
G69 **J.M.J. Coenen; Sj. Soeters; West 8** Oostelijk Havengebied/Eastern Docklands
G70 **B. Albert** Woningbouw/Housing
G71 **H. Kollhoff, Chr. Rapp** Woongebouw/Housing Block Piraeus
G72 **Lafour & Wijk** Woningbouw/Housing Slachthuisterrein
G73 **Atelier PRO** Internationaal Instituut voor Sociale Geschiedenis/International Institute for Social History
G74 **Van Herk & De Kleijn; G.P. Frassinelli; Loof & Van Stigt** Woningbouw/Housing; Vierwindenhuis; Verenigingsgebouw/Association Building
G75 **A.J. & J. van Stigt** Verbouwing/Conversion of Entrepotdok
G76 **J.E. van der Pek** Woningbouw/Housing Rochdale
G77 **E.M. van der Pol** Woningbouw/Housing
G78 **Duinker Van der Torre** Woningbouw/Housing
G79 **P.B. de Bruijn, R. Snikkenburg** Wijkcentrum/District Centre Transvaal
G80 **A. Komter** Roeivereniging/Rowing Club De Hoop
G81 **H.G.J. Schelling** Amstelstation
G82 **ZZ&P** Rembrandt Tower
G83 **J.W.H.C. Pot, J.F. Pot-Keegstra** Penitentiair Centrum/Prison Complex Over-Amstel
G84 **Merkelbach & Karsten/Merkelbach & Elling** Frankendael
G85 **Diverse Architecten** Betondorp
G86 **H.C.H. Reijnders; P.A.M. Kilsdonk** Station Sloterdijk; Station Duivendrecht
G87 **C.J.M. Weeber** Venserpolder
G88 **Dienst Stadsontwikkeling** Bijlmermeer
G89 **W.G. Quist** Kantoorgebouw/Office Building Randstad
G90 **R. Schuurman (Grabowsky & Poort)** Amsterdam Arena
G91 **OD 205** Hoofdkantoor/Headquarters KBB
G92 **Alberts & Van Huut** Hoofdkantoor/Headquarters NMB
G93 **K. Rijnboutt** Woningbouw/Housing Hoptille
G94 **D. Benini** Kantoorgebouw, Laboratorium/Offices, Laboratory Eurocetus
G95 **Duintjer, Istha, Kramer, Van Willegen; D. van Mourik** Academisch Medisch Centrum/Academic Medical Centre

G01 POLITIEBUREAU, WONINGBOUW/ POLICE STATION, HOUSING

Tweede Constantijn Huygensstraat, Amsterdam

E.A.J. VENHOEVEN | 1991-1993

A. Mik (b.k.)

de Architect 1993-10; Archis 1994-5; M. Kloos – Amsterdam Architecture 1991-93, 1994

Het ontwerp is een verlaat gevolg van de Biënnale Jonge Architecten 1987 met als thema 'huisvesting van ouderen in de stad'. Het complex bevat behalve 45 seniorenwoningen ook een politiebureau. In de verticale doorsnede vormt de terugliggende begane grond een plint, terwijl de twee bovenste lagen als dakopbouw zijn uitgevoerd. De woningen ertussen zijn voorzien van gevelbrede serres. De woningen zijn flexibel indeelbaar en aangepast aan gehandicapten. Voor het interieur van het politiebureau heeft Venhoeven samengewerkt met beeldend kunstenaar Aernout Mik, hetgeen in de entreehal heeft geresulteerd in enkele vervreemdende ensceneringen.

▮ The design, a late sequel to the Young Architects Biennale of 1987 whose theme was 'housing the elderly in the city', combines 45 old-age dwellings with a police station. Seen in section the set-back ground floor is a plinth and the two uppermost floors a roof structure. The dwellings in-between, which boast full-width sun lounges, are flexibly subdivisible and modified to suit the handicapped. Venhoeven's collaboration on the interior with the artist Aernout Mik has spawned a 'grotesque' environment in the entrance lobby.

G02 UITBREIDING LETTERGIETERIJ/EXTENSION TYPE-FOUNDRY V/H TETTERODE

Da Costakade/Kinkerstraat, Amsterdam

MERKELBACH & KARSTEN/MERKELBACH & ELLING | 1949-1950

Forum 1953 p.62

Hoewel de gevel is opgebouwd uit horizontale stroken (borstweringen en ramen) is er door de verticale accenten, de goede hoofdafmetingen van het totaal en door de opbouw met afwijkend basement en terugliggende topverdieping (kantine), een geslaagde en moderne inpassing in een grachtenwand gerealiseerd. Het complex beslaat ook enkele bestaande panden en vult op de begane grond het gehele kavel. De standaardwerkvloeren aan de gracht hebben een betonnen spantconstructie, bekroond met een stalen opbouw. Nadat het complex lange tijd gekraakt is geweest is het nu tot wooneenheden verbouwd. Delen van het interieur zijn verplaatst naar andere gebouwen.

▮ Despite the façade being built up of horizontal strips of wall and window, it is more a combination of the verticals, the well-founded principal measurements of the whole, and the layout with its digressing basement and set-back steel crown (the canteen) which makes this type foundry building a successful, modern infill in a wall of canal houses. The complex also occupies some existing premises and at ground level covers the entire plot. Standard workshop floors on the canal side have a concrete truss structure. After being home to squatters for some time, the complex was converted into flats. Parts of the interior have been moved to other buildings.

G03 WONINGBOUW/HOUSING DE LIEFDE

Da Costakade/Bilderdijkstraat, Amsterdam

CH. VANDENHOVE | 1988-1993

D. Buren (b.k.)

de Architect 1992-11; Architectuur in Nederland. Jaarboek 1992-1993

Op de plek van de neogotische kerk De Liefde verrees dit complex woningen waarin ook een kleine kapel en een jeugdcentrum zijn opgenomen. De woningen, gebouwd rond een door twee poorten openbaar toegankelijk hofje, zijn in het voor Vandenhove karakteristieke, verzorgde neoclassicistische idioom uitgevoerd. In de context van de negentiende-eeuwse woonwijken doet dit geenszins anachronistisch aan.

▮ On the site of the Neo-Gothic church of that name now stands this residential complex which also includes a small chapel and youth centre. The houses, ranged about a modest courtyard publicly accessible through two gateways, are in the sensitive Neo-Classical idiom typical of Vandenhove. Though set amidst nineteenth-century housing the effect is anything but anachronistic.

G04 PARKEERGARAGE/MULTI-STOREY CAR PARK
Marnixstraat 250, Amsterdam
ZANSTRA, GMELIG MEYLING, DE CLERCQ ZUBLI | 1970-1971

Op de begane grond van deze parkeergarage in zeven lagen is in een stalling voor autobussen voorzien. De overige parkeerlagen worden bereikt via een op- en afrit in de vorm van een dubbele spiraal. De kolommen en vloeren zijn van gewapend beton.

▮ On the ground floor of this seven-storey car park is a section for buses. The remaining six are connected to the street by two ramps for incoming and outgoing vehicles in the shape of a double spiral. Columns and floor slabs are of reinforced concrete.

G05 HAT-EENHEDEN/ONE TO TWO PERSONS UNITS
Jacob Catskade/De Wittenstraat, Amsterdam
DE KAT & PEEK | 1983
H.L. Zeinstra (proj.)
Wonen-TA/BK 1985-1; Bouw 1985-8

Een voorbeeld van de vele invullingen van kleine gaten in de Amsterdamse stadsvernieuwing. De eenheden voor een- en tweepersoonshuishoudens zijn gesitueerd op een zeer scherpe hoek. De doorsnijding van de twee extreem smalle bouwblokjes (een lage en een hoge) krijgt op intelligente wijze gestalte door de uitkragende galerijkoppen en het gebruik van schijngevels, een vormenspel waarin zelfs de traditionele Amsterdamse hijsbalk een geïntegreerd onderdeel is.

▮ Set on a very sharp corner, these units housing one to two persons exemplify the many infills of small gaps in Amsterdam's urban redevelopment. A section through the two tiny blocks (one low the other high) has been intelligently shaped by cantilevered gallery heads and mock façades, a play of form in which even the traditional Amsterdam tackle is an integral component.

G06 STADSVERNIEUWING/URBAN REDEVELOPMENT BICKERSEILAND
Nova Zemblastraat; Bickersgracht 204-218; Grote Bickersstraat, Amsterdam
GIROD & GROENEVELD; P. DE LEY, J. VAN DEN BOUT; P. DE LEY | 1975-1977; 1975-1977; 1980-1982
J. van Berge (medew.); **F. Roos** (medew.)
TABK 1972 p.427; Wonen-TA/BK 1975-6; Architecture d'Aujourd'hui 1975-jul/aug; Bouw 1977 p.495, 1983-11; de Architect 1978-5; Forum 1983-1/2; Architectural Review 1985-1

Na lange strijd tegen de oprukkende kantoorbouw krijgt de woonfunctie van het Bickerseiland definitief prioriteit met de bouw van 158 woningen die in twee vrijwel gesloten bouwblokken en twee randbebouwingen langs de Grote Bickersstraat zijn gesitueerd. De gevels bestaan uit ritmisch in- en uitspringende elementen met balkons en erkers. Eerder is De Ley betrokken bij een kleinschalige invulling aan de Bickersgracht. In dit project wordt, meer dan bij de latere nieuwbouw, aansluiting gezocht op de bestaande bouwvormen met mansardekappen en erkers.

▮ After a protracted campaign against the threat of office development, housing was given conclusive priority on Bickerseiland with the building of 158 dwellings set in two virtually closed blocks and two peripheral developments along Grote Bickersstraat. The façades play a rhythmic game with jutting balconies and receding bays. Before then De Ley had been involved in a small-scale infill on the canal (Bickersgracht) that, unlike the later new-build, imitates local elements such as mansard roofs and bay windows.

G07 WONINGBOUW/HOUSING EIGEN HAARD, POSTKANTOOR/POST OFFICE

Spaarndammerplantsoen, Zaanstraat, Oostzaanstraat, Amsterdam

M. DE KLERK | 1913-1920

Wendingen 1919-2, 1924-9/10; L'Architecture Vivante 1926-II; Domus 1984-sep; GA-56; M. Casciato e.a.- Le Case Eigen Haard di De Klerk 1913-1921, 1984; C.J.M. Schiebroek e.a. – Baksteen in Nederland, 1991; M. Casciato – The Amsterdam School, 1996; M. Bock e.a. – Michel de Klerk, 1997

Het woningbouwcomplex in de Spaarndammerbuurt, het hoogtepunt van de Amsterdamse School-architectuur, bestaat uit drie blokken. Het eerste blok aan de noordzijde van het Spaarndammerplantsoen is gebouwd tussen 1913 en 1915 voor de ondernemer Klaas Hille. De overige blokken zijn overgenomen door de woningbouwvereniging Eigen Haard. Het was oorspronkelijk de bedoeling om alle drie de blokken aan het plantsoen te bouwen. Het zuidblok (1915-1916) is nog wel gebouwd, maar voor het oostblok

werd een nieuw, driehoekig terrein langs de spoorbaan toegewezen. Dit laatste blok, dat spoedig de bijnaam 'Het Schip' zou krijgen, is gebouwd tussen 1917 en 1920 en afgezien van de school aan de zijde van de Oostzaanstraat volledig door De Klerk ontworpen. De Klerks expressionistische stijl, nog rustig aanwezig in de eerste blokken, komt in dit blok tot volle uitbarsting. Een ongelooflijke vormenrijkdom en een van groot vakmanschap getuigende detaillering maken elk deel van het blok tot een op zichzelf staande sculptuur, zonder overigens de eenheid van het blok te ondermijnen. Het vijf verdiepingen hoge blok is symmetrisch georganiseerd. Aan de zuidzijde is het blok verlaagd. Een cilindrische beëindiging van de gevel markeert de ingang van het postkantoor. De lange, horizontaal geaccentueerde gevels langs de Zaanstraat en gedeeltes van de Oostzaanstraat zijn relatief strak en rustig gehouden. De gevel langs de Hembrugstraat is in het midden eveneens verlaagd en teruggeplaatst, zodat een klein driehoekig voorplein ontstaat dat wordt gedomineerd door een taps toelopend torentje. Een smalle poort naast het postkantoor geeft toegang tot het binnenterrein, waar een smal pad tussen de tuinen eindigt in een vergadergebouwtje. De vele verschillende metselverbanden en het fantastische timmerwerk dwingen respect af voor de metselaars en timmerlieden die deze arbeiderswoningen bouwden. Na De Klerks vroege dood in 1923 schreef een bewoonster in een ingezonden stuk in het dagblad Het Volk: 'Hij is heengegaan, de man van onze woningen. Hoe zullen wij arbeidersvrouwen deze stoere werker gedenken, voor wat hij gedaan heeft voor onze mannen en kinderen? Is het niet of iedere steen je toeroept: Komt allen gij werkers en rust uit in je huis, dat er is voor U. Is het Spaarndammerplein geen sprookje dat je als kind gedroomd hebt, omdat het iets was, wat voor ons kinderen niet bestond?' Naast bewondering was er ook veel kritiek. Van de zijde van overheid en burgerij, die de woningen te luxueus en de architectuur te exuberant vonden. Van de zijde van de latere functionalisten kwam er fundamenteler kritiek. Achter de fraaie gevels komen de woningen, vaak standaardontwerpen van bouwondernemers, er maar bekaaid af. De meeste decoraties en het torentje hebben geen enkele functie. Ook is er kritiek op de weinig structurele wijze van behandeling van het bouwblok en van de bijzondere elementen (school, postkantoor) daarin. Vóór het postkantoor is enig straatmeubilair van de Amsterdamse School verzameld.

▮ The crowning glory of Amsterdam School architecture, Eigen Haard consists of three blocks of housing in the Spaarndammer quarter. The first, on the north side of the public gardens (Spaarndammerplantsoen), was built between 1913 and 1915 for the contractor Klaas Hille. The remaining two were taken over by the housing association Eigen Haard (Our Hearth). The original intention was to build all three round the public gardens. After the south block had been positioned there (1915-1916) the third block was given a new, triangular site overlooking the railway line. This block, soon nicknamed 'Het Schip' ('The Ship'), was built between 1917 and 1920 and apart from the school on Oostzaanstraat is entirely the work of De Klerk. His Expressionist style, quietly active in the first two blocks, is here fully unleashed. A staggering variety of form and a sense of detail evidencing consummate craftsmanship raise each section of the block to a self-sufficient piece of sculpture without in any way weakening the whole. Organized symmetrically, the block is in five storeys except at its lower southern end, where a cylinder marks the entrance to the post office. Long, horizontally accentuated façades along Zaanstraat and parts of Oostzaanstraat were kept relatively taut and less busy. Façades on Hembrugstraat are similarly lowered but in the middle and set back to create a small triangular square dominated by a tapering tower. A narrow portal next to the post office provides access to an inner court, where a narrow path wedged between gardens terminates in a meeting hall. The great variety of brickwork joints and the extraordinary woodwork command respect for those bricklayers and carpenters who built these workers' dwellings. After De Klerk's early death in 1923 a tenant wrote in a letter to the daily newspaper Het Volk (The People) the following: 'He has departed, the builder of our houses. How shall we workers' wives remember this unflagging workman for what he has done for our husbands and children? It is as if every brick calls out: Come all workers, and rest from your labours in the homes that await you. Is not the Spaarndammerplein a fairy tale dreamt of as a child, as something we children never had?' Besides admiration there was plenty of criticism too. Government and bourgeoisie found the dwellings too luxurious and the architecture too exuberant. From later functionalists there was a more fundamental criticism. Behind their attractive façades the dwellings, often building contractors' standard designs, had been given a decidedly rough deal. Most decorations and the tower served no purpose whatsoever. There was criticism, too, of the paucity of the structural treatment of the building block and of its facilities, such as the school and post office. Outside the latter can be seen some examples of street furniture by the Amsterdam School.

G08 IJ-PLEIN

Meeuwenlaan e.o., Amsterdam
OMA | 1980-1982
R.L. Koolhaas, J. Voorberg (proj.), **A. Eikelenboom** (b.k.)
de Architect 1982-10, 1984-10, 1988-3, 1993-2; Wonen-TA/BK 1982-13/14; Plan 1983-5; Architecture d'Aujourd'hui 1985-apr, 1988-6; Architectural Review 1985-1; Bouw 1986-17; Architecture + Urbanism 1988-10; Domus 1989-2; B. Leupen – IJ-plein Amsterdam, 1989

Met de plannen voor een woonwijk op dit voormalig scheepsbouwterrein sluit OMA aan op de traditie van de tuinsteden die zich in de nabije omgeving bevinden, en verzet het bureau zich tegen de op dat moment in Nederland gangbare stedenbouw waarbij een laagbouwjungletactiek menselijkheid in de woonwijken zou moeten brengen. Het IJ-plein bestaat uit twee buurten: een stedelijk deel in het westen en een dorps deel in het oosten. In het stedelijk deel worden langgerekte woongebouwen afgewisseld met 'urban villa's', woongebouwen op de schaal van vrijstaande stads-
 huizen zoals deze in Amsterdam bijvoorbeeld langs de buitenste grachtengordel staan. Het driehoekige deel in het oosten bestaat uit laagbouwstroken, afgewisseld door smalle straten en collectieve tuinen. De beide delen zijn gescheiden door een parkstrook. Een rood asfaltpad verbindt een driehoekig plein in het oostelijk deel met de pont die op de punt van het westelijk deel de verbinding met het centrum verzorgt. Veel aandacht is door OMA aan de inrichting van het terrein besteed. Er is gebruik gemaakt van inheemse boomsoorten en typische Hollandse groenelementen zoals sloten en volkstuinen, sport- en trimvoorzieningen. Naast de plaats en hoofdvorm van de woongebouwen, die door verschillende architecten zijn uitgewerkt, is ook de kleur van de gevels door OMA vooraf bepaald. Bij de uitwerking van de projecten op het IJ-plein zijn zeven architectenbureaus betrokken geweest. Het meest oostelijke bouwblok, een langgerekt woongebouw met op de begane grond een opeenstapeling van functies in twee driehoekige volumes en een kleiner parallel blok, is door OMA zelf uitgewerkt. Als laatste blokje van het driehoekige deel fungeert een aan het eind van een duizend meter lange rozenbottelstrook geplaatst horecapaviljoen van Budding & Wilken.

▮ With the plans for a housing estate on a former shipbuilding site, OMA were perpetuating the tradition of the garden cities nearby, and reacting against an attitude then prevalent in the Netherlands to urban design in which a 'low-rise jungle' approach was to inject a feeling of humanity into housing estates. IJ-plein consists of two neighbourhoods: an urban section in the west, a village section in the east. In the former, elongated housing blocks alternate with 'urban villas', apartment blocks scaled to free-standing townhouses such as those lining the outermost concentric canal ring in Amsterdam. The triangular eastern section comprises low-rise rows interspersed with narrow streets and communal gardens. Separating the two sections is a strip of park. A red asphalt path links a triangular square in the east with a ferry service from the western extremity to the city centre. OMA have taken great pains in its arrangements of elements within the site, deploying indigenous tree types and characteristically Dutch landscaping such as drainage ditches and allotment gardens, plus sports and circuit training facilities. Besides the siting and general shaping of the housing blocks, which were then elaborated on by different architects, OMA also stipulated beforehand the colour of the façades. Both the easternmost elongated block and the school on the triangular site were wholly designed by OMA. Seven architectural offices were involved in fleshing out the projects. The easternmost block, an elongated apartment building with its ground floor packing services into three triangular volumes, and a smaller parallel block, are entirely the work of OMA. The absolute tip of the triangular section is marked by a café-restaurant by Budding & Wilken, set at the end of a thousand metre long bed of roses.

G09 WOONGEBOUW MET VOORZIENINGEN/ HOUSING BLOCK AND FACILITIES

Ketelmakerij, Amsterdam
OMA | 1983-1987
R.L. Koolhaas, K.W. Christiaanse (proj.)
Architecture d'Aujourd'hui 1985-4; B. Leupen – IJ-plein Amsterdam, 1989

In deze woonblokken experimenteert OMA met verschillende ontsluitingsmogelijkheden. De woningen in de onderlagen worden op drie verschillende manieren ontsloten. Op de vierde woonlaag worden de drie delen door een lange galerij gekoppeld. Onder het blok zijn twee driehoekige elementen geschoven: een wijkcentrum en een supermarkt. Midden in de open driehoek van het wijkcentrum is een massief voorzieningenblok geplaatst. Door middel van schuifwanden kan de ruimte op verschillende manieren worden ingedeeld.

▮ These housing blocks show OMA experimenting with different means of access. Lower-level units are entered in three different ways. On the fourth dwelling level three sections are linked by a long access gallery. Tucked in beneath the block are two triangular elements: a community centre and a supermarket. In the middle of the open triangle of the community centre is a solid core of services. The space of the community centre is variously subdivisible with sliding partitions.

G10 OPENBARE BASISSCHOOL/PRIMARY SCHOOL

Noordwal/Gieterij, Amsterdam

OMA/KINGMA & ROORDA | 1986/1992

Architectuur & Bouwen 1988-2; B. Leupen – IJ-plein Amsterdam, 1989; de Architect 1993-2

De twee kleine bouwmassa's in de punt van het driehoekige gedeelte vormen samen een school. Het kortste blokje bevat een grotendeels op poten geplaatst gymlokaal, het langere blok bevat negen leslokalen in twee bouwlagen, ontsloten door een gang op een tussenverdieping. Beide volumes zijn verbonden door een verhoogd speelplein, waar zich ook de entree en een halfrond speellokaal bevinden. De school is in drie fases gerealiseerd; de laatste fase in 1992 door de ex-OMA-medewerkers Kingma & Roorda.

▪ Two small masses in the point of the triangular portion combine as a school. The shorter of the two contains a gymnasium most of which is on stilts, the longer houses nine classrooms in two layers reached from a corridor at mezzanine level. The two are linked by a raised playground, off which are the entrance and a semicircular playroom. The school was built in three stages, the last in 1992 by former OMA team members Kingma & Roorda.

G11 WONINGBOUW/HOUSING

IJ-Plein, Amsterdam

H.M.A. VAN MEER | 1982-1984

de Architect 1984-10; Bouw 1986-17; B. Leupen – IJ-plein Amsterdam, 1989

De woongebouwen bevatten elk achttien woningen, uiteenlopend van een- tot vierkamerwoningen. Een centraal trappenhuis ontsluit de telkens een halve verdieping verspringende woonlagen en komt uit op een gemeenschappelijk dakterras. Door telkens twee tegenover elkaar liggende gevels een gelijke kleur te geven wordt gesuggereerd dat de villa's uit een langgerekte strook zijn 'gesneden'.

▪ These housing blocks each contain eighteen one- to four-rooms dwellings. A central staircase affords access to storeys rising in half-levels and terminates in a communal roof terrace. Giving each pair of opposing façades the same colour serves to suggest that these villas were hewn from one elongated block.

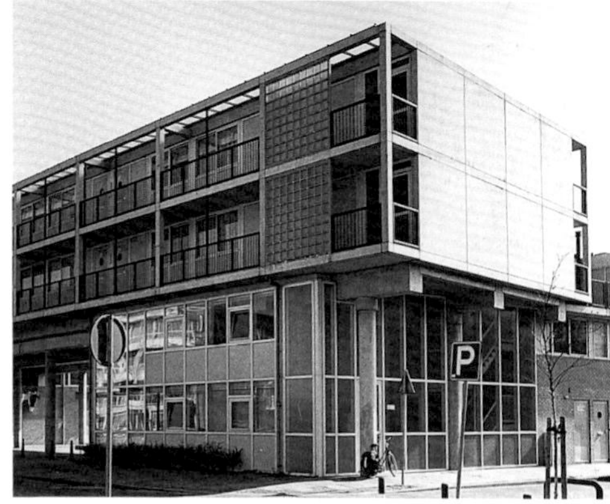

G12 WOONGEBOUW/HOUSING BLOCK

Buitendraaierij, Buitenzagerij, Bankwerkerij, Amsterdam

DE KAT & PEEK | 1982-1984

K. de Kat (proj.)

de Architect 1984-10; B. Leupen – IJ-plein Amsterdam, 1989

De zes laagbouwstroken bevatten vijfkamermaisonnettes in de onderbouw en, door een galerij ontsloten, tweekamerwoningen op de derde laag. De stroken worden aan de zijde van het driehoekige plein onderling gekoppeld door een transparante balk met galerijflats. De door het stedenbouwkundig plan gedicteerde hoekverdraaiing wordt op de koppen van de laagbouwblokken in atelierwoningen verwerkt.

▪ Six low-rise rows contain five-room maisonettes and, reached by an access gallery, two-room dwellings on the second floor. On the side overlooking the triangular square these rows are interlinked by a transparent prism of gallery-access flats. The angle of rotation dictated by the urban plan has been assimilated in the heads of the low-rise rows as studio houses.

164

G13 POLYMERENCENTRUM/POLYMER CENTRE

Badhuisweg 3, Amsterdam

M.E. ZWARTS | 1972-1975

Van Zanten ri (ren. 1994)

Bouw 1976 p.685; Architectuur & Bouwen 1995-4

Bij het ontwerp van dit laboratoriumcomplex is uitgegaan van een hoge mate van flexibiliteit in ruimte-indeling en voorzieningen. Het complex bestaat uit een U-vormig laboratoriumblok met een dubbelhoge middenzone en een blok in vier lagen met kleinere laboratoria. De draagconstructie bestaat uit dubbele betonschijven aan de buitenzijde met luchtkanalen daartussen en stalen raatliggers in het dak. De gevels zijn opgebouwd uit uitwisselbare panelen tussen aluminium stijlen. Bij renovatie van de gevel na twintig jaar koos men niet voor Zwarts' vernieuwende ontwerp met eigentijdse gezeefdrukte glazen panelen maar, paradoxaal genoeg, voor reconstructie van het oorspronkelijke beeld.

▮ The design for this laboratory complex proceeds from a high degree of flexibility in its spatial subdivision and facilities. It comprises a U-shaped laboratory block with a double-height central zone and a four-level block of smaller laboratories. Its loadbearing structure is built up of double concrete piers on the outer face with air shafts in-between, and steel honeycomb joists in the roof. The exterior consists of interchangeable panels between aluminium posts. When the façade was renovated after twenty years Zwarts's own renewed design of up-to-date silkscreened glass panels, paradoxically enough, was passed over in favour of reconstructing the original exterior.

G14 EUROTWIN BUSINESS CENTRE

Papaverweg/Koorenaarstraat, Amsterdam

CLAUS & KAAN | 1992-1993

M. Kloos – Amsterdam Architecture 1991-93, 1994; de Architect 1995-2; Werk/Bauen + Wohnen 1995-4; C. Ferrater – Claus en Kaan, 1997

Twee bedrijfsverzamelgebouwen zijn gerealiseerd in een voormalig havengebied. Zij bestaan uit een kantoorgedeelte van vijf lagen en een laagbouw met werkplaatsen; er is een gezamenlijke lobby. De kantoortorentjes zorgen voor een stedenbouwkundig accent. Beide gebouwen zijn bekleed met houten delen, de hoogbouw verticaal en de laagbouw horizontaal. Raampartijen zijn zorgvuldig en zo vlak mogelijk in de gevel aangebracht. De individualiteit van de huurder is ondergeschikt gemaakt aan de collectiviteit van het complex.

▮ Set in what were once docklands is this pair of mixed-use buildings, a lowrise block of workshops and five storeys of offices, with a lobby serving both. The turrets of the office block are in themselves an urban landmark. Both buildings are timber-clad, the highrise vertically, the lowrise horizontally. Fenestration is carefully placed and set flush into the façade. The design subordinates the individuality of the hirer to the collective nature of the ensemble.

G15 BUIKSLOTERMEER

Het Hoogt, Het Laagt, Benedenlangs, Bovenover, Het Breed, Amsterdam

F.J. VAN GOOL | 1963-1966

Bouw 1963 p.1162; Stedebouw en Volkshuisvesting 1966 p.251; Bouwkundig Weekblad 1969 p.140

Om een anoniem en stedelijk karakter te verkrijgen is de woonwijk uitgevoerd in gesloten bouwblokken van gelijke hoogte. De ontsluiting van de woningen op de eerste twee lagen geschiedt vanaf de begane grond, en bij de bovenste drie lagen vanuit een woonstraat op de derde verdieping. De architectuur wordt gedomineerd door de 1,40 m. brede prefab betonelementen. Een vrolijk accent zijn de stalen loopbruggen, oorspronkelijk ontworpen als voetgangersslurven voor vliegvelden.

▮ This housing estate was laid out in perimeter blocks of equal height to create an anonymous, urban character. Access to dwellings on the two lower levels is via the ground floor, to those on the upper three from a 'street in the air' on the third floor. Dominating the architecture are precast concrete elements 1.40 m. wide. Steel bridges, originally designed for an airport, add a playful note.

G16 WONINGBOUW/HOUSING

Bezaanjachtplein, Amsterdam

BOSCH, HASLETT & KRUUNENBERG | 1991-1993

de Architect 1994-10; M. Kloos – Amsterdam Architecture 1991-93, 1994

Drie jonge architecten, die elkaar hebben leren kennen op het bureau van Richard Meier in New York, hebben hun winnende ontwerp voor de prijsvraag 'Anders bouwen, anders wonen' gebaseerd op een zo groot mogelijke flexibiliteit van de woning. 28 Woningen zijn in de vorm van gestapelde smalle maisonnettes tot een bouwblok samengevoegd. Door de verdiepingsvloer korter te maken zijn aan beide gevels vides gecreëerd. In het hart van de woning bevinden zich de trappen, de keuken en de natte cel, de enige afgesloten ruimte. De houten gevels vormen een neutraal raster.

▪ Three young architects who met at Richard Meier's office in New York, made maximum dwelling flexibility the credo of their winning entry to the competition whose title translates as 'Build differently, dwell differently'. The design stacks 28 narrow maisonettes together in a block, their upper storeys curtailed to carve out voids on both façades. In the very heart of each maisonette are the stairs, the kitchen and the washroom, the one enclosed space. The timber façades provide a neutral grid.

G17 TUINDORP/GARDEN VILLAGE OOSTZAAN

Zonneplein e.o., Amsterdam

B.T. BOEYINGA (GEMEENTELIJKE WONINGDIENST) | 1922-1924

Wonen-TA/BK 1973-14, 1976-13; M. Casciato e.a. – Architektuur en Volkshuisvesting, Nederland 1870-1940, 1980; M. Casciato – The Amsterdam School, 1996

Oostzaan is een van de tuindorpen die zijn gebouwd op initiatief van ir. A. Keppler, van 1915 tot 1937 directeur van de Amsterdamse Woningdienst. De 1300 noodwoningen zijn gerangschikt langs straten en pleinen die, zoals vaak bij tuindorpen, volgens geometrische patronen zijn geordend. Karakteristiek voor de wijk zijn de houten poorten die tussen de stenen woningblokken zijn gespannen. De wijk bevat vele voorzieningen zoals scholen, winkels, een leeszaal en een badhuis.

▪ Oostzaan is just one garden village built on the initiative of A. Keppler, director of the Amsterdam Municipal Housing Agency from 1915 to 1937. The 1300 temporary dwellings flank streets and squares arranged, as often in garden villages, into geometrical patterns. Characteristic of this district are the timber portals spanned between the brick housing blocks. The district has ample facilities that include schools, shops, a library and public baths.

G18 WONINGBOUW/HOUSING TWISKE-WEST

Nesserhoek/Coehornerhoek/Schelvischhoofd, Amsterdam

E.M. VAN DER POL | 1991-1993

Architectuur & Bouwen 1993-4; H. Zeinstra – Liesbeth van der Pol, architect, 1993; M. Kloos – Amsterdam Architecture 1991-93, 1994; Architectuur in Nederland. Jaarboek 1993-94; Archis 1994-6

Twee eilanden in het waterrijke Twiske-West zijn bebouwd met 212 huurwoningen, verdeeld over langwerpige woonhoven en ronde urban villa's, de zgn. 'trommels'. Deze bevatten rond een kern zeven woningen die per verdieping een cirkelsegment opschuiven. Hierdoor beslaat elke woning een cirkelsegment van 154 graden en is een behoorlijke bezonning gewaarborgd. De spiraalvormige opbouw is aanleiding om in de gevel de ramen te laten verspringen en de houten delen diagonaal te bevestigen. De parabolische dakvorm van de hovenwoningen is afgeleid van de vorm van de nabijgelegen geluidsschermen.

▪ On two islands in well-watered Twiske-West now stand 212 rented homes divided among elongated courts and circular urban villas or 'drums'. The latter range round a core seven units that shift one segment of the circle with each of their three storeys. This wraps each dwelling around a segment of 154 degrees ensuring ample sunlighting. The staggering of windows and the diagonal weatherboarding was prompted by this spiral configuration. Parabolas in the roofs of the 'court-houses' echo the shape of the noise baffles nearby.

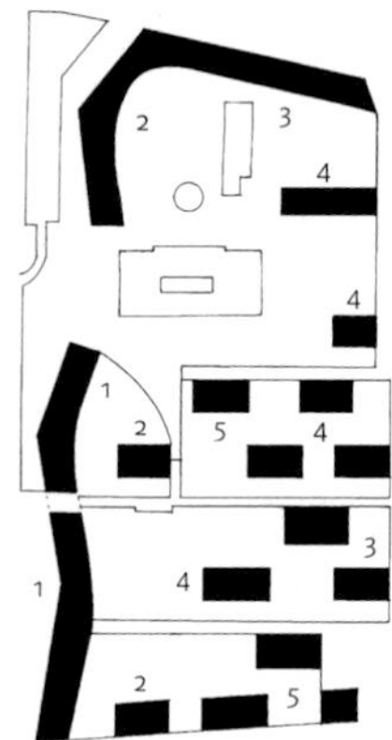

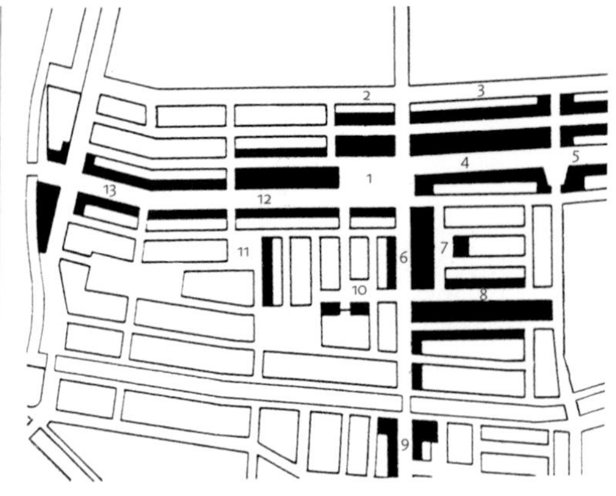

G19 GWL-TERREIN

Haarlemmerweg/Van Hallstraat e.o., Amsterdam

DIVERSE ARCHITECTEN | 1993-1997

K.W. Christiaanse, West 8 (stedenb.), **1 Dobbelaar De Kovel De Vroom (DKV), 2 W.J.M. Neutelings, 3 K.W. Christiaanse, 4 Meyer & Van Schooten, 5 E.M. van der Pol**

de Architect 1995-5; Archis 1996-5

Op een voormalig drinkwaterleidingterrein is een compacte, groene wijk van zeshonderd woningen met een grote onderlinge differentiatie gerealiseerd. Van het oorspronkelijke bedrijf resteren enkele gebouwen en de watertoren. Langs de randen zijn twee hoge, meanderende woonblokken gesitueerd. Het binnenterrein bestaat uit kleine, losse woonblokken, die in schaal aansluiten op de aangrenzende, bestaande woonbebouwing. Deze blokken zijn zodanig gesitueerd dat een aantal essentiële zichtlijnen is gewaarborgd. De open ruimte tussen de blokken is zo 'groen' mogelijk ingericht. De tuinen, volkstuinen, speeltuinen en voorzieningen zijn door middel van ligusterhagen samengevoegd tot 'eilanden' met deels soepele, deels harde grenzen. De verschillende blokken zijn door vijf architecten uitgewerkt. Met name op het gebied van de ontsluiting van de woningen is naar nieuwe oplossingen gezocht. Een extreem voorbeeld van grondgebondenheid biedt het woonblok van Neutelings, waarin alle vijftien woningen van het zes split-level-bouwlagen hoge blok vanaf een verhoogde galerij op de eerste bouwlaag zijn ontsloten. Meyer & Van Schooten experimenteren met verhoogde middenstraten. Kees Christiaanse introduceert voor een van de hoge randgebouwen een aangehangen 'woonstraat' op de vijfde bouwlaag. DKV past in het in hoogte oplopende randgebouw aan de westzijde dubbelhoge, interne 'patiotuinen' en een oplopende reeks daktuinen toe.

▪ On the former Municipal Water Board site there now stands a compact 'eco-estate' of 600 houses of great diversity. A number of the original company buildings were retained, together with the water tower. Two long, meandering apartment buildings lie along the edges of the estate. The central area is dotted with small discrete blocks scaled to the adjoining existing development. These blocks are so sited as to guarantee a number of essential lines of vision. The open space between the blocks is treated to a maximum of green. Privet hedges draw the gardens, allotments, playgrounds and facilities into 'islands' whose limits are well-defined in places and more flexible in others. The blocks were allocated to five architects to flesh out. These turned to new solutions particularly as regards accessing the dwellings. An extreme example of ground access is Neutelings' block, in which all fifteen units of the six split-level storeys are reached from a raised external gallery on the first floor. Meyer & Van Schooten experimented with raised central walkways. In one of the tall peripheral blocks Kees Christiaanse suspended a 'living-street' at fifth-floor level. DKV for their part slotted double-height 'patio gardens' into the western peripheral block and added a string of gardens on its gently rising roof.

G20 PLAN WEST

Mercatorplein e.o., Amsterdam

J. GRATAMA, G. VERSTEEG, A.R. HULSHOFF | 1922-1927

(o.a.) **1 H.P. Berlage, 2 C.J. Blaauw, 3 M. Staal-Kropholler, 4 H.Th. Wijdeveld, 5 J.M. van der Mey, 6 J.F. Staal, 7 F.B. Jantzen Gzn., 8 J. Roodenburgh, 9 J.M. van der Mey, 10 Heineke & Kuipers, 11 C.F.G. Peters, 12 G.J. Rutgers, 13 P.L. Kramer**

Het Bouwbedrijf 1924 p.246, 1925 p.21; Wendingen 1927-6/7

Dit project voor 6.000 woningen is op particulier initiatief ontwikkeld. Op basis van standaardplattegronden en een uniforme betonnen draagconstructie ontwerpen 16 architecten in hoofdzaak gevels. Daar baksteen voorgeschreven is zijn hier vele hoogstandjes van Amsterdamse School-architectuur te zien. Een 'Commissie van Drie' (twee architecten en het Hoofd Publieke Werken) heeft de supervisie over architectuur en stedenbouw zodat de gewenste eenheid van deze stadswijk gewaarborgd is.

▪ This development of 6,000 dwellings was brought about by private enterprise. Using standard plans and a uniform concrete loadbearing structure 16 architects made designs consisting largely of façades. As brick was the prescribed material many masterpieces of Amsterdam School architecture are to be found here. A 'Committee of Three' (two architects and the head of Public Works) supervised both architecture and urban design, guaranteeing the unity desired for this urban district.

G21 WONINGBOUW, WINKELS/HOUSING, SHOPS

Mercatorplein, Amsterdam

H.P. BERLAGE | 1925-1927

J. van Kampen, W. Patijn (uitbr.)

Nederlands Kunsthistorisch Jaarboek 1974, H.P. Berlage; R. Geurtsen, M. van Rooy – Een gat in de ruimte, 1991

Berlages stedenbouwkundige opzet voor het Mercatorplein omhelst een zgn. turbineplein: de Hoofdweg wordt onderbroken als doorgaande weg, zorgvuldig vormgegeven met poortgebouwen en twee torens. Hoewel de gevels van de woningen een lichte knieval doen voor de plastische Amsterdamse School-architectuur, overheerst de soliditeit van pleinwanden, poorten en bijna middeleeuwse torens. Bij een omvangrijk renovatieplan voor het complex wordt het plein heringericht en de tweede in 1961 gesloopte toren herbouwd.

▪ Berlage's planned layout for Mercatorplein is ranged round a so-called turbine square: the main road (Hoofdweg) was split into two, studiously modelled with gateway buildings and accentuated by two towers. Though the housing frontage pays passing homage to the plastic architecture of the Amsterdam School, what predominates is the massiveness of the square's walls, portals and almost medieval towers. A comprehensive renovation plan involves redesigning the square and rebuilding the second tower demolished in 1961.

G22 WONINGBOUW/HOUSING

Hoofdweg, Amsterdam

H.TH. WIJDEVELD | 1923-1926

Wendingen 1927-6/7

Wijdeveld, die in 1986 zijn honderdste verjaardag vierde (ter gelegenheid hiervan verscheen het boek Mijn Eerste Eeuw), heeft in de kolommen van zijn uiterst verzorgde tijdschrift Wendingen de Amsterdamse School vooral in de beginjaren uitgebreid ondersteund. Zijn eigen werk is veel soberder dan de soms grillige uitingen van deze architectuurstroming. Uit het ontwerp voor deze twee straatwanden blijkt zijn voorliefde voor het grote gebaar en repetitie van gelijke elementen.

▪ Wijdeveld, who in 1986 celebrated his hundredth birthday (also by way of a book entitled 'My First Century'), gave extensive support in the columns of his well-groomed periodical Wendingen to the Amsterdam School, especially during the early years. Much more restrained than their often capricious utterances, however, is his own work. In the design for these two urban elevations can be seen his special preference for grand statements and repeated identical elements.

G23 WONINGBOUW/HOUSING

Hoofddorpplein, Amsterdam

J.M. VAN DER MEY, J.J.B. FRANSWA | 1928-1930

Het Bouwbedrijf 1932 p.17

Het Hoofddorpplein vormt de stedenbouwkundige aanzet tot de particuliere bouw in de omgeving. Van der Mey heeft alleen de gevels van het plein ontworpen. Alle wanden zijn verschillend behandeld waarbij de rangschikking van de ramen een telkens wisselend horizontaal accent geeft. Deze horizontale lijnen worden in balans gehouden door ranke verticale accenten die eveneens per gevel verschillend zijn vormgegeven. In het verlengde van Hoofddorpweg was in de westwand van het plein een inmiddels afgebroken slanke klokkentoren opgenomen.

▪ Hoofddorpplein served as a springboard for private building in that area. Van der Mey was responsible only for this square's façades, each being treated differently, the resulting arrangement of windows providing a constantly shifting horizontal emphasis. These horizontal lines are kept in check by slender verticals which also vary in form per façade. In the square's west wall looking along Hoofddorpweg there used to be a sleek bell-tower (now demolished).

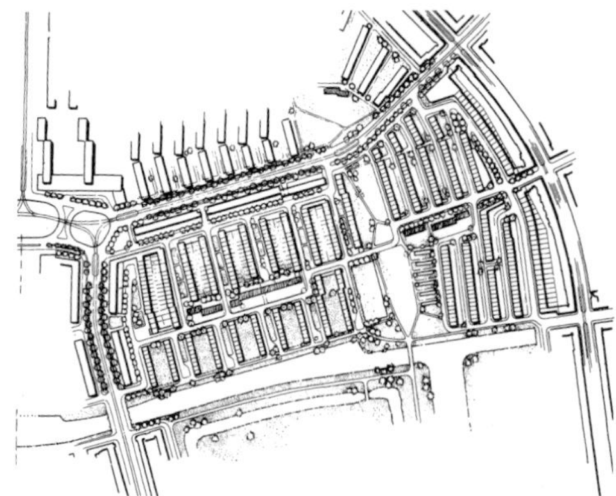

G24 LANDLUST

Willem de Zwijgerlaan, Karel Doormanstraat, Amsterdam

MERKELBACH & KARSTEN | 1932-1937

Gulden & Geldmaker, B. Merkelbach, G. Versteeg, P. Vorkink (medew.)

De 8 en Opbouw 1933 p.165, 1937 p.156; Bouwkundig Weekblad 1938 p.373

Een oorspronkelijk verkavelingsplan met gesloten bouwblokken wordt met steun van ir. A. Keppler, directeur van de Woningdienst, gewijzigd in open bebouwing: strokenbouw met laagbouwwinkels aan de noordzijde, maar wel met tweezijdig bebouwde straten en gemeenschappelijke tuinen. Hoewel de constructie traditioneel is, en er door de oriëntatie op de straat eigenlijk eerder sprake is van opengemaakte gesloten bouwblokken, betekent dit project toch de definitieve doorbraak van de strokenbouw voor de Amsterdamse stadsuitbreidingen.

▪ The initial layout of perimeter blocks was modified, with the support of A. Keppler, director of the Municipal Housing Agency, into the present combination of open row housing with low-rise shops on the north side, streets built up on both sides, and communal gardens. Though the structure is traditional and orientation to the street strictly speaking is more a question of closed blocks that have been opened up, this project nevertheless signifies the definitive breakthrough of row housing in Amsterdam's urban expansion schemes.

G25 BOSCH EN LOMMER

Bos en Lommerweg e.o., Amsterdam

DIENST STADSONTWIKKELING | 1935-1940

B. Merkelbach, M.A. Stam (medew.)

De 8 en Opbouw 1939 p.251; B. Rebel – Het Nieuwe Bouwen, 1983

Deze uitbreidingswijk is een eerste invulling van het AUP (Algemeen Uitbreidings Plan, 1934-1939) van C. van Eesteren, waarbij de stedenbouw op analytische wijze wordt bedreven. Aan deze eerste integrale realisatie van een strokenbouwwijk wordt aanvankelijk meegewerkt door Merkelbach en Stam. Als blijkt dat het hier in feite handelt om traditionele woningtypen (smal en diep) in te smalle straten, een gevolg van de machtspositie van enkele met politici gelieerde bouwbedrijven, zeggen zij hun medewerking op.

▪ This development area was the initial step in the Algemeen Uitbreidings Plan ('General Extension Plan', 1934-1939) masterminded by C. van Eesteren, in which urban design was subjected to analytical scrutiny. This first comprehensive realization of a district of row housing began in collaboration with Merkelbach and Stam. When it proved a question of squeezing traditional dwelling types (both narrow and deep) into insufficiently wide streets (as dictated by a few over-powerful, politically backed building companies) they withdrew their services.

G26 UITBREIDING LINMIJ WASSERIJEN/EXTENSION OF A LAUNDRY

Molenwerf 2, Amsterdam

H. HERTZBERGER | 1963-1964

Bouwkundig Weekblad 1966 p.60; Werk 1966 p.433; Architecture d'Aujourd'hui 1967-sep; Architecture + Urbanism 1977-3; W. Reinink – Herman Hertzberger, architect, 1990

De uitbreiding van deze wasserij bestaat uit een aantal autonome units, geschikt voor verschillende functies en met een sterke eigen identiteit. Hierdoor zou het gebouw, dat in fases zou worden uitgebreid, in elk stadium van de uitbreiding een eenheid blijven. Zowel in materiaalgebruik (B2-blokken, glazen bouwstenen), constructie (betonelementen), als opzet (een herhaalbare, multifunctionele geometrische eenheid) is het gebouw een prototype voor de latere architectuur van Hertzberger.

▪ This extension of a laundry introduces a number of autonomous units suitable for different functions and each with a strong identity. This to ensure an overall unity at each stage of what was to be a phased programme. In material (concrete block and glass brick), structure (concrete elements) and departure-point (a repeatable, multi-functional geometric unit), the building is a prototype for Hertzberger's later achievements.

G27 WOONGEBOUW/HOUSING BLOCK

Harry Koningsbergerstraat, Amsterdam

J.C. RIETVELD | 1956

P.R. Bloemsma (constr.)

Forum 1980-2; P. Salomons, S. Doorman – Jan Rietveld, architect, 1990

Dit woongebouw bevat 44 tweekamerwoningen aan de uiteinden van het gebouw en 83 eenkamerwoningen die worden ontsloten door interne corridors. In de onderbouw bevinden zich bergingen en collectieve voorzieningen. De plattegronden en de gevels zijn ontworpen op een maatraster van 1×1 m.

▪ This housing block contains 44 two-room dwelling units located in its extremities and 83 one-room units, all reached off internal corridors. Below are storage spaces and communal facilities. Both plan and façades are designed to a grid of 1×1 m.

G28 BEJAARDENWONINGEN/OLD-AGE DWELLINGS

J. Bottemastraat, F. v.d. Laakenstraat, G. Trestorffstraat, Amsterdam

A.E. VAN EYCK, J.C. RIETVELD | 1951-1954

Forum 1956 p.130, 1980-2; Werk 1959 p.18; P. Salomons, S. Doorman – Jan Rietveld, architect, 1990; F. Strauven – Aldo van Eyck, 1994

Om de 'hinderlijke schaalverkleining' bij de groepering van bejaardenwoningen te vermijden werd afgeweken van het bebouwingsschema van Publieke Werken. De woningblokken vormen twee in elkaar vloeiende ruimtes: een groene (gazon) en een steenachtige ruimte (betegeld plein met banken). De architecten hebben getracht een evenwicht te vinden tussen het opene en geslotene, tussen individuele en gemeenschappelijke ruimte, een 'noodzakelijk in-elkaar-grijpen van architectuur en stedebouw'.

▪ To avoid any 'inconvenient reduction in scale' in grouping these old-age dwellings meant deviating from the Public Works development scheme. The housing blocks outline two spaces, one green, the other paved and with benches, that flow into one another. The architects have endeavoured to strike a balance between open and closed, individual and communal space, a 'necessary interlocking of architecture and urban planning'.

G29 OPSTANDINGSKERK/CHURCH

Bos en Lommerplein, Amsterdam

M.F. DUINTJER | 1956

Bouw 1957 p.490; Forum 1957 p.22; P. Pennink e.a. – Marius Duintjer, architect, 1986

De Opstandingskerk heeft vanwege zijn karakteristieke vorm de bijnaam 'Kolenkit'. De onbestemde stedenbouwkundige situatie heeft geleid tot een sterk autonoom object, een merkteken in een indifferente woonwijk. Licht is het centrale thema in de kerken van Duintjer. Het licht valt hier naar binnen door hoge overhoeks geplaatste vensters die steeds anders zijn georiënteerd waardoor in het interieur een verrassend lichtspel ontstaat. Het complex bestaat behalve uit de kerkruimte en de toren nog uit een pastorie en een wijkcentrum.

▪ Set in an otherwise unallocated site, this church, nicknamed the 'coal scuttle' because of its shape, is very much a law unto itself, a landmark amidst indifferent housing. Light, the primary theme in Duintjer's churches, enters this one through high diagonal windows whose variety of angles makes for a disarming play of light below. A vicarage and shopping centre complete the ensemble.

G30 ZAAGTANDWONINGEN/SAWTOOTH DWELLINGS

Ward Bingleystraat/Andries Snoekstraat e.o., Amsterdam

F.J. VAN GOOL | 1959-1960

Goed Wonen 1959 p.257; Bouw 1959 p.1164, 1964 p.138; Werk 1963 p.26

Deze wijk van 299 woningen in twee lagen voor kleine gezinnen is opgebouwd uit haakvormige bouwblokken die twee aan twee een groen binnenhof omsluiten. De gehele wijk is opgebouwd uit één woningtype met als belangrijkste kenmerk de geknikte gevel die de straatwanden het karakteristieke zaagtanduiterlijk bezorgt. Hierdoor werd de gevellengte van de 4,22 m. brede woning verlengd en ontstond aan de straatzijde ruimte voor zowel de keuken als een portiekje met de hoofdentree en de toegang tot een inpandige berging.

▪ This estate of 299 two-storey units for small families is composed of L-shaped blocks pairs of which enfold a green courtyard. The estate as a whole is predicated on a single dwelling type whose principal hallmark is a staggered streetside façade providing the distinctive sawtooth appearance. This arrangement enabled the front façade of the 4.22 m. wide units to be extended, and created space on the street side for both the kitchen and a porch containing the main entrance and access to an internal storeroom.

G31 VERZORGINGSCOMPLEX/NURSING HOME DE DRIE HOVEN

Louis Chrispijnstraat 50, Amsterdam

H. HERTZBERGER | 1971-1975

Bouw 1976 p.207; Architectural Review 1976-feb; Bauen + Wohnen 1976-1; Domus 1977-apr; Architecture + Urbanism 1977-3; W.J. van Heuvel – Structuralism in Dutch Architecture, 1992

Dit complex voor geestelijk en lichamelijk gehandicapte bejaarden bevat woningen, een verzorgingshuis en een verpleeghuis. Vier vleugels met wooneenheden zijn gekoppeld door een grote centrale ontmoetingsruimte. Het principe van 'de ontmoeting' bepaalt de indeling van gangen ('binnenstraten'), verbredingen ('pleinen') en ontmoetingsruimte ('dorpsplein'). Het bouwsysteem van prefab betonelementen en variabele puien biedt de bewoners mogelijkheden hun eigen identiteit toe te voegen.

▪ This old-age block for the mentally and physically handicapped consists of housing, a convalescent home and a nursing home. Four wings of dwelling units join in a large central encounter area. The 'encounter' principle determines the layout of corridors ('inner streets'), widenings ('squares') and encounter area ('village square'). A system of precast concrete elements and variable lower fronts allows occupants to inject something of their own personality.

G32 WONINGBOUW/HOUSING SLOTERHOF

Comeniusstraat, Amsterdam

J.F. BERGHOEF | 1955-1960

Een voorbeeld van een Delftse School-architect die gebruik moest maken van moderne industriële woningbouwtechnieken, in dit geval het Airey-systeem. Het hoge blok is over het water geplaatst en bevat een onderhuis met bergingen, een galerij met kleinere woningen en drie galerijen met maisonnettes. Doordat de galerijen afwisselend een onder- en een bovenwoning ontsluiten ontstaat in de gevel een duidelijke ordening.

▪ An example of a Delft School architect using modern industrial housing techniques, in this case the Airey system. Straddling the water, this high-rise block comprises a basement with storage areas, one access gallery serving smaller dwelling units and three serving maisonettes. The alternation of access levels makes for a distinctive façade.

G33 HANGBRUGMAISONNETTES/SUSPENSION BRIDGE MAISONETTES

Dijkgraafplein, Amsterdam

J.P. KLOOS | 1964-1970

Plan 1970 p.99

Het woningcomplex met hangbruggen is gebaseerd op een prijsvraaginzending voor experimentele woningbouw uit 1962. Per buitentrap worden vier maisonnettes ontsloten waardoor slechts één buitengalerij per vier verdiepingen nodig is. Deze is gedimensioneerd als trottoir en beschut door glaswanden en dak. Deze oplossing levert een letterlijk constructivistische architectuur op.

▪ This residential complex with suspension bridges is based on a 1962 experimental housing competition entry. As four maisonettes share an outside stair, four storeys can be served by a single access gallery with the dimensions of a sidewalk and sheltered by glazed walls and a roof. The result is a truly constructivist architecture.

G34 WOONZORGCOMPLEX/SHELTERED HOUSING COMPLEX

Ookmeerweg, Amsterdam

MVRDV | 1994-1997

W. Maas, J.J. van Rijs, N.A. de Vries (proj.)

de Architect-thema 60, 1997-5; Architectuur & Bouwen 1996/97-12/1; Architectuur in Nederland. Jaarboek 1996-1997; Archis 1997-6

Aan de kop van een strook ouderenvoorzieningen werd gevraagd om een bouwblok met honderd aanleunwoningen voor 55+-ers. Analyse van de randvoorwaarden (hoogte, zichtlijnen en bezonning) wees uit dat slechts 87 woningen binnen de gevraagde enveloppe pasten. De overige dertien woningen zijn in vijf aparte blokjes samengevoegd en aan de glazen galerijzijde van het blok gehangen. De aanblik van de elf meter uitkragende blokken is even frivool als angstaanjagend. De compositie van het blok is verder geheel gericht op de thema's uitkraging en variatie van een beperkte set accessoires.

▪ A block of 100 sheltered units for senior citizens (55 plus) needed building at the head of a row of old-age facilities. From an analysis of such planning constraints as building height, lines of vision and sunlighting demands it transpired that only 87 of the 100 would fit into the required envelope. The remaining thirteen, amalgamated in five separate blocks, were simply slung from the glass gallery side of the main block. To regard these eleven-metre protuberances is by turns comical and terrifying. The block's composition is otherwise wholly targeted at two themes: cantilever and variation of a limited set of accessories.

G35 NATIONAAL LUCHTVAART LABORATORIUM/NATIONAL AVIATION LABORATORY

A. Fokkerweg 2, Amsterdam

W. VAN TIJEN, H.A. MAASKANT | 1938-1941

De 8 en Opbouw 1941 p.131; Bouwkundig Weekblad 1946 p.64; Bouw 1948 p.214; T. Idsinga e.a. – Architect Van Tijen 1894-1974, 1987

In het NLL worden vraagstukken bestudeerd die zich bij de luchtvaart en vliegtuigbouw voordoen, verdeeld over een viertal afdelingen van wisselende omvang. Deze flexibele organisatievorm is binnen een heldere constructieve opzet, een rij betonspanten op regelmatige afstand, gerealiseerd. Aan de noordzijde zijn laboratoria en tekenkamers gerealiseerd, aan de zuidzijde de werkkamers. De enorme windtunnels zijn in een apart gebouwdeel ondergebracht. Het gebouw vertoont de voor Van Tijen karakteristieke combinatie van zorgvuldig vormgegeven betonelementen en baksteen. Deze komt vooral tot uiting in de expressief vormgegeven vergaderzaal/kantine en de zeer ruimtelijke entreehal.

▪ In the NLL, issues are addressed where these pertain to aviation and airplane construction, divided among four variously-sized departments. This flexible mode of organization is accommodated in a lucid structure, a row of regularly spaced concrete trusses. On the north side are laboratories and drawing rooms, with workshops facing south. The enormous wind tunnels have a block to themselves. The marriage of sensitively designed concrete members and brickwork typical of Van Tijen is particularly evident in the expressively shaped meeting hall cum canteen adjoining the supremely spatial entrance lobby.

G36 WONINGBOUW/HOUSING PARK HAAGSEWEG

Louis Armstrongstraat e.o., Amsterdam

MECANOO | 1990-1991

H.J. Döll (proj.)

de Architect 1991-9; K. Somer – Mecanoo, architecten, 1995

De 380 woningen zijn in een hoge dichtheid in een tuindorpachtige opzet gerealiseerd, van de omgeving afgescheiden door een appartementenblok van vijf lagen en een viertal woontorens. Door een alternerende positionering van de woningen aan de noordzijde is een levendig straatbeeld gecreëerd, hier en daar ten koste van een optimale bezonning. In de gevels is gebruikgemaakt van een bakstenen plint en verschillend gekleurd stucwerk aan de bovenzijde; erkers vormen verticale accenten.

▪ Here 380 houses are packed together in a garden village ambience, separated from the surroundings by a five-storey apartment block and a quartet of residential towers. The tooth-and-gap disposition of dwellings on the north side is refreshing visually if detrimental to sunlighting in places. The façades sport brick plinths below rendering in various shades; jutting bays add a vertical touch.

G37 WONINGBOUW/HOUSING NIEUW-SLOTEN

Antwerpenbaan e.o., Amsterdam

DIVERSE ARCHITECTEN | 1993-

(o.a.) **1 H. van Beek (Atelier PRO), J.P. Kloos, A. Bodon, 2 Sj. Soeters, 3 R.H.M. Uytenhaak, 4 G. Daan, 5 Van Berkel & Bos**

de Architect 1993-6, 1994-5; Archis 1993-8; M. Kloos – Amsterdam Architecture 1991-93, 1994

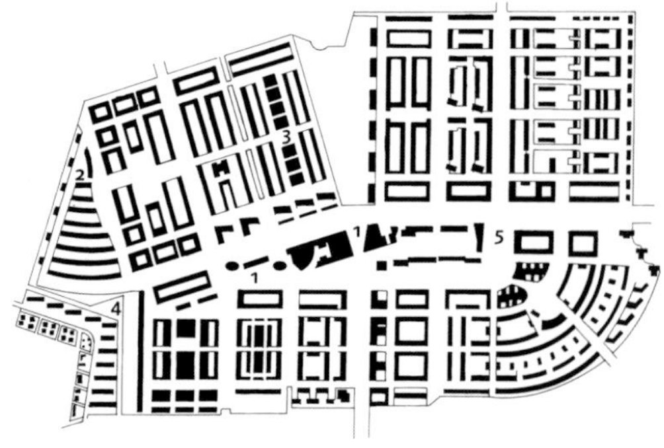

De laatste grote uitbreiding van Amsterdam is Nieuw-Sloten, gerealiseerd op een voormalig tuinbouwgebied tussen de volgens het Algemeen Uitbreidings Plan van Van Eesteren gebouwde westelijke tuinsteden en het dorp Sloten. De wijk bevat 5.000 woningen en een centrum waarin zich winkels en kantoren bevinden. Belangrijkste vormgevend element in de wijk is een centrale as, waar zich de hoofdverkeersroute met een sneltram en de voorzieningen bevinden, gemarkeerd door hoge bebouwing. In de wijk, ingedeeld in veertien sectoren die elk door één architect binnen bepaalde stedenbouwkundige randvoorwaarden zijn uitgewerkt, is geëxperimenteerd met laagbouw in hoge dichtheden. Teneinde de eenheid in de wijk te verhogen is grote aandacht besteed aan het straatmeubilair en aan de vormgeving van bruggen (Zwarts & Jansma). Eerder dan een bijzonder stedenbouwkundig plan is Nieuw-Sloten een verzameling projecten van wisselende kwaliteit. Een interessant project is het door Atelier PRO ontwikkelde centrum, gedomineerd door een drietal ovale torens van zestien en acht verdiepingen. Hier bevinden zich twee woonblokken ontworpen door de 'grand old men' van het Nieuwe Bouwen: J.P. Kloos en A. Bodon. Het project van Uytenhaak experimenteert met een speciaal type baksteen. Hoge blokken omsluiten een voornamelijk met patiowoningen gevuld middengedeelte. De woningen van Sjoerd Soeters bevinden zich zoals gebruikelijk bij deze architect op het grensvlak van kunst en kitsch. Ertegenover liggen zgn. watervilla's, die tezamen met de woonblokken van Gunnar Daan en het Eilandenrijk de overgang vormen met het oude dorp Sloten. De acht eilanden hebben elk een eigen toegangsbrug; de woningen erop zijn ontworpen door zeven vrouwelijke architecten.

▪ The latest large expansion to hit Amsterdam is Nieuw-Sloten, sited in a former horticultural area between the western garden suburbs, laid out in accordance with C. van Eesteren's General Extension Plan, and the village of Sloten. This new district ranges 5,000 houses around a nucleus of shops and offices. The formal backbone of the design is a central axis containing the major traffic route, rapid tramline and services, and marked by tall development. The district divides into fourteen sectors each fleshed out by an architect within certain planning constraints and coloured by experiments in low-rise high-density development. Street furniture and bridges (by Zwarts & Jansma) are key elements in bringing unity to Nieuw-Sloten. The district is less a distinctive urban plan than an assemblage of projects of varying success. One compelling example is the district centre, designed by Atelier PRO and dominated by three oval towers eight and sixteen storeys high. Here too are a pair of housing blocks designed by the 'grand old men' of the Dutch Modern Movement, J.P. Kloos and A. Bodon. Uytenhaak's project experiments with a special type of brick. In it tall blocks enfold a central section mainly of 'court-houses'. True to form, Soeters' dwellings teeter on the border between art and kitsch. Opposite them are 'water-villas' which, along with Gunnar Daan's residential blocks and the 'Eilandenrijk', forge a link with the old village of Sloten. Each of the eight islands comprising Eilandenrijk has its own bridge to the mainland; the houses on them were designed by seven woman architects.

G38 KANTOORGEBOUW/OFFICE BUILDING NISSAN

Johan Huizingalaan 400, Amsterdam

ZZ&P | 1989-1991

D3BN (constr.)

Architectuur & Bouwen 1990-5; Bouwen met Staal 1990-95, 1991-101; Bouw 1992-9

Het gebouw bestaat uit twee volumes: een roze betegelde kantoorschijf en een rechthoekige doos waarin een opleidingscentrum is ondergebracht. Teneinde de gevraagde korte bouwtijd te realiseren en een kolomvrije overspanning van 15 m. mogelijk te maken is de draagconstructie van de kantoorschijf in staal uitgevoerd. De prefab betonvloeren rusten op de onderflens van stalen raatliggers, zodat op de bovenflens een verhoogde vloer kon worden aangelegd en een nettohoogte van 80 cm. overblijft voor kanalen en leidingen. Ter versterking van de schijf is een in doorsnede driehoekig glazen openbaar gebied toegevoegd. In het uitkragende kraaiennest bevindt zich de directiekamer.

▪ The Nissan building consists of two volumes, a pink tiled office slab and a rectangular box housing a training centre. The loadbearing structure of the office slab is in steel, a decision taken to meet the short construction time required and to achieve a column-free span of 15 m. The prefabricated concrete floor slabs rest on a bottom flange of steel honeycomb joists so that the top flange can support a raised floor leaving 80 cm. clear for piping and ducts. A glazed public area of triangular section serves to strengthen the slab. The projecting crow's-nest contains the director's office.

G39 GEBOUW VOOR STADSDEELWERKEN/ URBAN DISTRICT WORKS BUILDING

Van Heenvlietlaan 50/Van Nijenrodeweg, Amsterdam

CLAUS & KAAN | 1990-1992

de Architect 1992-7/8; Architecture d'Aujourd'hui 1993-jun; Werk/Bauen + Wohnen 1993-10; Architecture + Urbanism 1993-10; C. Ferrater – Claus en Kaan, 1997

De vormgeving van dit gebouw sluit naadloos aan op de omgeving. Het gebouw bevat kantoren, kleedruimtes en een kantine en heeft een klein oppervlak. Door de functies in een langgerekte strook onder te brengen kon het gebouw lang genoeg worden om zich als een tuinmuur naar de drukke wijkontsluitingsweg te manifesteren en het rommelige karakter van de werfbebouwing daarachter af te schermen. Dit tuinmuurkarakter is mede bereikt door de gevel uit te voeren in flagstones, afgewisseld met grote glasvlakken. Aan de werfzijde wordt het beeld gedomineerd door de glazen kantine onder een Miesiaans uitkragend dakvlak.

▪ This works building, which packs offices, locker rooms and a canteen onto a small surface area, slots perfectly in terms of design into its surroundings. Housing the functions in an elongated volume meant that the building would be long enough to act as a garden wall to the busy road accessing the district and screen from view the untidy wharf buildings beyond. This garden-wall guise has been partly achieved by dressing the frontage in flagstones alternating with large areas of glass. Seen from the wharf the prevailing feature is the glass canteen set beneath a Miesian cantilever roofdeck.

G40 LYCEUM/SECONDARY SCHOOL BUITENVELDERT

De Cuserstraat 3, Amsterdam

M.F. DUINTJER | 1959-1963

Th.J.N. van der Klei (medew.)

Bouw 1965 p.1456; Bouwkundig Weekblad 1965 p.2; P. Pennink e.a. – Marius Duintjer, architect, 1986

Het kruisvormige gebouw heeft twee lokalenvleugels van drie lagen, een vleugel met practica en stafruimtes op een aula, en een lager gymnastiekgedeelte. In het kruispunt bevindt zich een centrale hal met entree en hoofdtrappenhuis. Op het dak staat een tekenlokaal met terras en sterrenwacht. Een laagbouw met conciërgewoning en fietsenstalling omsluit het voorplein. In de gang langs de lokalen steken studieruimtes uit de gevel. De gevel bestaat uit invullingen van baksteen, glazen bouwstenen en kenmerkende ramen (0,75×0,75 m.).

▪ This cruciform school comprises two three-storey wings of classrooms, a wing of staff and practical rooms above an auditorium, and a lower section for gymnastics. At the intersection is a central hall with entrance and main well; an art classroom sits on the roof together with a terrace and an observatory. Porter's lodge and cycle shelter share a low-rise block defining the forecourt. The corridor along the classrooms accommodates study areas that project beyond the envelope. Façades have an infill of brick, glass block and distinctive fenestration (0.75×0.75 m.).

G41 KANTOORGEBOUW/OFFICE BUILDING VAN LEERS VATENFABRIEKEN

Amsterdamseweg 206, Amstelveen

M. BREUER | 1957-1958

Bouwkundig Weekblad 1959 p.573; Architecture d'Aujourd'hui 1959-oct/nov; Marcel Breuer, buildings and projects 1921-1961, 1961; de Architect-thema 1988-19

Het gebouw bestaat uit twee geknikte kantoorgevels van twee lagen, verbonden door een centrale representatieve hal. De typische driehoekige dakvormen van deze hal zijn ook toegepast in de erachter gelegen kantine en bij de portiersloge. De kantoren zijn uitgevoerd als staalskelet met strakke eenvoudige gevels, de overige bouwdelen hebben een betonconstructie. Warmte-absorberende glasplaten zijn 1,25 m. voor de zuidgevels opgehangen. Om het gebouw geschikt te maken voor verhuur aan meerdere gebruikers werd intern later een extra verdieping toegevoegd, zodat het oorspronkelijke uiterlijk bewaard bleef. Het interieur is daarentegen vrijwel geheel bedorven.

▪ This building consists of a pair of angled two-storey office wings linked by a central reception hall. The typical triangular roof forms of this hall are also applied to the canteen beyond and to the porter's lodge. Offices are steel-framed with taut, basic elevations; the remaining building parts have a concrete skeleton. Heat-absorbent glass panels hang 1.25 m. in front of the south elevation. To prime the building for multiple letting, an extra storey was later added internally, thereby retaining the original exterior. The interior, however, has been effectively ruined.

G42 COBRA-MUSEUM

Sandbergplein 1, Amstelveen

W.G. QUIST | 1992-1995

Architectuur in Nederland. Jaarboek 1995-1996

Dit museum, gewijd aan het werk van de Cobra-beweging, neemt in zijn hoofdvorm drie richtingen uit de aanliggende bebouwing op. De diagonale lijn wordt daarbij doorgezet in een bestaande singel. Intern kent het museum twee grote expositiezalen: een zaal op de begane grond die door middel van een glazen gevel uitziet op het water en een 45 graden ten opzichte van de onderzaal gedraaide bovenzaal met een reeks zaagtanddaklichten. Spil van de interne ruimte is een dubbelhoge patio met glazen wanden. Deze patio is door Tajiri ingericht als droge Zen-tuin, waarbij de traditionele keien zijn vervangen door schermen van cortenstaal.

▪ The main shape of this museum, devoted to work of the Cobra movement, assimilates three directions from the surrounding development, its diagonal line continuing as an existing canal. Inside, the museum divides into two large exhibition areas: a ground-floor gallery with a glass façade that looks out onto the water, and set at 45 degrees to it an upper gallery sporting a clutch of sawtooth rooflights. The hub internally speaking is a double-height patio with glass walls fitted out by Tajiri as a dry Zen garden, with the traditional stones replaced by screens of Cor-Ten steel.

G43 OLYMPISCH STADION/OLYMPIC STADIUM

Stadionplein, Amsterdam

J. WILS, C. VAN EESTEREN, G. JONKHEID | 1926-1928

Bouwkundig Weekblad 1928 p.145; Het Bouwbedrijf 1928 p.315; O. Kiers – Jan Wils/het Olympisch stadion, 1978; T. Tummers – Architectuur aan de zijlijn, 1993

Het stadion is gebouwd ter gelegenheid van de Olympische Spelen die in 1928 in Amsterdam werden gehouden. In Wils' architectuur is de invloed van Frank Lloyd Wright onmiskenbaar aanwezig. De tribunes rusten op een betonnen draagconstructie, het dak wordt gedragen door stalen vakwerkliggers. Een ranke toren, de drager van de Olympische vlam, markeert de hoofdingang. Het stadion is uitgebreid, verbouwd en lange tijd verwaarloosd, maar inmiddels benoemd tot rijksmonument. Bij de komende restauratie zal het station in de oorspronkelijke staat worden teruggebracht.

▪ This stadium was built for the 1928 Olympic Games held in Amsterdam. Its architecture (the work of Jan Wils) betrays the unmistakable influence of Frank Lloyd Wright. The tribunes are supported on a loadbearing concrete structure, their roofs resting on steel lattice girders. A slender tower for carrying the Olympic flame marks the main entrance. Enlarged, refurbished and then long left to rack and ruin, the stadium has since been made a national monument. The forthcoming restoration will mark the stadium's return to its original state.

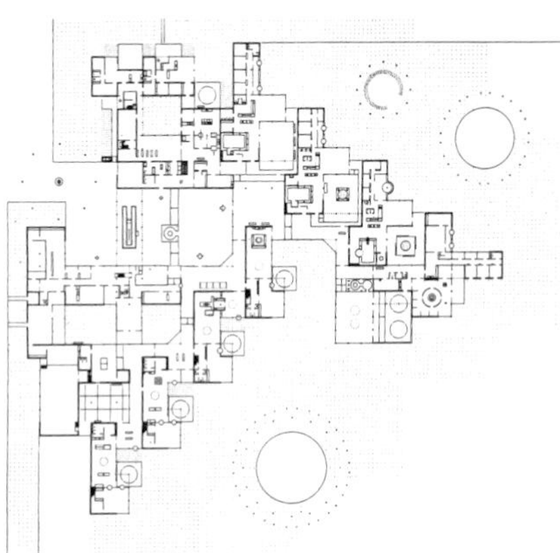

 G44 BURGERWEESHUIS/ORPHANAGE

IJsbaanpad 3, Amsterdam

A.E. VAN EYCK | 1955-1960

Forum 1960/61 p.197; Architecture d'Aujourd'hui 1960-sep/oct/nov; Werk 1962 p.16; Bouw 1962 p.116; Bouwkundig Weekblad 1963 p.25; Deutsche Bauzeitung 1990-2; W.J. van Heuvel – Structuralism in Dutch Architecture, 1992

Niet lang na de publicatie van 'Het verhaal van een andere gedachte' (Forum 1959-7) krijgt de zgn. Forumgroep naast een geschreven ook een gebouwd manifest: het Burgerweeshuis in Amsterdam. De ideeën van de architect Aldo van Eyck zijn, kort samengevat:

- de complexiteit van het maatschappelijk leven moet niet in rationele analyses en ordeningen uiteenvallen, maar door architect én stedenbouwer als ruimtelijke en maatschappelijke totaliteit verbeeld worden;
- het positivistische mensbeeld wordt vervangen door een idealistische mensvisie; mensen in verschillende tijdperken en culturen hebben dezelfde behoeften en intuïties;
- de architect moet zich verzetten tegen de technocratie: de bureaucratisering, de verwetenschappelijking en de scheiding van architectuur en stedenbouw.

Een hoofdthema in zijn werk is de meerduidigheid; eenheid in veelheid, veelheid in eenheid. Schijnbaar wezensvijandige deelaspecten worden verzoend in zgn. duofenomenen als openheid/geslotenheid, eenheid/verscheidenheid, eenvoud/complexiteit, binnen/buiten, individu/gemeenschap, centraal/decentraal.
In het weeshuis vormen de verschillende programma-elementen een wijd, complex patroon, 'een kleine stad'. Om dit patroon herkenbaar en homogeen te maken, worden alle elementen aan één structureel en constructief principe onderworpen. Vier ronde kolommen zijn aan twee zijden overspannen door een betonnen latei en afgedekt met een betonnen koepel/schaal. Een configuratie van een aantal van deze ruimtes vormt samen met een grotere vierkante ruimte een kinderafdeling, gemarkeerd door een grotere koepel. Het gebouw heeft acht van deze kinderafdelingen, ingedeeld naar leeftijdsgroep. De oudere groepen (10-20 jaar) hebben een slaapverdieping en een open buitenruimte; de jongere groepen (0-10 jaar) hebben een omsloten buitenruimte (patio). In totaal werd het gebouw bewoond door ±125 kinderen, tijdelijk of blijvend zonder thuis.
In de interieurs zijn vele verrassende effecten bereikt met niveauverschillen, cirkelvormige verdiepte of verhoogde gedeeltes en een diagonale gerichtheid van aandacht en activiteiten. De afdelingen worden verbonden door een binnenstraat met dezelfde ruige materialen als het exterieur en verlicht met straatlantaarns. Naast de geschakelde afdelingen bevat het gebouw enige grotere zalen voor feesten, recreatie en sport, een centrale keuken en wasafdeling, een ziekenafdeling, een administratiegedeelte en enkele dienstwoningen. Deze laatste zijn op de verdieping gelegen en vormen een langgerekte, natuurlijke overkapping van het entreegebied.
Het interieur van het gebouw is inmiddels diverse malen gewijzigd, parallellopend met wisselende sociaal-pedagogische trends; Van Eyck: 'Er is verwoestend mee omgesprongen'. Eind 1986 culmineert deze continue verminking in het plan om de helft van het gebouw af te breken. Een grootscheepse internationale protestactie onder aanvoering van Hertzberger resulteerde in het behoud van het Burgerweeshuis.

▪ Not long after the publication of 'Het verhaal van een andere gedachte' ('The Story of Another Idea') the so-called Forum group, besides declaring their intentions in writing, were able to offer a three-dimensional manifesto: the Burgerweeshuis (Orphanage) in Amsterdam. The ideas of its designer, Aldo van Eyck, are summarized briefly as follows:

- the complexity of life in our society must not be allowed to disintegrate into rational analyses and orders, but should be expressed by architect and urban designer alike as a spatial and social whole;
- the positivistic view of man has been replaced by an idealistic vision; no matter which period or culture man has always had the same basic needs and intuitions;
- the architect must resist the idea of a technocracy, a total subordination to bureaucracy and science, and the separation of architecture and urban design.

A principal thread running through Van Eyck's work is 'unity in diversity, diversity in unity'. Seemingly discordant elements are reconciled in so-called 'twin phenomena' such as open/closed, unity/diversity, simplicity/complexity, inside/outside, individual/collective, centralized/decentralized. In the Burgerweeshuis all elements combine in a broad, complex pattern, 'a tiny city'. To render this pattern recognizable and homogeneous all these elements are subjected to one all-encompassing principle. Four round columns are spanned by four concrete lintels in a square and capped by a

concrete dome. A configuration of a number of these spaces form together with a larger square space one children's zone, marked by a larger dome. The building has eight of these zones, each housing a different age group. The older groups (aged 10-20 years) have a bedroom level, and an open 'square' on the block's perimeter; the younger groups (up to 10 years) have an enclosed roofless square or 'patio'. All told, the building was home, temporary or permanent, for some 125 children.
Inside, many surprising effects have been achieved with differences in level, sunken or raised circular sections, and diagonal lines of attention and orientation of activities. The zones are interlinked by a 'binnenstraat' (interior street) with the same rough-textured materials as the exterior and lit by 'streetlights'. Besides these linked zones the building contains several larger halls for parties, recreation and sports, a central kitchen and washing department, a sanatorium, an administrative section and several staff dwellings. The latter are on an upper level and present an elongated, natural shelter for the entrance zone.
The building's interior has been altered a number of times to keep up with changing socio-educational trends; 'It's been through hell' (Van Eyck). At the close of 1986 this unremitting mutilation reached a head with plans to demolish half of the building. A massive international campaign spearheaded by Hertzberger succeeded in preserving the Orphanage.

G45 KANTOORGEBOUW/OFFICE BUILDING TRIPOLIS

Amstelveenseweg, Amsterdam

A.E. & H. VAN EYCK | 1990-1994

A. Blom (proj.)

M. Kloos – Amsterdam Architecture 1991-93, 1994; Architectuur in Nederland. Jaarboek 1994-1995

Op een terrein tussen het Burgerweeshuis en de zuidelijke rondweg ontwerpt Van Eyck samen met zijn vrouw Hannie in de jaren negentig een drietal kantoorblokken in hoogte oplopend van drie tot zeven lagen. De opbouw van de blokken is gelijk: een centrale toren met entree, verkeersruimten en toiletten die telkens drie kantoorvleugels koppelt. De veelhoekige kantoorruimten zijn open en niet-hiërarchisch geordend en kunnen door middel van verplaatsbare scheidingswanden worden ingedeeld. Materiaalgebruik (onbehandeld hout voor de gevel) en kleur (de regenboog) zijn kenmerkend voor het recente werk van Van Eyck.

▪ In the nineties Van Eyck together with his wife Hannie designed a trio of office blocks varying from three to seven storeys on a site between the Orphanage and the southern ring road. The blocks agree in composition: a central tower of entrance, circulation zones and toilets each linking three office wings. The polygonal office spaces are open and non-hierarchic in arrangement, and can be divided up using movable partitions. Materials (untreated timber cladding) and colour (the rainbow) are typical of Van Eyck's more recent work.

G46 GERRIT RIETVELD ACADEMIE/ACADEMY

Prinses Irenestraat 96, Amsterdam

RIETVELD VAN DILLEN VAN TRICHT | 1959-1967

G.Th. Rietveld (proj.)

Domus 1965-sep; Bouwkundig Weekblad 1968 p.173; Bouw 1968 p.790

Het hoofdgebouw van deze kunstacademie bevat theorie-, ontwerp- en tekenlokalen, de aula en een gymnastieklokaal met bakstenen wanden. De L-vormige aanbouw bevat werkplaatsen. Door de gevel op 40 cm. afstand van de vloeren te plaatsen lopen de glazen puien zonder onderbreking tot het dak door en ontstaat een volledig glazen doos. Ook in het interieur is glas veelvuldig toegepast. Alle scheidingswanden zijn voorzien van bovenlichten; de wand tussen de lokalen en de gang bestaat voor een groot gedeelte uit vitrines.

▪ The main block of this art academy comprises classrooms for theory, design and drawing, the great hall and a brick-walled gymnasium. An L-shaped annex contains workshops. By placing the façades 40 cm. in front of the floors, its glazed skin could be stretched without interruption from ground to roof, creating an entirely glass box. There is an abundance of glass inside, too, all upper sections of wall partitions being glazed and walls between classrooms and corridors consisting largely of glass showcases.

G47 KANTONGERECHT/COURTHOUSE

Parnassusweg 200, Amsterdam

B. LOERAKKER (VDL) | 1970-1975/1984-1990

E. Schwier (medew.)

Bouw 1976 p.341, 1991-22; J. Schilt, D. van Gameren – Ben Loerakker Architect, 1996

Twee blokken van elk vier rechtszalen, een kleiner blokje met enquêtekamers en een kantoorschijf in acht lagen zijn gegroepeerd rond een centrale hal. Een tussenniveau in het zalenblok is alleen voor rechters toegankelijk. Door de hoogte van de centrale hal wordt de wachtenden op de begane grond ruim zicht geboden op het gerechtelijk bedrijf. Het oppervlak van het beton, dat zowel binnen als buiten veelvuldig is gebruikt, verschilt van textuur doordat telkens verschillende bekistingsafwerkingen zijn gebruikt. Tussen 1984 en 1990 realiseert Loerakker een uitbreiding.

▪ Two blocks each of four lawcourts, a smaller block of interview rooms and an eight-storey office slab are grouped around a central hall. An entresol in each court block is for magistrates only. The height of the central hall offers those waiting on the ground floor an ample view of the legal machinery at work. The surface of the concrete used unsparingly both inside and out varies in texture due to continual changes in the lining of the formwork. Loerakker added an extension between 1984 and 1990.

G48 WOONHUIS/PRIVATE HOUSE ORLOW

Apollolaan 141, Amsterdam

H. SALOMONSON | 1961

Bouwkundig Weekblad 1961 p.104; Baumeister 1961 p.556; Werk 1963 p.132; Wiederhall 15

Vanwege het uitzicht op het plein zijn de woonvertrekken boven en de dienstruimtes beneden gesitueerd. Door de terugliggende positie van de dienstruimtes lijkt het woonblok, dat op vrijstaande ronde kolommen rust, te zweven; een hoofdopzet gelijk aan Villa Savoye van Le Corbusier. De woonverdieping heeft een open plattegrond die met vouwwanden in verschillende ruimtes kan worden onderverdeeld. Bij een recente verbouwing is de buitentrap afgebroken en een gedeelte van de glaswand dichtgezet.

▪ The living quarters of this house are situated upstairs to benefit from the view of the square, with service areas below. Due to these service areas being set back, the house, which rests on free-standing round columns, gives the impression of floating; an approach comparable to that of Le Corbusier's Villa Savoye. The living level has an open plan variously subdivisible using folding partitions. During a recent renovation the outside stair was demolished and part of the glazed wall filled in.

G49 BRUG EN BOOTHUIS/BRIDGE AND BOATHOUSE

Olympiaplein/Noorder Amstelkade, Amsterdam

P.L. KRAMER | 1928

H.L. Krop (b.k.)

I. Haagsma, H. de Haan – Amsterdamse gebouwen 1880-1980, 1981; G. Kemme – Amsterdam architecture: a guide, 1987; B. Kohlenbach – Pieter Lodewijk Kramer, 1994

In dienst van de afdeling Publieke Werken ontwerpt Kramer tot aan zijn pensioen in 1952 ongeveer 500 bruggen, waarvan er zo'n 220 zijn uitgevoerd. Hij was verder verantwoordelijk voor de kleine gebouwtjes bij deze bruggen zoals botenhuisjes, elektriciteitshuisjes en wachthuisjes. Deze vormen vaak een architectonische eenheid met de brug zelf. Haast ongemerkt zijn deze bruggen bepalend geworden voor de invloed van de Amsterdamse School op het huidige stadsbeeld van Amsterdam. Het hier gegeven voorbeeld is representatief voor de meer uitgebreide brugontwerpen van Kramer.

▪ In his capacity as Public Works Architect until his retirement in 1952, Kramer designed some 500 bridges, of which 220 or so were built. He was further responsible for the small buildings whose function linked them to these bridges, such as boathouses, electrical substations and bridgemaster's houses. These often combine with the bridge in an architecturally unified ensemble. The bridges have done much, if almost imperceptibly, to encourage the Amsterdam School look of Amsterdam today. The example shown here is representative of Kramer's more elaborate bridge designs.

G50 MONTESSORISCHOOL, WILLEMSPARKSCHOOL

Apollolaan/Willem Witsenstraat, Amsterdam

H. HERTZBERGER | 1980-1983

Casabella 1983-jul/aug; de Architect 1983-10; Forum 1984-3; Architecture d'Aujourd'hui 1984-apr; Werk/Bauen + Wohnen 1984-5; Bouw 1984-23; Architectural Review 1985-1; Bauwelt 1985-23; Architect's Journal 1987-48; W. Reinink – Herman Hertzberger, architect, 1990

De twee scholen zijn volgens gelijke principes ontwikkeld, maar ogen door afwijkende situering en opdrachtgevers toch verschillend. De kleuterschool op de begane grond heeft haar entree onder het bordes van de buitentrap. De lagere school bestaat uit twee lagen op verschillende niveaus tegenover elkaar; de trappen vormen en omsluiten het belangrijkste ruimtelijke element: de centrale hal. De lokaalindeling wordt bepaald door een keukenelement: klassikaal of diagonaal/vrij.

▪ These two schools were developed along identical lines yet are dissimilar because of their different orientation and clients. The infants' school occupies the ground floor with its own entrance under the outer stair head. The primary school is in two storeys at half-levels to each other, the stairs shaping and allowing access to the most important spatial element: the central hall. The layout of each classroom is governed by the position of the small kitchen unit within it.

G51 MONTESSORISCHOOL

Albrecht Dürerstraat 36, Amsterdam

W. VAN TIJEN, M.A. STAM, C.I.A. STAM-BEESE | 1935

De 8 en Opbouw 1935 p.61; Plan 1970 p.573; T. Idsinga e.a. – Architect Van Tijen 1894-1974, 1987

Deze school heeft door zijn grote glasvezels en zijn ruime balkons en terrassen het karakter van de door Van Tijen zeer bewonderde Openluchtschool van Duiker. De school bestaat uit een vrijstaand gymnastieklokaal in de tuin en een lokalenblok met een handenarbeidlokaal in het souterrain, twee lagen van elk drie lokalen daarboven en twee openluchtlokalen op het dak. De glasgevels van de lokalen op het westen en het zuiden kunnen geheel worden geopend.

▪ With its glazed façades and ample balconies and terraces this school possesses the character of Duiker's Open Air School much admired by Van Tijen. It consists of a free-standing gymnasium in the garden and a classroom block with handiwork room in the basement, two levels of three classrooms and finally two open-air classrooms on the roof. The glazed façades in the west and south can be opened up completely.

G52 EERSTE OPENLUCHTSCHOOL VOOR HET GEZONDE KIND/OPEN AIR SCHOOL

Cliostraat 40, Amsterdam

J. DUIKER, B. BIJVOET | 1927-1930

J.M. Peeters (uitbr.)

Het Bouwbedrijf 1930 p.500; De 8 en Opbouw 1932 p.238; L'Architecture Vivante 1933-1; Forum 1972-5/6; Duikergroep Delft – J. Duiker bouwkundig ingenieur, 1982; M. Casciato – Johannes Duiker 1890-1935. Le Scuole, 1982; Architectuur & Bouwen 1986-2

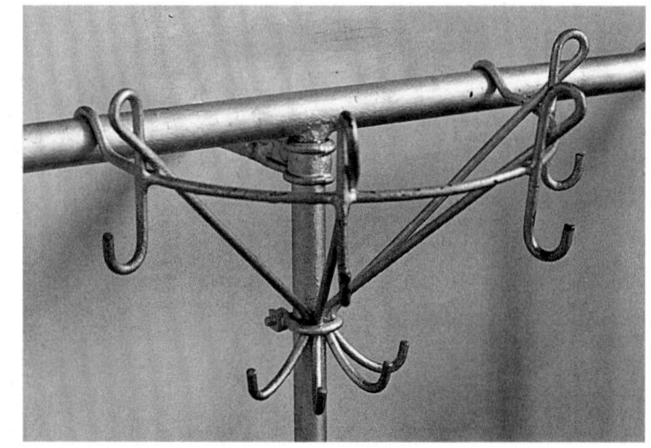

Openluchtscholen worden vanaf het begin van deze eeuw gebouwd om zwakke kinderen in de zon en de open lucht aan te laten sterken. In 1927 krijgen Duiker en Bijvoet de opdracht voor het ontwerp van een openluchtschool in Amsterdam-Zuid. Van de school, die op het binnenterrein van een gesloten bouwblok is gebouwd, zijn vijf voorontwerpen in verschillende situaties bekend. De school bestaat uit een vierkant lokalenblok van vier verdiepingen, dat diagonaal op het terrein is geplaatst. Het basisvierkant is

opgedeeld in vier kwadranten rond een diagonaal geplaatst centraal trappenhuis. Het oost- en westkwadrant bevatten elk per verdieping een lokaal en delen een openluchtlokaal op het zuiden. Het noordkwadrant is alleen op de begane grond bebouwd en bevat een lerarenruimte. Op de begane grond bevinden zich verder nog een lokaal in het westkwadrant, de hoofdentree onder de openluchtlokalen en een langwerpig, vanwege de grotere hoogte verdiept geplaatst gymnastieklokaal dat half onder het lokalenblok is geschoven. De betonkolommen zijn niet op de hoeken maar in het midden van de kwadrantzijden geplaatst. Hierdoor ontstaat een gunstig krachtenverloop in de gevelbalken, blijven de hoeken kolomvrij en wordt het open, zwevende karakter van de school versterkt. De vloeren steken uit over de gevelbalken, waardoor eenzelfde momentreductie wordt bereikt. De kolommen zijn verder diagonaal gekoppeld door secundaire balken die de diagonale ruimteopbouw van de lokalen in het plafond zichtbaar maken. Door de kolommen en de balken te verjongen wordt het krachtenverloop in de constructie gedemonstreerd. Afgezien van een lage betonnen borstwering zijn de gevels geheel beglaasd en voorzien van stalen taatsramen, zodat het gehele lokaal geopend kan worden. In de betonvloeren zijn aan de onderzijde verwarmingsbuizen meegestort. Deze plafondverwarming, gekozen om ook in de winter de ramen te kunnen openen, functioneerde matig en is in 1955 vervangen. Tekenend voor Duikers doordachte detaillering zijn de kapstokhaken. Deze zijn bevestigd aan de verwarmingsbuizen in de hal waardoor tegelijkertijd de ruimte wordt verwarmd en de jassen worden gedroogd.

Het poortgebouw aan de Cliostraat bestaat uit een woningblok rechts van de poort en een fröbellokaal boven de fietsenstalling en de entree. Door het relatief lage en transparante poortgebouw is de school vanaf de straat goed te zien. Het poortgebouw is in 1985 door J.M. Peeters voorbeeldig gerestaureerd en met een nieuwe trap uitgebreid. In de Openluchtschool krijgen de idealen van de moderne architectuur, licht, lucht en ruimte, op demonstratieve wijze gestalte. De school behoort met Duikers Zonnestraal in Hilversum en de Van Nelle-fabriek van Van der Vlugt in Rotterdam tot de hoogtepunten van deze architectuur in Nederland.

▪ Since the beginning of the century open air schools have been built to help physically weak children gain strength aided by sun and fresh air. In 1927 Duiker and Bijvoet were commissioned to design an open air school to be built in Amsterdam-South. Standing on the inner court of a perimeter block, it was preceded by five preliminary plans for various locations.

The school consists of a square classroom block in four levels placed diagonally on the site. This basic square is subdivided into four quadrants around a diagonal central staircase. East and west quadrants each contain one classroom per storey and share an open air classroom on the south side. The north quadrant occupies the ground floor only and consists of a staffroom. Also on the ground floor are a classroom in the west quadrant, the main entrance below the open air classrooms and an oblong gymnasium, sunken to accommodate its extra height and half tucked in under the classroom block. The concrete columns are situated not at the corners but in the middle of the quadrants' sides, producing a favourable distribution of forces in the façade beams, keeping the corners free of columns and strengthening the school's open, 'floating' appearance. Floor slabs cantilever over the main beams resulting in a counterbalance of moment. The columns are further coupled diagonally by secondary beams which express in the ceiling the diagonal spatial layout of the classrooms. The structure's distribution of forces is demonstrated by tapers in the columns and beams. Except for a low concrete parapet the façades are fully glazed and fitted with steel-framed pivoted windows allowing classrooms to be opened up entirely. The concrete floor slabs contain central heating pipes on the underside fitted during the pouring process. This system of heating from the ceiling down, chosen so as to be able to open the windows in winter, was only moderately successful and was replaced in 1955. Characteristic of Duiker's conscientious attention to detail are the coat pegs attached to the central heating pipes in the hall.

The gateway building on Cliostraat consists of a housing block on the right of the gateway and an infants' classroom above a cycle shelter and the entrance. This building, being relatively low and transparent, allows a satisfactory view of the school from the street. In 1985 the gateway building underwent an exemplary restoration by J.M. Peeters and was extended with a new stair. In the Open Air School the ideals of Modern Architecture, light, air and space, have been attained in no uncertain fashion. It joins Duiker's Zonnestraal in Hilversum and Van der Vlugt's Van Nelle factory in Rotterdam as one of the masterpieces of this type of architecture in the Netherlands.

G53 DRIVE-IN WONINGEN/DWELLINGS

Anthonie van Dijckstraat 4-12, Amsterdam

W. VAN TIJEN, M.A. STAM, C.I.A. STAM-BEESE, H.A. MAASKANT | 1937

De 8 en Opbouw 1937 p.115; Het Bouwbedrijf 1938 p.171; T. Idsinga e.a. – Architect Van Tijen 1894-1974, 1987

Door in de woningen op een volwaardige manier een garage op te nemen wordt een geheel nieuw woningtype ontwikkeld dat tot die tijd onbekend was en vooral in de jaren vijftig en zestig meermalen zou worden toegepast. Vanuit een glazen entreeportaal naast de garage bereikt men via een halfronde trap de open en lichte woonruimte. De eetruimte en het woongedeelte zijn van elkaar gescheiden door een glazen schuifwand. Een stalen steektrap verbindt de eetkamer met de tuin aan de achterzijde.

▮ Here, by treating the garage as an integral component, an entirely new dwelling type was developed that was not to go unrepeated, particularly during the fifties and sixties. From a glazed entrance next to the garage a semi-circular stair leads up to an open, well-lit living space. Dining area and living zone are separated by a glazed sliding partition, with a straight steel stair connecting the dining room to the back garden.

G54 SYNAGOGE/SYNAGOGUE

Heinzestraat/Jacob Obrechtplein, Amsterdam

H. ELTE | 1928

Het Bouwbedrijf 1930 p.49

De gelede bouwmassa's en de gesloten baksteenvlakken met glas-in-loodramen en granieten dorpels en banden vormen een kubistische variant van de Amsterdamse School, sterk beïnvloed door Frank Lloyd Wright. Een voorportaal en een vestibule met marmeren wanden leiden naar de zeer hoge synagoge. De galerij voor de vrouwen, gedragen door een rij kolommen (bekleed met glasmozaïek) vormt een voorruimte. De Heilige Ark, de meest wijdingsvolle plaats in de synagoge, is geplaatst in een elliptische nis.

▮ The articulated masses and closed brick surfaces with leaded windows and granite doorsteps, lintels and edgings constitute a Cubist variation of the Amsterdam School, strongly influenced by Frank Lloyd Wright. Porch and vestibule with marble walls lead to the lofty synagogue itself. The women's gallery supported by a row of columns dressed with glass mosaic forms a prefatory space. The Holy Ark, the synagogue's most sacred feature, is placed in an elliptical recess.

G55 WONINGBOUW/HOUSING; HUIZE LYDIA

Bartholomeus Ruloffsstraat; Roelof Hartplein 2, Amsterdam

J.F. STAAL; J. BOTERENBROOD | 1922-1924; 1922-1927

Bouwkundig Weekblad 1927 p.397; M. Casciato – De Amsterdamse School, 1991; The Amsterdam School, 1996

Staals ambivalente houding ten opzichte van de Amsterdamse School resulteert in dit woonblok in een voorbeeldige synthese van rechthoekig/geometrische en welvend/expressionistische decoratie. De gevel langs de Coenenstraat is opgebouwd uit repeterende elementen, waarbij vooral de 'lantarens' boven de entrees opvallen. Op de hoek van de Bronckhorststraat is een vrijere, meer in de traditie van de Amsterdamse School passende vormgeving toegepast. De andere hoek van het bouwblok aan het Roelof Hartplein wordt ingenomen door Boterenbroods Huize Lydia, een voormalig meisjeshuis met een meer naar het traditionele neigende variant van de Amsterdamse School.

▮ In this housing block Staal's ambivalent attitude to the Amsterdam School precipitated an exemplary synthesis of rectangular/geometric and curved/expressionist decoration. The façade along Coenenstraat is built up of repetitive elements, the most eye-catching being the 'lanterns' above the entrances. A freer design owing more to the Amsterdam School prevails on the corner of Bronckhorststraat. The other corner of the block on Roelof Hartplein is occupied by Boterenbrood's Huize Lydia, a former home for girls in a more straightlaced version of the Amsterdam School style.

G56 WONINGBOUW/HOUSING
Harmoniehof, Amsterdam
J.C. VAN EPEN | 1919-1923
J.G. Wattjes – Amsterdam's Bouwkunst en Stadsschoon 1306-1942, 1943

Dit woningbouwcomplex, een oase in de drukke stad, is ontworpen voor woningbouwvereniging Samenwerking. De hogere bebouwing ligt rond het groene plein dat wordt afgesloten door enkele villa-achtige kopwoningen. Het complex heeft bij renovatie de karakteristieke okerkleurige kozijnen verloren; deze zijn alleen nog bij de vrijstaande woningen te zien. Andere complexen van Van Epen, die vooral als woningbouwer actief was, zijn te vinden langs de Amstelveenseweg en aan de Pieter Lastmankade. Van Epen combineert de aandacht voor de totale gevelcompositie van het bouwblok en het decoratieve gebruik van baksteen van de Amsterdamse School met aanmerkelijk functioneler opgezette woningen.

▮ This complex, an oasis in the bustling city, was designed for Samenwerking, a housing corporation. The taller development is set directly on this public space whose head ends are terminated by villa-style houses. Renovation work deprived the complex of its typical ochre-coloured window and door frames, with the exception of the freestanding houses. Other such ensembles by Van Epen, whose principal subject was housing, can be seen along Amstelveenseweg and Pieter Lastmankade. Van Epen combined a focus on the composition of the full frontage and decorative Amsterdam School brickwork, with houses whose internal layout is noticeably more functional.

G57 RIJKSVERZEKERINGSBANK
Apollolaan, Amsterdam
D. ROOSENBURG | 1937-1939
Bouwkundig Weekblad 1937 p.142; Forum 1991-apr; R. Mens – De sociale verzekeringsbank, 1991

Het gebouw bestaat uit een ronde onderbouw met daarop een, in verband met de daglichttoetreding, afgeronde smalle hoogbouwschijf. Door deze op de as van de Gerrit van der Veenstraat te richten reageert Roosenburg adequaat op de omgeving. Naast de hoofdingang bevinden zich in de onderbouw de kaartenarchieven. De kantine is met een terras op het dak gesitueerd. De indeling van de kantoren in de schijf kan met verplaatsbare wandelementen worden gewijzigd. Tijdens een restauratie is de onderbouw gesloopt en in de oorspronkelijke staat herbouwd.

▮ This building consists of a circular basement with above it a narrow high-rise slab with one end splayed to maximize daylighting. In rotating this on its axis to face Gerrit van der Veenstraat Roosenburg reacted with sensibility to the surroundings. In the understructure, next to the main entrance, is the card catalogue. A canteen and terrace occupy the roof. Subdivision of office space in the slab can be modified using movable wall fittings. During restoration work the basement was demolished and rebuilt in the original state.

G58 TENNIS- EN TENTOONSTELLINGSHAL/TENNIS AND EXHIBITION HALL APOLLO
Apollolaan 2, Amsterdam
A. BOEKEN, W. ZWEEDIJK | 1933-1935
Bouwkundig Weekblad 1935 p.21; De 8 en Opbouw 1934 p.209; A. Roth – Die neue Architektur, 1940

Het gebouw bestaat uit een café-restaurant, een directeurswoning en een hal met vijf tennisbanen die ook voor exposities te gebruiken is. De hal (35×85×12 m.) is overspannen door zes stalen portaalspanten; het dak is van holle terracottaplaten. Het staalskelet is overal ingevuld met metselwerk. Met het gebruik van decoratieve elementen als gebogen en geknikte daken, luifels en ronde ramen is dit gebouw een duidelijk voorbeeld van de architectuur van Groep '32.

▮ The 'Apollo' comprises a bar-restaurant, manager's residence and a hall of five tennis courts that can also be used for exhibitions. The hall (35×85×12 m.) is spanned by six portal trusses. Its roof is of concave terracotta panels, while the steel frame is brick-clad throughout. With such decorative touches as shallow slopes of roof, awnings and circular windows this building exemplifies clearly the architecture of Groep '32.

G59 AMSTERDAM-ZUID

Vrijheidslaan, Minervalaan e.o., Amsterdam

H.P. BERLAGE | 1915-1917

Wendingen 1923-4, 1929-11/12; Bouwkundig Weekblad 1930 p.293; F.F. Fraenkel – Het plan Amsterdam-Zuid van H.P. Berlage, 1976; Casabella 1985-3; S. Polano – Hendrik Petrus Berlage, het complete werk, 1988; K. Gaillard, B. Dokter – Berlage en (de toekomst van) Amsterdam Zuid, 1992

Aan het eind van de negentiende eeuw wordt duidelijk dat Amsterdam zich niet ongelimiteerd concentrisch kan uitbreiden. Met name de revolutiebouw in lange smalle straten, een technocratische vertaling van het laissez-faire principe van het liberalisme, is onhygiënisch en eentonig. Berlage wordt in 1900 aangezocht om een plan voor de zuidelijke uitbreidingen te ontwerpen. Op dat moment heeft hij nog geen praktische ervaring met stedenbouwkundige ontwerpen. Zijn belangrijkste inspiratiebron is het theoretische werk van Camillo Sitte, 'Der Städtebau nach seinen künstlerischen

Grundsätzen'. Het eerste ontwerp (1900-1907) is zeer esthetisch van opzet, met inachtneming van stringente eisen als gemeentegrenzen en waterstanden. Een lage bebouwingsdichtheid van 40% maakt het plan echter qua grondkosten te duur.

In de tweede versie (1915-1917) is meer zekerheid over de noodzakelijke onteigeningen en grondaankopen en kan een meer uitgebalanceerd plan ontstaan. De stedelijke ruimtes zijn gedetermineerd door straatwanden. Het plan is een aaneenschakeling van imposante hoofdverbindingswegen, pleinen en monumentale accenten, bij voorkeur openbare gebouwen. Ook de indeling van straten, groenstroken en beplantingen worden door Berlage ontworpen. Het plan is gebaseerd op geometrische patronen (vijfhoeken) met twee hoofdmomenten: de verkeersweg vanaf de nieuwe brug over de Amstel (H.P. Berlage, 1926-1932) tot het Victorieplein met de monumentale wolkenkrabber van J.F. Staal, en de monumentale as over de Minervalaan (architecten: C.J. Blaauw, G.J. Rutgers en J.F. Berghoef), gericht op een toekomstig en nooit gerealiseerd Zuiderstation. In het plan zijn diverse woningtypen voorzien, gekoppeld aan verschillende sociale klassen, te weten villa's, maisonnettewoningen (boven elkaar met gescheiden ontsluiting) en meergezinswoningen met gemeenschappelijk trappenhuis. Deze laatste categorie bestrijkt 75%.

Kenmerkend voor de arbeiderswoningen is de zgn. hofbebouwing, een stedelijke versie van de tuinstadgedachte. Mede hierdoor en door de nadruk op bouwblok en totale straatwand wordt het collectieve benadrukt. Er is een synthese ontstaan tussen een ordelijke, monumentale opzet en de traditionele Hollandse hang naar het pittoreske. Daarom hebben bij de invulling van het plan tussen 1925 en 1940 de architecten van de Amsterdamse School de voorkeur. Bakstenen wanden, pannen daken en houten kozijnen zijn voorschrift, waardoor Nieuw-Zakelijke architecten, die gebruik maken van moderne materialen en vormgeving geweerd worden. Enkele ontwerpen worden afgekeurd door de schoonheidscommissie, terwijl de beroemde Openluchtschool van Duiker naar een binnenterrein wordt verbannen. In 1994 kreeg Amsterdam-Zuid alsnog haar eerste modernistische invulling aan het Victorieplein, een woonblok van het Rotterdamse architectenbureau DKV.

▮ At the close of the 19th century, it was clear there was a limit to Amsterdam's concentric expansion. The practice of jerry-building in long, narrow streets, a technocratic translation of the laissez-faire principle of liberalism, was particularly unhygienic and monotonous. In 1900 Berlage was approached to design a plan for expansion to the south. At that time he had had no practical experience in urban design. His biggest source of inspiration was Camillo Sitte's treatise, 'Der Städtebau nach seinen künstlerischen Grundsätzen' (City Planning According to Artistic Principles). The first plans (1900-1907) were very aesthetic in design, observing such stringent demands as municipal boundaries and waterlevels. However, in terms of land costs its low development density of 40% would have been too expensive.

The second version (1915-1917) took a more secure look at the necessary expropriations and land acquisitions and offered a more balanced plan. In it, urban spaces are determined by street elevations. The plan is a concatenation of grand avenues, squares and monu-

mental accentuations largely in the form of public buildings. The arrangement of streets, green strips and planting was the work of Berlage, too. Based on geometric patterns (pentagons) the plan has two main axes: the main road from the new Amstel bridge (H.P. Berlage, 1926-1932) to Victorieplein with J.F. Staal's monumental skyscraper and the grand axis over Minervalaan (development by C.J. Blaauw, G.J. Rutgers and J.F. Berghoef) aimed towards an intended but unrealized local railway station. The plan includes various dwelling types attached to different social strata, namely villas, maisonettes (stacked and separately accessed) and housing slabs with a communal staircase. The last-named category accounts for 75%.

Typical of the workers' housing is the perimeter block, an urban version of the garden city concept. This and the emphasis on blocks and continuous street walls serve to accentuate the 'collective' element. The whole exhibits a synthesis between an ordered, monumental layout and traditional Dutch leanings towards the picturesque. This explains the preference for Amsterdam School architects when the plan was fleshed out between 1925 and 1940. Brick walls, tiled roofs and wooden window frames were the order of the day, effectively excluding architects of the Nieuwe Zakelijkheid with their use of modern materials and design. A few proposals were rejected by the authorities, while Duiker's celebrated Open Air School was relegated to a secluded square. In 1994 Amsterdam-South gained its first Modern infill on Victorieplein, an apartment building by the Rotterdam firm of DKV.

G60 DE WOLKENKRABBER/THE SKYSCRAPER

Victorieplein, Amsterdam

J.F. STAAL | 1927-1930

Het Bouwbedrijf 1931 p.252, 1932 p.133; R. Sherwood – Modern Housing Prototypes, 1978

De twaalf verdiepingen hoge toren is, afgezien van een eerdere poging van Duiker in Den Haag, het eerste hoogbouwproject voor woningen in Nederland. Op de begane grond bevinden zich twee winkels en een portiersloge. Elke woonverdieping bevat twee zeskamerwoningen. De draagconstructie, vloeren, trappen en balkons zijn van beton. De Wolkenkrabber is voorzien van veel 'moderne' gemakken zoals vuilstortkokers, portier, lift, centrale verwarming, warmwatervoorziening, spreekbuizen en een elektrische bel.

▪ Leaving aside an early attempt by Duiker in The Hague, this twelve-storey tower block was the first high-rise housing project in the Netherlands. On its ground floor are two shops and a porter's lodge. Each housing level contains two six-room apartments. Load-bearing structure, floors, stairs and balconies are all of concrete. The Skyscraper has many 'modern' conveniences such as rubbish chutes, a porter, a lift, central heating, hot water, speaking tubes and an electric bell.

G61 WONINGBOUW/HOUSING

Vrijheidslaan/Kromme-Mijdrechtstraat, Amsterdam

M. DE KLERK | 1921-1922

Wendingen 1923-4, 1924-9/10

De Klerk heeft voor dit bouwblok alleen de gevels ontworpen. Het was in die tijd niet ongebruikelijk voor architecten om massawoningbouw van een esthetisch front te voorzien. Het is waarschijnlijk een van de redenen waarom uitingen van de Amsterdamse School vaak 'schortjesarchitectuur' worden genoemd. In dit geval zijn door ronde erkers verbonden verspringende balkons aangebracht waardoor diagonaal getrapte lijnen over de gevels zijn ontstaan. De gevels aan de overzijde van de Vrijheidslaan zijn van Kramer.

▪ Only the façades of this housing block are the work of De Klerk. In those days it was not unusual for architects to provide mass housing with an aesthetic exterior, a probable reason why Amsterdam School work was often called 'pinafore architecture'. In this case staggered balconies linked to bow windows create a play of diagonals stepping down the façades. The elevations on the other side of Vrijheidslaan are by Kramer.

186 **G62 WONINGBOUW/HOUSING DE DAGERAAD**

H. Ronnerplein, P.L. Takstraat, Th. Schwartzeplein, Amsterdam

M. DE KLERK, P.L. KRAMER | 1919-1922

H.L. Krop (b.k.)

Het Bouwbedrijf 1924 p.252; Wendingen 1924-9/10; GA 56

Deze arbeiderswoningen voor de socialistische woningbouwvereniging De Dageraad zijn ontworpen door de twee belangrijkste exponenten van de Amsterdamse School: M. de Klerk en P.L. Kramer. De woningen zijn gebouwd met gemeentesubsidie en voldoen aan de bouwverordening (maximaal vier lagen, trappenhuizen in directe verbinding met de buitenlucht, maximale inhoud van de woonruimte, etc.). Hoewel vooral Amsterdamse School-architecten vaak werden ingezet ter verfraaiing van de gevels van standaard woonblokken, zijn in dit geval ook de plattegronden van de hand van De Klerk en Kramer. Het complex bevat grotendeels drie- en vierkamerwoningen, hetgeen voor de arbeiders die er woonden een aanzienlijke verbetering van hun leefsituatie betekende. Dat er naast ruime woningen ook en vooral veel aandacht kon worden besteed aan het exterieur is voornamelijk te danken aan de constante verdediging door de socialistische wethouder Wibaut tegen kritiek over de vermeende spilzucht en het onnodig verfraaien van de straatwanden. Zijn borstbeeld is dan ook verwerkt in een van de straathoeken van het complex.

Het werk van De Klerk betreft voornamelijk de woningen aan het Th. Schwartzeplein en het H. Ronnerplein. De woningen zijn in groepen bijeengebracht, telkens gescheiden door een diepe inham in de daklijn. Het werk van De Klerk is hier veel rustiger en minder uitbundig dan in de Spaarndammerbuurt. De straatwanden aan de P.L. Takstraat zijn eveneens van De Klerk. Door de woninggroepen telkens ten opzichte van elkaar te laten verspringen en ze met een plantenbak naast de entrees met elkaar te verbinden, ontstaan zich herhalende z-vormige figuraties die de straatwanden een dynamisch karakter geven.

Kramer heeft de woningen langs de Burg. Tellegenstraat, de W. Passtoorsstraat en de Talmastraat ontworpen. Het meest indrukwekkend is de hoekbebouwing aan de P.L. Takstraat waar welvende verticale vlakken oprijzen uit de getrapt afgeronde straatgevels. De twee scholen die het complex aan de zijde van het Amstelkanaal afsluiten zijn ontworpen door Publieke Werken. Het beeldhouwwerk bij de ingangen is van Hildo Krop. Ook het Coöperatiehof (1925-1927) is van Kramer.

▪ These workers' dwellings for the socialist housing association De Dageraad ('The Dawn') were designed by the two leading exponents of the Amsterdam School: M. de Klerk and P.L. Kramer. Built with a council subsidy, they satisfied all the imposed conditions (a maximum of four levels, staircases in direct contact with the open air, the greatest percentage of space for the living rooms, and so on). Though Amsterdam School architects in particular were often brought in to embellish façades of standard housing blocks, in this case the floor plans, too, are the work of De Klerk and Kramer.

The complex consists mainly of three- and four-room units which meant for its new tenants a considerable improvement in living standards. This and the even greater attention paid their exteriors were largely due to the untiring support of socialist alderman Wibaut in the face of accusations of extravagance and unnecessary embellishment of the façades. His bust forms part of one of the street corners.

De Klerk's main contribution was the housing on two squares, Th. Schwartzeplein and H. Ronnerplein. The dwellings are in groups separated by deep recesses in the roofline. De Klerk's work is here much more restrained than that of the Spaarndammerbuurt. Also by him are the street walls on P.L. Takstraat. Staggering the groups of dwellings and connecting them with a box for plants at each entrance created z-shaped figures which lend the street elevations a dynamic quality.

Kramer was responsible for the dwellings lining Burg. Tellegenstraat, W. Passtoorsstraat and Talmastraat. The most impressive of these is on the corner of P.L. Takstraat, where undulating vertical surfaces rise up sheerly from the stepped curves of the front façades. The two schools terminating the complex on the Amstelkanaal side were designed by Amsterdam Public Works. All entrance sculptures are by Hildo Krop. The Coöperatiehof (1925-1927) was likewise designed by Kramer.

DE DAGERAAD

G63 SYNAGOGE/SYNAGOGUE

Lekstraat 61-63, Amsterdam

A. ELZAS | 1934-1937

Bouwkundig Weekblad 1935 p.297, 1938 p.429; De 8 en Opbouw 1935 p.278, 1938 p.239; Wonen-TA/BK 1978-12, 1985-18

Vrijwel ongewijzigde uitvoering van een winnend prijsvraagontwerp. Het gebouw bestaat uit een gedeelte in baksteen met dienstruimtes, kindersynagoge, een vergaderruimte en een dienstwoning op het dak; en de eigenlijke synagoge, een rechthoekig blok bekleed met natuursteen. De synagoge heeft de lengteas naar het zuidoosten. Het is een grote ruimte, met een vrouwengalerij langs drie kanten, die door haar vorm en belichting de gewenste wijding moeten geven. De heilige plaatsen zijn door materiaalgebruik geaccentueerd. Het gebouw huisvest thans het Nationale Verzetsmuseum.

▪ This synagogue, a virtually unmodified competition-winning design, consists of a brick section containing service spaces, children's synagogue, meeting hall and rooftop residence; and the synagogue proper, a rectangle dressed in cut stone. With its longitudinal axis pointing south-east, it constitutes one large space with the women's gallery along three sides, its form and lighting offering a suitably devotional atmosphere. The most holy points are accentuated by their handling of material. The building now houses the National Resistance Museum.

G64 ATELIERWONINGEN/STUDIO HOUSES

Zomerdijkstraat 16-30, Amsterdam

ZANSTRA, GIESSEN, SIJMONS | 1934

B. Mulder (rest.)

De 8 en Opbouw 1935 p.49; Bouwkundig Weekblad 1935 p.115; R. Sherwood – Modern Housing Prototypes, 1978; M. van Stralen – Atelierwoningen Zomerdijkstraat, 1989

Het verschil in uiterlijk tussen de twee lange gevels van dit blok volgt uit de functie: woningen met ateliers voor beeldend kunstenaars. Aan de zuidzijde bevinden zich zes woonlagen voor de vier lagen met ateliers aan de noordzijde. Het hoogteverschil tussen de woonruimtes en de ateliers maakt afwisselend kleine (één woonlaag) en grotere woningen (twee woonlagen) mogelijk. De draagconstructie bestaat uit een geheel in het werk vervaardigd staalskelet. De atelierwoningen zijn in 1990 gerestaureerd door architect Bertus Mulder, waarbij het oorspronkelijke uiterlijk zoveel mogelijk bewaard is gebleven.

▪ The difference in outward appearance between the two long façades of this block stems from the building's function: houses with sculptors' studios. On the south side are six dwelling levels flanking four levels of studios on the north side. The difference in height between housing and studios allows for an alternation of small dwelling units (one level) with larger two-storey units. The loadbearing structure consists of a fully integrated steel frame. The studio houses were restored in 1990 by the architect Bertus Mulder, retaining as far as possible the original exterior.

G65 WONINGBOUW/HOUSING

Holendrechtstraat 1-47, Amsterdam

M. STAAL-KROPHOLLER | 1921-1922

Wendingen 1924-9/10; E. van Kessel, M. Kuperus – Margaret Staal-Kropholler, architect, 1991

De architecte heeft alleen de gevel van dit woningblok van een particuliere bouwer ontworpen. De vrij gladde en strakke gevel vertoont op de hoeken en telkens in de as van de straten loodrecht op het blok, de voor de Amsterdamse School karakteristieke welvingen en plastische accenten. In deze golvingen bevinden zich balkons en entrees, soms geaccentueerd door een bakstenen ornament. De enigszins terugliggende bovenverdiepingen zijn soms omlijst door verticaal geplaatste dakpannen.

▪ Only the façade of this privately built housing block was designed by Margaret Staal-Kropholler. Its relatively smooth, taut surface displays at the corners and where streets meet it at right angles, the curves and accentuations characteristic of the Amsterdam School. These curves incorporate balconies and entrances, occasionally picked out by a brick ornament. Some of the slightly set-back upper floors are framed by roof tiles placed vertically.

G66 VERGADERGEBOUW/MEETING-HOUSE; ADMINISTRATIEGEBOUW/ADMINISTRATIVE BUILDING THEOSOPHISCHE VERENIGING

Tolstraat 154-160, Amsterdam

BRINKMAN & VAN DER VLUGT | 1925-1927; 1928-1929

G. & O. Bolhuis, J. Lambeck (rest.)

J. Geurst e.a. – Van der Vlugt, architect 1894-1936, 1983; Wonen-TA/BK 1983-20; de Architect 1984-1, 1985-2

Het vergadergebouw voor de theosofische beweging heeft de vorm van een kwart cirkel met een naar het centrum oplopend dak dat wordt gedragen door radiaal geplaatste gebogen spanten. Hoog in de twee rechte wanden valt daglicht binnen door schuingeplaatste verticale raamstroken. Het gebouw is in 1984 tot bibliotheek verbouwd, waarbij de oorspronkelijke toestand grotendeels bewaard is gebleven. Het administratiegebouw van de vereniging, rechts naast het vergadergebouw, functioneert nog steeds.

▮ This former meeting-house for Theosophists has the form of a quadrant with its roof sloping towards the centre of the imaginary circle containing it, supported by radially placed arched trusses. High up in the two straight walls are slanting vertical slits of fenestration allowing in daylight. In 1984 the building was recast as a library, though keeping as far as possible to its original state. The administrative block to its right is still used as such by the movement.

G67 KANTOORGEBOUW/OFFICE BUILDING TURMAC TOBACCO COMPANY

Drentestraat 21, Amsterdam

H. SALOMONSON | 1964-1966

M. Ruys (tuinarch.)

Bouwkundig Weekblad 1966 p.405; Bouw 1967 p.1566

De ruimtes van dit kantoorgebouw zijn gegroepeerd rond een binnentuin ontworpen door Mien Ruys. Het hoofdblok rechts naast de entree bevat een dubbelhoge lezingenzaal, kantine/expositieruimte, directieruimtes en een publiciteitsstudio op het dak. De gevels bestaan uit prefab betonkolommen en gevelbanden ingevuld met geglazuurde baksteen en aluminium ramen. Bij het ontwerp is gebruik gemaakt van de Modulor, een maatsysteem gebaseerd op de gulden snede, ontwikkeld door Le Corbusier.

▮ All spaces in this office building are grouped around a garden designed by Mien Ruys. The main block on the right of the entrance contains a double-height lecture hall, combined canteen and exhibition gallery, and director's suite, with a 'publicity studio' on the roof. Façades consist of prefabricated concrete columns and bands with an infill of glazed brick and aluminium-framed windows. The design makes use of the Modulor, a system of measurement developed by Le Corbusier based on the Golden Section.

G68 TENTOONSTELLINGSGEBOUW, CONGRESCENTRUM/ EXHIBITION AND CONGRESS CENTRE RAI

Europaplein, Amsterdam

A. BODON (DSBV) | 1977-1981

A. Bodon, J.H. Ploeger (proj.), **J.W.B. Enserink** (constr.)

Forum 1982-4; Bouw 1982-3; M. Kloos – Alexander Bodon, architect, 1990

De uitbreiding van het RAI-complex (1951-1961; 1961-1965; 1969) bestaat uit een congresgedeelte met zalen en drie tentoonstellingshallen: een grote (97,5×97,5 m.) en twee kleinere (67,5×67,5 m.). Als overspanning voor de hallen zijn ruimtevakwerken toegepast. Het vakwerk bij de grootste hal is 45° gedraaid om met dezelfde overspanning tweemaal zoveel kolomvrije expositieruimte te kunnen omvatten. Hierdoor blijft overal dezelfde gevelindeling gehandhaafd: gesloten panelen, glas en lichtdoorlatende panelen onder 45° geplaatst.

▮ The RAI complex was expanded on three occasions (1951-1961; 1961-1965; 1969) to include a congress centre of auditoria and three exhibition halls, one large (97.5×97.5 m.) and two less-large (67.5×67.5 m.). All three halls are spanned by space frames of equal size, that of the largest being rotated through 45° to allow twice as much column-free exhibition space. The same arrangement of opaque panelling, glazing and translucent panelling tilted 45° has been maintained throughout the exterior.

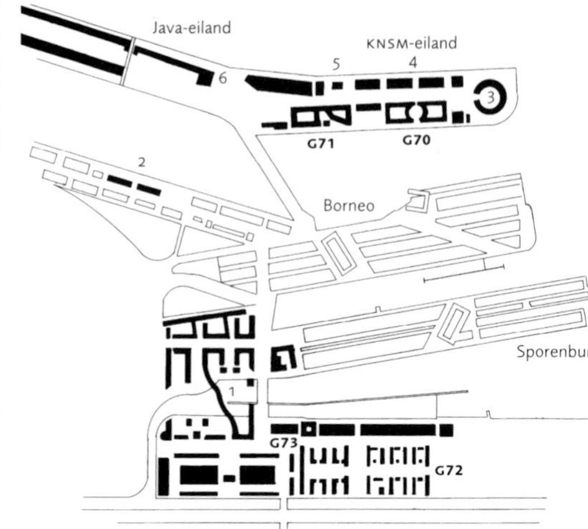

190 **G69 OOSTELIJK HAVENGEBIED/ EASTERN DOCKLANDS**

KNSM-eiland; Java-eiland; Borneo-eiland, Sporenburg, Amsterdam

J.M.J. COENEN; SJ. SOETERS; WEST 8 | 1988-

(o.a.) **1 Atelier PRO, 2 F.J. van Dongen (Architecten Cie), 3 J.M.J. Coenen, 4 F.J.E. & P.P.E. Wintermans, 5 W.M.J. Arets, 6 J. Crepain**

Architectuur & Bouwen 1993-5; Archis 1994-1; A. Oxenaar – Jo Coenen, architect, 1994; E. Koster – Oostelijk havengebied Amsterdam, 1995; B. Lootsma – Adriaan Geuze West 8, 1995; H. Ibelings – Sjoerd Soeters, architect, 1996; Crimson – Re-Urb, 1997

De havens van het oostelijk havengebied zijn aan het eind van de negentiende eeuw aangelegd ter vervanging van de te kleine oude havens, die door de aanleg van de spoorlijn bovendien onbereikbaar waren geworden. In de jaren zestig raakt ook dit havengebied door de komst van het containervervoer en de steeds grotere schepen in onbruik. In de jaren tachtig wordt besloten het gebied geschikt te maken voor woonbebouwing, waarbij aanvankelijk demping van de havenbekkens wordt voorgesteld. Uiteindelijk besluit men de unieke combinatie van land en water voor dit gebied te behouden en de pieren in te richten als rustige woonenclaves. De eerste woonbebouwing verrijst op het Entrepotterrein op basis van een stedenbouwkundig plan van Atelier PRO. Een kenmerkend onderdeel van dit plan is het over het water slingerende woonblok dat PRO zelf ontwierp. Op het voormalige veemarkt- en abattoirterrein is een bedrijfsverzamelterrein en een woonwijk voor ca. 600 woningwetwoningen ingericht. Bij het stedenbouwkundig plan voor het KNSM-eiland is besloten een gesloten havenfront te ontwikkelen analoog aan de voormalige kadebebouwing. Coenen ontwerpt een formeel plan met grote robuuste woongebouwen die aansluiten bij de schaal van de havens. Enkele te handhaven gebouwen zijn in de structuur van deze grote blokken opgenomen. Zelf nam Coenen de kop van de pier voor zijn rekening. Voor de pieren Borneo en Sporenburg ontwikkelde het landschapsbureau West 8 een laagbouwplan met een dichtheid van 100 woningen per hectare: lange bouwstroken verdeeld in smalle kavels van drie lagen. De zee van laagbouw zal worden onderbroken door een drietal grote woongebouwen die een relatie leggen met de grote schaal van het havengebied. Als reactie op de grote schaal en de formele stedenbouw van het naastliggende KNSM-eiland ontwerpt Sjoerd Soeters voor het Java-eiland een kleinschalige, afwisselende stedenbouwkundige structuur met dwarsgrachten. Door verschillende architecten aan één bouwblok te laten werken wordt getracht de afwisseling van de binnenstedelijke grachtenwanden te bereiken.

■ The harbour basins of Amsterdam's eastern docklands were dug at the end of the 19th century to replace the docks that had become too small and even inaccessible once the railway had been laid. In the sixties these docks themselves fell into disuse with the arrival of container transport and the increasing size of ships. When it was decided in the eighties to prime the area to receive housing the first proposal was to fill in the harbour basins. Ultimately, it was elected to retain the unique combination here of land and water and transform the piers into tranquil residential enclaves. The first development graces the Entrepot site, designed to an urban plan by Atelier PRO. A stand-out feature of the plan is a housing block by that firm that winds its way across the water. Occupying the former cattle market and slaughterhouse site is a mixed-use business zone and an estate of some 600 social housing units. Once it had been decided to develop KNSM Island along the lines of the former quayside development, Coenen produced a formal urban plan of big beefy apartment buildings which link arms with the scale of the harbour. Certain existing buildings earmarked for retention have been woven into the structure of these large blocks. Coenen himself has designed the housing on the pier head. For Borneo Island and Sporenburg, West 8, the landscape office, developed a lowrise scheme packing 100 houses per hectare in long belts of threestorey development on narrow plots. The sea of lowrise will be interrupted by a trio of large apartment buildings which are to bridge the gap between the lowrise and the great scale of the docklands. The sheer size and formal planning of the nearby KNSM Island is set off on Java Island by Sjoerd Soeters' small-scale variegated urban structure interspersed with canals set breadthways. The reason for having more than one architect work on a single block is to try to attain the variety found in central Amsterdam's canal frontages.

G70 WONINGBOUW/HOUSING

Barcelonaplein, Amsterdam

B. ALBERT | 1989-1993

N. Tordoir (b.k.)

de Architect 1991-2; Bouw 1991-22; Architecture + Urbanism 1992-11; Items 1994-3; E. Koster – Oostelijk havengebied Amsterdam, 1995

De hoofdvorm van het woonblok dat de Belg Bruno Albert heeft ontworpen volgt de opzet die Coenen in het stedenbouwkundig plan heeft vastgelegd. De naar het classicisme neigende architectuur sluit aan op de klassieke, formele stedenbouw van Coenen. Het rechthoekige woonblok is zes bouwlagen hoog. Centraal in deze rechthoek is een cirkelvormig deel van acht bouwlagen opgenomen. Het ronde binnenplein wordt aan de zuidzijde afgesloten door een groot ijzeren hek van kunstenaar Narcisse Tordoir.

▪ The apartment building by the Belgian architect Bruno Albert follows in broad lines the layout of Coenen's urban plan. Inclined towards classicism, its architecture weds well with Coenen's 'classic', formal planning. In the centre of the rectangular six-storey block is a circular volume thrusting up eight storeys. The circular inner court it enfolds terminates in a tall iron fence by the artist Narcisse Tordoir.

G71 WOONGEBOUW/HOUSING BLOCK PIRAEUS

KNSM-laan/Levantkade, Amsterdam

H. KOLLHOFF, CHR. RAPP | 1989-1994

A. van der Mark (b.k.)

Architectuur & Bouwen 1994-4; de Architect 1994-5; Bauwelt 1994 p.2518; C. Boekraad e.a. – Piraeus, een woongebouw van Kollhoff, 1994; Architectuur in Nederland. Jaarboek 1994-1995

Dit superblock benadert het meest het zware, industriële karakter van een havengebouw. Opgevat als een enorme baksteensculptuur is het oorspronkelijk rechthoekige blok, reagerend op een te handhaven havengebouwtje, een tuin van Mien Ruys en de aangrenzende loods en kantine, tot een hoekig geheel gekneed en vervormd. Met deze sculpturale behandeling zeggen de ontwerpers te reageren op de Amsterdamse School. De verfijnde detaillering, de fraaie grafische raamindeling en het ondergeschikt maken van de woningplattegronden aan de hoofdopzet ten spijt, mist Piraeus de lichtvoetigheid die zo karakteristiek is voor deze stroming.

▪ This superblock gets the closest to the heavyweight industrial mien of a port building. An enormous brickwork sculpture, the prodigal, rectangular block has been kneaded and moulded into an angular presence in response to a small harbour building to be retained, a garden by Mien Ruys and the nearby existing sheds and canteen. This sculptural approach, the architects claim, is their response to the Amsterdam School. Despite the refined detailling, the fine graphics of the fenestration and the subservience of the floor plans to the main shape, Piraeus fails to achieve the lightness of touch typifying that earlier movement.

G72 WONINGBOUW/HOUSING SLACHTHUISTERREIN

H. Kropplein, J.M. van der Meylaan, Amsterdam

LAFOUR & WIJK | 1987-1989

J. van Berge (medew.)

de Architect 1989-11; Architectural Review 1990-2; Bauwelt 1990 p.1545

In het gemeentelijk stedenbouwkundig plan voor dit voormalige abattoirterrein waren gesloten bouwblokken aan weerszijden van een centrale as met parkeervoorzieningen getekend. De invulling van de tweede fase door Lafour & Wijk karakteriseert zich vooral door transparantie. De gesloten blokken zijn opgebouwd uit grotere en kleinere woonblokjes met een wisselende bouwhoogte. Hierdoor is vanaf de straat, tussen de blokken door, contact met de groene binnengebieden mogelijk. Door het kleur- en materiaalgebruik en door de halfopen verkaveling profiteren de woningen optimaal van de openheid en de bijzondere lichtval die karakteristiek is voor deze locatie aan het water.

▪ The municipal urban plan for this former slaughterhouse site ranged perimeter blocks along either side of a central axis of parking facilities. Transparency is the operative word when describing the second phase by Lafour & Wijk. There each block is assembled from larger and smaller components of varying height, held slightly apart to allow contact between the green internal court and the street. The combination of colours, materials and semi-open plot is such that all units profit fully from both the spaciousness and the marvellous play of light so typical of this waterside location.

G73 INTERNATIONAAL INSTITUUT VOOR SOCIALE GESCHIEDENIS/INTERNATIONAL INSTITUTE FOR SOCIAL HISTORY

Cruquiusweg 31, Amsterdam

ATELIER PRO | 1987-1989

H. van Beek, H. van der Leeden (proj.)

de Architect 1989-11; Bauwelt 1990 p.242; Architectuur in Nederland. Jaarboek 1989-1990

Een robuust geconstrueerd en functioneel betonnen pakhuis uit 1961 is verbouwd tot archief voor het Internationaal Instituut voor Sociale Geschiedenis. Twee verdiepingen bevatten archiefruimtes; op de onderste lagen zijn naast archieven ook publieksfuncties gehuisvest als receptie, studiezaal, conferentiekamers, expositieruimte, kantine en kantoorruimtes. Hier is het gesloten gebouw zowel door het aanbrengen van glaspuien in de gevels als door het uitsnijden van een vide aan de kantine ruimtelijk geopend.

▪ A sturdily constructed and functional concrete warehouse from 1961 has been converted into an archive store for the International Institute for Social History. The two uppermost levels contain archives only; the lower levels combine them with public functions including a reception area, reading room, conference facilities, exhibition gallery, canteen and offices. Here, the otherwise introverted building is spatially opened up as much by copious glazing in the façades as by the void at the canteen.

G74 WONINGBOUW/HOUSING; VIERWINDENHUIS; VERENIGINGSGEBOUW/ASSOCIATION BUILDING

Bootstraat; Windroosplein; Fortuinstraat, Amsterdam

VAN HERK & DE KLEIJN; G.P. FRASSINELLI; LOOF & VAN STIGT | 1982-1984; 1983-1990; 1991-1992

Wonen-TA/BK 1983-17/18; Architectural Review 1985-1; Bouw 1986-1, 1986-4; de Architect 1993-7/8; Bouwproject 1990-2; Archis 1990-11

Gedurende de jaren tachtig wordt het schiereiland Wittenburg met woningbouw ingevuld. De twee getrapte, loodrecht op het water geplaatste woonblokken van Van Herk & De Kleijn vallen op door hun nadrukkelijke verwijzing naar de woningbouwtraditie van functionalistische architecten als Oud, Duiker en Rietveld. Des te opvallender is het enige jaren later opgeleverde Vierwindenhuis van Frassinelli. Even anachronistisch verwijst dit project naar de Nederlandse kleinschaligheidsmanie van de jaren zeventig. Om het scala compleet te maken verrees begin jaren negentig een retromodern verenigingsgebouw van de jonge architecten Loof & Van Stigt.

▪ During the eighties the peninsula of Wittenburg was built up with housing. Van Herk & De Kleijn's pair of stepped blocks set square to the water are particularly explicit in their reference to the housing tradition of functionalist architects such as Oud, Duiker and Rietveld. This only makes Frassinelli's more recent 'house of four winds' more glaringly obvious. As anachronistic as its neighbours it harks back to the seventies' obsession with the small-scale. Completing this potted history is a retro-modern club building erected in the early nineties by the young architects Loof & Van Stigt.

G75 VERBOUWING/CONVERSION OF ENTREPOTDOK

Entrepotdok 13-84, Amsterdam

A.J. & J. VAN STIGT | 1985-1988

Bouw 1986-3

Het Oud Entrepotdok met 84 monumentale pakhuizen die tussen 1708 en 1829 zijn gebouwd, heeft een drastische bestemmingswijziging tot sociaal woningbouwcomplex ondergaan. De eerste laag van het diepe bouwblok bevat nu parkeerplaatsen en bergingen, de tweede bedrijfsruimtes. Voor de woonlagen daarboven is het hart van het bouwblok weggenomen, zodat de woningen aan de voor- en achterzijde van voldoende daglicht kunnen worden voorzien. De gevels en de houten vloer- en kapconstructies zijn zo veel mogelijk intact gelaten. Onder de monumentale houten kap zijn atelierwoningen en woongroepen ondergebracht.

▪ The Oud Entrepotdok consisting of 84 monumental bonded warehouses built between 1708 and 1829, has taken on a whole new lease of life as an apartment complex for social housing. Level one of the deep block now comprises parking and storage, level two commercial premises. On all further levels, which contain housing, the heart of the building was gutted so that the flats at both back and front would receive sufficient daylight. The façades and the old timber floors and roofing have been retained wherever possible. The space directly beneath the monumental timber roof now contains studio houses and communal dwellings.

G76 WONINGBOUW/HOUSING ROCHDALE
1e Atjehstraat, Molukkenstraat, Amsterdam
J.E. VAN DER PEK | 1912
D.I. Grinberg – Housing in the Netherlands 1900-1940, 1982

Dit vroege voorbeeld van woningen gebouwd volgens de Woningwet van 1901 is tevens een voorloper voor wat betreft zijn stedenbouwkundige uitwerking. Het complex omsluit een collectieve binnentuin. Bovendien is het traditioneel gesloten bouwblok aan de korte zijden geopend naar de straat. Het is daardoor een vroeg voorbeeld van strokenbouw, een woningbouwconcept dat door de latere functionalistische architecten verder zou worden uitgewerkt.

▪ This early example of dwellings built in accordance with the Housing Act of 1901 is also ground-breaking in urbanistic terms. Enclosing a communal courtyard, the complex opens up the short sides of the traditional perimeter block to the street. This makes it an early example of row housing, a concept to be elaborated further by the functionalists.

G77 WONINGBOUW/HOUSING
Pontanusstraat/Pieter Vlamingstraat, Amsterdam
E.M. VAN DER POL | 1990-1992
H.L. Zeinstra (medew.)
de Architect 1992-11; Archis 1992-11; H. Zeinstra – Liesbeth van der Pol, architect, 1993

Op de scherpe hoek van een bestaand bouwblok komen twee nieuwe bouwdelen net niet bij elkaar. De smalle spleet tussen de bouwdelen bevat een doorgaande steektrap die voornamelijk de woningen in het korte blok bedient. Het verschil tussen de bouwblokken is door de materialisering van de gevels versterkt. De woningen in het lange bouwdeel zijn ontsloten door middel van portiektrappen aan de binnenzijde van het bouwblok. Deze brede woningen bezitten een flexibele gebruiksmogelijkheid. Een ten opzichte van de bouwmuren licht gedraaide prefab betonnen balk op betonnen kolommen deelt de woning in twee helften. Onder de balk kunnen naar keuze wanden worden aangebracht.

▪ Occupying a sharp corner of an existing block is this pair of building parts which just fail to meet. The narrow split between the two contains a continuous straight stair mainly serving the units in the short block. The inequality of the two blocks is brought out further by the difference in external materials. The broad flats in the long component can be variously arranged and are reached by stairs rising from porches on the inward-facing side. A slightly rotated prefabricated concrete beam on concrete posts divides the units into two halves, and is able to receive partitions at the occupant's discretion.

G78 WONINGBOUW/HOUSING
Wagenaarstraat, 2e van Swindenstraat, Amsterdam
DUINKER VAN DER TORRE | 1987-1988
de Architect 1989-1; Bouw 1989-10; Architecture d'Aujourd'hui 1989-12

Deze nieuwbouwinvullingen van historische straatwanden zijn onomwonden referenties aan de traditie van het Nieuwe Bouwen: veel glas, een pure functionalistische vormgeving en, in de vorm van twee haakse ramen zonder hoekstijl, zelfs een directe verwijzing naar het Rietveld-Schröderhuis. Toch volgen de invullingen ook een aantal van de klassieke principes van hun negentiendeeeuwse buren: de rooilijn wordt strikt gerespecteerd, de gevelopbouw is symmetrisch en kent een verticale driedeling met plint en kroonlijst. Het meest opvallende aspect van deze woningen is de flexibele plattegrond waarbij vanuit een middenkern met sanitaire voorzieningen vier schuifwanden in een molenwiekpatroon bewegen.

▪ These new-build infills set in historical street elevations are candid references to the Modern tradition; masses of glass, a design entirely dictated by function and even a mullionless corner window à la Rietveld-Schröder. For all that, the infills adopt several of the classic principles governing their nineteenth-century neighbours, strictly adhering to the building line and having a symmetrical façade composition and vertical tripartition including plinth and cornice. The most striking feature of these flats is the flexible floor plan whereby four partitions set in a millwheel configuration, slide out from a central core of sanitary facilities.

G79 WIJKCENTRUM/DISTRICT CENTRE TRANSVAAL

Danie Theronstraat/Ben Viljoenstraat, Amsterdam

P.B. DE BRUIJN, R. SNIKKENBURG | 1970-1975

Wonen-TA/BK 1976-20; Architectuur & Bouwen 1991-9

Dit neoconstructivistische poortgebouw bevat een aantal buurthuisfuncties en een grote zaal. Door gevels van glazen bouwstenen is een vrijwel transparant blok tussen twee stenen blokken met voorzieningen ontstaan. Het gebouw heeft een betonskelet; de ruimtes zijn op diverse manieren indeelbaar met een montagewandsysteem. Een stalen zaagtandoverkapping met transparante golfplaten overdekt een voorplein en vormt samen met de zaal een poort. De weinig vandaalbestendige, 'laagdrempelige' architectonische opzet en materiaalkeuze heeft in de praktijk tot de nodige problemen geleid.

▪ This Neo-Constructivist gateway building accommodates various community centre activities and a large hall. Glass brick fronts help create a near-transparent bridge between two brick blocks of services. Held in a concrete frame, the spaces are variously subdivisible using a partition assembly system. A steel sawtooth roof with transparent corrugated sheets shelters a forecourt and combines with the hall to form a gateway. The physically accessible architecture, an open invitation to vandalism, and the choice of materials have brought their fair share of headaches.

G80 ROEIVERENIGING/ROWING CLUB DE HOOP

Weesperzijde 65a, Amsterdam

A. KOMTER | 1950-1952

Forum 1950 p.49, 1953 p.228; W. de Wit – Auke Komter/architect, 1978

Op de plaats van het in de Tweede Wereldoorlog verwoeste roeiclubgebouw van M. de Klerk verrijst in 1952 deze nieuwbouw. Het gebouw heeft een betonconstructie op een eenvoudig vierkant raster, hetgeen zich duidelijk aftekent in de gevels tussen de decoratieve baksteenvlakken. Op basis van een functionele plattegrond zijn enkele speelse accenten aangebracht: de geknikte dakjes boven de kleedruimtes, enkele vrijstaande trappen, de dakopbouw met kantine en het 'kraaiennest'.

▪ Built in 1952 to replace M. de Klerk's earlier rowing club building destroyed in the last war, these new premises deploy a concrete structure in a basic grid of squares, visible in the façades amidst decorative brick surfaces. Introduced into its functional plan are a few playful emphases such as double-pitched roofs above the changing-rooms, a number of free-standing stairs and a roof structure comprising a canteen and the 'crow's-nest'.

G81 AMSTELSTATION

Prins Bernhardplein 9, Amsterdam

H.G.J. SCHELLING | 1939

P. Alma, Th. van Reijn (b.k.)

Bouwkundig Weekblad 1938 p.205; Werk 1946 p.262; Architectural Review 1948 p.210

De opzet van het Amstelstation is zodanig dat het overschakelen van trein op stadsvervoer (bus en tram) zo soepel mogelijk verloopt. Hiervoor zijn onder meer grote luifels aan beide zijden van de stationshal aangebracht die de hoofdentrees aanduiden en die een droge overtocht mogelijk maken. De grote rechthoekige stationshal is loodrecht op de richting van de sporen geplaatst en benadrukt daarmee de doorgang onder de sporen naar de Berlagebrugzijde. De hoge hal is voorzien van grote glasvlakken in de langsgevels. De gesloten kopgevels zijn voorzien van enorme wandschilderingen van Peter Alma op het thema spoorvervoer.

▪ The station's layout is such that passengers may change from train to urban transport (bus or tram) and vice versa, with the greatest of ease. This is effected in part by large awnings set on either side of the station hall to mark the main entrances and keep travellers dry. The huge rectangular hall is set at right angles to the train rails, thus emphasizing the passage below the rails to the Berlage Bridge side. Large glass surfaces open up its long sides; the introverted head elevations for their part are graced with enormous murals by Peter Alma on the theme of rail transport.

G82 REMBRANDT TOWER

De Omval, Amsterdam

ZZ&P | 1989-1995

P.J. de Clercq Zubli (proj.)

Bouw 1992-20; Architectuur & Bouwen 1994-6/7

Deze 115 m. hoge kantoortoren, het startpunt van het stedenbouwkundig plan voor De Omval, is eigenlijk alleen om stedenbouwkundige en technische redenen interessant. Ten eerste betekent de voor Amsterdam ongekende hoogte een keerpunt in het denken over hoogbouw nabij de binnenstad. Het ontwerp kon pas worden gerealiseerd nadat omstandig was aangetoond dat de toren nooit op, maar steeds naast de belangrijke zichtassen van de stad staat. Technisch is de toren van belang door de constructiewijze: een stijve betonkern met daaromheen een stalen draagconstructie met zogenaamde staalplaatbetonvloeren, een verrijking binnen de door beton gedomineerde hoogbouwconstructies in Nederland.

▪ This 115 m. tall office tower is the first step in the urban plan for De Omval, and is in fact only interesting from an urbanistic and technical point of view. As the tallest building in Amsterdam, it constitutes an about-turn in ideas on high-rise close to the city centre. The design could only be realized once it had been elaborately proved that the tower is sited off all Amsterdam's major sight lines. On the technical front, the important feature is the construction: a burly concrete core surrounded by a steel structure supporting concrete floor slabs with steel-plate reinforcement. It adds a new structural solution to the concrete-dominated world of Dutch high-rise.

G83 PENITENTIAIR CENTRUM/PRISON COMPLEX OVER-AMSTEL

H.J.E. Wenckenbachweg 48, Amsterdam

J.W.H.C. POT, J.F. POT-KEEGSTRA | 1972-1978

de Architect 1979-5; Wonen-TA/BK 1981-15

Vanuit het rechthoekige hoofdgebouw van dit gevangeniscomplex, beter bekend als de Bijlmerbajes, verbindt een 250 m. lange centrale gang zes cellentorens: vier torens van tien lagen met mannencellen, een vrouwentoren en een toren met observatie-, begeleidings- en ziekenruimtes. De torens sluiten met een laagbouwgedeelte waarin werkplaatsen zijn opgenomen, aan op de vijf meter hoge omringende muur. Tussen de torens bevinden zich wandeltuinen en sportvelden.

▪ Extending from the rectangular main building of this penitentiary complex, known as the Bijlmerbajes (Bijlmer Nick) is a 250 m. long central corridor linking six blocks: four of ten storeys for men, one women's block and one for observation, counselling and sick bays. These blocks connect via a low-rise section of workshops with the five metre high surrounding wall. Between the blocks are gardens with pathways and sport fields.

G84 FRANKENDAEL

Maxwellstraat, Lorentzlaan e.o., Amsterdam

MERKELBACH & KARSTEN/MERKELBACH & ELLING | 1947-1951

M.A. Stam (medew.)

Forum 1952 p.187; La Technique des Traveaux 1952 p.153

Een ontwerp voor strokenbouw uit 1939 wordt, met uitzondering van enkele blokken van particuliere bouwers, gewijzigd in open hovenbouw. De basiseenheid bestaat uit twee L-vormige blokken laagbouw rond een hof met speelplaats en groen waarbij alle woningen een tuin op het zuidwesten en een entree op het noordoosten hebben. Naast 396 eengezinswoningen, 'tijdelijk' gesplitst als zgn. duplexwoningen, bestaat de wijk uit villa's, enige voorzieningen als scholen en winkels en veel openbaar groen.

▪ A 1939 design for row housing was, with the exception of a few privately built blocks, recast using the 'open court' principle. The basic unit consists of two low-rise L-shapes around a court with a playground and greenery, all dwellings having a garden facing southwest and a north-east entrance. Besides 396 family dwellings split 'for the time being' into duplex units, the district consists of villas, a few facilities such as schools and shops and much public green space.

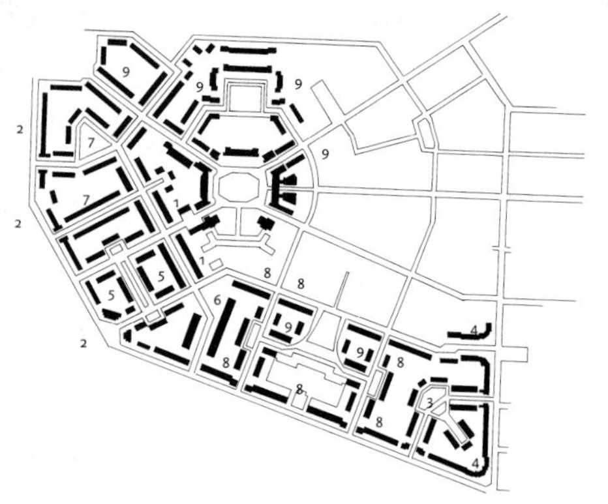

G85 BETONDORP

Duivendrechtselaan, Onderlangs, Middenweg, Zaaiersweg, Amsterdam

DIVERSE ARCHITECTEN | 1921-1928

J. Gratama, G. Versteeg (stedenb.) **1 H.F. Mertens** (Isotherme), **2 J.H. Mulder** (Winget), **3 H.W. Valk** (Olbertz), **4 J. Hulsbosch** (Kossel), **5 D. Roosenburg** (Non-Plus), **6 W. Greve** (Korrelbeton), **7 J.B. van Loghem** (Bims Beton), **8 J. Gratama** (Hünkemoller), **9 D. Greiner** (Bron), **10 D. Greiner** (Korrelbeton)

Bouwkundig Weekblad 1925 p.176; Forum 1965/66-5/6; Stichting Wonen – Betondorp, gebouwd/verbouwd 1923-1987; M. Kuipers – Bouwen in beton, 1987

Als in het begin van de jaren twintig de woningnood in Amsterdam tot een tekort van 20.000 eenheden is gestegen, schrijft de Gemeente in de persoon van de directeur van de Gemeentelijke Woningdienst, ir. A. Keppler, een prijsvraag uit voor geprefabriceerde woningtypes die in het landelijk gebied Watergraafsmeer gebouwd moeten worden. De tien uiteindelijke winnaars gebruiken acht verschillende systemen die alle gebaseerd zijn op het gebruik van beton. Hieraan dankt de wijk zijn meer gebruikelijke naam: Betondorp. De systemen maken ofwel gebruik van gestandaardiseerde bekistingen, of van geprefabriceerde wandelementen, of van betonblokken. Tussen 1923 en 1928 zijn 900 woningen gebouwd. Het stedenbouwkundig plan en de bebouwing rond het centrale plein, de Brink, zijn van architect D. Greiner. Rond de Brink bevinden zich enige grotere woningen, winkels, een bibliotheek en een verenigingsgebouw. Een tweede opmerkelijk project vormen de woningen aan de Schoovenstraat en de Graanstraat van J.B. van Loghem. In tegenstelling tot de decoratievere architectuur van de overige bouwers schroomt Van Loghem niet om het functionele uitgangspunt in het uiterlijk van de strakke gevels tot uiting te laten komen. In de tableaus boven de entrees van de woningen zijn abstracte decoraties opgenomen (inmiddels verdwenen). De stroken met de markante hogere bebouwing ter plaatse van de toegangsstraten tot de wijk, langs het Onderlangs, zijn van W. Greve. In 1979 besluit de gemeente Betondorp te herstellen. Door gebruik te maken van gestucte buitengevelisolatie is het oorspronkelijke uiterlijk grotendeels behouden gebleven. De tegeltableaus in de woningen van Van Loghem zijn vervangen door nieuwe van Harmen Abma. De bebouwing aan de Brink is door Onno Greiner (de zoon van de oorspronkelijke architect) en M. van Goor gerenoveerd. Betondorp genoot ook enige faam vanwege zijn bewoners, voornamelijk communisten en socialisten, die dan ook geen café in hun 'dorp' toelieten. Meerdere wetenschappers en schrijvers hebben hun jeugd in Betondorp doorgebracht en wellicht gevoetbald met een andere beroemde zoon: Johan Cruijff.

▮ At the beginning of the twenties, when the housing shortage in Amsterdam rose to 20,000, the Municipality in the person of Housing Agency director A. Keppler organized a competition for prefabricated housing types, to be built in the rural area of Watergraafsmeer. The ten eventual winners made use of eight different systems all based on the use of concrete, hence the estate's more usual name: Betondorp (Concrete Village). These systems used either standardized formwork, prefabricated wall elements or concrete block. 900 units were built between 1923 and 1928. The urban design masterplan and the buildings around the central square, the Brink, are the work of architect D. Greiner. These comprise a few larger houses, shops, a library and a 'village hall'. A second project of note is the housing on Schoovenstraat and Graanstraat designed by J.B. van Loghem. As opposed to the more decorative architecture of the other builders, Van Loghem did not hesitate to express the blocks' functional basis in their taut façades. The abstract designs originally above the entrances have since disappeared. The rows of striking taller blocks where the access roads meet the estate, along Onderlangs, are by W. Greve. In 1979 the Municipality elected to restore the Betondorp. The decision to use rendered external thermal insulation has left most of the exterior in its original state. The tile designs in Van Loghem's houses have been replaced by new ones designed by Harmen Abma. The buildings around the Brink have been renovated by Onno Greiner (son of their original architect) and M. van Goor. The Betondorp also attained a certain celebrity because of its inhabitants, mainly Communists and Socialists who would not allow a public house in their 'village'. More than one scientist and writer spent their youth here and maybe even played football with another of its famous sons, Johan Cruijff.

VEREENIGINGSGEBOUW
AMSTERDAM OOST

G86 STATION SLOTERDIJK; STATION DUIVENDRECHT

Radarweg/Spaarnwouderweg; Alexander Dumaslaan/Rijksstraatweg, Amsterdam

H.C.H. REIJNDERS; P.A.M. KILSDONK | 1983-1986; 1987-1994

L.I. Vákár (constr.)

Architectuur & Bouwen 1985-2, 1986-9; Bouwen met Staal 1985-73; Architecture + Urbanism 1987-9; Deutsche Bauzeitung 1988-11

In de jaren tachtig en negentig wordt het spoorlijnnetwerk rond Amsterdam uitgebreid tot een ring rond de stad. Bij de stations Sloterdijk en Duivendrecht kruist deze ring een tweede spoorlijn. Door de kruisende spoorlijnen op verschillende verdiepingen onder te brengen ontstond een nieuw stationstype. Bij station Sloterdijk is een enorme vakwerkconstructie van 50×65 meter over de kruising geplaatst. Bij station Duivendrecht zijn de twee richtingen elk door een eigen kapconstructie zichtbaar gemaakt.

▮ The last two decades of this century have seen the railway network round Amsterdam expanded into a loop round the city. At two stations, Sloterdijk and Duivendrecht, this loop crosses a second railway line. Placing the intersecting lines at different levels generated a new station type. At Sloterdijk a giant space frame structure of 50×65 metres oversails the intersection. At Duivendrecht station the two directions have individual roof structures to distinguish them.

G87 VENSERPOLDER

Venserpolder, Amsterdam

C.J.M. WEEBER | 1980-1982

de Architect 1984-5, 1984-10; Architectural Review 1985-1; E. Taverne – Carel Weeber, architect, 1990

Evenals het IJ-plein, dat gelijktijdig wordt gerealiseerd, is het plan voor de Venserpolder een reactie op de door veelvormigheid en angst voor het grote gebaar gekarakteriseerde stedenbouw van de jaren zeventig. Eén kwartrond en zestien rechthoekig gesloten woningblokken die op de hoeken zijn afgeschuind zijn geplaatst op een rechthoekig grid van brede straten. De groene binnenhoven zijn openbaar. Belangrijkste gebouwen zijn het dubbelgrote bouwblok van Weeber zelf en het zorgvuldig gedetailleerde blok van De Kat & Peek (Charlotte Brontëstraat/Chestertonlaan) met atelierwoningen op de afgeronde hoek.

▮ Like the IJ-plein built at the same time the masterplan for the Venserpolder was a reaction to seventies urban development characterized by multiformity and a fear of grand statements. Here, perimeter blocks of housing, sixteen rectangular with splayed corners and one quadrant-shaped, stand within a grid of broad streets. The green inner courts are public. Key buildings are the double-sized housing block by Weeber himself and the sensitively detailed block by De Kat & Peek (corner of Charlotte Brontëstraat and Chestertonlaan) with its studio houses at the rounded corner.

G88 BIJLMERMEER

Bijlmermeer, Amsterdam

DIENST STADSONTWIKKELING | 1962-1973

Wonen-TA/BK 1974-15, 1979-19; Architecture d'Aujourd'hui 1976-sep/oct; Bouw 1983-2; de Architect 1985-10; E. Verhagen – Van Bijlmermeer tot Amsterdam Zuidoost, 1987; M. Mentzel – Bijlmermeer als grensverleggend ideaal, 1989; Archis 1997-3; Bouw 1997-6; Crimson – Re-Urb, 1997

De laatste grootschalige uitbreiding van Amsterdam, waar met de 'stedebouwfilosofie van 1930 en de technische hulpmiddelen van 1965 een stad voor het jaar 2000' werd gebouwd. Identieke hoogbouwschijven in honingraatpatroon zijn geplaatst in een parklandschap, doorsneden door verkeerswegen en metro. Reeds tijdens de bouw overheerst kritiek en negatieve publiciteit en vanaf het begin wordt de wijk geplaagd door leegstand en vandalisme. Vele optimistische voorstellen en opknapbeurten ten spijt besluit men uiteindelijk tot renovatie van de collectieve binnenruimtes en gedeeltelijke sloop van de probleemflats.

▮ This was the last of Amsterdam's large-scale overspill developments, in which the 'urban design philosophy of 1930 and technical know-how of 1965' were to produce 'a city for the year 2000'. Identical high-rise slabs in a honeycomb pattern stand amidst parkland intersected by main roads and a Metro. Already during building there was criticism and negative publicity in abundance, and from the beginning the area has been plagued by disuse and vandalism. Many optimistic proposals and sprucings-up later, it was finally decided to renovate the communal internal courts and partially demolish the most troublesome flats.

G89 KANTOORGEBOUW/OFFICE BUILDING RANDSTAD
Dubbelinkdreef/Diemerhof, Diemen
W.G. QUIST | 1987-1990
Architectuur & Bouwen 1990-8; A. van der Woud – Wim Quist Projecten 87-92, 1992

Het dienstverlenende bedrijf Randstad zocht een architect die de bedrijfsstijl in het ontwerp voor haar nieuwe kantoorpand kon verwerken. Dit 'Randstadgevoel' komt onder meer tot uiting in de mate waarin is gezorgd voor een gezond fysisch milieu en in de zakelijke maar uiterst verzorgde detaillering van het gebouw. De compositie van de gebouwdelen wordt bepaald door de standaardkantoorschijf die door de scherpe afschuining aan de einden en het overhoeks geplaatste aparte volume van de liftschacht juist voldoende spanning krijgt. De gevraagde openheid komt vooral tot uiting in het interieur van het door een ronde vide verbonden semi-openbare gebied op de eerste en tweede verdieping.

▮ The Randstad service company sought an architect able to process its corporate image in the design for its new premises. This 'Randstad philosophy' is expressed in the architect's fine focus on a healthy physical climate and the functional though ultra-sensitive detailing. The composition of volumes is dominated by the standard office slab which nonetheless achieves the right degree of tension through its rigorously chamfered ends and the separate volume of the lift tower set obliquely to it. The openness called for in the brief is best expressed inside, in the semi-public zone on the first and second floors linked as these are by a void.

G90 AMSTERDAM ARENA
Holterbergweg, Amsterdam
R.H.M. SCHUURMAN (GRABOWSKY & POORT) | 1990-1996
Sj. Soeters (medew.)
de Architect 1993-9; H. Ibelings – Sjoerd Soeters, architect, 1996; Archis 1996-10; Architectuur in Nederland. Jaarboek 1996-1997

Dit nieuwe stadion met een capaciteit van 50.000 plaatsen ter vervanging van het Olympisch Stadion en het stadion De Meer is ook bruikbaar voor popconcerten en manifestaties. Het gebouw is over een weg gebouwd; de hiervoor benodigde en onder het gebouw geplaatste gigantische betonnen plaat vormt op natuurlijke wijze een parkeergarage, het zgn. transferium. Het gebouw is geheel uit geprefabriceerd gewapend beton geconstrueerd. Twee enorme gebogen stalen liggers dragen een beweegbaar glazen schuifdak. Het tegelijkertijd gereedgekomen trainingsveld van René van Zuuk aan de Borchlandweg 16 is eveneens de moeite waard.

▮ This new stadium with a capacity of 50,000 to replace the Olympic Stadium and the De Meer Stadium is also suitable for rock concerts and other events. The building straddles a main road; the gigantic concrete supporting slab needed to perform this task provides natural parking facilities, or rather a 'transferium'. The building's structure consists entirely of prefabricated reinforced concrete. Two enormous curved steel spans bear aloft a glass roof that can be slid open and shut. René van Zuuk's football training centre at Borchlandweg 16, completed at the same time, is also well worth a visit.

G91 HOOFDKANTOOR/HEADQUARTERS KBB
Bijlmerdreef, Amsterdam
OD 205 | 1975-1982
J.L.C. Choisy, B.H. Daniels, J.E.B. Wittermans (proj.), **T.P. van der Zanden** (medew.), **J. Henneman** (b.k.)
de Architect 1982-9

In dit complex zijn het hoofdkantoor en de dochtermaatschappijen van het warenhuisconcern De Bijenkorf in verschillende gebouwdelen ondergebracht. Een neutrale basisstructuur maakt specifieke invullingen van de verschillende programma's en veranderingen tijdens de gefaseerde bouwtijd mogelijk. De buiten de gevel geplaatste prefabkolommen demonstreren de interne zonering van kantoor- en verkeersruimtes. Voor zijn kunstwerk van twee kussende kassalinten heeft Jeroen Henneman de Staalprijs ontvangen.

▮ Accommodated in different building parts of this complex are the head office and subsidiary companies of the department store concern De Bijenkorf. A neutral basic structure enabled programmes to be supplemented and alterations made during the phased building process. Prefabricated columns placed outside the envelope express the internal zoning of office and circulation spaces. Jeroen Henneman received the Staalprijs, an award for work in steel, for his sculpture of two kissing cash-register tapes.

200 **G92 HOOFDKANTOOR/HEADQUARTERS NMB**
Hoogoorddreef, Amsterdam
ALBERTS & VAN HUUT | 1979-1987
de Architect 1987-7/8; Architectuur & Bouwen 1987-9; Bouw 1987-5, 1988-21; Archis 1988-1; Architectuur in Nederland. Jaarboek 1987-1988; Architecture d'Aujourd'hui 1988-6; Architect's Journal 1988-33; Deutsche Bauzeitung 1988-10; Architecture + Urbanism 1988-12; Domus 1990-3; C.J.M. Schiebroek e.a. – Baksteen in Nederland, 1991

In 1978 besluit de NMB (thans ING) tot de bouw van een nieuw hoofdkantoor. Na een voorselectie wordt de opdracht verrassenderwijs verstrekt aan de om zijn organische gebouwen en antroposofische ideeën bekendstaande architect Ton Alberts die voordien voornamelijk woningbouw en kleinere sociaal-culturele projecten heeft gerealiseerd. Het uiteindelijke resultaat is een uniek bouwwerk, architectonisch, bouwfysisch en sociaal, dat zijn gelijke niet kent in de wereld. In de vakwereld wellicht met scepsis bekeken, maar door het grote publiek wordt deze sprookjesachtige 'burcht' hogelijk gewaardeerd. Uitgangspunten in het programma van eisen zijn functionaliteit, flexibiliteit en energiezuinigheid. Het traditionele bankimago van degelijkheid en traditie heeft een compleet nieuwe uitdrukking gekregen. Het gebouw bestaat uit tien op de begane grond door een binnenstraat verbonden torenachtige clusters van verschillende hoogte. Vijf werkeenheden van 88 m² en enige vergaderruimte rond een vide vormen een kantoorverdieping in zo'n cluster. Op de verdiepingen zijn de clusters gescheiden door liften en noodtrappenhuizen. De vrije, schuine vormen in het in- en exterieur zijn het uitgangspunt van de ontwerper die meent dat mensen hierdoor vrijer en creatiever kunnen werken. Ze zijn echter ook functioneel bij de daglichttoetreding, de vermindering van het verkeersgeluid en voor de binnenakoestiek. De vormen zijn voorts constructief logisch en het zware massieve binnenspouwblad speelt een belangrijke rol in de energiehuishouding als accumulator. De ramen zijn relatief klein. Ondanks het feit dat het gebouw qua energiezuinigheid niet geheel aan de hooggespannen verwachtingen voldoet is het energieverbruik toch zeer laag. De algemene voorzieningen liggen aan de binnenstraat. In het interieur zijn natuurlijke materialen als natuursteen en hout toegepast. Elke vide heeft een andere kleur; waterpartijen en planten bepalen hier de sfeer. De beeldende kunst is zoveel mogelijk in het gebouw geïntegreerd. Het gebouw bevat 34.000 m² kantoorruimte voor 2.500 medewerkers. Onder het gebouw bevinden zich twee parkeerlagen. In het exterieur is voornamelijk baksteen toegepast, gecombineerd met bruine prefabbetonnen lateien en blauwe aluminium ramen. De daken zijn van koper. Opmerkelijk zijn de medaillonvormige dakramen.

▮ In 1978 the NMB (now ING) bank decided to build a new headquarters. After a preliminary selection, the commission amazingly went to the architect Ton Alberts, famous for his organic buildings and anthroposophical ideas, whose work had until then been largely confined to housing and small-scale social and cultural projects. The final result is a unique building whether in terms of architecture, services or social set-up; there is nothing like it anywhere. Regarded sceptically by colleagues and critics it may be, but the public at large has a high regard for this 'fairytale castle'. The brief's main points of departure were that the building be functional, flexible and energy-efficient. The traditional bank image of respectability and a sense of tradition were never expressed like this before. The building consists of ten tower-like clusters of unequal height, linked at ground level by an internal street. In each cluster, an office floor comprises five work units of 88 m² and so much meeting space about a void. Upstairs the clusters are separated by lifts and emergency stairs. The free, oblique forms inside and out are the very nub of the design, in the architect's view helping the building's users to be freer and more creative in their work. These shapes, though, are also functional as regards receiving daylight, reducing traffic noise and improving internal acoustics. The forms are, besides, structurally logical and the heavy, solid inner leaf of the cavity wall is in its role of accumulator, a major contributor to energy efficiency. The windows are relatively small. Even though the energy efficiency in fact falls somewhat short of the ambitious expectations, the actual energy used is extremely low all the same. The general facilities are ranged along the internal street. Natural materials such as stone and wood are exploited in the interior. Each void has its own colour; here water features and plants dictate the ambience, with artworks fully integrated into the building. Beneath the NMB building, which boasts 34,000 m² of office space for 2,500 bank officials, are two levels of parking space. Outside, the cladding is predominantly brick combined with brown prefabricated concrete lintels and blue aluminium window frames. Exceptional even for this building are the lozenge-shaped windows in the copper roof.

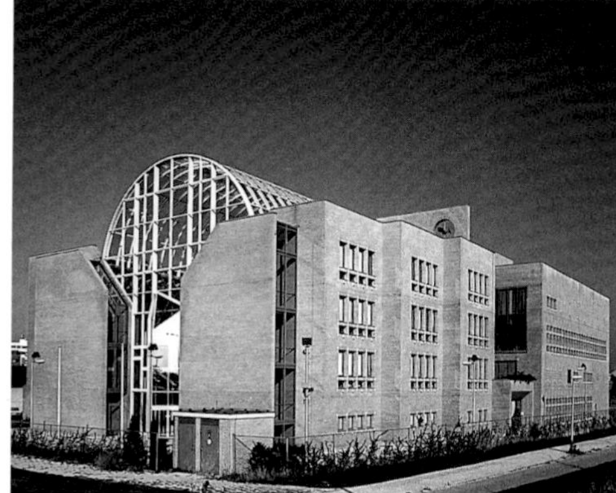

G93 WONINGBOUW/HOUSING HOPTILLE

Foppingadreef, Amsterdam

K. RIJNBOUTT (VDL) | 1975-1982

E. Meisner, Sj. Soeters (medew.)

de Architect 1982-5

Een middengebied met kleine blokjes eengezinswoningen wordt afgeschermd door twee parkeergarages langs de Foppingadreef en een 300 m. lang woningblok van vijf verdiepingen. De vier- en vijfkamerwoningen in het lange blok worden grotendeels ontsloten vanuit een middencorridor op de tweede verdieping. De woningen bestaan telkens uit een entreegebied en slaapkamers op de corridorlaag met een woon/slaapverdieping daaronder of daarboven. Deze eerste poging tot een afwijkende opzet binnen de grootschalige Bijlmermeerarchitectuur leverde eveneens de nodige sociale problemen op.

▪ A central zone containing small blocks of housing is screened on one side by a pair of two-storey carparks along Foppingadreef and on the other by a 300 m. long housing block five storeys high. Four- and five-room units in the long block are reached mainly from a central corridor on the second floor and consist of an entrance zone and bedrooms on the corridor level, with a living/sleeping level either above or below. This first attempt at an aberrant stance within the large-scale architecture of Bijlmermeer brought with it the inevitable social problems.

G94 KANTOORGEBOUW, LABORATORIUM/OFFICES, LABORATORY EUROCETUS

Paasheuvelweg 30, Amsterdam

D. BENINI | 1987-1989

de Architect 1989-9; l'Arca 1990-4; Bouw 1990-20; C.J.M. Schiebroek e.a. – Baksteen in Nederland, 1991

Met zijn verfijnd gedetailleerde, decoratieve, geprefabriceerde baksteengevels vormt dit gebouw een uitzondering in deze door schaalloze glastorens gedomineerde kantorenwijk. De Italiaanse architect Benini verwerkt in dit gebouw invloeden van zowel Berlage als van zijn leermeester Carlo Scarpa. Kantoren met een open verspringende gevel en laboratoria ter plaatse van de meer gesloten gevels zijn elk in een eigen vleugel gegroepeerd langs een passageachtige binnenruimte die wordt afgesloten door een glazen tongewelf.

▪ With its exquisitely detailed, decorative, prefabricated brick façades this building is the exception in an office area dominated by scaleless glass towers. The Italian architect Benini has worked into this building the influence both of Berlage and Benini's mentor Carlo Scarpa. Offices with an open, staggered front and laboratories at the more introverted façades are ranged, each in their own wing, along an arcade-like interior space capped by a glass barrel vault.

G95 ACADEMISCH MEDISCH CENTRUM/ ACADEMIC MEDICAL CENTRE

Meibergdreef 9, Amsterdam

DUINTJER, ISTHA, KRAMER, VAN WILLEGEN; D. VAN MOURIK | 1968-1981

D.J. Istha (proj.)

de Architect 1981-9; W.J. van Heuvel – Structuralism in Dutch Architecture, 1992

Met 9.000 gebruikers, 850 bedden, een inhoud van 1,3 miljoen m^3 en een programma van eisen bestaande uit 80 boeken vormt dit een van de grootste gebouwen van Europa. De enorme bouwdelen zijn eenvoudig geordend in de driedeling: onderwijs, verpleging en onderzoek. Tussen de bouwdelen lopen passages van een travee breed (7,80 m.). De hoge beddentorens zijn alternerend geplaatst, waardoor hoge binnenpleinen van 30×30 m. zijn ontstaan. De architectuur van het gebouw is ondergeschikt aan het in beton gegoten organisatieschema.

▪ With a population of 9,000, 850 beds, a total capacity of 1,300,000 m^3 and a brief filling 80 books, this medical centre must be one of Europe's largest buildings. Its enormous building parts, simply arranged into the three categories of education, research and treatment, are linked by passages the width of one bay (7.80 m.). High towers containing the beds alternate to carve out lofty inner courts of 30×30 m. The building's architecture plays a secondary role to the poured-concrete organizing structure.

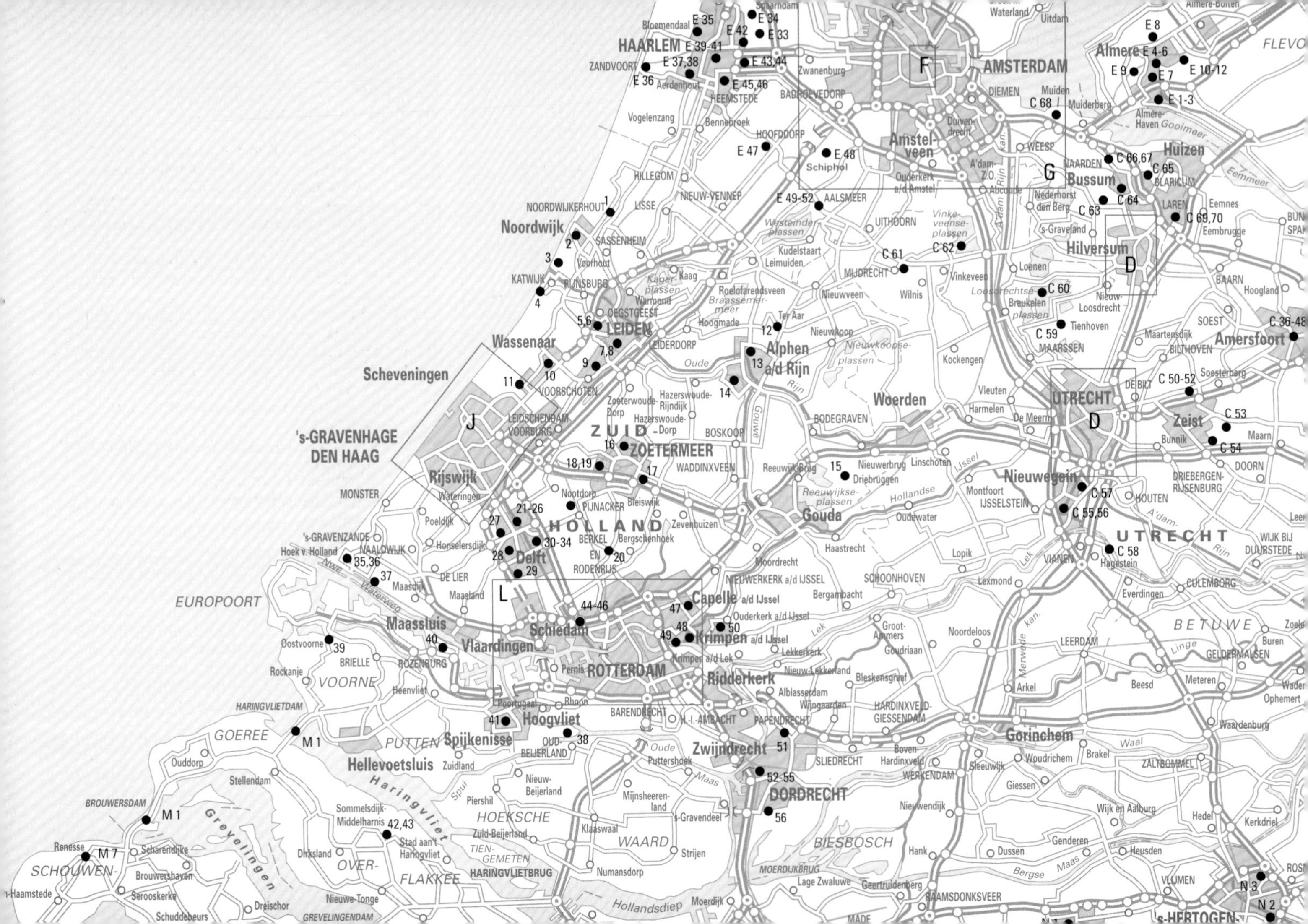

Spaarndam
E 34
Bloemendaal
E 35
E 42
E 33
HAARLEM
E 39-41
E 43,44
ZANDVOORT
E 37,38
E 36
Aerdenhout
E 45,46
HEEMSTEDE
Zwanenburg
BADHOEVEDORP
F
AMSTERDAM
Waterland
Uitdam
Almere-Buiten
FLEVO
E 8
Almere
E 4-6
E 9
E 7
E 10-12
E 1-3
Almere-Haven
Gooimeer
DIEMEN
Muiden
C 68
Muiderberg
Vogelenzang
Bennebroek
HOOFDDORP
E 47
E 48
Schiphol
Amstelveen
Duivendrecht
WEESP
A'dam-Z.O.
Abcoude
Ouderkerk a/d Amstel
NAARDEN
C 66,67
C 65
Huizen
Bussum
BLARICUM
G
Eemmeer
HILLEGOM
NIEUW-VENNEP
E 49-52
AALSMEER
NOORDWIJKERHOUT
1
LISSE
Nederhorst den Berg
C 63
C 64
LAREN
C 69,70
Eemnes
Eembrugge
Noordwijk
2
SASSENHEIM
Westeinder-plassen
UITHOORN
Vinkeveense-plassen
's-Graveland
Hilversum
D
3
Voorhout
Kudelstaart
Leimuiden
C 61
C 62
MIJDRECHT
Vinkeveen
Loenen
KATWIJK
RIJNSBURG
Kaag
Kagerplassen
Warmond
Roelofarendsveen
Braassemermeer
Nieuwveen
Wilnis
Loosdrechtse plassen
C 60
Breukelen
Nieuw-Loosdrecht
BAARN
Hoogland
4
5,6
OEGSTGEEST
LEIDEN
Hoogmade
Ter Aar
12
Nieuwkoop
Nieuwkoopse plassen
Tienhoven
C 59
MAARSSEN
Maartensdijk
SOEST
C 36-48
Amersfoort
BILTHOVEN
Wassenaar
7,8
LEIDERDORP
Alphen a/d Rijn
13
Oude Rijn
Kockengen
Scheveningen
10
9
11
VOORSCHOTEN
14
Zoeterwoude-Dorp
Hazerswoude-Rijndijk
Hazerswoude-Dorp
Woerden
Vleuten
Harmelen
De Meern
UTRECHT
DE BILT
C 50-52
Soesterberg
J
LEIDSCHENDAM
VOORBURG
ZUID
'S-GRAVENHAGE
DEN HAAG
16
ZOETERMEER
BOSKOOP
Gouwe
BODEGRAVEN
Zeist
C 53
Bunnik
C 54
Maarn
Rijswijk
18,19
17
WADDINXVEEN
Reeuwijk-Brug
15
Nieuwerbrug
Driebruggen
Linschoten
IJssel
Nieuwegein
DRIEBERGEN-RIJSENBURG
DOORN
MONSTER
Wateringen
Nootdorp
PIJNACKER
Bleiswijk
Reeuwijkse-plassen
Hollandse IJssel
Montfoort
IJSSELSTEIN
C 57
HOUTEN
Poeldijk
21-26
27
HOLLAND
Zevenhuizen
Gouda
Oudewater
C 55,56
A'dam-Rijn kan.
's-GRAVENZANDE
NAALDWIJK
Honselersdijk
30-34
BERKEL EN RODENRIJS
Bergschenhoek
Haastrecht
Lopik
UTRECHT
WIJK BIJ DUURSTEDE
Hoek v. Holland
35,36
28
Delft
20
VIANEN
C 58
Hagestein
Moordrecht
Lek
37
DE LIER
29
Nwe Waterweg
Maasdijk
NIEUWERKERK a/d IJSSEL
SCHOONHOVEN
Lexmond
CULEMBORG
EUROPOORT
Maasland
L
44-46
Capelle a/d IJssel
Bergambacht
Everdingen
47
Ouderkerk a/d IJssel
BETUWE
Maassluis
Schiedam
50
Groot-Ammers
Noordeloos
48
Krimpen a/d IJssel
Lek
40
Oostvoorne
39
Vlaardingen
49
Goudriaan
LEERDAM
Linge
GELDERMALSEN
BRIELLE
ROZENBURG
Lekkerkerk
Krimpen a/d Lek
Nieuw-Lekkerland
Rockanje
VOORNE
Pernis
ROTTERDAM
Bleskensgraaf
Ridderkerk
Merwede kan.
Arkel
Beesd
Meteren
Heenvliet
Alblasserdam
Wijngaarden
HARDINXVELD-GIESSENDAM
HARINGVLIETDAM
Poortugaal
Rhoon
BARENDRECHT
H.-I.-AMBACHT
PAPENDRECHT
41
Hoogvliet
Waardenburg
GOEREE
M 1
38
PUTTEN
Spijkenisse
OUD-BEIJERLAND
Zwijndrecht
51
Oude Maas
Gorinchem
Puttershoek
SLIEDRECHT
Boven-Hardinxveld
Ouddorp
Hellevoetsluis
Zuidland
Woudrichem
Brakel
ZALTBOMMEL
Waal
Stellendam
Haringvliet
Nieuw-Beijerland
52-55
WERKENDAM
Sleeuwijk
Giessen
Spui
Maas
DORDRECHT
Piershil
Mijnsheerenland
BROUWERSDAM
M 1
Sommelsdijk-Middelharnis
42,43
HOEKSCHE
Klaaswaal
's-Gravendeel
56
Nieuwendijk
Wijk en Aalburg
Hedel
Grevelingen
Stad aan't Haringvliet
Zuid-Beijerland
WAARD
Kerkdriel
Renesse
M 7
Scharendijke
Dirksland
TIENGEMETEN
Strijen
BIESBOSCH
Genderen
SCHOUWEN-
OVER-
FLAKKEE
Brouwershaven
HARINGVLIETBRUG
Numansdorp
Hank
Dussen
Heusden
Bergse Maas
MOERDIJKBRUG
VLIJMEN
Haamstede
Serooskerke
Lage Zwaluwe
Geertruidenberg
N 3
Dreischor
Nieuwe-Tonge
Moerdijk
Hollandsdiep
RAAMSDONKSVEER
N 2
Schuddebeurs
GREVELINGENDAM
's-HERTOGENBOSCH

H01 **J.J.P. Oud** Vakantiehuis/Holiday Residence De Vonk
H02 **Brinkman & Van der Vlugt** Vakantiehuis/Holiday Residence Van der Vlugt; Telefooncel/Call-Box
H03 **A.E. & H. van Eyck** Uitbreiding/Extensions to Estec-complex
H04 **S.J. van Embden** Soefi-tempel/Sufi Temple
H05 **Cepezed** Centre for Human Drug Research
H06 **A.P.J.M. Verheijen** Stadsvilla's, Flatrenovatie/Urban Villas, Renovation of Flats
H07 **A.J.H.M. Haak** Taffeh-zaal/Temple Gallery
H08 **Diverse Architecten** Letterenfaculteit/Language Faculty
H09 **R.A.M. Stern** Hoofdkantoor/Headquarters Mexx
H10 **J.P. Kloos** Rijnlands Lyceum/School
H11 **H. Wouda** Woonhuis/Private House De Luifel
H12 **J. van Stigt** Raadhuis/Town Hall
H13 **C.J.M. Weeber** Arenaplan
H14 **Diverse Architecten** Ecolonia
H15 **J. Hoogstad** Raadhuis/Town Hall
H16 **Ph.M. Rosdorff** Ministerie van Onderwijs en Wetenschappen/Ministry of Education and Science
H17 **G. Standke & R. Dieterle** Bedrijvencentrum/Industrial Centre Siemens
H18 **A.C. Alberts** Woningbouw, Wijkcentrum/Housing, District Centre Meerzicht
H19 **B.A.S.S. Stegeman** Woningbouw/Housing
H20 **W.J. Brinkman, H. Klunder, J. Verhoeven, N. Witstok** Woningbouw/Housing
H21 **J.M.J. Coenen** Stadskantoor/Municipal Office
H22 **Molenaar & Van Winden** Woningbouw/Housing
H23 **L.P. Zocher, F.M.L. Kerkhoff/J. Gratama** Agnetapark
H24 **A.H. Wegerif** Woonhuis/Private House Solheim
H25 **Diverse Architecten** Woningbouw/Housing
H26 **Cepezed** Atelierwoning/Studio House Blokland
H27 **H. Hertzberger** Montessorischool
H28 **H. Hertzberger** Diagoonwoningen/Diagoon Dwellings
H29 **Diverse Architecten** 'Twee Onder een Dak'
H30 **J.H. Froger, S.J. van Embden, C. van Eesteren, G.C. Bremer, J.H. van den Broek** Technische Universiteit/University of Technology
H31 **Van den Broek & Bakema** Aula/Auditorium Building
H32 **Mecanoo** Centrale Bibliotheek/Central Library
H33 **Van den Broek & Bakema** Ketelhuis/Boilerhouse
H34 **Van den Broek & Bakema** Civiele Techniek/Civil Engineering
H35 **J.J.P. Oud** Woningbouw/Housing
H36 **Cepezed** Tentoonstellingspaviljoen/Exhibition Pavilion
H37 **W.G. Quist, Bouwcombinatie Maeslant Kering** Stormvloedkering/Flood Barrier
H38 **W.G. Quist** Drinkwaterproductiebedrijf/Water Purification Plant
H39 **P. Vorkink, Jac.Ph. Wormser** Landhuis/Country House Het Reigersnest
H40 **M. Struijs** Windscherm/Wind Shield
H41 **C.J.M. Weeber, C. Veerling** Metrostations
H42 **Van den Broek & Bakema** Woonhuis/Private House Wieringa
H43 **Van den Broek & Bakema** Zwakzinnigeninstituut/Institute for the Mentally Deficient Hernesseroord
H44 **K. van der Gaast, J.H. Baas** Station
H45 **W.M. Dudok** HAV-Bank
H46 **Brinkman & Van der Vlugt** Woonhuis/Private House De Bruyn
H47 **B.A.S.S. Stegeman** Woningbouw/Housing
H48 **H.G. Kroon, J.A.G. van der Steur** Stormvloedkering/Flood Barrier
H49 **W.G. Quist** Scheepsbouwloods/Shipbuilders' Shed
H50 **G. Drexhage** Raadhuis/Town Hall
H51 **H. Hertzberger** Anne Frank School
H52 **Maaskant, Van Dommelen, Kroos, Senf** Tomado-huis/Tomado House
H53 **S. van Ravesteyn** Kantoorgebouw/Office Building Holland van 1859
H54 **S. van Ravesteyn** Verbouwing Schouwburg/Extension to Theatre Kunstmin
H55 **C.J.M. Weeber** Woningbouw/Housing Bleyenhoek
H56 **Environmental Design** Woningbouw/Housing Sterrenburg III

H01 VAKANTIEHUIS/HOLIDAY RESIDENCE DE VONK

Westeinde 94, Noordwijk(erhout)

J.J.P. OUD | 1917-1918

Th. van Doesburg, H.H. Kamerlingh Onnes (b.k.); **M. Barkema, R. Jellema** (uitbr.)

De Stijl 1918-1, 2; L'Architecture Vivante 1925-II; C. Blotkamp e.a. – De Beginjaren van De Stijl 1917-1922, 1982; H. Oud – J.J.P. Oud, Architekt 1890-1963, 1984

Hoogtepunt van dit weliswaar zorgvuldig maar toch traditioneel uitgewerkte ontwerp is de centrale hal. Deze wordt gedomineerd door een monumentale trappartij waarvan de vloeren door Theo van Doesburg van een complex repeterend geel/zwart tegelpatroon werden voorzien en waarvoor Kamerlingh Onnes de glas-in-loodramen vervaardigde. Het tegeltableau boven de ingang is ook van Van Doesburg.

▪ Focal point of this sensitive if traditionally elaborated design is the main hall. Dominating it is a monumental staircase with its floors in an intricate repetitive yellow-and-black tile pattern by Theo van Doesburg, and leaded windows by Kamerlingh Onnes. The tiled mural above the entrance is also the work of Van Doesburg.

H02 VAKANTIEHUIS/HOLIDAY RESIDENCE VAN DER VLUGT; TELEFOONCEL/CALL-BOX

Atjehweg 12, Noordwijk aan Zee

BRINKMAN & VAN DER VLUGT | 1935-1936; 1931-1932

J. Geurst e.a. – Van der Vlugt, architect 1894-1936, 1983; Wonen-TA/BK 1984-20

Van der Vlugt liet dit zomerhuisje voor eigen gebruik bouwen, maar overleed vlak na de oplevering. Het is een luchtig gebouwtje, bestaande uit een woonkamer met loodrecht daarop een vleugel met slaapkamers. De houten daken zijn licht gebogen. De woning is inmiddels uitgebreid. In de tuin staat de in de jaren dertig door Van der Vlugt ontworpen telefooncel. Na vijftig jaar overal in Nederland dienst te hebben gedaan is deze thans door nieuwe modellen vervangen.

▪ Van der Vlugt had this summer residence built for himself, but died shortly after its completion. An airy house, it consists of a living room with at right angles to it a wing of bedrooms, and wooden roofs that gently arch. The house has since been extended. In the garden stands a telephone booth designed by Van der Vlugt in the thirties. After doing fifty years' service all over the Netherlands it was recently replaced by new models.

H03 UITBREIDING/EXTENSIONS TO ESTEC-COMPLEX

Keplerlaan 1, Noordwijk

A.E. & H. VAN EYCK | 1985-1989

Architectuur & Bouwen 1989-9; de Architect 1989-12; Architectural Review 1990-2; Architecture + Urbanism 1991-4; Architectuur in Nederland. Jaarboek 1988-1989, 1989-1990; P. Buchanan – Aldo & Hannie van Eyck, recent werk, 1989; F. Strauven – Aldo van Eyck, 1994

Het ruimtevaartonderzoekscentrum Estec is uitgebreid met een kantoorgebouw en een voorzieningengebouw met restaurant, bibliotheek en congreszalen. Het kantoorgebouw bestaat uit een reeks onderling gekoppelde, in hoogte opklimmende torens. Onder de grijstinten van het golvende daklandschap van het voorzieningengebouw bevindt zich een veelkleurige wereld van in elkaar overlopende ruimtes. De basis van het ontwerp is een familie van uit stalen buizen opgebouwde, veelhoekige kolommen en stalen boogspanten die de veelheid aan richtingen, curves en dakhellingen mogelijk maken.

▪ The European Space Agency for Estec has been extended by the Van Eycks with an office building and a communal facilities block comprising a restaurant, a library and conference halls. The office building consists of a series of interlinked soaring towers. Concealed below the grey tones of the undulating roofscape of the facilities block is a colourful world of interlocking spaces. The basis of the design is a family (an 'endecagonic order') of many-sided columns and arcuated trusses built up of steel tubes that accommodate the multiplicity of directions, curves and slopes of roof.

H04 SOEFI-TEMPEL/SUFI TEMPLE
Sportlaan, Katwijk aan Zee
S.J. VAN EMBDEN | 1969-1970
Bouw 1972 p.1344; de Architect 1982-12; J. van Geest – S.J. van Embden, 1996

Een kunststof koepel die zorgt voor lichttoetreding in de meditatieruimte overheerst de sobere betonstenen gevels van dit meditatiegebouw voor de aanhangers van de Soefi-beweging. De lagere nevenruimtes rond de rechthoekige meditatieruimte gaan over in het omringende duinlandschap, waarin enkele meditatieplaatsen zijn opgenomen.

▮ A plastic cupola allowing daylight into the meditation hall dominates the sober concrete block façades of this meditation centre for followers of the Sufi cult. Less-tall ancillary spaces around the rectangular hall blend into the surrounding dune landscape scattered within which are a number of meditation areas.

H05 CENTRE FOR HUMAN DRUG RESEARCH
Zernikedreef 10, Leiden
CEPEZED | 1995
Architectuur & Bouwen 1995-8

Het gebouw bestaat uit een eenvoudige rechthoekige doos van drie lagen, geplaatst tussen twee langwerpige, geperforeerde stalen schermen. In de context van dit industriegebied heeft het gebouw een eigen krachtige verschijningsvorm, waarbinnen eventuele uitbreidingen gemakkelijk zijn te realiseren. De schermen weren de zon en temperen de wind, waardoor het gebouw het met een minimum aan installaties afkan. De brede tussenruimte tussen de schermen en het gebouw doet tevens dienst als balkonstrook voor de aanliggende kantoren en als vluchtweg. Het eigenlijke gebouw is verdeeld in drie zones: een smalle kantoorstrook, een middenzone voor verkeer en installaties en een brede strook researchzalen.

▮ The CHDR building comes in a simple rectangular three-layered box sandwiched between two elongated perforated steel screens. This lends it an appearance high-powered enough to stand out in its industrial context and renders it capable of future extensions. The screens shield off the sun and temper the wind, thus keeping the building's services to a minimum. A broad buffer space between the screens and the building doubles as balconies for the adjacent offices and as an escape route. The building proper divides into three zones: a narrow row of offices, a central zone for circulation and services and a broad belt of research labs.

H06 STADSVILLA'S, FLATRENOVATIE/ URBAN VILLAS, RENOVATION OF FLATS
Smaragdlaan/Agaatlaan, Leiden
A.P.J.M. VERHEIJEN | 1987-1989
Architectuur & Bouwen 1989-9; de Architect 1989-9; Architectuur in Nederland. Jaarboek 1989-1990

De rehabilitatie van deze jarenzestigwijk behelst zowel de renovatie van de 285 meter lange Agaatflat (1969) als de verdichting van het stedenbouwkundig plan met een tiental kleine stadsvilla's. Op de begane grond bevindt zich naast bergingen en twee vrij verhuurbare garages één woning met overdekt terras; de verdieping bevat twee woningen met dakterras. De kleine stadsvilla's zijn harmonisch van proportie, verfijnd van detaillering met speciale aandacht voor de opeenvolging van het gekleurde stucwerk dat geslaagd gecombineerd is met de hightech van trappenhuis en dakopbouw.

▮ The rehabilitation of this district from the sixties involved renovating the 285 metre long Agaatflat (1969) and densifying the urban plan with ten small 'villas'. On their ground floor, together with storerooms and two rentable garages, is a single dwelling with a roofed terrace; the floor above contains two units and a roof garden. These modest urban villas have harmonious proportions and a refinement of detail that focuses particularly on the sequence of coloured plasterwork that successfully combines with the High-Tech stair and roof structure.

H07 TAFFEH-ZAAL/TEMPLE GALLERY

Rapenburg 28, Leiden

A.J.H.M. HAAK | 1977-1979

de Architect 1979-3

Bij de restauratie van het Rijksmuseum van Oudheden is een centrale plaats ingeruimd voor een 2000 jaar oude Egyptische tempel. De binnenplaats van het museum is hiervoor overdekt en stijlvol en neutraal afgewerkt. Vier kolommen dragen het dak dat door een glasstrook is vrijgehouden van de wanden. De glasramen in de bestaande wanden van de binnenplaats zijn afwisselend voor en achter in de raamopeningen geplaatst zodat de dikte van de muren tot uiting komt.

▪ Central to this museum restoration was the accommodation of a 2000-year old Egyptian temple. To this end the museum's inner court was supplied with a roof and given an elegant, neutral finish. Four columns support the roof, which is separated from the walls by a strip of glass. Window openings in the existing walls of the inner court have been glazed from alternate sides of the walls to bring out their depth.

H08 LETTERENFACULTEIT/LANGUAGE FACULTY

Witte Singel e.o., Leiden

DIVERSE ARCHITECTEN | 1976-1982

B. van Kasteel (Bibliotheek), **J. van Stigt** (Faculteitsgebouw), **Tj. Dijkstra (VDL)** (Verbouwing 't Arsenaal), **Ahrens Kleijer Baller** (Centrale Faculteitsgebouw), **J.H. Bosch** (Faculteitsgebouw)

de Architect 1983-2; Bouw 1984-14/15, 1984-24

De letterenfaculteit bestaat uit diverse gebouwen langs de Witte Singel. In het faciliteitengebouw bevinden zich collegezalen en voorzieningen langs een lange, hoge middengang. Het verbouwde Arsenaal bestaat uit twee aaneengesloten carrés met elk een binnenplaats. Eén binnenplaats is volgebouwd, de ander overdekt met een lichtkoepel, die wordt ondersteund door een gelijmde houtconstructie vanuit één punt. De bibliotheek van Van Kasteel en de twee faculteitsgebouwen van Van Stigt aan weerszijden zijn gebaseerd op hetzelfde constructie- en maatprincipe: ronde kolommen met kegelvormige koppen die vlakke plaatvloeren ondersteunen.

▪ The language faculty consists of various buildings strung along the canal (Witte Singel). In the central services block are lecture rooms and facilities along a tall elongated central corridor. The renovated Arsenal comprises two linked squares each with an inner court. One inner court has been built in, the other covered with a transparent dome supported by an agglutinated timber construction rising from a single point. Van Kasteel's library and the two faculty buildings by Van Stigt flanking it share the same principles of structure and measurement: round columns whose conical capitals support concrete floor slabs.

H09 HOOFDKANTOOR/HEADQUARTERS MEXX

Leidseweg 219, Voorschoten

R.A.M. STERN | 1985-1987

G.S. Wyatt (proj.)

Architectuur & Bouwen 1987-8; Architectuur in Nederland. Jaarboek 1987-1988; Architectural Record 1988-5

De uit 1858 stammende zilverfabriek Van Kempen & Begeer is verbouwd tot hoofdkantoor van het modeconcern Mexx. De U-vormige fabriek is uitgebreid met een grote hal met schuine glasgevel en bruikbaar voor modeshows, een aanbouw met vergaderzaal en ontwerpateliers en een carousselvormig bedrijfsrestaurant. De spiegelende glasgevels contrasteren met het klassieke bestaande gebouw; in het interieur is door monumentale elementen, klassieke vormen en verfijnde materialen een voorname sfeer gecreëerd.

▪ The Van Kempen & Begeer silverworks dating from 1858 has since been converted into the headquarters of the Mexx fashion concern. The U-shaped factory was extended with a large atrium boasting a tilted glazed façade suitable for fashion shows, an annex containing a conference room and design studios, and a company restaurant shaped like a merry-go-round. The mirror-glass façades contrast with the traditional existing building; inside, monumental elements, traditional forms and sophisticated materials add up to a congenial atmosphere.

H10 RIJNLANDS LYCEUM/SCHOOL
Backershagenlaan 5, Wassenaar
J.P. KLOOS | 1937-1939
De 8 en Opbouw 1940 p.89; Forum 1953 p.340

Het gebouw, bestaande uit een middenvleugel van twee lagen en twee zijvleugels, is in twee fasen gerealiseerd. De middenvleugel en de zijvleugel met de aula zijn het eerst gebouwd. De nieuwere vleugel van drie lagen bevat standaard klaslokalen en een nieuwe, ruime hoofdentree. Het betonskelet is op verschillende manieren ingevuld en ten opzichte van de gevel geplaatst. De nieuwbouw is in dezelfde baksteen uitgevoerd, maar door geldgebrek uitgevoerd met houten kozijnen en dragende scheidingswanden.

▪ Consisting of a central section and two wings, this grammar school was built in two phases: first the central section and the wing comprising the auditorium, and later the other wing, whose three storeys contain standard classrooms and a new, spacious main entrance. The concrete frame is both filled in and related to the façade in different ways. The new wing retains the same type of brick, though a lack of funds necessitated using wooden window and door frames and loadbearing wall partitions.

H11 WOONHUIS/PRIVATE HOUSE DE LUIFEL
Wilhelminalaan 3, Wassenaar
H. WOUDA | 1923-1924
Moderne Bouwkunst in Nederland-7, 1932; M. Teunissen, A. Veldhuisen – Hendrik Wouda 1885-1946, 1989

Hendrik Wouda is bekend als meubelontwerper en architect, vooral van vrijstaande woningen die een sterke invloed van Frank Lloyd Wrights prairiehouses vertonen. Woonhuis De Luifel heeft door de flauwe dakhellingen, de overstekende dakvlakken, de vrijstaande borstweringen en zelfs door de bredere horizontale voegen in het metselwerk een sterk horizontaal karakter. Het betreft een in feite kubusvormig woonhuis met aan twee zijden een uitbouw, een berging aan de achterzijde en een spreekkamer aan de voorzijde, met een overstek van 2,90 m.

▪ Hendrik Wouda is best known as a designer of furniture and as an architect, particularly of free-standing houses that exhibit the powerful influence of Frank Lloyd Wright's prairie houses. In this one the gently pitched, jutting roofs, free-standing upstand walls and even the broader horizontal joints in the brickwork lend it a strongly horizontal character. It is, essentially, a cube-shaped dwelling flanked on two sides by an extension, a storeroom at the rear and a parlour at the front whose roof projects 2.90 m.

H12 RAADHUIS/TOWN HALL
Aardamseweg 4, Ter Aar
J. VAN STIGT | 1965-1970
TABK 1968 p.64; Bouw 1971 p.1736; W.J. van Heuvel – Structuralism in Dutch Architecture, 1992; Architectuur & Bouwen 1993-2

Het gebouw is ontworpen op basis van vier vrijstaande vierkanten rond een centraal vierkant. Overstekende kruisvormige daken die de vierkanten afsluiten laten op de hoeken ruimte vrij voor vierkante daglichtlantaarns. De vloer van de centrale hal ligt halverwege de begane grond en de verdieping. De overlapping van het centrale vierkant met de hoekvierkanten bevat natte cellen en kleine 'bezinningskamers' op het dak. Een latere uitbreiding op lager niveau is op structuralistische wijze aan het bestaande gebouw gekoppeld.

▪ This town hall's design is based on four free-standing squares around a fifth central square. Cantilevered cruciform roofs seal these off except for corner squares which act as 'daylight-lanterns'. The floor of the main hall lies halfway between the ground floor and the upper level. Situated where the central square and corner squares overlap are wet services and, on the roof, small secluded workrooms. A later extension at a lower level was grafted onto the existing building along suitably structuralist lines.

H13 ARENAPLAN

President Kennedylaan/Doornenburg, Alphen aan de Rijn

C.J.M. WEEBER | 1976

de Architect 1980-9; Bouw 1981-20, 1981-21; E. Taverne – Carel Weeber, architect, 1990; Architectuur & Bouwen 1992-5

Deze woonwijk voor 250 koopwoningen heeft de vorm van een kwart cirkel. Het is Weebers eerste en meest geslaagde poging tot formele stedenbouw. Het plan is opgebouwd uit vijf parallelle ringen met per ring een ander woningtype. De buitenring, een 500 m. lange wand die tevens als geluidsbuffer dienst doet, bevat terraswoningen op een parkeerruimte op straatniveau. De lengte van deze wand wordt benadrukt door bruine banden in het gele metselwerk. Een tweede voorbeeld van Weebers grootschalige geometrische aanpak is de wijk Olympia met 480 woningen in drie ringen rond een centraal park.

▮ This quadrant-shaped housing estate of 250 dwelling units was Weeber's first and most successful attempt at formal urban design. Of the plan's five parallel rings, each with a different unit type, the outer ring, a 500 m. long wall of housing serving to repel traffic noise, contains houses with terraces above a ground-floor parking level. The sheer length of this wall is emphasized by bands of brown in the yellow brickwork. A second example of Weeber's large-scale geometric urban approach is the Olympia housing which ranges 480 units in three rings round a central park.

H14 ECOLONIA

Vuurlaan e.o., Alphen aan de Rijn

DIVERSE ARCHITECTEN | 1988-1992

L. Kroll (stedenb.)

Bouw 1991-8; Architectural Review 1992-3; Architectuur & Bouwen 1993-10; Casabella 1993-7/8

In de wijk Ecolonia zijn op initiatief van de NOVEM en het Bouwfonds diverse voorbeelden van duurzaam bouwen gerealiseerd. Hierbij is niet alleen aandacht besteed aan energiebesparing, maar ook aan de thema's energie-extensivering, integraal ketenbeheer en kwaliteitsbevordering. Bij de verschillende woningbouwplannen overheerst de voor milieu-architectuur kenmerkende archaïsche vormentaal. Het stedenbouwkundig plan, waarin het water een dominante rol speelt, is een ontwerp van de Belg Lucien Kroll.

▮ Here in the environmentally friendly district of Ecolonia, the Dutch Society for Energy and Environment (NOVEM) and the Building Fund (Bouwfonds) together masterminded this venture to realize various examples of sustainable building. The designers focused as finely on the themes of energy efficiency, all-in recycling and enhancement of quality as they did on energy saving. Regrettably the housing schemes are dominated by the archaic formal vocabulary afflicting most environmentally friendly building. The Belgian designer Lucien Kroll drew up the urban plan in which water figures prominently.

H15 RAADHUIS/TOWN HALL

De Groendyck 20, Driebruggen

J. HOOGSTAD | 1977-1981

de Architect 1982-3, 1983-6; R. Dettingmeijer – Jan Hoogstad, architect, 1996

Het ontwerp is gebaseerd op sterk geometrische hoofdvormen. Het gebouw bestaat uit een driehoekig raadhuis en een vierkante brandweergarage, verbonden door een glazen gang. De driehoekige hoofdvorm is symmetrisch ingedeeld over een as in het verlengde van de hoofdstraat. Binnen de driehoek is een vierkant geplaatst, waarvan één hoekpunt uitsteekt met entree en trappenhuis. Naast vierkant en driehoek completeren twee halve bollen (lichtkappen) de primaire geometrie.

▮ Predicated on geometrical forms, this building's design combines a triangular town hall with a square fire station, the two linked by a glazed passage. This triangle is symmetrically divided over an axis produced from the main road. Inside the triangle is a square, one corner of which projects to accommodate the entrance and staircase. Two hemispherical rooflights serve to complete this exercise in basic geometry.

H16 MINISTERIE VAN ONDERWIJS EN WETENSCHAPPEN/MINISTRY OF EDUCATION AND SCIENCE

Europaweg 4, Zoetermeer

PH.M. ROSDORFF | 1976-1985

Architectuur & Bouwen 1985-1; Plan 1985-6

De 2500 ambtenaren van het Ministerie van Onderwijs en Wetenschappen zijn gehuisvest in negen gebouwdelen met een totaal netto vloeroppervlak van ca. 42.000 m². De gebouwdelen zijn onderling geschakeld door achthoekige tussenelementen en enige luchtbruggen. Door de hoogte van de diverse bouwdelen en de ontsluiting op de omringende woonbebouwing aan te sluiten is geprobeerd de overgang tussen woon- en werkbebouwing te verzachten. Door op alle gevels identieke aluminium gevelelementen te gebruiken blijven de losse bouwdelen als eenheid herkenbaar.

▪ In this building housing the Ministry of Education and Science, 2500 civil servants occupy nine volumes with a total nett surface area of ca. 42,000 m². These volumes are interlinked by octagonal intermediary elements and several bridges. By gearing the height of the various volumes to the surrounding housing and providing an abundance of access routes, the architect endeavoured to soften the transition between work and living environments. With all façades sporting identical aluminium panelling, the assemblage of discrete building parts is read as a single entity.

H17 BEDRIJVENCENTRUM/INDUSTRIAL CENTRE SIEMENS

Werner von Siemensstraat, Zoetermeer

G. STANDKE & R. DIETERLE | 1989-1990

de Architect 1991-5

Over de lengte van het terrein ligt een gracht met aan weerszijden een reeks kantoorgebouwen, aan de ene zijde gekoppeld aan de publieksserviceruimtes, aan de andere zijde aan grote werkplaatsen. Op de kop van de gracht bevindt zich het kenmerkende ronde bedrijfsrestaurant annex opleidingsinstituut. Alle gebouwen zijn uitgevoerd als staalconstructie, bekleed met zilverkleurige geprofileerde aluminium gevelplaten en voorzien van elegante stalen vluchtbalkons en spiltrappen. De architectuur is sterk beïnvloed door Richard Meiers ontwerp voor Siemens in München.

▪ Stretching the length of the site is an artificial canal with on either side a string of office buildings, linked on one side to public service spaces, on the other to vast factory halls. At the head of the canal is the distinctive circular company restaurant cum training centre. All buildings are executed as steel structures, clad with silver corrugated aluminium façade panels and equipped with elegant steel emergency landings and spiral stairs. The architecture is very much influenced by Richard Meier's design for Siemens in Munich.

H18 WONINGBOUW, WIJKCENTRUM/HOUSING, DISTRICT CENTRE MEERZICHT

Meerzichtlaan, Zoetermeer

A.C. ALBERTS | 1972-1977

Bouw 1978-19; Architectuur & Bouwen 1991-12

Het complex bestaat uit een wijkcentrum, een gezondheidscentrum, een dienstencentrum en 198 bejaardenwoningen. Als reactie op de grootschalige omgeving zijn organische vormen in een kleinschalige schakeling toegepast. De bebouwingshoogte loopt geleidelijk af van zeven naar één laag. Het 'beginsel van de menselijke ontmoeting' is binnen het complex vormgegeven door hoekjes en zitgelegenheden, en buiten door pleinen en een vijver met trapvormige terrassen.

▪ This complex consists of a community centre, a health centre, a social services centre and 198 old-age dwellings. Alberts responded to the large-scale surroundings by applying organic forms linked together on a small scale and gradually decreasing in height from seven storeys down to one. The 'principle of human encounter' is provided for inside by recesses and places to sit, and outside by squares and a reflecting pool with a stepped terrace.

H19 WONINGBOUW/HOUSING

Westergo, Zoetermeer

B.A.S.S. STEGEMAN | 1971-1973

Bouw 1973 p.1201

De woningen in dit plan zijn gegroepeerd rond vier parkeergarages. De verschillende woningtypen zijn gebaseerd op een basismaat van 6,7×7,6 m. en uitgevoerd in twee of drie lagen. De woningen zijn onderling geschakeld, hetzij rechtstreeks, hetzij met een berging als tussenlid. Elke individuele woning is herkenbaar aan een vrijstaand trappenhuis, geaccentueerd met een oranje lichtkoepel. De veelheid aan (dak)terrassen en de witte gevels geven de wijk een mediterraan uiterlijk.

▪ This plan groups dwelling units round four indoor car parks. All dwelling types are based on a standard grid of 6.7×7.6 m. and executed in two or three levels. Units interlink either directly or via a storeroom. Each individual dwelling is recognizable by a free-standing stairhouse accentuated with an orange-domed rooflight. An abundance of roof terraces and the white façades give this housing a Mediterranean look.

H20 WONINGBOUW/HOUSING

Wilgenlaan e.o., Berkel en Rodenrijs

W.J. BRINKMAN, H. KLUNDER, J. VERHOEVEN, N. WITSTOK | 1969-1973

Plan 1972-7; Polytechnisch Tijdschrift Bouwkunde 1975 p.699; de Architect 1978-9; A. Lüchinger – Strukturalismus in Architektur und Städtebau, 1981

Binnen dit experimentele woningbouwplan realiseerden de vier samenwerkende architecten een wijk van 535 laagbouwwoningen in een hoge bebouwingsdichtheid. De woningen zijn geconcentreerd rond autovrije binnenhoven. Er is een zorgvuldige overgang gecreëerd vanaf de openbare weg naar het privé-gebied, o.a. door de overdekte entreezone. Bij het met rug-aan-rugwoningen uitgevoerde gedeelte zijn smalle, overdekte binnenstraatjes gerealiseerd.

▪ In this experimental housing scheme the four collaborating architects realized a district of 535 low-rise dwellings with a high accommodation density. Houses are concentrated around traffic-free inner courts. A sensitive overlapping of public street and private ground has been achieved partly by the use of roofed entrance zones. Narrow, sheltered inner streets nestle between the rows of back-to-back housing.

H21 STADSKANTOOR/MUNICIPAL OFFICE

Phoenixstraat, Delft

J.M.J. COENEN | 1984-1986

Wonen-TA/BK 1985-2/3; Architectuur & Bouwen 1987-4; de Architect 1987-9; Bouw 1988-3; Architecture + Urbanism 1988-9; A. Oxenaar – Jo Coenen, architect, 1994

Uit een meervoudige opdracht (Coenen, Articon, Boot) wordt dit plan gekozen vanwege de openbare voetgangerspassage en de nieuwe benadering van representatieve architectuur: monumentaal en symmetrisch, een stijl die lange tijd in onbruik is geweest bij bestuursgebouwen. Het programma van 3.500 m² is binnen het stringente stadsbeschermende bestemmingsplan gerealiseerd. De grote cilinder bevat kantoorruimte rond een schuin afgedekte vide.

▪ Of the three plans submitted, Coenen's was chosen because of its public walkway and the novel approach to an official building dealing with the public: monumental and symmetrical, a style long out of use for administrative buildings. The 3,500 m² called for in the brief was successfully accommodated within the stringent development plan designed to safeguard the townscape. The large cylinder contains office space about a void with a skewed roof.

H22 WONINGBOUW/HOUSING

Phoenixstraat, Delft

MOLENAAR & VAN WINDEN | 1984-1992

Architectuur & Bouwen 1992-9; de Architect 1993-2; Bouw 1993-4

Dit woningcomplex is gesitueerd aan een drukke verkeersweg en een spoorwegviaduct aan de rand van het stadscentrum. Het verwijst in zijn woningtypologie, materiaalgebruik en de door twee glazen naalden geaccentueerde 'poort' naar de historische architectuur van het centrum en de voormalige stadswallen. Toch is het metselwerk door de detaillering niet historiserend. De golvende gevels met een tegenbeweging op de begane grond vormen een continue wand naar de verkeersweg. In de woonruimtes ontstaat hierdoor een erkerachtig effect, terwijl het continue karakter van het gevelvlak behouden blijft.

▮ This housing complex sits on a busy main road and a railway viaduct at the edge of the town centre. The materiality, housing typology and the 'gateway' emphasized by the pair of glass needles all refer to the historical architecture in the centre and to the siting on the former city walls. Yet the brickwork is saved from a historicist fate by the detailing. The undulating frontage with a countermovement on the ground floor presents an unbroken elevation to the passing traffic. Inside, these rippling façades suggest bays though this does nothing to disrupt the continuity of the surface outside.

H23 AGNETAPARK

J.C. van Markenweg e.o., Delft

L.P. ZOCHER, F.M.L. KERKHOFF/J. GRATAMA | 1882-1885/1925-1928

Bulletin KNOB 1981 p. 116, D.I. Grinberg – Housing in the Netherlands, 1982

Agnetapark, een woonwijk voor arbeiders van de naburige gistfabriek, is gebouwd door haar idealistische directeur J.C. van Marken. Het parkontwerp van Zocher is geïnspireerd op Engelse landschapsparken. De 78 door Kerkhoff ontworpen woningen werden beheerd door een maatschappij waarin de arbeiders medezeggenschap hadden. Van Marken liet ook voor zichzelf een villa in het park bouwen. In 1925 en 1928 werd het park uitgebreid met 112 resp. 44 woningen naar ontwerp van Gratama.

▮ Agnetapark, a housing estate for workers at the nearby yeast factory, was built by its idealist director J.C. van Marken. The park design done by Zocher took its inspiration from English landscape parks. 78 dwellings designed by Kerkhoff were run by a community part-governed by the workers themselves. Van Marken also had a villa built here for himself. In 1925 and 1928 the park was extended to a design by Gratama with 112 and 44 dwellings respectively.

H24 WOONHUIS/PRIVATE HOUSE SOLHEIM

Ruys de Beerebrouckstraat 47, Delft

A.H. WEGERIF | 1932

Delft wordt modern – architectuur en stedebouw 1850-1940, 1990; K. Mans, W. van Winden – Architectuurgids van Delft, 1992

Het woonhuis is gebouwd voor W.H. van Leeuwen, directeur van de naburige gistfabriek. De architect A.H. Wegerif was een representant van de zogenaamde Haagse School. Het woonhuis is gebouwd in een aan het Nieuwe Bouwen verwante expressief kubistische stijl, maar vertoont ook vele decoratieve aspecten, zoals de gekleurde daklijsten, de kozijnindeling en het gebrandschilderde glas in het trappenhuis. In het plafond van de hal is een zon aangebracht; Solheim is Noors voor zonnehuis. In het huis zijn verder verschillende symbolen van de Vrijmetselarij verwerkt.

▮ This private house was built for W.H. van Leeuwen, a director of a factory producing yeast and spirits. Its architect A.H. Wegerif hails from the so-called Hague School. Though designed in a cubist style recalling the Nieuwe Bouwen, the house also exhibits many decorative aspects such as the coloured eaves, the subdivision of the window frames and the leaded glass in the stairwell. Solheim is Norwegian for sun-house, which explains the sun gracing the stair of the hall. Other symbols worked into the house derive from Freemasonry.

H25 WONINGBOUW/HOUSING

Schutterstraat, Delft

DIVERSE ARCHITECTEN | 1991-1994

A.P.J.M. Verheijen (stedenb.), **E. Israels (BOOM)** (nr.1), **Cepezed** (nr.3), **De Jong Hoogveld De Kat** (nr.5), **T. Siemerink** (nr.7), **Molenaar & Van Winden** (nr.9), **Van Roosmalen Van Gessel** (nr.11/13), **P.J.A. van Slobbe** (nr.15/17), **Hoenders Dekkers Zinsmeister** (nr.19), **J.A.M. de Witte** (nr.21), **E.F. Böhtlingk** (nr.23), **B. Gremmen** (nr.25/27), **Mecanoo** (nr.29), **T. van Bergen** (nr.31/33), **W.A. Nieuwpoort** (nr.35/37), **P.M.J. van Swieten** (nr.39), **A.P.J.M. Verheijen** (filmhuis en woningen)

Architectuur & Bouwen 1994-8; Bouw 1996-9

Zeventien stadswoningen zijn door vijftien verschillende architecten ontworpen op basis van spelregels van supervisor Fons Verheijen. Door een vrijelijke interpretatie is een volgens volgens sommigen weldadig afwisselende stedelijke wand ontstaan, terwijl anderen het geheel als chaotisch ervaren. Blikvanger is de van een Delfts blauw betegeld hol vlak en van een decoratieve golvende daklijn voorziene woning op nr.9. Fel contrasterend zijn de hightechwoning van staal, aluminium en glas op nr.3 en de radicaal ecologische atelierwoning op nr.1, met deels lemen wanden in een houtskelet. Het stel dubbele woonhuizen (nr. 35/37 en 25/27) is door beide architecten als eenheid ontworpen; twee andere percelen (nr. 31/33 en 15/17) bevatten per kavel twee woningen. Het aangrenzende appartementenblok van Verheijen heeft een onderbouw met restaurant en filmhuis. De woningen worden ontsloten vanuit een serre over de volledige hoogte en breedte van het blok, die de overgang vormt naar de heringerichte Doelentuinen.

▮ These seventeen town houses were designed by fifteen architects to certain rules of play fixed by the project's supervisor, Fons Verheijen. The various architects interpreted these rules freely resulting in a gratifyingly varied urban elevation or a vision of chaos, according to taste. The major eye-opener is the house at number nine, with its convex façade panel of Delftware tiles and glazing and a rippling eaves line. In stark contrast are the high-tech house of steel, aluminium and glass (no.3) and the back-to-basics studio house with partly loamed walls cladding a timber-frame construction. The twin houses (nos. 35/37 and 25/27) were designed by one architect per pair as single units; two other lots (nos. 31/33 and 15/17) have two houses per plot. In Verheijen's own apartment block the base contains a restaurant and a cinema, with housing above accessed from a glazed buffer zone extending the full height and breadth of the block and seguing into the recast public gardens (Doelentuinen).

H26 ATELIERWONING/STUDIO HOUSE BLOKLAND

Rietveld 56, Delft

CEPEZED | 1992-1996

Architectuur & Bouwen 1996-10; Deutsche Bauzeitung 1997-1

Een klein grachtenhuisje is gecombineerd met een nieuw staal-englas blokje en geschikt gemaakt als atelierwoning voor een grafisch ontwerper. De beide delen zijn door middel van een terugliggende glazen entree met elkaar verbonden. De hoofdfuncties zijn horizontaal verdeeld; de studio op de begane grond en het wonen op de verdieping. Het woonhuis, een Rijksmonument, is vanwege de slechte bouwkundige staat afgebroken en opnieuw opgebouwd. Het nieuwe blok voegt zich in schaal en hoogtelijnen naar de bestaande bebouwing. De geheel glazen gevel is afgeschermd door een vlak van aluminium lamellen, waardoor de gevel desgewenst geheel open of volkomen gesloten kan zijn (zie ook **F06**).

▮ This scheme combines a tiny canal house with a new steel and glass block to receive a studio house for a graphic designer. Tying the two portions together is a set-back glazed entrance. The principal functions are arranged in two layers, with the studio on the ground floor and living spaces above. The state of the canal house, a listed building, was poor enough to warrant dismantling and rebuilding it. The new block's scale and height lines match those of the existing development. A screen of aluminium slats enables the all-glass façade to be fully opened up or hermetically sealed at will (see also **F06**).

H27 MONTESSORISCHOOL

Jacoba van Beierenlaan 166, Delft

H. HERTZBERGER | 1966

Bouwkundig Weekblad 1968 p.152; Architecture d'Aujourd'hui 1968/69-dec/jan; Bouw 1969 p.318; Forum 1973-3; Architecture + Urbanism 1977-3, 1983-12; W. Reinink – Herman Hertzberger, architect, 1990

Deze lagere school van zes lokalen is gecombineerd met een kleuterschool van twee lokalen. De L-vormige lokalen hebben een verhoogd niveau aan de buitenruimte; een lichtkap markeert de entree. Centraal in de hal van de lagere school staat een vierkant platform. Een zitkuil met uitneembare houten blokken vormt een contravorm hiervan in de kleuterschool. Beide elementen zouden activiteiten genereren en stimuleren, volgens Hertzberger juist doordat ze niet flexibel zijn en soms letterlijk in de weg staan.

▮ This complex combines a primary school of six classrooms with an infants' school of two. The L-shaped rooms have a raised level on the outer wall and a rooflight marking each entrance. In the centre of the primary school hall is a square platform, counteracted in the infants' school by a sunken area for sitting with removable wooden blocks. According to Hertzberger both these elements should generate and stimulate activities because of their very inflexibility and on occasion just by being in the way.

H28 DIAGOONWONINGEN/DIAGOON DWELLINGS

Gebbenlaan, Delft

H. HERTZBERGER | 1971

TABK 1970 p.29; Bauen + Wohnen 1972 p.406; Architecture + Urbanism 1977-3; W.J. van Heuvel – Structuralism in Dutch Architecture, 1992

Als prototypes van een meer uitgebreide opzet zijn deze acht woningen incompleet uitgevoerd om door de bewoner zelf in te worden gedeeld en aan te passen aan gewijzigde omstandigheden. Basisgegevens zijn twee vaste kernen, trappenhuis en keuken/natte cel, met vloeren trapsgewijs op elke halve verdieping. Entree, dakterras en balkon zijn eventueel te bebouwen. De gevel is binnen een vaste indeling met glas of panelen in te vullen. Scheidingen in de tuin en op het dakterras zijn rudimentair aanwezig (B2-blokken/stalen frames).

▮ Prototypes of a wider urban layout, these eight dwellings are incomplete, to be filled in by the tenant and adapted to fit circumstances. The basic elements provided are two fixed cores, a staircase and kitchen/wet services, with floors stepwise every half-storey. Entrance, roof terrace and balcony may also be drawn into the building. The façade deploys a standard framework to be filled in with sheet glass or panels. Partitions for gardens and roof terraces are present in a rudimentary form (concrete blocks, steel frames).

H29 'TWEE ONDER EEN DAK'

Straat van Ormoes/Straat van Malakka, Delft

DIVERSE ARCHITECTEN | 1989-1991

J.G. Pontier (SvM 62/64), **L. Verboom** (SvM 66/68), **B. Galis** (SvM 70/72), **W.A. Nieuwpoort** (SvO 137/139), **F. Bos** (SvO 141/143), **Cepezed** (SvO 145/147), **C.A.M. Reijers** (SvO 149/151), **A.A.M. Voets** (SvO 153/155)

Architectuur & Bouwen 1991-2, 1991-8; de Architect 1991-4; Archis 1991-10; Architectuur in Nederland. Jaarboek 1989-1990, 1990-1991

De ontwerpersvereniging Delft Design organiseerde samen met de gemeente in 1989 een prijsvraag 'Twee onder een dak', waarna twaalf voornamelijk jonge architecten hun plan konden uitvoeren. Blikvanger is de uit roestvrijstaal en glas opgebouwde dubbele villa van Cepezed. In een eenvoudige rechthoekige doos van drie lagen is over de diagonaal een vast element geplaatst met sanitair en keukenblok. De woning is naast een technologisch statement van hightechcoryfee Jan Pesman ook functioneel, leefbaar en ruimtelijk interessant.

▮ In 1989 the designer's association Delft Design organized together with Delft Town Development a competition for semi-detached houses, whereupon twelve mostly young architects could get their schemes built. The most eye-catching of these are the twin villas erected in stainless steel and glass by Cepezed. In this basic rectangular box, a fixed service block for ablutions and cooking placed along the diagonal extends up through all three storeys. The building is not just a technological statement by Jan Pesman, a leading light in Dutch High-Tech; it is functional, inhabitable and spatially interesting too.

H30 TECHNISCHE UNIVERSITEIT/ UNIVERSITY OF TECHNOLOGY

Mekelweg e.o., Delft

J.H. FROGER, S.J. VAN EMBDEN, C. VAN EESTEREN, G.C. BREMER, J.H. VAN DEN BROEK | 1947-1950

(o.a.) **G.C. Bremer** (Scheikundige Technologie, Julianalaan, 1938-1946), **A. van der Steur/G. Drexhage (DSBV)** (Werktuigbouw- en Scheepsbouwkunde, Mekelweg, 1957), **G. Drexhage (DSBV)** (Electrotechniek, Mekelweg 4, 1959-1967), **G. Drexhage (DSBV)** (Lucht- en Ruimtevaarttechniek, Klaverweg 1, 1967), **Van den Broek & Bakema, J. Boot** (proj.) (Bouwkunde, Berlageweg 1, 1959-1967), **P.J. Elling** (Sportcentrum, Mekelweg, 1958-1960), **V.D. Yanovshtchinsky (HOLY-architecten)** (Cultureel centrum, Mekelweg, 1995), **P.J. Gerssen** (Kantoorgebouw TNO, Schoemakerstraat, 1990), **Gimmie Shelter** (Semipermanente studentenhuisvesting, Schoemakerstraat, 1978-1981), **C.J.M. Weeber** (Studentenhuisvesting, Korvezeestraat, 1980-1983; 1984-1986), **C.A.M. Reijers** (Studentenhuisvesting, Mekelweg, 1997)

Bouw 1971 p.890; Architectuur & Bouwen 1993-10

Na de Tweede Wereldoorlog bleek de huisvesting van de Technische Universiteit in en nabij het stadscentrum te klein om het groeiend aantal studenten op te vangen. Door toegezegde Marshallhulp komen de nieuwbouwplannen in een stroomversnelling. Het eerste plan van de toenmalige rijksbouwmeester Bremer is nog traditioneel van opzet. In de volgende plannen ontstaat de stedenbouwkundig ruggegraat van het plan, een 100 m. brede centrale allee met aan weerszijden 200 m. diepe stroken voor de gebouwen van de verschillende afdelingen. In de loop van de jaren vijftig en zestig verrijzen de eerste onderwijsgebouwen langs de Mekelweg, veelal ontworpen door de bureaus DSBV (Van der Steur, Drexhage) en Van den Broek & Bakema. Ook andere functies vinden hun plaats in de wijk. Behalve de aula wordt een sportcomplex gerealiseerd en vanaf het einde van de jaren zeventig ook studentenhuisvesting, te beginnen met het door studenten van de afdeling Bouwkunde ontworpen semipermanente complex Gimmie Shelter en de woonblokken van C. Weeber. In de jaren negentig volgen een tweetal ovale woontorens op het water van C. Reijers en een muzisch centrum, een rood bakstenen blok zwevend boven een fietsenberging naar ontwerp van V. Yanovshtchinsky. Met de bouw van Mecanoo's Centrale Bibliotheek achter de aula verdwijnt de Technische Universiteit definitief uit de binnenstad.

▮ After the Second World War, it was obvious that the Technische Universiteit, spread across and round the city centre, needed larger premises to keep up with the growing number of students. The arrival of Marshall Aid as promised helped to get plans under way. The first scheme, by Bremer, Government Architect of those days, is still fairly traditional in design. Subsequent plans provided the project's skeleton: a central avenue 100 m. wide (Mekelweg) with on either side 'ribs' 200 m. long of buildings housing the college's various departments. During the course of the fifties and sixties the first educational buildings sprang up along Mekelweg, many designed by DSBV (Van der Steur and Drexhage) and Van den Broek & Bakema. These were joined by other facilities elsewhere in the area: the latter firm's auditorium building or Aula and a sports complex, and from the late seventies on, student digs, beginning with semi-permanent accommodation (Gimmie Shelter) designed by Delft architecture students and C. Weeber's housing blocks. The nineties saw construction of a pair of oval residential towers on the water by C. Reijers and a music centre, a red brick block hovering above a cycle storage depot by V. Yanovshtchinsky. With the arrival of the Central Library by Mecanoo behind the Aula the University definitively took its leave of the town centre.

H31 AULA/AUDITORIUM BUILDING

Mekelweg, Delft

VAN DEN BROEK & BAKEMA | 1959-1966

J.M.A. de Groot, G. Lans, H.B.J. Lops (medew.)

Bouw 1966 p.1536; Bauen + Wohnen 1968 p.175; J. Joedicke – Architektur-Urbanismus, 1976

Dit over de lengteas symmetrische gebouw bevat een auditorium met 1300 zitplaatsen, vier trapeziumvormige collegezalen en een senaatskamer. De bordessen van het centrale trappenhuis doen dienst als foyer en kantine. Bij het grote auditorium komt de ruimtelijk interessante, maar constructief geforceerde constructie van het gebouw naar voren: los van de schotelvormige betonconstructie van de zaal is het 30 m. uitkragende gevouwen dak geconstrueerd.

▮ This TU building, symmetrical over its longitudinal axis, contains an auditorium seating 1300, four trapezium-shaped lecture theatres and a board room. Stair heads in the main well serve as foyer and cafeteria. The building's structure, interesting spatially but structurally forced, is clearly visible in the spacious auditorium. Here, a folded roof cantilevering 30 m. is separated structurally from the dish-formed concrete auditorium floor, which itself rests on two concrete columns.

H32 CENTRALE BIBLIOTHEEK/CENTRAL LIBRARY

Prometheusplein, Delft
MECANOO | 1993-1997
F.M.J. Houben, C. de Weijer, E.L.J.M. van Egeraat (proj.)
Archis 1995-7; Architectuur & Bouwen 1997-2

Het gebouw van Mecanoo is gesitueerd op een grasveld achter de aula van Van den Broek & Bakema. Dit grasveld gaat langzaam over in het dak van de driehoekige bibliotheek. De entree is in dit grasdak ingesneden. De grote centrale hal wordt op het dak bekroond door een karakteristieke glazen kegel met open top. De glazen schuin naar voren hellende gevels langs de ontsluitingswegen hebben een onregelmatig, horizontaal geaccentueerd arceringspatroon. Hoewel de boeken vooral in een computercatalogus worden opgezocht, hebben de architecten een groot deel van de enorme voorraad toch zichtbaar gemaakt door middel van een 'boekenkast' over de volledige hoogte van de centrale hal.

▪ Discovered behind Van den Broek & Bakema's Aula, Mecanoo's design is sited on a lawn that gradually rises to become the roof of the triangular library. Here in the grass roof is the entrance. Topping off the main hall is a singular glass cone that pokes up through the roof. The glass façades leaning forward attentively along the access route have an irregular pattern of hatching stressing the horizontal. Though the books are most usually traced via a computer catalogue, the architects exhibit a major part of the gargantuan collection of reading matter in a 'stack' reaching up the full height of the main library hall.

H33 KETELHUIS/BOILERHOUSE

Rotterdamseweg, Delft
VAN DEN BROEK & BAKEMA | 1952-1957
J.E. Rijnsdorp (proj.)
Bauen + Wohnen 1957 p.150; J. Joedicke – Architektur und Städtebau, 1963

Het gebouw bestaat uit een laboratoriumgebouw (twee lagen kabinetten en drie onderzoekshallen), een trafostation, een pompenhuis en het eigenlijke ketelhuis. Dit bevat twee kolenbunkers, 16 m. boven de ketels, tussen drie smalle zones met trappen en constructie-elementen (betonnen schijven). De gevel bestaat uit grote betonnen raamelementen die het glas tegen vallende kolen en stof beschermen: tezamen met de markante betonnen bunkers en de hoge schoorstenen een uitgebalanceerde compositie.

▪ The complex comprises a laboratory (two layers of offices and three research blocks), electrical plant, pumproom and the boilerhouse itself. This contains two coal-bunkers, 16 m. above the boilers, between three narrow zones of stairs and structural elements (concrete slabs). The façade is made up of large concrete window sections which protect the glass from coal and dust, forming with the eye-catching bunkers and tall chimneys a well-balanced whole.

H34 CIVIELE TECHNIEK/CIVIL ENGINEERING

Mekelweg, Delft
VAN DEN BROEK & BAKEMA | 1961-1975
J. Boot (proj.)
Bouw 1976 p.589; J. Joedicke – Architektur-Urbanismus, 1976

In dit 260 m. lange gebouw bevinden zich kantoor- en werkvertrekken en een aantal tekenzalen met afwijkende verdiepingshoogte aan de kop. Op de eerste verdieping ligt een communicatiegebied dat toegang biedt tot alle ruimtes: de bibliotheek, de kantine, een expositieruimte en de markante uitgebouwde collegezalen. De laboratoria achter het gebouw zijn met luchtbruggen verbonden. De constructie bestaat uit hoofdspanten, twee kolommen op 7,20 m. afstand, waarover een voorgespannen betonbalk aan weerszijden ca. 6 m. uitkraagt.

▪ Here in this 260 m. long civil engineering block are office and work areas plus a number of drawing rooms with varying ceiling heights. On the first floor is a roomy corridor offering access to all spaces: library, canteen, exhibition hall and the conspicuous, projecting lecture theatres. Laboratories beyond the building are reached by bridges. The loadbearing structure consists of portal trusses, two columns 7.20 m. apart supporting a pre-stressed concrete beam cantilevering some 6 m. at each end.

H35 WONINGBOUW/HOUSING

2e Scheepvaartstraat, Hoek van Holland

J.J.P. OUD | 1924-1927

Bouwkundig Weekblad 1927 p.386; i10 1927 p.45, 281, 284; De Stijl 1927-79/84; L'Architecture Vivante 1928-11; H. Oud – J.J.P. Oud, Architekt 1890-1963, 1984

Dit woningblok is in 1924 door Oud in dienst van de gemeente Rotterdam, waartoe Hoek van Holland behoort, ontworpen. De uitvoering vindt enige jaren later in 1926-1927 plaats. Het is Ouds eerste ontwerp in een reeks witte woningbouwplannen en het bezorgt hem direct internationale erkenning. De langgerekte straatgevel is opgedeeld in twee gelijke delen waarvan de einden zijn afgerond. In deze afrondingen bevinden zich op de begane grond winkels met geheel beglaasde gevels. Boven de poort in het midden van het blok bevindt zich een bibliotheek. Het blok bestaat verder uit driekamerwoningen op de begane grond en afwisselend twee- en vierkamerwoningen op de verdieping. Deze opdeling in onder- en bovenwoningen is ook in de behandeling van de gevel terug te vinden. De gevel heeft op straatniveau, aansluitend op de glazen winkelpuien, een open karakter; de witgestucte gevel van de bovenlaag heeft een meer gesloten karakter. Door deze opdeling in een open en een meer gesloten strook, maar vooral door het doorlopende, witgestucte balkon op de verdieping, wordt het horizontale karakter van de straatgevel versterkt. In zijn woningbouwontwerpen behandelt Oud zijn gevels niet als een optelling van individuele woningen maar als een architectonische eenheid waarin de stedenbouwkundige functie van de straatwand tot uitdrukking komt. In dit streven is Oud zeker geslaagd, alleen de bakstenen tuinmuurtjes maken de individuele woning enigszins herkenbaar. De achtergevel heeft in tegenstelling tot de strakke straatgevel een levendig, ritmisch karakter. In- en uitspringende delen in afwisselend smalle en brede traveeën benadrukken hier de individuele woning. Dit contrast tussen de anonieme, strakke straatgevel en de meer gearticuleerde achtergevel vertoont enige overeenkomst met de villaontwerpen van Adolf Loos. Van de gevelbeëindigingen van de blokken is ook een neoplastisch ontwerp bekend. De uitgevoerde halfronde beëindiging wordt door Theo van Doesburg in De Stijl minachtend een ver doorgevoerde Van de Velde-architectuur genoemd. Hiermee was Ouds breuk met De Stijl definitief en begon zijn streng-functionalistische werk. Slechts het kleurgebruik herinnert nog aan zijn De Stijl-verleden: witte gevels, gele baksteen, blauwe deuren en hekjes en rode lantaarns.

▪ Oud designed this housing block in 1924 when City Architect to Rotterdam, of which the Hook of Holland forms part. Building took place shortly after in 1926-1927. This was Oud's first design in a series of housing projects in white, and it earned him immediate international recognition. This elongated wall of housing is divided into two equal parts, their rounded ends containing shops on the ground floor with all-glass fronts. Above the gateway in the block's centre is a library. The block otherwise consists of dwellings, three-room units on the ground floor and an alternation of two- and four-room units on the upper level. This bipartition into lower and upper dwellings can also be seen in the treatment of the exterior. At street level the façade, joined as it is to the glass shop fronts, has an open character. The white-rendered façade section above, on the other hand, is more closed in appearance. This division into an exposed and an enclosed strip, and even more so the continuous white-

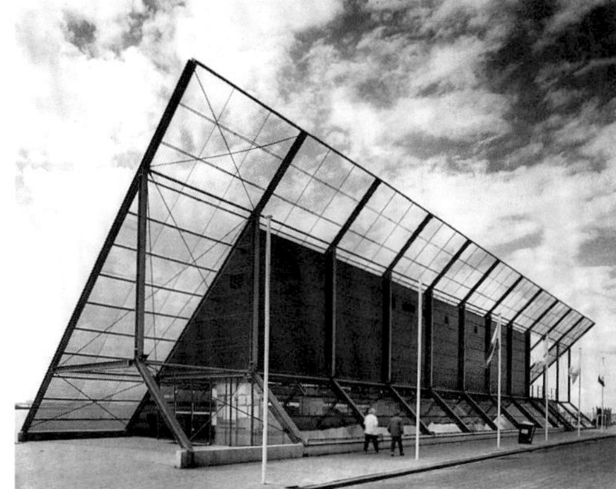

rendered balcony upstairs, serve to strengthen the horizontal character of the street face. In his designs for housing Oud treats his façades not as an accumulation of individual dwellings but as an architectural whole in which the street elevation functions as part of the urban fabric. In this, the Hook of Holland housing certainly succeeds, with just its brick garden walls providing the individual unit with some identifying element. The rear façade, as opposed to its taut streetside counterpart, has a lively, rhythmic quality. Here receding and projecting sections in an alternation of narrow and broad bays clearly emphasize each unit. This contrast between the taut street front and more articulated rear façade has some affinity with the villas of Adolf Loos. For the façade of the blocks' rounded ends there also exists another, Neoplastic design. The executed semi-circular version was contemptuously dismissed by Van Doesburg as an extreme imitation of Van de Velde. This finalized Oud's break with De Stijl after which he pursued a severely functionalist path. The use of colour alone recalls his past associations with that movement: white façades, yellow brick, blue doors and railings and red lamp-posts.

H36 TENTOONSTELLINGSPAVILJOEN/ EXHIBITION PAVILION

Koningin Emmaweg 5, Hoek van Holland

CEPEZED | 1993-1994

Architectuur & Bouwen 1994-5; de Architect 1994-6; Bouwen met Staal 1994-9/10; Deutsche Bauzeitung 1994-10

Naar aanleiding van het zestigjarig bestaan van het Gemeentelijk Havenbedrijf Rotterdam wordt dit expositie- en horecapaviljoen met uitzicht op het scheepvaartverkeer langs de Nieuwe Waterweg gebouwd. Het gebouwtje, geheel samengesteld uit verzinkte stalen standaardprofielen, heeft een driehoekige doorsnede en wordt gedomineerd door een reusachtig 65 meter lang scherm aan de zuidgevel. Het scherm heeft zowel een zonwerende als een windkerende functie en bestaat uit stalen roosters die ter plaatse van de raamstroken als zonnekleppen zijn opgeklapt. Bij het grote gat in het scherm bevindt zich een verhoogd uitkijkterras met trappen die als tribune gebruikt kunnen worden.

▪ Celebrating the first sixty years of the Rotterdam Port Authority is this exhibition and catering pavilion lying along the New Waterway and looking out over the shipping. Entirely composed of zinc-coated steel sheet and triangular in section, the building is dominated by a gigantic 65 metre long screen on the south side. There to shield off both sun and wind, this screen consists of steel grilles folded back at the windows to provide sun baffles. The large hole in the screen accommodates a raised observation platform with stairs that can serve as a grandstand.

H37 STORMVLOEDKERING/FLOOD BARRIER

Nieuw Oranjekanaal 139, Hoek van Holland

W.G. QUIST, BOUWCOMBINATIE MAESLANT KERING | 1987-1997

A. van der Woud – Wim Quist Projecten 87-92, 1992; Bouwen met Staal 1997-3/4

Deze stormvloedkering, gerealiseerd in plaats van een kostbaar dijkverzwaringsprogramma, vormt het sluitstuk van de Deltawerken. Om een vrije doorvaart (360 m. breed en 17 m. diep) te waarborgen zijn twee enorme boogvormige sectordeuren geplaatst met een lengte van 210 m. en een hoogte van 22 m. De deuren zijn bevestigd aan twee roomwitte vakwerkarmen (zo groot als Eiffeltorens) die scharnieren in een bol van 10 m. doorsnede. Beide deuren hebben een L-vormige doorsnede en zijn opgebouwd uit stalen platen. Het bedieningsgebouw is ontworpen door Quist, die tevens esthetisch adviseur voor het civiele gedeelte was.

▪ Built instead of an expensive dike reinforcement programme, this storm surge barrier is the final stage in the Delta Works. Guaranteeing a navigable width of 360 m. and depth of 17 m. are two arcuated gates of 210 by 22 m. L-shaped in section and built up of steel panels, these gates are attached to a pair of milkwhite 'Eiffel Towers' that pivot in a sphere ten metres in diameter. The service building was designed by Wim Quist, who was also aesthetic adviser to the engineering part of the project.

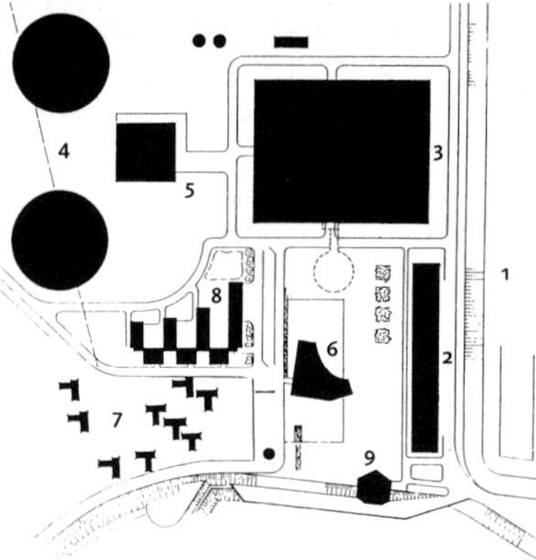

H38 DRINKWATERPRODUCTIEBEDRIJF/ WATER PURIFICATION PLANT

Berenplaat

W.G. QUIST | 1959-1965

Bouwkundig Weekblad 1967 p.60; Bouw 1965 p.480, 1966 p.178, 2014; de Architect 1982-3; A. van der Woud – Wim Quist, architect, 1989; A. van der Woud – Wim Quist Projecten 87-92, 1992

De verschillende functies van dit bedrijf waar rivierwater wordt omgezet in drinkwater zijn ondergebracht in aparte gebouwen. Vanuit het spaarbekken (1) waar de eerste 'natuurlijke' reiniging van het water plaatsvindt, wordt het water in een 140 m. lang doseringsgebouw (2) gepompt. Hier wordt het water in draaiende trommels gezeefd en van chemicaliën voorzien. De constructie van het doseringsgebouw bestaat uit prefab betonnen portaalspanten die in de langsrichting worden gekoppeld door kokervormige randbalken. Om condensatie te voorkomen is het stalen dak voorzien van een holle ruimte waardoor warme lucht wordt geblazen. Het grootste gedeelte van de installatie bevindt zich ondergronds. Het meest spectaculair is het filtergebouw (3) waarin zich vier snelfilters en vier vlokkenfilters bevinden. Het dak van het gebouw van 107×133 m. bestaat uit twintig betonschalen, gescheiden door smalle lichtstroken. Schuinstaande glazen wanden omsluiten het geheel. Ter voorkoming van condensatie zijn de betonschalen voorzien van een geventileerde isolatielaag en is ter plaatse van de lichtstroken een verwarmd dampscherm aangebracht. Looppaden over de lichtstroken zijn bereikbaar via felrood gekleurde wenteltrappen. De glasgevels zijn scharnierend aan de schalen en de borstwering bevestigd zodat beweging van de betonschalen kan worden opgevangen. Het gezuiverde water wordt opgeslagen in twee ronde reinwaterreservoirs (4). De bolvormige schaaldaken rusten elk op een doorlopende randbalk op betonkolommen. De dakconstructie is geheel vrijgehouden van de hellende wanden. De wanden van het hogedrukpompstation (5) bestaan grotendeels uit prefab betonnen stapelelementen die slechts indirecte zontoetreding mogelijk maken, zodat te grote verwarming tijdens de zomer wordt voorkomen. Het hoofdgebouw (6) met kantoren en laboratoria wordt door betonkolommen boven een centrale vijver uitgetild. Een loopbrug verbindt het vasteland met de ronde glazen entree van het hoofdgebouw. Verspreid over het terrein bevinden zich verder bedrijfswoningen (7), werkplaatsen (8) en een ijzersulfaatgebouw (9), waar zich binnen een zeshoekige betonschaal op drie betonschijven zes gecompartimenteerde silo's bevinden. Met de gebouwen op de Berenplaat toont Quist zich een inventief constructeur, die het wezen van de opgave door expressie van functie en constructie op voorbeeldige wijze weet bloot te leggen.

▮ Each function of this complex, which purifies river water for drinking purposes, has its own separate building. From the reservoirs (1) where the first 'natural' purification takes place, the water is pumped into a 140 m. long dosing block (2). Here it is filtered in rotating drums and provided with chemical additives. The structure of the dosage block comprises prefabricated concrete portal trusses connected lengthways by shaft-like edge beams. Dry air is blown through a cavity in the steel roof to prevent condensation. Most of the block's equipment is housed underground. The most spectacular of the complex's departments is the filter house (3) containing four rapid filters and four flake filters. Its roof of 107×133 m. consists of twenty concrete shells separated by narrow strips of glass. Tilted glazed walls envelop the whole. To avoid condensation here, too, the concrete shells have been treated with a ventilated layer of insulation and the underside of the glass strips supplemented with a heated polyester screen. Walkways along these rooflights are reached by a spiral stair painted pillar-box red. The glazed façades are hinged at the shells, and their parapets so attached as to be able to absorb any motion of the concrete shells. Once treated, the water is stored in two round clean-water reservoirs (4). Their globular shell roofs are each supported by a continuous edge beam on concrete columns. The roof structure is held entirely free of the slanting walls. The walls of the high-pressure pumping station (5) largely consist of stacked precast concrete elements admitting only indirect sunlight to forestall any heat build-up during the summer. The main block (6) of offices and laboratories is held free of a reflecting pool by concrete columns. A pedestrian bridge connects its glazed entrance with the mainland. Spread across the remainder of the site are company dwellings (7), workshops (8) and a ferrous sulphate block (9), the upper section of which is a hexagonal concrete shell borne aloft by three concrete slabs and containing six identical storage tanks. The Berenplaat water-purification plant shows Quist to be an inventive structural engineer who has managed to reveal the core of the matter by expressing both function and structure to perfection.

H39 LANDHUIS/COUNTRY HOUSE HET REIGERSNEST

Zwartelaan 1, Oostvoorne

P. VORKINK, JAC.PH. WORMSER | 1918-1921

Wendingen 1921-6; M. Casciato – De Amsterdamse School, 1991; The Amsterdam School, 1996

Dit buitenhuis voor de Rotterdamse industrieel Hudig is een van de weinige gerealiseerde voorbeelden van de plastische richting van de Amsterdamse School. Het huis is ontworpen op basis van vormstudies in klei en toont een volkomen vrije vormgeving in plattegrond en opstand. Het huis bestaat uit een middenpaviljoen (zit- en eetkamer) met verdieping en twee lagere vleugels met keuken en garage en slaap- en kinderkamers. Er bevindt zich ook een (inmiddels verwoeste) duinkoepel en een tuinmanswoning van dezelfde architecten.

▪ This country house for the Rotterdam industrialist Hudig is one of the few examples built of the 'organic' tendencies of the Amsterdam School. Its design is based on moulded clay models and displays an entirely free composition both in plan and elevation. The house consists of a central pavilion (sitting and dining room) with an upper level, and two less-tall wings, one with kitchen and garage, the other bedrooms and nurseries. Also built by the same architects were a belvedere (since destroyed) and a gardener's house.

H40 WINDSCHERM/WIND SHIELD

Europaweg (Calandbrug), Rozenburg

M. STRUIJS (GEMEENTEWERKEN) | 1983-1985

F. de Wit (b.k.)

Bouw 1986-23

Om de problemen met de wind rond de Calandbrug op te lossen was een windscherm noodzakelijk van 1750 m. lang, 25 m. hoog en voor 25% winddoorlatend. Uit een viertal modellen werd de, zeker esthetisch, meest optimale oplossing gekozen; in plaats van een geperforeerde wand zijn losse betonnen elementen toegepast. Het zuidscherm bestaat uit halfronde schijven met een diameter van 18 m.; in het middenscherm is dit teruggebracht tot 4 m. Beide hebben een hoogte van 25 m. Het noordscherm bestaat uit rechte betonplaten van 10 bij 10 m.

▪ To solve problems caused by wind round the Caland Bridge required a wind shield 1750 m. long, 25 m. high and 75% windproof. Out of four models the most efficient solution, and certainly the most aesthetic, was chosen; instead of a perforated wall it applied free-standing concrete members. The southern shield consists of semicircular piers 18 m. in diameter; this is reduced to 4 m. for the central shield. Both are 25 m. high. The north shield comprises square concrete panels of 10×10 m.

H41 METROSTATIONS

Centrum, Heemraadlaan, De Akkers, Spijkenisse

C.J.M. WEEBER, C. VEERLING (GEMEENTEWERKEN) | 1978-1985

de Architect 1984-12; Architectural Review 1985-1; Archis 1986-1; Bouw 1986-5; E. Taverne – Carel Weeber, architect, 1990

Voor deze drie metrostations zijn moderne varianten op negentiende-eeuwse stationsoverkappingen ontworpen. Bij het station Centrum is de gebogen stalen kap doorsneden door een tegengesteld gebogen lichtkap in de dwarsrichting. Bij station Heemraadlaan ligt een transparante gebogen kap ingeklemd tussen twee entreedozen met in schaakbordpatroon aangebrachte gevelelementen. De perrons van beide stations worden gedragen door stalen vakwerkspanten.

▪ All three Metro stations sport modern variants of nineteenth century station roofing. That of Centrum station is a steel barrel-vault divided into three by transverse rooflights curved inwards. Heemraadlaan station, on the other hand, is capped by a transparent vault sandwiched between two entrance blocks with façades patterned chessboard-fashion. The platforms of both rest on steel space frames.

H42 WOONHUIS/PRIVATE HOUSE WIERINGA

Hobbemastraat 2, Middelharnis

VAN DEN BROEK & BAKEMA | 1956-1957

Architecture d'Aujourd'hui 1958-jul; Bauen + Wohnen 1959 p.350; J. Joedicke – Architektur und Städtebau, 1963

Deze woning bevat een praktijkruimte en garage op de begane grond, woonruimtes op de eerste, slaapkamers op de tweede verdieping en een terras op het dak. Ook op de praktijkruimte bevindt zich een terras, verbonden met een loggia bij de woonkamer. Het rechthoekige karakter van de woning wordt doorbroken door het ronde trappenhuis en de ronde dubbele schoorsteen. Het huis is gesloten naar de straatkanten en open naar tuin en zon.

▮ This house has a work area and garage on the ground floor, living areas on the first, bedrooms on the second floor and a roof terrace. There is a second terrace above the work area connected to a loggia off the living room. The rectangular character of the whole is disrupted by the circular staircase and round double chimney. The house is closed to the streets and open to garden and sun.

H43 ZWAKZINNIGENINSTITUUT/INSTITUTE FOR THE MENTALLY DEFICIENT HERNESSEROORD

Oosthavendijk 30, Middelharnis

VAN DEN BROEK & BAKEMA | 1966-1974

J.M.A. de Groot (proj.)

Architecture d'Aujourd'hui 1975-jan/feb; C. Gubitosi, A. Izzo – Van den Broek/Bakema, 1976; J. Joedicke – Architektur-Urbanismus, 1976

De woon- en verblijfsruimtes van de patiënten liggen in afzonderlijke paviljoens over het gehele terrein verspreid. Ze zijn onderling verbonden door een circa 1 km. lange communicatiegang op 5 m. hoogte. Op deze brug, die is gemaakt van cortenstaal op betonnen schijven, zijn plaatselijk verplaatsbare prefabcabines geplaatst als woningen voor het verplegend personeel. Het complex bevat voorts een medische vleugel, therapieruimtes, een gemeenschapsruimte en een centrale keuken.

▮ Here, mentally handicapped patients live in pavilions spread across the entire site and interlinked by a 5 m. high circulation corridor one kilometre long. Ranged along this bridge of Corten steel on concrete footing are movable prefab cabins housing nursing personnel. Also included elsewhere on site are a medical wing, therapy rooms, a communal hall and a central kitchen.

H44 STATION

Stationsplein, Schiedam

K. VAN DER GAAST, J.H. BAAS | 1959-1963

G.J. van der Grinten (constr.)

Bouw 1964 p.302

De grote hal is overdekt met geprefabriceerde houten hypparschalen (5×5 m.), bestaande uit gelamineerde randbalken en twee diagonaal gelijmde schaalplaten. De schalen zijn overhoeks opgelegd op betonnen paddestoelkolommen. Tussen de schalen zijn lichtdoorlatende kunststofstroken aangebracht. De perronoverkapping bestaat uit een x-vormig ondersteuningsjuk met een kokerligger op het middenperron, met spanten naar pendelkolommen in de gevel. Vanwege de aanleg van de metro is het station ingrijpend gewijzigd.

▮ The main hall of this railway station is covered with prefabricated timber hyperbolic paraboloid shells (5×5 m.) composed of laminated edge beams and two diagonally agglutinated shell panels. These shells rest obliquely on concrete mushroom columns and are separated by translucent synthetic strips. The roof covering the platforms consists of x-shaped supporting yokes each with a box girder on the central platform, with trusses to hinged columns in the façade. The station has been drastically altered to meet the needs of the forthcoming metro line.

H45 HAV-BANK

Gerrit Verboonstraat, Schiedam

W.M. DUDOK | 1931-1935

Bouwkundig Weekblad 1936 p.61

Dit gewijzigde prijsvraagontwerp bevatte naast het hoofdkantoor van een bank ook zes winkels. Vanuit een dubbelhoge hal met trappenhuis achter een hoog glasraam zijn twee grote personeelszalen bereikbaar. Directievertrekken zijn aan de achterzijde gelegen (gescheiden van de zalen door glaswanden) en in een aparte zijvleugel. Op het dak bevindt zich een kantine met een deels overdekt terras. Het betonskelet is ingevuld met baksteen en aan de buitenzijde bekleed met gele geglazuurde tegels. Midden jaren negentig zijn in het gebouw luxe appartementen gerealiseerd, waarbij het uiterlijk aan de straatkant zoveel mogelijk is gehandhaafd.

▪ Besides the head office of a bank, this modified competition entry also includes six shops. A double-height hall with staircase behind a high glass screen provides access to two large office zones. At the rear, separated from these zones by glass partitions and in a separate wing, is the managerial suite. On the roof is a canteen with sheltered terrace. The concrete frame and brick infill are faced with yellow glazed tiles. In the mid nineties the building was converted into luxury apartments leaving the streetside aspect of the exterior virtually intact.

H46 WOONHUIS/PRIVATE HOUSE DE BRUYN

Arij Prinslaan 14, Schiedam

BRINKMAN & VAN DER VLUGT | 1929-1931

Molenaar & Van Winden (rest.)

Bouwkundig Weekblad 1932 p.413; J. Geurst e.a. – Van der Vlugt, architect 1894-1936, 1983; de Architect 1988-12; Architectuur & Bouwen 1990-1

Op de begane grond van deze functionalistische villa bevinden zich vier gescheiden woonruimtes, een werkkamer, een woonkamer, een eetkamer en de keuken, gegroepeerd rond een centraal trappenhuis. Langs de noordgevel ligt een smalle strook met entree, garderobe en toiletten. Op de verdieping bevinden zich drie slaapkamers en enige dienstruimtes; op het dakterras is een biljartkamer toegevoegd. De villa is eind jaren tachtig gerestaureerd, waarbij de oorspronkelijke polychrome kleurschema's in het interieur slechts gedeeltelijk zijn teruggebracht.

▪ The ground floor of this functionalist villa is given over to four distinct living spaces: workshop/study, living room, dining room and kitchen. A narrow strip along the north side accommodates the entrance, a cloakroom and toilets. Three bedrooms and ancillary spaces occupy the upper floor. Crowning the whole is the roof terrace and a billiards room. The villa was restored at the end of the eighties though only part of the original polychrome colour schemes of the interior was reinstated.

H47 WONINGBOUW/HOUSING

Heuvelweg, Capelle aan den IJssel

B.A.S.S. STEGEMAN | 1972-1978

Bouw 1979-1

Dit plan, gerealiseerd als alternatief voor een flatgebouw in negen bouwlagen, bestaat uit geschakelde ringvormige blokken die per laag vanuit een centraal trappenhuis worden ontsloten. De ringen rusten op een in het midden geopende betonplaat waaronder zich bergingen en parkeerplaatsen bevinden. De opzet, middelhoogbouw met een grote dichtheid en een maximale woningdifferentiatie, heeft in dit geval een aan het chaotische grenzende complexiteit opgeleverd.

▪ This scheme, implemented as an alternative to a nine-storey apartment building, is built up of interlinked ring-shaped blocks. Units are reached per level from a central staircase. The rings rest on a concrete slab open in the middle with storage and parking space below. The basic premise, medium-rise with a high accommodation density and a maximum of unit differentiation, has in this case yielded a complexity bordering on the chaotic.

H48 STORMVLOEDKERING/FLOOD BARRIER

Algeraweg, Krimpen aan den IJssel

H.G. KROON, J.A.G. VAN DER STEUR (RIJKSWATERSTAAT) | 1953-1959

Polytechnisch Tijdschrift Bouwkunde 1961 p.5116, 5596, 5956

De stormvloedkering beschermt de achterliggende polders tegen overstroming bij extreem hoge waterstanden zonder dat de invloed van de getijden verloren gaat. Het complex bestaat uit een schutsluis, een afsluiting van de rivier door middel van twee achter elkaar gelegen, aan heftorens opgehangen, stalen schuiven en een brug over de rivier. De doorstroomopening die met de schuiven kan worden afgesloten is 80 m. breed. De boogconstructie van de schuiven kan een verschil in waterstand van 4,5 m. opvangen.

▪ This flood barrier protects the polders beyond from flooding in the event of an inordinately high water-level without, however, impairing the tidal ebb and flow. It consists of a lift gate in two steel curtains spanning 80 m. slung between lifting towers, and a bridge across the river. The arch-form of the twin curtains can handle a difference in level of 4.5 m.

H49 SCHEEPSBOUWLOODS/SHIPBUILDERS' SHED

Schaardijk 23, Krimpen aan den IJssel

W.G. QUIST | 1978-1982

Bureau Aronsohn (constr.)

de Architect 1983-4; Bouw 1983-14/15; A. van der Woud – Wim Quist, architect, 1989

In deze mastodont met een oppervlak van 264×97 m. en een hoogte van 52 m. worden schepen gebouwd van het panamaxformaat (schepen die nog juist door het Panamakanaal kunnen). Op tweederde van de hoogte zijn de om constructieve redenen verbrede stalen schijfkolommen buiten de gevel gebracht, terwijl de gevel zich op deze plaats naar binnen vouwt. Hierdoor wordt de lengte van de loods enigszins gerelativeerd. De kopgevels zijn grotendeels doorzichtig.

▪ This colossus, with a surface area of 264×97 m. and 52 m. high, is used to build large ships geared to the width of the Panama Canal. Broadened steel buttresses are introduced for structural reasons at a level two-thirds up and outside the envelope, at which point the façade folds inwards. This goes some way towards tempering the building's length. The head elevations are largely transparent.

H50 RAADHUIS/TOWN HALL

Raadhuisplein, Krimpen aan den IJssel

G. DREXHAGE (DSBV) | 1978-1980

Bouw 1981-23

Het representatieve gedeelte moet ondanks een geringer bouwvolume domineren over een oudere administratievleugel (1967/1973). Door uitbreiding van de vijver en een brede trap en hellingbaan is dit stedenbouwkundig gerealiseerd. Door B&W- en commissiekamers op de begane grond te situeren kan een gecombineerde raad/trouw/gehoorzaal op de eerste etage met een hoog oprijzende dakconstructie worden bekroond. De zaal wordt geflankeerd door lagere afgeschuinde nevenruimtes op basis van vierkante vertrekken.

▪ The public section of this town hall was to dominate the older though larger administrative wing (1967/1973). This was done by extending the reflecting pool and adding a broad stair and ramp. The ground floor contains the Municipal Executive and committee rooms; the upper level is given over to a combined council, wedding and audience chamber crowned with a tall roof structure. This chamber is flanked by other less-tall, square-based volumes with sloping roofs.

H51 ANNE FRANK SCHOOL

Rozenstraat, Papendrecht

H. HERTZBERGER | 1992-1994

Architectuur in Nederland. Jaarboek 1994-1995

Deze achtklassige basisschool vormt de hoeksteen voor een later te ontwikkelen locatie. De acht klassen zijn twee aan twee ondergebracht in twee haaks op elkaar geschakelde volumes van twee bouwlagen. Een derde hoger element bevat de overige ruimtes. Tezamen omsluiten deze drie volumes een centrale hal met een amphitheaterachtige trappartij waarin zich alle activiteiten afspelen. Het centrale gedeelte is overdekt met twee gebogen dakvlakken; via glasvlakken kan het daglicht tot in de centrale hal doordringen. Deze dakvorm, de detaillering en de constructivistische trap zijn een soort voorstudies voor Hertzbergers grotere projecten in Breda: het Chassé-theater en de bibliotheek.

▪ This eight-class primary school is the cornerstone of a larger as yet undeveloped site. Its eight classes are arranged in pairs in two volumes set in a L-shape. A third, taller element contains the remaining facilities. Together these three volumes enfold a central hall with large stairs laid out like an amphitheatre where all activities converge. The central portion is covered with a pair of curved roof planes; large areas of glass permit abundant daylight into the hall. The shape of roof, the details and the constructivistic stair are arguably preliminary studies for Hertzberger's major projects in Breda: the Chassé Theatre and the library.

H52 TOMADO-HUIS/TOMADO HOUSE

Stationsweg/Burg. de Raadtsingel, Dordrecht

MAASKANT, VAN DOMMELEN, KROOS, SENF | 1959-1962

Bouw 1958 p.926, 1962 p.846; Bouwkundig Weekblad 1962 p.245; La Technique des Traveaux 1963 p.261

Goed uitgewerkt voorbeeld van een kantoorgebouw met horizontale borstwering- en glasstroken. Het gebouw is een zelfstandig object aan de rand van de oude stad, zelfbewust, brutaal en elementair. De kantoorvloeren zijn vrijdragende platen op twee dragende betonnen schijven. Kunstlicht, dubbel glas en de accumulerende werking van de wanden maken het gebouw onafhankelijk van de buitencondities. Bij latere verbouwingen is het oorspronkelijke transparante karakter met getint glas tenietgedaan en is de monumentale gevelplastiek van Zadkine ondanks protesten verwijderd.

▪ This well-conceived example of an office building with its horizontal bands of fenestration stands alone on the edge of the old town, self-assured, defiant and monolithic. Office floors are overhanging slabs on two loadbearing concrete piers. Artificial lighting, double-glazing and thick well-insulated walls render the building independent of conditions outside. Later conversions only served to destroy the original transparency which featured tinted glass. To compound matters, the monumental entrance sculpture by Zadkine was removed despite protests.

H53 KANTOORGEBOUW/OFFICE BUILDING HOLLAND VAN 1859

Burg. de Raadtsingel 197, Dordrecht

S. VAN RAVESTEYN | 1937-1939

H.E. Oud (uitbr.)

Bouwkundig Weekblad 1939 p.381; K. Rouw – Sybold van Ravesteyn: architect van Kunstmin en De Holland, 1988

Een ronde glazen hal ontsluit enige gesloten kantoren en de grote open werkruimte op de begane grond. Een monumentale trap biedt toegang tot een ovale vergaderruimte op het dak. Aan de achterzijde bevindt zich een halfronde conciërgewoning. Met dit ook in het interieur buitensporig gedecoreerde gebouw neemt Van Ravesteyn definitief afstand van zijn vroegere meer functionalistische werk. Vlak voordat het gebouw vijftig jaar oud en op de monumentenlijst geplaatst kon worden onderging het een desastreuze pseudo-hightechverbouwing. Een afschrikwekkender voorbeeld van mishandeling van een jong monument is nauwelijks denkbaar.

▪ Off a circular glass hall are several enclosed offices and a large open work zone occupying most of the ground floor. A monumental stair offers access to an oval conference section on the roof. At the rear is a semi-circular porter's residence. With this building, extravagantly decorated inside as well as out, Van Ravesteyn broke finally with his earlier, more functionalist style. Just as his building was approaching the fifty year mark and the chance of listed status, it was subjected to a catastrophic Hi-Techy hatchet job. A more horrendous example of maltreatment of a latterday monument is difficult to imagine.

H54 VERBOUWING SCHOUWBURG/ EXTENSION TO THEATRE KUNSTMIN

St. Jorisweg 76, Dordrecht

S. VAN RAVESTEYN | 1938-1940

J. Verheul (oorspr. ontw.), **Rouw & De Kock** (rest.)

Bouwkundig Weekblad 1941 p.65; De 8 en Opbouw 1941 p.61; H. Blotkamp e.a. – S. van Ravesteyn, 1977; K. Rouw – Sybold van Ravesteyn: architect van Kunstmin en De Holland, 1988; Architectuur & Bouwen 1994-10

Voor de in 1889 door J. Verheul ontworpen schouwburg ontwerpt Van Ravesteyn vijftig jaar later een uitbundig nieuw interieur, waarbij hij zijn voorliefde voor de gebogen lijn de vrije loop laat. In zijn poging om moderne materialen en ontwerpprincipes te combineren met een barokke atmosfeer van decoratie en ornament balanceert hij op de rand van het bizarre. De oorspronkelijke grote zaal is in tweeën gesplitst en de entree is verplaatst naar de zijkant. Na enkele verbouwingen is het gebouw in 1993 teruggerestaureerd, waarbij de kleine zaal is verbouwd, de grote zaal een achtertoneel kreeg en een filmzaal is toegevoegd.

▮ Designed in 1889 by J. Verheul, this town theatre was provided by Van Ravesteyn fifty years later with a lively new interior. His attempt to combine modern materials and design principles with a Baroque ambience of decoration and ornament borders on the bizarre. The original main auditorium was chopped in two and the entrance moved to one of the sides. In 1993, following several alterations the building was restored to its original state. This entailed refurbishing the small auditorium, adding a backstage to the main one and inserting a cinema.

H55 WONINGBOUW/HOUSING BLEYENHOEK

Vrankenstraat e.o., Dordrecht

C.J.M. WEEBER | 1973-1976

Plan 1980-7

Bleyenhoek is een voorbeeld van stadsvernieuwingsarchitectuur waarvoor het predikaat 'goed en goedkoop' van het Ministerie van Volkshuisvesting is verkregen. De hoofdopzet, gestapelde maisonnettes met galerijontsluiting, wordt door Weeber vergeleken met het bouwblok van Brinkman in Spangen. De woonkamers van de onder- en bovenwoning wisselen afhankelijk van de situering van positie. De rudimenten van schuine daken verschenen op verzoek van verontruste huisvrouwen die geen plat dak wilden.

▮ Bleyenhoek is an example of urban renewal architecture that the Ministry of Housing likes to describe as 'up-to-standard but cheap'. The basic arrangement, stacked maisonettes with access galleries, has been compared by Weeber to Brinkman's Spangen housing block. Living rooms of lower and upper dwellings alternate depending upon their orientation. Rudimentary sloping roofs appeared after appeals by agitated housewives not happy with the idea of a flat roof.

H56 WONINGBOUW/HOUSING STERRENBURG III

Hellenburg e.o., Dordrecht

ENVIRONMENTAL DESIGN | 1972-1978

L.J. Heijdenrijk, H. Quint (proj.)

Bouw 1979-3

De twaalf woningtypen in dit plan, variërend van drie- tot vijfkamerwoningen in de lage gedeelten en van twee- tot vijfkamerwoningen in de hoogbouw, zijn zoveel mogelijk in de wijk geïntegreerd. De verschillende woningtypen zijn zodanig gestandaardiseerd dat de woningen met slechts een klein aantal relatief grote geprefabriceerde betonnen gevelelementen kunnen worden opgebouwd. Het zijn juist deze elementen die de 'eenheid in verscheidenheid' van de wijk bepalen.

▮ The twelve dwelling types in this plan, varying from three- to five-room units in the lower portions and two to five in the high-rise, are integrated to as large a degree as possible within the estate. These types are so standardized as to permit construction from just a few relatively large façade elements. It is these which determine the 'unity in diversity' found here.

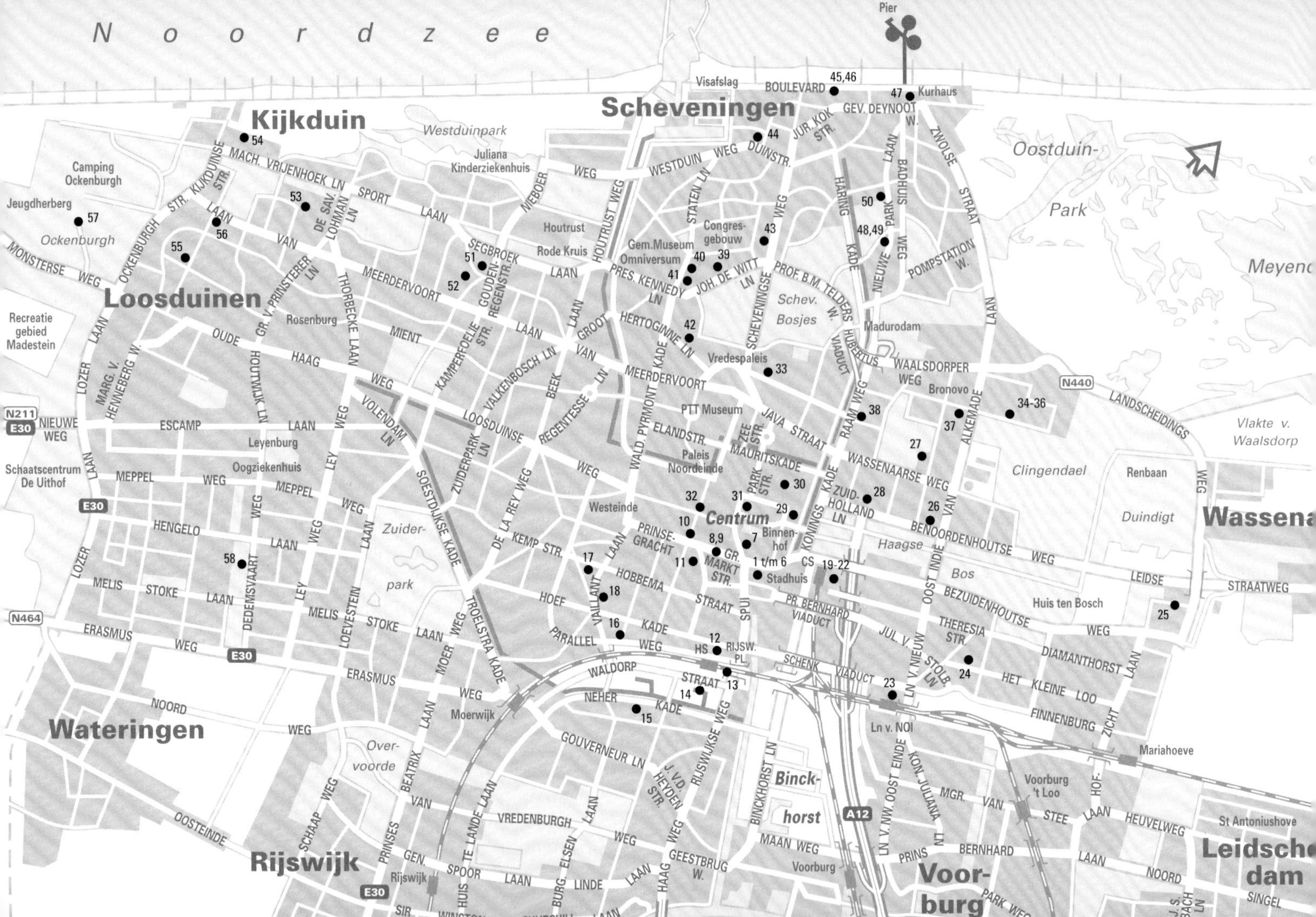
Noordzee
Pier
Visafslag
BOULEVARD
45,46
47
Kurhaus
Scheveningen
Kijkduin
GEV. DEYNOOT W.
54
Westduinpark
44
JUR. KOK STR.
Juliana Kinderziekenhuis
WESTDUIN WEG
DUINSTR.
Oostduin-Park
Camping Ockenburgh
MACH. VRIJENHOEK LN
NIEBOER
STATEN LN
HOUTRUST WEG
LAAN
BADHUIS
ZWOLSE STRAAT
Jeugdherberg
57
Ockenburgh
53
DE SAV. LOHMAN LN
SPORT LAAN
HARING KADE
50
KIJKDUINSE STR.
56
55
Houtrust
Congres-gebouw
43
48,49
NIEUWE PARK WEG
MONSTERSE WEG
OCKENBURGH
GR. V. PRINSTERER LN
VAN
Rode Kruis
Gem.Museum Omniversum
40
39
POMPSTATION W.
Meyend
SEGBROEK LAAN
51
52
GOUDEN-REGEN STR.
MEERDERVOORT
THORBECKE LAAN
41
PRES. KENNEDY LN
JOH. DE WITT LN
PROF. B.M. TELDERS W.
SCHEVENINGSE
Schev. Bosjes
Loosduinen
Recreatie gebied Madestein
Rosenburg
MIENT
HERTOGINNE LN
42
Madurodam
LOZER LAAN
OUDE HAAG WEG
KAMPERFOELIE STR.
VALKENBOSCH LN
GROOT HERTOGINNE LN
BEEK LAAN
VAN MEERDERVOORT
HUBERTUS VIADUCT
Vredespaleis
33
WAALSDORPER WEG
N440
LANDSCHEIDINGS
MARG. V. HENNEBERG W.
HOUTWIJK LN
LEY WEG
VOLENDAM LN
LOOSDUINSE WEG
REGENTESSE LN
WALD. PYRMONT KADE
PTT Museum
Bronovo
34-36
N211
E30
NIEUWE WEG
ESCAMP LAAN
Leyenburg
ZUIDERPARK LN
ELANDSTR.
ZEESTR.
JAVA STRAAT
RAAM WEG
38
37
ALKEMADE
Vlakte v. Waalsdorp
27
Paleis Noordeinde
MAURITSKADE
WASSENAARSE WEG
Schaatscentrum De Uithof
MEPPEL WEG
Oogziekenhuis
Clingendael
Renbaan
WEG
PARK STR.
30
KADE
28
32
31
29
ZUID-HOLLAND LN
26
Westeinde
Centrum
Wassena
E30
HENGELO
LAAN
Zuider-park
SOESTDIJKSE KADE
DE LA REY WEG
PRINSE-GRACHT
10
8,9
7
Binnen-hof
KONINGS
Duindigt
Haagse Bos
BENOORDENHOUTSE WEG
KEMP STR.
17
GR. MARKT STR.
1 t/m 6
CS
19-22
58
11
Stadhuis
LEIDSE STRAATWEG
DEDEMSVAART
MELIS STOKE LAAN
LOEVESTEIN
HOBBEMA STRAAT
18
VAILLANT
OOST INDIE
BEZUIDENHOUTSE WEG
N464
HOEF KADE
SPUI
PR. BERNHARD VIADUCT
Huis ten Bosch
25
ERASMUS WEG
E30
MOER WEG
TROELSTRA KADE
PARALLEL WEG
16
THERESIA STR.
12
HS
RIJSW. PL.
JUL. V. STOLB. LN
NIEUW
DIAMANTHORST
LAAN
24
SCHENK VIADUCT
WALDORP STRAAT
13
23
HET KLEINE LOO
ERASMUS WEG
14
NEHER KADE
15
FINNENBURG
ZICHT
NOORD WEG
Moerwijk
Ln v. NOI
Wateringen
Mariahoeve
Over-voorde
GOUVERNEUR LN
J. V.D. HEYDEN STR.
RIJSWIJKSE WEG
BINCKHORST LN
Binck-horst
OOST EINDE
KON. JULIANA LN
BEATRIX LAAN
MGR. VAN STEE LAAN
Voorburg 't Loo
HOF.
SCHAAP WEG
VAN VREDENBURGH LAAN
A12
HEUVELWEG
St Antoniushove
OOSTEINDE
PRINSES
TE LANDE LAAN
MAAN WEG
LN V. NW.
Rijswijk
GEN. SPOOR LAAN
ELSEN
GEESTBRUG W.
Voorburg
PRINS BERNHARD LAAN
NOORD
Leidsche-dam
Rijswijk
E30
HUIS
BURG. LINDE LAAN
HAAG WEG
Voor-burg
PARK WEG
J.S. BACH LN
SINGEL
SIR WINSTON CHURCHILL LAAN

J01 **R.A. Meier** Stadhuis en Bibliotheek/City Hall and Library
J02 **OMA; Van Mourik & Vermeulen** Nederlands Danstheater; Dr. Anton Philipszaal/Dance Theatre; Concert Hall
J03 **C.J.M. Weeber** Woningbouw/Housing
J04 **J. Hoogstad** Ministerie van VROM/Ministry of Housing
J05 **H. Hertzberger** Theatercentrum/Theatre Centre
J06 **R. Krier, Sj. Soeters** De Resident
J07 **P.B. de Bruijn** Uitbreiding Tweede Kamer/Extensions to Parliament
J08 **OMA** Souterrain/Service Tunnel
J09 **P.L. Kramer** Warenhuis/Department Store De Bijenkorf
J10 **J.W.E. Buijs, J.B. Lürsen** Coöperatie/Cooperative Society De Volharding
J11 **Atelier PRO** Woningbouw/Housing
J12 **Diverse Architecten** Stadsvernieuwing/Urban Redevelopment
J13 **G.C. Bremer, J. Emmen, H.J.J. Engel; Kraaijvanger Architecten** Stationspostkantoor; Expeditieknooppunt/Station Post Office; Forwarding Centre
J14 **Atelier PRO** Haagse Hogeschool/College
J15 **A. Rossi** Woningbouw/Housing Slachthuisterrein
J16 **A.J.M. Siza Vieira** Woningbouw/Housing
J17 **A.J.M. Siza Vieira** Pleinbebouwing/Redevelopment of Square
J18 **J.M.J. Coenen** Stadsvernieuwing/Urban Redevelopment
J19 **Apon, Van den Berg, Ter Braak, Tromp** Ministerie van Buitenlandse Zaken/Ministry of Foreign Affairs
J20 **OD 205** Koninklijke Bibliotheek/Royal Library
J21 **Sj. Schamhart, H. van Beek** Algemeen Rijksarchief/Public Records Office
J22 **Benthem Crouwel** Hoofdkantoor/Headquarters VNO
J23 **H. Hertzberger** Ministerie van Sociale Zaken/Ministry of Social Affairs
J24 **C. van Eesteren, Merkelbach & Karsten** Molensloot
J25 **J.J. Brandes** Villapark, Parkflat Marlot
J26 **J. Duiker, J.G. Wiebenga** Nirwana-Flat/Block of Flats
J27 **J.J.P. Oud** Kantoorgebouw/Office Building BIM/Shell
J28 **J.H. de Roos, W.F. Overeynder** Kantoorgebouw/Office Building Petrolea
J29 **M. Breuer** Amerikaanse Ambassade/United States Embassy
J30 **J.W. Bosboom** Woonhuis/Private House
J31 **A.E. & H. van Eyck** Uitbreiding/Extension to Algemene Rekenkamer
J32 **J. Greve** Parkeergarage/Multi-Storey Car Park
J33 **Sj. Schamhart, H. van Beek** Woongebouw/Housing Block Couperusduin
J34 **J.B. van Loghem** Woonhuis/Private House Hartog
J35 **G.Th. Rietveld** Woonhuizen/Private Houses Mees; Hillebrandt; Wyburg
J36 **J.W.E. Buijs, J.B. Lürsen** Woonhuis/Private House Leembruggen
J37 **J. Wils** Kantoorgebouw/Office Building Centrale Onderlinge
J38 **H.P. Berlage** Kantoorgebouw/Office Building De Nederlanden van 1845
J39 **J.J.P. Oud, H.E. Oud** Nederlands Congresgebouw/Netherlands Congress Building
J40 **H.P. Berlage, E.E. Strasser** Gemeentemuseum/Municipal Museum
J41 **W.G. Quist** Museum voor het Onderwijs/Museum of Education; Omniversum
J42 **H.P. Berlage** First Church of Christ, Scientist
J43 **H.P. Berlage** Woonhuis/Private House Henny
J44 **J. Duiker** Derde Ambachtsschool/Third Technical School
J45 **C.G. Dam** Residentie/Residence Seinpost
J46 **W.G. Quist** Museum Beelden aan Zee
J47 **Diverse Architecten** Kurhaus e.o.
J48 **H. van de Velde** Woonhuis/Private House Leuring
J49 **J.W.E. Buijs, J.B. Lürsen** Rudolf Steiner-Kliniek/Clinic
J50 **D. Roosenburg** Woonhuis/Private House Windekind
J51 **J. Wils** Woningbouw/Housing Daal en Berg
J52 **J.J.P. Oud** Tweede Vrijzinnig Christelijk Lyceum/School
J53 **J.J. Brandes** Daltonlyceum/School
J54 **J. Duiker, B. Bijvoet** Villadorp/Residential Village Kijkduin
J55 **G. Drexhage** Ontmoetingskerk/Church
J56 **A.E. van Eyck** Pastoor van Arskerk/Church
J57 **F. van Klingeren** Jeugdherberg/Youth Hostel Ockenburgh
J58 **Diverse Architecten** Woningbouwfestival/Housing Festival

J01 STADHUIS EN BIBLIOTHEEK/ CITY HALL AND LIBRARY
Spui/Kalvermarkt, Den Haag
R.A. MEIER | 1986-1995
G. Standke, R. Rietveld (proj.)
Architectuur & Bouwen 1989-1; Th. Hines e.a. – Stadhuis/bibliotheek Den Haag, 1989; de Architect 1995-6; S. Franke e.a. – Het Stadhuis/Bibliotheekcomplex, 1995; Architectuur in Nederland. Jaarboek 1995-1996

De Amerikaan Richard Meier wint een rumoerig verlopen prijsvraag voor een nieuw Haags stadhuis in 1987 met OMA als belangrijkste concurrent. In 1990 start de bouw voor een combinatiegebouw van winkels, openbare bibliotheek, verhuurbare kantoren en een stadhuis. Het nieuwe stadhuis vormt de spil van de vernieuwing van dit deel van het centrum. Twee kantoorvleugels zijn langs de lange zijden van het beschikbare kavel geplaatst. Tussen deze vleugels is ruimte gelaten voor een groot openbaar atrium, voorzien van een glaskap. Aan de kop van het gebouw, langs het Spui, is de cilindervormige bibliotheek een belangrijke blikvanger.

▮ In 1987, after a competition full of fireworks, the American architect Richard Meier beat the favourite (OMA) to collar the commission to build The Hague a new City Hall. Three years later construction began on a mixed-use building. Combining shops, rentable office space, a public library and the City Hall, it is the hub of the redevelopment of this part of the city centre. Two office wings lie along the long sides of the available plot, separated by a vast public atrium sporting a glass roof. A key attention-grabber is the cylindrical library set at the building's head, along the Spui.

J02 NEDERLANDS DANSTHEATER; DR. ANTON PHILIPSZAAL/DANCE THEATRE; CONCERT HALL
Spui, Den Haag
OMA; VAN MOURIK & VERMEULEN | 1980-1987
M. Vriesendorp (b.k.)
Architectuur & Bouwen 1987-10; de Architect 1987-10; Domus 1987-12; Archis 1988-4; Architectural Record 1988-4; Architecture d'Aujourd'hui 1988-6; Architecture + Urbanism 1988-10; Architectuur in Nederland. Jaarboek 1987-1988; Bauwelt 1989-1/2; R. Koolhaas – S M L XL, 1995

Het danstheater, waarvan het oorspronkelijke ontwerp bedoeld was voor een locatie in Scheveningen, deelt zijn foyer met de concertzaal voor het Residentie Orkest. Het programma voor het danstheater is ondergebracht in drie evenwijdige stroken: een kantoor/atelierstrook, een strook dubbelhoge dansstudio's en de eigenlijke zaal met foyer en toneel. Het ontwerp is op te vatten als een collage van relatief autonome onderdelen. Het culturele complex wordt gecompleteerd door een vrijstaande hotelschijf van Carel Weeber.

▮ This Dance Theatre, whose original design was destined for a site in Scheveningen, shares its foyer with a concert hall belonging to the Residency Orchestra. The Dance Theatre's programme has been accommodated in three parallel rows: one of offices and studios, one of double-height dance studios and one of the auditorium itself with foyer and stage. The design can be construed as a collage of relatively autonomous components. This cultural complex is rounded off with a free-standing hotel slab by Carel Weeber.

J03 WONINGBOUW/HOUSING
Schedeldoekshaven/Zwarteweg, Den Haag
C.J.M. WEEBER | 1982-1985
Wonen-TA/BK 1985-8; Bouw 1986-12, 18; E. Taverne – Carel Weeber, architect, 1990

Dit 'superblock' maakt deel uit van het eveneens door Weeber ontworpen stedenbouwplan voor het Forumgebied. Het blok bestaat uit een schijf van acht woonlagen langs de Schedeldoekshaven en een U-vormig blok van zes woonlagen dat op één hoek is afgerond. Beide blokken staan op een onderlaag met parkeerruimte, bergingen en winkels. De woningen worden ontsloten door galerijen aan de binnenzijde van het blok. Op de parkeergarage is een collectieve tuin aangelegd. De buitengevels zijn bekleed met zwartbetegelde prefabbetonplaten.

▮ This superblock, part of Weeber's own urban design masterplan for the Forum quarter, consists of a slab of eight dwelling levels and a U-shaped block of six dwelling levels rounded off at one corner. Both blocks rest on a basement of parking space, storage facilities and shops. All dwellings are reached from access galleries on the superblock's inner side. Above the car park is a communal garden. The streetside façades are clad in black-tiled precast concrete panels.

J04 MINISTERIE VAN VROM/MINISTRY OF HOUSING

Rijnstraat, Den Haag

J. HOOGSTAD | 1986-1992

Architectuur & Bouwen 1986-12; Bouw 1987-17; P. Groenendijk – Een transparant ministerie, 1988; de Architect 1992-11; Archis 1993-3; J. Rutten – Ministerie van VROM, 1993; R. Dettingmeijer – Jan Hoogstad, architect, 1996

Dit ministerie is het eerste kantoorgebouw in Nederland waarin op grote schaal gebruik is gemaakt van de ruimtelijke en bouwfysische voordelen van het atrium. Het is in feite een traditioneel kamvormig kantoorgebouw waarvan de open ruimtes tussen de kammen geheel zijn beglaasd zodat enorme serres zijn ontstaan. Het binnenklimaat van de serres kan worden geregeld door glazen schuifdaken. Hierdoor kunnen de ramen van de kantoren die op de serres uitkijken worden geopend, iets dat bij een traditioneel kantoor op deze locatie vol verkeerslawaai onmogelijk zou zijn geweest.

▪ This is the first large office building in the Netherlands to exploit the physical and spatial properties of the atrium. It is in fact a traditional comb-shaped office block whose open spaces between the 'teeth' of the comb are fully glazed to create enormous glazed buffer zones whose indoor climate can be regulated by glass sliding roofs. This arrangement means that the office windows onto these buffer zones can be opened, a state of affairs which would have been impossible for a traditional office situated here amidst the din of traffic.

J05 THEATERCENTRUM/THEATRE CENTRE

Spui 187, Den Haag

H. HERTZBERGER | 1986-1993

Architectuur & Bouwen 1986-12; de Architect 1993-10; Architectuur in Nederland. Jaarboek 1993-1994

De hoofdvorm van dit complex, dat behalve twee black box-theaterzalen tevens een videocentrum, een centrum voor beeldende kunst, een café, een filmhuis, bedrijfsruimtes en 75 woningen bevat, is grotendeels bepaald door stedenbouwkundige overwegingen. Een groot deel van de woningen is in een kwartrond volume ondergebracht, waardoor het gebouw zich richt op de openbare ruimte en uitzicht wordt gelaten op de naastgelegen kerk. Een met houten delen bekleed gevelvlak snijdt de eerste twee lagen van het complex in twee delen. Achter de wig bevinden zich de theaterzalen en het café, daarvóór de grote foyer en het filmhuis. Essentieel voor de sfeer zijn Hertzbergers karakteristieke stalen trappen, balkons en hekwerken in het interieur.

▪ This complex combining two black box auditoria with a video centre, arts centre, café, film theatre, commercial premises and 75 apartments, owes its main shape almost entirely to the urban context. A major part of the housing occupies a quadrant-shaped volume that points the building at the public space without obstructing the view of the nearby church. A timber-clad façade surface chops the first two levels of the complex in two, with the auditoria and café behind the wedge and the foyer and film theatre in front of it. Steel stairs, balconies and railings, typical Hertzberger ingredients, orchestrate the interior ambience.

J06 DE RESIDENT

Turfmarkt e.o., Den Haag

R. KRIER, SJ. SOETERS | 1988-

H.H.L.M. Dirrix (Woningbouw en winkels, Muzenstraat en Turfmarkt), **C. Pelli** (Zürichtoren, Zwarte Weg), **M. Graves, Sj. Soeters** (Castalia en Helicon, verbouwing Transitorium, Zwarte Weg), **Sj. Soeters** (Kantoren en winkels, Turfmarkt), **R. Krier** (Muzentoren, Muzenplein), **R. Krier, DAK** (Staatsdrukkerij, woningen, Fluwelen Burgwal), **Karelse & Van der Meer, G. Daan** (Woningbouw, Nieuwe Straat), **A. Natalini** (Woningbouw en winkels, Muzenplein)

Bouw 1993-24; Archis 1994-9; de Architect 1995-6; H. Ibelings – Sjoerd Soeters, architect, 1996; V. van Rossem – Stadbouwkunst: De Resident, 1996

Het stedenbouwkundig plan voor deze postmoderne enclave temidden van een staalkaart van moderne architectuur vanaf de jaren zestig tot en met de jaren negentig is van Rob Krier. Het gebied is voorzien van een nieuwe, diagonale as en een hoefijzervormige centrale openbare ruimte. Een team van bekende nationale en internationale architecten is ingeschakeld voor de ontwerpen van de diverse gebouwen.

▪ Hemmed in on all sides by buildings that run the complete gamut of modern architecture from the sixties to the nineties, is this postmodern enclave to a master plan by Rob Krier. After it had gained a new diagonal axis and a horseshoe-shaped central public space, name architects from home and abroad were enlisted to flesh the scheme out.

J07 UITBREIDING TWEEDE KAMER/ EXTENSIONS TO PARLIAMENT

Hofstraat/Plein, Den Haag

P.B. DE BRUIJN | 1981-1992

R.W. van de Wint (b.k.)

Wonen-TA/BK 1980-3; Bouwproject 1991-9; Architectuur & Bouwen 1992-8; de Architect 1992-12; J. Rutten - Nieuwbouw Tweede Kamer, 1992

Deze nieuwbouw voor de Tweede Kamer voegt zich, ondanks de strakke modernistische architectuur, opvallend gemakkelijk in de complexe historische omgeving. De ruimtelijke ruggengraat van het complex wordt gevormd door een hoge, langgerekte openbare hal met een glazen dak. Langs de hal zijn in meerdere lagen een reeks vergaderruimten gesitueerd. De halfronde plenaire zaal aan de Hofsingelzijde wordt geflankeerd door een torentje dat de bestaande bebouwing langs de Lange Poten afsluit en waarin een koffieshop, de rookzaal en ruimtes voor de media zijn opgenomen.
▪ For all its taut, modernist architecture this new complex for the Second Chamber of Parliament fits with remarkable ease into the complex urban setting. Its spine is a tall, elongated glass-roofed public hall connecting the two entrances, at Plein and Hofsingelplein. Ranged along the hall are several levels of conference rooms. The semicircular plenary hall of the Hofsingel side is flanked by a corner tower terminating the existing buildings along Lange Poten and containing a coffee shop, smoking room and rooms for the media.

J08 SOUTERRAIN/SERVICE TUNNEL

Grote Marktstraat/Kalvermarkt, Den Haag

OMA | 1990-1998

R.L. Koolhaas, R. Dijkstra, R. Heijne (proj.)

El Croquis 1996-79; Crimson – Re-Urb, 1997

Teneinde de Grote Marktstraat, voorheen een drukke verkeersader, verkeersluw te maken zijn openbaar vervoer en autoverkeer naar ondergrondse lagen verplaatst. In een 600 meter lange, vijftien meter brede en twaalf meter diepe 'tunnel' bevinden zich een tramlijn met twee stations en een dubbele parkeerlaag. De belangrijkste functie van het souterrain is het koppelen van de diverse ondergrondse parkeervoorzieningen en winkelruimten in de aanliggende gebouwen. Daar waar dit mogelijk en gezien de oriëntatie wenselijk is zijn visuele en fysieke verbindingen tussen de verschillende ondergrondse lagen en de buitenwereld gelegd.
▪ As a traffic calming device for Grote Marktstraat, hitherto a busy traffic artery, OMA have shifted public transport and motorized traffic onto various levels underground. A tram service plus two stations and a double layer of parking occupy a 'tunnel' of 600×15 ×12 metres. The key task of the service tunnel is to tie together the various underground parking facilities and the retail premises in adjoining buildings. In view of the necessary orientation, visual and physical links have been forged between the layers below-floors and the world above wherever possible.

J09 WARENHUIS/DEPARTMENT STORE DE BIJENKORF

Grote Marktstraat/Wagenstraat, Den Haag

P.L. KRAMER | 1924-1926

L. Beyerman, H.A. van den Eijnde, H.L. Krop, J. Polet, J. Raedeker (b.k.)

Architectura 1925 p.2; Wendingen 1925-11/12; De Bijenkorf, Den Haag, 1926; de Architect 1980-9; B. Kohlenbach – Pieter Lodewijk Kramer, 1994

Nadat J.F. Staal de besloten prijsvraag heeft gewonnen, wordt de opdracht voor dit warenhuis toch aan een van de verliezers, de Amsterdamse School-architect P.L. Kramer gegeven. Het vormt een van de laatste gebouwen waarin de plastische vormentaal van de Amsterdamse School volledig tot zijn recht komt. Alleen het exterieur verkeert nog in de oorspronkelijke staat; de zes verdiepingen hoge centrale lichthof in het interieur is in de jaren zestig met vloeren dichtgezet.
▪ After J.F. Staal had been declared winner of a limited competition for a design for this department store, the commission then went to one of the losers, Amsterdam School architect P.L. Kramer. One of the last buildings to show the plastic syntax of the Amsterdam School to full advantage, only the exterior has remained as it was; during the sixties the six storey high central well was filled in with additional floor space.

J10 COÖPERATIE/COOPERATIVE SOCIETY DE VOLHARDING

Grote Markt 22, Den Haag

J.W.E. BUIJS, J.B. LÜRSEN | 1927-1928

Bouwkundig Weekblad 1929 p.82; Het Bouwbedrijf 1929 p.391; C. Rehorst – Jan Buijs, Architect van De Volharding, 1983

Door zijn activiteiten in de sociaal-democratische beweging krijgt de architect Buijs, naast het inmiddels afgebroken gebouw van de Arbeiderspers in Amsterdam, ook de opdracht voor het hoofdkantoor van Coöperatie De Volharding. In deze coöperatie werden op basis van medezeggenschap en winstdeling producten en diensten gefabriceerd en verkocht; dóór arbeiders, vóór arbeiders. In het gebouw moesten kantoren, magazijnen, een tandheelkundige kliniek en een aantal winkels worden ondergebracht. Bovendien werd als eis gesteld dat het gebouw zoveel mogelijk gelegenheid voor reclame moest bieden. Dit laatste werd bepalend voor het uiterlijk van het gebouw. Het gebouw is geconstrueerd als skelet van gewapend beton. Het interieur is zakelijk en flexibel door het gebruik van lichte scheidingswanden. De gevels zijn geheel van glas met horizontale raamstroken voor de daglichttoetreding en hiertussen borstweringen van melkglas: lichtbakken van 2 m. hoog en 70 cm. diep, waarin iemand kan lopen om de uit zink gesneden letters en tekens aan roeden te bevestigen. Ook het trappenhuis en de lift op de hoek, tezamen met het naamschild op het dak een markante, kubistische compositie vormend, bestaan uit glazen bouwstenen en tegels. Als 's avonds het licht brandt is het gebouw één grote lichtende reclamezuil. Na verbouwingen in 1933 en 1938 en het opgaan van de coöperatie in een ziekenfondsvereniging verdwijnen of veranderen de karakteristieke elementen: de verschillende ingangen, de reclameteksten in de gevel en op het dak. Bij een restauratie in 1974 wordt het gebouw tot kantoorruimte verbouwd.

Door het gebruik van glas, glazen bouwstenen en kleur is het gebouw een van de eerste voorbeelden van glas- of lichtarchitectuur, een ware 'Kathedraal van de Arbeid'. De Volharding, en eigenlijk het gehele werk van Buijs, neemt een wat omstreden, geïsoleerde positie in de Nederlandse architectuur in. In de jaren dertig, als de standpunten in de moderne beweging zich verharden, ondervindt zijn mengeling van nieuwe zakelijkheid (in het kantoorgedeelte) en de expressionistische esthetiek van de hoekoplossing veel kritiek. Met name Van Loghem doet het werk in zijn invloedrijke boek 'Bouwen, Bauen, Bâtir, Building' af als 'nog decoratief', waarmee deze architectuur buiten de nieuwe zakelijkheid wordt geplaatst. Ook voor de glasarchitectuur van het Duitse utopische expressionisme komt het gebouw te laat. Pas in later jaren, en vooral door de recente belangstelling voor internationale avant-gardebewegingen als futurisme, constructivisme en De Stijl, ontstaat weer veel waardering voor het gebouw.

▪ Buijs' part in the Social Democratic movement earned him a commission not only for the Arbeiderspers ('Workers Press') building in Amsterdam (since demolished) but also for the head office of the Volharding Cooperative Society. This society manufactured and sold products and provided services on a basis of collective organization and division of profits; by the workers, for the workers. The building was to accommodate offices, stores, a dental clinic and shops. Another condition was that it offer as much opportunity for advertising as possible; this was to determine its outward appearance. Its reinforced concrete frame accommodates a functional interior, flexible through the use of lightweight wall partitions. Façades are fully glazed, horizontal strips for daylight alternating with 2 m. high illuminated bands of clouded glass that project 70 cm., allowing one person to enter and attach to rods letters and symbols in zinc. The corner stairtower and lift, also of glass, combine with the rooftop sign in a distinctive Cubist composition of glass brick and tiles. When lit up at night the building becomes a gigantic luminous billboard. After alterations in 1933 and 1938 and the cooperative's absorption in a sickness benefit association, such characteristic elements as its entrances and the advertisements on its façade and roof either disappeared or were changed. During restoration in 1974 the building was refurbished as office premises.

In its use of glass, glass brick and colour the Volharding is one of the earliest examples of building with glass and light, a true 'Workers' Cathedral'. Like everything else by Buijs it occupies a somewhat controversial, isolated place in Dutch architecture. In the thirties,

the Modern Movement's toughening attitude led to widespread criticism of its mixture of Nieuwe Zakelijkheid in the office section and the Expressionist aesthetics of its corner. Van Loghem in particular, in his influential book 'Bouwen, Bauen, Bâtir, Building', dismisses it as 'still decorative' and therefore no part of the Nieuwe Zakelijkheid. Then again, it came much too late for the Utopian Expressionism of German glass architecture. Only much later, especially with the revived interest in such international avant-garde movements as Futurism, Constructivism and De Stijl, would the building once more be the subject of acclaim.

J11 WONINGBOUW/HOUSING

Katerstraat, Den Haag

ATELIER PRO | 1984-1987

H. van Beek, W. Nuis (proj.)

de Architect 1987-6; Bouw 1988-6; Architext – De Katerstraat, 1987

De bestaande straat in deze stadsvernieuwingsbuurt is geheel vernieuwd: het profiel is verbreed en er zijn een dwarsstraat en een pleintje toegevoegd, terwijl het parkeren ondergronds is gesitueerd. Door deze opzet te combineren met een zorgvuldige architectuur met gestucte gevels en de fraaie halfronde trappenhuizen met glazen bouwstenen is een voorbeeldig stadsvernieuwingsproject ontstaan. De straat bevat drie- en vierkamerwoningen; op de hoeken bevinden zich winkels met daarboven tweekamerwoningen en rond het plein is een centraal-wonenproject gehuisvest.

▪ The existing street in this urban renewal area has been completely recast: its profile has been broadened, a side street and square added, and underground car parks installed. Combining this arrangement with white rendered façades and elegant semicircular stair-towers in glass block has spawned an impeccable urban renewal project. The street contains three- and four-room dwelling units, with shops below two-room units at the corners and a corporate housing project ranged round the square.

J12 STADSVERNIEUWING/URBAN REDEVELOPMENT

Stationsweg/Hoefkade/Jan Blankenstraat, Den Haag

DIVERSE ARCHITECTEN | 1985-1991

Van Herk & De Kleijn, Mecanoo, DAK, Ch. Vandenhove, J.M.J. Coenen, C.J.M. Weeber (Architecten Cie), P. Struycken (b.k.)

Architectuur in Nederland. Jaarboek 1996-1997

Vanaf 1985 is gedurende tien jaar gewerkt aan de stadsvernieuwing bij het station Hollands Spoor en het Rijswijkseplein. In een eerste fase is het gebied tussen het Stationsplein en de Hoefkade vernieuwd naar een stedenbouwkundig ontwerp van Van Herk & De Kleijn. Het plan bevat drie langgerekte woonblokken van Mecanoo en DAK. Aan de stationszijde is het complex afgesloten door een over de drie bouwblokken heen geplaatst woongebouw van Van Herk & De Kleijn. Een overdekte markthal aan de Hoefkade is ontworpen door DAK. In de buurt zijn tevens diverse projecten van de Luikse architect Charles Vandenhove gerealiseerd. Zijn classisistische architectuur is onder meer te zien op de hoek van Stationsweg/Hoefkade en bij een ingetogen hofje aan de Van Hogendorpstraat. Aan het Rijswijkseplein heeft Carel Weeber een woontoren voor studenten ontworpen. Over het door Peter Struycken ontworpen tegelpatroon op de gevel is de bij Weeber gebruikelijke Welstandscontroverse ontstaan, waarna het tegelpatroon in een 'rustiger' variant is uitgevoerd. Het grote ovale woningblok tussen station en Rijswijkseplein is ontworpen door Jo Coenen.

▪ For ten years beginning in 1985 the district between Hollands Spoor station and the Rijswijkseplein traffic intersection was the scene of wholesale urban regeneration. In the first phase, the area between Stationsplein and Hoefkade was revamped to an urban design by Van Herk & De Kleijn and now contains three elongated blocks of housing by Mecanoo and DAK. This ensemble is terminated on the station side by an apartment building by Van Herk & De Kleijn that straddles the three blocks. On Hoefkade stands a market hall designed by DAK. Scattered about the area are various projects by the Liège architect Charles Vandenhove; his classicist architecture can be admired at the corner of Stationsweg/Hoefkade and in a tranquil court off Van Hogendorpstraat. Carel Weeber for his part designed a tower block of student housing on Rijswijkseplein. Typically for Weeber, the tile pattern designed by artist Peter Struycken was slagged by the local amenities authority, and made way for a less 'busy' variant. Jo Coenen provided the large oval block of housing between the station and Rijswijkseplein.

J13 STATIONSPOSTKANTOOR; EXPEDITIEKNOOPPUNT/ STATION POST OFFICE; FORWARDING CENTRE

Rijswijkseweg/Waldorpstraat, Den Haag

G.C. BREMER, J. EMMEN, H.J.J. ENGEL; KRAAIJVANGER ARCHITECTEN | 1939-1949; 1984-1987

La Technique des Traveaux 1951 p.271; Forum 1952 p.320; Architectuur & Bouwen 1988-4; Bouw 1988-5; Architectuur in Nederland. Jaarboek 1987-1988

Het gebouw bestaat uit twee langwerpige bouwdelen met halfronde beëindiging: een smal deel met kantoorruimte en een breed deel voor de postverwerking. De post arriveert per trein of auto en wordt met behulp van paternosters naar de derde etage gebracht en gesorteerd. Het gebouw is geconstrueerd in beton, met schijven in de gevel en een rij kolommen in de middenzone. De grote sorteerruimte van 30×90 m. bovenin het gebouw wordt in één keer overspannen. De gevels bestaan uit glazen bouwstenen met kleine doorzichtvensters.

▪ This post office building divides into two elongated parts each with a rounded end: a narrow part for offices and a broad one for handling post. This arrives by rail or road and is then brought to the third floor by a continuous lift system for sorting. The building has a concrete structure, with piers along the façade and a row of columns in the central zone. The large sorting office (30×90 m.) at the top is column-free. Elevations are of glazed brick punctured with small windows.

J14 HAAGSE HOGESCHOOL/COLLEGE

Waldorpstraat/Leeghwaterplein, Den Haag

ATELIER PRO | 1990-1996

R. Hoek, L. Thier, H. van Beek (proj.), **ABT** (constr.)

Architectuur & Bouwen 1996-3, 4; de Architect 1997-2; Archis 1997-5; Architectuur in Nederland. Jaarboek 1996-1997

Een verouderd en geïsoleerd industrieterrein is door de concentratie van een aantal scholen en het aanbrengen van verbindingen met het station Hollands Spoor getransformeerd tot aantrekkelijk stedelijk gebied. De scholen zijn gecombineerd tot een megastructuur die uit drie elkaar gedeeltelijk overlappende hoofdvolumes bestaat: een langgerekt en een slingerend lokalenblok en een centraal ovaal gebouw, waarin en waaromheen de gezamenlijke voorzieningen een plaats hebben gekregen. De belangrijkste ruimte van het complex is het met een glaskap overdekte binnenplein in het ovale hoofdvolume. Excentrisch op dit binnenplein bevindt zich een kegelvormig volume met de aula.

▪ Brought out of isolation by links to the Hollands Spoor station, this once dilapidated industrial area is now an attractive urban area containing a complex of higher education colleges. The latter are combined into a megastructure of three partly overlapping main volumes: an elongated strip, a serpentine block of classrooms and a central oval building, in and around which are the shared facilities. The key space of the complex is the glass-roofed main lobby in the oval volume. Set excentrically in this major indoor space is a conical volume containing the main assembly hall.

J15 WONINGBOUW/HOUSING SLACHTHUISTERREIN

Neherkade, Den Haag

A. ROSSI (STUDIO DI ARCHITETTURA) | 1988-1991

Architecten Cie (medew.)

de Architect 1988-9; Archis 1988-9, 1992-11

Op het voormalige slachthuisterrein is naar stedenbouwkundig ontwerp van Aldo Rossi woningbouw en bedrijfsruimte gerealiseerd. Langs de drukke verkeersroute is een 500 meter lange megastructuur geplaatst, een hoge en monumentale wand die een scherm naar de lage bebouwing van de achterliggende wijk vormt. Als belangrijkste element is in deze wijk, die onder supervisie van Studio di Architettura tot stand is gekomen, de Galleria opgenomen: een door een oorspronkelijke negentiende-eeuwse stalen kap overdekte straat met onder meer een stadsdeelkantoor en een school.

▪ This site of a former abattoir now contains housing and commercial premises to an urban plan by Aldo Rossi. Along the busy main road rises a 500 metre long megastructure, a tall monumental street elevation acting as a screen to the low-rise development in the district beyond. The main feature of this district built under the supervision of Studio di Architettura, is the Galleria, a street sheltered by an original nineteenth century steel roof whose charge includes municipal offices and a school.

J16 WONINGBOUW/HOUSING

Suze Robertsonstraat e.o., Den Haag

A.J.M. SIZA VIEIRA | 1985-1989

C. Castanheira (proj.), **Van den Broek & Bakema** (medew.)

Archis 1987-7; Casabella 1987-9; de Architect 1988-7/8; Architecture d'Aujourd'hui 1989-2; Architectuur & Bouwen 1989-3; Architectural Review 1990-10; D. Boasson – Visie op de stad, Alvaro Siza in de Schilderswijk, 1988

De Portugese architect Alvaro Siza ontwikkelde in samenspraak met de voornamelijk islamitische bewoners speciale plattegronden met een bijzondere verkeersstructuur. De twee blokken, 'Punt' en 'Komma', zijn zeer neutraal vormgegeven en zetten de Nederlandse woningbouwtraditie voort: Haagse portieken, baksteengevels, gesloten bouwblokken. Slechts incidenteel zijn er door middel van materiaal- en kleuraccenten verbijzonderingen aangebracht. Ook het tweede project dat Siza in deze wijk realiseert wordt gekenmerkt door een neutrale vormgeving, waarbij op enige specifieke plaatsen krachtige vormelementen zijn toegevoegd.

▮ This housing, with its special floor plans and out-of-the-rut traffic structure, is the result of deliberation between the Portuguese architect Alvaro Siza and its mainly Mohammedan occupants. The two blocks, 'Full Stop' and 'Comma', have the most neutral design and continue the Dutch housing tradition (Hague-style porticoes, brick façades and perimeter blocks) pointed up here and there by departures in material and colour. Siza's second project in this district is similarly neutral except for the occasional deftly-placed high-powered feature.

J17 PLEINBEBOUWING/REDEVELOPMENT OF SQUARE

Van der Vennestraat, Den Haag

A.J.M. SIZA VIEIRA | 1985-1989

C. Castanheira (proj.), **Mecanoo** (medew.)

Archis 1987-7; Casabella 1987-9; de Architect 1988-7/8; Domus 1988-7/8; Architecture d'Aujourd'hui 1989-2; Architectuur in Nederland. Jaarboek 1988-1989

Op een driehoekig terrein zijn 200 woningen gesloopt om plaats te maken voor een ondergrondse parkeergarage en een wijkpark. De twee woningen voor de beheerders zijn gecombineerd met een winkel en de voetgangersentree. De woningen vormen een respectvolle hommage aan de Nederlandse architectuur, een voor onmogelijk gehouden huwelijk tussen de Amsterdamse School en het Nieuwe Bouwen: baksteen, gesloten gevels, ronde vormen en verticale accenten in een harmonieus samenspel met pleisterwerk, grote glasvlakken, terrassen en horizontale en rechthoekige vormen.

▮ 200 dwellings originally occupying this triangular site were demolished to make way for underground parking facilities and a local park. The two warden's residences are combined with a shop and a pedestrian entrance to the car park. The housing constitutes a respectful tribute to Dutch architecture, a marriage deemed impossible between Amsterdam School and Nieuwe Bouwen: brick, all but blank-walled façades, round forms and vertical accentuations in harmonious interaction with rendering, large areas of glass, terraces, and horizontal and rectangular forms.

J18 STADSVERNIEUWING/URBAN REDEVELOPMENT

Vaillantlaan e.o., Den Haag

J.M.J. COENEN | 1987-1993

Bauwelt 1992 p.1742; de Architect 1993-10; Archis 1994-1; Bouw 1994-1; Architectuur in Nederland. Jaarboek 1993-1994; A. Oxenaar – Jo Coenen, architect, 1994; Crimson – Re-Urb, 1997

Om van de verschillende stadsvernieuwingsprojecten langs de Vaillantlaan een architectonische eenheid te maken heeft Jo Coenen een stedenbouwkundig/architectonisch plan ontworpen met als belangrijkste onderdeel de 'Bouwdoos voor architecten'. De gevelcomposities zijn ondergeschikt gemaakt aan een monumentaal vormstramien met sterk negentiende-eeuwse trekken. Binnen dit stramien werden de gevels door de uitvoerende architecten gecomponeerd uit een standaardset van onderdelen. Deze onderdelen werden in grote aantallen geprefabriceerd waardoor in theorie een hogere prijs/kwaliteitverhouding voor deze sociale woningbouw kon worden gehaald.

▮ A 'construction kit for architects' is the key component of Jo Coenen's urban-architectural plan to weld together architecturally the various renewal operations along Vaillantlaan. The façades, dictated by a monumental grid with strong leanings to the nineteenth century, were assembled by the invited architects from a standard set of components. These components were then manufactured in large numbers to achieve, in theory at least, a better price-quality ratio for this social housing.

J19 MINISTERIE VAN BUITENLANDSE ZAKEN/ MINISTRY OF FOREIGN AFFAIRS

Bezuidenhoutseweg 67, Den Haag

APON, VAN DEN BERG, TER BRAAK, TROMP | 1974-1984

D.C. Apon (proj.)

Bouw 1985-19

Het kruisvormige gebouw is diagonaal op het beperkte bouwterrein geplaatst, waardoor een maximum aan gevellengte voor de kantoorvertrekken ontstaat. Het gebouw voor ca. 1200 ambtenaren bestaat uit twee parkeerlagen, twee lagen met algemene ruimtes, acht kantoorlagen en twee installatielagen. In het kruispunt bevinden zich de centrale voorzieningen. Door de getrapte opbouw van de verdiepingen, de verjonging van de gevels en het dominante beklede betonskelet is een plastisch geheel gecreëerd.

▮ This cruciform ministry building sits diagonally on the restricted site, so that as much of the office space as possible faces outwards. Able to hold some 1200 civil servants, it comprises two storeys for parking, two for general use, eight for offices and two for plant, with the main service areas at the intersection. The stepped construction of the storeys, tapering of fronts and dominating, clad concrete frame add up to a sculptural whole.

J20 KONINKLIJKE BIBLIOTHEEK/ROYAL LIBRARY

Bezuidenhoutseweg/Prins Willem Alexanderhof, Den Haag

OD 205 | 1973-1982

A. Hagoort, P.B.M. van der Meer, A.J. Trotz (proj.)

Plan 1983-10; Bouw 1983-21; A. Oosterman – Arie Hagoort, architect, 1991

Autonome bouwmassa's reflecteren de verschillende functies in deze behuizing voor de grootste boekencollectie van Nederland. De eigenlijke opslagruimte, een gesloten magazijnblok, ligt naast het hoofdblok, waar twee grote vides de leeszalen verlichten. De ruimtes voor de technische dienst en een driehoekig blok voor verwante instituten staan los van het hoofdgebouw zodat voetgangersstraten tussen de blokken ontstaan. De gevel is bekleed met witte aluminium platen.

▮ Autonomous masses express the various functions of this library housing Holland's largest collection of books. The actual storage area, a contained warehouse block, borders on the main library building with its two large voids illuminating the reading rooms. A maintenance department and triangular block for allied institutions stand away from the main building creating pedestrian passages between blocks. White aluminium panels clad the exterior.

J21 ALGEMEEN RIJKSARCHIEF/PUBLIC RECORDS OFFICE

Bezuidenhoutseweg/Prins Willem Alexanderhof, Den Haag

SJ. SCHAMHART, H. VAN BEEK | 1972-1979

de Architect 1979-10; Bouw 1981-4; H. van Dijk e.a. – Sjoerd Schamhart, architect in Den Haag, 1996

In het Rijksarchief zijn, naast archieven van de staat en de provincie, meer dan 150.000 historische kaarten opgeslagen. De publieksruimtes, studiezalen en bibliotheek zijn gegroepeerd rond een binnentuin, aansluitend op de depots in de gesloten blokken langs het Prins Bernhardviaduct. De maximale planklengte in de depots bedraagt 200 km. De wanden en het dak van de depots zijn extra zwaar geïsoleerd waardoor met weinig energieverbruik de temperatuur en luchtvochtigheid constant gehouden kan worden.

▮ The Public Records Office is home to the archives of state and province as well as 150,000 historical maps. Public areas, study rooms and a library are grouped around an inner garden leading to storerooms in closed blocks along Prins Bernhardviaduct with a maximum of 200 km. shelf space. Their walls and roofs have extra heavy insulation enabling the low-energy maintenance of a constant temperature and humidity.

J22 HOOFDKANTOOR/HEADQUARTERS VNO

Bezuidenhoutseweg, Den Haag

BENTHEM CROUWEL | 1993-1997

J. Benthem, W.M. Crouwel, A. Staalenhoef (proj.)

Architectuur & Bouwen 1996-10; de Architect-thema 60; Archis 1997-4

Deze kantoortoren is over een belangrijke, verdiept gelegen snelweg naar het centrum gebouwd. Het 72 meter hoge gebouw is gefundeerd op twee stroken aan weerszijden van deze Utrechtsebaan. Op maaiveldniveau wordt de weg door middel van een betonnen ruimtelijk vakwerk overspannen. In de onderbouw zijn vijf parkeerlagen, een entreeverdieping en een dubbelhoge verdieping met restaurant en congresruimten opgenomen. Een belangrijke blikvanger is het enorme stalen vakwerk in de glazen kopgevels. De glasgevels ter plaatse van de kantoorlagen zijn teruggeknikt zodat het vakwerk vrij van het gevelvlak is komen te liggen.

▮ Straddling a major sunken freeway (Utrechtsebaan), this 72 metre high office building sits on two concrete side walls either side of the tunnel tray. A frame of concrete lattice girders oversails the road at ground level. The basement contains five levels of parking, an entrance level and a double-height level of restaurant and congress rooms. But it is the enormous steel structure in the glazed heads, exposed where these recede at the office levels, that grabs the attention.

J23 MINISTERIE VAN SOCIALE ZAKEN/ MINISTRY OF SOCIAL AFFAIRS

Anna van Hannoverstraat 4-6, Den Haag

H. HERTZBERGER | 1979-1990

Architectural Review 1987-5, 1990-2; Architectuur & Bouwen 1991-1; de Architect 1991-2; Casabella 1991-10; Architectuur in Nederland. Jaarboek 1990-1991; J. Rutten – Ministerie van Sociale Zaken en Werkgelegenheid, 1991; W. Reinink – Herman Hertzberger, architect, 1990

De bouwmassa van dit kantoorgebouw voor 2400 ambtenaren is opgedeeld in zestien onderling geschakelde achthoekige torens. Evenals bij het kantoorgebouw voor Centraal Beheer wordt de enorme kantoormassa door middel van een familie van geprefabriceerde betonnen kolommen en liggers, die zijn geplaatst op een vierkant stramien, opgedeeld in een aantal werkeilanden die tot een groeiende reeks clusters zijn gekoppeld. Een hoge, over de lengte van het gebouw doorlopende vide waarin alle belangrijke trappen en liften zijn opgenomen, vormt de ruimtelijke ruggengraat van het complex.

▮ The mass of this office building for 2400 employees divides into sixteen interlinked octagonal towers. As in Centraal Beheer the enormous office area is broken down, using a family of prefabricated concrete beams and columns set in a square grid, into so many 'islands' linked in an expanding series of clusters. A tall void running the full length of the building and containing all the principal stairs and lifts, constitutes the backbone of the complex.

J24 MOLENSLOOT

Loudonstraat e.o., Den Haag

C. VAN EESTEREN, MERKELBACH & KARSTEN | 1928-1940

B. Rebel – Het Nieuwe Bouwen, 1983; H.P. Rosenberg – Architectuurgids Den Haag 1800-1940, 1988

Het stedenbouwkundig plan voor de woonwijk Molensloot is ontworpen door Van Eesteren. Na zijn benoeming in 1929 tot hoofdstedenbouwkundige in Amsterdam werd de wijk uitgewerkt door Merkelbach & Karsten. De woningen zijn ontworpen volgens functionalistische principes en vormen daarmee een uitzondering in het vooroorlogse Den Haag. Door het gebruik van baksteen en de toepassing van horizontale accenten in de vorm van betonnen balkons en lateien in de gevels kan de architectuur van de wijk echter ook worden gezien als een synthese tussen het functionalisme en de Haagse School.

▮ The urban plan for Molensloot housing estate was drawn up by Van Eesteren. After his appointment in 1929 as head of town planning in Amsterdam the plan was fleshed out by Merkelbach & Karsten. The dwellings were designed to functionalist principles and thus constitute an exception in The Hague before the war. However, given the use of brick and horizontal accentuation in the form of concrete balconies and lintels in the façades, it may be best regarded as a synthesis of functionalism and the Hague School.

J25 VILLAPARK, PARKFLAT MARLOT

Marlotlaan, Zuidwerflaan, Den Haag
J.J. BRANDES | 1923-1924
H. Suyver (stedenb.)
H.P. Rosenberg – Architectuurgids Den Haag 1800-1940, 1988; Archis 1990-2

Co Brandes is de voornaamste representant van de Haagse School, een op Frank Lloyd Wright en Berlage geïnspireerde, geometrisch decoratieve baksteenarchitectuur. In villapark Marlot, waaraan naast Brandes tevens W. Verschoor (Hofzichtlaan) en J.J. Hellendoorn (Marlotlaan) werkten, bevindt zich een aantal van de betere voorbeelden, met name Brandes' bebouwing ter plaatse van de kruising Zuidwerflaan/Van Hoeylaan en het Zuidwerfplein. De aan de rand van de wijk gelegen Parkflat is een geslaagde poging om deze stijl op een grootschalig appartementengebouw toe te passen.

▪ Co Brandes is the principal representative of the Hague School, a geometrical decorative style of brick architecture inspired by Frank Lloyd Wright and Berlage. In Marlot villa park, on which W. Verschoor (Hofzichtlaan) and J.J. Hellendoorn (Marlotlaan) also worked, can be found several of the better examples of the style, particularly Brandes' development at the intersection of Zuidwerflaan/Van Hoeylaan and at Zuidwerfplein. The Parkflat on the edge of the area is a successful bid to apply this style to a large-scale apartment building.

J26 NIRWANA-FLAT/BLOCK OF FLATS

Benoordenhoutseweg/Willem Witsenplein, Den Haag
J. DUIKER, J.G. WIEBENGA | 1927-1929
Bouwkundig Weekblad 1927 p.306, 325; Forum 1972-5/6; R. Sherwood – Modern Housing Prototypes, 1978; Duikergroep Delft – J. Duiker bouwkundig ingenieur, 1982

De Nirwana-flat is de eerste woontoren van Nederland. Hij bevat luxueuze serviceappartementen. Voor het eerst in Nederland werd hier eveneens een betonskelet in hoogbouw toegepast, hetgeen gedemonstreerd wordt door de doorlopende raamstroken in de gevels. De toren zou de eerste zijn in een serie aan elkaar gekoppelde woontorens. De uitstekende balkons op de westhoek vormen hier een aanzet toe.

▪ With its sumptuous service apartments, Nirwana was Holland's first tower block. Another 'first' in Holland was the high-rise application of a concrete frame, thus facilitating unbroken strips of fenestration. It was to have been the first in a series of interlinked blocks of flats. Projecting balconies on the west corner constitute a step in that direction.

J27 KANTOORGEBOUW/OFFICE BUILDING BIM/SHELL

Wassenaarseweg 80, Den Haag
J.J.P. OUD | 1938-1946
Architectural Record 1946-dec; Architectural Review 1948 p.137; E. Taverne, D. Broekhuizen – Het Shellgebouw van J.J.P. Oud, 1995

Vooral in de buitenlandse vakpers werd dit gebouw gezien als Ouds verraad aan de moderne beweging. De symmetrisch opgebouwde kantoorschijf wordt op de begane grond geaccentueerd door een bouwlichaam eindigend in een ronde kantine. Door het gebruik van ornament lijkt het ontwerp ver verwijderd van Ouds werk uit de jaren twintig. Hoewel Oud later nooit meer zo ver zou gaan vormt dit gebouw toch het begin van zijn latere, minder strenge, meer expressieve werk.

▪ This building was seen particularly in the foreign architectural press as Oud's betrayal of the Modern Movement. The symmetrical office slab is accentuated on the ground floor by a low-rise feature terminating in a circular canteen. In its use of ornament the design seems a far cry from Oud's work during the twenties. Though he was never to exceed these limits this building nevertheless serves to usher in his later less severe, more expressive work.

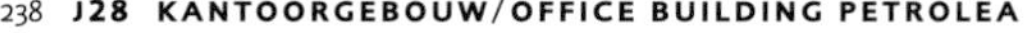

J28 KANTOORGEBOUW/OFFICE BUILDING PETROLEA

Zuid-Hollandlaan, Den Haag

J.H. DE ROOS, W.F. OVEREYNDER | 1921-1924

H.P. Rosenberg – Architectuurgids Den Haag 1800-1940, 1988

Het ontwerp was oorspronkelijk bedoeld als inzending voor een mogelijke prijsvraag voor een raadhuis in Hilversum. Het werd later aangeboden aan de American Petroleum Company en diende tot 1987 als hoofdkantoor van de Esso. Het monumentale gebouw heeft weliswaar een traditionalistisch uiterlijk, maar de baksteengevels verbergen een betonskelet en de enorme zalen in het interieur hebben kappen van in het zicht gelaten stalen spanten. In de 56 m. hoge toren, de glas-in-loodramen en de verlichtingsarmaturen zijn Art Deco-motieven verwerkt.

▮ This building began life as an entry to a projected competition for a city hall in Hilversum. The design was later offered to the American Petroleum Company, and until 1987 it served as the headquarters of Esso. Viewed from outside, the monumental building looks traditional enough. However, its brick façades conceal a concrete skeleton and the enormous rooms are spanned by exposed steel trusses. The 56 m. high tower, leaded windows and light fittings all exploit Art Deco motifs.

J29 AMERIKAANSE AMBASSADE/ UNITED STATES EMBASSY

Lange Voorhout 102, Den Haag

M. BREUER | 1957-1959

P. Morton (medew.)

Bouw 1959 p.866; Bouwkundig Weekblad 1959 p.580; Marcel Breuer, buildings and projects 1921-1961, 1961

Dit ambassadegebouw bestaat uit twee vleugels, een lange met kantoren en een korte met de Amerikaanse Voorlichtingsdienst, verbonden door een glazen tussenlid. Aan de achterkant bevindt zich een vrijstaande aula. De gevel is bekleed met rechthoekige en trapeziumvormige Muschelkalkplaten; ook de ramen hebben deze vorm. De gevel ontlokte stormen van protest uit de Haagse bevolking. Fundamenteler is de kritiek op het ruimtelijk oninteressante, anonieme en hokkerige interieur.

▮ This embassy building consists of two wings, a long one for offices and a short wing for the United States Information Service, the two linked by a glazed volume. At the rear is a free-standing auditorium, its façades clad with rectangular and trapezium-shaped shell-limestone panels; the windows also have this shape. Its outward appearance provoked storms of protest from the townspeople. On firmer ground, though, is criticism levelled at its spatially uninteresting, anonymous, cramped interior.

J30 WOONHUIS/PRIVATE HOUSE

Denneweg 56, Den Haag

J.W. BOSBOOM | 1898

Sj. Schamhart, H. van der Leeden (ren.)

Forum 1954 p.422; de Architect 1981-10; B. Moritz – Jan Willem Bosboom, 1981

Het smalle pand (6×50 m.) in Art Nouveau-stijl bood ooit onderdak aan een toonzaal en een pakhuis. Achter een in zeer dunne gietijzeren kolommen gevatte glasgevel, bekroond met flamboyant smeedwerk, bevindt zich een ruimte met daarin een staalskelet, houten vloeren, een gietijzeren trap en gaanderijen langs grote vides. In 1981 is het gebouw door Sj. Schamhart en H. van der Leeden (Atelier PRO) ingrijpend verbouwd tot filmhuis. Sindsdien heeft het gebouw verschillende culturele bestemmingen gehad.

▮ These narrow premises (6×50 m.) in Art Nouveau style once housed a showroom and a warehouse. Behind a glazed front set in spindly cast-iron columns and capped with flamboyant ironwork is the main volume with its steel frame, wooden floors, cast-iron stair and galleries skirting large voids. In 1981 the building was radically converted by S. Schamhart and H. van der Leeden of Atelier PRO into a film theatre. The building has housed a string of cultural functions since then.

J31 UITBREIDING/EXTENSION TO ALGEMENE REKENKAMER

Lange Voorhout/Kazernestraat, Den Haag

A.E. & H. VAN EYCK | 1993-1997

Archis 1993-2, 1997-11; de Architect 1997-12

Aan de achterzijde van het door C.H. Peters ontworpen monumentale hoofdgebouw van de Algemene Rekenkamer is een uitbreiding gerealiseerd door Aldo en Hannie van Eyck. Op voorspraak van rijksbouwmeester Rijnboutt kreeg de 'eminence grise' van de Nederlandse architectuur zijn eerste overheidsopdracht. Van Eyck negeert met zijn bij het Estec-complex ingezette vormconcept van sierlijke gebogen vormen het bestemmingsplan en de rooilijnen en plaatst een autonoom, grillig gevormd gebouw in de achtertuin. De kantoorruimte voor deze zo degelijke organisatie wordt bekleed met kleurige keramische elementen.

▪ At the rear of C.H. Peters' monumental main building for the General Chamber of Audit is this extension designed by Aldo and Hannie van Eyck. It was on the intercession of Kees Rijnboutt, the Government Architect, that the 'eminence grise' of Dutch architecture landed his first government commission. Deploying the strategy of decorative billowing forms that he used at Estec, Van Eyck ignored the land use plan and building lines and placed a freestanding, capriciously shaped building in the back yard. The office interiors for this super-respectable organization sport ceramic tiles in a splash of colour.

J32 PARKEERGARAGE/MULTI-STOREY CAR PARK

Torenstraat 144, Den Haag

J. GREVE | 1928-1930

Het Bouwbedrijf 1927 p.326; E. de Regt – Monumenten in Den Haag, 1986; H.P. Rosenberg – Architectuurgids Den Haag 1800-1940, 1988; de Architect 1991-7/8; B. Koopmans – Architectuur en stedebouw in Den Haag 1850-1940, 1994

Deze parkeergarage is de eerste met meerdere verdiepingen in Nederland. Karakteristiek voor het gebouw is het stelsel van ellipsvormige, zeven meter brede hellingbanen waarover de auto's de verdiepingen konden bereiken en waarlangs geparkeerd kon worden. Aan de parkeergarage zijn twee elementen toegevoegd: een vooruitgeschoven showroom en een rechthoekig werkplaatsenblok dat aansluit op de woonbebouwing. Het gebouw heeft een betonnen draagconstructie; de gevels zijn opgebouwd uit stroken baksteen, afgewisseld met stalen glasramen. De parkeergarage is inmiddels op de monumentenlijst geplaatst en in 1990 gerenoveerd, waarbij de stalen ramen zijn vervangen door geperforeerde staalplaten.

▪ The first multi-storey car park in the Netherlands, this building is predicated on a system of elliptical ramps seven metres across for parking along and driving up to the levels. A jutting showroom and a rectangular block of workshops abutting the housing next door have since been added. Supported by a concrete frame, the building has façades that alternate strips of brick with steel-framed fenestration. The car park is now a listed building and was renovated in 1990, its steel window frames being replaced with perforated steel plate.

J33 WOONGEBOUW/HOUSING BLOCK COUPERUSDUIN

Timorstraat/Burgemeester Patijnlaan, Den Haag

SJ. SCHAMHART, H. VAN BEEK | 1972-1975

Polytechnisch Tijdschrift Bouwkunde 1974 p.725, 749; Bouw 1976 p.701; H. van Dijk e.a. – Sjoerd Schamhart, architect in Den Haag, 1996

In het S-vormige woongebouw zijn vijf verschillende basistypen ondergebracht die ofwel via een middengang, ofwel via galerijen aan de buitenzijde ontsloten worden. Het gehele complex staat op een parkeergarage waarvan het dak met groen is beplant. In deze op zich geslaagde poging om woningen in een hoge dichtheid samen te brengen is de eenheid van het totaal door een overmatige variatiedrang opgeofferd aan de veelheid der delen.

▪ In this S-shaped apartment block are five distinct basic types of unit reached either by a central corridor or an external gallery. The entire complex sits on an underground car park whose roof has been planted over. In itself a successful attempt at high density housing, the unity of the whole has been sacrificed to the multiplicity of its parts by an over-exuberant desire for variety.

J34 WOONHUIS/PRIVATE HOUSE HARTOG

Van Soutelandelaan 141, Den Haag

J.B. VAN LOGHEM | 1937

De 8 en Opbouw 1939 p.242; Bouwkundig Weekblad 1940 p.100; Plan 1971-12

Deze woning is open en getrapt van opbouw naar tuin en zon, en gesloten en ongedifferentieerd naar de straat. Dit laatste wordt versterkt door de willekeurige compositie van verschillende raamvormen in het witgepleisterde vlak. De opbouw van de woning is verder symmetrisch over de diagonaal: twee lage uitbouwen aan weerszijden (garage en serre van de woonkamer), een afgeronde hoek met grote puien en een dakterras. Het interieur was eveneens door Van Loghem ontworpen.

▪ On one side this house is open and steps down to garden and sun, while the street side is contained and undifferentiated, an aspect strengthened by the fortuitous play of window shapes in its white rendered surface. Otherwise, the building is symmetrical over the diagonal: garage on one side, conservatory on the other, a rounded glazed corner and a roof terrace. Its interior, too, was designed by Van Loghem.

J35 WOONHUIZEN/PRIVATE HOUSES MEES; HILLEBRANDT; WYBURG

Van Ouwenlaan 42; Van Soutelandelaan 42; Van Ouwenlaan 44, Den Haag

G.TH. RIETVELD | 1934-1936; 1934-1935; 1938-1939

De 8 en Opbouw 1937 p.193; Het Bouwbedrijf 1939 p.277; H.P. Rosenberg – Architectuurgids Den Haag 1800-1940, 1988; G. Rodijk – De huizen van Rietveld, 1991

In de jaren dertig ontwerpt Rietveld een drietal huizen in de Haagse villawijk Benoordenhout. De woonhuizen Mees en Wyburg zijn varianten op een compositie van kubus en cilinder. Bij woonhuis Mees bevat de cirkelvorm een woon- en muziekkamer; het dak is als terras ingericht. De dubbelhoge cirkelvorm in woonhuis Wyburg bevat de woonkamer op de begane grond en een werkkamer op de verdieping. De boven het dak uitstekende toren heeft een glaswand op het zuiden die het trappenhuis belicht. Voor woonhuis Hillebrandt tekende Rietveld, om vertragingen met de welstand te voorkomen, een nauwelijks zichtbaar puntdak.

▪ In the thirties we find Rietveld designing a trio of houses in Benoordenhout, a villa district in The Hague. The Mees and Wyburg houses are variations on the theme of cube and cylinder. In the Mees house the billowing portion combines a living room and music room; the roof functions as a terrace. The double-height rounded section in the Wyburg house contains a ground-floor living and an upstairs study. The rectangular tower rising above the roof is glazed on the south side to deliver daylight to the stairs. For the Hillebrandt house Rietveld drew a (near to invisible) gable roof to get the design past the amenities authority without undue delay.

J36 WOONHUIS/PRIVATE HOUSE LEEMBRUGGEN

Nyelantstraat 6, Den Haag

J.W.E. BUIJS, J.B. LÜRSEN | 1935-1936

C. Rehorst – Jan Buijs, Architect van De Volharding, 1983

Een esthetisch verfijnd spel van rechthoekige volumes en horizontale betonplaten herbergt een vrij conventionele woningplattegrond: een centrale gang met utilitaire ruimtes en trappenhuis, waaromheen de kamers zijn gegroepeerd. Door de geel en grijs betegelde gevels, de vele balkons en terrassen, het dakterras en de horizontale armen oogt het gebouw modern en zakelijk, maar blijft het een synthese van verschillende opvattingen en vormmanieren.

▪ An aesthetic, refined play of rectangular volumes and horizontal concrete panels conceals a quite conventional house plan: a central corridor with service areas and staircase, off which are the rooms. The yellow and grey tiled façades, the many balconies and terraces, and the roof terrace and horizontal fenestration give the building a modern objective look, yet it remains a synthesis of various ideas and formal means.

J37 KANTOORGEBOUW/OFFICE BUILDING CENTRALE ONDERLINGE

Van Alkemadelaan 700, Den Haag

J. WILS | 1933-1935

Bouwkundig Weekblad 1934 p.478

Het L-vormige gebouw heeft een korte vleugel met vergaderzaal en directievertrekken en een lange vleugel met werkvertrekken, ingedeeld met verplaatsbare glazen schotten. Bij de hoofdingang op de hoek vormen trappenhuis en schoorsteen een markant verticaal accent in het verder horizontale gebouw. Het gebouw heeft een betonskelet, bekleed met gele baksteen. In 1948 is het gebouw uitgebreid met een extra verdieping. Bij een recente renovatie zijn de stalen kozijnen vervangen door aluminium exemplaren met dubbele beglazing. Enkele aangrenzende woningen behoren eveneens tot het geheel.

▮ The L-shaped block divides into a short wing comprising a conference room and director's suite and a long wing of offices separated by movable glass partitions. At the main entrance on the corner the stair-tower and chimney give a strong vertical thrust to the otherwise horizontal building. The building with its concrete skeleton and yellow brick cladding, was extended in 1948 with an extra storey. During a recent renovation the steel frames were replaced by aluminium ones containing double glazing. A few adjacent houses are as much part of the architectural whole.

J38 KANTOORGEBOUW/OFFICE BUILDING DE NEDERLANDEN VAN 1845

Groenhovenstraat/Raamweg, Den Haag

H.P. BERLAGE | 1921-1927

A.D.N. van Gendt (constr.), **W.M. Dudok** (uitbr.)

Het Bouwbedrijf 1927 p.179; Forum 1954 p.446; de Architect 1980-11

Aan weerszijden van de entree van dit kantoorgebouw liggen grote, vrij indeelbare zalen, verlicht door daklichten en voorzien van airconditioning. Aan de lange gevel op de begane grond liggen directievertrekken en vergaderzalen. Het betonskelet is in de gevel zichtbaar als vakwerk, gevuld met baksteenvlakken en ramen. Bij de bouw wordt reeds rekening gehouden met de toevoeging van een tweede etage, hetgeen in 1954 plaatsvindt. De raamindelingen van begane grond en verdieping corresponderen niet.

▮ Set on either side of the entrance to this office building are large, variously subdivisible chambers, toplit and fully air-conditioned. On the ground floor against the long façade are the management suite and conference rooms. The concrete skeleton is visible in the façade as a framework with a brick and glass infill. During construction provision was already made for the later addition of a second floor, realized in 1954. There is little correspondence between the ground-floor fenestration and that of the upper floor.

J39 NEDERLANDS CONGRESGEBOUW/NETHERLANDS CONGRESS BUILDING

Churchillplein 10, Den Haag

J.J.P. OUD, H.E. OUD | 1956-1969

Ph.M. Rosdorff (uitbr.)

Polytechnisch Tijdschrift Bouwkunde 1969 p.544; TABK 1969 p.193; H. Oud – J.J.P. Oud, Architekt 1890-1963, 1984; Architectuur in Nederland. Jaarboek 1988-1989; Bouw 1990-3

Dit complex werd in 1956 door Oud ontworpen en na diens dood in 1963 onder leiding van zijn zoon gerealiseerd. Het complex bestaat uit een congresgedeelte en een vrijstaande driehoekige hoteltoren. De grote congreszaal en twee kleinere zalen zijn onderling verbonden door een hal met monumentaal trappenhuis. De vlakke langgerekte gevels zijn afgewerkt met blauwgeglazuurde tegels en geelgeglazuurde baksteen met aluminium ramen. Oud voorzag zijn ontwerp hiermee van een onveranderbare kleurstelling. In 1986 is het gebouw uitgebreid met een kolomvrije hal van 8000 m² en een parkeergarage.

▮ Designed by Oud in 1956 and realized by his son after his death in 1963, this complex consists of a congress section and a free-standing triangular hotel block. The large congress hall and two smaller spaces are interconnected by a hall with a monumental staircase. Taut, elongated façades sport blue glazed tiles and yellow glazed brick with aluminium window frames. By these means, Oud gave his design an unchangeable colour scheme. In 1986 the building was extended with a column-free hall of 8000 m² and a parking garage.

J40 GEMEENTEMUSEUM/MUNICIPAL MUSEUM

Stadhouderslaan 41, Den Haag

H.P. BERLAGE, E.E. STRASSER | 1927-1935

Sj. Schamhart, J.F. Heijligers (uitbr.)

Wendingen 1920-11/12; Bouwkundig Weekblad 1921 p.13, 1931 p.1, 1935 p.317; Nederlands Kunsthistorisch Jaarboek 1974; Werk 1965 p.220; C.J.M. Schiebroek e.a. – Baksteen in Nederland, 1991; de Architect 1992-9; Architectuur & Bouwen 1993-3; Bouw 1997-8/9; H. van Dijk e.a. – Sjoerd Schamhart, architect in Den Haag, 1996

J41 MUSEUM VOOR HET ONDERWIJS/MUSEUM OF EDUCATION; OMNIVERSUM

Stadhouderslaan 41, Den Haag

W.G. QUIST | 1980-1985

W.G. Quist, J.G. Verheul (proj.)

Wonen-TA/BK 1984-3; Architectural Review 1985-1; de Architect 1986-3; Architectuur & Bouwen 1986-4; Archis 1986-6; Bouw 1986-10; A. van der Woud – Wim Quist, architect, 1989

Het Gemeentemuseum is het laatste grote ontwerp van Berlage; een jaar na zijn overlijden in 1934 wordt het gebouw opgeleverd. Vanuit een overdekte galerij tussen twee vijvers bereikt men de entree en de hoge ontvangsthal. Het museum wordt vooral geroemd om de bijzondere lichtval in de tentoonstellingszalen en de ruimtelijke opzet van de ontvangsthal. Het complex bestaat uit een reeks kabinetten en zalen rond een binnenhof, met trappenhuizen in de hoeken. Het is goed geoutilleerd met daklichten, wand- en plafondverwarming en luchtbevochtigingsinstallaties. Het betonskelet is overal bekleed. Om het niet-dragende van de wanden te tonen is de gele baksteen in vlechtwerk gemetseld. De basismoduul van 1,10×1,10 m. is afgeleid van het baksteenformaat. In 1996 wordt begonnen met een grootscheepse restauratie, na eerdere uitbreidingen aan de oost- en westzijde. In 1962 bouwde Sj. Schamhart een nieuwe tentoonstellingsruimte aan de westzijde. Grootschaliger was de uitbreiding met het Museum voor het Onderwijs (Museon) dat naar ontwerp van W. Quist in 1985 is opgeleverd. Het bestaat uit een centrale expositieruimte, een tussengebied waar de samenhang tussen de diverse vakgebieden wordt verduidelijkt, en een aantal, door grote taatsdeuren afsluitbare, ruimtes gewijd aan specifieke onderwerpen. De plattegrond bestaat uit twee in elkaar geschoven vierkanten. Het maatsysteem is gebaseerd op de moduul van 1,10 m. van het Gemeentemuseum, waarmee het de ingang deelt. Het vrijstaande Omniversum (ruimtetheater) bevat een koepelvormig projectiescherm in een gesloten bakstenen cilinder.

▪ The Municipal Museum was the last major building Berlage was to design and was completed in 1934, a year after his death. Its entrance and lofty reception hall are reached from a roofed gallery between two reflecting pools. This museum is particularly famous for the magnificent play of natural light in the exhibition rooms and the spatial arrangement of the reception hall. Ranging galleries and rooms round a courtyard with stairs at the corners, it is well equipped with rooflights, heating in the walls and ceilings and humidifying units. The concrete frame is fully clad, with woven courses in the yellow brickwork serving to illustrate the non-loadbearing aspect of the walls. A basic module of 1.10×1.10 m. stems from the size of brick used in the museum. 1996 saw work begin on a full-blown restoration in the wake of earlier extensions to the east and west sides. In 1962 Sjoerd Schamhart had added a new exhibition room in the west. A more substantial addition was Wim Quist's museum of education (Museon), delivered in 1985. This consists of a central exhibition space, an intervening area that clarifies the relationship between the different departments, and several spaces separable by large revolving doors and devoted to specific subjects. The plan comprises two interlocking squares based on the module of 1.10 m. used by the Municipal Museum whose entrance it shares. The free-standing space-theatre or Omniversum is an enclosed brick cylinder containing a hemispherical screen.

J42 FIRST CHURCH OF CHRIST, SCIENTIST

Andries Bickerweg 1b, Den Haag
H.P. BERLAGE | 1925-1926
P. Zwart (int.)
Bouwkundig Weekblad 1925 p.487, 1927 p.424; Het Bouwbedrijf 1927 p.390

Op een eigenaardig gevormd terrein met een groot hoogteverschil ontwerpt Berlage dit gebouwencomplex met kerk, vergaderzaal, kosterswoning en school. Elk onderdeel heeft een eigen uitdrukking in het exterieur dat bekroond wordt door een zorgvuldig gepositioneerde toren. De invloed van Frank Lloyd Wright is merkbaar bij de levendige geleding van de bouwvolumes en in het abstracte interieur (in samenwerking met Piet Zwart), waarin moderne elementen als betonnen kolommen en glazen bouwstenen nadrukkelijk aanwezig zijn.

▪ On a singular site with great differences in level Berlage designed this complex of a church, an assembly hall, a verger's residence and a school. Each component has its own expression within, crowned with a carefully placed tower. The influence of Frank Lloyd Wright is evident in the lively articulation of the volumes and in the abstract interior (done in collaboration with Piet Zwart), in which such modern elements as concrete columns and glass brick make their presence felt.

J43 WOONHUIS/PRIVATE HOUSE HENNY

Scheveningseweg 42, Den Haag
H.P. BERLAGE | 1898
E. de Regt – Monumenten in Den Haag, 1986; S. Polano – Hendrik Petrus Berlage, het complete werk, 1988

Berlage bouwde dit huis voor Carel Henny, directeur van het verzekeringsbedrijf De Nederlanden van 1845, waarvoor hij eerder enkele kantoorgebouwen had ontworpen. Doordat werkelijk alles, tot en met de deurknoppen toe, door Berlage kon worden ontworpen vormde dit woonhuis een van de weinige mogelijkheden om de door hem nagestreefde eenheid in stijl te verwezenlijken. Hoewel de villa inmiddels als kantoor in gebruik is, verkeert zij in een grotendeels ongewijzigde staat en is het baksteen-, natuursteen- en smeedijzerwerk van de intrigerende centrale hal nog steeds te bewonderen.

▪ Berlage built this house for Carel Henny, the director of the insurance company De Nederlanden van 1845, for which he had already provided office premises. As Berlage was now in a position to design everything down to the door handles, this house is one of the few opportunities he had of achieving the unity of style he strove for. Though the villa has since become an office, its state is largely unaltered and the brick-, stone- and wrought ironwork of the intriguing main lobby is still there to be admired.

J44 DERDE AMBACHTSSCHOOL/ THIRD TECHNICAL SCHOOL

Zwaardstraat 6, Scheveningen
J. DUIKER | 1929-1931
De 8 en Opbouw 1932 p.33; Forum 1972-5/6; de Architect 1981-11; Duikergroep Delft – J. Duiker bouwkundig ingenieur, 1982; M. Casciato – Johannes Duiker 1890-1935, Le Scuole, 1982

Deze school is een variant op een zeven jaar eerder niet uitgevoerd ontwerp in baksteen. Door de ervaringen met Zonnestraal en de Openluchtschool is hier gebruikgemaakt van een betonconstructie, met als basisonderdeel het skelet van één standaardlokaal. De lokalen liggen gedeeltelijk langs, gedeeltelijk haaks op een centrale gang. Op de begane grond bevinden zich aan weerszijden van de entree een fietsenstalling, een garderobe en een conciërgewoning. De horizontaal opgebouwde, getrapte gevel wordt in het midden bekroond door een scheepsbrugachtige constructie.

▪ This technical training school is a modification of an unrealized design in brick of seven years earlier. Following his experiences with Zonnestraal and the Open Air School, Duiker proceeded from a concrete frame with a standard classroom as basic structural unit. The classrooms are off a central corridor, either lengthwise or at right angles to it. On the ground floor by the entrance are a bicycle shelter, cloakroom and porter's lodge. The horizontally organized, stepped façade is crowned by a structure resembling a ship's bridge.

J45 RESIDENTIE/RESIDENCE SEINPOST

Seinpostduin, Scheveningen

C.G. DAM | 1975-1980

N. van der Horst (medew.)

de Architect 1979-10; Bouw 1985-18; B. Lootsma – Cees Dam, architect, 1989

Dit complex luxueuze appartementen is gesitueerd op het hoogste punt van Scheveningen en georiënteerd op zon en zee. De elf torens, van vijf en zeven verdiepingen hoog, zijn gegroepeerd in een hoefijzervorm. Het complex bevat 70 appartementen. Elke woning heeft een ronde serre waarvan de glazen wand opengeschoven kan worden. De gevel is bekleed met witte tegeltjes die tegen het zeeklimaat bestand zijn.

▪ This block of 70 luxury apartments is sited at the highest point in Scheveningen facing sun and sea. Eleven towers of five to seven storeys high are grouped horseshoe-fashion. Each unit has a round conservatory of which the outer glass slides open. Façades are clad with white spray-proof tiles.

J46 MUSEUM BEELDEN AAN ZEE

Harteveltstraat 1, Scheveningen

W.G. QUIST | 1990-1994

A. van der Woud – Wim Quist Projecten 87-92, 1992; Architectuur & Bouwen 1995-1; Archis 1995-1; Architectuur in Nederland. Jaarboek 1994-1995

In een duinpartij rond het vroeg negentiende-eeuwse paviljoen Von Wied ontwerpt Quist een ingetogen museum voor een particuliere beeldencollectie. Het paviljoen heeft zijn functie als buitensociëteit behouden. De tentoonstellingsruimten zijn opgenomen in twee cirkelsegmenten die aan weerszijden van het paviljoen gedeeltelijk in de duinen zijn ingegraven. Eén segment is overdekt, het andere bestaat uit een drietal oplopende terrassen voor buitenexposities. In het museum speelt de daglichttoetreding een belangrijke rol. Door middel van een glasstrook in het dak valt strijklicht langs de gebogen betonwand van de expositiezaal.

▪ Nestling in the dunes around the early nineteenth century Von Wied pavilion is this museum designed by Wim Quist to house a private art collection. The pavilion has retained its function of club house for a literary society. Exhibition spaces are accommodated in two segments of a circle partly dug into the dunes on either side of the pavilion. One segment is roofed, the other consists of three ascending terraces for outdoor showings. Daylight figures prominently in the museum, washing in through a glass strip in the roof along the curved concrete wall of the main exhibition room.

J47 KURHAUS E.O.

Gevers Deynootweg e.o., Scheveningen

DIVERSE ARCHITECTEN | 1955-

(o.a.) **J.F. Henkenhof, F. Ebert** (Kurhaus, 1883-1886), **D.J. Dijk, H.A. Maaskant, D.C. Apon** (Wandelpier, 1955-1961), **B. van Kasteel** (ren. Kurhaus, 1973-1981), **W. Eijkelenboom (EGM)** (Winkelpassage, 1976-1982), **A. Meijs** (Circustheater, 1993), **P.B. de Bruijn, M. Patmo (Architecten Cie)** (Casino, 1996)

Bouw 1959 p.1262; Architectural Design 1964 p.29; Wonen-TA/BK 1976-7; de Architect 1979-10; Bouw 1982-10; Bouw 1983-13; Bouwwereld 1996-6; Architectuur & Bouwen 1993-9

Eind jaren zestig wordt begonnen met de rehabilitatie van de badplaats Scheveningen. Terwijl de ene structuurvisie na de andere op tafel komt, wordt er ondertussen, met name gedurende de jaren tachtig en negentig, min of meer ongecoördineerd doorgebouwd. Nu de stofwolken rond deze bouwactiviteiten zijn opgetrokken is er een vermaakscentrum ontstaan met onder meer een casino en een musicaltheater. De moeite waard zijn vooral het negentiende-eeuwse Kurhaus en de wandelpier.

▪ At the end of the sixties work began on rehabilitating the seaside resort of Scheveningen. As the master plans piled up, building continued particularly in the eighties and nineties though with little in the way of coordination. Now that the dust has settled in every sense, the sum total of these building activities is an amusement centre whose features include a casino and a theatre for musicals. The nineteenth-century Kurhaus and the pier are well worth a visit.

J48 WOONHUIS/PRIVATE HOUSE LEURING

Wagenaarweg 30, Den Haag

H. VAN DE VELDE | 1903

Henry van de Velde, Geschichte meines Lebens, 1962 p.37

De opdrachtgever, huidarts dr. Leuring, kwam in contact met Van de Velde door bemiddeling van de schilder Jan Thorn Prikker, die zelf een groot mozaïekfresco op de wand achter de trap aanbracht. Deze trap loopt vanaf een grote hal op de begane grond met twee gebogen trapdelen naar een omloop op de verdieping. Woonhuis Leuring is een van de beste voorbeelden van Art Nouveau in Nederland; vooral het houtwerk is uiterst verfijnd uitgevoerd en verkeert in nog vrijwel ongeschonden staat.

▮ The client, dermatologist Dr. Leuring, came into contact with Van de Velde via the painter Jan Thorn Prikker who himself contributed a large mosaic fresco on the wall behind the stair. This stair rises from a large hall on the ground floor through two curved sections to a landing upstairs. This house is one of the best examples of Art Nouveau in the Netherlands; the woodwork in particular is extremely fine and has suffered little over the years.

J49 RUDOLF STEINER-KLINIEK/CLINIC

Nieuwe Parklaan 26, Den Haag

J.W.E. BUIJS, J.B. LÜRSEN | 1926-1928

de Architect 1979-5; C. Rehorst – Jan Buijs, Architect van De Volharding, 1983

Ter voorbereiding van het ontwerp voor dit ziekenhuis verblijft de architect een maand in Dornau, waar hij het volgens de antroposofische principes van Rudolf Steiner ontworpen Goetheanum bestudeert. Het langwerpige gebouw ligt op een glooiend terrein. Het middengedeelte bevat vrij rechte ziekenzaaltjes aan een middengang. De beide uiteinden maken een knik, zijn grillig maar hoekig van vorm en asymmetrisch.

▮ As preparation for designing this hospital, the architect spent a month in Dornau studying the Goetheanum, built according to the anthroposophical principles of Rudolf Steiner. The elongated building stands on a sloping site, its central section ranging more or less rectilinear wards along a central corridor. The two asymmetrical end sections are fanciful if angular.

J50 WOONHUIS/PRIVATE HOUSE WINDEKIND

Nieuwe Parklaan 76, Den Haag

D. ROOSENBURG | 1927-1928

H.P. Rosenberg – Architectuurgids Den Haag 1800-1940, 1988; Forum 1991-april

Het woonhuis voor Van 't Sant, vertrouwensman van koningin Wilhelmina, valt op door de kenmerkende uitkragende dakconstructie. Het bestaat uit een lang smal volume met een losstaand, monumentaal trappenhuis van schoon metselwerk waarin Roosenburg zich schatplichtig betoont aan zijn leermeester Berlage. Op de begane grond bevinden zich de eetkamer en de dienstbodekamers en op de tweede verdieping de slaapkamers, terwijl de eerste verdieping één grote, gelede woonruimte is. In de tuin aan het water staat een prieeltje, een miniatuurreplica van het huis.

▮ The most arresting feature of Windekind, once the home of Van 't Sant, adjutant to Queen Wilhelmina, is its extended roof overhangs. The house consists of a long narrow volume with a free-standing monumental staircase of exposed brick with which Roosenburg acknowledges a debt to his teacher Berlage. On the ground floor are the dining room and servants' quarters, on the second floor the bedrooms, while the first comprises one large articulated living space. In the garden on the water stands a small summerhouse, a miniature replica of the residence.

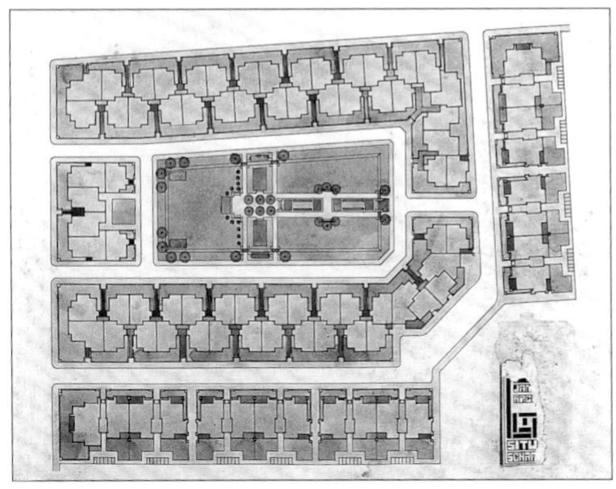

246 **J51 WONINGBOUW/HOUSING DAAL EN BERG**

Papaverhof, Den Haag

J. WILS | 1919-1922

J. Franso (rest.)

Bouwkundig Weekblad 1922 p.458; L'Architecture Vivante 1925-II; R. Sherwood – Modern Housing Prototypes, 1978; M. Casciato e.a. – Architektuur en Volkshuisvesting, Nederland 1870-1940, 1980; Architectuur & Bouwen 1989-10; de Architect 1989-12; V. Freyser – De Stijl van Jan Wils, 1989

De Papaverhof, een complex van 125 middenstandwoningen, is gebouwd in opdracht van de Coöperatieve Woningbouwvereniging Tuinstadwijk 'Daal en Berg'. Het complex bestaat uit 65 eengezinswoningen in twee lagen rond een groen plein van ongeveer 70×100 m. Langs de Klimopstraat zijn later, in overleg met de gemeente, twee appartementenblokken aan het plan toegevoegd als aansluiting op de omringende bebouwing. Het groene plein werd mogelijk doordat Wils een ingenieuze schakeling voor de eengezinswoningen heeft toegepast. De woningen zijn telkens paarsgewijs en onderling op zodanige wijze 'rug-aan-rug' geschakeld, dat tussen de paren ruimte overblijft voor de entrees. De woningen die met hun woonkamer en entree aan de straat liggen, kijken met hun keuken uit op het plein; voor de woningen aan het plein geldt het omgekeerde. De woningen zijn ruim opgezet. Zij bevatten op de begane grond een woonkamer, een keuken en een ruime entreehal met een bordestrap die drie slaapkamers en een badkamer op de verdieping ontsluit. Boven de erker aan de voorzijde van de woning bevindt zich een smalle raamstrook, zodat zonlicht tot diep in de woning kan doordringen. De over het algemeen uit vier kamers bestaande appartementen worden ontsloten door een centraal trappenhuis. Het portiek bevat een aantal moderne voorzieningen zoals een goederenlift en een 'spreekbuis' die met de automatisch te openen portiekdeur is verbonden. Wils is een van de oprichters van De Stijl. Evenals bij de beide andere architect-leden van het eerste uur, Van 't Hoff en Oud, is Wils' werk beïnvloed door de architectuur van Frank Lloyd Wright. De Papaverhof wordt niet ten onrechte vaak vergeleken met Wrights ontwerp voor arbeiderswoningen voor de Larkin Company in Buffalo. Bij de restauratie van het complex in 1989 zijn de woningen voorzien van buitengevelisolatie en ruw stucwerk. De oorspronkelijke kleurstelling van de kozijnen is bij de restauratie opnieuw aangebracht.

▪ The Papaverhof, an estate of 125 middle-class houses, was commissioned by 'Daal en Berg', a cooperative housing association. It originally consisted of 65 one-family dwellings in two layers around a green square of ca 70×100 m. Later, in consultation with the council, two apartment blocks along the Klimopstraat were added to help scale the housing to the surrounding development. It was Wils's ingenious method of joining the one-family units that created space for the green square. Units are linked in pairs and then interlinked 'back to back', in such a way as to leave space in-between pairs for their entrances. Units with living room and entrance on the street have their kitchen looking onto the square; for dwellings facing the square the reverse applies. On the ground floor of each of these capacious dwellings are a living room, a kitchen and an ample hall, from which a platform stair leads to an upper level of three bedrooms and a bathroom. Above the bay window at the front of each unit is a narrow strip of fenestration allowing sunlight to penetrate deep into the dwelling. The apartments, most of which have four rooms, are reached by a central staircase. The porch contains several 'modern' appliances such as a goods lift and 'speaking tube' connected to the entrance door which can be opened automatically. Jan Wils was one of the founders of the De Stijl group. His work, like that of Van 't Hoff and Oud, the other two architects at the group's inception, shows the influence of Frank Lloyd Wright. The Papaverhof has often been compared, not without justification, to Wright's design for worker housing for the Larkin Company in Buffalo. When the complex was restored in 1989 the houses were given an outer coating of insulation and untreated stucco, and the door and window frames regained their original colours.

J52 TWEEDE VRIJZINNIG CHRISTELIJK LYCEUM/ SCHOOL

Goudsbloemlaan, Den Haag

J.J.P. OUD | 1949-1956

K. Appel (b.k.)

Forum 1956 p. 228; Bouwkundig Weekblad 1957 p. 29; Architecture d'Aujourd'hui 1957-juni/juli

In deze school worden de in afzonderlijke gebouwdelen opgenomen functionele hoofdgroepen (theorielokalen, praktijklokalen, aula) onderling verbonden door een centrale hal met een dubbele bordestrap. Een vrijstaande trapcilinder tussen gymnastiekblok en hoofdgebouw maakt een hoekverdraaiing mogelijk zodat het gebouw zich naar de omgeving kan richten. De gevels zijn op een vierkant raster ontworpen en verschillen onderling door hun open of gesloten karakter en hun kolompositie.

▪ In this school the principal departments (theory, practice, main hall) are housed in separate volumes interlinked by a central well with a double platform stair. The angle of rotation made possible by a free-standing cylindrical staircase between the gymnasium and the main block allows the latter to face out to the surroundings. Façades are designed to a square grid and differ as to whether 'open' or 'closed' and in the position of their columns.

J53 DALTONLYCEUM/SCHOOL

Aronskelkweg, Den Haag

J.J. BRANDES | 1929-1939

Het Bouwbedrijf 1931 p. 266; H.P. Rosenberg – Architectuurgids Den Haag 1800-1940, 1988

Het ontwerp van deze Daltonschool is met zijn expressieve architectuur van gele baksteen en gearticuleerde, horizontale vensterstroken kenmerkend voor de Haagse School. Het centraal geplaatste, hoge middendeel bevat een monumentaal trappenhuis en is voorzien van verticale stroken glas-in-lood in Art Deco-stijl. Het trappenhuis is tevens voorzien van een mozaïek met een ode aan de zon. Enige jaren later bouwt Brandes een woningbouwcomplex rond het Pinksterbloemplein in dezelfde stijl. Door de wijkende lijnen van de bouwblokken biedt de straat een weids uitzicht op de school aan de overkant van het water.

▪ The expressive architecture of yellow brick and articulated horizontal window bands make the Dalton School a typical product of the Hague School of architects. The tall middle portion at dead centre contains a monumental staircase and boasts vertical slits of Art Deco-style stained glass. An ode to the sun in mosaic-form also graces the staircase. Some years later Brandes built a housing complex round a nearby square (Pinksterbloemplein) in the same style. The lines of its blocks deflect to present a grand view of the school across the water.

J54 VILLADORP/RESIDENTIAL VILLAGE KIJKDUIN

Scheveningselaan, Den Haag

J. DUIKER, B. BIJVOET | 1919-1922

Moderne Bouwkunst in Nederland 5, 1941; Forum 1972-5/6; Duikergroep Delft – J. Duiker bouwkundig ingenieur, 1982

Deze veertien (semi)vrijstaande villa's tonen onmiskenbaar de invloed van Frank Lloyd Wright op het werk van Duiker. Het horizontale karakter van de overhellende daken en de lange raamstroken, de schoorsteen als dominant verticaal element en de open interne organisatie zijn overgenomen van Wrights prairiehouses. De meeste woningen zijn verbouwd.

▪ These fourteen (semi-)free-standing villas show quite clearly the influence of Frank Lloyd Wright on Duiker's work. The horizontality of the overhanging roofs and long strips of fenestration, the chimney as key vertical element and the open internal organization all derive from Wright's prairie houses. Most units have since undergone alteration.

J55 ONTMOETINGSKERK/CHURCH

Louis Davidsstraat 2, Den Haag

G. DREXHAGE (DSBV) | 1966-1969

Het gebouw bestaat uit een vierkant kerkgedeelte en een eronder geschoven bijgebouwtje met de kosterswoning en diverse nevenruimtes. De entreeruimte kan door middel van een vouwwand afgescheiden worden van de 1,70 m. hoger gelegen kerkzaal en vormt zo een ontmoetingsruimte. De betonnen hoofdconstructie is ingevuld met tegen zoninval schuingeplaatste horizontale prefabbetonnen lamellen met twee lagen enkelglas. In een eerdere Haagse kerk (Christus Triumfator, Juliana van Stolberglaan 154, 1962) heeft Drexhage vergelijkbare betonelementen verticaal toegepast.

▪ This building consists of a square church section and an additional block tucked beneath it containing the verger's residence and various ancillary spaces. The entrance zone can be separated off from the church space by a folding partition to form a meeting centre. The concrete main structure has an infill that alternates horizontal prefabricated concrete slats set at an angle to keep out sunlight, with strips of single glazing in two layers. In an earlier church in The Hague (Christus Triumfator, Juliana van Stolberglaan 154, 1962) Drexhage applied comparable concrete elements but then vertically.

J56 PASTOOR VAN ARSKERK/CHURCH

Aaltje Noordewierstraat 4, Den Haag

A.E. VAN EYCK | 1964-1969

Architectural Design 1975 p.344; Bauen + Wohnen 1976-1; Lotus 11; F. Strauven – Aldo van Eyck, 1994

Een gesloten rechthoekige doos van grijze betonsteen verbergt een veelheid aan ruimte-, licht- en vormeffecten. De kerk vormt een combinatie van een hoge ruimte (11 m.), een binnenstraat langs alle religieuze plaatsen, en een lage congregatieruimte (2,5-3,5 m.) met vaste banken. Ronde daklichten en manshoge halfronde muurtjes vormen een labyrint in plattegrond en dak. De betonnen cilindervormige daklichten worden doorsneden door de dakbalken. Hierdoor wordt de constructie geaccentueerd en een meerduidigheid gegeven aan de zo ontstane halve cirkels.

▪ A closed rectangular box in grey concrete brick conceals a multitude of effects of space, light and form. The church combines a tall space (11 m.), an interior street accommodating all religious functions and a low congregation hall (2.5-3.5 m.) with built-in pews. Circular rooflights and semi-circular walls the height of a man form a maze in both plan and roof. Beams divide the concrete cylindrical rooflights, bringing out the structure and lending an ambiguity to the resulting semi-circles.

J57 JEUGDHERBERG/YOUTH HOSTEL OCKENBURGH

Monsterseweg 4, Den Haag

F. VAN KLINGEREN | 1971-1974

Bouw 1976-4

Uitbreiding van een negentiende-eeuwse villa met een rechthoekige, donkere stalen doos. Dit flexibele gebouw biedt op twee verdiepingen plaats aan 400 bedden, verdeeld over achtpersoonskamers en één grote slaapzaal voor vijftig personen. De hogere begane grond wordt geheel benut voor de eet- en recreatiezaal, met een ingeschoven keuken. De staalconstructie, zowel binnen als buiten onbekleed, bestaat uit dwarsspanten op vier kolommen met stijve verbindingen. De strook voor de gevel is zowel terras als vluchtweg.

▪ The two upper storeys of this flexible building, a nineteenth-century villa expanded with a rectangular, dark steel box, has room for 400 beds, divided among bedrooms for eight persons and a single large dormitory for fifty. A dining and recreation hall with kitchen slotted in takes up the entire ground floor. The steel structure, exposed both inside and out, consists of cross beams resting on a quartet of columns with rigid joints. The strip in front of the façade can either be a terrace or an emergency exit.

J58 WONINGBOUWFESTIVAL/HOUSING FESTIVAL

Dedemsvaartweg, Den Haag

DIVERSE ARCHITECTEN | 1988-

(o.a.) **K.W. Christiaanse, OMA** (stedenb.), **Kingma & Roorda** (Kavel 1, Woongebouw), **K. Oosterhuis** (Kavel 2, Patiowoningen), **Mecanoo** (Kavel 3, Patiowoningen), **Dobbelaar De Kovel De Vroom (DKV)** (Kavel 4, Patiowoningen), **Archipel Ontwerpers** (Kavel 12, Woongebouw), **Van Herk & De Kleijn** (Kavel 14, Woongebouw), **Geurst & Schulze** (Kavel 15, Woongebouw), **F.J. van Dongen (Architecten Cie)** (Kavel 16, Woongebouw), **J.L. Mateo** (Kavel 20, Woongebouw), **A. Zaaijer, K.W. Christiaanse** (Kavel 25, Woongebouw), **H. Ciriani** (Kavel 27, Woongebouw), **Arquitectonica** (Kavel 28, Woongebouw)

de Architect 1993-10; Casabella 1993-7/8

Omstreeks 1989 wordt in Den Haag de 200.000ste woning opgeleverd. Ter gelegenheid hiervan organiseert de gemeente op een langgerekte strook langs de Dedemsvaartweg een woningbouwfestival, een reeks speciale woningontwerpen naar een stedenbouwkundig ontwerp van Kees Christiaanse, toen nog in dienst van OMA, in samenwerking met de gemeentelijke Dienst Stadsontwikkeling. De bebouwing van de strook is zo transparant mogelijk gehouden, zodat bewoners van de aangrenzende woonwijk zicht houden op het groene gebied met sportterreinen en volkstuinen achter de nieuwe woningstrook. De anderhalve kilometer lange en circa dertig meter brede strook is verdeeld in drie segmenten, elk met een eigen type bebouwing. Het eerste segment is bestemd voor verschillende vormen van vrijstaande en geschakelde laagbouwwoningen, waarmee wordt aangesloten op de schaal van de aangrenzende volkstuinen. De tweede sector bestaat uit een reeks middelhoogbouwblokken van vier tot vijf bouwlagen, die in schaal aansluiten op de bebouwing van de aangrenzende woonwijk en door hun plaatsing loodrecht op de weg een transparant straatbeeld geven. In de derde sector is in verband met het uitzicht hoogbouw gepland, verdeeld over vijf woongebouwen van circa tien lagen. De verschillende woongebouwen zijn ontworpen door binnen- en buitenlandse ontwerpers. Door vertraging in de uitvoering is de voorbeeldfunctie van het festival minder dan bedoeld. Desondanks zijn de verschillende projecten van een bovengemiddelde kwaliteit. Alleen bij de vrijstaande woonhuizen is het (vrijwel) niet gelukt de beoogde experimentele projecten uit te voeren.

▪ In 1989 or thereabouts, The Hague was to receive its 200,000th house. To celebrate the occasion the council organized a housing festival, a string of out-of-the-rut house designs on a slender strip of land along Dedemsvaartweg to an urban design by Kees Christiaanse, at that time still working for OMA, in association with the local urban development agency. The resulting new-build has been kept as transparent as possible so that inhabitants of the adjoining housing district retain a view of the green zone of sportsfields and garden allotments beyond the new development. One and a half kilometres long and some thirty metres wide, the strip has been divided into three segments, each with its own type of development. The first is for a variety of low-rise both free-standing and linked, scaled to the surrounding allotments. The second segment comprises a string of middle-rise blocks four to five storeys high whose scale ties in with that of the adjoining district. These blocks are set square to the street for the sake of transparency. So as to profit from the view, high-rise is planned for the third segment: five apartment buildings of ten or so storeys. The various blocks in the scheme are designed by architects of national and international standing. Setbacks in construction work have made the festival less of an example than was originally envisaged. Having said that, the projects are of above-average quality except among the free-standing houses, where the experimental aspects were largely unsuccessful.

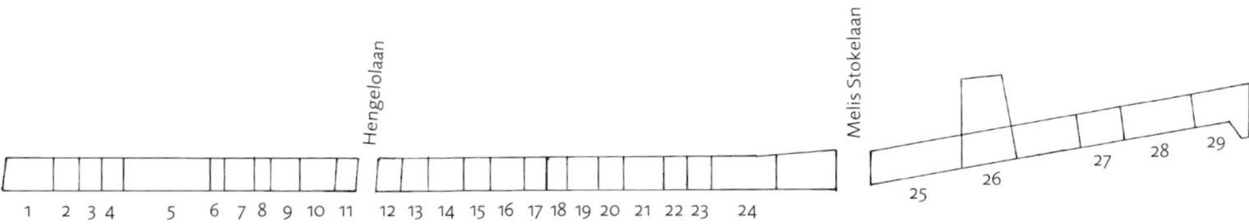

K01 **S. van Ravesteyn** Centraal Station/Central Station
K02 **E.H.A. & H.M. Kraaijvanger** Stationspostkantoor/Railway Post Office
K03 **H.A. Maaskant, W. van Tijen** Groothandelsgebouw/Business Centre
K04 **Diverse Architecten** Weena-gebied/Weena Area
K05 **J.W.C. Boks** Bouwcentrum
K06 **Mecanoo** Jongerenhuisvesting/Young people's Accommodation
K07 **E.H.A. & H.M. Kraaijvanger, R.H. Fledderus** Concertgebouw/Concert Centre De Doelen
K08 **Merkelbach & Elling** Rijnhotel, AMVJ-Gebouw/Building
K09 **W.G. Quist** Schouwburg/City Theatre
K10 **K.J. van Velsen** Megabioscoop/Multiplex
K11 **A.H. Geuze (West 8)** Schouwburgplein
K12 **J.J.P. Oud** Reconstructie/Reconstruction Café De Unie
K13 **Van den Broek & Bakema** Winkelcentrum/Shopping Centre De Lijnbaan
K14 **H.A. Maaskant; H.A. Maaskant, A. Krijgsman; H.D. Bakker** Lijnbaanflats/Blocks of Flats
K15 **Van den Broek & Bakema** Warenhuis/Department Store Ter Meulen/Wassen/Van Vorst
K16 **J.F. Staal** Koopmansbeurs/Exchange
K17 **Groosman Partners** World Trade Centre
K18 **P.B. de Bruijn** Winkelcentrum/Shopping Centre; Schielandtoren
K19 **R.B. van Erk** Uitbreiding/Extension Bank Mees Pierson
K20 **M. Breuer, A. Elzas** Warenhuis/Department Store De Bijenkorf
K21 **W.M. Dudok** Erasmusflat/HBU
K22 **W.G. Quist** Kantoorgebouw/Office Building Robeco
K23 **Murphy/Jahn Architects** Blaak Office Tower
K24 **W.G. Quist** Maritiem/Maritime Museum Prins Hendrik
K25 **Tuns + Horsting** Hotel, Imax Theater/Cinema
K26 **W.G. Quist** Kantoorgebouw/Office Building Willemswerf
K27 **K.W. Christiaanse; Mecanoo** Inrichting/Redevelopment Boompjes; Restaurant
K28 **H.A.J. Henket** Maastheater/Theatre
K29 **W. Molenbroek** Het Witte Huis/The White House
K30 **H.C.H. Reijnders** Station Blaak
K31 **P. Blom** Paalwoningen, Blaakoverbouwing/Pole Dwellings, Blaak Heights
K32 **Van den Broek & Bakema** Centrale Bibliotheek/Central Library
K33 **J.J.P. Oud** Spaarbank/Savings Bank
K34 **W.G. Quist** Uitbreiding/Extension St. Laurenskerk
K35 **H.A. Maaskant, W. van Tijen** Industriegebouw/Industrial Building
K36 **Mecanoo** Uitbreiding Parkhotel; Woningen en Winkels/Extension to Parkhotel; Housing and Shops
K37 **Brinkman & Van der Vlugt** Woonhuis/Private House Sonneveld
K38 **G.W. Baas** Chabotmuseum
K39 **Brinkman & Van der Vlugt** Woonhuis/Private House Boevé
K40 **Actiegroep Het Oude Westen, P.P. Hammel** Stadsvernieuwing/Urban Redevelopment Oude Westen
K41 **Girod & Groeneveld** School, Clubhuis, Woningbouw/School, Clubhouse, Housing
K42 **De Nijl** Woningbouw/Housing
K43 **Mecanoo** Woningbouw/Housing
K44 **P.D. Weeda; De Nijl** Woningbouw/Housing
K45 **A. van der Steur** Museum Boijmans Van Beuningen
K46 **A. Bodon** Uitbreiding/Extension to Museum Boijmans Van Beuningen
K47 **H.A.J. Henket** Tuinpaviljoen/Garden Pavilion Museum Boijmans Van Beuningen
K48 **J.M.J. Coenen** Nederlands Architectuurinstituut/Netherlands Architecture Institute
K49 **OMA** Kunsthal
K50 **OMA** Museumpark
K51 **E.L.J.M. van Egeraat** Uitbreiding Natuurhistorisch Museum/Extension to Natural History Museum (Villa Dijkzigt)
K52 **OD 205** Medische Faculteit/Medical Faculty
K53 **H.F. Mertens** Kantoorgebouw/Office Building Unilever
K54 **Brinkman & Van der Vlugt** Kantoorgebouw/Office Building R. Mees & Zonen
K55 **H.A. Maaskant; Gemeentewerken** Euromast; Spacetower
K56 **J.P. van Bruggen, A. van der Steur** Maastunnel, Filtergebouwen/Filter Houses
K57 **W. van Tijen** Parklaanflat/Block of Flats

K01 CENTRAAL STATION/CENTRAL STATION

Stationsplein 1, Rotterdam

S. VAN RAVESTEYN | 1950-1957

J.H. Baas (b.k.), **OMA** (Busstation, 1985-1987)

Bouw 1957 p.604; Polytechnisch Tijdschrift Bouwkunde 1958 p.220; Architecture d'Aujourd'hui 1958 p.24; La Technique des Travaux 1960 p.93; Bouw 1987-22; Architecture + Urbanism 1988-10; Architectuur in Nederland. Jaarboek 1987-1988; Architectuur Rotterdam 1945-1970, 1993

Twee gebogen kantoorvleugels, die overigens twee in plaats van de gesuggereerde vier verdiepingen bevatten, aan weerszijden van de centrale hal eindigen in twee decoratieve poorten. Vanuit een voetgangerstunnel zijn de perrons bereikbaar, die elk met een eigen kap van twee gewelfde betonschalen zijn overdekt. Ook in de centrale hal zijn gewelfde schalen aangebracht die indirect worden verlicht. Voor het gebouw staat een busstation, ontworpen door OMA.

▮ Two curved office wings, each of two storeys instead of the suggested four, stand either side of the main station concourse and terminate in two decorative gateways. Platforms are reached from a pedestrian tunnel and are each capped with two vaulted concrete shells. In the main hall, too, are vaulted shells lit indirectly. A bus station designed by OMA stands before the main block.

K02 STATIONSPOSTKANTOOR/RAILWAY POST OFFICE

Delftseplein 31, Rotterdam

E.H.A. & H.M. KRAAIJVANGER | 1954-1959

L. van Roode (b.k.)

Bouw 1959 p.246; Polytechnisch Tijdschrift Bouwkunde 1959 p.762; Bouwkundig Weekblad 1960 p.388; La Technique des Travaux 1960 p.215; Architectuur Rotterdam 1945-1970, 1993

De postmechaniseringsapparatuur vereiste hoge werkzalen met zo min mogelijk kolommen. De breedte van 34 m. wordt in beton overspannen met slechts één middenkolom. Aan oost- en westzijde bevinden zich lagere kantoorverdiepingen. De dubbelhoge werkzalen hebben een horizontaal kijkraam tot 2,10 m. hoogte als schaalbepalend element. De bovenste laag is 9,50 m. hoog en kolomloos. Deze opbouw komt in de gevel duidelijk tot uiting in de typische baksteen- en betonarchitectuur van de wederopbouw. Met de verplaatsing van de postsortering naar de rand van de stad is het gebouw thans zonder bestemming.

▮ Automation for this railway post office meant tall work areas with a minimum of columns. Its width of 34 m. is spanned in concrete supported by a single central column. On the east and west sides are less-tall office storeys. In the double-height work areas, the scale is determined by a horizontal window rising 2.10 m. The uppermost level, 9.50 m. high and without columns, is clearly expressed in the façade by brick and concrete architecture typical of the postwar reconstruction. The railway post office's move to the edge of the city has left this building without a use.

K03 GROOTHANDELSGEBOUW/BUSINESS CENTRE

Stationsplein 45, Rotterdam

H.A. MAASKANT, W. VAN TIJEN | 1949-1951

Polytechnisch Tijdschrift Bouwkunde 1949 p.171, 1951 p.693; Bouwkundig Weekblad 1950 p.433; Bouw 1953 p.145; Forum 1953 p.130; La Technique des Travaux 1953 p.287; L. Ott – Van luchtkasteel tot koopmansburcht, 1969; H. Fluks e.a.- Architect H.A. Maaskant, 1983; Architectuur Rotterdam 1945-1970, 1993

Dit bedrijfsverzamelgebouw, een megastructuur van 128.000 m², vormt de aanvang en het blijvend symbool van de wederopbouw. De bedrijfsruimtes zijn gegroepeerd rond drie binnenhoven, waar vrachtwagens goederen afleveren via een intern verkeersstelsel. De ruimtes, zowel bruikbaar als kantoor als voor opslag, hebben een identieke, neutrale gevel van betonelementen. Met accenten als trappenhuizen, ingangen en een bioscoop op het dak levert dit een expressieve betonarchitectuur op.

▮ This multi-company megastructure of 128,000 m², the Rotterdam Business Centre, was the start and remains the symbol of Rotterdam's postwar reconstruction. It groups commercial premises around three inner courts where lorries come and go using an internal road system. Serving either as an office or a storeroom, each space has an identical, neutral façade of concrete elements. Accentuated by staircases, entrances and a cinema on the roof, the sum total is an expressive, concrete architecture.

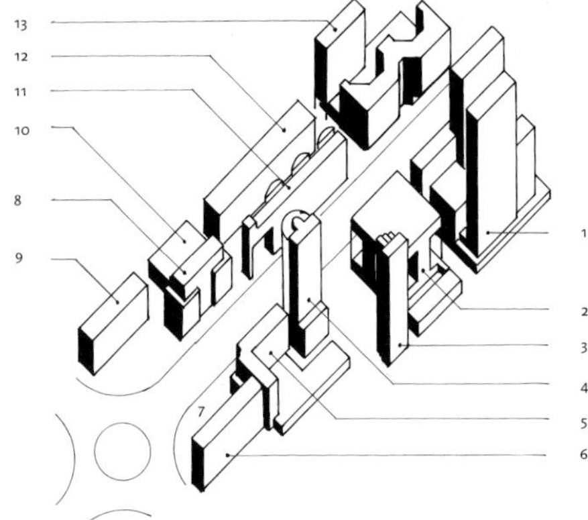

K04 WEENA-GEBIED/WEENA AREA

Weena, Rotterdam

DIVERSE ARCHITECTEN | 1982-1992

1 A. Bonnema (Hoofdkantoor Nationale Nederlanden, 1986-1991), **2 J. Hoogstad** (Hoofdkantoor Unilever, 1988-1992), **3 J. Hoogstad** (Woongebouw, 1988-1990), **4 H. Klunder** (Kantoor/woongebouw, 1982-1990), **5 H. Klunder** (Weenahuis, 1983-1987), **6 C.G. Dam** (Woongebouw, 1981-1984), **7 W. de Kooning** (Kunstwerk), **8 ZZ&P** (Hoofdkantoor Stad Rotterdam, 1985-1990), **9 H.A. Maaskant, F.W. de Vlaming** (Hilton Hotel, 1960-1964), **10 P.B. de Bruijn (Architecten Cie)** (Parkeergarage, 1987-1988), **11 J.J.M. Klompenhouwer (Brouwer Steketee)** (Kantoorgebouw, 1986-1993), **12 H.A. Maaskant** (Weenagebouw, 1966-1968), **13 Ellerman, Lucas, Van Vugt** (Plazacomplex, 1984-1992)

de Architect 1987-2, 1992-5; Bouw 1990-16/17; Architectuur & Bouwen 1992-5; Architectuur Rotterdam 1970-1995, 1995

Het Weena was jarenlang een open vlakte in het centrum. Binnen een tijdsbestek van vijf jaar is een grootstedelijke boulevard gecreëerd. Het straatprofiel is versmald door bebouwing aan de noordzijde op de metrobuis en een tweede laag gebouwen aan de zuidkant.

▪ The Weena had long been an empty expanse in the city centre. Then, within the space of five years, a metropolitan boulevard was created. The street profile has been narrowed by the development on the north side above the metro tube, and by a new front line of buildings on the south side.

K05 BOUWCENTRUM

Diergaardesingel/Weena, Rotterdam

J.W.C. BOKS | 1946-1948

H. Moore (b.k.), **Eijkelenboom & Middelhoek** (uitbr. 1967-1970)

Bouw 1956 p.305, 1970 p.1066; Architectuur Rotterdam 1945-1970, 1993

Het Bouwcentrum documenteert het bouwen en geeft voorlichting. Aan het zicht onttrokken door kantoor- en expositieruimtes van latere uitbreidingen, ligt het 16-hoekige oude tentoonstellingsgebouw. Vanuit de kern, een paddestoelvloer op acht kolommen, lopen drie betonnen bruggen straalsgewijs naar de rand. Deze rand bevat op de begane grond kantoorruimtes en op de verdieping, langs een uitkragende galerij, gesloten expositieruimtes. De kern is afgedekt met een betonnen koepel met ingelegde glazen bouwstenen. Delen van het Bouwcentrum zijn inmiddels gerenoveerd; de toekomst van het als kantoorruimte fungerende tentoonstellingsgebouw is onzeker.

▪ The Bouwcentrum (Building Centre) documents building and provides information. Hidden from view by offices and exposition areas added later is the original sixteen-sided exhibition building. From the core, a mushroom floor on eight columns, three concrete bridges extend radially to the perimeter, which on the ground floor contains offices and on the upper floor enclosed exhibition areas off a projecting gallery. The core is roofed with a concrete dome inlaid with glass brick. Parts of the centre have since been renovated, though the future of this erstwhile exhibition building turned office block remains uncertain.

K06 JONGERENHUISVESTING/ YOUNG PEOPLE'S ACCOMMODATION

Kruisplein, Rotterdam

MECANOO | 1981-1985

H.J. Döll, F.M.J. Houben, R. Steenhuis (proj.)

Forum 1983-1/2; Plan 1983-3; Architectural Review 1985-1; de Architect 1985-7/8; H. Döll e.a. – Woningbouw Kruisplein, 1985; Bouw 1986-1; K. Somer – Mecanoo, architecten, 1995

Het complex bevat diverse vormen van gemeenschappelijk wonen. Gesitueerd op de brandgrens van het bombardement vormt het in schaal en situering een overgang van de negentiende-eeuwse woonwijk naar het moderne centrum. In de hoogbouw worden de woningen ontsloten vanaf galerijen; een galerij per drie etages. De woon- en gemeenschappelijke ruimtes zijn intern verbonden door trappen in de breedte van de woning. Het gebogen blokje met woningen boven winkels heeft een portiekontsluiting.

▪ This complex for housing young people embraces various forms of communal living. Standing on the perimeter of the bombed-out area, it constitutes in scale and siting a transition from nineteenth century housing to modern city centre. The high-rise dwellings are reached from access galleries, one per three storeys. Living and communal spaces are linked internally by stairs placed breadthways. The curved block of dwellings above shops has a porch entrance.

K07 CONCERTGEBOUW/CONCERT CENTRE DE DOELEN

Schouwburgplein/Kruisstraat 2, Rotterdam

E.H.A. & H.M. KRAAIJVANGER, R.H. FLEDDERUS | 1955-1966

Bouw 1966 p.1405, 1825; Architectuur Rotterdam 1945-1970, 1993

Het concertgebouw heeft een vierkante plattegrond waarin diverse hoofdvormen zijn geplaatst. Als reactie op het zakelijke stadscentrum is in het uiterlijk gezocht naar de expressie van cultuur. Naast de koperbekleding van de dakopbouwen dient hiervoor met name de natuurstenen siergevel. Dit rasterwerk van balken en kolommen oogstte weinig waardering: de constructief onlogische siergevel suggereert drie etages waar er één of twee zijn.

▪ This, Rotterdam's concert hall, has a square plan into which a number of principal volumes have been inserted. Reacting against the functional city centre, its appearance was intended as an expression of culture, hence the copper facing of the roof structure and more particularly the stone ornamental façade. This grid of beams and posts has been little appreciated: the structurally illogical façade suggests three storeys rather than the one or two in reality.

K08 RIJNHOTEL, AMVJ-GEBOUW/BUILDING

Schouwburgplein 1, Rotterdam

MERKELBACH & ELLING | 1949-1959

P.J. Elling (proj.), **J. Kromhout** (medew.)

Bouwkundig Weekblad 1961 p.349; La Technique des Traveaux 1961 p.345

Het gebouw bestaat uit een hoogbouw met 140 hotelkamers, een lager blok met een jeugdhotel (kleinere kamers met gemeenschappelijk sanitair) en een laagbouw met restaurant en congres- en sportaccommodatie. Deze algemene ruimtes zijn tegenwoordig in gebruik als kantoorruimte en bioscoop. Het betonskelet is hoofdzakelijk bekleed met een verfijnde aluminium vliesgevel. In de gevel aan de Mauritsweg is vorm gegeven aan de confrontatie van een orthogonale hoofdopzet met een stomphoekige stedenbouwkundige situatie. Bij een renovatie in 1988 zijn de hotelkamers in het hoofdgebouw vergroot en is de vliesgevel vervangen door een onderhoudsarme gevel met sandwichpanelen.

▪ This complex consists of a high-rise block of 140 hotel rooms, a less-tall block containing a youth hostel (smaller rooms with communal wash and toilet units) and a low-rise portion of restaurant and facilities for meetings and sports, at present housing offices and a cinema. The concrete frame is faced mainly with a refined aluminium membrane. The Mauritsweg façade expresses the confrontation of an orthogonal plan with its obtuse angled urban site. During renovations carried out in 1988, the hotel rooms in the main block were enlarged and the curtain wall was replaced by an easier-to-clean cladding of sandwich panels.

K09 SCHOUWBURG/CITY THEATRE

Schouwburgplein 25, Rotterdam

W.G. QUIST | 1982-1988

G. Rickey, J. van Munster (b.k.)

de Architect 1988-6; A. van der Woud – Wim Quist, architect, 1989; Architectuur Rotterdam 1970-1995, 1995

Een krap budget en een moeizame situering vormen de randvoorwaarden voor deze vervanger van de naoorlogse noodschouwburg. Vanwege de lichttoetreding naar de woningen is de 34 m. hoge toneeltoren aan de pleinkant geplaatst. De plattegrond is symmetrisch van opzet; vanuit de entree onder de toneeltoren voeren statige lange trappen langs de zaal naar de foyer aan de achterzijde, een interessant ruimtelijk geheel met bordestrappen, galerijen en vides. Quists nuchterheid en terughoudendheid overheersen in exterieur en interieur, zelfs in de grijs met rode grote zaal.

▪ The tightest of budgets and an awkward site were the limiting conditions for this building, which replaces the postwar temporary theatre. The 34 m. high fly tower was placed at the front to permit continued light penetration to the housing at the rear. The plan has a symmetrical parti: from the entrance below the fly tower, long stately stairs lead past the auditorium to the foyer at the back, an interesting spatial configuration of landings, galleries and voids. Quist's soberness and restraint dominates both inside and out, even in the grey and red main auditorium.

K10 MEGABIOSCOOP/CITY MULTIPLEX

Schouwburgplein 101, Rotterdam

K.J. VAN VELSEN | 1992-1996

de Architect thema oct 1995, 1996-4; J. Rodermond – Koen van Velsen, architect, 1995; Architectuur in Nederland. Jaarboek 1996-1997; Archis 1997-4

Dit bioscoopzalencomplex met zeven zalen is gebouwd op de bestaande parkeergarage, waardoor het gebouw ultralicht moest worden geconstrueerd. De draagconstructie is van staal en afgezien van de staalplaat-betonvloeren zijn verder lichte materialen als gips- en golfplaat toegepast. Vier grote zalen worden door middel van stalen kolommen opgetild boven een groot foyergebied met daaronder drie kleinere zalen. Door het optillen van de grote zalen, zodat de pleinruimte in de foyer doorloopt, en door de wijkende lijnen van de zalen te benadrukken is getracht de massaliteit van het gebouw te verminderen. Het gebouw is voor een groot deel ingepakt met transparante golfplaten.

▪ This complex of seven cinema auditoria sits atop the existing parking garage, necessitating a building of the lightest construction. The loadbearing structure is of steel and apart from the steel plate reinforced concrete floor slabs, carries lightweight materials such as gypsum board and corrugated sheet. Steel columns bear aloft four big auditoria above a large foyer zone beneath which are a further three smaller auditoria. Raising the big auditoria lets the square continue on into the foyer and stresses the deviating lines of the auditoria, the overall aim being to lessen the effect of great mass. Much of the building is wrapped in transparent corrugated sheet.

K11 SCHOUWBURGPLEIN

Schouwburgplein, Rotterdam

A.H. GEUZE (WEST 8) | 1992-1997

de Architect 1991-4, 1993-3; Casabella 1993-1/2; B. Lootsma – Adriaan Geuze West 8, 1995; Architectuur in Nederland. Jaarboek 1996-1997

In 1990 wordt een voorstel van landschapsarchitect Adriaan Geuze voor de herinrichting van het Schouwburgplein aangenomen. Het plein wordt als podium gezien en 35 cm boven straatniveau getild; door onder de rand verlichting aan te brengen lijkt het te zweven. Het plein is in een drietal functionele zones met verschillende bestrating verdeeld, zoals een lichte metalen afwerking voor het grootste middendeel voor zwaardere activiteiten. Aan de oostzijde is op een zone van hout en rubber een verblijfszone gecreëerd met terrassen, verlicht door vier hydraulische lichtmasten. De derde zone met epoxy gietvloer ligt voornamelijk in de schaduw.

▪ In 1990 a proposal by landscape architect Adriaan Geuze for the redesign of Schouwburgplein was accepted. In it the square is conceived as a podium raised 35 cm above street level, lighting installed in this space giving it an effect of floating. The square is divided into three functional zones each with its own type of paving, the largest zone in the centre finished in light metal so as to support more robust activity. The one to the east of wood and rubber is a gathering space complete with pavement cafés and lit by four hydraulic light masts. The third zone of poured concrete levelled with epoxy is largely in shadow.

K12 RECONSTRUCTIE/RECONSTRUCTION CAFÉ DE UNIE

Mauritsweg 35, Rotterdam

J.J.P. OUD | 1924-1925/1985-1986

C.J.M. Weeber (rest.)

Bouwkundig Weekblad 1925 p. 236, 370, 397; L'Architecture Vivante 1925-11; H. Oud – J.J.P. Oud, Architekt 1890-1963, 1984; Architectuur Rotterdam 1970-1995, 1995

Reconstructie van de gevel van het tijdens het bombardement van 1940 verwoeste café De Unie. De vlakverdeling en het gebruik van primaire kleuren maken De Unie tot een uitgesproken De Stijl-compositie. De opschriften en lichtreclames zijn gebruikt als volwaardige architectonische middelen om de belangrijkste functie van de gevel te vervullen: de aandacht trekken. De ogenschijnlijke antifunctionalistische, want decoratieve gevel blijkt juist het meest geschikte antwoord op het gestelde probleem.

▪ A reconstruction of the façade of café De Unie, destroyed in the 1940 bombardment. The subdivision of its surface and use of primary colours make De Unie a typical product of De Stijl. Lettering and illuminated signs are used architecturally to fulfil the façade's most important function, namely to attract attention. The decorative, thus apparently anti-functionalist façade really does seem the most appropriate solution.

K13 WINKELCENTRUM/SHOPPING CENTRE DE LIJNBAAN
Lijnbaan, Rotterdam
VAN DEN BROEK & BAKEMA | 1951-1953
F.J. van Gool, H. Klopma (medew.)
Bouw 1953 p.783, 862; Casabella 1954-aug/sep; Bauen + Wohnen 1955 p.55; J. Joedicke – Architektur und Städtebau, 1963; Architectuur Rotterdam 1945-1970, 1993

K14 LIJNBAANFLATS/BLOCKS OF FLATS
Kruiskade; Joost Banckertsplaats; Jan Evertsenplaats, Rotterdam
H.A. MAASKANT; H.A. MAASKANT, A. KRIJGSMAN; H.D. BAKKER | 1954-1956
Bouw 1954 p.928; Architecture d'Aujourd'hui 1959/60-dec/jan; La Technique des Traveaux 1960 p.161; S.U. Barbieri e.a. – Stedebouw in Rotterdam, 1981; Architectuur Rotterdam 1945-1970, 1993

K15 WARENHUIS/DEPARTMENT STORE TER MEULEN/WASSEN/VAN VORST
Binnenwegplein, Rotterdam
VAN DEN BROEK & BAKEMA | 1948-1951
H.B.J. Lops, J.M. Stokla (medew.), **G. Lans** (uitbr. 1976-1977),
Van den Broek & Bakema (Meubelwarenhuis H.H. de Klerk, 1949-1956),
K.W. Christiaanse, M.J. van der Stelt (Snackbar Bram Ladage, 1990)
Bouw 1951 p.246; La Technique des Traveaux 1953 p.87; J. Joedicke – Architektur und Städtebau, 1963; Architectuur Rotterdam 1945-1970, 1993

Na lange aarzeling over plaats en vorm van een nieuw winkelgebied in het centrum van de verwoeste stad, krijgen Van den Broek & Bakema in 1951 de opdracht voor het ontwerp van 65 winkels. De winkels worden gebouwd aan twee kruisende voetgangersstraten in twee lagen. In tegenstelling tot de traditionele Nederlandse winkelstraat zijn woningen en kantoorruimtes niet boven de winkels geplaatst maar in aparte gebouwen erachter. Het straatprofiel is hierdoor niet hoog en smal, maar laag en breed. De winkels zijn in een betonskelet geconstrueerd, waarin een flexibele indeling mogelijk is. Scheidingswanden zijn van baksteen. In de regel bestaat een winkel uit twee lagen (boven een kelder), met drie lagen dienstruimtes aan de achterzijde. De winkels zijn 15 tot 20 m. diep; de breedte varieert. De gevels zijn opgebouwd uit geprefabriceerde betonnen stijlen en platen op een stramien van 1,10 m. Voor de gevels loopt een luifel van stalen liggers, opgehangen aan de betonconstructie van de winkels en afgewerkt met naturel gelakte grenen delen. Hier en daar zijn overdekte passages, die tezamen met kiosken, vitrines, bloembakken en de bestrating het voetgangersgebied vorm geven. De winkels worden bevoorraad vanuit een expeditiestraat aan de achterzijde, die eveneens de toegangsstraat voor de woonbebouwing vormt. Deze bestaat uit blokken van resp. drie, dertien en negen lagen, die een gemeenschappelijk groengebied omsluiten.
In 1966 wordt de Lijnbaan verlengd tot aan het Binnenwegplein. Hiermee is de koppeling gelegd met een ander belangrijk winkelgebied, gedomineerd door twee eveneens door Van den Broek & Bakema ontworpen winkelgebouwen: H.H. de Klerk en Ter Meulen/Wassen/Van Vorst. Dit laatste gebouw bevat aanvankelijk drie afzonderlijke winkels: een warenhuis, een damesconfectiezaak en een schoenenwinkel. In de gevel is deze driedeling te zien; het interieur was één doorgaande ruimte, slechts gescheiden door glaswanden. Het circa 100 m. lange gebouw heeft aan de oostzijde twee entresols, die met een schuine hoek plastisch uit de gevel steken. Deze uitkragingen zijn aan de verdieping erboven opgehangen. In de gevel zijn de 1,10 m. hoge betonnen gevelbalken zeer beeldbepalend. De baksteenopvullingen zijn door glasstroken gescheiden. Het gebouw is in 1976-1977 uitgebreid met een zijvleugel naar de Lijnbaan en een (in het ontwerp reeds voorziene) extra verdieping. Ter Meulen is in 1993 verbouwd tot megastore. Het winkelgebouw De Klerk heeft als boekwinkel veel van zijn oorspronkelijke ruimtelijkheid teruggekregen.
Als prototype van het verkeersvrije winkelcentrum heeft de Lijnbaan overal ter wereld navolging gekregen. De unieke stedenbouwkundige opzet van voetgangersgebied, expeditiestraat en hoogbouw aan woonhoven heeft een van de weinige geslaagde vormen van stedelijk wonen opgeleverd, en blijkt ook kantoorkolossen uit de jaren zeventig moeiteloos te incorporeren. De flexibele winkelindelingen, de eenvoudige systematische architectuur en de met zorg vormgegeven voetgangersstraat hebben vele generaties interieurarchitecten en winkeldecorateurs doorstaan. In 1996 zijn de oorspronkelijke luifels vervangen door een nieuwe, meer transparante variant naar ontwerp van Architectengemeenschap Van den Broek & Bakema.

▪ In 1951, after much hesitation over the site and form of a new shopping precinct in the centre of the devastated city, Van den Broek & Bakema were commissioned to design 65 shops. These were built in two levels along two intersecting pedestrian streets. Unlike the traditional Dutch shopping street, dwellings and office space were not placed above the shops but behind them in separate blocks. The street profile, rather than being tall and narrow, is accordingly low and broad. The shops have a concrete frame, allowing for flexible subdivision of their interiors. Partition walls are of brick. As a rule one shop consist of two levels (above a cellar), with three levels for staff at the back. All shops are 15 or 20 m. deep, but of varying width. Façades are built up of precast concrete posts and panels using a basic module of 1.10 m. In front of the façades is an awning of steel girders, suspended from the concrete frame and with a finish of varnished red deal. Arcades at various points, kiosks, shop-windows, flowerboxes and paving together give the pedestrian precinct its character. All shops take in stock from a service road at their rear which also functions as an access road for the precinct's housing, contained in blocks of three, thirteen and nine storeys respectively, each enfolding a communal green space.
In 1966 the Lijnbaan was extended to Binnenwegplein, there to join up with another important shopping area dominated by two

more blocks of shops by Van den Broek & Bakema: H.H. de Klerk, and Ter Meulen/Wassen/Van Vorst. The latter block originally comprised three quite separate shops: a department store, a ladies' clothes shop and a shoe-store. This tripartition is visible in the façade, though the interior was one continuous space separated only by glass partitions. At the east end of this ca. 100 m. long block are two entresols, which project sculpture-like from the acute-angled corner of the façade. These cantilevers are suspended from the level above. In the façade, concrete beams 1.10 m. in height constitute a dominant visual element, with brick infills separated by glass strips. In 1976-1977 the building was extended with a lateral wing to the Lijnbaan, and with an extra level (provided for in the design). In 1993 Ter Meulen was converted into a megastore. The De Klerk complex has regained much of its original spaciousness as a bookshop.

As the prototype of a traffic-free shopping centre the Lijnbaan has been imitated all over the world. Its unique urban layout of pedestrian precinct, service road and high-rise housing with courtyard has produced one of the few successful forms of urban dwelling, a form seemingly able to absorb without effort even the vast office slabs of the seventies. The flexible subdivision of shops, the simple systematic architecture and the carefully shaped pedestrian street have managed to survive several generations of interior designers and shop decorators. In 1996 the original awnings were superceded by a new, more transparent variant to a design by the firm of Van den Broek & Bakema.

 K16 KOOPMANSBEURS/EXCHANGE

Beursplein 37, Rotterdam

J.F. STAAL | 1925-1940

Forum 1947 p.259, 275, 1993-aug; Architectuur Rotterdam 1890-1945, 1991; Archis 1994-9; Bouw 1994-21

Staal verkrijgt de opdracht door het winnen van een prijsvraag in 1928 waaraan ook J.J.P. Oud meedoet. Het uiteindelijk ontwerp wijkt echter sterk af van het prijsvraagplan. De beurszaal van 90×60 m. wordt overspannen door gewelfde stalen liggers, bedekt met betonplaten waarin ronde glastegels zijn opgenomen. De entree wordt gemarkeerd door een ranke klokkentoren en een op kolommen geplaatste vergaderzaal voor de Kamer van Koophandel. Een licht gebogen glazen erker biedt uitzicht over de Coolsingel.

▪ Staal received this commission by winning a competition in 1928 also entered by J.J.P. Oud. The ultimate design, however, deviates radically from the competition scheme. The exchange hall of 90×60 m. is spanned by arched steel girders clad in concrete panels embedded with round glazed tiles. Marking the entrance is a slender bell-tower and a meeting hall on stilts for the Chamber of Commerce. A gently curving glass bay window offers a view of the Coolsingel boulevard.

K17 WORLD TRADE CENTRE

Beursplein 37, Rotterdam

GROOSMAN PARTNERS | 1983-1986

R.B. van Erk, A.H. Verbeek (proj.)

de Architect 1983-3, 1987-6; Architectuur & Bouwen 1987-5; Bouw 1987-11; Archis 1994-9; Architectuur Rotterdam 1970-1995, 1995

Bovenop de beurszaal is een kantoortoren van twintig lagen in de vorm van een afgeplatte ellips evenwijdig aan de Coolsingel geplaatst. De toren rust op een betonnen tafel die wordt gedragen door acht kolommen. Hierdoor is het ruimteverlies in de beurszaal minimaal. De ellipsvorm, de groene kleur van het glas en de aluminium gevelpanelen zijn gebaseerd op vorm- en kleurmotieven in het oorspronkelijke beursgebouw. Het WTC bleek het startpunt van een hoogbouwgolf in het centrum gedurende de jaren tachtig en negentig.

▪ Standing above the hall of the Exchange and parallel to the Coolsingel is this twenty-storey office block. Shaped like a flattened ellipse, it rests on a concrete table held aloft by eight columns, thus minimalizing loss of space in the exchange hall below. Its elliptical shape, green glazing and aluminium cladding panels stem from forms and colours in the original building beneath. The WTC proved to be the starting signal for quite a spate of high-rise erected in the centre during the eighties and nineties.

K18 WINKELCENTRUM/SHOPPING CENTRE; SCHIELANDTOREN

Beursplein, Rotterdam

P.B. DE BRUIJN (ARCHITECTEN CIE) | 1992-1996

T&T Design, S.P. van Breda (stedenb.), **J. Jerde** (int.)

Bouw 1995-3, 1997-2; Architectuur & Bouwen 1996-10; Architectuur in Nederland. Jaarboek 1996-1997; Crimson – Re-Urb, 1997

Deze verdiepte wandelpassage, in de volksmond al snel de 'Koopgoot' gedoopt, verbindt twee belangrijke winkelstraten, de Hoogstraat en de Lijnbaan, via het metrostation Beursplein. De tunnelwanden hebben Italiaans aandoende arcades en bevatten kleine winkels. Door twee slingerende luifels tracht de architect de eenheid te benadrukken. Tegelijkertijd is het oorspronkelijke warenhuisblok met wederopbouwarchitectuur vervangen door een 'eigentijds' vormgegeven grootsteeds centrum, bekroond door de onvermijdelijke hoogbouw, een woontoren.

▪ This sunken pedestrian mall, almost immediately dubbed the 'Koopgoot' ('Spender's Gulch' comes close), links two major shopping streets, Hoogstraat and Lijnbaan, care of Beursplein metro station. The walls of this 'tunnel' resemble Italian arcades and consist entirely of small shops. Two meandering awnings are meant to stress the unity of the shopping centre. By the same token, the original block of department stores with its postwar-reconstruction architecture has been replaced by a metropolitan centre of 'contemporary' design topped off by the inevitable high-rise, a residential tower block.

K19 UITBREIDING/EXTENSION BANK MEES PIERSON

Aert van Nesstraat/Coolsingel, Rotterdam

R.B. VAN ERK (EGM) | 1988-1993

Bouw 1992-20, 1994-21; Archis 1994-9; Architectuur Rotterdam 1970-1995, 1995

Het uit 1950 stammende traditionalistische gebouw van de Bank voor Handel en Scheepvaart van Van Nieuwenhuizen, Van der Heyden en Moerman fungeert als basis voor een 97 m. hoog kantoorgebouw voor Mees Pierson. De nieuwbouw van deels grijsrode natuursteen en deels glas lijkt volledig autonoom, maar verwijst in details als de medaillonvormige ramen in de betonnen topgevel toch uitdrukkelijk naar het bestaande gebouw. De glasgevel is gestaffeld om bezonning van de terrassen op het Stadhuisplein te waarborgen. Het gebouw is verdeeld in drie stroken van negen meter haaks op de Coolsingel; de eerste zeven lagen van de middelste strook vormen een hoge hal.

▪ The Bank for Trade and Shipping, a traditionalist building from 1950 by Van Nieuwenhuizen, Van der Heyden and Moerman, provided the basis for a 97 m. high office slab for Mees Pierson. Partly clad in rust-coloured stone and partly glazed, the new addition at first seems self-sufficient yet such details as the elliptical windows in the concrete gable are clear references to the existing building. The façade glazing is stepped so that the pavement cafés on Stadhuisplein are not deprived of sunlight. The building is configured as three nine-metre rows at right angles to the Coolsingel; the first seven floors of the central row contain a tall lobby.

K20 WARENHUIS/DEPARTMENT STORE DE BIJENKORF

Coolsingel 105, Rotterdam

M. BREUER, A. ELZAS | 1955-1957

N. Gabo (b.k.)

Bouwkundig Weekblad 1957 p.393; Architectural Design 1958 p.257; Marcel Breuer, buildings and projects 1921-1961, 1961; Architectuur Rotterdam 1945-1970, 1993

In tegenstelling tot de oude Bijenkorf van Dudok is deze naoorlogse versie als een vrijwel gesloten doos uitgevoerd. Een kolomafstand van 12 m. garandeert een optimale indeling van de verkoopruimte. De gevel is bekleed met raatvormige in twee richtingen gefrijnde travertinplaten met spleetvensters; er zijn grotere ramen bij het restaurant en de kantoren. Omdat Breuer weigert de vorm van zijn gebouw aan te passen aan de dubbele rooilijn van de Coolsingel, wordt een plastiek van Gabo voor het gebouw geplaatst.

▪ Unlike the former Bijenkorf ('Beehive') designed by Dudok, this postwar version of the department store was executed as an almost completely enclosed box. A column grid of 12 m. ensures optimum subdivision of the sales area. Front and rear elevations have a honeycomb cladding of hexagonal travertine panels with horizontal and vertical fluting and slits of fenestration. There are larger windows for the restaurant and offices. As Breuer refused to conform to the double building line of the Coolsingel, a monumental sculpture by Gabo was placed in front of the department store.

K21 ERASMUSFLAT/HBU

Coolsingel 104, Rotterdam

W.M. DUDOK | 1938-1939

Kraaijvanger Architecten (uitbr.)

Wonen-TA/BK 1980-5/6; Architectuur Rotterdam 1890-1945, 1991; H. van Bergeijk – Willem Marinus Dudok Architect-stedebouwkundige 1884-1974, 1995

Dit twaalf verdiepingen hoge kantoorgebouw dient als visuele afsluiting van de Coolsingel. Boven een plint van zwart graniet zijn de gevels in geglazuurde bakstenen uitgevoerd. De laagbouw is op kolommen geplaatst zodat het erachter gelegen Schielandshuis met tuin zichtbaar blijft. De zakelijke architectuur is een gevolg van de zakelijke opgave, maar vertoont, kenmerkend voor Dudok, toch decoratieve accenten.

▪ This twelve-storey office block, its elevations rising out of a black granite plinth, marks the end of the Coolsingel. Its low-rise section is on columns to retain a view through of the Schielandshuis and its garden. This objective architecture is the result of functional requirements, yet displays Dudok's characteristic decorative touches.

K22 KANTOORGEBOUW/OFFICE BUILDING ROBECO

Coolsingel 120, Rotterdam

W.G. QUIST | 1987-1992

Bouw 1992-20; Architectuur in Nederland. Jaarboek 1991-1992; A. van der Woud – Wim Quist Projecten 87-92, 1992

De hoogbouw voor het beleggingsfonds Robeco staat op de hoek van het Churchillplein, maar volgt de richting van het oude stratenplan zoals bij het nabijgelegen HBU-gebouw en het Schielandshuis. De hoogtes van deze beide gebouwen keren in de lagere bouwdelen terug. De uitbouw richting Schielandshuis is van spiegelend glas, de toren is verder met zwartgroen graniet bekleed. De onopvallende, sobere gevel heeft een logische, eenvoudige en een subtiele detaillering. Door de profilering van de net niet vlakke gevels ontstaan een soort pilasters die met de arcade als 'basement' en de gesloten 'kroonlijst' een bijna klassieke, Miesiaanse wolkenkrabber vormen.

▪ This high-rise development for the Robeco investment trust is set on the corner of Churchillplein but follows the direction of the old street plan as do the nearby HBU building and Schielandshuis. The heights of both these buildings are echoed in the less-tall volumes of the new slab. The part jutting towards the Schielandshuis is of reflecting glass, the tower is otherwise clad in dark green granite. Its unassuming, restrained elevation has a logical, simple and subtle detailing. The profile of the elevations, which are almost two-dimensional but not quite, generates a pilaster effect that combines with the basement-like arcade and the blankwalled 'cornice' into a near Classical, Miesian skyscraper.

K23 BLAAK OFFICE TOWER

Blaak 555, Rotterdam

MURPHY/JAHN ARCHITECTS | 1990-1995

Inbo (medew.)

Bouw 1992-20; Archis 1993-1

Deze kantoortoren naar ontwerp van de Duits/Amerikaanse architect Helmut Jahn is gebouwd op de plaats van het in het bombardement gespaard gebleven Gerzongebouw. Deze hoogbouw naar Amerikaans model reageert door middel van een lage uitbouw en een betonnen 'vakwerk' op het vlakbij gelegen Schielandshuis. Door de afronding naar de Blaak wordt de zelfstandigheid benadrukt. Ook in de bekroning van het gebouw is een betonnen vakwerk gebruikt.

▪ Built to a design by the German-American architect Helmut Jahn, the Blaak Office Tower stands on the site of the Gerzon building which had managed to survive the 1940 bombardment. This American-style high-rise block responds to the nearby Schielandshuis with a low annex and a concrete 'grid' and is rounded towards the Blaak to underline its independence. The cornice resorts to a similar concrete gridwork.

K24 MARITIEM/MARITIME MUSEUM PRINS HENDRIK

Leuvehaven 1, Rotterdam

W.G. QUIST | 1981-1986

J. Nieskens, J.G. Verheul (medew.)

Plan 1983-6; de Architect 1986-12; Werk/Bauen + Wohnen 1987-1/2; Bouw 1987-12; Architecture d'Aujourd'hui 1988-6; A. van der Woud – Wim Quist, architect, 1989; Architectuur Rotterdam 1970-1995, 1995

Het museum staat op een van de markantste punten van de stad, twee belangrijke boulevards komen hier samen bij de Leuvehaven. Hoofdvorm van het museum is een over de diagonaal gehalveerd vierkant blok dat zich met zijn schuine zijde richt op de haven. Een dubbelhoge tentoonstellingsruimte is aan de schuine zijde half onder het blok geschoven. Stalen hellingbanen leiden naar de verdieping met tentoonstellingsruimtes, een bibliotheek en een dakterras met uitzicht op de haven.

▪ This museum is situated at one of the town's key points, where two major boulevards meet at Leuvehaven. Its basic structure is one half of a square bisected along the diagonal with its oblique side towards the harbour. Half tucked in under this side is a double-height exhibition area. Steel ramps lead to an upper level containing exhibition spaces, a library and a roof terrace overlooking the harbour.

K25 HOTEL, IMAX THEATER/CINEMA

Leuvehaven 80, Rotterdam

TUNS + HORSTING | 1986-1989

Architectuur & Bouwen 1989-11; Bouw 1990-16/17; Architectuur Rotterdam 1970-1995, 1995

Het complex bestaat uit een hotel, een expositie- en kantoorgedeelte en een grootbeeldtheater met een scherm van 23×19 m. Het gebouw volgt zowel de schuine rooilijnen van de stedenbouwkundige situatie als de eigen orthogonale maatsystematiek, wat tot een interessante hoofdvorm heeft geleid. Het hotel bestaat uit zes verdiepingen met elk 25 tweepersoonskamers, een restaurant op de begane grond en een conferentiegedeelte met zwembad en skybar op de bovenste uitkragende verdieping.

▪ The complex brings together a hotel, an exhibition and office section and a wide-screen cinema (screen dimensions 23×19 m.). It obeys both the slanting building line of its urban setting and its own orthogonal grid, hence the intriguing basic form. The hotel rises six storeys, each with 25 double rooms, a restaurant on the ground floor and a conference section with a swimming pool and 'sky bar' on the projecting topmost level.

K26 KANTOORGEBOUW/OFFICE BUILDING WILLEMSWERF

Boompjes, Rotterdam

W.G. QUIST | 1983-1989

Wonen-TA/BK 1984-3; de Architect 1988-9; A. van der Woud – Wim Quist, architect, 1989; Architectuur in Nederland. Jaarboek 1988-1989; Architectuur Rotterdam 1970-1995, 1995

Op een onmogelijk stuk stedenbouwkundige restruimte wordt op vijf parkeerlagen een kantoorgebouw van zestien lagen gebouwd. Op de onderbouw met een vrijstaande dubbele schroefvormige parkeeroprit is een rechthoekige schijf geplaatst met betegelde betonplaten en een wigvormige vliesgevel. De stabiliteit wordt verzekerd door twee L-vormige betonschijven in de achtergevel waarin liften en trappen zijn opgenomen. De rijweg aan de achterzijde loopt onder het gebouw door.

▪ Occupying an impossible piece of urban leftover space are these sixteen levels of offices above a five-storey car park. Rising above the understructure with its free-standing double screw-shaped car park entrance is a rectangular slab with tiled concrete panels and a wedge-shaped curtain wall. Two L-shaped concrete piers in the rear elevation ensure stability and contain vertical circulation. The road at the rear runs beneath the building.

K27 INRICHTING/REDEVELOPMENT BOOMPJES; RESTAURANT

Boompjes, Rotterdam

K.W. CHRISTIAANSE; MECANOO | 1989-1990

V. Mani (zitelementen); **C. de Weijer, E.L.J.M. van Egeraat, F.M.J. Houben** (proj.)

de Architect 1991-2; AMC 1991-20; Architectuur in Nederland. Jaarboek 1990-1991; Architectuur Rotterdam 1970-1995, 1995

Pas nadat de binnenstad van Rotterdam zijn voltooiing naderde, werden de potenties van de Maasoever erkend en benut. De spectaculaire hoogbouw aan de Boompjes kreeg langs het water een pendant door de nieuwe indeling van Christiaanse: een zwarte terrazzo arcade met een tribune naar het water. Het frivool vormgegeven horecapaviljoen van Mecanoo is een integraal onderdeel van dit nieuwe straatprofiel en heeft, evenals de speciaal ontworpen zitelementen van Victor Mani, een bij de havenactiviteiten aansluitende vormgeving.

▪ Only once the completion of Rotterdam's city centre was in sight was the potential of the banks of the River Maas recognized and exploited. In the new layout the spectacular high-rise on the Boompjes boulevard gained a counterpart along the water, a black terrazzo arcade which steps down to the river. The playfully designed café-restaurant by Mecanoo is an integral component of Christiaanse's new street profile; its form, and that of the specially designed seating by Victor Mani, relates it to harbour activities.

262 **K28 MAASTHEATER/THEATRE**

Boompjes, Rotterdam

H.A.J. HENKET | 1996

Bouwwereld 1996-10

In het landhoofd van de voormalige Willemsbrug is een horecagelegenheid gecreëerd, die op kunstige en technisch hoogstaande wijze gebruikmaakt van de bestaande situatie. Het landhoofd bestaat uit een pijler in de rivier, door wanden met bogen verbonden aan de oever. Op kadeniveau is een restaurant gesitueerd, terwijl de dansvloer op gelijk niveau met de Maas is aangelegd, waarbij de ruimte tussen de bogen is dichtgezet met glas. De opbouw is uit lichte materialen geconstrueerd. De fijnzinnige technische architectuur van dit paviljoen is in het interieur helaas tenietgedaan door grof effectbejag van de horecadecorateurs.

▮ This catering facility, distilled from the existing situation with great artistry and technical acumen, is a composition of lightweight materials set in the abutment of what used to be the Willems Bridge over the River Maas. The abutment combines a pier standing in the river with arching walls linking it to the bank. While the restaurant lies at quay level, the dance floor is set flush to the river for which the space between the arches has been filled in with glass. The delicate, technical architecture of this pavilion is regrettably offset internally by the most gruesome straining after effect by the catering company decorators.

K29 HET WITTE HUIS/THE WHITE HOUSE

Wijnhaven/Geldersekade, Rotterdam

W. MOLENBROEK | 1897-1898

S. Miedema (b.k.)

F. Faro – Op het Witte Huis sta je hoger, 1978; de Architect 1982-2; Architectuur Rotterdam 1890-1945, 1991

Met zijn elf verdiepingen en hoogte van 45 m. is dit kantoorgebouw lange tijd het hoogste van Europa. Aangezien deze eerste Nederlandse 'wolkenkrabber' geen skeletconstructie bevat maar is opgebouwd uit dikke dragende wanden (0,4-1,4 m.) met haaks daarop vier lichtere wanden voor de stabiliteit, is de reactie van de vakpers afwijzend. Ook de gevel van geglazuurde baksteen met mozaïeken en beelden wordt als kitsch beschouwd. Toch wordt het gebouw zeer populair in Rotterdam, mede door een openbaar uitkijkplatform op het dak.

▮ Eleven storeys and 45 m. high, this office block was for a long time Europe's tallest office building. Inasmuch as this first Dutch 'skyscraper' has no skeleton but is built up of loadbearing walls (0.4-1.4 m. thick) criss-crossed by four less-heavy wall partitions for stability, it has had harsh treatment at the hands of the professional press. Its façade, too, of glazed brick with mosaics and sculpture has been dismissed as kitsch. Yet this building has become very popular in Rotterdam due partly to the public viewing platform on its roof.

K30 STATION BLAAK

Blaak, Rotterdam

H.C.H. REIJNDERS | 1987-1993

M. Haring (medew.), **L.I. Vákár** (constr.)

Bouwen met Staal 1993-114; Bouw 1993-21; Architectuur Rotterdam 1970-1995, 1995

De Spoortunnel vervangt in 1993 het negentiende-eeuwse Luchtspoor, waardoor station Blaak in plaats van verhoogd nu ondergronds is gesitueerd. Vanwege de sterke luchtstromen vanuit de tunnel is gekozen voor een ruime, open verbinding tussen perrons en buitenlucht. Als overkapping hiervan en mede om het NS- en metrostation te markeren is een transparante schotel met een diameter van 35 m. aan een boogconstructie scheefgehangen. De schotel is uitgevoerd als ruimtelijk frame, opgebouwd uit driehoekige elementen en afgedicht met behulp van kunststof platen. De boog bestaat uit een driehoekige vakwerkligger; de ophanging geschiedt door twee buizen met elk drie spandraden.

▮ When the 19th century overhead railway was replaced in 1993 by a tunnel, Blaak Station, rather than being raised up, was tucked underground. Powerful air currents from the tunnel were the reason for choosing a broad direct link between platforms and the open air. Covering this and marking the mainline and metro stations is a transparent dish 35 m. in diameter slung obliquely from an arciform structure. The dish, suspended by means of two tubes with three stays apiece, is a space frame of triangular elements sealed off with plastic panels; the arch structure is a triangular lattice truss.

K31 PAALWONINGEN, BLAAKOVERBOUWING/ POLE DWELLINGS, BLAAK HEIGHTS

Blaak/Spaansekade, Rotterdam

P. BLOM | 1978-1984

Plan 1985-1; Bouw 1985-20; S. Hiddema – Piet Blom en de Kunst van het Bouwen, 1984; Architecture + Urbanism 1985-11; Architectuur Rotterdam 1970-1995, 1995

Deze overbouwing van een drukke verkeersweg vormt de apotheose in de paalwoningencyclus van Blom die ooit startte in Helmond. De voetganger wordt hier verkeersvrij langs paalwoningen, winkeltjes en twee grote kantoorruimtes naar de bebouwing aan de Oude Haven geleid. Daar is geprobeerd d.m.v. hoge dichtheden en een mediterrane vormentaal sfeer en gezelligheid te scheppen. Aan de voet van de brug staat een woontoren, het 'potlood', een voorlopig hoogtepunt in de bizarre wereld van Piet Blom.

▪ Straddling a busy main road, this structure forms the climax of Blom's series of 'paalwoningen' (pole dwellings) that began in Helmond. Here pedestrians are led without fear of traffic past paalwoningen, shops and two larger office spaces to the Oude Haven beyond. There, a high structural density and a Mediterranean vernacular aim to evoke warmth and conviviality. At the foot of the bridge is a residential tower block, known as the Pencil, a provisional high point in the bizarre world of Piet Blom.

K32 CENTRALE BIBLIOTHEEK/CENTRAL LIBRARY

Hoogstraat 110, Rotterdam

VAN DEN BROEK & BAKEMA | 1977-1983

J.B. Bakema, J. Boot (proj.)

Plan 1983-5; de Architect 1983-9; Bouw 1984-5; Architect's Journal 29-2-1984; Architectuur Rotterdam 1970-1995, 1995

In de nieuwe bibliotheek bevinden zich 250.000 boeken op zes trapsgewijs oplopende verdiepingen, verbonden door roltrappen in een vide onder een 'glazen waterval'. Een kern bevat stijgpunten en opslagruimtes; staf en administratie bevinden zich in een rechthoekig bouwblok. Het plan bevat voorts een krantenzaal, een klein theater en een informatiecentrum. Het plan wordt gedomineerd door een overdadig gebruik van de 45°-hoek in plattegrond en opstand en citaten uit recente architectuur.

▪ Rotterdam's main library boasts 250,000 books spread among six stepped levels reached by escalators in a void below a cascade of glass. A core contains lifts and storage space; staff and administration areas are assembled in a rectangular block. The design further includes a newspaper reading-room, a small theatre and an information centre. The whole is dominated by the exuberant use of 45° angles in plan and elevation and quotes from recent architecture.

K33 SPAARBANK/SAVINGS BANK

Botersloot 25, Rotterdam

J.J.P. OUD | 1942-1955

A.A. van Nieuwenhuizen (medew.), **A. van den IJssel** (b.k.)

Bouw 1951 p.319; H. Oud – J.J.P. Oud, Architekt 1890-1963, 1984; S.U. Barbieri – J.J.P. Oud, 1987; Architectuur Rotterdam 1890-1945, 1991

Het gebouw is gelijktijdig met het BIM-gebouw in Den Haag ontworpen, maar pas twaalf jaar later gerealiseerd. Het gebruik van ornament en traditionele architectonische principes is hier veel minder uitgesproken. Evenals bij het BIM-gebouw gebruikt Oud witte handvormsteen en geometrische ornamenten in een streng symmetrische gevel. De centraal geplaatste ingang, voorzien van wanden van glazen bouwstenen, komt uit op een ovale centrale hal. Deze is inmiddels verbouwd. Het gebouw heeft zijn oorspronkelijke functie verloren.

▪ Designed at the same time as the BIM building in The Hague, this savings bank was built twelve years later. Use of ornament and traditional architectural principles are here less pronounced. Just as in the BIM building, Oud deployed white hand-formed brick and geometric ornaments in a severely symmetrical façade. An entrance centrally placed with glass block walls emerges in an oval main hall, since altered. The building has lost its original function.

K34 UITBREIDING/EXTENSION ST. LAURENSKERK

Grotekerkplein 25, Rotterdam

W.G. QUIST | 1976-1981

de Architect 1982-12; Bouw 1982-20; A. van der Woud – Wim Quist, architect, 1989

Vijf met zwart natuursteen beklede kubussen vormen de uitbreiding van de door het bombardement van 1940 zwaar gehavende maar inmiddels gerestaureerde St. Laurenskerk. Plaats en schaal van de vrijwel geheel gesloten kubussen sluiten aan op de zijgevel van de kerk waarmee ze door glazen tussenstukken verbonden zijn. Ook de kubussen onderling zijn door glazen tussenleden verbonden zodat de hoogte van de kerkramen zichtbaar blijft.

▪ Five black cubes clad in stone constitute the extension to the St. Laurenskerk, badly damaged in the 1940 bombardment but since restored. The position and scale of the almost completely sealed cubes are geared to the side elevation of the church, the connections to which are executed in glass. The cubes, too, are thus interlinked and are low enough not to obscure the height of the church windows behind.

K35 INDUSTRIEGEBOUW/INDUSTRIAL BUILDING

Goudsesingel 82, Rotterdam

H.A. MAASKANT, W. VAN TIJEN | 1948-1951

Forum 1949 p.64, 1953 p.136; Werk 1949 p.64; Bouwkundig Weekblad 1951 p.388; Architectuur Rotterdam 1945-1970, 1993

Direct na de oorlog bestaat er grote behoefte aan bedrijfspanden, met name aan verhuurbare eenheden voor kleine bedrijven. Dit industriegebouw is op verschillende manieren in te delen en bevat collectieve ruimtes voor expeditie en opslag en een personeelskantine op het dak. Van Tijen experimenteert hier met zijn naoorlogse 'huwelijk' tussen beton en baksteen. Een eerder vergelijkbaar industriegebouw (Oostzeedijk 208-224), vanwege de schaarste aan cement en betonijzer geheel in baksteen uitgevoerd, is door renovatie onherstelbaar verminkt.

▪ Immediately after the war there arose a great need for commercial properties, particularly rentable units for small companies. This industrial building is variously subdivisible and includes communal zones for dispatch and storage and a staff canteen on the roof. It shows Van Tijen experimenting with his postwar marriage of concrete and brick. An earlier comparable industrial building (Oostzeedijk 208-224), erected entirely in brick due to the scarcity of cement and iron for reinforcement, has been permanently mutilated by renovation.

K36 UITBREIDING PARKHOTEL; WONINGEN EN WINKELS/EXTENSION TO PARKHOTEL; HOUSING AND SHOPS

Westersingel 70; Westersingel/Rochussenstraat, Rotterdam

MECANOO | 1990-1992; 1991-1995

E.L.J.M. van Egeraat, F.M.J. Houben, C. de Weijer; H.J. Döll (proj.)

Architectuur & Bouwen 1992-9; de Architect 1994-11; K. Somer – Mecanoo, architecten, 1995

Deze twee gebouwen van Mecanoo markeren de entree van de Rochussenstraat. De elegant gevormde hoogbouw van de uitbreiding van het Parkhotel is losgehouden van het bestaande gebouw en een eerdere uitbreiding. Een gecombineerd woon- en kantoorgebouw aan de overzijde met winkels op de begane grond bestaat uit een laag bouwblok met een afronding naar de Westersingel. Beide gebouwen hebben een met zink beklede gevel. Zij illustreren de vrijzinnige omgang met materialen, vormen en concepten die deze aanvankelijk sterk op het modernisme geïnspireerde jonge architecten kenmerkt.

▪ These two buildings by Mecanoo announce the entrance to Rochussenstraat. The elegant high-rise of the hotel extension stands free of the existing building and an earlier addition. The lowrise block across the road, with one round end to the Westersingel, combines ground floor retail space with housing and office space above. Both buildings are zinc clad and illustrate the liberal deployment of materials, forms and ideas typifying this young architects' collective which was once so heavily inspired by modernism.

K37 WOONHUIS/PRIVATE HOUSE SONNEVELD

Jongkindstraat 12, Rotterdam

BRINKMAN & VAN DER VLUGT | 1929-1933

De 8 en Opbouw 1934 p.77; J. Geurst e.a. – Van der Vlugt, architect 1894-1936, 1983; Architectuur Rotterdam 1890-1945, 1991; Archis 1993-8

Deze villa was bestemd voor een van de directeuren van de Van Nelle-fabriek. De woning bestaat uit een betegelde onderbouw met dienstruimtes en een studio op het zuiden, de woonvertrekken op de verdieping met een raamstrook over de gehele gevelbreedte, en de slaapvertrekken op de tweede verdieping. Zoals alle villa's van Van der Vlugt is ook deze woning voorzien van een dakterras. De draagconstructie bestaat uit een staalskelet. De woning is verbouwd tot kantoorruimte.

▪ This steel-framed villa was intended for one of the directors of the Van Nelle factory. It consists of a tiled basement of services with a studio on the south side, living space on the first floor with a strip of fenestration the entire length of the façade, and bedrooms on the second. Like all Van der Vlugt's villas this one, too, has a roof terrace. The whole has been refurbished as office space.

K38 CHABOTMUSEUM

Museumpark 11, Rotterdam

G.W. BAAS | 1938

Groosman Partners (uitbr.), **F.C. de Weger** (rest.)

Deze oorspronkelijk als woonhuis gebouwde 'witte' villa is een ontwerp van G.W. Baas, een medewerker van Brinkman & Van der Vlugt. De villa is duidelijk schatplichtig aan de beide nabijgelegen villa's van Van der Vlugt, maar lichtvoetiger, zoals blijkt uit het ronde balkon en luifel en in de vrije compositie, mogelijk door de toepassing van een betonskelet. Nadat het woonhuis jarenlang als kantoor heeft gefunctioneerd is het in 1993 verbouwd tot een museum gewijd aan de Rotterdamse expressionistische schilder/beeldhouwer Hendrik Chabot.

▪ This 'white' villa (originally a private house) was designed by G.W. Baas, who worked with Brinkman & Van der Vlugt. Though obviously indebted to the two neighbouring villas by Van der Vlugt, this one has more grace, as is demonstrated by the rounded balcony and canopy, and by the free composition facilitated by the concrete frame. The house was used for many years as an office before being remodelled in 1993 as a museum for the work of Hendrik Chabot, a local Expressionist painter/sculptor.

K39 WOONHUIS/PRIVATE HOUSE BOEVÉ

Museumpark 9, Rotterdam

BRINKMAN & VAN DER VLUGT | 1931-1933

De 8 en Opbouw 1934 p.77; Bouwkundig Weekblad 1935 p.197; J. Geurst e.a. – Van der Vlugt, architect 1894-1936, 1983; Architectuur & Bouwen 1987-8; Architectuur Rotterdam 1890-1945, 1991

Gezien de slechte bodemgesteldheid is deze villa uiterst licht geconstrueerd. De draagconstructie bestaat uit een stalen skelet. De niet-dragende functie van de gevels wordt gedemonstreerd door een doorlopende glasstrook op de begane grond. Hier bevinden zich de woonvertrekken en een doktersprakti̇jk. De slaapkamers op de verdieping liggen aan een langgerekte gang en sluiten aan op een balkonstrook over de gehele lengte van de woning. Op het dakterras bevindt zich een gymnastiekkamer.

▪ This villa has an extremely lightweight construction in view of the poor state of the ground. It is supported by a steel frame, the non-loadbearing aspect of its façades being expressed by a continuous glass strip on the ground floor, which contains living spaces and a doctor's practice. The bedrooms upstairs line an elongated corridor and share a balcony running the entire length of the house. The roof terrace boasts a gymnastics room.

K40 STADSVERNIEUWING/URBAN REDEVELOPMENT OUDE WESTEN

Kruiskade, Nieuwe Binnenweg e.o., Rotterdam

ACTIEGROEP HET OUDE WESTEN, P.P. HAMMEL | 1970-

(o.a.) **1 Studio 8 (B. Hoek)** (Woningbouw, 1978), **2 P.P. Hammel** (Wijkgebouw Odeon, 1971-1976, 1982), **3 P. Weeda** (Woningbouw, 1984-1986), **4 J.B. Bakema** (Verbouwing theater/bioscoop 't Venster, 1949-1953), **5 P.P. Hammel** (Woningbouw, winkels, hotel, 1975-1977), **6 G.A. van Wijngaarden (P. Bennehey)** (Woningbouw met parkeergarage, 1979-1981), **7 Loerakker, Rijnboutt, Ruijssenaars (R. Buiter)** (Medisch centrum, woningen, 1981), **8 Girod & Groeneveld (J. Girod)** (School, clubhuis, woningen, 1979-1984), **9 L. de Jonge (R. Roovers)** (Renovatie woningen, 1983-1985), **10 W.G. Quist (C. van Gent)** (School, bibliotheek, woningen, 1982-1984), **11 De Nijl (H. Engel, C. Scheen)** (Woningbouw, 1983-1985), **12 Gemeentewerken (H. Völker)** (Basisschool, 1982), **13 P. Weeda** (Renovatie woningen en bedrijfsruimte, 1983-1986), **14 De Nijl** (Woningbouw, 1983-1985), **15 P. Weeda** (Woningbouw en bedrijfsruimte, 1985-1990),
266 **16 Atelier PRO** (Woningen en winkels, 1993), **17 Mecanoo** (Woningen en winkels, 1984-1990)

S.U. Barbieri e.a. – Stedebouw in Rotterdam, 1981; Stadsvernieuwing Rotterdam 1974-1984, 1984; S. van der Gaag e.a. – Het Oude Westen Rotterdam, 1993

Het Oude Westen, een negentiende-eeuwse wijk, wordt gekenmerkt door revolutiebouw in lange smalle straten. De langzame verpaupering van de wijk wordt begin jaren zeventig een halt toegeroepen als de bewoners samen met enkele architecten een actiegroep oprichten en de renovatie en herstructurering van de wijk voor de buurtbewoners afdwingen. Geen kaalslag, maar renovaties, opknapbeurten en kleinschalige nieuwbouw met betaalbare huren. Dit proces is inmiddels als 'stadsvernieuwing' geïnstitutionaliseerd. De voortvarendheid van de Rotterdamse aanpak oogst (internationale) lof; architectuur en stedenbouw blijven echter achter bij de procedures en leiden tot de negatieve betiteling 'stadsvernieuwingsarchitectuur'. Dwarsverbindingen, wijkvoorzieningen en parkeergarages onder de woningen leiden tot een beter woonklimaat. Diverse vormen van renovatie, waarbij soms alleen de bouwmuren blijven staan, en nieuwbouw komen hier naast elkaar voor.

▮ A 19th century district, the Oude Westen used to be characterized by long, narrow streets of jerry-building. In the early seventies its slow decline was called to a halt when inhabitants together with various architects set up an action committee and demanded renovation and restructuring of the district in the interests of its residents. No swathe of demolition, but renovation, restoration and small-scale redevelopment with rents locals could afford. This process has since been institutionalized as 'urban renewal'. The vitality of the Rotterdam approach received international acclaim; its architecture and planning, however, suffered during negotiations, leading to the negative expression 'urban renewal architecture'. Connecting side streets, district facilities and garages below houses have made living conditions more attractive. New-build and various types of renovation, at times retaining only the structural walls, can here be found side by side.

K41 SCHOOL, CLUBHUIS, WONINGBOUW/SCHOOL, CLUBHOUSE, HOUSING

Josephstraat, Rotterdam

GIROD & GROENEVELD | 1979-1984

J.P.H.C. Girod (proj.)

Bouw 1985-9

Een strook van dertien maisonnettewoningen vormt een continue straatwand boven diverse functies. Aan weerszijden van een poort bevinden zich een clubhuis en een basisschool die doorloopt over het binnenterrein. Daarnaast een gymnastieklokaal met gevels van glazen bouwstenen. De puien zijn op diverse plaatsen vrijgehouden van het betonskelet. In kleur, materiaalgebruik en afwerking (trappenhuizen, hekwerk, vide, brievenbussen en naamplaatjes) zijn (post)moderne accenten aangebracht.

▮ Above, a row of thirteen maisonettes presents an unbroken street elevation. Below, on either side of a gateway are a clubhouse and a school which extends back into the courtyard. Next to the school is a gymnasium with a glass brick skin. Glazed lower fronts are held clear of the concrete frame at various points. Departures in colour, use of material and finish (staircases, balustrading, void, letterboxes and name-plates) add a (post)modern touch.

K42 WONINGBOUW/HOUSING

Adrianastraat, Van Speykstraat, Rotterdam

DE NIJL | 1983-1985

H. Engel, C. Scheen (proj.)

Stadsvernieuwing Rotterdam 1974-1984, 1984; Wonen-TA/BK 1985-23/24; de Architect 1986-2; Bouw 1986-8

Aantal invullingen in een bouwblok, dat onderbroken wordt door een dwarsverbinding met een school/buurthuis. Het blok bevat twee lagen maisonnettes. De bergingen zijn op de beganegrondhoeken geconcentreerd. Door de beplating van de gevels in een gewaagde kleurstelling met ritmische verticalen, worden de individuele woningen ondergeschikt gemaakt aan de totaalcompositie van het bouwblok.

▪ Featured here are a number of infills in a housing block pierced by a passage to a school/community centre. The block comprises two levels of maisonettes with storage space concentrated in the ground floor corners. Bold colours and rhythmic verticals in the façades subordinate individual units to the block's totality.

K43 WONINGBOUW/HOUSING

Tiendplein, Rotterdam

MECANOO | 1984-1990

E.L.J.M. van Egeraat, F.M.J. Houben, R. Steenhuis (proj.)

de Architect 1986-12; Architectuur in Nederland. Jaarboek 1989-1990; K. Somer – Mecanoo, architecten, 1995

Door vervanging van een aantal oude woningblokken is een nieuw besloten plein gecreëerd, bestaande uit een openbaar gedeelte en een iets verhoogd afsluitbaar plein bovenop een parkeergarage. Ter herinnering aan het oude stratenpatroon is een onderdoorgang opgenomen. In totaal 97 woningen zijn gerealiseerd in verschillende bouwblokken, die ondanks verschillend materiaalgebruik toch een eenheid vormen. In het blok langs de Kruiskade zijn op de begane grond winkels opgenomen.

▪ Here, a number of old housing blocks have been replaced to create a new urban square combining a public zone and a slightly raised enclosure with locking gate. An underpass has been assimilated in deference to the old street pattern. Altogether there are 97 houses in various blocks which enjoy a unity that belies the varied use of materials. The block along Kruiskade contains shops at ground-floor level.

K44 WONINGBOUW/HOUSING

Josephstraat/Gaffelstraat, Rotterdam

P.D. WEEDA; DE NIJL | 1985-1990; 1985-1991

Architectuur & Bouwen 1992-11

Weeda's blauwzwart gemetselde bouwblok met markant vormgegeven balkons vormt de afsluiting van een buurtplein, aan de andere zijde afgesloten door een gesloten bouwblok met daarin een Turks badhuis, gemarkeerd door een afgerond dak. De woningbouw van De Nijl beslaat een smal langwerpig kavel en bestaat uit een twee stroken woningbouw rond een verhoogd binnenterrein. De overgang van de nieuwbouw naar drie gehandhaafde panden wordt gevormd door een markante lifttoren met trappenhuis.

▪ Weeda's blue-black brickwork block with expressive balconies screens off a neighbourhood square, ending at the opposite side in a perimeter block which includes a Turkish bathhouse, marked by a rounded roof. The housing by De Nijl occupies a long, narrow site and comprises two rows of housing either side of a raised courtyard. The new development closes ranks with three old retained properties by way of a striking lift shaft cum stair tower.

K45 MUSEUM BOIJMANS VAN BEUNINGEN

Museumpark 18-20, Rotterdam

A. VAN DER STEUR | 1928-1935

Bouwkundig Weekblad 1929 p.177, 1935 p.269; De 8 en Opbouw 1936 p.106; Architectuur Rotterdam 1890-1945, 1991

Rond een binnenhof liggen in twee lagen tentoonstellingszalen; op de begane grond de kunstnijverheid en op de verdieping de schilderkunst, respectievelijk achter een zandsteen- en een baksteengevel. Deze laatste is 'ter verlevendiging' met twee formaten gemetseld. De toren is om esthetische redenen toegevoegd en bevat bergruimte. Het traditionele, op de Scandinavische architectuur geïnspireerde gebouw met een functionele plattegrond, werd scherp bekritiseerd door Nieuw Zakelijke architecten.

■ Ranged around an inner court are two levels of exhibition galleries, applied arts on the ground floor behind a sandstone front, and painting upstairs with a façade involving two sizes of brick 'for the sake of enlivenment'. The tower was added for aesthetic reasons and contains storage space. This building, traditional, of Scandinavian influence yet functional in plan, was sharply criticized by architects of the Nieuwe Zakelijkheid.

K46 UITBREIDING/EXTENSION TO MUSEUM BOIJMANS VAN BEUNINGEN

Museumpark 18-20, Rotterdam

A. BODON (DSBV) | 1963-1972

H. Salomonson (int.)

Bouw 1972 p.1450; M. Kloos – Alexander Bodon, architect, 1990

De nieuwbouw past zich door het gebruik van baksteen aan bij het bestaande gebouw, maar heeft een grotere openheid naar de straat. De expositieruimte bestaat uit grote, flexibele ruimtes met neutrale, witte wanden. De expositieruimte is in drieën verdeeld door twee verkeersstroken. Op de verdieping zijn m.b.v. stalen sheddaken bovenlichten gevormd. De kantoren zijn ondergebracht in een laagbouwstrook.

■ This new wing fits in well with the existing building in its use of brick, but is more open to the street. Split into three by two walkways, the exhibition space consists of large, flexible areas with neutral white walls. Steel shed roofs provide lighting on the upper floor. The offices are housed in a strip of low-rise.

K47 TUINPAVILJOEN/GARDEN PAVILION MUSEUM BOIJMANS VAN BEUNINGEN

Museumpark 18-20, Rotterdam

H.A.J. HENKET | 1989-1991

Architectuur & Bouwen 1991-4; de Architect 1991-4; Bouw 1991-9; Architectural Review 1991-7; Architectuur in Nederland. Jaarboek 1991-1992

Voor de collectie Van Beuningen-De Vriese, bestaande uit gebruiksvoorwerpen, is een paviljoen aan de tuinzijde van het museum gerealiseerd in de as van de museumtuin. Het open, glazen gebouw contrasteert met de gesloten baksteengevels van het bestaande gebouw. Behalve glas domineert het zilvergrijs van het aluminium van constructie-elementen, kozijnen en de karakteristieke zonwerende overstekken, een soort schoepen met lamellen. Het symmetrische paviljoen is voorzien van een afgeronde zuidgevel. Via een trap bereikt men een tevens als expositieruimte bruikbaar souterrain, mede verlicht door een vide.

■ Set on the garden side of the museum, on axis with the garden, is this pavilion for the Van Beuningen-De Vriese collection of objects for everyday use. The open, glass addition contrasts with the introverted brick elevations of the existing building. The dominating feature, apart from the glass, is the silver-grey of the aluminium structural elements, window and door frames and characteristic slat-like sunbreak overhangs. The symmetrical pavilion has a rounded south elevation. A staircase leads to the basement cum exhibition space part lit through a void.

K48 NEDERLANDS ARCHITECTUURINSTITUUT/ NETHERLANDS ARCHITECTURE INSTITUTE

Museumpark 25, Rotterdam

J.M.J. COENEN | 1988-1993

P. Struycken, A. de Vries (b.k.)

Archis 1988-7, 1993-10; de Architect 1988-7/8, 1993-12; Architectuur & Bouwen 1988-6/7, 1993-11; Architecture + Urbanism 1992-11; GA Doc. 40; A. Duivesteijn – Het NAi, 1993; Architectuur in Nederland. Jaarboek 1992-1993, 1993-1994; Architectural Review 1994-2; Architectural Record 1994-3; A. Oxenaar – Jo Coenen, architect, 1994

De totstandkoming van het Nederlands Architectuurinstituut heeft heel wat voeten in de aarde. Na een heuse stedenstrijd wordt uiteindelijk Rotterdam aangewezen als vestigingsplaats van dit samenwerkingsverband van een drietal Amsterdamse instellingen: het Nederlands Documentatiecentrum voor de Bouwkunst, de Stichting Architectuur Museum en de Stichting Wonen. Ook de realisatie van het ontwerp na een meervoudige opdracht in 1988 aan zes architecten met Rem Koolhaas als gedoodverfde maar Jo Coenen als verrassende winnaar verloopt uitermate moeizaam. In het ontwerp van Coenen zijn de hoofdfuncties van het instituut in afzonderlijke gebouwdelen ondergebracht: het archief, de tentoonstellingsruimte en de staf. Elk gebouwdeel heeft een eigen architectonische karakteristiek en een eigen relatie met de omgeving. Het langgerekte archiefgebouw volgt de kromming van de Rochussenstraat en sluit daarmee het Museumpark van de stad af. Het gebouwdeel is op betonnen schijven geplaatst, waardoor een arcade is ontstaan die een visuele relatie met het park mogelijk maakt. 's Avonds is in de arcade het spectaculaire lichtkunstwerk van Peter Struycken te zien. In de spitse punten van de 'banaan' zijn een café en de redactieruimte van het tijdschrift Archis ondergebracht. Het tentoonstellingsgebouw is een vierkant volume van beton, bekleed met baksteen. Behalve een grote hoge tentoonstellingszaal zijn er twee kleinere ruimtes, een galerij en een balkonzaal. Ook op de zolderverdieping kan tussen de zes verdiepingshoge betonnen liggers worden geëxposeerd; de vloeren bestaan uit stalen roosters om het daglicht vanuit het transparante dak tot in de grote zaal door te laten dringen. Het hoge glazen middenbouwdeel bevat kantoorruimte en een bibliotheek, door een luchtbrug gekoppeld aan de studieruimtes in het archiefgebouw. De constructie van dit gebouw wordt gevormd door stalen kolommen aan de buitenzijde van de gevel, die boven het gebouw samenkomen in een stalen pergola. In de gesloten plint van twee verdiepingen van dit gebouwdeel liggen de centrale entreehal en de foyer, gekoppeld aan het glazen auditorium aan de vijver. De entreehal is bereikbaar vanuit de arcade, maar ook vanuit het Museumpark via een houten loopbrug over de vijver. In de vijver is een kunstwerk van Auke de Vries geplaatst. De meningen over het NAi zijn verdeeld. Het gebouw kan gezien worden als een interessante staalkaart van architectuuropvattingen, maar wordt door ex-Archis-redacteur Geert Bekaert 'zelfgenoegzaam en prestigieus monumentaal' genoemd: 'een Versailles voor de Nederlandse architectuur'.

▪ The building of the Netherlands Architecture Institute (NAi) was a tough proposition indeed. After a veritable inter-city war, Rotterdam was selected as the venue for a 'combine' of three Amsterdam bodies: the Netherlands Documentation Centre for Architecture, Stichting Architectuur Museum and Stichting Wonen. The actual construction proceeded just as laboriously, once Jo Coenen had emerged as the surprising victor of the limited competition in 1988 involving six architects with Rem Koolhaas heavily tipped to win. Coenen's design houses the institute's key functions, archives, exhibitions and staff, in three distinct volumes. Each has its own architectural character and relationship with the surroundings. The elongated archives building follows the curve of Rochussenstraat, screening off the Museum Park from the rest of the town. It stands on concrete piers in a colonnade so that the park can be visually engaged through it. In the evening the colonnade plays host to Peter Struycken's spectacular light work. A café and the offices of the Dutch architecture magazine Archis each occupy a tip of the 'banana'. The exhibition block is a square concrete volume clad in brick. Besides the large, tall exhibition space it contains two smaller rooms, a gallery and a balcony room. Exhibitions can also be held in the attic space between the six storey-high concrete joists; the floors there are of steel gratings through which daylight passes from the transparent roof down to the main exhibition space. The tall glass central block contains offices and a library connected to the study areas in the archive block by a footbridge. The structure of this building consists of steel columns on the exterior of the envelope that meet above the building in a steel 'pergola'. The central entrance lobby and foyer are situated in the enclosed two-storey basement of this block, giving access to the glazed auditorium overlooking the ornamental lake. The entrance lobby is reached from the colonnade, and from the Museum Park by a slender wooden footbridge across the pool, in which stands a sculpture by Auke de Vries. Opinions on the NAi are divided. To some, the building is an engaging litany of architectural ideas, but it has been described by ex-Archis editor Geert Bekaert as 'complacent and prestigiously monumental: a Versailles for Dutch architecture'.

K49 KUNSTHAL

Westzeedijk 341, Rotterdam
OMA | 1988-1992
R.L. Koolhaas, F. Hoshino (proj.), **G. Förg, H. Visch** (b.k.)
de Architect 1990-7/8, 1993-1; El Croquis 1992-mrt, 1996-79; Archis 1993-1; Domus 1993-3; Bauwelt 1993 p.2490; Architectuur in Nederland. Jaarboek 1992-1993; Architecture + Urbanism 1994-aug; R. Koolhaas – S M L XL, 1995

De Kunsthal is bedoeld als expositieruimte voor tijdelijke tentoonstellingen, waarvoor in de bestaande accommodaties geen plaats is. Het gebouw is gesitueerd tegen het dijklichaam van de Westzeedijk. Het wordt doorsneden door een voetgangersroute vanuit het Museumpark naar de Westzeedijk en een ventweg onderaan de dijk. Ook het gebouw zelf is eigenlijk één en al verkeersruimte, een spiraalsgewijs stelsel van hellingbanen rond de voetgangersroute die eveneens als hellingbaan is uitgevoerd. Deze voetgangersroute verdeelt het gebouw in twee delen: een grote vleugel aan de oostzijde waarin zich de twee grote expositiezalen bevinden en een smallere zone aan de westzijde met het als één grote hellingbaan uitgevoerde auditorium, een café-restaurant eronder en een derde kleinere expositiezaal erboven.
De beide grote expositiezalen, Hal 1 en Hal 2, zijn verschillend van karakter. Hal 1 op de begane grond vormt met het zwart geschilderde plafond en muren met onregelmatige verlichtingspatronen en een viertal als boomstammen omklede stalen kolommen een voortzetting van het park. Hal 2 is een grote kolomvrije ruimte met een transparant dak en een groot 'etalage' venster naar de drukke verkeersweg op de dijk. Langs Hal 1 en Hal 2 bevindt zich nog een

smalle galerijstrook, waarvan de verdiepingsvloer is gemaakt van stalen roosters. Hal 3 is een kleinere gesloten ruimte waarin de schuin geplaatste betonnen kolommen, die loodrecht op de schuin oplopende auditoriumvloer zijn geplaatst, voor een vervreemdend effect zorgen. Via een klein balkon kan men hiervandaan in Hal 2 kijken.

In de gevels zijn travertin en geteerd beton toegepast in wisselende combinaties met grote glasvlakken. Elke gevel is een autonome eenheid. De gevel aan de Westzeedijk werkt als etalage; ter verdere promotie van de tentoonstellingen is de op het dak geplaatste installatietoren in gebruik als billboard. Materialen en constructie-elementen zijn in de Kunsthal zonder verzoening tegen elkaar gemonteerd. Verschillende contrasterende materialen, duur en goedkoop, verfijnd en banaal, zijn 'koud' met elkaar geconfronteerd.

▮ The Kunsthal is intended as a showcase for temporary exhibitions which cannot be accommodated at existing venues. Abutting on the dike embankment of Westzeedijk, it is transected by a pedestrian route from the Museum Park to Westzeedijk and a service road at the foot of the dike. The building itself is in fact one huge thoroughfare, a spiralling system of ramps around the pedestrian route, which is itself a ramp. This route slices the building in two portions: a large wing on the east side containing two large exhibition rooms and a narrower zone on the west housing the auditorium, once again a single large ramp, with a café-restaurant below and a third, smaller exhibition room above.

The two large galleries, Hall 1 and Hall 2, differ in character. Hall 1, on the ground floor, is a continuation of the park, with black painted ceiling and walls, irregular lighting patterns and four steel columns dressed as tree trunks. Hall 2 is a large column-free space with a transparent roof and big display window looking out on the busy road atop the dike. Alongside the two main galleries is a narrow exhibition 'strip' whose upper storey floor consists of steel gratings. Hall 3 is a smaller, contained space where sloping concrete columns, standing upright on the upward-sloping floor of the auditorium, have an alienating effect. A small balcony provides a view through into Hall 2.

Travertine and tarred concrete alternate with large expanses of glass in the elevations, each of which is a self-sufficient unit. That looking onto Westzeedijk acts as a window display, with a services tower on the roof functioning as a billboard to advertise the exhibitions inside. In the Kunsthal materials and structural elements have been spliced together with no attempt at reconciliation. Contrasting materials, cheap and expensive, elegant and banal, are brazenly juxtaposed.

K50 MUSEUMPARK

Museumpark, Rotterdam

OMA | 1985-1993

R.L. Koolhaas (proj.), **P. Blaisse, Y. Brunier** (tuinarch.)

de Architect 1990-10; Archis 1993-1; R. Koolhaas – S M L XL, 1995

Behalve voor enkele villa's en museum Boijmans Van Beuningen werd een deel van het voormalige Land van Hoboken ingericht als Museumpark, een klassieke symmetrische tuin met vijverpartij, beëindigd door het monument voor G.J. de Jongh. De rest van het park is bij de bouw van de Kunsthal heringericht naar ontwerp van de Franse landschapsarchitect Yves Brunier in samenwerking met OMA. Het gebied is in vier zones ingedeeld: een museumzone met Kunsthal en Natuurhistorisch Museum, een romantische tuin, een verhoogd evenemententerrein van zwart asfalt en een voorhof met in een regelmatig patroon geplante appelbomen met witgekalkte stammen op een ondergrond van witte schelpen.

▮ Some of the former 'Land of Hoboken' was used for villas and the Boijmans Van Beuningen Museum, some was laid out as the Museum Park, a classic symmetrical garden with a water figure, terminating in the monument to G.J. de Jongh. When the Kunsthal was built, the rest of the park was redesigned to a plan by the French landscape architect Yves Brunier in association with OMA. The area divides into four zones: a museum section containing the Kunsthal and the Natural History Museum, a romantic garden, a raised multi-purpose area in black asphalt and a forecourt planted with apple trees with whitewashed trunks in a regular pattern on a ground of white shells.

K51 UITBREIDING NATUURHISTORISCH MUSEUM/ EXTENSION TO NATURAL HISTORY MUSEUM (VILLA DIJKZIGT)

Westzeedijk 345, Rotterdam

E.L.J.M. VAN EGERAAT | 1992-1995

de Architect 1996-9; Architectuur in Nederland. Jaarboek 1996-1997

In de villa Dijkzigt, een neoclassicistisch ontwerp van J.F. Metzelaar uit 1850 en het voormalige woonhuis van de heer Hoboken, is sinds enige jaren het Natuurhistorisch Museum gevestigd. Een uitbreiding in de vorm van een vrijstaand rechthoekig paviljoen van glas, beton en baksteen biedt ruimte aan een grote expositiezaal en de bibliotheek. Loopbruggen verbinden het paviljoen met de villa.

▮ Villa Dijkzigt, a Neo-Classical design from 1850 by J.F. Metzelaar and once the residence of Mr. Hoboken, has housed the Natural History Museum for some years now. The recent extension, a discrete rectangular pavilion of glass, concrete and brick, accommodates a large exhibition space and the library. Footbridges connect the pavilion to the villa.

K52 MEDISCHE FACULTEIT/MEDICAL FACULTY

Wytemaweg/Dr. Molewaterplein 40, Rotterdam

OD 205 | 1965-1968

A. Hagoort, G. Martens (proj.), **J. Prouvé** (constr.), **P. Struycken** (b.k.), **OD 205** (Sophia Kinderziekenhuis, 1987-1994)

Polytechnisch Tijdschrift Bouwkunde 1971 p.967; Bouw 1972 p.38; TABK 1972 p.453; A. Oosterman – Arie Hagoort, architect, 1991; Architectuur Rotterdam 1945-1970, 1993

Deze 114 m. hoge kolos beheerst de skyline van Rotterdam. De hoogbouw bevat laboratoria, de laagbouw collegezalen en administratieve ruimtes. Het betonskelet wordt geheel omsloten door wit gemoffelde aluminium sandwichpanelen ontworpen door Jean Prouvé. Het architectenbureau van dit bouwtechnisch bijzonder geslaagde gebouw is ook verantwoordelijk voor de nieuwbouw van het Sophia Kinderziekenhuis (1987-1994), dat zich door de zorgvuldige benutting van het terrein en de verzorgde beëindiging revancheert voor de minder geslaagde situering van de Medische Faculteit.

▮ This 114 m. high colossus dominates Rotterdam's skyline. The high rise slab contains laboratories, the low-rise block lecture halls and administration. Its concrete frame is fully clad in white powder-coated aluminium sandwich panels designed by Jean Prouvé. The firm responsible for this technically superb piece of work also designed the new-build for the Sophia Children's Hospital (1987-1994). Their sensitive handling of the site and the well-groomed end of the building was OD 205's way of making up for the less successful siting of the Medical Faculty.

K53 KANTOORGEBOUW/OFFICE BUILDING UNILEVER

Museumpark 40, Rotterdam

H.F. MERTENS | 1930-1931

A.J.B. van der Graaf (uitbr.), **J.P.Th. Dekkers** (ren.)

Bouwkundig Weekblad 1931 p.445; Architectuur Rotterdam 1890-1945, 1991

Het gebouw bestaat uit twee blokken van ongelijke lengte, verbonden door een tussenlid en een monumentale entree aan een wegsplitsing. Het trappenhuis (met ronde trap) en een vergaderzaal boven de entree zijn duidelijk geaccentueerd. Het betonskelet, in het interieur van de kantoorzalen goed zichtbaar, is aan de buitenzijde aan het oog onttrokken door donkere, massieve gevels van bruine baksteen in mozaïekpatronen. Nog geen twee jaar later realiseert Mertens het zeer moderne HAKA-gebouw. Het gebouw is door Jeanne Dekkers (EGM) verbouwd tot Hogeschool, waarbij in het interieur een grotere openheid en vrolijke kleuraccenten overheersen.

▮ This office building is in two blocks of dissimilar length linked by a corridor and a monumental entrance where two roads meet. The circular stair and conference hall above the entrance are clearly accentuated. The concrete frame, plainly visible within the offices, is concealed outside by dark, solid elevations of brown brick in mosaic patterns. Less than two years later Mertens was to produce his ultra-modern HAKA building. The building was recast by Jeanne Dekkers of EGM as a school, whose interior exhibits a greater openness with splashes of colour to point it up.

K54 KANTOORGEBOUW/OFFICE BUILDING R. MEES & ZONEN

's-Gravendijkwal 108/Mathenesserlaan, Rotterdam

BRINKMAN & VAN DER VLUGT | 1929-1931

De 8 en Opbouw 1932 p.63

Dit bankfiliaal bevindt zich op een betrekkelijk klein terrein (8×12,5 m.) op de hoek van twee belangrijke straten. Boven de in de gevel door zwart natuursteen geaccentueerde onderbouw met publieksruimtes bevinden zich de kantoren op de eerste verdieping en een conciërgewoning, archief en koffiekamer op de tweede en derde verdieping. Het interieur is inmiddels verbouwd; het exterieur verkeert nog grotendeels in de oorspronkelijke staat.

▮ This branch of a bank stands on a comparatively small site (8×12.5 m.) on the corner of two major streets. Above a basement accentuated in the façade with black stone and containing reception areas are offices on the first floor and a caretaker's lodge, archives and coffee room on the second and third floors. Though the interior has since been altered, the exterior is more or less in its original state.

K55 EUROMAST; SPACETOWER

Parkhaven 20, Rotterdam

H.A. MAASKANT; GEMEENTEWERKEN | 1958-1960; 1970

Bouw 1959 p.288, 1970 p.1766; Bouwkundig Weekblad 1961 p.375; La Technique des Traveaux 1961 p.39; Architectuur Rotterdam 1945-1970, 1993

Attractietoren van 107 m. hoog, bestaande uit een betonnen schacht (doorsnede 9 m.) met een scheepsbrug op 30 m. en een kraaiennest op 100 m. hoogte. Het dynamisch vormgegeven kraaiennest bevat een amphitheatergewijs restaurant en kraagt maximaal 12 m. uit. Deze staalconstructie is op de begane grond in elkaar gelast, afgewerkt en daarna opgevijzeld. Als de Euromast in 1970 het hoogterecord verliest aan de Medische Faculteit wordt de zgn. Space Tower geplaatst, een slanke stalen schacht, waaromheen een ringvormige cabine naar een hoogte van 176 m. cirkelt.

▪ Designed simply as an attraction, this 107 m. high 'mast' consists of a concrete shaft 9 m. in diameter with a ship's bridge at 30 m. and a crow's-nest at 100 m. The dynamically conceived crow's-nest comprises an amphitheatre-shaped restaurant cantilevering a maximum of 12 m. This steel structure was first welded, then faced and finally hoisted into position. In 1970 when the Euromast lost its record height to the Medical Faculty, a slender steel shaft, the Space Tower, was added, up which a ring-shaped cabin circles to a height of 176 m.

K56 MAASTUNNEL, FILTERGEBOUWEN/ FILTER HOUSES

Parkhaven, Charloisse Hoofd, Rotterdam

J.P. VAN BRUGGEN, A. VAN DER STEUR | 1937-1941

J. Gidding (b.k.)

A.C. Vreugdenhil – De Maastunnel, s.a.; Bulletin KNOB 1990-2; Architectuur Rotterdam 1890-1945, 1991

De tunnel onder de Maas bestaat uit twee gescheiden kokers met elk twee rijbanen voor het gemotoriseerde verkeer en twee, boven elkaar gelegen, kleinere kokers voor fietsers en voetgangers. De betonnen tunnel is in delen aan land geprefabriceerd en met een drijvende kraan naar hun plaats gebracht om te worden afgezonken. De hand van architect Van der Steur is vooral herkenbaar in de vormgeving van de beide filtergebouwen op de noord- en zuidoever.

▪ Running beneath the River Maas is a tunnel consisting of two separate tubes each of two lanes for motorized traffic and two smaller tubes, one for cyclists above another for pedestrians. Entirely of concrete, its prefabricated sections were built beforehand and carried by floating crane to their destination and subsequently sunk. The signature of architect Van der Steur can be seen in the shape of the two filter houses on the north and south banks.

K57 PARKLAANFLAT/BLOCK OF FLATS

Parkstraat 2, Rotterdam

W. VAN TIJEN | 1933

De 8 en Opbouw 1933 p.139; Bouwkundig Weekblad 1935 p.59; A. Roth – Die neue Architektur, 1940; R. Sherwood – Modern Housing Prototypes, 1978; T. Idsinga e.a. – Architect Van Tijen 1894-1974, 1987; Architectuur Rotterdam 1890-1945, 1991

De luxe appartementen in dit woongebouw van zeven verdiepingen beslaan elk een volledige verdieping. Voor zichzelf bouwde Van Tijen een appartement op het dak, waar een ruim dakterras uitzicht biedt op de haven. De draagconstructie bestaat uit een staalskelet met houten vloeren. Zonder het te weten realiseerde Van Tijen de eerste glazen vliesgevel in Nederland. Het draadglas in de puien en de balkonafscheidingen is daar waar deze ondoorzichtig dienen te zijn met grijze verf bedekt.

▪ Each luxury apartment in this seven-storey housing block occupies an entire floor. Van Tijen built an apartment for himself on the roof, where a spacious roof terrace looks out over the harbour. The loadbearing structure consists of a steel frame with timber floors. Without knowing it Van Tijen had designed the first glass curtain wall to be built in the Netherlands. Where privacy is required, the wired glass in the lower fronts and balcony partitions has been painted grey.

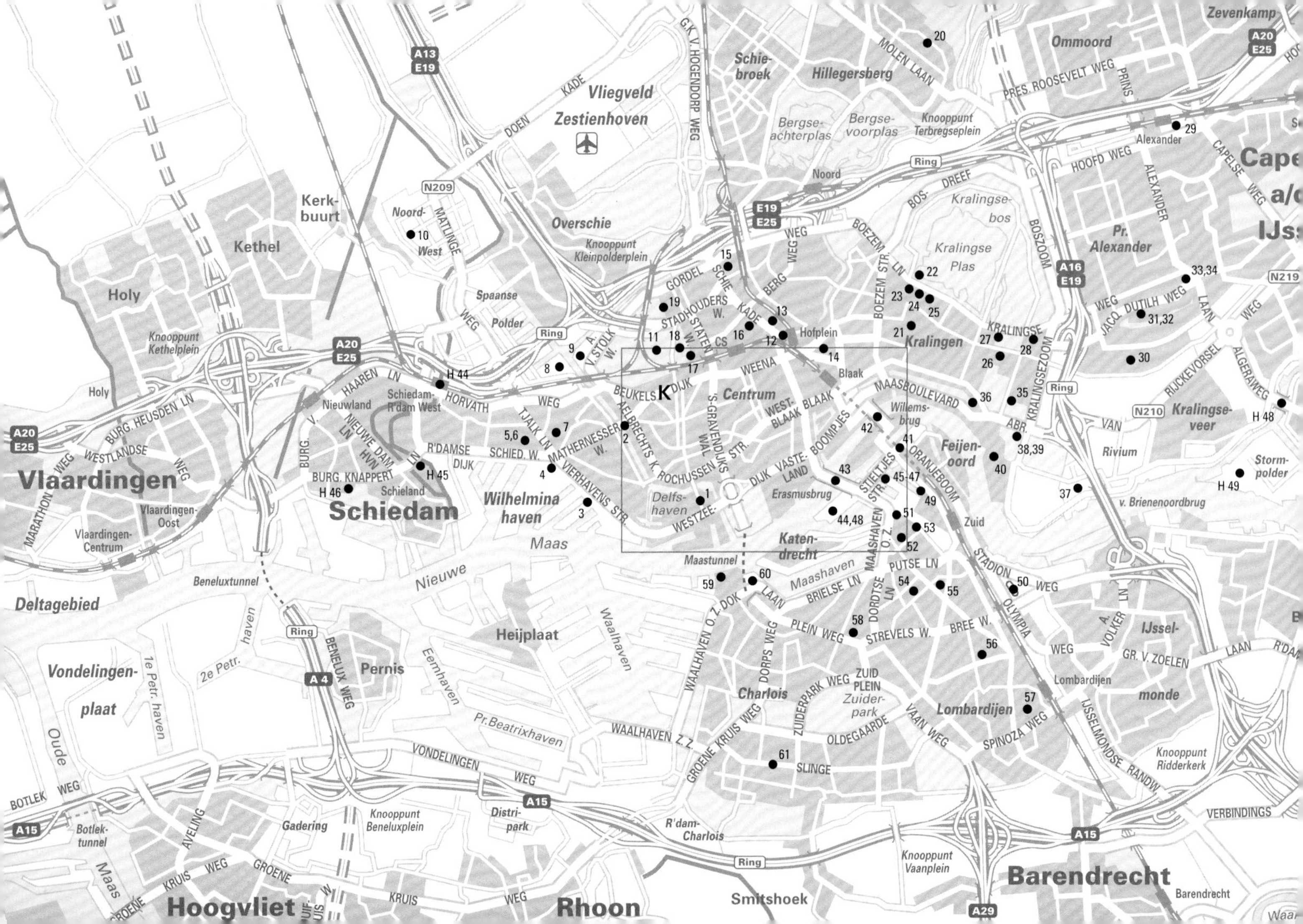

Zevenkamp
Ommoord
Schie-
broek
Hillegersberg
MOLEN LAAN
PRES. ROOSEVELT WEG
PRINS
Vliegveld
Zestienhoven
G.K. V. HOGENDORP WEG
KADE
DOEN
A13
E19
Bergse-
achterplas
Bergse-
voorplas
Knooppunt
Terbregseplein
Alexander
A20
E25
Cape
a/d
IJss
Ring
Noord
HOOFD WEG
ALEXANDER
CAPELSE WEG
N209
Kerk-
buurt
Noord-
West
MATLINGE
Overschie
Knooppunt
Kleinpolderplein
E19
E25
BOS-
DREEF
Kralingse-
bos
BOEZEM LN
BOSZOOM
Kralingse
Plas
Pr.
Alexander
Kethel
Holy
Spaanse
Polder
WEG
GORDEL
SCHIE
STADHOUDERS W.
KADE
BERG
WEG
BOEZEM STR.
A16
E19
N219
JACQ. DUTILH WEG
LAAN
Knooppunt
Kethelplein
A20
E25
Ring
A. V. STOLK W.
STATEN W.
CS
Hofplein
Kralingen
KRALINGSE
Holy
HAAREN LN
Nieuwland
Schiedam-
R'dam West
HORVATH
WEG
WEENA
BEUKELS
DIJK
Centrum
'S-GRAVENDIJKS WAL
Blaak
MAASBOULEVARD
Willems-
brug
KRALINGSEZOOM
Ring
RIJCKEVORSEL
ALGERAWEG
Kralingse-
veer
N210
VAN
BURG. HEUSDEN LN
BURG. V.
NIEUWE DAM
LN
HVN
TJALK LN
MATHERNESSER W.
AELBRECHTS K.
WEST-
BLAAK
BLAAK
BOOMPJES
ABR.
Rivium
A20
E25
WESTLANDSE WEG
WEG
R'DAMSE
DIJK
SCHIED. W.
ROCHUSSEN STR.
VASTE-
LAND
DIJK
Feijen-
oord
ORANJEBOOM
Storm-
polder
Vlaardingen
BURG. KNAPPERT
Schieland
Schiedam
Wilhelmina
haven
VIERHAVENS STR.
Delfs-
haven
WESTZEE-
Erasmusbrug
STIELTJES STR.
v. Brienenoordbrug
MARATHON WEG
Vlaardingen-
Oost
Vlaardingen-
Centrum
Maas
Katen-
drecht
MAASHAVEN O. Z.
Zuid
Maastunnel
STADION WEG
Beneluxtunnel
Nieuwe
Maashaven
PUTSE LN
BRIELSE LN
Deltagebied
WAALHAVEN O. Z. DOK
LAAN
DORDTSE LN
OLYMPIA
A. VOLKER LN
IJssel-
monde
Ring
haven
Heijplaat
Waalhaven
PLEIN WEG
STREVELS W.
BREE W.
WEG
GR. V. ZOELEN
LAAN
R'DAM
Vondelingen-
plaat
2e Petr.
1e Petr. haven
BENELUX WEG
A4
Pernis
Eemhaven
DORPS WEG
Charlois
ZUIDERPARK WEG
ZUID
PLEIN
Zuider-
park
VAAN WEG
Lombardijen
Lombardijen
Knooppunt
Ridderkerk
Oude
Pr.Beatrixhaven
WAALHAVEN Z.Z.
GROENE KRUIS WEG
OLDEGAARDE
SPINOZA WEG
IJSSELMONDSE RANDW
VONDELINGEN
WEG
SLINGE
BOTLEK WEG
A15
A15
A15
VERBINDINGS
Botlek-
tunnel
AVELING
Gadering
Knooppunt
Beneluxplein
Distri-
park
R'dam-
Charlois
Ring
Knooppunt
Vaanplein
Barendrecht
Barendrecht
Maas
KRUIS WEG
GROENE
KRUIS
WEG
Hoogvliet
Rhoon
Smitshoek
A29
K
1
2
3
4
5,6
7
8
9
10
11
12
13
14
15
16
17
18
19
20
21
22
23
24
25
26
27
28
29
30
31,32
33,34
35
36
37
38,39
40
41
42
43
44,48
45-47
49
50
51
52
53
54
55
56
57
58
59
60
61
H 44
H 45
H 46
H 48
H 49

L01 **W. Kromhout** Scheepvaart Vereeniging Zuid/Port Employers' Association Building
L02 **J.H. van den Broek** Woningbouw met Winkels/Housing and Shops
L03 **H.F. Mertens, J. Koeman** Haka-Gebouw/Building
L04 **Skidmore, Owings & Merrill** Kantoorgebouw/Office Building Europoint
L05 **J.J.P. Oud** Reconstructie Directiekeet/Site Office Oud-Mathenesse
L06 **P. de Ley** Het Witte Dorp/The White Village
L07 **M. Brinkman** Woningbouw/Housing Spangen
L08 **Brinkman & Van der Vlugt** Van Nelle-fabriek/Van Nelle Factory
L09 **C.J.M. Weeber** Penitentiaire Inrichting/Penitentiary De Schie
L10 **Van Duivenbode & De Jong** Voorzieningencentrum/Commercial Units
L11 **S. van Ravesteyn** Diergaarde/Zoo Blijdorp
L12 **Maaskant, Van Dommelen, Kroos, Senf** Scholencomplex/School Complex Technikon, Hofpleintheater/Theatre
L13 **Dobbelaar De Kovel De Vroom (DKV)** Woongebouw/Housing Block Agniesebuurt
L14 **J. Verhoeven** Woningbouw/Housing Hofdijk
L15 **W. van Tijen, Brinkman & Van der Vlugt** Bergpolderflat/Block of flats
L16 **J.H. van den Broek** Woningbouw/Housing Ungerplein
L17 **Van den Broek & Bakema** Montessorilyceum/Secondary School
L18 **J.H. van den Broek** Woonhuis/Private House Gestel
L19 **J.H. van den Broek** Woningbouw/Housing De Eendracht
L20 **Van den Broek & Bakema** Woonhuis/Private House Van Buchem
L21 **Van Duivenbode & De Jong** Leger des Heils/Salvation Army Building
L22 **W. van Tijen** Clubgebouw/Clubhouse Kralingsche Zeil- en Roeivereniging
L23 **W. van Tijen, H.A. Maaskant** Plaslaanflat/Block of Flats
L24 **Mecanoo** Eigen Woonhuis/Own House
L25 **Brinkman & Van der Vlugt** Woonhuis/Private House Van der Leeuw
L26 **M.J. Granpré Molière** Woonhuis/Private House De Boogerd
L27 **J.H. van den Broek** Eigen Woonhuis/Own House Ypenhof
L28 **OMA** Twee Patiovilla's/Two Patio Villas
L29 **A.P.J.M. Verheijen** Winkelcentrum/Shopping Centre Alexandrium
L30 **Dobbelaar De Kovel De Vroom (DKV)** Woningbouw/Housing Veerse Heuvel
L31 **Diverse Architecten** Woningbouw/Housing Prinsenland
L32 **Mecanoo** Woningbouw/Housing Ringvaartplasbuurt
L33 **Dobbelaar De Kovel De Vroom (DKV)** Hoofdkantoor/Headquarters Volkswoningen
L34 **Cepezed** Kinderdagverblijf/Child Day Care Centre Woeste Willem
L35 **Elffers Partners** Erasmusuniversiteit/University
L36 **Maaskant, Van Dommelen, Kroos, Senf** Adriaan Volkerhuis/Office Building
L37 **W.G. Quist** Drinkwaterproductiebedrijf/Waterworks
L38 **Diverse Architecten** Woningbouw/Housing DWL-Terrein
L39 **P.B. de Bruijn** Woongebouw/Housing Block
L40 **A. van der Steur** Filtergebouwen/Filter Houses
L41 **P. Joosting** De Hef
L42 **C. Veerling** Willemsbrug/Bridge
L43 **Van Berkel & Bos** Erasmusbrug/Bridge
L44 **Diverse Architecten** Kop van Zuid
L45 **Cepezed** Woningbouw/Housing
L46 **F.J. van Dongen** Woningbouw/Apartment Buildings
L47 **C.G. Dam; Kraaijvanger Urbis** Wilhelminahof
L48 **J. Müller, C.M. Drooglever Fortuijn, C.B. van der Tak; Brinkman, Van den Broek & Bakema** Gebouwen/Buildings Holland Amerika Lijn
L49 **C.J.M. Weeber** Woongebouw/Housing Block De Peperklip
L50 **Brinkman & Van der Vlugt** Stadion/Stadium Feijenoord
L51 **Mecanoo** Woningbouw/Housing Hillekop
L52 **F.J. van Dongen** Woongebouw/Housing Block Natal
L53 **Dobbelaar De Kovel De Vroom (DKV)** Woningbouw/Housing Tweebos Dwars
L54 **J.J.P. Oud** Woningbouw/Housing Kiefhoek; Kerk/Church
L55 **J.M. van Hardeveld; J. Hulsbosch, W. van Tijen** Betonwoningen/Concrete Dwellings Stulemeijer; De Kossel
L56 **Granpré Molière, Verhagen, Kok** Tuindorp/Garden Village Vreewijk
L57 **E. Hartsuyker, L. Hartsuyker-Curjel** Bejaardenhuisvesting/Old-Age Accommodation De Zonnetrap
L58 **W. van Tijen, E.F. Groosman** Zuidpleinflat/Block of Flats
L59 **Dobbelaar De Kovel De Vroom (DKV)** Woongebouw/Housing Block
L60 **M. Struijs** Rookgasreiniger/Purifying Plant
L61 **C.I.A. Stam-Beese** Pendrecht

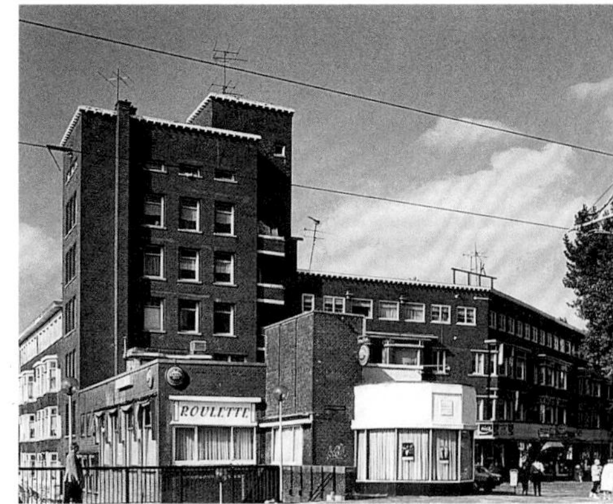

L01 SCHEEPVAART VEREENIGING ZUID/ PORT EMPLOYERS' ASSOCIATION BUILDING

Pieter de Hoochweg 110, Rotterdam

W. KROMHOUT | 1920-1922

Het Bouwbedrijf 1925 p.249; Architectuur Rotterdam 1890-1945, 1991; H. Baaij, J. Oudenaarden – Monumenten in Rotterdam, 1992; I. Jager – Willem Kromhout Czn., 1992

Dit gebouw voor de vereniging van werkgevers in de Rotterdamse haven heeft een symmetrische plattegrond en een rijk gedetailleerde hoofdvorm. Sommige elementen zoals de boegvormige gevelbeëindigingen en de masten op het dak verwijzen naar de scheepsbouw. De gesloten gevels verbergen een opvallend licht interieur rond het centrale trappenhuis. Een ander werk van Kromhout is het ertegenover gelegen gebouw van Drukkerij Wyt & Zonen uit 1924-1925 (Pieter de Hoochweg 111).

▮ This building for an employers' association in Rotterdam's harbour has a symmetrical plan and an opulently detailed main volume. Such elements as prow-shaped extremities in the façade and masts on the roof speak of the shipping world. The introverted elevations conceal a surprisingly well-lit interior around the main stairwell. Kromhout also designed the printing works opposite (Drukkerij Wyt en Zonen, Pieter de Hoochweg 111) dating from 1924-1925.

L02 WONINGBOUW MET WINKELS/ HOUSING AND SHOPS

Mathenesserplein, Rotterdam

J.H. VAN DEN BROEK | 1927-1929

Wonen-TA/BK 1980-5/6; R. Stroink – Ir. J.H. van den Broek, 1981; Architectuur Rotterdam 1890-1945, 1991; Moderne Bouwkunst in Nederland 1, 1941

Dit eerste woningbouwproject van Van den Broek behelst de architectonische verfraaiing van drie bouwblokken aan een Y-vormige wegsplitsing. Het ontwerp is gebaseerd op standaardplattegronden van bouwondernemers. Door toevoeging van twee torens en twee lage showrooms ontstaat een monumentaal verkeersplein. Een derde toren in de as van de brug markeert een poort naar de woonwijk erachter. Deze stedenbouwkundige opzet is terug te voeren op de vormprincipes van Berlage.

▮ This housing project, Van den Broek's first, embodies the architectural embellishment of three housing blocks at a fork in the road. The design is based on standard plans used by building contractors. By adding two towers and two low-rise showrooms Van den Broek created a monumental square. A third tower on axis with the bridge marks a gateway to the housing beyond. This type of urban layout can be traced back to the formal principles of Berlage.

L03 HAKA-GEBOUW/BUILDING

Vierhavenstraat 40-42, Rotterdam

H.F. MERTENS, J. KOEMAN | 1931-1932

Post Ter Avest Van Remundt (rest.)

Bouwkundig Weekblad 1932 p.281, 1933 p.161; Het Bouwbedrijf 1934 p.105; Architectuur Rotterdam 1890-1945, 1991

Het gebouw voor de Coöperatieve Handelsvereniging De Handelskamer bevatte kantoor- en bedrijfsruimte, opslagplaatsen, een silo en een fabriek. Wegens de geringe breedte van het beschikbare terrein (15 m.), ingeklemd tussen kademuur en rijweg, kragen de verdiepingen aan weerszijden 2,30 m. uit. Onder de eerste verdieping kunnen spoorwagons voorrijden; de begane grond is op laadhoogte hiervan. Het gebouw, geconstrueerd als betonskelet met lichte scheidingswanden, is onlangs vrijwel geheel gerenoveerd.

▮ Built for a cooperative wholesalers' society, the so-called HAKA building divides into offices and commercial space, storage zones, a silo and a factory. Owing to the narrowness of the available site (15 m.), crammed between harbour and roadway, all upper floors cantilever 2.30 m. on both sides. Below the first floor are rails enabling wagons to load at ground floor level. The building, concrete-framed with lightweight wall partitions, has recently been almost entirely renovated.

L04 KANTOORGEBOUW/OFFICE BUILDING EUROPOINT

Marconistraat 2, Rotterdam

SKIDMORE, OWINGS & MERRILL | 1971-1975

W.E. Dunlap, M. Goldschmidt, G.J. Jarik (proj.)

Wonen-TA/BK 1979-16/17; Architectuur Rotterdam 1970-1995, 1995

Het ontwerp voor een uit twee torens bestaand Wereld Handels Centrum in de Leuvehaven verrees in licht gemodificeerde vorm als het drie torens tellende Europointcomplex aan het Marconiplein. De twee door een laag entreegebouw verbonden torens huisvesten het gemeentelijke stadstimmerhuis, de derde toren is verhuurd. De gevels, opgebouwd uit witte travertinplaten en in bronskleurige kozijnen gevat donker getint glas, ogen rationeel en abstract, maar zijn uiterst esthetisch doordacht. Door een subtiele verbreding van slechts enkele centimeters per verdieping is een perspectiefcorrectie aangebracht.

▪ The design for a World Trade Centre in two towers at Leuvehaven was eventually realized in a slightly modified form as the Europoint three-tower complex on Marconiplein. The two towers linked by a low entry block house the Urban Planning and Public Housing Agency; the third is let. The elevations of white travertine cladding and tinted glass in bronze-coloured frames look rational and abstract yet have been given every aesthetic consideration. Each successive storey widens by just a few centimetres as a perspective-correcting device.

L05 DIRECTIEKEET/SITE OFFICE OUD-MATHENESSE

Aakstraat, Rotterdam

J.J.P. OUD | 1923/1993

W. Patijn (rest. 1993)

L'Architecture Vivante 1924-I; H. Oud – J.J.P. Oud, Architekt 1890-1963, 1984; S.U. Barbieri – J.J.P. Oud, 1987; B. Colenbrander – Het Witte Dorp, 1987

De tijdelijke directiekeet bij de bouw van de eveneens tijdelijke woonwijk Oud-Mathenesse is met Café De Unie de enige gebouwde getuigenis van Ouds lidmaatschap van De Stijl. Het gebouw bestaat uit drie ineengeschoven volumes met elk een eigen kleur. In interieur en exterieur is gebruikgemaakt van de decoratieve eigenschappen van hout. Nadat het enige tijd als buurtwinkel had gefungeerd werd het in verval geraakte gebouwtje in de oorlog opgestookt. Na de sloop van Ouds Witte Dorp in 1989 en de herbouw naar ontwerp van Paul de Ley werd een replica van de keet bezijden de wijk geplaatst.

▪ The temporary site office erected during the construction of the equally temporary Oud-Mathenesse housing estate is, together with Café De Unie, the only built evidence of Oud's De Stijl membership. The shed consists of three interlocking volumes, each with its own colour. Oud made use both inside and out of the decorative properties of wood. For a time it served as a neighbourhood shop and during the war the dilapidated little building ended up as firewood. After Oud's White Village was pulled down in 1989 and rebuilt to Paul de Ley's plan, a replica of the site office was built alongside it.

L06 HET WITTE DORP/THE WHITE VILLAGE

Aakstraat/Baardsestraat, Rotterdam

P. DE LEY | 1986-1992

Archis 1986-8; Architectuur Rotterdam 1970-1995, 1995

In 1985 besluit de gemeente dat het befaamde Witte Dorp van J.J.P. Oud om bouwtechnische redenen niet langer gehandhaafd kan blijven. Het centraal gelegen plein met oude populieren en wilgen is behouden, evenals de door de bewoners gekoesterde dorpse sfeer. Ouds verkaveling in ringen rond het plein is vervangen door een verkaveling van evenwijdige stroken waarbij de tussenruimte tussen de woningen afwisselend bestaat uit tuinen en straten die vrijwel allemaal uitkomen op het plein. De woningen kennen een grote diversiteit aan plattegronden, variërend van drie- tot zeskamerwoningen. De plastische gevels bestaan uit een plint van rode en een bovenbouw van witte betonsteen, kleuren die verwijzen naar het oude Witte Dorp.

▪ In 1985 the City of Rotterdam decided that the famous White Village of J.J.P. Oud was structurally too far gone for further preservation. The central square with its ancient poplars and willows was retained as was the village ambience fostered by the inhabitants. Oud's layout in rings around the square has been replaced by a configuration of parallel rows, the intermediate space between houses alternating gardens and streets almost all of which lead into the square. The houses run the gamut of floor plans and vary between three- and six-room units. Their sculptural façades are in white concrete brick above a red plinth, colours that refer to the old White Village.

L07 WONINGBOUW/HOUSING SPANGEN

Justus van Effenstraat e.o., Rotterdam

M. BRINKMAN | 1919-1922

L. de Jonge (rest.)

Bouwkundig Weekblad 1920 p.45; Stedebouw en Volkshuisvesting 1924 p.197; Forum 1960/61 p.159; R. Sherwood – Modern Housing Prototypes, 1978; Casabella 1985-juli/aug; Architectuur & Bouwen 1987-6/7; Architectuur Rotterdam 1890-1945, 1991; J.P. Baeten – Michiel Brinkman 1873-1925, s.a.

In 1919 ontwerpt Michiel Brinkman in opdracht van de Gemeentelijke Woningdienst een complex van 273 woningen in de wijk Spangen. De mogelijkheden van het gesloten bouwblok worden hier optimaal benut. Eén groot blok van 147 × 85 m. omsluit een binnenterrein waar enige kleinere blokken staan, alsmede een centraal hoger gebouw dat c.v.-ruimte, badhuis en fietsenstalling bevat. Door het bouwblok loopt een openbare straat die zich splitst bij het voorzieningengebouw. Nieuw is de toepassing van een galerij, een verhoogde woonstraat aan de binnenzijde van het blok. Hierdoor is het mogelijk een zeer grote dichtheid te realiseren, zonder te hoeven vervallen in ingewikkelde, veel ruimte innemende trappenhuizen. De ingangen van vrijwel alle woningen bevinden zich aan het binnenterrein. De woningen op de onderste twee lagen met tuin hebben hun entree op de begane grond. Erboven bevinden zich twee maisonnettes met een entree aan de galerij. Alle woningen bevatten een woonkamer, een keuken, toilet en drie slaapkamers. De woningen hebben centrale verwarming (voor het eerst toegepast in volkswoningbouw in Nederland) en een vuilstortkoker. Het binnenterrein wordt ontsloten door vier markante toegangspoorten, aan elke zijde één. Tien trappenhuizen en twee goederenliften (voor de handkarren van de leveranciers) leiden naar de galerij, die 2,20-3,30 m. breed is. De galerij fungeert door deze royale maatvoering als verhoogde straat: kinderspeelplaats en balkon voor burencontact en huis-aan-huisbezorgers. De galerij is van beton en verlevendigd met bloembakken, tegeltableaus en kijkspleten voor kinderen. Tussen de kolommen van de galerij zijn droogbalkons aangebracht. Er is een groot contrast tussen de strakke, ritmische straatgevels en de levendige gevel aan het binnenterrein. Elke woning heeft een buitenruimte. Door toedoen van A. Plate, directeur van de Woningdienst, en enkele socialistische wethouders wordt de aanvankelijke kritiek op het plan overwonnen. Deze is vooral gericht op het onhollandse karakter, de grote nadruk op collectiviteit en op de dure voorzieningen. Ook is men bang dat de combinatie van platte daken en een galerij 'gevaren van morele aard' zal opleveren. De toepassing van een galerij in de woningbouw is van zeer grote invloed geweest op de Nederlandse architectuur. Ze dient als inspiratie voor steeds nieuwe generaties architecten zoals bij de Bergpolderflat, de Hengelose Es, Buikslotermeer in Amsterdam-Noord en Bleyenhoek in Dordrecht. In 1984 is men gestart met de renovatie van het inmiddels wereldberoemde complex door architectenbureau L. de Jonge in nauwe samenwerking met de Rijksdienst voor Monumentenzorg. Twee maisonnettewoningen zijn samengevoegd tot één grotere vier- of vijfkamerwoning, zodat er weer gezinnen met kinderen in het complex kunnen wonen. De galerij is zorgvuldig hersteld en deels vervangen. Het oude badhuis werd kinderdagverblijf en verenigingsruimte. Het binnenterrein is autovrij gebleven.

▪ In 1919 Michiel Brinkman designed to a commission from the Municipal Housing Agency, an estate of 273 dwellings in the Spangen district. The possibilities of the perimeter block were here applied to the full. One large block of 147×85 m. embraces an inner court containing a few smaller blocks and a central taller building comprising central heating plant, baths and cycle shelter. Running through the large housing block is a public street which forks at the facilities building. New at the time was the use of an access gallery, a raised walkway on the block's inner edge. This allowed a high housing density without having to resort to complicated space-consuming stair towers. Entrances to almost all dwellings are on the inner court. Dwellings on the ground and first floors are entered at ground level and have their own garden. Above them are two maisonettes reached from the access gallery. All dwellings comprise a living room, kitchen, toilet and three bedrooms, plus central heating (the first Dutch social housing to do so) and a rubbish chute. The inner court is entered through four striking gateways, one on each side. Ten staircases and two goods lifts for tradesmen's hand-carts lead to the access gallery, 2.20-3.30 m. across. The latter, due to its ample width, functions as a raised street, a children's play area and a balcony for neighbourly contact and door-to-door services. Enlivening this concrete gallery are plant boxes, tiled artwork and peep-holes for children. Between its columns are balconies for drying clothes. There is a great contrast between the taut, rhythmic street façades and the lively elevations facing the inner court. Each dwelling has an outdoor area. Due to the intervention of A. Plate, director of the Housing Agency, and various socialist aldermen, initial criticism of the plan was crushed. This was levelled especially at its 'un-Dutch' character, the emphasis on collectivity and its expensive facilities. There were fears, too, that the combination of flat roofs and access galleries would lead to 'dangers of a moral nature'. The use of an access gallery in housing was to be of enormous influence on Dutch architecture. It has served as a continuing inspiration to new generations of architects; see the Bergpolderflat, Hengelose Es, Buikslotermeer in Amsterdam and Bleyenhoek in Dordrecht. In 1984, work began on the renovation of this housing, by that time world-famous, by L. de Jonge's office in close collaboration with the State Department for the Preservation of Historic Monuments and Sites. Two maisonette dwellings were combined into one larger four- or five-room apartment, so that families with children could once again live on the estate. The access gallery was carefully restored and partly replaced, while the former baths became a crèche and clubhouse. The inner court continues to remain traffic-free.

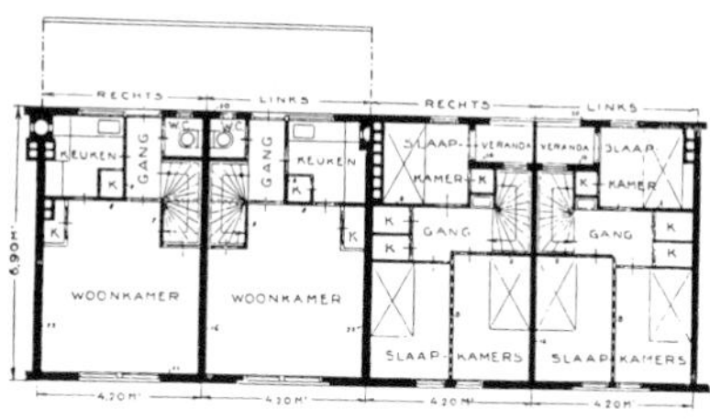
RECHTS
LINKS
RECHTS
LINKS
KEUKEN
GANG
GANG
KEUKEN
SLAAP-KAMER
VERANDA
VERANDA
SLAAP-KAMER
GANG
GANG
WOONKAMER
WOONKAMER
SLAAP-KAMERS
SLAAP-KAMERS
6,90M
4.20M
4.20M
4.20M
4.20M

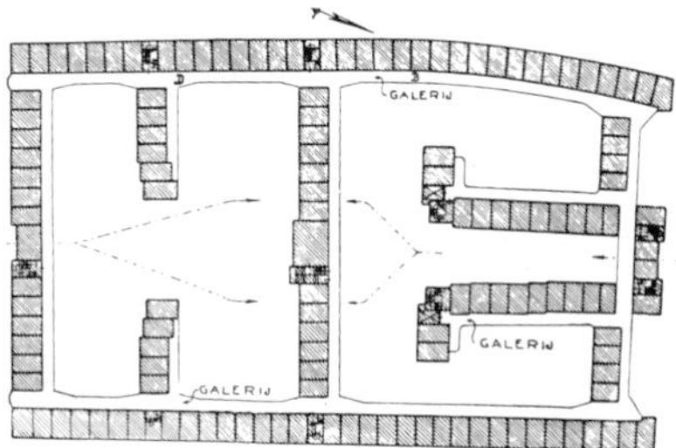
GALERIJ
GALERIJ
GALERIJ

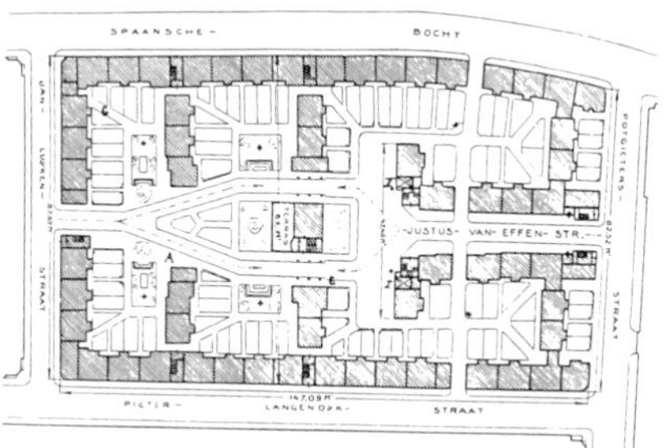
SPAANSCHE-
BOCHT
JAN-
LUYKEN-
STRAAT
POTGIETERS-
STRAAT
JUSTUS-VAN-EFFEN-STR.
PIETER-
LANGENDIJK-
STRAAT
147.09M

L08 VAN NELLE-FABRIEK/VAN NELLE FACTORY

Van Nelleweg 1, Rotterdam

BRINKMAN & VAN DER VLUGT | 1925-1931

J.G. Wiebenga (constr.), **M.A. Stam** (medew.), **Van den Broek & Bakema, M. Booy** (uitbr.)

Bouwkundig Weekblad 1929 p.97; Het Bouwbedrijf 1929 p.128; Wendingen 1930-1; L'Architecture Vivante 1933-I; Bulletin KNOB 1970 p.123; J. Geurst e.a. – Van der Vlugt, architect 1894-1936, 1983; J.H.H.M. Molenaar – Van Nelle's fabrieken, 1985; Wiederhall 14; Architectuur Rotterdam 1890-1945, 1991

Van der Vlugt wordt bij de bouw van deze koffie-, thee- en tabaksfabriek betrokken na de dood van Michiel Brinkman. Er is dan alleen een globaal structuurplan van de indeling van het terrein bekend. Het ontwerp van de fabriek is op vele punten innoverend. Dit is naast de inventiviteit van de jonge Van der Vlugt en zijn medewerkers vooral te danken aan de inzet van de opdrachtgever C.H. van der Leeuw. Naast het optimaal functioneren van het bedrijf is grote nadruk gelegd op het creëren van verbeterde werkomstandigheden voor de arbeiders.

De eigenlijke fabriek bestaat uit een strook werkruimtes in gebouwonderdelen van aflopende hoogte; acht lagen voor de tabaksfabriek, vijf lagen met een dubbelhoge tussenlaag voor de koffiefabriek en drie lagen voor de theefabriek. De verschillende fabrieken zijn onderling gekoppeld door gebouwdelen waarin trappen, toiletten en wasruimtes en mogelijkheden voor verticaal transport zijn opgenomen. Elk trappenhuis heeft zijn eigen trapvorm. Aan de achterzijde van de tabaksfabriek ligt een magazijn met zaagtandkap. De fabrieken liggen langs een expeditiestraat en zijn via de voor het gebouw zo karakteristieke luchtbruggen verbonden met een strook expeditie- en opslagruimtes langs het water. In deze strook zijn tevens een rijwielberging, ketelhuis en werkplaatsen opgenomen.
De entree tot het terrein wordt gevormd door een vrijstaand kantoorgebouw dat de gebogen lijn van de expeditiestraat met zijn voorgevel volgt. Verspreid over het terrein liggen nog een kantine en sportvelden met enige sportgebouwtjes (inmiddels afgebroken).
De betonvloeren van de fabriek worden gedragen door betonnen paddestoelkolommen. De gevel blijft daardoor kolomvrij, hetgeen tot uiting komt in de doorlopende stalen raamstroken die een maximum aan daglicht in de werkruimtes toelaten. Het kantoor bestaat uit een gebogen strook directievertrekken en een strook met de overige kantoorruimtes loodrecht op de expeditiestraat. De beide delen zijn verbonden door een dubbelhoge open kantoorruimte met glazen wanden en glazen spreekkamers. De ronde tearoom op het dak van de tabaksfabriek is tijdens de bouw toegevoegd om blijvend te kunnen genieten van het uitzicht.
Een belangrijke medewerker van Van der Vlugt is Mart Stam. Zijn inbreng is waarschijnlijk vooral bepalend geweest voor het strakke, uiterst functionele karakter van de fabrieken. Met de meest expressieve vormen van het kantoor en de 'bonbondoos' op het dak was hij het niet eens. Toch zijn het juist deze elementen die dit functionalistische meesterwerk een architectonische meerwaarde geven. Dit is toch voornamelijk Van der Vlugts inbreng, die het objectieve functionalisme koppelt aan een humane architectuuropvatting, een werkwijze die hij deelt met Duiker en die heeft geleid tot een van de hoogtepunten van het Nieuwe Bouwen in Nederland.

▪ Van der Vlugt became involved in the construction of this coffee, tea and tobacco factory after the death of Michiel Brinkman. At that point there existed only a broad zoning plan. The factory's design is in many ways revolutionary. Acknowledging the inventiveness of the young Van der Vlugt and his colleagues, this innovation is equally attributable to the dedication of the client, C.H. van der Leeuw. Besides optimum functioning of the concern great emphasis was placed on providing improved working conditions for the employees.
The factory proper is in three volumes of decreasing height, one of eight levels for tobacco, a coffee section of five levels with a double-height entresol, and a three-level tea department. These three factory zones are interlinked by volumes containing stairs, toilets, washrooms and space for lifts. Each stair tower has its own shape of stair. At the rear of the tobacco section is a warehouse with a sawtooth roof. All three zones adjoin a main service route and are further connected by bridges (almost the hallmark of this factory) to a row along the water of dispatch and storage spaces, cycle shelter, boiler house and workshops.
Entry to the grounds is expressed by a free-standing office building whose façade follows the curve of the service route. Spread across the rest of the site are sport fields with a few small outhouses (since demolished) and a canteen. The factory's concrete floor slabs are supported by concrete mushroom columns, leaving façades column-free, a condition borne out by continuous strips of fenestration which flood the work areas with daylight. The office building consists of a curved row of managerial offices, the remainder being housed in a row at right angles to the service route. The two sections are linked by a double-height open office zone with glazed partitions and glazed cubicles. The circular tea room on the roof of the tobacco factory section was added during building to allow continued enjoyment of the view.
An important collaborator with Van der Vlugt on this venture was Mart Stam. His contribution is probably most appreciable in the taut, extremely functional character of the whole. He disagreed, however, with the more expressive forms of the office and the 'chocolate box' on the roof. Yet it is these elements, chiefly the work of Van der Vlugt, which give this functionalist masterpiece its architectural superiority. This combination of an objective functionalism and a humane view of architecture, an approach Van der Vlugt shared with Duiker, produced one of the absolute pinnacles of the Dutch Modern Movement.

L09 PENITENTIAIRE INRICHTING/PENITENTIARY DE SCHIE

Abraham van Stolkweg/Prof. Jonkersweg 7, Rotterdam

C.J.M. WEEBER (ARCHITECTEN CIE) | 1985-1989

B. Bonies, P. Struycken, A. Eikelenboom (b.k.)

de Architect 1986-4/5/6, 1990-1; Bouw 1989-20, 1990-20; Archis 1990-1; Architectuur in Nederland. Jaarboek 1989-1990; E. Taverne – Carel Weeber, architect, 1990; Architectuur Rotterdam 1970-1995, 1995

Weebers flirt met het classicisme en de rationalist Durand resulteert in een volledig gesloten gebouw met felgekleurde gevels, omgeven door een vijf meter hoge rustica-achtige gevangenismuur. Het rechthoekige gebouw van 80 bij 200 meter bevat twee binnenplaatsen. De 252 cellen liggen aan de lange zijden van de binnenplaatsen; de recreatieruimtes aan de korte zijden; alle ruimtes zijn op de binnenplaatsen georiënteerd. Ook in het interieur spotten de vrolijke kleuren en kunsttoepassingen met de grimmigheid van de opgave.

▪ Weeber's flirtation with Classicism and the Rationalist Durand has resulted here in a fully blankwalled block with façades in vivid colours, surrounded by a rusticated prison wall five metres high. The rectangular building of 80×200 m. enfolds two courtyards. 252 cells flank the long sides of the courtyard, the recreation rooms the short sides; all spaces look onto the courtyards. In the interior too the gay colours and art works poke fun at the grim nature of the brief.

L10 VOORZIENINGENCENTRUM/COMMERCIAL UNITS

Cairostraat, Rotterdam

VAN DUIVENBODE & DE JONG | 1993-1994

Architectuur & Bouwen 1995-9

Dit gebouw bestaat uit een verzameling kleine kantooreenheden die op een onderlaag met winkelvoorzieningen zijn geplaatst. Uit de twee bouwlagen van het kantoordeel zijn alternerend aan de voor- en achterzijde vierkante delen uit de massa genomen zodat kubussen van 7,20 m., de kleinst verhuurbare kantoormaat, overblijven. De kantoren worden ontsloten door een centrale gang en een viertal trappenhuizen. Openingen in de kantoorgevel zijn gericht op de 'binnenplaatsen' zodat de gevel van het totale gebouw bestaat uit een ritme van gesloten vierkanten die elk in de bovenhoek zijn voorzien van een reclamevierkant. De gevels zijn bekleed met gepotdekselde houten delen.

▪ Here an assemblage of small office units sits on a ground-level layer of commercial facilities. Squares have been hewn from the mass front and back of the two office levels, leaving cubes of 7.20 m., the minimum permissible dimension of lettable office space. The offices are reached off a central corridor and four stair towers. Openings in the office frontage look towards the internal courts, so that the overall frontage breaks into a rhythm of contained squares each decked out with a smaller square for advertising in the upper corner. Cladding is in weatherboarded timber.

L11 DIERGAARDE/ZOO BLIJDORP

Van Aerssenlaan 49, Rotterdam

S. VAN RAVESTEYN | 1937-1941

P. den Besten, L. Bolle, A. Canta, D. Elffers, W. van Kuilenburg, J. Uiterwaal, P. Worm (b.k.)

Bouwkundig Weekblad 1959 p.146; H. Blotkamp e.a. – S. van Ravesteyn, 1977; Joh. de Vries – Diergaarde Blijdorp, 1986; Architectuur Rotterdam 1890-1945, 1991

Gegroepeerd langs de hoofdas in de lengterichting van het park liggen de diverse dierenverblijven en -weiden. Het hoofdgebouw, de Rivièrahal, staat in verbinding met de hallen voor apen, dikhuiden en tropische dieren. In de decoratie van de gebouwen is geprobeerd de herkomst van de dieren te symboliseren. De gebogen lijn, een terugkerend vormthema in Van Ravesteyns werk, is ook in dit ontwerp alom aanwezig. Veel gebouwen, zoals de Rivièrahal, zijn in de loop der jaren verbouwd of vervangen door nieuwbouw waardoor het totaalconcept van de dierentuin nogal is aangetast.

▪ Indoor and outdoor accommodations of animals are grouped along the principal axis following the length of the park. The main block, the Rivièrahal, adjoins the houses for primates, pachyderms and tropical fauna. Each building's decoration sets out to symbolize its occupant's place of origin. The curve, a recurring formal theme in Van Ravesteyn's work, is here to be found in abundance. Many of the buildings have been altered over the years, such as the Rivièrahal, or replaced, at the expense of the zoo's overall concept.

L12 SCHOLENCOMPLEX/SCHOOL COMPLEX TECHNIKON, HOFPLEINTHEATER/THEATRE

Schiekade/Benthemstraat, Rotterdam

MAASKANT, VAN DOMMELEN, KROOS, SENF | 1955-1970

M.C. de Koning (medew.), **K. Appel** (b.k.)

Bouw 1960 p.262, 1971 p.1354, 1766, 1882, 1904; Polytechnisch Tijdschrift Bouwkunde 1971 p.737; H. Fluks e.a.- Architect H.A. Maaskant, 1983; Architectuur Rotterdam 1945-1970, 1993

In dit enorme scholencomplex zijn acht technische scholen ondergebracht. Het complex bestaat uit drie vrijstaande gebouwdelen die door middel van een doorlopende onderbouw zijn gekoppeld. Het tien verdiepingen hoge, 220 m. lange en 22,5 m. diepe hoofdgebouw volgt de curve van de Hofpleinspoorlijn. De gezamenlijke aula, ook in gebruik als theater, is voorzien van een expressieve beton- en glas-in-loodsculptuur van Karel Appel. Het tussengebouw haaks op het hoofdgebouw vormt de verbinding met een toren van elf bouwlagen waarin acht gymzalen en een zwembad zijn ondergebracht.

▮ This vast complex housing eight technical schools consists of three freestanding volumes atop and linked by a continuous basement. The main block, ten storeys high, 220 m. long and 22.5 m. deep, follows the curve of the overhead railway line. The shared assembly hall that doubles as a theatre, sports an expressive sculpture in concrete and stained glass by Karel Appel. The intermediate building square to the main block serves to link the latter to the eleven-storey tower boasting eight gymnasiums and a swimming pool.

L13 WOONGEBOUW/HOUSING BLOCK AGNIESEBUURT

Vrouw Jannestraat, Rotterdam

DOBBELAAR DE KOVEL DE VROOM (DKV) | 1984-1988

Archis 1989-2; Bouw 1990-8; Architectuur in Nederland. Jaarboek 1988-1989; H. van Dijk – DKV Architecten, 1997

In plaats van het gevraagde gesloten bouwblok stelden de architecten een transparante strokenverkaveling voor, bestaande uit een hoog woongebouw en een lager blok met werkplaatsen en woningen daarboven. Door deze stapeling ontstond ruimte voor een openbaar plein. De woningen in de eerste lagen van het woongebouw zijn gericht op het plein; de hoger gelegen door een galerij ontsloten woningen zijn gericht op de stad. Dit gebouw dat kan worden gezien als een hommage aan het modernisme toont dat het schijfvormige flatgebouw, mits zorgvuldig ontworpen, als gebouwtype nog steeds levensvatbaar is.

▮ In place of the required perimeter block the architects proposed a transparent row development combining a tall housing slab with a low-rise block of business premises with dwellings above. This stacking created space for a public square. The dwellings on the two lowest levels of the housing slab are oriented to the square; those on the upper floors, reached from access galleries, to the city. This homage to modernism proves that the slab-shaped apartment block, if designed with care, is still a practicable building type.

L14 WONINGBOUW/HOUSING HOFDIJK

Stroveer e.o., Rotterdam

J. VERHOEVEN | 1977-1983

de Architect 1978-6; Bouw 1984-13; Architectuur Rotterdam 1970-1995, 1995

In dit project is getracht een woonwijk te ontwerpen met een 'eigen en tevens Rotterdamse' identiteit door de Rotte in een lus door het plan te trekken, een wijkeenheid op te bouwen uit kleine overzichtelijke elementen waarin door de repeterende 'Rotterdamse' kappen het individuele huis herkenbaar blijft, de woningen door een verhoogde woonstraat zoveel mogelijk vanaf de 'straat' te ontsluiten, en een sfeer te scheppen waarin 'een zo rijk mogelijke afspiegeling van het leven tot uitdrukking komt'.

▮ This project was an attempt to design a housing estate 'with an individual identity yet part and parcel of Rotterdam'. This was done by having the River Rotte thread through the plan; by building up a whole from small manageable elements in which repeated use of stylized 'Rotterdam roofs' allows the individual unit to remain recognizable; by means of streets-in-the-air to provide units with as much 'street' access as possible; and by creating an atmosphere in which 'the fullest possible reflection of life may be expressed'.

L15 BERGPOLDERFLAT/BLOCK OF FLATS

Abraham Kuyperlaan/Borgesiusstraat, Rotterdam

W. VAN TIJEN, BRINKMAN & VAN DER VLUGT | 1932-1934

Op ten Noort Blijdenstein (rest.)

Bouwkundig Weekblad 1934 p.361; De 8 en Opbouw 1934 p.45; Het Bouwbedrijf 1934 p.173, 1935 p.243; A. Roth – Die neue Architektur, 1940; J. Geurst e.a. – Van der Vlugt, architect 1894-1936, 1983; Archis 1989-2; Architectuur Rotterdam 1890-1945, 1991; Renovatie & Onderhoud 1993-11

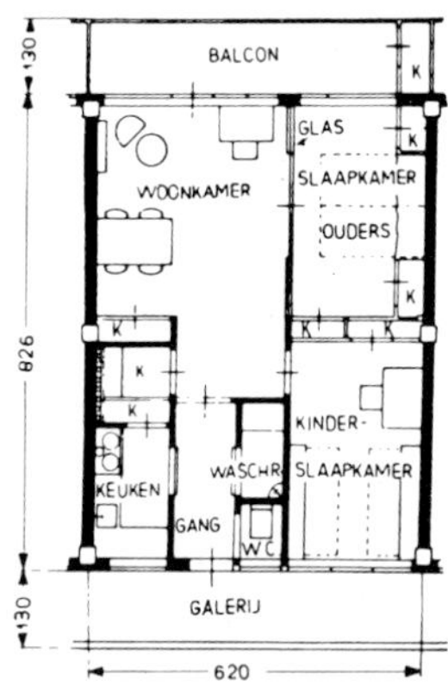

De Bergpolderflat vormt in feite het prototype voor vele later gebouwde schijfvormige woongebouwen. Ondanks het feit dat in Amsterdam hoogbouw voor arbeiderswoningen door de gemeente economisch onverantwoord wordt geacht en de woontoren voor beter gesitueerden aan het Victorieplein een commerciële mislukking blijkt, durft een aantal Rotterdamse ondernemers de proef met hoogbouw voor arbeiders aan. In tegenstelling tot de formele uitgangspunten van de Amsterdamse toren (een verticaal accent in Berlages plan voor Amsterdam-Zuid) zijn de Rotterdamse motieven voor hoogbouw economisch, sociaal en praktisch van aard. Men gaat uit van de hygiënische voordelen van de toetreding van zonlicht en lucht en de mogelijkheden tot aanleg van ruime groenvoorzieningen tussen de blokken, gekoppeld aan de economische voordelen van een vergaande standaardisatie en prefabricage om tot concurrerende huurprijzen te komen.

Het gebouw bestaat uit negen woonlagen van elk acht door een galerij ontsloten identieke woningen. De galerijen zijn bereikbaar via een lift achter het glazen trappenhuis op de kop van de schijf. Omdat de lift stopt op een tussenbordes worden telkens twee galerijen per stopplaats ontsloten. De woningen, inwendig zes meter breed en acht meter diep, zijn verdeeld in een smalle en een brede zone. De brede zone bevat aan de galerijzijde de entree, de keuken, een toilet en een wasruimte en aan de balkonzijde de woonkamer. De smalle zone bevat een kinderslaapkamer aan de galerijzijde en een ouderslaapkamer aan de balkonzijde. De wand tussen de woonkamer en de ouderslaapkamer is geheel beglaasd en voorzien van schuifdeuren. De constructie bestaat uit een staalskelet met windkruisen tussen de in lichte drijfsteen uitgevoerde scheidingswanden. De vloeren zijn van hout, om de drie verdiepingen afgewisseld door een brandvrije betonvloer. Trappen, galerij- en balkonvloeren zijn van geprefabriceerd beton. De houten puien met stalen bewegende delen zijn eveneens geprefabriceerd.

Op de begane grond bevinden zich bergingen en nog steeds functionerende was- en droogcellen. Hier was tevens ruimte gereserveerd voor een crèche. Door een lager gebouwdeel loodrecht op de schijf langs de straat te leggen voegt het op zich vreemde hoogbouwelement zich in het stratenpatroon van zijn omgeving, krijgt de entree een accent en wordt de collectieve tuin van de straat afgeschermd. Het zijn vooral deze extra voorzieningen die het wonen in deze hoogbouw een kwaliteit gaven die in de latere navolgers vrijwel ontbreekt, waardoor de ontegenzeglijke nadelen van hoogbouw niet meer worden gecompenseerd. De kleine woningen zijn inmiddels aangepast aan de huidige normen.

▮ The Bergpolderflat constitutes the prototype for many later slab-shaped housing blocks. Despite the fact that Amsterdam Municipality had condemned as economically irresponsible the housing of workers in high-rise blocks, and the tower block of flats 'for the better off' on Victorieplein had proved a financial disaster, several Rotterdam contractors plucked up courage and tackled the problem of high-rise worker housing themselves. As opposed to the formal arguments underlying the Amsterdam block (among them a vertical thrust for Berlage's Amsterdam-Zuid masterplan), reasons to build high in Rotterdam were by nature economical, social and practical. They were based on the advantages to health of sun and daylight penetration, the possibilities of ample green space inbetween blocks and the economic advantage of a thorough-going standardization and prefabrication, leading to competitive rents.

The building consists of nine levels of housing each containing eight identical gallery flats. Access galleries are reached using a lift behind the glazed stair tower at the building's head, which stops at intermediary levels each serving two galleries. The dwelling units, six metres wide by eight metres deep, are subdivided into a narrow and a wide zone. The latter contains on the access gallery side entrance, kitchen, toilet and washroom, with the living room on the balcony side. The narrow zone comprises a children's bedroom on the gallery side and the master bedroom adjoining the balcony. The structure consists of a steel frame with x-shaped wind braces between partition walls of lightweight sandstone. Floors alternate upwards between two of wood and one of concrete as a fire precaution. Stairs, access galleries and balcony floors are of precast concrete. The timber fronts with movable steel components are prefabricated too.

On the ground floor are storage spaces and washing and drying facilities which are still used today. Space was also reserved for a children's nursery. By placing along the street a lower volume at right angles to the slab, the latter, in itself an alien element, has been scaled to its surroundings, its entrance pointed up and the communal gardens screened from the street. These extra facilities are the main reason why living in this high-rise block has a quality almost entirely lacking in its successors in which the undeniable disadvantages of high-rise are no longer compensated for. The small dwelling units have since been adapted to suit current norms.

L16 WONINGBOUW/HOUSING UNGERPLEIN
Ungerplein/Schiekade, Rotterdam
J.H. VAN DEN BROEK | 1931-1936
Het Bouwbedrijf 1936 p.75; R. Stroink – Ir. J.H. van den Broek, 1981

De bebouwing vormt een plein aan de Schiekade: een traditionele straatwand met poorten wordt gecombineerd met een flatgebouw van twaalf lagen. Per verdieping zijn rond een trappenhuis en lift twee luxueuze woningen gesitueerd; de grote woning is gericht op de verkeersweg, de kleinere op het plein. Het gebouw is geconstrueerd als betonskelet. Op de begane grond was een restaurant gevestigd. De flat is gerenoveerd en bevat nu kantoren.

▮ This development, forming a square off the Schiekade, combines a traditional street elevation punctured by gateways with a twelve-storey block of flats. On each floor around a staircase and lift are two swish apartments, the larger facing the main street and the less-large the square. Originally there was a restaurant on the ground floor of this concrete-framed building. The block of flats has since been renovated and now contains offices.

L17 MONTESSORILYCEUM/SECONDARY SCHOOL
Schimmelpenninckstraat 20, Rotterdam
VAN DEN BROEK & BAKEMA | 1955-1960
J.M. Stokla (proj.)
Bauen + Wohnen 1959 p.383; Bouw 1960 p.1170; Bouwkundig Weekblad 1960 p.317; Architecture d'Aujourd'hui 1961 feb/mrt; J. Joedicke – Architektur und Städtebau, 1963; Architectuur Rotterdam 1945-1970, 1993

De diverse ruimtes zijn gesitueerd aan een lange gang over twee verdiepingen; deze gang varieert in breedte en functioneert plaatselijk als overblijf-, expositie-, studie- en ontmoetingsruimte. Het gebouw bestaat uit een stafvleugel boven de weg, een conciërgewoning, een aula over twee verdiepingen in het hart van de school, een rij vaklokalen, en aan het eind een gymnastieklokaal. De theorielokalen zijn in de hoogbouw geconcentreerd. Elke functie heeft een eigen architectonische uitdrukking in ruimtevorm, gevel en constructie.

▮ In this school, the various spaces are ranged along a lengthy double-height corridor of changing width and variously serving as space for exhibitions, study, encounter and for those lunching at school. The building comprises a staff wing above the road, a porter's lodge, a central double-height aula, a row of classrooms and at the far end a gymnasium. The theoretical side is concentrated on the upper floor. Each function has its own architectural expression in space form, façade and construction.

L18 WOONHUIS/PRIVATE HOUSE GESTEL
Bentincklaan 23, Rotterdam
J.H. VAN DEN BROEK | 1937-1939
R. Stroink – Ir. J.H. van den Broek, 1981

De woning is gesitueerd op de kop van een rij woningen en heeft alle kenmerken van een functionalistische 'witte' villa: een flexibele plattegrond met schuifwanden, witgepleisterde wanden, langwerpige stroken stalen ramen, een zichtbaar (bekleed) staalskelet in de gevel en bij de balkons, en een dakterras met als vrije vorm een logeerkamer. De woning is in vrijwel ongewijzigde staat, afgezien van de opbouw rond het trappenhuis uit de jaren vijftig.

▮ This residence, standing at the head of a row of houses, has all the features of a Functionalist 'white' villa: a flexible plan with sliding partitions, white-rendered walls, elongated strips of steel-framed windows, a steel structure clad but visible in the façade and at the balconies, and a roof terrace with a free-form spare room. The house has changed little over the years, except for a small staircase extension dating from the fifties.

L19 WONINGBOUW/HOUSING DE EENDRACHT

Vroesenlaan/Van der Horststraat/Navanderstraat, Rotterdam

J.H. VAN DEN BROEK | 1929-1935

Bouwkundig Weekblad 1936 p.225; R. Stroink – Ir. J.H. van den Broek, 1981; Architectuur Rotterdam 1890-1945, 1991

Dit project neemt een centrale plaats in bij de overgang van gesloten bouwblok naar open (stroken)verkaveling. Het bouwblok met een kleuterspeelzaal in de hoek is open naar de parkzijde en omsluit een grote siertuin. De woningen liggen een halve verdieping boven straatniveau; eronder is ruimte voor bergingen, was- en speelruimte. De woningen zijn geconstrueerd in een betonskelet, een zeldzaamheid in die tijd. Door glazen schuifpuien is de indeling van de woning te wijzigen van een dag- in een nachtvariant.

■ This project occupies an important place in the transition from perimeter block to open (row) planning. The housing block with a children's playroom in one corner is open on the park side and enfolds a large ornamental garden. The dwellings are raised half a storey above street level allowing for storage, wash and play space below and are concrete-framed, a rarity in those days. Sliding glass partitions permit a change of internal subdivision from day to night.

L20 WOONHUIS/PRIVATE HOUSE VAN BUCHEM

Offenbachlaan 5, Rotterdam

VAN DEN BROEK & BAKEMA | 1960-1961

Bauen + Wohnen 1963 p.138; Architectuur Rotterdam 1945-1970, 1993

De architectuur van dit woonhuis is kenmerkend voor het robuuste, expressieve functionalisme van Bakema. De hoofdvorm is een min of meer vierkante plattegrond, waarbij de verschillende ruimtes rond een binnenhof zijn gegroepeerd. De ruimtelijke opbouw bestaat uit een sequentie van steeds meer open ruimtes; van gesloten slaapkamers, via een halfopen entree/keukenblok naar de naar het zuiden uitwaaierende woonruimtes. Het materiaalgebruik is beperkt tot beton, schoon metselwerk en hout. De houten daklijn en de betonnen onderrand zijn gescheiden door een in hoogte wisselende glasstrook.

■ Pervading the architecture of this private house is Bakema's robust, expressive functionalism. The main shape is a more or less square plan that groups the spaces around an internal court. Spatially the design configures as a sequence of increasingly generous spaces, from contained bedrooms by way of a half open entry/kitchen block to the living zone fanning out to the south. The materials are restricted to concrete, exposed brick and wood. The timber cornice line and concrete upstand wall are separated by glazing that varies in height.

L21 LEGER DES HEILS/SALVATION ARMY BUILDING

Gerdesiaweg 486/Hoge Boezem, Rotterdam

VAN DUIVENBODE & DE JONG | 1993-1995

Architectuur & Bouwen 1995-9; de Architect 1997-2

In deze hoofdvestiging van het Leger des Heils zijn alle activiteiten van het Leger behalve de opvang van daklozen verzameld. Het vormt het hoekstuk van een bouwblok langs de Hoge Boezem. De hoofdopzet is eenvoudig: een voorzieningen- en verkeersstrook aan de achterzijde met een vrij indeelbare kolomvrije ruimte daarvoor die per verdieping naar gelang de specifieke functie wordt ingevuld. De belangrijkste ruimte is de dubbelhoge kerkzaal op de eerste verdieping. De omloop rond deze kerkzaal manifesteert zich in de buitengevel als een uit het kubusvormige hoofdvolume stekende massa. Om het monoliete karakter van het gebouw te benadrukken is een groot deel van de gevel voorzien van wit en helderrood stucwerk.

■ Set on the corner of a block on Hoge Boezem, this headquarters for the Salvation Army houses all of this organization's activities except its programme for sheltering the homeless. The parti couldn't be simpler: a row for facilities and circulation at the rear with a freely subdivisible, column-free space in front, each level of which can be filled in as desired. The most important space is the double-height church hall on the first floor enfolded by a gallery expressed in the façade as a mass jutting from the cube of the main volume. Much of the frontage is dressed in white and bright red stucco to underline the building's monolithic aspect.

L22 CLUBGEBOUW/CLUBHOUSE
KRALINGSCHE ZEIL- EN ROEIVERENIGING
Kralingse Plaslaan 113, Rotterdam
W. VAN TIJEN | 1936
De 8 en Opbouw 1937 p.243; Plan 1970 p.574

Door alle utilitaire ruimtes op de begane grond te situeren blijft de gehele verdieping vrij voor de clubzaal en de bar. Een ruim balkon en grote glazen puien in de gevel bieden een riant uitzicht over de Kralingse Plas. Het dak, dat zo veel mogelijk wordt vrijgehouden van de wanden, rust op gebogen spanten die zijn vervaardigd uit met vliegtuiglijm op elkaar verlijmde houten vloerdelen.

▮ In locating all utility spaces on the ground floor the entire upper level of this boating society building has been kept free for the clubroom and bar. A roomy balcony and large glazed fronts offer a generous view across the lake (Kralingse Plas). The roof, kept separate where possible from the walls, rests on curved rafters constructed of wooden floorboards fixed together with aeroplane glue.

L23 PLASLAANFLAT/BLOCK OF FLATS
Kralingseplaslaan/Ramlehstraat, Rotterdam
W. VAN TIJEN, H.A. MAASKANT | 1937-1938
De 8 en Opbouw 1938 p.99; Plan 1970 p.580

Van Tijens tweede woonschijf bevat duurdere woningen dan de Bergpolderflat. De hoofdopzet is echter gelijk: bergingen en collectieve voorzieningen op de begane grond, een lage uitbouw langs de straat, een galerijontsluiting en een liftstopplaats per twee verdiepingen. Alleen de draagconstructie is anders; een betonskelet bleek goedkoper en beter. De woningplattegronden zijn nagenoeg gelijk, alleen bevat elke verdieping slechts vier woningen en zijn de kopwoningen groter. Van de bedoelde veertien lagen zijn er slechts tien uitgevoerd.

▮ Van Tijen's second block of flats contains units more expensive than those of the Bergpolderflat. The principal layout however is the same: storage and communal facilities on the ground floor, a low-rise section along the street, access galleries, and a lift serving two storeys per stop. Only the loadbearing structure is different; a concrete frame was considered cheaper and more effective. The dwelling plans of the two blocks are virtually alike, though each floor here contains just four dwellings and those at each end are larger. Only ten of the intended fourteen storeys were realized.

L24 EIGEN WOONHUIS/OWN HOUSE
Kralingse Plaslaan 88, Rotterdam
MECANOO | 1989-1991
E.L.J.M. van Egeraat, F.M.J. Houben (proj.)
de Architect 1992-4; Architectuur in Nederland. Jaarboek 1991-1992; Architectuur Rotterdam 1970-1995, 1995; K. Somer – Mecanoo, architecten, 1995

Dit eigen woonhuis heeft een opbouw te vergelijken met het nabij gelegen woonhuis Van der Leeuw: een ontwerpstudio op de begane grond, de woonkamer op de eerste verdieping zodat een ruim uitzicht op de Kralingse Plas wordt geboden, en de slaapkamers en bibliotheek op de tweede verdieping. De architectuur van de woning put uit de geschiedenis van het meer elegante modernisme (Eames, Aalto) en kent een meerlagige open ruimtelijke compositie. Er is een uiteenlopend scala van materialen toegepast welke grotendeels in hun onbehandelde 'natuurlijke' staat zijn gehouden. Het naastgelegen slingerende woonblok is eveneens door Mecanoo ontworpen.

▮ Built for two of the architects, this house is configured much like the nearby Van der Leeuw House: ground floor design studio, first floor living room offering a generous view of the lake (Kralingse Plas), and bedrooms and library on the second floor. Its architecture draws on the more elegant modernism of the past (Eames, Aalto) and has a many-layered open composition. It exhibits the widest range of materials mostly applied in an untreated 'natural' state. The meandering apartment building next door is also the work of Mecanoo.

L25 WOONHUIS/PRIVATE HOUSE VAN DER LEEUW

Kralingse Plaslaan 38, Rotterdam

BRINKMAN & VAN DER VLUGT | 1927-1929

H.D. Bakker (rest.), **Van den Broek & Bakema, M. Booy** (rest.)

Bouwkundig Weekblad 1930 p.241; L'Architecture Vivante 1933-I; de Architect 1982-5; Wonen-TA/BK 1983-20; J. Geurst e.a. – Van der Vlugt, architect 1894-1936, 1983; Architectuur Rotterdam 1890-1945, 1991; Wiederhall 14

De villa voor C.H. van der Leeuw, de opdrachtgever van de Van Nelle-fabriek, bestaat uit dienstvertrekken op de begane grond, woonvertrekken op de eerste, slaapvertrekken op de tweede verdieping en een dakterras met een solarium/gymnastiekruimte. De tuingevel bestaat uit een vrijwel geheel beglaasd stalen skelet. De verschillende verdiepingen worden verbonden door een stalen spiltrap in de hoek van een dubbelhoge wintertuin aan de zuidzijde. De villa is gerestaureerd en verbouwd tot verenigingsruimte.

▮ This villa for C.H. van der Leeuw, who commissioned the Van Nelle factory, consists of services on the ground floor, living spaces on the first floor, bedrooms on the second and a roof terrace with solarium/gymnastics room. The garden side is virtually all glass with a steel frame. All levels are skewered together by a steel spiral stair in the corner of a double-height winter-garden on the south side. The villa has since been restored and converted into a clubhouse.

L26 WOONHUIS/PRIVATE HOUSE DE BOOGERD

's-Gravenweg 69, Rotterdam

M.J. GRANPRÉ MOLIÈRE | 1929-1930

Bouwkundig Weekblad 1930 p.18

Deze woning voor de bankier Van der Mandele, initiatiefnemer van tuindorp Vreewijk, is een zuiver voorbeeld van het archetypisch huis: bakstenen muren, een zadeldak belegd met pannen, kleine ramen in houten kozijnen en vrijwel symmetrische gevels. Een gebouwde beginselverklaring van de Delftse School met een 'eenvoud die eenvoudigen voorbij doet gaan zonder om te zien, een eenvoud die gevoeligen voor verhouding doet stilstaan in bewondering'.

▮ This house for banker Van der Mandele, originator of Vreewijk garden estate, is a perfect example of the archetypal house: brick walls, a tiled saddleback roof, small wood-framed windows and near-symmetrical façades. A three-dimensional statement of intent by the Delft School, it has 'a simplicity that eludes the simple passer-by, but which makes those sensitive to proportion stop in wonder'.

L27 EIGEN WOONHUIS/OWN HOUSE YPENHOF

Kralingseweg 179, Rotterdam

J.H. VAN DEN BROEK | 1948-1952

Architectural Design 1954 p.227; Bauen + Wohnen 1956 p.83; Forum 1956 p.148; Bouw 1958 p.494; R. Stroink – Ir. J.H. van den Broek, 1981; Architectuur Rotterdam 1945-1970, 1993

De woning bestaat uit een groot rechthoekig blok met garage, slaapkamer, werkkamer en dubbelhoge woonkamer met insteekvloer, en een kleiner blok met entree en keuken. De woning is vrijwel gesloten naar de straatkant; de tuingevel daarentegen is d.m.v. tweeverdiepinghoge glazen schuifdeuren geheel te openen. Aan deze zijde is ook een balkon met trap. De gepleisterde gesloten bakstenen wanden zijn dragend. Bij de tuingevel staan ronde stalen kolommen.

▮ Van den Broek's own house consists of a large, rectangular block containing garage, bedroom, studio and a double-height living room with mezzanine floor, and a smaller block of entrance and kitchen. It is all but closed to the street; the garden elevation, on the other hand, can be fully opened up using glazed sliding partitions two storeys high. On this side too is a balcony with steel stair. The white-rendered brick walls are loadbearing. Round steel columns stand along the garden elevation.

L28 TWEE PATIOVILLA'S/TWO PATIO VILLAS

Onderlangs 44-46, Rotterdam
OMA | 1985-1989
R.L. Koolhaas (proj.)
Architecture + Urbanism 1988-10; GA Houses 27; Archis 1989-3; Baumeister 1990-11; Architectuur in Nederland. Jaarboek 1989-1990; R. Koolhaas – S M L XL, 1995

Twee gekoppelde villa's liggen in een dijklichaam, waardoor de straatkant twee verdiepingen telt en de tuinzijde slechts één. Op de begane grond bevinden zich de entree, een garage, een logeerruimte en een gymnastiekruimte, van boven verlicht vanuit de patio. De woonruimte rond de (te openen) patio roept reminiscenties op met de door Koolhaas bewonderde villa- en appartementplattegronden van Mies van der Rohe. Materialisering en detaillering zoals het zwevende dak, de afgeschuinde wanden en de de functionele tweedeling ontkennende kleurvlakken verwijzen naar de jaren vijftig.

▪ Here, two linked villas are set against the bank of a road, because of which the street side has two storeys and the garden side only one. On the ground floor are the entrance, a garage, a guest room and a fitness room toplit from the patio. The living space round the patio, which may be opened up, recalls the villa and apartment plans so admired by Koolhaas of Mies van der Rohe. Materiality and detailing, such as the floating roof, the sloping walls and the colour planes that deny the functional division into two, are allusions to the fifties.

L29 WINKELCENTRUM/SHOPPING CENTRE ALEXANDRIUM

Hoofdweg, Rotterdam
A.P.J.M. VERHEIJEN (VERHEIJEN/VERKOREN/DE HAAN) | 1996
I. Visser (b.k.)
Architectuur & Bouwen 1997-9; Bouw 1997-10

Het winkelcentrum Alexandrium bestaat uit drie delen: een overdekt gedeelte met 55 woonwinkels (III), een langgerekt gedeelte voorzien van een luifel met megastores (II) en een verbinding met het bestaande winkelcentrum Oosterhof, tezamen een winkelgebied vormend zo groot als de Lijnbaan. Het langwerpige, drie verdiepingen hoge Alexandrium III omsluit het uit 1932 daterende Polderhuis. De winkels worden van binnenuit ontsloten vanaf galerijen langs een langgerekte centrale videstrook. Terwijl het neutrale interieur rust uitstraalt, wordt het exterieur gedomineerd door een veelheid aan materialen en opzichtige elementen.

▪ Alexandrium shopping centre divides into three portions: a sheltered zone of 55 home furnishing stores (III), an elongated section of megastores fronted by an awning (II) and a link with the existing Oosterhof shopping complex. The three together present a retail area the size of the Lijnbaan. The oblong three-storey Alexandrium III enfolds the Polderhuis, a residence dating from 1932. All its shops are accessed from inside the building off galleries ranged along an elongated central strip of voids. If the neutral interior is a picture of tranquillity, the exterior bristles with materials and flamboyant features.

L30 WONINGBOUW/HOUSING VEERSE HEUVEL

Lilian Ngoyistraat e.o., Rotterdam
DOBBELAAR DE KOVEL DE VROOM (DKV) | 1988-1991
Architectuur in Nederland. Jaarboek 1991-1992; de Architect 1992-5; Architectuur in Nederland. Jaarboek 1989-1990; Architectuur Rotterdam 1970-1995, 1995; H. van Dijk – DKV Architecten, 1997

Dit woonwijkje bestaat uit een driehoekig plein met een woon/winkelgebouw grenzend aan een metrostation, een driehoekig laagbouwdeel met zeven woningstroken haaks op de landelijke 's-Gravenweg en drie waaiervormige woontorens langs het metrospoor. De onderlaag van de woningstroken is van grijze betonsteen; de verdiepingen daarboven zijn in heldere kleuren of wit gepleisterd. De woontorens hebben een kwartcirkelvormige plattegrond. De naar het zuiden gerichte gebogen gevel heeft, in tegenstelling tot de gesloten vlakke wanden, een open en sterk horizontaal gearticuleerde opbouw.

▪ This residential estate draws together a triangular plaza on which stands a block of shops and housing adjoining a metro station; a triangular low-rise section of seven residential rows square to rural 's-Gravenweg; and three fanshaped residential tower blocks, each a quadrant in plan, along the metro track. The base of the housing rows is in grey concrete, with bright colours or white rendering above. The south-facing curved façade of the tower blocks is by way of contrast open and resolutely horizontal.

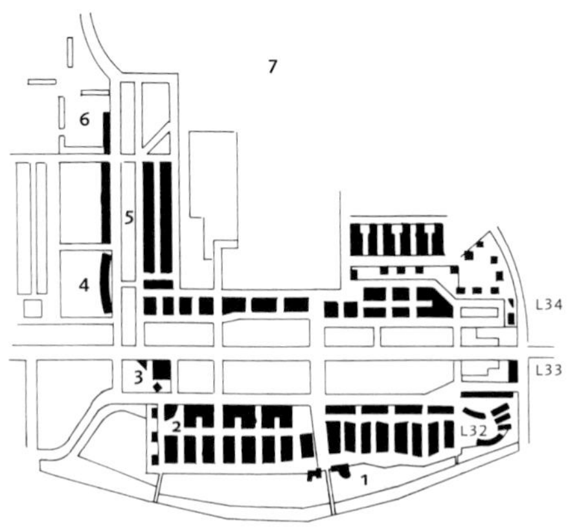

L31 WONINGBOUW/HOUSING PRINSENLAND

Jacques Dutilhweg e.o., Rotterdam

DIVERSE ARCHITECTEN | 1982-

(o.a.) **DRO Rotterdam** (stedenb.) **1 B. Burgerhoudt, H.M. Meinsma (L. de Jonge)** (School), **2 F.J.E. & P.P.E. Wintermans** (Activiteitencentrum Sjaak), **3 K.W. Christiaanse** (Winkelcentrum), **4 F. Prins (EGM)** (Bejaardenflat/Verpleegtehuis), **5 Van Duivenbode & De Jong** (Woningbouw), **6 Van Sambeek & Van Veen** (Woningbouw), **7 F. de Wit** ('Vierkant Eiland in de Plas')

de Architect-thema 1990-39; Architectuur Rotterdam 1970-1995, 1995

De jongste uitbreidingswijk aan de oostzijde van Rotterdam ligt anders dan voorganger Zevenkamp niet aan de stadsrand, maar ingeklemd tussen de grootschalige hoogbouwwijk Alexanderpolder en het vooroorlogse Kralingen. Het gebied wordt doorsneden door 'groene linten' in oost-westrichting: de Kralingseweg, de Ringvaartweg en de 's-Gravenweg. Het karakter van deze linten, open bebouwing met volwassen tuinen en een fijnmazig systeem van sloten en weilanden, is zo veel mogelijk behouden. De woonbebouwing van de drie door de linten gedefinieerde stroken heeft een open tuinstadkarakter. Alleen langs de hoofdontsluitingsweg, de Jacques Dutilhweg, zijn hogere woongebouwen en verspreid liggende wijkvoorzieningen aangebracht. Ten noorden van de Kralingseweg wordt de wijk door een nieuw park rond de bestaande begraafplaats gesplitst in twee buurten: de Prinsenpark- en de Dosiobuurt. Tussen de Jacques Dutilhweg en een nieuw aangelegde plas langs de Ringvaartweg ligt de Ringvaartplasbuurt. In deze buurt is de tuinstadgedachte het meest karakteristiek uitgewerkt. Minder geslaagd is de invulling van de vrije-sectorstrook tussen de 's-Gravenweg en de Ringvaart. De ontwikkeling van deze strook werd door de overheid geheel in handen van projectontwikkelaars gegeven, inclusief het bouwrijp maken, het aanleggen van wegen en leidingen en de inrichting van het openbare gebied. Behalve de drie op de volgende pagina besproken projecten zijn verder interessant: de woonbebouwing van Van Sambeek & Van Veen, F. Prins (EGM) en Van Duivenbode & De Jong, de woontoren en het winkelcentrum met streepjescodegevel van K. Christiaanse, de schoolgebouwen van Leo de Jonge en het activiteitencentrum Zjaak van F. en P. Wintermans.

▪ The latest expansion area in the east of Rotterdam lies not on the city outskirts like its predecessor Zevenkamp, but is wedged between the large-scale highrise district of Alexanderpolder and the prewar Kralingen. Three green ribbons unfurl through the area in an east-west direction: Kralingseweg, Ringvaartweg and 's-Gravenweg. Their characteristics, open ribbon development with mature gardens and a fine mesh of drainage ditches and meadows, have been preserved wherever possible. The housing on the three belts defined by the ribbons has an open, garden village ambience. Only the main access road (Jacques Dutilhweg) is lined by taller apartment buildings and has district facilities dispersed along it. North of Kralingseweg, a newly laid park enfolding the existing cemetery cleaves the new district into two neighbourhoods, Prinsenparkbuurt and Dosiobuurt. Between Jacques Dutilhweg and a newly dug lake along Ringvaartweg is a third neighbourhood, the Ringvaartplasbuurt. Here the garden village idea has been pushed through the furthest. Less convincing is the infill of the up-market belt between 's-Gravenweg and Ringvaartweg. The authorities saw fit to give the property developers free play there, including priming it for building, laying out the roads and mains and designing the public space.
Projects of note besides the three discussed on the next page include housing by Van Sambeek & Van Veen, F. Prins (EGM Architects) and Van Duivenbode & De Jong, K. Christiaanse's shopping centre complete with bar-code façade, Leo de Jonge's schools and the Zjaak activity centre by F. and P. Wintermans.

292 **L32 WONINGBOUW/HOUSING RINGVAARTPLAS-BUURT**

Jacques Dutilhweg e.o., Rotterdam

MECANOO | 1989-1993

F.M.J. Houben, E.L.J.M. van Egeraat, C. de Weijer (proj.)

Domus 1993-jan; de Architect 1993-6; Architectuur in Nederland. Jaarboek 1989-1990, 1993-1994; K. Somer – Mecanoo, architecten, 1995

In deze buurt is een moderne tuinwijk gecreëerd. Het hart van het plan wordt gevormd door acht rijtjes van telkens drie onderling licht verdraaide blokjes met woonpadwoningen. De rijtjes worden afwisselend gescheiden door een straat of een thematische tuin. Alle woningen zijn op het zuiden gericht en worden ontsloten door een voetpad tussen de noordgevel en de achterzijde van de tuinen van het volgende blok. De wijk waarin gele en terracottakleuren overheersen wordt langs de randen afgesloten door hogere bebouwing. De oostzijde wordt afgesloten door een langgerekt tot zes bouwlagen oplopend woonblok, een tweetal 'crescents' en nog een blokje woonpadwoningen.

▪ This is a latterday garden suburb. The core of the scheme is eight rows each of three gently rotated blocks of housing set on residential paths. The rows are separated alternately by a road or a theme garden. All dwellings face south and are accessed by a footpath between the north side and the end of the gardens of the succeeding block. The area, dominated by yellow and terracotta colours, is closed off along the edges by taller development. Terminating the east side are an elongated apartment building that steps up to six levels, a pair of 'crescents' and one more block of path-accessed dwellings.

L33 HOOFDKANTOOR/HEADQUARTERS VOLKSWONINGEN

Prins Alexanderlaan 201, Rotterdam

DOBBELAAR DE KOVEL DE VROOM (DKV) | 1992-1994

Architectuur in Nederland. Jaarboek 1995-1996; H. van Dijk – DKV Architecten, 1997

De tegenstelling tussen de aangrenzende hoogbouw en lintbebouwing wordt in de gekozen hoofdopzet verzoend. Als uitgangspunt diende de boerenhofstede, een verzameling gebouwen rond een gesloten binnenplaats. Het gebouw sluit direct aan op de omgeving; van een strakke gesloten wand aan de Prins Alexanderlaan, voorzien van een hoofdentree met gekromde glazen wand, tot een haagbeuk grenzend aan het landelijk gebied. Het meest prominent zijn een midden op het terrein geplaatste antracietkleurig gestucte toren met trappen, liften en voorzieningen en een met zink beklede kantoorvleugel die half door de muur heensteekt.

▪ Sandwiched between large-scale highrise and ribbon development, this office building reconciles in its main shape the differences between them. It takes as its stepping-off point the traditional Dutch farmstead, an assemblage of buildings enfolding a contained courtyard. The building ties in directly with the surroundings, from the taut introverted elevation on Prins Alexanderlaan containing the main entrance with its curved glass wall, to the hornbeam on the side adjoining the rural area. Within the walls stand a prominent centrally placed tower of stairs, lifts and services in an anthracite-coloured rendering, and a zinc-clad office wing, half pushed through the wall.

L34 KINDERDAGVERBLIJF/CHILD DAY CARE CENTRE WOESTE WILLEM

Ben-Goerionstraat 6, Rotterdam

CEPEZED | 1992-1994

de Architect 1994-6; Bouwen met Staal 1994-9/10

Het beschikbare terrein van 15×30 m. is geheel overspannen door een 6,5 m. hoge staalconstructie van ronde kolommen en balken op een vierkant stramien van 5 m. Een schuine glaswand verdeelt het gebouw in een interieur- en een exterieurdeel. In het interieur zijn in twee lagen vier groepen ondergebracht. Het exterieurdeel is ingericht als speeltuin, waarbij een opgroeiende heg de staalconstructie langzaam zal vullen. De overgang van binnen naar buiten verloopt geleidelijk doordat de vloeren en het dak getrapt tot aan en over de glaswand doorlopen. De gesloten buitengevels bevatten per verdieping twee glasstroken: één op peuter- en één op leidsterooghoogte.

▪ The available site of 15×30 m. is oversailed in its entirety by a 6.5 m. tall structure of steel tubes and beams to a module of 5 m. An oblique wall of glass divides the building into an interior and an exterior section. Inside, four groups of children are accommodated in two levels. The exterior section is designed as a playground, where an upward growing hedge will in time come to envelop the steel structure. The transition from inside to outside proceeds gradually, with floors and roof stepping up to and over the glass wall. The introverted outer walls sport two window bands per storey, at toddler and at guardian eye-height.

L35 ERASMUSUNIVERSITEIT/UNIVERSITY

Burgemeester Oudlaan 50, Rotterdam

ELFFERS PARTNERS | 1965-1970

H. Petri (b.k.), **W.G. Quist** (uitbr.)

TABK 1970-13; A. van der Woud – Wim Quist Projecten 87-92, 1992

Drie bouwdelen, een utilitaire hoogbouwschijf met faculteiten en instituten, een expressieve collegezalenvleugel en een aula/senaatsvleugel, zijn gegroepeerd rond een plein dat wordt afgesloten door een luchtbrug. In het verlengde van de collegezalenvleugel is een bibliotheekgebouw in het water geplaatst. De expressieve betonarchitectuur en de 'bourgeois' aankleding ondervonden bij oplevering, de democratiseringsgolf op haar hoogtepunt, weinig waardering. Sinds het einde van de jaren tachtig is het complex in twee fases uitgebreid met nieuwe gebouwen voor kantoren en collegezalen. Ook het verstilde rationalisme van Quist wordt door de gebruikers maar matig gewaardeerd.

▮ Three volumes, a utilitarian high-rise slab of faculties and institutes, a sculptural wing of lecture halls and an aula cum senate wing, stand around a square enclosed by an aerial walkway. Extending the line of the lecture hall wing and set in the water is a library block. The expressive concrete architecture and 'bourgeois' cladding were fairly unenthusiastically received on delivery, at a time when the wave of democratization was at its peak. Since the end of the eighties the complex has been extended in two phases with new buildings for offices and lecture halls. The subdued rationalism of Quist's new additions is not particularly popular with the users either.

L36 ADRIAAN VOLKERHUIS/OFFICE BUILDING

Oostmaaslaan 71, Rotterdam

MAASKANT, VAN DOMMELEN, KROOS, SENF | 1970-1973

P.J. Gerssen (proj.)

Bouw 1974 p.991; Plan 1984-9

Twee z-vormige kernen zijn in glijbekisting gerealiseerd, waarna het gebouw in recordtijd wordt opgebouwd uit geprefabriceerde gevelplaten, -balken en TT-vloerplaten. De 'toren' heeft een complexe plattegrond, opgebouwd uit vloerdelen van 7,20×7,20 m. die vrij indeelbare kantooreenheden vormen. De gevels, zestien witte en veertien zwarte schijven, respectievelijk sandwichbetonelementen met witte toeslag en donker zonwerend glas met zwarte (geanodiseerde) aluminium borstweringen, doorbreken met hun verticalisme de bouwhoogtebeperking van 60 m.

▮ Two z-shaped cores in slipform enabled this office building to be erected in record time using precast cladding panels and posts and reinforced concrete floor slabs. The tower has a complex plan based on areas of 7.20×7.20 m. forming freely subdivisible office units. Façades of sixteen white and fourteen black vertical strips, the former in concrete sandwich elements faced in white, the latter in black sunproof glass and aluminium, help compensate with their verticality for the height restriction of 60 m.

L37 DRINKWATERPRODUCTIEBEDRIJF/ WATERWORKS

Schaardijk 150, Rotterdam

W.G. QUIST | 1973-1977

Bouw 1978-15; A. van der Woud – Wim Quist, architect, 1989; Architectuur Rotterdam 1970-1995, 1995

Het complex bestaat uit een spaarbekken, een pompstation, een doseringsgebouw, een filterinstallatie, een dienstgebouw en twee grote druppelvormige reinwaterreservoirs. De afgeschuinde hoeken van het dienstgebouw verwijzen naar de bestaande fabrieken aan de overkant van de weg. Langs een centrale gang bevinden zich laboratoria, werkplaatsen en kantoren. Het complex is door zijn gevarieerde constructie en zorgvuldige detaillering een perfect voorbeeld van ingenieursarchitectuur.

▮ This complex consists of a storage basin, pumping station, dosing block, filter plant, staff building and two large tear-shaped clearwater reservoirs. The splayed corners of the staff building point it towards the factories across the main road. Ranged along a central corridor are laboratories, work areas and offices. In its varied construction and attention to detail the whole constitutes a perfect example of engineer's architecture.

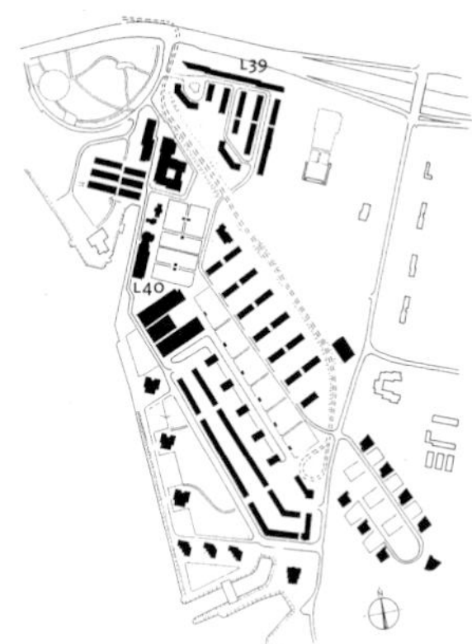

L38 WONINGBOUW/HOUSING DWL-TERREIN

Watertorenweg e.o., Rotterdam

DIVERSE ARCHITECTEN | 1983-1996

H. Berens e.a. – DWL-terrein Rotterdam, 1991

Het voormalige Drinkwaterleidingterrein van Rotterdam is omgevormd tot een woonwijk. Hierbij is een aantal bestaande gebouwen gehandhaafd en voor een nieuwe functie geschikt gemaakt. Zo kreeg de watertoren, in 1978 in gebruik genomen door de woon/werkgemeenschap Utopia, een woon/kantoorfunctie. Het was de eerste stap van de metamorfose van industrieel complex naar woonwijk. Het voormalige, gedeeltelijk door brand verwoeste pompstation is verbouwd tot wijk- en winkelcentrum en de filtergebouwen tot woningen en kantoren. De verkaveling van de verschillende woonblokken en groenzones is gebaseerd op het patroon van de oorspronkelijke filterbassins.

▪ The site of the former Rotterdam waterworks has been revamped as a residential area. Some existing buildings were retained and recycled, such as the water tower, which was appropriated in 1978 by the Utopia commune and working collective. This was the first step in the metamorphosis from industrial complex to residential area. The former pumping station, partially destroyed by fire, has been refurbished as a community and shopping centre; the filter houses now contain houses and offices. The layout of blocks and green space is predicated on the pattern of the original filter tanks.

L39 WOONGEBOUW/HOUSING BLOCK

Herman Bavinckstraat, Rotterdam

P.B. DE BRUIJN | 1981-1983

Bouw 1984-26; Stadsvernieuwing Rotterdam 1974-1984, 1984; H. Berens e.a. – DWL-terrein Rotterdam, 1991

Het gebouw sluit een nieuwbouwwijk visueel en geluidstechnisch af van een verkeersweg. De woningen worden vanaf straatniveau ontsloten; twee dubbelhoge galerijen ontsluiten daarboven elk drie woonlagen, hetgeen in de noordgevel tot uiting komt. Het verticale transport vindt plaats door twee trappenhuizen in 'punt' en 'staart' van het 200 m. lange bouwblok en twee liften t.p.v. de knikken in de gevel, waar zich ook de hoofdtoegangen bevinden.

▪ This apartment building screens a housing estate both visually and acoustically from a main road. All dwellings face south; those on the ground floor are entered at street level. Above them two double-height access galleries serve three levels each, an arrangement expressed in the north elevation. Vertical circulation is by way of two staircases in the head and tail ends of the 200 m. long block and two lifts at shifts in the frontage where the main entrances are also situated.

L40 FILTERGEBOUWEN/FILTER HOUSES

Watertorenweg 336, Rotterdam

A. VAN DER STEUR | 1928-1929; 1941; 1950

J. Mulder, W. Patijn (Dienst Volkshuisvesting) (rest. 1979-1983)

J. Mulder, W. Patijn – De Filtergebouwen, 1982; Casabella 1983-apr; Architectuur & Bouwen 1992-4

De in onbruik geraakte filtergebouwen van het voormalig drinkwaterleidingbedrijf zijn verbouwd tot woningen voor een- en tweepersoonshuishoudens. De oorspronkelijke leidingstraat is getransformeerd tot een dubbelhoge corridor annex binnentuin van waaruit de woningen zijn ontsloten. De maat van de woningen is gebaseerd op de maat van de oorspronkelijke filterbakken waarop ze zijn gebouwd. Hierdoor is een voorbeeldig hergebruikproject ontstaan met een voor deze woningtypes ongekende ruimtelijke kwaliteit. Het middelste filtergebouw is in 1985 gerestaureerd door de huidige gebruiker Kraaijvanger Architecten.

▪ The disused filter houses of a former waterworks have been recast as dwellings for one to two persons. The original service channels have each been transformed into a combined double-height corridor and inner garden off which are the dwelling entrances. The size of the units stems from that of the original filter tanks on which they stand. The result is an exemplary refurbishment with a spatial quality hitherto unknown in this type of dwelling. The most central filter house was renovated in 1985 by its current occupant, the Kraaijvanger architectural office.

L41 DE HEF

Noordereiland, Rotterdam

P. JOOSTING | 1924-1927

A. de Boode – De Hef, 1985; Architectuur Rotterdam 1890-1945, 1991

De spoorweghefbrug, kortweg 'De Hef', vormt samen met de karakteristieke basculebrug (Koninginnebrug) en de Willemsbrug de verbinding van het Noordereiland met de oevers van de Maas. Deze zonder twijfel meest bezongen brug van Nederland neemt een speciale plaats in in de harten van de Rotterdammers en is een constante inspiratiebron voor dichters, filmers en architecten. Toen De Hef na het gereedkomen van de spoorwegtunnel onder de Maas overbodig werd, kon de voorgenomen sloop dan ook rekenen op fel protest en werd dit besluit ingetrokken.

▪ The railway lifting-bridge, known as the 'Hef', shares with the characteristic bascule bridge (Koninginnebrug) and the Willems Bridge the task of linking the central island (Noordereiland) with the banks of the River Maas. Without doubt the most eulogized bridge in the Netherlands, it has a special place in the hearts of Rotterdammers and is a perpetual source of inspiration for poets, filmmakers and architects. Made redundant when the railway tunnel was built below the Maas, the Hef was saved from impending demolition by the ensuing storm of protest.

L42 WILLEMSBRUG/BRIDGE

Noordereiland, Rotterdam

C. VEERLING (GEMEENTEWERKEN) | 1975-1981

A. de Vries (b.k.)

Polytechnisch Tijdschrift Bouwkunde 1981 p.275; Architectuur Rotterdam 1970-1995, 1995

In de jaren zeventig wordt de oude stalen Willemsbrug, die de verbinding vormde tussen het Noordereiland en de noordoever van de Maas, vervangen door een nieuwe brug die een grotere verkeersstroom kan bedienen. Het brugdek wordt gedragen door een stelsel van trekstangen die naar twee v-vormige menierood geschilderde stalen pylonen zijn afgespannen. Vrijwel direct na de opening werd de nieuwe Willemsbrug, tezamen met de skyline van de nieuwe hoogbouw langs de Boompjes, een van de meest wervende verbeeldingen van de herwonnen dynamiek van het Rotterdam van de jaren tachtig.

▪ In the seventies the old steel Willemsbrug linking Noordereiland and the north bank of the Maas was replaced by a new bridge able to accommodate the increase in traffic. Its deck is held aloft by a system of tie rods attached to two v-shapes the colour of red lead. Almost immediately on completion the new Willems Bridge joined the skyline of the new high-rise along Boompjes boulevard as one of the most engaging icons of what was once again a dynamic city.

L43 ERASMUSBRUG/BRIDGE

Leuvehaven, Rotterdam

VAN BERKEL & BOS | 1990-1996

Gemeentewerken Rotterdam (constr.), **Bolles+Wilson** (stedenb.),

de Architect 1991-12; Architectuur Rotterdam 1970-1995, 1995; J. van den Bout e.a. – Kop van Zuid, 1995

Vanwege het succes van de Willemsbrug overtuigd van de monumentale symboliek die een brug kan uitstralen besluit de Gemeenteraad dat de nieuwe hangbrugverbinding het Rotterdam van het jaar 2000 zou moeten symboliseren. Vanaf de eerste schetsen spreekt 'De Zwaan', zoals de expressief geknikte pyloon ter hoogte van het Noordereiland al snel wordt genoemd, tot de verbeelding. Tot in de kleinste details wordt de brug doorontworpen. Ook aan de aanlandingen, het Spido-kantoor met parkeerveld aan de noordoever en een brugwachtershuis aan de zuidoever, is veel aandacht besteed.

▪ Given the success of the Willemsbrug and convinced of the monumental symbolism a bridge can emanate, the City of Rotterdam decided that the new suspension bridge should symbolize Rotterdam in the year 2000. From the very first sketches the 'Swan', as this expressively angled tower level with Noordereiland was immediately dubbed, has caught the public imagination. The bridge has been thought through down to the smallest details; the approaches, housing a pleasure-boat booking office and single-level car park on the north bank, and a bridgehouse on the south, have been designed with the same amount of care.

L44 KOP VAN ZUID

Wilhelminapier e.o., Rotterdam

DIVERSE ARCHITECTEN | 1987-

T. Koolhaas (stedenb.)

Bouw 1992-20; de Architect 1993-5; Archis 1993-6, 1996-10; J. van den Bout e.a. – Kop van Zuid, 1995; Crimson – Re-Urb, 1997

Sinds de jaren zestig hebben overal in de Europese havensteden de traditionele havens hun functie verloren. Het havenbedrijf veranderde drastisch van karakter en schaal en verdween of verhuisde naar grote havengebieden buiten de stad. Hierdoor kwamen grote bouwterreinen, vaak op aantrekkelijke 'binnenstadslocaties' ter beschikking om de stad van nieuwe impulsen te voorzien. De eerste havengebieden in Rotterdam die op deze wijze werden hergebruikt lagen op de noordoever. De Oude Haven, de Leuvehaven en Delfshaven-Buitendijks kregen een woonfunctie. Het eerste echt grootschalige project vindt echter plaats op de zuidoever, waar door de rehabilitatie van de zogenaamde Kop van Zuid het stadscentrum een 'sprong over de Maas' zal maken. Mede door de daadkracht van de toenmalige directeur Stadsontwikkeling Riek Bakker is het ambitieuze project zeven jaar na het stedenbouwkundig ontwerp van T. Koolhaas Associates volop in uitvoering. Het programma, ca. 5.000 woningen, 380.000 m^2 kantoren, 50.000 m^2 recreatieve en culturele voorzieningen en 3.500 m^2 winkelruimte, is in grote lijnen opgedeeld in twee haaks op elkaar gesitueerde stroken. De Wilhelminapier wordt door middel van een open kantoortorenbebouwing getransformeerd tot een 'Manhattan aan de Maas'. De grotendeels gedempte Spoorweghaven en het kadegebied daarlangs is ingericht als woongebied. Op het scharnierpunt, de Zuidkade, bevindt zich een nieuw metrostation en komen grote openbare voorzieningen. De inrichting van de kade ter plaatse van de aanlanding van de Erasmusbrug met het brugwachtershuisje is van Bolles+Wilson, die hier tevens een theater zullen bouwen. Het gebied rond de Entrepothaven heeft een woon- en recreatiefunctie gekregen, waarbij de haven zelf is omgevormd tot jachthaven.

▮ Since the sixties traditional docks in ports all around Europe have lost their original function. The harbour industry radically changed its character and scale and either disappeared altogether or moved to large dockland areas outside the city perimeters. This left large building sites, often at attractive locations in the centre, as a means of injecting new life into the city. The first such areas in Rotterdam to be recycled lay on the north bank, where Oude Haven, Leuvehaven and Delfshaven-Buitendijks became residential areas. The first really big project however took place on the south bank; the rehabilitation of the 'Kop van Zuid' would bring the city centre south across the Maas. Largely through the efforts of Riek Bakker, the then director of Rotterdam Town Development, this ambitious project is now in full swing, seven years after the urban design for it was drawn up by Teun Koolhaas Associates. The programme, for some 5,000 dwelling units, 380,000 m^2 of offices, 50,000 m^2 of leisure and cultural facilities and 3,500 m^2 of retail space, is broadly divided into two large rows of development set at right angles. An open office development will transform the Wilhelmina Pier into a 'Manhattan on the Maas'. The largely filled in Spoorweghaven and quays along it have been revamped for housing. At Zuidkade, where the two rows meet, a new metro station has been built and large-scale public facilities are in the pipeline. The design of the quay at the approach of the Erasmus Bridge with the bridgemaster's cabin is by Bolles+Wilson, as is the future theatre. The area around the waters of Entrepothaven is allocated for housing and recreation, the harbour basin itself being given over to yachts.

L45 WONINGBOUW/HOUSING

Stieltjesstraat/Entrepotplein, Rotterdam

CEPEZED | 1994-1995

de Architect 1996-1; Architectuur in Nederland. Jaarboek 1995-1996

De eerste gerealiseerde projecten van de Kop van Zuid bevinden zich rondom de Entrepothaven. Het negentiende-eeuwse Entrepotgebouw heeft een 'Exotic Festival Market' op de begane grond en verhuurbare kantoren en koopwoningen op de verdiepingen. Aan de korte zijde van het driehoekige plein is een bestaand bouwdeel uitgebreid met een blokje bejaardenwoningen met kantoorruimte. Dit bouwblok wordt afgesloten door middel van een halfrond woningblok dat een vloeiende overgang tussen het plein en de haven creëert. De ronding wordt gevormd door karakteristiek verspringende houten gevelvlakken.

▪ The first projects to be built at the Kop van Zuid are centred around Entrepothaven. The 19th-century Entrepotgebouw, once a bonded warehouse, has an 'Exotic Festival Market' on the ground floor and lettable offices and owner-occupied apartments above. On the short side of the triangular square, part of the old building has been extended with a small block containing old-age dwellings and office space. This block terminates in a semicircular apartment building which seamlessly draws together the square and the harbour. The semicircular façade is in fact a distinctive staggering of individual timber fronts.

L46 WONINGBOUW/APARTMENT BUILDINGS

Landtong, Rotterdam

F.J. VAN DONGEN (ARCHITECTEN CIE) | 1991-1997

de Architect 1997-1; Architectuur in Nederland. Jaarboek 1996-1997

De landtong tussen het resterende deel van de Spoorweghaven en de Binnenhaven is verdeeld in twee grote woonblokken, onderling gescheiden door een door Atelier Quadrat ingericht plein. De grote maten van het gebied vroegen om een stevige architectuur met een grote massa en een krachtige plastiek van de bouwblokken. De bebouwing bestaat uit een vijftal robuust gemetselde bouwblokken tussen beide havens. De beide eindblokken zijn rechthoekig, de drie tussenliggende lopen in hoogte naar de Binnenhaven op, zodat riante dakterrassen voor de penthouses zijn ontstaan. De tussengebieden zijn, behalve ter plaatse van het tussenplein, afgesloten met lagere bebouwing.

▪ The tongue of land reaching out between the remaining section of Spoorweghaven and Binnenhaven has here been divided into two big apartment buildings separated by a plaza designed by Atelier Quadrat. The sheer size of the area begged a sturdy, massive architecture and blocks of great sculptural eloquence. The development sites five hefty brickwork blocks between the two harbour basins; the two end blocks are rectangular, the three in-between increase in height towards Binnenhaven making space for capacious roof gardens to serve the penthouses. All intermediate areas are closed off with low-rise, except at the plaza.

L47 WILHELMINAHOF

Wilhelminaplein, Rotterdam

C.G. DAM; KRAAIJVANGER URBIS | 1994-1997

E. Priester (proj.); **R.A.L.M. Ligtvoet** (proj.)

J. Rutten – Wilhelminahof, 1997

De Wilhelminahof vormt een belangrijk scharnierpunt in de ontwikkeling van de Kop van Zuid. Achter de robuuste rode bakstenen noordgevel bevindt zich een bouwblok met ca. 120.000 m² kantoorruimte, waarvan het onderkomen voor de belastingdienst en de douane door Cees Dam & Partners is ontworpen en de gebouwen voor de rechtelijke macht door Kraaijvanger Urbis. Vóór het rode gevelvlak zijn een lager gerechtszalencomplex en een lensvormige kantoortoren geplaatst; een hoge opening in het vlak vormt een poort over het nieuwe metrostation.

▪ A major pivotal point of the Kop van Zuid development is the Wilhelminahof complex. Beyond the burly red brick north façade is a block offering some 120,000 m² of office space, of which the tax and customs offices were designed by Cees Dam & Partners and the law courts by Kraaijvanger Urbis. Fronting this red wall plane are a less-tall courthouse complex and a lenticular office tower. A tall incision in the brick expanse acts as a gateway to the new metro station.

L48 GEBOUWEN/BUILDINGS HOLLAND AMERIKA LIJN

Wilhelminakade, Rotterdam

J. MÜLLER, C.M. DROOGLEVER FORTUIJN, C.B. VAN DER TAK; BRINKMAN, VAN DEN BROEK & BAKEMA | 1901-1920; 1937-1953

Sir Norman Foster and Partners m.m.v. **Abma, Dirks & Partners** (Maritiem Simulatorcentrum, 1993-1994)

Bouwkundig Weekblad 1939 p.3; Architecture d'Aujourd'hui 1952-apr; Forum 1953 p.162; Havenarchitectuur, 1982; Architectuur Rotterdam 1890-1945, 1991; H. Baaij, J. Oudenaarden – Monumenten in Rotterdam, 1992; Archis 1994-8

De Wilhelminapier was eens vrijwel geheel in gebruik door de Holland Amerika Lijn. Het hoofdkantoor uit 1920 is na jarenlange leegstand in 1992 in zijn oude glorie hersteld door een verbouwing tot hotel/restaurant. Van de loodsen resteert alleen nog de inmiddels gerestaureerde aankomsthal voor transatlantische passagiers. Een van de eerste nieuwe gebouwen is het Maritiem Simulator Centrum van Sir Norman Foster, die ook het masterplan van de Wilhelminapier heeft opgesteld.

▪ At one time the Wilhelmina Pier was almost exclusively used by the transatlantic shipping company Holland Amerika Lijn. In 1992, the office building from 1920 was restored to its former glory after having been empty for years, and recast as a hotel and restaurant. Of the sheds only the recently restored arrivals hall for transatlantic passengers is still standing. One of the first new buildings to join it is the Marine Simulator Centre designed by Sir Norman Foster, who also drew up the master plan for the Wilhelmina Pier.

L49 WOONGEBOUW/HOUSING BLOCK DE PEPERKLIP

Rosestraat, Rotterdam

C.J.M. WEEBER | 1979-1982

Plan 1983-9; Bouw 1983-14/15; Stadsvernieuwing Rotterdam 1974-1984, 1984; Architectural Review 1985-1; E. Taverne – Carel Weeber, architect, 1990; Architectuur Rotterdam 1970-1995, 1995

Dit superblok in de vorm van een uitgebogen paperclip bevat 549 woningwetwoningen. De ronde einddelen bevatten maisonnettes ontsloten vanuit galerijen; de tussendelen bestaan uit portiekflats in vier lagen. De geprefabriceerde betonnen gevelelementen zijn met verschillende gekleurde tegels afgewerkt en in zodanige patronen op de gevels aangebracht dat de individuele woning onherkenbaar is. Deze voor de buitengevels legitieme anonimiteit is jammer genoeg ook in het binnengebied doorgezet.

▪ This superblock in the shape of an opened-out paperclip comprises 549 social housing units. Its rounded end sections contain maisonettes reached from access galleries; the rest consists of four levels of porch-accessed flats. The precast concrete cladding panels are faced with different-coloured tiles patterning the façade in such a way as to make individual units indistinguishable. This anonymity, whilst valid in the outer façades, unfortunately characterizes those overlooking the inner court as well.

L50 STADION/STADIUM FEIJENOORD

Olympiaweg 50, Rotterdam

BRINKMAN & VAN DER VLUGT | 1934-1936

H. Chabot (b.k.), **Zwarts & Jansma, Van den Broek & Bakema, ABT** (ren. 1993-1994)

Bouwkundig Weekblad 1936 p.481; Bulletin KNOB 1970 p.137; Architectuur Rotterdam 1890-1945, 1991; Architectuur & Bouwen 1994-10; Archis 1995-1; E. Schimmel e.a. – De Kuip, een metamorfose, 1995

'De Kuip' heeft een onder- en een boventribune waarvan de doorlopende kromming de vorm van het veld zodanig volgt dat de afstand van de toeschouwer tot het speelveld zo klein mogelijk is. De overkapping en de boventribune zijn opgehangen aan een vrij uitkragende stalen vakwerkconstructie. De 65.000 toeschouwers kunnen het stadion in zes minuten verlaten via de 22 dubbele stalen traptorens. Bij de opknapbeurt van de zestigjarige Kuip is de bovenring geheel voorzien van een nieuwe kap. Deze is met een aparte constructie over de bestaande structuur geplaatst en als onderscheid hiervan wit geschilderd.

▪ 'De Kuip' ('The Tub') has a lower and an upper level of terraces whose continuous curves so follow the pitch as to keep the distance between spectator and game at a minimum. The roof and the upper level are suspended from a cantilevered steel lattice structure. 65,000 spectators are able to vacate the stadium in six minutes flat via the 22 double steel stairs. The sixty-year old Tub was recently provided with a new roof covering the entire upper level of terraces. The roof has been placed over rather than on the existing structure and painted white to distinguish it from the steel frame.

L51 WONINGBOUW/HOUSING HILLEKOP

Hillelaan, Rotterdam

MECANOO | 1985-1989

E.L.J.M. van Egeraat, F.M.J. Houben (proj.), **J. Körmeling** (b.k.)

de Architect 1989-9; Architecture d'Aujourd'hui 1989-12; Archis 1990-2; Domus 1990-6; Architectuur in Nederland. Jaarboek 1989-1990; K. Somer – Mecanoo, architecten, 1995

Dit complex vormt de beëindiging van de driehoekige Afrikaanderwijk. Het bestaat uit een waaiervormige toren die over de havens uitkijkt, een slingervormig bouwblok met een poort en een L-vormige afsluiting van een gesloten bouwblok. Dit zorgvuldig vormgegeven complex refereert aan de vormentaal van de modernen; de zestien verdiepingen hoge toren vertoont sterke overeenkomsten met Aalto's Neue Vahr in Bremen. Het complex toont aan dat ook of juist sociale woningbouw tot kwalitatief hoogstaande architectuur kan leiden.

▮ Terminating the triangular Afrikaanderwijk area of Rotterdam, this complex consists of a fan-shaped tower looking out over the docks, an undulating block with a gateway and an L-shape completing a perimeter block. This sensitively designed ensemble has unmistakable allusions to the formal syntax of the moderns; the sixteen-storey residential tower bears strong similarities to Aalto's Neue Vahr in Bremen. The complex demonstrates that social housing can also lead to high-quality architecture, and so it should.

L52 WOONGEBOUW/HOUSING BLOCK NATAL

Paul Krugerstraat, Rotterdam

F.J. VAN DONGEN (ARCHITECTEN CIE) | 1985-1990

de Architect 1991-1; Architectuur in Nederland. Jaarboek 1990-1991

Een slingerend woongebouw van vijf woonlagen strekt zich uit over de diagonaal van het rechthoekige terrein en vervangt drie kleine gesloten bouwblokken. Het gebouw is op kolommen geplaatst zodat, tussen de onder het gebouw geschoven winkelblokken door, op straatniveau visueel contact tussen de openbare ruimtes aan beide zijden van het blok mogelijk is. De oriëntatie van de woningen verspringt halverwege het blok zodat de woonkamers telkens uitzien op de grotere open ruimte. Deze operatie, waarbij de galerijzone verandert in een balkonstrook, heeft door de plaatsing van een betonnen raster toch tot een homogene gevel geleid.

▮ A meandering block on columns with five levels of housing extends across the diagonal of the rectangular site replacing three small perimeter blocks. Orientation of the dwellings is reversed halfway along the block so that all living rooms look onto the larger open space. Despite this operation, through which the access gallery zone transmutes into a row of balconies, a homogeneous façade has been attained by wrapping the whole in a concrete grid-like screen.

L53 WONINGBOUW/HOUSING TWEEBOS DWARS

Christiaan de Wetstraat e.o., Rotterdam

DOBBELAAR DE KOVEL DE VROOM (DKV) | 1991-1993

de Architect 1994-4; Architectuur in Nederland. Jaarboek 1993-1994; H. van Dijk – DKV Architecten, 1997

Twee verouderde, oorspronkelijk gesloten bouwblokken zijn vervangen door een stedelijk ensemble dat bestaat uit twee verschillende bouwvormen aan weerszijden van een verkeersvrij buurtplein. Ondanks de hoge woningdichtheid is gezorgd voor een transparante opzet. Langs het Afrikaanderplein zijn vier V-vormige torens in acht lagen op een 'plint' met bergingen geplaatst. Aan de overzijde van het buurtplein bevinden zich vier lagere dwarsblokken die twee-aan-twee zijn gekoppeld door een tussenblokje. Uit de vormgeving spreekt de overtuiging dat de zeggingskracht van het modernisme nog lang niet is verdwenen.

▮ On the site of two dilapidated former perimeter blocks now stands an urban ensemble consisting of two distinct masses set on either side of a traffic-free neighbourhood plaza. The parti is transparent despite the high accommodation density. Along Afrikaanderplein stand four V-shaped eight-storey towers on a basement of storage space. Across the neighbourhood square are four less-tall blocks set diagonally and linked in pairs by a smaller intermediary block. The design articulates the conviction that modernism's expressive powers are anything but dead.

L54 WONINGBOUW/HOUSING KIEFHOEK; KERK/CHURCH

Kiefhoekstraat/Lindtstraat; Eemstein 23, Rotterdam

J.J.P. OUD | 1925-1930; 1928-1929

W. Patijn (rest. 1989-1995); **Van Duivenbode & De Jong** (rest. 1992-1994)

Bouwkundig Weekblad 1930 p.369, 381; L'Architecture Vivante 1933-I; H. Oud – J.J.P. Oud, Architekt 1890-1963, 1984; S. Cusveller – De Kiefhoek, 1990; de Architect-thema 1990-37; Architectuur Rotterdam 1890-1945, 1991; Archis 1995-1

De woonwijk Kiefhoek bestaat uit ongeveer driehonderd woningen, twee winkels, een waterstokerij en een kerk. In het plan zijn verder twee verhoogde speelplaatsen opgenomen. Kiefhoek is door Oud in 1925 ontworpen en tussen 1928 en 1930 uitgevoerd. De woningen zijn bedoeld voor minder draagkrachtige arbeidersgezinnen. De basis van het plan wordt gevormd door langgerekte stroken opgebouwd uit gestandaardiseerde woningen in twee lagen. Door deze rationele basis op verschillende manieren op de omgeving te laten reageren is een gevarieerd stedenbouwkundig plan ontstaan. Aan de zuidzijde van de wijk resulteert de schuine grenslijn in afgeronde hoeken van twee, aan deze zijde gesloten, bouwblokken. In de ronde hoeken zijn winkels opgenomen. Deze blokbeëindiging is verwant aan die van het bouwblok in Hoek van Holland dat een jaar eerder door Oud is ontworpen. Ook in de gevelbehandeling vertonen de beide plannen overeenkomsten. De horizontaal gelede gevels bestaan uit een onderstrook van grijze puien met gele bakstenen borstweringen. Een eveneens doorlopende gele raamstrook op de verdieping wordt van de onderzijde gescheiden door een witgestucte middenband. De voortuinen hebben gele bakstenen muurtjes en blauwe stalen hekjes. In tegenstelling tot Hoek van Holland wordt de achtergevel gelijk behandeld. De compacte plattegronden van 7,5×4,1 m. bestaan op de begane grond uit een woonkamer en een entreeportaal aan de straatzijde en een keuken aan de tuinzijde. Een halfronde trap leidt naar de verdieping met drie slaapkamers. Vanwege bezuinigingen zijn aanvankelijk geplande voorzieningen als douche, wastafel, strijkplank en doorgeefkast niet uitgevoerd. Desondanks is Oud erin geslaagd met beperkte middelen en ruimte een volwaardige woning te ontwerpen en aan het 'Existenzminimum' een architectonische meerwaarde te geven. Terecht worden zowel het stedenbouwkundig plan als de woningplattegronden internationaal geprezen. Door het ontwerp voor de kerk gratis uit te voeren verzekert Oud zich ervan dat de eenheid in de wijk zou worden bewaard. De eenvoudige rechthoekige zaal met aan weerszijden balkons wordt aan één zijde geflankeerd door nevenruimtes in een wisselende hoogte. Evenals bij de woningen zijn de gevels witgestuct en horizontaal geleed. Alleen de schoorsteen geeft een verticaal accent. Woningen en kerk zijn gerenoveerd waarbij het oorspronkelijke ontwerp zo veel mogelijk intact is gelaten.

▪ Some three hundred dwelling units, two shops, a hot-water service, two raised playgrounds and a church comprise the Kiefhoek housing estate. Designed by Oud in 1925 and built between 1928 and 1930, its dwellings were intended for less-prosperous workers' families. The plan is based on elongated rows built up of standardized two-level dwelling units. Having this rational basis respond to its surroundings in different ways led to a varied urban plan. On the estate's south side, the oblique borderline resulted in rounded corners for the only two perimeter blocks on the estate. Containing shops, these rounded corners are very much like those of Oud's Hook of Holland housing of one year earlier. The façades are similar too. Here, the horizontally articulated frontage combines a lower strip of grey-framed glass with bands of yellow brick. Dividing this from a similarly uninterrupted yellow strip containing fenestration on the upper level, is a central white-rendered band. The front gardens have walls of yellow brick and blue steel railings. Unlike the Hook of Holland housing, front and rear elevations are here treated the same. The compact plan (7.5×4.1 m.) consists on the ground floor of a living room and entrance on the street side and a kitchen facing the garden. A semi-circular stair leads to the upper level of three bedrooms. Lack of funds meant that plans for such facilities as a shower, washbasin, ironing board and service hatch had to be abandoned. Despite this, Oud used the limited means and space available to create a full-fledged dwelling and boost the 'Existenzminimum' (minimum subsistence level) with an architectural bonus. Both urban design and dwelling plans were justifiably greeted with international acclaim. By having his design for the church built at his own expense, Oud made sure that nothing of the estate's unity would be lost. Its simple rectangular main space with balconies either side is flanked on one side by ancillary spaces of varying height. Like the houses, the church has white-rendered façades and is horizontally articulated. Only the chimney adds a vertical touch. Dwellings and church have since been renovated, keeping as close to the original design as possible.

L55 BETONWONINGEN/CONCRETE DWELLINGS STULEMEIJER; DE KOSSEL

Dortsmondstraat/Heer Daniëlstraat;
Bloemhofplein/Hortensiastraat/Hyacintstraat, Rotterdam

J.M. VAN HARDEVELD; J. HULSBOSCH, W. VAN TIJEN | 1925; 1921-1929

Peters & Boogers (rest. 1987)

Bouwkundig Weekblad 1925 p.138; L'Architecture Vivante 1926-I; M. Kuipers – Bouwen in beton, 1987; S. Cusveller – Tuindorp in Beton, 1989; de Architect 1991-3, 1994-4

In beide wijken is geëxperimenteerd met betontechnieken als vervanging van de traditionele baksteenbouw. Het Isola-bouwsysteem van Stulemeijer bestaat uit gestapelde betonblokken, aanvankelijk zonder buitenafwerking toegepast. De Duitse firma Kossel hanteert een systeem waarbij de wanden, vloeren en daken met behulp van geprefabriceerde bekistingselementen ter plaatse worden gestort. Kossel I bestaat uit een menging van eengezins- en etagewoningen, gegroepeerd rond het driehoekige Bloemhofplein. De tweede fase kent een strokenverkaveling en een soberder detaillering.

▮ Both projects feature experiments with concrete to replace traditional brick structures. The Isola building system of Stulemeijer uses stacked concrete blocks, originally left exposed. The German firm of Kossel employed a system whereby the walls, floors and roofs were poured into place using precast shuttering. Kossel I comprises a mix of single-family houses and flats grouped around the triangular Bloemhofplein. The second phase combines row development with a more restrained detail.

L56 TUINDORP/GARDEN VILLAGE VREEWIJK

Groenezoom e.o., Rotterdam

GRANPRÉ MOLIÈRE, VERHAGEN, KOK | 1913

H.P. Berlage (oorspr. ontw.)

Stedebouw en Volkshuisvesting 1921 p.124, 159, 1966 p.189; M. Casciato e.a. – Architektuur en Volkshuisvesting, Nederland 1870-1940, 1980; D.I. Grinberg – Housing in the Netherlands, 1900-1940, 1982; Architectuur Rotterdam 1890-1945, 1991

Deze tuinwijk voor arbeiders met 5.700 woningen wordt gerealiseerd buiten het speculatiegebied van Rotterdam naar een stratenplan van Berlage. Er zijn vrijwel geen gemeenschappelijke voorzieningen. De woningen zijn eenvoudig, goedkoop en traditioneel, gebouwd zonder nieuwe materialen of technieken in blokken laagbouw met zeer veel groen. Bij het ontwerp is zeer veel aandacht besteed aan de oriëntatie op de zon, lengte en diepte van bouwblokken en straatprofielen. De wijk is vrijwel geheel gerenoveerd.

▮ This workers' garden estate of 5,700 houses outside Rotterdam's speculation area was built to a street layout by Berlage. There is an almost complete lack of communal facilities. Dwellings are basic, cheap and traditional, built without new materials and techniques in low-rise blocks with abundant green space. During the design stage much thought was given to sunlighting, the length and depth of blocks, and street profiles. Vreewijk garden village has since been almost entirely renovated.

L57 BEJAARDENHUISVESTING/OLD-AGE ACCOMMODATION DE ZONNETRAP

Spinozaweg/Molenvliet, Rotterdam

E. HARTSUYKER, L. HARTSUYKER-CURJEL | 1976-1980

Bouw 1971 p.450; de Architect 1980-6; Architectuur Rotterdam 1970-1995, 1995

Een winnend, maar nog onuitvoerbaar prijsvraagontwerp uit 1967 wordt uiteindelijk op een andere locatie gerealiseerd. Het gebouw is gebaseerd op de studie Biopolis, een kritiek op de CIAM-stedenbouw in de vorm van megastructuren met diverse geïntegreerde functies. Door de terrasvormige stapeling van de 179 woningen en de combinatie met rechte blokken voor kantoren, ateliers en gemeenschappelijke voorzieningen ontstaat een boeiend ruimtelijk geheel in de binnenruimtes.

▮ At first impossible to build, this competition-winning design from 1967 was eventually realized at a different site. It is based on 'Biopolis', a critical study rejecting CIAM urban design in favour of megastructures with an integrated mix of functions. Its 179 dwellings in terraced layers combine with blocks for offices, workshops and communal facilities to generate an exhilarating spatial whole in the inner courts.

L58 ZUIDPLEINFLAT/BLOCK OF FLATS

Zuidplein/Mijnsherenlaan, Rotterdam

W. VAN TIJEN, E.F. GROOSMAN | 1941-1947

J.B. Bakema, H.A. Maaskant (medew.)

Bouw 1949 p.870; Forum 1949 p.359; T. Idsinga e.a. – Architect Van Tijen 1894-1974, 1987; Architectuur Rotterdam 1945-1970, 1993

De Zuidpleinflat bevat woningen voor alleenstaanden en kleine gezinnen. Van Tijen vond bij nader inzien dat het door hem ontwikkelde gebouwtype voor de Bergpolderflat en de Plaslaanflat minder geschikt was voor gezinnen met kinderen. Op het dak bevinden zich een aantal kamers die als logeerkamer of als tijdelijke uitbreiding voor de woningen gebruikt kunnen worden. Op de begane grond wordt een collectieve tuin omsloten door een café, twee winkels, een crèche en een garage. Onder de flat bevinden zich bergingen en was- en droogruimtes.

▮ The Zuidpleinflat comprises dwellings for singles and small families. Van Tijen had decided on reflection that the type of building he had developed for the Bergpolderflat and the Plaslaanflat was less suited to families with children. On the roof are a number of rooms possibly serving either as guest-room or as temporary extension to the unit. The ground floor contains a communal garden ringed by a café, two shops, a day nursery and a garage. Beneath the block are spaces for storage, washing and drying.

L59 WOONGEBOUW/HOUSING BLOCK

Bartel Wiltonplaats, Rotterdam

DOBBELAAR DE KOVEL DE VROOM (DKV) | 1986-1988

Archis 1989-2; Bouw 1990-8; H. van Dijk – DKV Architecten, 1997

Als een trein trekt dit tien verdiepingen hoge woongebouw de wagons van een bestaande 200 m. lange flat richting Nieuwe Maas. Dit beeld van vooruitgerichte beweging wordt versterkt door de halfronde beëindiging van het gebouw en door het horizontale karakter van de oostgevel met drie glazen galerijstroken in het overigens gesloten gevelvlak. Doordat de galerij telkens drie woonlagen ontsluit, per travee een woning van anderhalve travee boven en onder de galerij, ontstond financiële ruimte voor het beglazen en zo tegen windhinder beschermen van de galerij.

▮ Like a train this ten-storey housing block pulls its rolling stock, an existing 200 m. long apartment building, in the direction of the Nieuwe Maas river. This image of forward motion is strengthened by the semicircular end of the building and the horizontal character of the east elevation with its three glazed access galleries in the otherwise relatively blank walled surface. Because each gallery accesses three levels of housing, for each bay a dwelling unit of one and a half bays above and below the gallery, there was enough financial leeway to have the galleries glazed to keep the wind out.

L60 ROOKGASREINIGER/PURIFYING PLANT

Brielselaan 175, Rotterdam

M. STRUIJS (GEMEENTEWERKEN) | 1990-1993

Bouwen met Staal 1994-sep/oct; Architectuur Rotterdam 1970-1995, 1995

Verscherping van de milieu-eisen maakt eind jaren tachtig een nieuwe rookgasreiniger van de afvalverbrandingscentrale noodzakelijk. Het gebouw vormt een monumentale afsluiting van twee stedelijke assen. Om de installaties is een strakke huid van zilverkleurige stalen sandwichpanelen getrokken. De functie is tweeledig: absorptie van het machinegeluid en het weren van regen, wind en koude. Door de vormgeving van zijn gebogen gevels verzoent het gebouw zich ondanks zijn grote volume met zijn omgeving. De gebogen wanden vormen een dynamisch geheel, dat onder invloed van de zonnestand een steeds wisselende aanblik biedt.

▮ Ever stringent environmental regulations necessitated the construction at the end of the eighties of a new plant for purifying flue gas from the city incinerators. The building terminates two urban axes in grand fashion. Wrapped around the plant is a tight skin of silver steel sandwich panels with a dual function: to absorb the noise made by the machinery and to ward off wind and weather. The design of the building's curved walls successfully reconciles it to the surroundings, for all its great size. The walls themselves fuse in a dynamic totality that changes appearance with the sun's position in the sky.

L61 PENDRECHT

Slinge/Zuiderparkweg/Groene Kruisweg, Rotterdam

C.I.A. STAM-BEESE | 1949-1953

J.B. Bakema, Opbouw (medew.)

Stedebouw en Volkshuisvesting 1953 p.121; S.U. Barbieri e.a. – Stedebouw in Rotterdam, 1981; Het Nieuwe Bouwen – Rotterdam 1920-1960, 1982; Architectuur en Planning, Nederland 1940-1980, 1983; de Architect 1992-11; H. Damen – Lotte Stam-Beese 1903-1988, 1993

Pendrecht, een van de woonwijken die tijdens de wederopbouw aan de zuidrand van Rotterdam zijn gebouwd, is bedoeld als huisvesting voor de arbeiders die in de nabijgelegen havens werkzaam zijn. Het fascinerende van Pendrecht is de poging die wordt gedaan om greep te krijgen op de 6.300 woningen door gebruik te maken van een oplopende reeks ruimtelijke eenheden: woning-woninggroep-buurt-wijk-stad. In 1949 maakte Lotte Stam-Beese voor de Dienst Stadsontwikkeling en Wederopbouw verschillende plannen waarbij de inbreng van de Rotterdamse architectengroep Opbouw waarschijnlijk van invloed is geweest op de uiteindelijke uitwerking. De wijk bestaat uit vier buurten rond een verkeersvrij centraal plein. Als bouwsteen voor de buurten is niet zoals gebruikelijk gekozen voor een stelsel van (gesloten) bouwblokken of van reeksen vrijstaande woongebouwen, maar voor zogenaamde 'wooneenheden' die kunnen worden gezien als ruimtelijke en sociale schakel tussen woning en buurt. Elke wooneenheid bestaat uit een gemengde bebouwing voor verschillende bewonerscategorieën. Deze sociale verscheidenheid wordt gereflecteerd in de ruimtelijke verschijning van de wooneenheden: vrijstaande blokken van verschillende hoogte die gezamenlijk een collectief groengebied omsluiten. De later meer gebruikelijke benaming voor de wooneenheid, de 'stempel', wordt verklaard door de wijze waarop de wooneenheden in een strak orthogonaal stelsel zijn geschakeld. Ook in het ontsluitingssysteem is een oplopende reeks herkenbaar. Doodlopende straten met speelgelegenheid sluiten vanuit de wooneenheden aan op de buurtstraten tussen de hogere blokken. De wijk is met de stad verbonden door een centrale ontsluitingsweg in oost-westrichting. De scholen zijn opgenomen in het centrum en in een groenzone die het centrum met het Zuiderpark ten noorden van de wijk verbindt. Winkels zijn gedeeltelijk in het centrum, gedeeltelijk gedecentraliseerd in het plan opgenomen. Pendrecht heeft het denken over stedenbouwkundige oplossingen voor de grote vraag naar woningen na de Tweede Wereldoorlog gedurende de jaren vijftig grotendeels bepaald. Het politieke besluit in het begin van de jaren zestig om de bouwprogramma's in versneld tempo uit te voeren liet echter geen ruimte meer voor het geduldig uitwerken van dergelijke 'vormproblemen' en leidde tot een wildgroei aan hoogbouwwijken zonder aandacht voor sociale of formele verhoudingen.

▪ Pendrecht, one of the districts built during the postwar reconstruction on the southern perimeter of Rotterdam, was originally intended to house those working in the nearby docks. The fascinating thing about Pendrecht is the attempt to make manageable its 6300 dwellings by using an ascending series of spatial units: dwelling-block-neighbourhood-district-town. In 1949 Lotte Stam-Beese drew up the plans for the Urban Development and Reconstruction Agency. 'Opbouw', the group of functionalist architects based in Rotterdam, was a likely influence on their ultimate elaboration. The district configures four neighbourhoods around a traffic-free square. Rather than the usual system of (perimeter) blocks or series of free-standing buildings the fundamental unit chosen for these neighbourhoods was the so-called 'wooneenheid' (cluster), which can be considered a spatial and social link between house and neighbourhood. Each cluster consists of a variety of buildings serving differing categories of tenant. This social diversity is reflected in their spatial layout, free-standing blocks of differing height together surrounding a communal green space. The later, more common name for the cluster, 'stempel' or stamp, derives from the way in which clusters are organized in a strict orthogonal system. An ascending series is also recognizable among the different types of access. Cul-de-sacs with play space connect clusters to neighbourhood streets running between the taller blocks. Joining the district to the town is a central access road following an east-west direction. Schools are accommodated in the district's centre and in a green zone linking the centre with the Zuiderpark to the north of the district. Shops are either located centrally or are 'decentralized' elsewhere in the plan. Pendrecht greatly influenced ideas on urban design solutions to the great postwar demand for housing during the fifties. The political decision of the sixties to step up the building programme, however, left no room for patiently solving such 'problems of form', and led to an over-proliferation of high-rise districts with no concern for either social or formal proportions.

Oostvoorne
H 39
Maassluis
H 40
Vlaardingen
Schiedam
L
ROTTERDAM
Pernis
Krimpen a/d IJssel
Krimpen a/d Lek
Ouderkerk a/d IJssel
Lekkerkerk
Nieuw-Lekkerland
Ridderkerk
Groot-Ammers
Goudriaan
Noordeloos
Bleskensgraaf
Arkel
LEERDAM
Lek
Merwede kan.
BRIELLE
ROZENBURG
VOORNE
Rockanje
Heenvliet
Poortugaal
Rhoon
BARENDRECHT
H.I.-AMBACHT
Alblasserdam
Wijngaarden
PAPENDRECHT
HARDINXVELD-GIESSENDAM
HARINGVLIETDAM
1
GOEREE
H 41
Hoogvliet
H 38
PUTTEN
Spijkenisse
OUD-BEIJERLAND
Oude Maas
H 51
Zwijndrecht
SLIEDRECHT
Boven-Hardinxveld
Gorinchem
Hellevoetsluis
Zuidland
Puttershoek
H 52-55
WERKENDAM
Sleeuwijk
Woudrichem
Ouddorp
Stellendam
Haringvliet
Spui
Nieuw-Beijerland
Piershil
Mijnsheerenland
Maas
DORDRECHT
Giessen
BROUWERSDAM
1
Grevelingen
Sommelsdijk
Middelharnis
H 42,43
Stad aan't Haringvliet
HOEKSCHE
WAARD
Klaaswaal
's-Gravendeel
H 56
Nieuwendijk
Renesse
7
Scharendijke
SCHOUWEN-
Brouwershaven
Dirksland
OVER-
FLAKKEE
Zuid-Beijerland
TIENGEMETEN
HARINGVLIETBRUG
Numansdorp
Strijen
BIESBOSCH
Hank
Dussen
Genderen
MOERDIJKBRUG
Bergse Maas
Lage Zwaluwe
Geertruidenberg
Burgh-Haamstede
Serooskerke
Dreischor
Nieuwe-Tonge
1
Hollandsdiep
Moerdijk
RAAMSDONKSVEER
Schuddebeurs
GREVELINGENDAM
Oude-Tonge
Willemstad
MADE
DUIVELAND
Nieuwerkerk
Ooltgensplaat
Klundert
Zevenbergschen-hoek
Sprang-Capelle
N 1
Ooster-
ZIERIKZEE
Oosterland
Bruinisse
1
PHILIPSDAM
Volkerak
KAATSHEUVEL
OOSTERSCHELDEKERING
1-5
Oosterhout
ZEELANDBRUG
ST. PHILIPSLAND
Dinteloord
ZEVENBERGEN
Terheijden
DONGEN
Colijnsplaat
1,2
ZEELAND
St. Philipsland
Fijnaart
Standdaarbuiten
Teteringen
Wissenkerke
NOORD-
Stampersgat
17,18
Domburg
Oostkapelle
Stavenisse
St. Annaland
Schelde-Rijn
Nieuw-Vossemeer
Oud Gastel
OUDENBOSCH
PRINSENBEEK
13-16
RIJEN
28-30
Kamperland
BEVELAND
scheIde
Oosterschelde
THOLEN
ETTEN-LEUR
BREDA
Bavel
TILBURG
27
Serooskerke
Veerse meer
Kortgene
Oud-Vossemeer
STEENBERGEN
Hoeven
12
Ulvenhout
19
Grijpskerke
Veere
Poortvliet
Roosendaal
St. Willebrord
26
Gilze
Westkapelle
WALCHEREN
Wolphaartsdijk
St. Maartensdijk
25
24
Arnemuiden
Wemeldinge
Tholen
Halsteren
Heerle
Wouw
Rucphen
Rijsbergen
GOIRLE
Middelburg
Heer-Arendskerke
Goes
10
Hazeldonk
Chaam
Yerseke
Kapelle
Bergen op Zoom
Nispen
Zundert
Alphen
Hilvarenbeek
Oost-Souburg
ZUID-
Verdronken land van Zuid Beveland
Markiezaatsmeer
11
Heinkenszand
BEVELAND
Wouwse Plantage
ESSEN
Achtmaal
Vlissingen
8,9
Ritthem
's-Gravenpolder
Kruiningen
Krabbendijke
Poppel
Baarle-Nassau
Baarle-Hertog
Meer
Borssele
Ovezande
Hoedekenskerke
Hoogerheide
Rilland
Woensdrecht
Breskens
Perkpolder
Westerschelde
Cadzand
Groede
Schoondijke
ZEEUWS-
Kloosterzande
Ossendrecht
KALMTHOUT
Wuustwezel
Biervliet
Terneuzen
6
Verdronken land van Saeftinge
Schelde
Putte
St. Anna ter Muiden
IJzendijke
Vogelwaarde
Kruispolderhaven
Brecht
TURNHOUT
Sluis
Oostburg
Hoek
Zaamslag
Graauw
KAPELLEN
Vosselaar
VLAANDEREN
BRASSCHAAT
OOSTMALLE
HULST
Nieuw-Namen
Philippine
Sluiskil
EKEREN
Axel
Clinge
Heikant
Schilde
Sas van Gent
Westdorpe
SCHOTEN
Kasterlee
Kaprijke
BEVEREN
Zandhoven
Bobbejaanland
Kanaal
MALDEGEM
ZELZATE
Stekene

M01 Rijkswaterstaat Deltawerken/Delta Works
M02 Rijkswaterstaat Zeelandbrug/Bridge
M03 Rijkswaterstaat Stormvloedkering/Flood Barrier
M04 W.G. Quist Dienstgebouw/Service Building
M05 Nox, K. Oosterhuis Tentoonstellingspaviljoen/Exhibition Pavilion
M06 Van den Broek & Bakema Raadhuis/Town Hall
M07 J. van Munster Paviljoen Plus Min/Plus-Minus Pavilion
M08 P.F. Smagge Loodsenwoningen/Pilots' Houses
M09 D. Roosenburg Wooldhuis
M10 C.J.M. van de Ven Woongemeenschap/Commune Sterrebos
M11 M. Staal-Kropholler Atelierwoning/Studio House Roland Holst
M12 H.A. Maaskant, L. van Herwijnen Tomado-fabriek/Factory
M13 H. Hertzberger Bibliotheek, Muziekcentrum/Library, Music Centre
M14 J.J.H.M. van Heeswijk Artotheek/Art Lending Library
M15 H. Hertzberger Chassé-theater/Theatre
M16 J. Hoogstad Casino
M17 W.G. Quist Kantoorgebouw/Office Building Suikerunie
M18 M.J. Granpré Molière Kerk/Church O.L. Vrouw van Altijd Durende Bijstand
M19 G.Th. Rietveld Woonhuizen/Private Houses Klep; Nuyens
M20 K. van der Gaast Station
M21 A. Bonnema Hoofdkantoor/Headquarters Interpolis
M22 Van den Broek & Bakema Kernwandgebouwen/Megastructural Blocks
M23 B. Bijvoet, G.H.M. Holt; J.M.J. Coenen Schouwburg/Theatre; Kunstcluster/Arts Cluster
M24 Architectenbureau Bedaux Woningbouw/Housing
M25 J.M.J. Coenen Kantoorgebouw/Office Building Haans
M26 Diverse Architecten Zes Woonhuizen/Six Private Houses
M27 J.H.A. Bedaux, J.A. van der Laan Economische Hogeschool/School of Economics
M28 Benthem Crouwel Museum De Pont
M29 W.J.M. Neutelings Woningbouw/Housing
M30 W.M.J. Arets Woningbouw/Housing

M01 DELTAWERKEN/DELTA WORKS

Zeeland

RIJKSWATERSTAAT | 1953-1986

1 Haringvlietdam (1957-1971), **2** Brouwersdam (1965-1972), **3** Stormvloedkering Oosterschelde (1965-1974, 1979-1986), **4** Veerse Gat-dam (1957-1961), **5** Zandkreekdam (1958-1960), **6** Zeelandbrug (1961-1965), **7** Grevelingendam (1960-1964), **8** Volkerakdam (1957-1969), Haringvlietbrug (1961-1964)

Bauen + Wohnen 1968-5; H. de Haan, I. Haagsma – De Deltawerken, 1984; Casabella 1987-3; K. Bosma – De kunstwerken van Rijkswaterstaat, 1993

Op 1 februari 1953 brak door de combinatie van een ongekend hoog springtij en een noordwesterstorm een groot gedeelte van de dijken in zuidwest Nederland, zodat ruim 150.000 ha. land overstroomde en 1835 mensen het leven lieten. De ramp bracht de plannen tot dijkverzwaring en stormbeveiliging in een stroomversnelling; reeds op 21 februari werd de Deltacommissie geïnstalleerd om de plannen in versneld tempo uit te werken. Hoofdbestanddeel van het Deltaplan is de verkorting van de totale lengte aan zeewerende dijken met 700 km. door het afsluiten van vier zeearmen: het Haringvliet, het Brouwershavense Gat, het Veerse Gat en de Oosterschelde. Ook wordt een groot gedeelte van de dijken in Zeeland en Zuid-Holland verzwaard. Verder besloot men tot de aanleg van de Zeelandroute, een stelsel van bruggen en berijdbare dijken om de voorheen moeilijk bereikbare eilanden met het vasteland te verbinden. Om ervaring op te doen met nieuwe technieken en materialen werd gestart met het zogenaamde 'drie-eilandenplan', de oeververbinding van Noord-Beveland met Walcheren en Zuid-Beveland.

▪ On 1 February 1953 the combination of a spring-tide of unparalleled height and a north-westerly gale burst through large sections of dike in the South-West Netherlands, flooding more than 150,000 hectares. 1835 people lost their lives. The disaster accelerated plans to strengthen the dikes against wind and water; by 21 February the Delta Committee was installed to formulate plans at high speed. The crux of the Delta Plan was to shorten the total length of sea wall by 700 km. by closing off four sea-arms: Haringvliet, Brouwershavense Gat, Veerse Gat and Oosterschelde. Most of the dikes in Zeeland and Zuid-Holland were to be strengthened too. It was also decided to construct the Zeeland route, a system of bridges and passable dikes linking islands otherwise difficult to reach, with the mainland. Things got under way with the so-called 'Three Islands Plan', joining Noord-Beveland with nearby Walcheren and Zuid-Beveland, so as to gain experience with the necessary new techniques and materials.

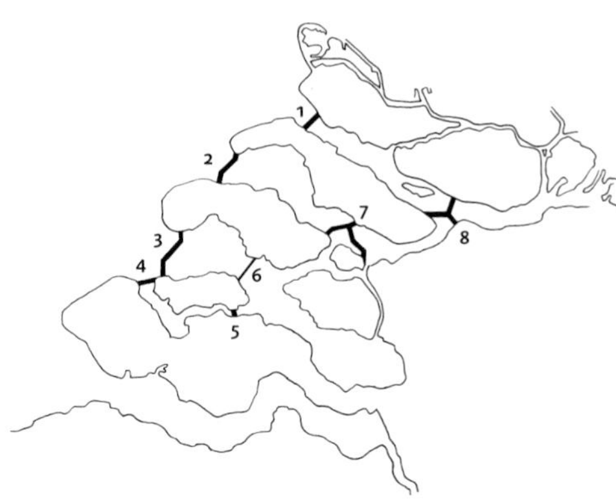

M02 ZEELANDBRUG/BRIDGE

Zierikzee/Colijnsplaat

RIJKSWATERSTAAT | 1961-1965

H. de Haan, I. Haagsma – De Deltawerken, 1984; Casabella 1987-3

Deze brug, met zijn lengte van meer dan vijf kilometer de langste brug van Nederland, maakt feitelijk geen deel uit van het Deltaplan. Het is het sluitstuk van de Zeelandroute die begint met de tunnel onder de Oude Maas (de Heinenoordtunnel) en loopt over de brug/sluis/dijkdriesprong bij het Hellegatsplein en de Grevelingendam om via de Zandkreekdam bij Noord-Beveland te eindigen bij Goes.

▪ This bridge, at over five kilometres Holland's longest, has nothing to do with the nearby Delta Plan. It is in fact the last phase of the Zeeland route that begins with the tunnel under the Oude Maas river (the Heinenoordtunnel), crosses the bridge/sluice/dike triple fork at Hellegatsplein, follows the Grevelingendam and Zandkreekdam to Noord-Beveland and ends at Goes.

M03 STORMVLOEDKERING/FLOOD BARRIER

Westenschouwen/Kamperland

RIJKSWATERSTAAT | 1965-1986

West 8 (tuinarch.)

H. de Haan, I. Haagsma – De Deltawerken, 1984; Casabella 1987-3; de Architect 1993-3; K. Bosma – De kunstwerken van Rijkswaterstaat, 1993

Een van de voordelen van het Deltaplan zou het ontstaan van grote zoetwaterreservoirs zijn. Tegen de plannen voor totale afsluiting van de Oosterschelde ontstond echter juist verzet omdat een uniek zoutwatermilieu met mossel- en oesterkwekerijen verloren dreigde te gaan. Door het aanbrengen van enorme sluizen, die alleen bij extreem hoge waterstand worden gesloten, blijft de werking van de getijden en daarmee het zoutwatermilieu gehandhaafd. De constructie bestaat uit 66 enorme betonpijlers waartussen stalen schuiven hydraulisch kunnen worden neergelaten.

▪ One of the advantages of the Delta Plan was to have been the creation of vast freshwater reservoirs. Those protesting about this very phenomenon, however, claimed that this total enclosure would threaten the existence of a unique salt-water environment and its attendant mussel and oyster farms. However, by introducing enormous flood-gates, which are to be closed only in extreme circumstances, tides continue to ebb and flow and the environment remains unimpaired. The structure consists of 66 colossal concrete piers in-between which steel curtains can be lowered hydraulically.

M04 DIENSTGEBOUW/SERVICE BUILDING

Werkeiland Neeltje Jans

W.G. QUIST | 1980-1985

Wonen-TA/BK 1984-3; Architectural Review 1985-1; A. van der Woud – Wim Quist, architect, 1989

Het dienstgebouw bevindt zich op het werkeiland Neeltje Jans, midden op de Oosterscheldedam. In de laagbouw bevinden zich magazijnen, kantoren, dieselgeneratoren en werkplaatsen rond een binnenhof met parkeerplaatsen. Bezoekers van de tentoonstelling over de bouw van de dam worden via een glazen entree met een brug over de binnenplaats geleid naar een centraal trappenhuis. Daar leidt een dubbele spiraaltrap naar een restaurant en de expositieruimte in een vrijgehouden, gesloten bouwlichaam boven de binnenhof.

▪ This service building stands on the artificial island Neeltje Jans in the middle of the Oosterschelde Dam. A low-rise section ranges stores, offices, diesel generators and workshops round an inner court with parking facilities. Visitors to the exhibition illustrating the construction of the dam are led through a glazed entrance with a bridge across the inner court to a central staircase. From there a double stair spirals up to a restaurant and the exhibition gallery both housed in an enclosed volume hovering above the inner court.

M05 TENTOONSTELLINGSPAVILJOEN/ EXHIBITION PAVILION

Werkeiland Neeltje Jans

NOX, K. OOSTERHUIS | 1993-1997

L.M.M. Spuybroek (proj.), **M.H.L. Nio** (medew.), **I. Lénárd** (b.k.)

Archis 1995-11, 1997-9; Architecture d'Aujourd'hui 1996-9; de Architect 1997-3

In een door Ashok Bhalotra ontworpen attractiepark is een tentoonstellingspaviljoen over de waterkringloop voorzien. De twee winnaars van een besloten prijsvraag, Lars Spuybroek en Kas Oosterhuis, ontwierpen elk hun eigen deel, respectievelijk voor zoet en zout water. Dit bijzondere staaltje 'vloeiende architectuur' is als een amorf lichaam op de rand van land en water gesitueerd. Het gebouw is deels met de computer ontworpen en uitgewerkt, maar traditioneel geconstrueerd. Rondgebogen stalen balken met verschillende doorsnedes zijn door dunne kassenbouwprofielen met elkaar verbonden en aan de buitenzijde bekleed met gebogen staalprofielplaten.

▪ Sitting in an amusement park designed by Ashok Bhalotra is this exhibition pavilion devoted to the water cycle. Lars Spuybroek and Kas Oosterhuis, the two winners of a limited competition, each designed their own portion, these being the freshwater and saltwater parts respectively. This extraordinary example of 'fluid architecture' lies like an amorphous body where land meets water. The building was partly computer-designed and elaborated though built traditionally. Curved steel beams of various widths are linked with slender steel sections used in the glasshouse industry and clad on the exterior with curved profiled steel sheet.

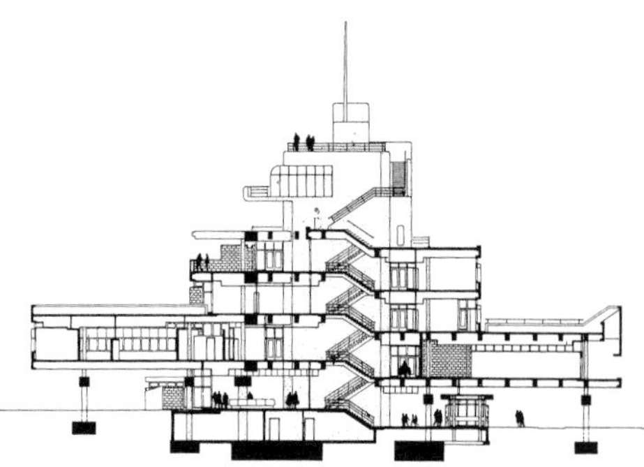

M06 RAADHUIS/TOWN HALL

Oostelijk Bolwerk 4, Terneuzen

VAN DEN BROEK & BAKEMA | 1963-1972

D. Paul, L. Kruyne, J. Weber (medew.), **K.J. van Velsen** (uitbr. 1996)

Bouw 1973 p.523; Bauen + Wohnen 1974 p.77; J. Joedicke – Architektur-Urbanismus, 1976; de Architect 1996-4, 1997-3; Architectuur in Nederland. Jaarboek 1996-1997; Archis 1997-4

Het raadhuis is gesitueerd op een prominent punt aan de dijk langs de Westerschelde, op de grens tussen het oude dorp en de uitbreidingswijken. Het gebouw bestaat uit een centrale kern, waaruit naar vier kanten vloeren uitkragen. De verdiepingen zijn een half niveau ten opzichte van elkaar versprongen zodat een onderlinge ruimtelijke koppeling is ontstaan waarin de trappen op een natuurlijke wijze zijn opgenomen. Deze spiraalsgewijze opbouw rond de kern wordt nog versterkt door de getrapte verdiepingen. Andere voorbeelden van Bakema's spiraalvormige gebouwen zijn het expopaviljoen in Osaka (1970) en een nooit gerealiseerd ontwerp voor de Euromast (1957). De kern bevat liften, toiletten, dienstvertrekken en technische ruimtes. Op de begane grond bevinden zich de publieke functies, en er is tevens enige ruimte gereserveerd voor culturele activiteiten. De hoofdentree wordt gemarkeerd door de erboven gelegen raadzaal. Op de verdiepingen bevinden zich verder kantoorruimtes en vertrekken voor burgemeester en wethouders. Op de vijfde verdieping ten slotte de burgerzaal met balkon en een spectaculair uitzicht. De centrale kern is opgetrokken uit ter plaatse gestort beton. De uitkragende verdiepingen bestaan uit voorgespannen liggers in vier richtingen met prefab pendelkolommen. Op de derde verdieping is, om toekomstige uitbreidingen mogelijk te maken, de constructie nog oningevuld; een soort tijdelijke pergola op het dak. In de gevels zijn in betonsteen invullingen opgemetseld op de prefab gevelbakken. Puien en kozijnen zijn, evenals de betimmeringen en puien in het interieur, van hardhout. Het robuuste materiaalgebruik en de expressieve uitdrukking van functies, constanten in het werk van Van den Broek & Bakema, leveren hier een gebouw dat bijna een sculptuur te noemen is; een gebouw, dat in zijn uiterlijk ook goed past in de context van scheepvaart en waterbouw.

Een nieuw, vrijwel kubusvormig stadskantoor naar ontwerp van Koen van Velsen verbindt het oude stadscentrum met het raadhuis. Ook letterlijk, want beide gebouwen zijn via een in het dijklichaam geschoven bouwdeel ondergronds met elkaar verbonden. Ter completering van het stedenbouwkundig ensemble heeft Van Velsen ook een bankfiliaal gerealiseerd.

▮ This town hall stands on a prominence on the dike along the Westerschelde where the old village and the new housing developments meet. It consists of a central core from which floor slabs cantilever in four directions. Upper storeys spiral up at half-level intervals in a spatial interlinking into which the stairs fit naturally. This spiral construction about a core is further strengthened by stepping the storeys. Other examples of Bakema's spiral buildings are his Expo Pavilion in Osaka (1970) and an unrealized design for the Euromast (1957). The core contains lifts, toilets, services and plant. On the ground floor are public functions, with some space reserved for cultural activities. The main entrance is emphasized by the council chamber above it. Upstairs, too, are office spaces and rooms for the burgomaster and aldermen. Finally, on the fifth floor is the civic hall with a balcony and a spectacular view. The cantilevered upper floors consist of prestressed girders proceeding in four directions from the central cast-in-situ concrete core, and resting on hinged columns. The third floor's prefabricated structure is not filled in as yet, allowing for future extensions; a sort of temporary pergola on the roof. Façades have concrete block infills between precast beams. Lower fronts and window and door frames are, like all the interior woodwork, of hardwood. A robust use of material and an expressive articulation of functions (constants in the work of Van den Broek & Bakema) have here led to a building verging on sculpture, a building whose outward appearance fits remarkably well in its context of shipping and waterways.

A new near-cube housing the municipal offices to a design by Koen van Velsen welds the old centre to the town hall. Also in a literal sense, for both buildings are linked below ground by a volume tucked into the dike. Rounding off the urban ensemble is a bank branch, also the work of Van Velsen.

M07 PAVILJOEN PLUS MIN/PLUS-MINUS PAVILION

Rampweg 24a, Renesse

J. VAN MUNSTER | 1995

M. van den Wildenberg (medew.)

C. Dercon e.a. – Stichting 'Plus-Min', 1996

Twee paviljoens in de vorm van een plus en een min zijn gesitueerd aan de rand van een duinlandschap nabij de boerderij van hun ontwerper, beeldhouwer Jan van Munster. De gebouwtjes zijn geheel uit beton opgetrokken, waarbij de korte zijden bestaan uit glaswanden met vierkante, zwartomlijste ruiten. In de plus bevindt zich een lege ruimte voor wisselende exposities met de tekst 'Een lege ruimte is het volst van kijken' van Chris van Geel; de min dient als woon- en werkruimte. De plus en min verwijzen naar Van Munsters fascinatie met energie en elektriciteit, een vormthema dat veelvuldig in zijn werk voorkomt. Op het terrein staan diverse werken van Van Munster opgesteld.

▮ Two pavilions in fact, one shaped like a plus sign, the other like a minus, stand on the rim of the dunelands near the farm where their designer, the sculptor Jan van Munster, lives. Both are of concrete, with their short sides fully glazed with black-framed square panes. In the plus is an empty space for temporary exhibitions graced with a text by Chris van Geel whose literal translation is 'An empty space is the fullest from looking'; the minus is for living and working in. The two signs are a reference to Van Munster's enthusiasm for electricity and energy, a theme often encountered in his work. Various of his sculptures are scattered about the grounds.

M08 LOODSENWONINGEN/PILOTS' HOUSES

Spuistraat 59-65, Vlissingen

P.F. SMAGGE | 1910

C. de Bruijn, I. Schwartz – Langs Jugendstil en Art Deco, 1992; B.I. Sens – Architectuur en stedebouw in Zeeland 1850-1940, 1993

Deze vier vrijstaande woningen zijn gebouwd voor Belgische loodsen die schepen over de Westerschelde naar de haven van Antwerpen begeleidden. Geboren in Vlissingen, maar woonachtig te Antwerpen, waar hij ook zijn opleiding had genoten, kwam architect/aannemer Petrus Smagge in contact met de Art Nouveau, die in deze monumentale witte, met rode motieven versierde gevels en in vele details dominant aanwezig is. In Vlissingen noemt men dit de 'Antwerpse stijl'.

▮ These four free-standing houses were built for Belgian pilots conducting ships across the Western Scheldt to the port of Antwerp. Born in Flushing (Vlissingen) but resident in Antwerp where he trained, the architect/contractor Petrus Smagge came into contact with Art Nouveau, a style that resonates throughout these monumental white façades emblazoned with red motifs, and in many of the details. In Flushing they call this the 'Antwerp style'.

M09 WOOLDHUIS

Boulevard Evertsen 290, Vlissingen

D. ROOSENBURG | 1932

Forum 1991-april

Het Wooldhuis, in opdracht van burgemeester van Woolderen gebouwd naar ontwerp van de Haagse architect Roosenburg, sluit de boulevardbebouwing af. Naast de burgemeesterswoning is ook een chauffeurswoning en een bediendewoning gebouwd. Hoewel het huis door zijn kapvorm en glooiende lijnen invloeden van de Engelse landhuisstijl vertoont, heeft het met zijn grote vensters met stalen kozijnen en gepleisterde, met grind ingestrooide gevels ook de kenmerken van het zakelijke functionalisme.

▮ Built by the Hague architect Roosenburg at the behest of the burgomaster, C.A. van Woolderen, the Wooldhuis rounds off the development along the boulevard. Aside from the burgomaster's residence, it contains accommodation for a chauffeur and a servant. If its roof and flowing lines betray influences of the English country house style, the large windows with their steel frames and the rendered gravel-strewn outer walls show a certain allegiance to functionalist tenets.

M10 WOONGEMEENSCHAP/COMMUNE STERREBOS
Onyxdijk 159-193, Roosendaal
C.J.M. VAN DE VEN | 1980-1989
Architectuur & Bouwen 1989-6/7; de Architect 1989-7/8; Architectuur in Nederland. Jaarboek 1989-1990; Bouw 1991-7

Geestelijk gehandicapten en psychiatrische patiënten worden hier niet in een geïsoleerde inrichting gehuisvest, maar in een eigen wijkje, geïntegreerd in een toekomstige woonwijk. Rond een centraal plein liggen de gemeenschappelijke voorzieningen met gebouwen voor administratie, therapie, ontspanning en de medische dienst. De patiënten zijn in groepjes van acht gehuisvest in twee woningtypen: een bungalowtype en een twee-onder-een-kaptype. Net als de symmetrische hoofdopzet is de architectuur eenvoudig, geometrisch en verzorgd.

▪ Here, mentally handicapped and psychiatric patients are not shut away in some isolated institution but have their own 'neighbourhood', to be integrated in a forthcoming residential area. Ranged round a central square are communal facilities including buildings for administration, therapy, leisure and medical services. The patients live together in groups of eight in two dwelling types (bungalow and semi-detached house). Like the symmetrical basic layout the architecture too is basic, geometrical and well-groomed.

M11 ATELIERWONING/STUDIO HOUSE ROLAND HOLST
Roosendaalsebaan 15, Achtmaal
M. STAAL-KROPHOLLER | 1918-1919
Architectura 1922-1; E. van Kessel, M. Kuperus – Margaret Staal-Kropholler, architect, 1991

In de jaren 1918-1919 ontwerpt de architecte op de Buisse Heide voor de familie Van der Schalk een schuur, een varkenshuisje, een verbouwing van een boswachterswoning en een atelier voor beeldend kunstenaar R.N. Roland Holst. Het atelier heeft een vliegervormige plattegrond die aan één zijde is afgeschuind en wordt gedomineerd door een hoge rieten kap. Aan de brede kant op het noorden bevindt zich het atelier met een groot hoog raam; aan de smalle kant de 'zuidkamer'. ''t Is lieflijk en landelijk en practisch tegelijk' aldus Roland Holst.

▪ In 1918-1919 Margaret Staal-Kropholler carried out conversions for the Van der Schalk family of a forester's house and a pigsty and designed a large shed and a studio for the artist R.N. Roland Holst. The studio has a kite-shaped plan splayed on one side and dominated by a tall thatched roof. At the broad side to the north is the studio with a large high-placed window, at the narrow side the 'south room'. According to Roland Holst, 'It is charming and rural and practical all at once'.

M12 TOMADO-FABRIEK/FACTORY
Oude Kerkstraat 2, Etten-Leur
H.A. MAASKANT, L. VAN HERWIJNEN | 1954-1955
Bouwkundig Weekblad 1955 p.557; Forum 1956 p.200; Katholiek Bouwblad 1956 p.33; Architectural Design 1956 p.256

In het gebouw voor deze fabrikant van huishoudelijke artikelen zijn de thema's representatie en productie verbeeld. Het kantoorgedeelte met hoofdentree werd oorspronkelijk gemarkeerd door een inmiddels verwijderd reliëf van Zadkine. De moderne productiehal heeft sheddaken en functionele kleuraccenten van leidingen, verwarmings- en verlichtingselementen. Een verbindingsgang over twee verdiepingen leidt naar een terzijde gelegen kantine. Met de teloorgang van Tomado is de toekomst van deze zorgvuldig ontworpen bedrijfspanden onzeker.

▪ White-collar work and factory floor are the themes expressed by this factory for manufacturing household goods. Originally, the office section and main entrance were announced by a Zadkine relief, since removed. The modern assembly hangar has shed roofs and functionally coloured service shafts, central heating and lighting elements. A double-height corridor leads to a canteen set to one side. Since the demise of the Tomado concern the future of these meticulously organized factory premises is uncertain.

M13 BIBLIOTHEEK, MUZIEKCENTRUM/ LIBRARY, MUSIC CENTRE

Molenstraat 6, Breda

H. HERTZBERGER | 1991-1993

de Architect 1994-2; Architectuur in Nederland. Jaarboek 1993-1994

Om drie moerbeibomen te sparen is bij deze invulling van een stedelijk bouwblok in het oude centrum van Breda een binnentuin gerealiseerd. Het complex bestaat uit een verdiept op de begane grond gesitueerde bibliotheek, doorsneden door loopbruggen, en een centrum voor kunst en muziek op de verdieping. In de hoek naast de entree is een klein muziekzaaltje opgenomen. De pregnant in het interieur en in de gebogen gevel van de Molenstraat aanwezige draagconstructie bestaat uit een betonnen voetstuk met daarop naar vier zijden diagonaal uitwaaierende stalen kolommen. Aan de detaillering van stalen loopbruggen en balustrades is veel zorg besteed.

▮ Three large mulberries were cause to leave a small garden at the back of this infill in an urban block in the old heart of Breda. The design constructs a sunken library on the ground floor shot through with walkways and a centre for art and music on the upstairs level. A small music room nestles in the corner at the entrance. The supporting structure, sensed in the interior and at the curving façade on Molenstraat, consists of a concrete foot with steel columns fanning up out of it to all four sides. Steel footbridges and balustrading have been sensitively detailed.

M14 ARTOTHEEK/ART LENDING LIBRARY

Boschstraat 22, Breda

J.J.H.M. VAN HEESWIJK | 1989-1991

Architectuur in Nederland. Jaarboek 1991-1992; de Architect 1992-6

Naast het zeventiende-eeuwse museum De Beyerd is de uit staal en glas geconstrueerde artotheek gebouwd. De twee gebouwen, die eenzelfde publiek bedienen, zijn verbonden door een transparante strook waarin zich de entree, circulatieruimte, trappen en lift bevinden. Door deze open verbinding vormen beide culturele gebouwen een geheel. De artotheek bevat een drietal langwerpige, geheel flexibel indeelbare vloeren van 7 bij 37 meter. De eenvoud van de plattegrond wordt weerspiegeld in de soberheid van constructie en afwerking.

▮ Abutting the seventeenth-century museum De Beyerd is this art lending library in steel and glass. Serving one and the same public, the two cultural buildings are united by a transparent intervening area containing the entrance, milling space, stairs and lift. The art lending library divides into three oblong zones each of 7×37 metres and fully flexible as to subdivision. This simplicity in plan resonates in the restraint of both construction and finish.

M15 CHASSÉ-THEATER/THEATRE

Claudius Prinsenlaan 8, Breda

H. HERTZBERGER | 1992-1995

de Architect 1994-2; H. Hertzberger – Chassé Theatre Breda, 1995; Domus 1995-11; Architectuur in Nederland. Jaarboek 1995-1996; Archis 1996-1; Architectural Review 1996-2; Bauwelt 1996 p.1328

In deze schouwburg zijn drie zalen opgenomen: een grote zaal met 1200 plaatsen, een middenzaal met 500 plaatsen en een kleine dansrepetitiezaal. De twee grote zalen met hun toneeltorens zijn dominant aanwezig in de hoofdopzet van het gebouw, maar door de toepassing van een golvend dak getemperd en tot een eenheid gesmeed. De zalen liggen naast elkaar en hebben hun entree aan dezelfde zijde waardoor een langgerekt, met glas afgedicht foyergebied is ontstaan, waaraan een theatercafé en een filmhuis zijn gekoppeld.

▮ This town theatre has three principal features: a main auditorium seating 1200, a medium auditorium or 'black box' seating 500 and a small studio theatre. The two big auditoria and their fly towers dominate the parti yet are tempered and stitched together by the undulating roof. All three halls abut and are accessed from the same side, resulting in an extended glazed-in foyer zone giving onto a café and an art-cinema.

M16 CASINO

Claudius Prinsenlaan, Breda

J. HOOGSTAD | 1985-1987

Architectuur & Bouwen 1987-12; Bouw 1988-10; R. Dettingmeijer – Jan Hoogstad, architect, 1996

Het plastisch vormgegeven casinogebouw vormt samen met het op de achtergrond gesitueerde kantoorgebouw (ontwerp AGS) een compositorische eenheid. Het casinogebouw bestaat uit twee bouwlichamen; een ovale speelzaal met glazen, naar voren hellende gevels en een langgerekt dienstengebouw dat zich tegen de speelzaal aanvlijt. Het interieur van het casino is een feestelijk gekleurde, vrije compositie van gebogen lijnen, waarin de ruimtes zich over verschillende niveaus spiraalvormig via de automatenhal langs de reeks speelzalen naar het hoog gelegen restaurant ontwikkelen.

▮ This sculptural casino building joins with the office block beyond (designed by AGS) in a close-knit composition. The casino complex consists of two buildings; an oval gaming house with sloping glazed façades that rise outwards, and an elongated services block nestling against it. The interior of the casino proper is a festively coloured free-form composition of curves, in which spaces spiral up across various levels by way of an amusement arcade and along a string of gaming rooms to the restaurant at the top.

M17 KANTOORGEBOUW/OFFICE BUILDING SUIKERUNIE

Zuilenstraat 100, Breda

W.G. QUIST | 1973-1976

Bouw 1976 p.616; Polytechnisch Tijdschrift Bouwkunde 1976 p.649; A. van der Woud – Wim Quist, architect, 1989

Een vierkant vormt de basis van de plattegrond van dit kantoorgebouw. Massieve baksteenwanden waaruit grote vierkante gaten zijn gesneden omsluiten drie zijden van het vierkant. Aan de vierde zijde is een kwart van het vierkant opengelaten. Voor de glazen gevels van de twee diagonaal naar het middelpunt lopende wanden zijn hoge metalen zonweringen geplaatst die om hun verticale as kunnen draaien. Deze bewegende roosters worden door de ontwerper vergeleken met het inwendige van een zeeanemoon.

▮ Solid brick walls with huge square holes punched in them occupy three sides of the square on which these sugar manufacturer's headquarters are premised. On the fourth side a quarter of the square's area has been discarded. The resulting pair of walls running diagonally to the centre of the square have glass façades fronted by tall metal sunbreaks able to rotate about their vertical axes. These movable slats have been compared by their designer to the innards of a sea-anemone.

M18 KERK/CHURCH O.L. VROUW VAN ALTIJD DURENDE BIJSTAND

Mgr. Nolensplein 2, Breda

M.J. GRANPRÉ MOLIÈRE | 1951-1953

Katholiek Bouwblad 1953 p.33; Forum 1953 p.384; C.J.M. Schiebroek e.a. – Baksteen in Nederland, 1991

Deze kerk vormt een van de werken die Granpré Molière, de voorman van de Delftse School, tijdens zijn invloedrijke hoogleraarschap realiseert. De harmonische, op ritme en verhouding gecomponeerde kopgevels staan als een scherm voor de kerk en onttrekken de dwarsdoorsnede aan het oog. De traditionele driedeling in middenschip en zijbeuken is hier gecombineerd met een tweedeling in de lengterichting, waardoor diverse overgangsgebieden in de kerkzaal zijn ontstaan.

▮ This church is just one work built by Granpré Molière, leading light of the Delft School, during his influential tenure as professor at Delft. Based on rhythm and proportion, the harmonious head elevations stand like shields before the church, hiding its cross section from view. The traditional tripartition into nave and aisles is here combined with a longitudinal division into two, generating transitional zones within the main space.

M19 WOONHUIZEN/PRIVATE HOUSES KLEP; NUYENS

Montenspark 8; Montenspark 6, Breda

G.TH. RIETVELD | 1931-1932; 1932-1933

De 8 en Opbouw 1932 p. 230; G. Rodijk – De huizen van Rietveld, 1991

Dit woonhuis voor de arts dr. Klep bestaat uit een rechthoekig wit-gestuct volume dat aan de tuinzijde over de volle breedte en aan de korte zijde boven de garage is voorzien van een terras. Aan de zuidzijde kraagt het platte dak licht uit. Achter de halfronde glazen gevel onder het terras bevindt zich de eetkamer. De woning had een grote zitbank bij de voordeur als wachtkamer. De woning ernaast, gebouwd voor de familie Nuyens, is iets kleiner en heeft een terras aan de straatzijde.

▪ Built for a Dr. Klep, this rectangular white rendered volume boasts an L-shaped terrace that takes up the entire garden side and the garage roof. The flat roof above the south side cantilevers slightly. Behind the semicircular glass façade below the terrace, is the dining room. At one time there was a large bench by the front door serving as a waiting room. The house next door built for the Nuyens family is a little smaller and has its terrace facing the street.

M20 STATION

Spoorlaan, Tilburg

K. VAN DER GAAST | 1957-1965

Bouw 1966 p. 648; Bauen + Wohnen 1968 p. 186

Door het nieuwe gebouw op een verhoogd emplacement te plaatsen ontstaan drie vrije onderdoorgangen. Om een stedenbouwkundig juist profiel te krijgen is het gebouw zo smal en transparant mogelijk gehouden: een verzameling min of meer losstaande volumes van staal en glas, deels onder de perrons gebouwd. De overkapping bestaat uit twaalf hypparschalen (21×21 m.) op tien steunpunten: drie stalen kolommen aan weerszijden en vier betonnen steunpunten op het middenperron.

▪ Placing the new railway station in a raised yard left space for three underpasses. To achieve a satisfactory urban profile its design was kept as narrow and as transparent as possible, being an assemblage of more or less freestanding volumes in steel and glass, set partly below the platforms. The roof consists of two hyperbolic paraboloid shells (21×21 m.) sustained at ten points: three steel columns at each side and four concrete supports on the central platform.

M21 HOOFDKANTOOR/HEADQUARTERS INTERPOLIS

Spoorlaan, Tilburg

A. BONNEMA | 1991-1996

West 8 (tuinarch.)

Bouwwereld 1995-17, 1996-2; de Architect-thema 63

Van buiten lijkt dit 92 m. hoge kantoorgebouw de zoveelste in de reeks kantoorgebouwen van Bonnema. Zijn bekende repertoire met abstracte hoofdvormen en geometrische maatsystemen is hier architectonisch en stedenbouwkundig voorbeeldig toegepast. Meest interessant echter is de inrichting van de kantoren volgens het coconconcept. Hierbij hebben de werknemers van het verzekeringsbedrijf geen vaste werkplek of kamer meer, maar kiezen zij al naar gelang hun specifieke behoefte en uitgerust met mobiele telefoons en laptops voor een afgesloten werkcel, een plek in een collectieve werkruimte, een vergaderruimte of een spreekkamer.

▪ From the outside, this 92 metre tall insurance company head office would seem to be just one more in the series of Bonnema office buildings. It shows his familiar repertoire of abstract main shapes and geometric systems of proportion wielded to perfection in both the architecture and the response to the setting. More arresting than this, however, is the layout of the offices. Here, rather than being permanently allotted workstations or rooms, employees are armed with a computer notebook and a mobile phone and choose the space they need at the time, whether it be a hermetically sealed work cell, a place in a collective workspace, a meeting room or an interview room.

M22 KERNWANDGEBOUWEN/ MEGASTRUCTURAL BLOCKS

Stadhuisplein/Paleisring, Tilburg

VAN DEN BROEK & BAKEMA | 1964-1975

W.J. van der Jagt (proj.)

J. Joedicke – Architektur-Urbanismus, 1976; Archis 1994-3

In een aantal grote stedenbouwkundige studies uit de jaren zestig (Tel Aviv, Pampus, Eindhoven) ontstaat het idee voor de kernwandgebouwen. De langgerekte, vaak geknikte gebouwen met een gelaagde opbouw en een complexe doorsnede begrenzen stedelijke ruimtes. In Tilburg is een dergelijk plan gedeeltelijk gerealiseerd. Door de complexe doorsnedes krijgen de gebouwen een sculpturale kwaliteit, vergelijkbaar met Erskine's Bykerwall in Newcastle.

▪ Several large-scale urban design studies of the sixties (Tel Aviv, Pampus, Eindhoven) generated the concept of the megastructural block. These elongated, often articulated buildings of layered structure and complex section are a means of delimiting urban space. A similar plan has been partly realized in Tilburg. Because of their complexity in section the buildings take on a sculptural quality, comparable with that of Erskine's Byker Wall in Newcastle.

M23 SCHOUWBURG/THEATRE; KUNSTCLUSTER/ARTS CLUSTER

Louis Bouwmeesterplein, Tilburg

B. BIJVOET, G.H.M. HOLT; J.M.J. COENEN | 1953-1964; 1992-1996

H.P.G. de Boer – Architect G.H.M. Holt (1904), 1983; Architectuur & Bouwen 1993-12; A. Oxenaar – Jo Coenen, architect, 1994; Archis 1997-2; de Architect 1997-2; Architectuur in Nederland. Jaarboek 1996-1997

Naast de bestaande schouwburg is een kunstcluster gerealiseerd, een combinatie van een concertzaal met 800 plaatsen en ruimtes voor het conservatorium en de dansacademie. De oorschelpvormige concertzaal steekt met een golvend dak enige meters uit boven het 58 bij 58 meter grote carrégebouw. Een langwerpige element met een golfplaten gevel (de dansschool) verbindt dit carré met het kleine, rechthoekige conservatorium. Door deze verhoogd te leggen ontstaat een doorgang naar de kloostertuin. De gevels van het carrégebouw en het conservatorium zijn met dezelfde materialen bekleed, halfopen en gesloten houten panelen en glas.

▪ Joining the existing theatre is an 'arts cluster' combining a concert hall seating 800 and spaces for the conservatory and dance academy. The ear-shaped concert hall thrusts up several metres above the square (58×58 m.) perimeter block. An elongated feature clad in corrugated sheet (the dance academy) links this block with the modest rectangular conservatory, raised off the ground to afford access to a former monastery garden. Half-open and opaque wooden panels and glass grace the façades of the perimeter block and the conservatory.

M24 WONINGBOUW/HOUSING

Merodeplein e.o., Tilburg

ARCHITECTENBUREAU BEDAUX | 1986-1989

Bouw 1991-16/17

Dit stadsvernieuwingsproject ontving in 1991 de Bronzen Bever, de rijksprijs voor bouwen en wonen. Op basis van de bestaande verkaveling zijn in totaal 345 woningen in een hoge dichtheid gerealiseerd. Het project is in een verzorgd neomodern idioom ontworpen, waarbij een eenheid is ontstaan door de consequente toepassing van metselwerk op de begane grond en stucwerk voor de verdieping. De karakteristieke dakopbouwen bevatten zgn. rugzakwoningen, kleine woningen voor starters op de woningmarkt.

▪ Awarded a state prize (De Bronzen Bever) in 1991, this urban renewal project packs 345 housing units onto the existing lot. Designed in a well-groomed neo-modern idiom, it achieves unity by allotting brickwork to the ground floor and rendering to the upper. Its distinctive roof structures house so-called backpack units, tiny dwellings for those first venturing onto the housing market.

M25 KANTOORGEBOUW/OFFICE BUILDING HAANS

Mina Krusemanweg 1, Tilburg

J.M.J. COENEN | 1989-1991

de Architect 1992-10; Bauwelt 1992 p.1000; Deutsche Bauzeitschrift 1992-sondernummer; Architecture + Urbanism 1992-11; Architectuur in Nederland. Jaarboek 1992-1993; Casabella 1993-10; A. Oxenaar – Jo Coenen, architect, 1994

Het complex bestaat uit een kantoor annex showroom in een waterpartij en een ontvangstgebouw, verbonden door een loopbrug. Op het dak van het kubusvormige gebouw bevinden zich de installaties, aan het oog onttrokken door een tweede luifelvormige dakpartij op stalen kolommen. De transparante glasarchitectuur van Mies van der Rohe is hier op intrigerende wijze gecombineerd met de sculpturale betonarchitectuur van Le Corbusier. De gevels bestaan uit twee lagen glas, waartussen prismavormige elementen zijn opgenomen die de zon weren maar het licht toelaten.

▪ This complex comprises an office cum showroom sitting in a lake and a land-locked reception area, the two linked by a footbridge. Up on the roof of the cube-shaped main block are the services, concealed from view by a second canopy-like roof on steel posts. The whole is an intriguing marriage of Mies van der Rohe's transparent glass architecture and Le Corbusier's sculpted concrete forms. Set between the double glazing of the façades are prismatic reflectors that keep out the sun but let in the light.

M26 ZES WOONHUIZEN/SIX PRIVATE HOUSES

Deltalaan, Tilburg

DIVERSE ARCHITECTEN | 1992-1995

T. van der Hagen & M. Quint (nr. 15), **P. van Hoogmoed** (nr. 17), **C.A.M. van Beijsterveldt** (nr. 19), **W.A.M. Smulders** (nr. 21), **A.J.M. Storimans** (nr. 23), **J.J.M. de Brouwer** (nr. 25)

Archis 1995-9

Een prijsvraag voor deze villawijk leverde 43 ontwerpen op waarvan er zes werden genomineerd voor realisatie. Twee villa's trekken speciaal de aandacht. De villa van Jacq de Brouwer bestaat uit drie parallelle betonnen elementen, een pergola, een garage/woongedeelte en een slaapgedeelte, verbonden door een loodrecht daarop geplaatste natuurstenen wand. Bij de villa van Wil Smulders is het kavel geheel omsloten door een borstwering. Doordat de tuin verdiept is aangelegd, bereikt men het rechthoekige bouwblok via een brug. In dit bouwblok zijn de ruimtes in een L-vorm gelegd, waardoor een extra buitenruimte nabij de woning is ontstaan.

▪ A competition in this villa district elicited 43 villa designs six of which were nominated for building. Two of the villas stand out in particular. That by Jacq de Brouwer consists of three parallel concrete elements, a pergola, a garage/living zone and a bedroom zone, stitched together by a slatestone wall. Wil Smulders has wrapped a wall all round his villa and garden. As the latter is sunken, the rectangular house is reached across a bridge. All rooms are disposed in an L-shape leaving space for an additional garden indoors.

M27 ECONOMISCHE HOGESCHOOL/ SCHOOL OF ECONOMICS

Hogeschoollaan 225, Tilburg

J.H.A. BEDAUX, J.A. VAN DER LAAN | 1957-1962

Bouw 1964 p.436

In een bijna vierkante doos zijn enkele collegezalen en twee binnenhoven losjes gegroepeerd; aan de randen zijn de kleinere kantoorruimtes ondergebracht. De resterende ruimte functioneert als gang, trap, hal of (door glaswanden afgescheiden) koffiekamer. Deze aan een klooster verwante opbouw levert een variëteit aan ruimtes: sommige zijn verrassend majestueus, andere zijn typische restruimtes. Het geheel uit baksteen opgetrokken gebouw is bekleed met muschelkalksteenplaten.

▪ The design loosely groups lecture rooms and two inner courts in an almost square box, with the smaller office spaces along the sides. The remaining space functions as a passage, a stair, a hall and a coffee-room behind glazed partitions. This cloister-like composition yields a variety of spaces: some are surprisingly majestic, others typical leftover spaces. The all-brick building is dressed in shell-limestone panels.

M28 MUSEUM DE PONT
Wilhelminapark 1, Tilburg
BENTHEM CROUWEL | 1990-1992
Archis 1992-9, 1993-1; Architectuur in Nederland. Jaarboek 1992-1993; de Architect 1993-2; Bauwelt 1993 p.461

Deze voormalige textielfabriek is verbouwd tot museum voor hedendaagse kunst op basis van de fondsen uit de nalatenschap van jurist en zakenman J.H. de Pont. De voormalige wolspinnerij is met de in het zicht gelaten stalen vakwerkconstructie met daklichten, de gesloten wanden en de karakteristieke stalen deuren van de wolhokken zoveel mogelijk intact gelaten. Enkele kleinere ruimtes zijn als losse elementen in de grote expositiezaal geplaatst. Aanvullende voorzieningen als entree, toiletten, boekwinkel en restaurant zijn in een apart, langwerpig bakstenen blok ondergebracht, dat los van het gebouw is ontworpen.

▮ This former woollen mill has been converted into a museum for contemporary art acquired through funds from the legacy of the lawyer and businessman J.H. de Pont. Most of the old premises (the exposed steel truss construction and rooflights, the introverted walls, the typical steel doors of the woolsheds) has been left intact. Certain smaller spaces have been inserted as discrete elements in the main exhibition space. Supplementary facilities such as the entrance, toilets, bookstore and restaurant assemble in an oblong brick block standing away from the main building and designed separately.

M29 WONINGBOUW/HOUSING
De Pont-plein, Tilburg
W.J.M. NEUTELINGS | 1996
de Architect 1996-6

M30 WONINGBOUW/HOUSING
Tjenke Timmermanspad, Tilburg
W.M.J. ARETS | 1993-1995
M. Melenhorst (proj.)
Casabella 1995-11; El Croquis 1997-85

Naar een stedenbouwkundig plan van Benthem Crouwel is rond Museum De Pont een woonwijk gerealiseerd. Naast de woningbouw van Benthem Crouwel en de urban villa's van Uytenhaak bevinden zich op dit voormalige fabrieksterrein een langgerekt woongebouw van Neutelings en twee woningblokken van Arets. Het lichtgebogen woningblok van Willem Jan Neutelings bestaat uit drive-inwoningen met een split-level, waardoor woonkamer en slaapkamer een grotere verdiepingshoogte hebben dan normaal. Door de sheddaken is de individualiteit van de woningen benadrukt, maar door de uniforme materiaalkeuze van begane grond en verdieping blijft het totale bouwblok een eenheid. De vrijwel gesloten verdiepingsgevel is bekleed met aluminium golfplaat; de gevel op de begane grond is om de zestig centimeter voorzien van verticale stijlen. Wiel Arets realiseerde twee woningblokken met seniorenwoningen: een rechthoekig blok van vijf lagen en een V-vormig blok met een tweelagige korte en een vierlagige lange poot. De woningblokken zijn bijzonder ingetogen gedetailleerd, waarbij galerijen, trappenhuizen en uitstekende entreepartij achter glazen bouwstenen zijn verborgen en de buitenruimtes van de woningen als loggia's in het bouwblok zijn opgenomen. De blokken bevatten brede gangen, liften en er zijn geen drempels.

▮ Laid out around the De Pont Museum is a housing district to an urban plan by Benthem Crouwel. Beside the latter firm's housing and Rudy Uytenhaak's urban villas this former factory site now contains an elongated apartment building by Neutelings and two housing blocks by Arets. The gently curving block by Willem Jan Neutelings consists of drive-in units with a split-level to allow taller livings and bedrooms. If the shed roofs stress the individuality of the houses, the uniform materiality of ground and upper floor ties the whole together. The all but closed façade upstairs is clad in corrugated aluminium sheet; downstairs the façade has vertical posts every 60 centimetres. Wiel Arets has contributed two apartment buildings for senior citizens: a rectangular five-storey block and a V-shaped feature with a two-storey short arm and a five-storey long one. Both are detailed with exceptional restraint, with access galleries, stairs and jutting entrances hidden behind walls of glass block and external living spaces assimilated in the blocks as loggias. Other features include broad corridors, lifts and a noticeable lack of doorsteps.

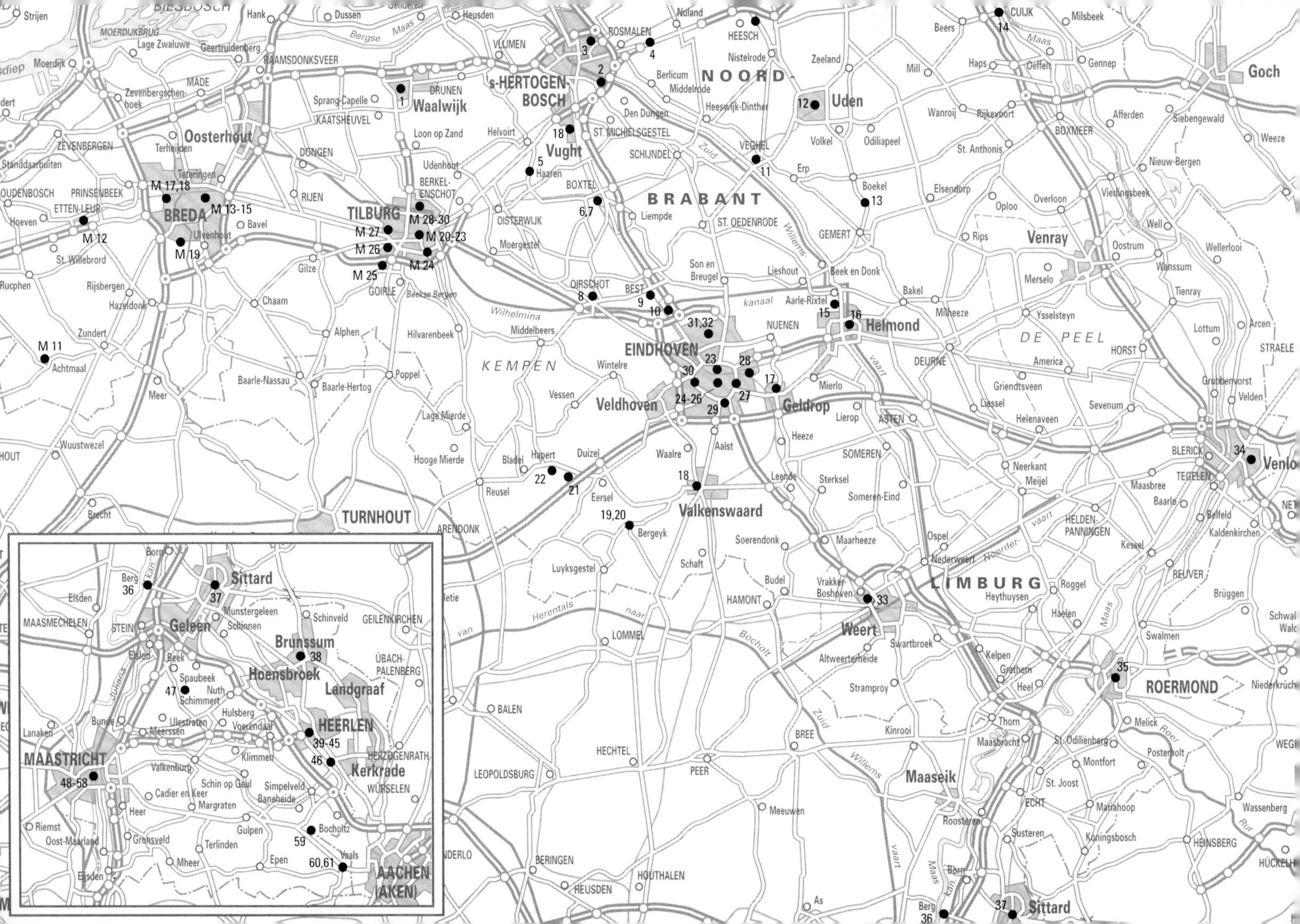

N01 A.J. Kropholler Raadhuis/Town Hall
N02 Maaskant, Van Dommelen, Kroos Provinciehuis/Provincial House
N03 J.P.F.M. Thole Molukse Kerk/Moluccan Church
N04 Diverse Architecten Paviljoens/Pavilions Autotron
N05 M.J. Granpré Molière Kerk van het Groot Seminarie/Church
N06 J. Strik Kerk/Church Maria Regina
N07 H.A.J. Henket Barth Lijstenfabriek/Frame-Maker's Factory
N08 G. Wijnen, A.J.C. van Beurden Raadhuis/Municipal Hall
N09 Dom H. van der Laan Woonhuis/Private House Naalden
N10 C.J.M. van de Ven Golfcentrum/Golf Centre
N11 H.A.J. Henket Arbeidsbureau/Employment Exchange
N12 H. Hertzberger Theater/Theatre Markant
N13 A.E. & H. van Eyck Uitbreiding/Extension to Huize Padua
N14 Th.J. Taen, C.Th. Nix Raadhuis/Town Hall
N15 J. Crouwel jr., H.Th. Teeuwisse Woonhuis/Private House Carp
N16 P. Blom 't Speelhuis; Paalwoningen/Cultural Centre; Pole Dwellings
N17 H.G. Smelt Eigen Woonhuis/Own House
N18 P.H. van Rhijn; P.H. van Rhijn, F.W.J. van Dillen Lagere Technische Scholen/Junior Technical Schools
N19 G.Th. Rietveld Weverij/Weaving Mill De Ploeg
N20 G.Th. Rietveld/A.E. van Eyck Woonhuis/Private House Visser
N21 C.G. Dam De Donksbergen
N22 W.M.J. Arets Medisch Centrum, Woonhuis/Medical Centre, Private House
N23 S.J. van Embden, OD 205 Technische Universiteit/University of Technology
N24 G. Ponti, Th.H.A. Boosten Warenhuis/Department Store De Bijenkorf
N25 D. Roosenburg, A.H. Op ten Noort, L.S.P. Scheffer Hoofdkantoor/Headquarters Philips
N26 A.J. Kropholler Van Abbe-museum
N27 C.J.M. Weeber Woningbouw/Housing
N28 F. van Klingeren, J. de Weijer, J.A.M. Mulder Multi-functioneel Wijkcentrum/Mixed-Use Centre 't Karregat
N29 W.G. Quist Watertoren/Water Tower
N30 L.C. Kalff, L.L.J. de Bever Evoluon
N31 Van den Broek & Bakema 't Hool
N32 M.M. Kroese Kinderdagverblijf/Child Day Care Centre
N33 W.M.J. Arets Apotheek en Artsenpraktijk/Pharmacy and Medical Clinic
N34 G.J. van der Grinten Eigen Woonhuis/Own House
N35 J.M.J. Coenen Kantoorgebouw/Office Building Mega
N36 R. van Wylick Woonhuis met Praktijk/Private House and Practice
N37 W.J.M. Neutelings Woongebouw/Housing Block
N38 L. Willems Groene Kruis-gebouw/Home Help Building
N39 F.P.J. Peutz Raadhuis/Town Hall
N40 J.M.J. Coenen, P.A.M. Mertens Meervoudige Welzijns-accommodatie/Civic Centre
N41 F.P.J. Peutz Warenhuis/Department Store Schunck
N42 F.P.J. Peutz Bioscoop/Cinema Royal
N43 F.P.J. Peutz Eigen Woonhuis/Own House Op de Linde
N44 W.M.J. Arets Kantoorgebouw/Office Building AZL
N45 F.P.J. Peutz Retraitehuis/Sanctuary Mgr. Schrijnen
N46 Rietveld Van Dillen Van Tricht Woonhuis/Private House Van Slobbe
N47 J. Wielders Watertoren/Water Tower
N48 S. van Ravesteyn Seinhuis/Signal Box
N49 J.M.J. Coenen Kantoorgebouw/Office Building
N50 Ch. Vandenhove Woningbouw/Housing Hoogfrankrijk
N51 W.M.J. Arets Academie van Beeldende Kunsten/Arts Academy
N52 Mecanoo; Boosten Rats Architecten Woningbouw/Housing
N53 J.M.J. Coenen Uitbreiding/Extension Rijksuniversiteit
N54 P.H. Dingemans Conservatorium/Conservatory
N55 P.G.H. Satijn ROZ-Studio's/Broadcasting Studios
N56 B.G.J.J. Snelder Gouvernementsgebouw/Provincial House
N57 Diverse Architecten Sphinx Céramique
N58 A. Rossi Bonnefantenmuseum
N59 Dom H. van der Laan Kapel, Klooster/Chapel, Monastery
N60 W.M.J. Arets Politiebureau/Police Station
N61 J.H.A. Huysmans St. Josephkerk/Church

N01 RAADHUIS/TOWN HALL

Raadhuisplein, Waalwijk

A.J. KROPHOLLER | 1929-1931

B & D Architecten (uitbr.)

Katholiek Bouwblad 1930 p.197; Het Bouwbedrijf 1931 p.523, 1933 p.133; Architectuur & Bouwen 1987-4

Een typerende opgave voor architecten van de Delftse School is het raadhuis. De representatie van bestaande maatschappelijke verhoudingen en de Hollandse traditie is hier met behulp van symmetrie, een statige ingang met bordes en allegorisch beeldhouwwerk bereikt. In de natuurstenen ornamenten en de bijna Romaanse soberheid van het interieur is Kropholler nog een volgeling van Berlage; de bakstenen gevels, houten kapconstructie en hoge trapgevels illustreren zijn hang naar traditie.

▪ A typical subject for architects of the Delft School was the town hall. This one illustrates the existing social order and Dutch tradition through symmetry, a stately entrance and allegorical sculpture. The natural stone ornamentation and almost Romanesque sobriety of the interior show Kropholler to be still influenced by Berlage; brick façades, timber roof structure and tall stepped gables illustrate his predilection for tradition.

N02 PROVINCIEHUIS/PROVINCIAL HOUSE

Brabantlaan 1, Den Bosch

MAASKANT, VAN DOMMELEN, KROOS | 1963-1971

H. Klunder (ren.)

Bouw 1970 p.1424, 1972 p.634; TABK 1970 p.277

Naast een 'gewone kantorenflat' van 104 m. hoog, geconstrueerd met vier betonnen schijven op de hoeken, bestaat het gebouw uit een laagbouw met representatieve ruimtes zoals de Statenzaal, gemarkeerd door expressieve dakvormen. Hieronder bevindt zich de parkeergarage. Het geringe niveau van de vele kritiek op dit monumentale, dure gebouw ('grootheidswaanzin', 'fascistoïde') pareerde Maaskant met de instelling van een geldprijs ter bevordering van de architectuurkritiek. In het beton naast de entree is zijn handtekening te vinden. Aansluitend op de laagbouw is het provinciehuis in de jaren negentig uitgebreid met een kantorenblok met een zonwering van aluminium lamellen.

▪ Besides the 'customary office slab' 104 m. high structured around four concrete piers at the corners, this Provincial House consists of a low-rise block of ceremonial functions including the State Room, marked by expressive roof forms. Beneath this block is a parking lot. Maaskant parried the low-level if extensive criticism aimed at this monumental, expensive building (accusations of delusions of grandeur, and a Fascist approach) by setting up a monetary prize for the advancement of architectural criticism. His signature in concrete is to be found by the entrance. In the nineties, a new office block armed with a shading device of aluminium slats was attached to the low-rise.

N03 MOLUKSE KERK/MOLUCCAN CHURCH

Ploossche Hof, Den Bosch

J.P.F.M. THOLE (AAS) | 1980-1982

de Architect 1983-2

Het terrein wordt begrensd door een dubbele colonnade, bestaande uit een optelling van kleine vierkanten. Dit vierkante raster wordt doorgezet in de prefabbetonnen draagconstructie. De belangrijkste ruimtes zijn georganiseerd langs de diagonaal. Vanaf een voorplein op de hoek bereikt men een ronde centrale hal die wordt verlicht door een hoog rechthoekig daklicht. In de kerkzaal wordt de kansel aangelicht door gedeeltelijk gekleurd glas. Het vierkante ontwerpraster wordt benadrukt door lichtspleten in wanden en dak.

▪ The site is bordered by a double colonnade consisting of an accumulation of small squares. This grid is continued in the precast concrete loadbearing structure. Principal spaces are arranged along the diagonal. A forecourt on the corner provides access to a circular central hall lit by a tall rectangular rooflight. In the main church space the chancel is illuminated through partly coloured glass. Slits of fenestration in walls and roof emphasize the square planning grid.

N04 PAVILJOENS/PAVILIONS AUTOTRON

Graafsebaan 133, Rosmalen

DIVERSE ARCHITECTEN

(o.a.) **C.G. Dam** (Huis van de Toekomst, 1988-1989), **Benthem Crouwel** (Paviljoen Sonsbeek, 1988), **L.C. Röling** (Paviljoen Sonsbeek, 1988), **W.M. Dudok** (Benzinestation, 1950-1953)

B. Lootsma – Cees Dam, architect, 1989; de Architect 1989-7/8; Bouw Project 1989-1; Deutsche Bauzeitschrift 1991-7; Architectuur & Bouwen 1992-5; V. van Rossem – Benthem Crouwel, architecten, 1994; Renovatie & Onderhoud 1995-4

Op het terrein van dit automuseum zijn diverse kleine paviljoens bijeengebracht. De glazen gebouwen van Benthem Crouwel en van Röling zijn afkomstig van een tijdelijke tentoonstelling in het Arnhemse Sonsbeekpark. Het benzinestation van Dudok stond in Utrecht. Alleen het Huis van de Toekomst is voor deze locatie ontworpen; als showroom van de nieuwste woon- en materiaalsnufjes. De toekomst van 1989 is inmiddels voorbij; het gebouw is thans in gebruik als tentoonstellingsruimte voor speelgoedautootjes.

▪ Several small pavilions stand assembled in the grounds of this car museum. The glass buildings of Benthem Crouwel and Röling were originally part of a temporary exhibition in Sonsbeek Park near Arnhem. Dudok's filling station first stood in Utrecht. Only the House of the Future was designed for this site, as a showroom for the latest in household gadgetry and material applications. The future as it was in 1989, is now past; as for the present, the building is now used to show off toy cars.

N05 KERK VAN HET GROOT SEMINARIE/CHURCH

Raamse Akkers 15, Haaren

M.J. GRANPRÉ MOLIÈRE | 1938-1939

Granpré Molière, die zich drie jaar na zijn benoeming tot hoogleraar in Delft in 1924 bekeerde tot het katholicisme, is met name in de kerkelijke architectuur actief geweest. Waar de naoorlogse kerk O.L. Vrouw van Altijd Durende Bijstand in Breda een contemporaine variant vormt op de aloude basiliek, is deze kerk uiterst traditioneel van opzet. 'Onze bouwwerken wortelen in de doelmatigheid en ze verheffen zich daarboven, in de mate waarin de doeleinden van meer geestelijke aard worden. Bovenaan staat het huis voor de eredienst. Al wat nuttig is blijve hier verre. Hier worde de taal van de schoonheid gesproken.'

▪ Grandpré Molière, who was converted to Catholicism three years after taking up his Delft professorship in 1924, was particularly active in the ecclesiastical architecture. If his postwar church in Breda (Onze Lieve Vrouw van Altijd Durende Bijstand) is a contemporary variation of the ancient basilica, this one is utterly traditional in conception. 'Rooted in objectivity, our buildings rise above it according to the degree of spirituality of the objectives. The house represents worship above everything else. Here, all things useful are left far behind and the language of beauty is spoken.'

N06 KERK/CHURCH MARIA REGINA

Baanderherenweg/Maria Reginaplein, Boxtel

J. STRIK | 1960

Bouwkundig Weekblad 1961 p.454

Deze kerk voor 1000 personen staat op een verhoogd plein in een nieuwbouwwijk. Het gebouw bestaat uit een vrijwel vierkante kerkruimte van 7 meter hoogte, een vrijstaande toren en een via de sacristie met de kerkruimte verbonden pastorie. De kerk wordt gedomineerd door het dakvlak, temeer daar de wanden voor een groot deel uit glas bestaan. Het dak wordt gedragen door een vijftal stalen spanten; de constructie is buiten het gebouw geplaatst. Ondanks de modernistische vormentaal is de opzet van het interieur en de eredienst traditioneel.

▪ This church able to accommodate a congregation of 1000 stands on a raised plaza in a new development. It combines an almost-square main space seven metres tall, a freestanding tower and a parsonage linked to the main church space by the sacristy. Dominating the church is the roof plane, the more so since the walls consist largely of glass. Fifteen steel trusses support the roof in a construction set outside the building envelope. For all its modernist syntax, the church's interior arrangement and mode of worship are traditional.

N07 BARTH LIJSTENFABRIEK/FRAME-MAKER'S FACTORY

Industrieweg 16, Boxtel

H.A.J. HENKET | 1979

Bouw 1980-26, 1981-8; Detail 1981 p.326; Architectuur & Bouwen 1992-1

Het gebouw bestaat uit een fabriek op de begane grond en een kantoor- en expositieruimte op de verdieping. Het gebouw heeft een staalconstructie, opgebouwd rond een stijve hoofdkern van vier kokerprofielen. Dit skelet komt nergens met de buitenlucht in aanraking. De gevel bestaat uit uitwisselbare sandwich- en dubbelglaspanelen van 1,20×2,40 m. die met neopreenprofielen in een klemconstructie zijn bevestigd. Deze uitwisselbaarheid is tevens uitdrukking van het product van de firma: aluminium wissellijsten.

▮ These frame-makers' premises comprise a factory on the ground floor and office and exposition quarters above. With a steel structure encompassing a sturdy core of box sections, the skeleton is nowhere left exposed. The façade consists of interchangeable sandwich and double-glazed panels of 1.20×2.40 m. clamped into neoprene sections. This ability to interchange in turn characterizes the company's product: aluminium passe-partout picture frames.

N08 RAADHUIS/MUNICIPAL HALL

Deken Frankenstraat 3, Oirschot

G. WIJNEN, A.J.C. VAN BEURDEN | 1977-1981

Door het gebruik van traditionele materialen en door het gebouw op te delen in kleinere volumes, elk met een eigen kap, voegt dit raadhuis zich gemakkelijk in de historische omgeving. De verschillende kantoorvertrekken en publieksruimtes zijn gesitueerd rond een dubbelhoge centrale hal. De kapconstructie bestaat uit houten spanten op een massief bakstenen skelet met betonlateien. Het raadhuis is een product van de zogenaamde Bossche School, een architectuurstroming die zich baseert op het theoretische werk en de maatstelsels van Dom H. van der Laan.

▮ By using traditional materials and dividing the building up into smaller volumes, each with its own roof, this municipal hall has been slotted comfortably into its historical setting. Offices and public zones are ranged round a double-height central hall. The roof structure has wooden trusses resting on a solid brickwork frame furnished with concrete lintels. This building is a product of the so-called 'Bossche School', an architectural movement taking its cue from the theoretical work and measurement systems of Hans van der Laan.

N09 WOONHUIS/PRIVATE HOUSE NAALDEN

Bakpers 9, Best

DOM H. VAN DER LAAN | 1982

de Architect 1989-5; G. van Zeijl – Architectuur in Zuidoost Brabant, 1989; Casabella 1996-5

Monnik/architect Van der Laan was een van de weinige hedendaagse architecten die een nauw omschreven architectuurtheorie wist toe te passen in een gebouwd oeuvre. De basis van zijn theorie is een maten- en verhoudingenreeks, 'het plastische getal', die alle bouwcomponenten en de ruimtes die zij omsluiten in een harmonieuze, meetbare opeenvolging samenbrengt. De sobere opbouw van woonhuis Naalden, drie rechthoekige bouwdelen gegroepeerd rondom een binnenhof, en het gebruik van een beperkt aantal net zo sobere materialen hebben door deze maatharmonie een grote architectonische zeggingskracht gekregen.

▮ The monk-architect Van der Laan was one of the few present-day architects to succeed in applying a meticulously described architectural theory to a built oeuvre. The basis of his theory is a series of dimensions and proportions, the 'plastic number', which brings together all building components in a harmonious, measurable sequence. As a result, the subdued layout of Naalden House, three rectangular masses grouped round a courtyard, and the limited number of similarly subdued materials add up to an architecture of great eloquence.

N10 GOLFCENTRUM/GOLF CENTRE

Golflaan 1, Best

C.J.M. VAN DE VEN | 1989-1991

Architectuur & Bouwen 1992-5; Bouw 1992-19

Cornelis van de Ven is een van de weinige Nederlandse architecten die op overtuigende wijze in de aan Venturi en Stern verwante historiserende postmoderne stijl werken. Dit golfcentrum heeft een klassiek symmetrische opzet en bevat met zijn tympanen, rondbogen en geprofileerde dakranden verschillende elementen uit de landhuisstijl van de Verenigde Staten en het Victoriaanse Engeland. Het hoofdgebouw wordt benaderd via een klassieke poort in een laag dienstgebouw. De gehele 'piano nobile' bestaat uit verschillende eet- en vergaderzalen en is voorzien van brede terrassen die uitzien over de fairways.

∎ Cornelis van de Ven is one of the few Dutch architects to build convincingly in a postmodern historicist style à la Venturi or Stern. This golf centre, configured in a classic symmetrical parti, contains elements (tympana, arches, moulded eaves) that ally it to the country-house style found in America and Victorian Britain. The main building is approached through a classical gateway in a less-tall service building. The entire 'piano nobile' is an assortment of rooms for eating and conferring, with broad terraces that look out across the fairways.

N11 ARBEIDSBUREAU/EMPLOYMENT EXCHANGE

Leo v.d. Weijdenstraat, Veghel

H.A.J. HENKET | 1984-1987

Bouw 1987-25; Architecture d'Aujourd'hui 1988-6; Architectuur in Nederland. Jaarboek 1987-1988; de Architect 1989-6; Archis 1989-9

De kantoor- en voorlichtingsruimtes van dit arbeidsbureau zijn gegroepeerd rondom een dubbelhoge centrale hal die is voorzien van een glaskap. De hellende met koper bedekte kap, die refereert aan de boerderijen uit de omgeving, kraagt aan alle zijden uit en rust op buiten de gevel geplaatste stalen kolommen met op de hoek een stalen driepootconstructie ter verstijving. De op de hoeken afgeronde gevels bestaan uit glaspanelen en panelen van onbehandeld western red cedar in iroko lijsten, gevat in aluminium kozijnen.

∎ Offices and counselling rooms of this employment exchange are grouped about a double-height glass-roofed atrium. The gently sloping copper-clad roof, a reference to the local farmhouses, projects on all sides to rest on steel columns beyond the envelope with tripod constructions, also of steel, at the corners for added support. Splayed at the corners, the façades mix glass panels in aluminium frames with panels of untreated western red cedar in iroko frames.

N12 THEATER/THEATRE MARKANT

Markt 32, Uden

H. HERTZBERGER | 1993-1996

de Architect 1997-4; Architectuur in Nederland. Jaarboek 1996-1997, Architectuur & Bouwen 1997-3

De hoge toneeltoren en de zaal van dit theater zijn, verwijderd van de straat, op deze aan twee zijden ingebouwde locatie geplaatst. Langs een van de flanken is een strook met voorzieningen aangebracht. Aan de straatzijde bleef hierdoor ruimte voor de foyers en de entree. De architectuur van het gebouw is transparant en luchtig, alleen de zaal is als massief betonblok in de open ruimte geplaatst. De open foyerruimte rondom de zaal is doorsneden met trappen, tussenniveaus en luchtbruggen. Een grote achteroverhellende glasgevel biedt vanaf de straat zicht op het pauzerende theaterpubliek.

∎ The lofty fly tower and the auditorium of this theatre are set at some distance from the street on a site built in on two sides. One of these sides contains a facilities strip, leaving space on the street elevation for the foyers and the entrance. The building's architecture is transparent and airy, with just the auditorium a solid chunk of concrete set within all this openness. Draped round it is the open foyer space shot through with stairs, mezzanines and catwalks. A large glazed façade bent over backwards reveals the theatregoers at interval time to the world at large.

N13 UITBREIDING/EXTENSION TO HUIZE PADUA

Kluisstraat 2, Boekel (Huize Padua)

A.E. & H. VAN EYCK | 1980-1989

J.H.A. Bedaux (oorspr. ontw.)

de Architect 1989-12; Archis 1990-1; Architectural Review 1990-2; Architectuur in Nederland. Jaarboek 1989-1990

Het bestaande psychiatrisch ziekenhuis van architect Bedaux is uitgebreid met vrijstaande verblijfspaviljoens. Alle architectonische middelen zijn ingezet om deze gesloten inrichting voor zware psychiatrische patiënten zoveel mogelijk 'open en toegankelijk' te doen lijken. Zo wordt door het situeren van kamers rond gedeeltelijk overdekte atria, door het zonlicht via daklichten diep in het gebouw te laten doordringen en door uit elke kamer aan de buitenzijde een halfronde hoek te snijden, de voor patiënten verboden buitenruimte op verschillende manieren binnengehaald.

▪ Bedaux's existing psychiatric hospital has been extended by the Van Eycks with free-standing residential pavilions. All architectural means have been deployed to make this isolated institution for chronic psychiatric patients seem as open and accessible as possible. Thus by ranging the rooms round partially roofed atria, delivering sunlight deep into the building through rooflights and scooping deep curved recesses from one outer corner of each room, the outdoor world denied the patients has been brought in to them.

N14 RAADHUIS/TOWN HALL

L. Jansenplein 1, Cuijk

TH.J. TAEN, C.TH. NIX | 1953-1957

Bouw 1958 p.473; Bouwkundig Weekblad 1958 p.1131

Dit nieuwe raadhuis, hoeksteen van een vernieuwd stadscentrum, is het resultaat van een besloten prijsvraag. Het gebouw heeft een betonconstructie en is afgewerkt met lichtgrijs geglazuurde baksteen, in de kopgevels in een ruitvormig patroon. Op de bovenste verdieping bevinden zich de raadzaal, die via een open verbinding met de galerij is verbonden, en de trouwzaal. Door deze zo ver mogelijk van de ingang af te leggen is een lange feestelijke route voor de bruidsstoet ontstaan. De vrijstaande toren is opgebouwd uit betonvormstukken; de opengewerkte wanden zorgen voor een goede akoestiek van het carillongeluid.

▪ The winning design in a limited competition, this new town hall is the cornerstone of a revivified town centre. Its concrete structure is finished in light-grey glazed brick, which in the heads is configured in a diamond-shaped pattern. Perched on the uppermost level are the council chamber giving directly onto the gallery, and the wedding room. This is set as far away from the entrance as possible, affording the bridal procession a long and festive route. The free-standing tower is a jigsaw puzzle in concrete; puncturings in the walls are there to benefit the acoustics of the carillon.

N15 WOONHUIS/PRIVATE HOUSE CARP

Aarle-Rixtelseweg 63-67, Helmond

J. CROUWEL JR., H.TH. TEEUWISSE | 1921

J.C.M. Michels – Architectuur en stedebouw in Noord-Brabant 1850-1940, 1993; C. van der Peet, G. Steenmeijer – De rijksbouwmeesters, 1996

De fabrikant J.A. Carp gaf rijksbouwmeester Teeuwisse in 1921 de opdracht voor deze villa met dienstwoning en garage. Teeuwisse liet zijn assistent J. Crouwel jr. het plan uitwerken in een aan de Amsterdamse School verwante stijl. Het huis heeft een vliegtuigvormige plattegrond en een centrale hal met vide en glas-in-loodplafond. Het huis wordt gedomineerd door een toren en de steile mansardekap, waardoor de woning uit één laag lijkt te bestaan. Aan de inrichting van het terrein en het ontwerp van de dienstwoning is eveneens veel aandacht besteed. De woning is thans in gebruik als architectenbureau.

▪ In 1921, manufacturer J.A. Carp had H. Teeuwisse, the then Government Architect, build this villa with servant's quarters and garage. Teeuwisse had his assistant J. Crouwel Jr. flesh out the scheme in a style akin to Amsterdam School. Airplane-shaped in plan, the house boasts a central hall with a void and leaded-glass ceiling. Dominating the whole is the tower, together with the mansard roof which rising sheerly to give the impression of a single level. The grounds and the servant's house attest to a similarly sensitive treatment. At present the house is being used as an architect's office.

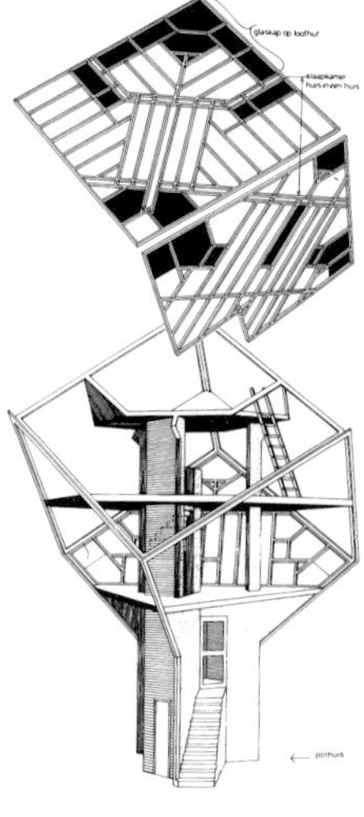

N16 'T SPEELHUIS; PAALWONINGEN/ CULTURAL CENTRE; POLE DWELLINGS

Markt; Europaweg, Helmond

P. BLOM | 1972-1976; 1974-1975

H. Sanders (b.k.)

Architecture d'Aujourd'hui 1975-jan/feb; Bouw 1976 p.7; P. Blom e.a. – 't Speelhuis, Helmond, 1980; S. Hiddema – Piet Blom en de Kunst van het Bouwen, 1984

Om het gevraagde cultureel centrum een groter stedelijk draagvlak te geven stelt Blom voor het te combineren met woningen. Voortbordurend op zijn eerdere ideeën rond 'wonen als stedelijk dak' komt hij tot een nieuwe vorm van woning- en stedenbouw: de 'paalwoning' en het 'woonwoud'. De paalwoning bestaat uit een gekantelde kubus die met één punt op een betonnen kern staat, waarin zich de entree en het trappenhuis bevinden. In de houten kubus bevinden zich drie niveaus: het 'straathuis' (keuken en woonkamer), het 'hemelhuis' (slaapkamers) en het 'loofhutje' (balkon of tuintje). De schuine wanden en onconventionele raamvormen dwingen de bewoners tot creativiteit bij de inrichting, aangezien er geen plaats is voor standaardmeubilair en -gordijnen. Door het geringe ruimtegebruik en de afwezigheid van straat en erf of tuin betekent de verkaveling een radicale breuk met de traditie. ''t Speelhuis' wordt in 1976 gerealiseerd met daaromheen slechts achttien woningen in plaats van de geprojecteerde 183. Het gebouw, een grote kubus temidden van een aantal kleinere kubussen, bevat een grote zaal met op de begane grond foyers en kleedkamers en op de verdieping vergader- en studieruimtes. De betonnen kernen bevatten trappenhuizen. De betonnen plafonds van de grote kubus zijn als zeildoek beschilderd door H. Sanders, waardoor de grote zaal tot een soort circustent wordt omgevormd. Deze paalwoningen en het woonwoud werden met meer publicitair succes herhaald bij de Rotterdamse Blaakoverbouwing.

▮ To imbue the required cultural centre with a broader urban significance, Blom proposed combining it with dwellings. Developing his notion of an 'urban roof' of housing he arrived at a new form of housing and planning: the pole dwelling ('paalwoning') and its multiple, 'tree housing'. A paalwoning consists of a tilted cube with one point anchored in a concrete core containing the entrance and stair. In this timber cube are three levels: the street-house (kitchen and living room), the sky-house (bedrooms) and the outhouse (balcony or small garden). Sloping walls and unconventional shapes of window force occupants to adopt a creative approach to furnishing, standard furniture and curtains being out of the question. Taking up little room and relinquishing street and garden as such, the plan signifies a radical break with tradition. In 1976, the cultural centre 't Speelhuis was built with around it only eighteen dwellings of the projected 183. The building itself, a large cube amidst so many smaller ones, comprises a large auditorium with foyers and changing rooms on the ground floor and spaces for meetings and study on the upper level. Stairs occupy the concrete cores. The concrete ceilings of the large cube were painted by H. Sanders in an imitation of canvas, giving the auditorium the appearance of a circus tent. These pole dwellings and the tree housing concept were repeated in Rotterdam's Blaak Heights to greater applause.

N17 EIGEN WOONHUIS/OWN HOUSE

Helze 1, Geldrop

H.G. SMELT (OD 205) | 1969-1971

G. van Zeijl – Architectuur in Zuidoost Brabant, 1989

Het eigen woonhuis van OD 205-architect Smelt is duidelijk geïnspireerd op Mies van der Rohes Farnsworth House. Het huis is zorgvuldig gedetailleerd in staal en glas en vormt een duidelijk statement voor de technisch geavanceerde architectuur van het Delftse bureau. Het hoofdniveau ligt 1,75 m. boven straatniveau en bevat een grote woon/werk/slaapruimte, ingedeeld door schuifwanden en de afscheidingen voor keuken en sanitair. Het lagere, halfingegraven niveau bevat slaapvertrekken en een garage.

▮ The home this OD 205 architect designed for himself is clearly influenced by Mies van der Rohe's Farnsworth House. Entirely of steel and glass with the purest and most meticulous detailing, it forms a clear statement of the technically advanced architecture of the Delft firm. The main floor is 1.75 m. above street level and comprises one large space for living, working and sleeping, divided by sliding partitions and with separate kitchen and sanitary capsules. The lower, half-sunken level contains bedrooms and a garage.

N18 LAGERE TECHNISCHE SCHOLEN/JUNIOR TECHNICAL SCHOOLS

Waalreseweg/Aangelag, Valkenswaard; Brabantlaan/Molenstraat, Vught

P.H. VAN RHIJN; P.H. VAN RHIJN, F.W.J. VAN DILLEN | 1965-1967; 1962-1968

Bouwkundig Weekblad 1969 p.453; R. Mens e.a. – Le Corbusier en Nederland, 1985

Vrijwel onopgemerkt door de contemporaine architectuurkritiek en geschiedschrijving, heeft de Amsterdammer Sier van Rhijn in de jaren zestig in Noord-Brabant twee opmerkelijke schoolgebouwen gerealiseerd. De forse, brutalistische betonstructuren zijn schatplichtig aan Le Corbusiers werk uit dezelfde periode. Beide technische scholen zijn opgebouwd als een conglomeraat van verschillende functionele elementen, zoals een cilindrische aula en zware lokalenblokken. Het verkeer vindt grotendeels plaats over een stelsel van verbrede gangen op de eerste verdieping.

▮ Almost entirely overlooked by architectural commentators and historians at the time are these two remarkable schools built in Noord-Brabant in the sixties by the Amsterdam architect Sier van Rhijn. The high-powered brutalist concrete structures are heavily indebted to Le Corbusier's work of that time. Both technical schools present a conglomeration of distinct functional elements that include a cylindrical assembly hall and burly blocks of classrooms. Circulation is largely by way of a system of broad corridors on the first floor.

N19 WEVERIJ/WEAVING MILL DE PLOEG

Riethovensedijk 20, Bergeyk

G.TH. RIETVELD | 1956

M. Ruys (tuinarch.)

Werk 1963 p.94; H. Boterenbrood – Weverij De Ploeg, 1989

Gebogen schalen in oost-westrichting vormen een zaagtanddak waardoor noorderlicht in de werkruimtes kan binnenvallen. De fabriek is in de langsrichting uitbreidbaar en de binnenwanden zijn verplaatsbaar. Plattegrond en gevels zijn gebaseerd op een maatraster van 1×1 meter. De langsgevels zijn vrijwel geheel beglaasd. Door de beëindiging van de schaaldaken in de westgevel schuin te plaatsen ontstaat een coulissengevel met glasstroken op het noorden. De hoofdingang wordt geaccentueerd door een vrijstaande stalen constructie.

▮ Curved shells in an east-west direction together comprise a sawtooth roof allowing light to penetrate the work space from the north. The factory is extendable lengthways and its inner partitions can be removed or repositioned. Both plan and façades are based on a module of 1×1 m. The façades along its length are almost entirely of glass. Rotating the western extremity of each shell has created something like the wings of a theatre with strips of fenestration on the resulting northern edges. The main entrance is emphasized by a free-standing steel structure.

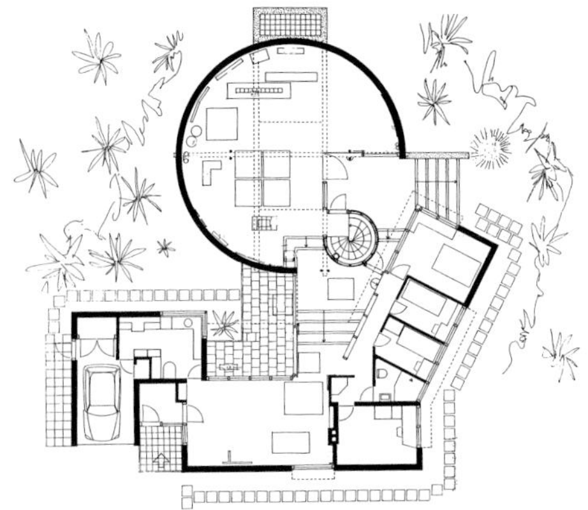

N20 WOONHUIS/PRIVATE HOUSE VISSER

Bergerdreef 2, Bergeyk

G.TH. RIETVELD/A.E. VAN EYCK | 1956/1967-1969

Domus 1970-oct; Wonen-TA/BK 1984-3; G. Rodijk – De huizen van Rietveld, 1991; F. Strauven – Aldo van Eyck, 1994

Om een kunstcollectie te huisvesten wordt deze eenvoudige door Rietveld ontworpen woning door Van Eyck met een gesloten bakstenen cilinder uitgebreid. Een kwart van deze cilinder is open gelaten en door een glazen tussenruimte met de oorspronkelijke woning verbonden. Door een trapcilinder asymmetrisch op de grens van woning en expositieruimte te plaatsen en door de buitenruimte gedeeltelijk te laten binnendringen weet Van Eyck op basis van de statische cirkelvorm een dynamische ruimte te creëren.

▪ An art collection needed accommodating in this house for which Van Eyck extended Rietveld's basic design with a closed brick cylinder. One quadrant of this cylinder remains open and is connected to the original residence by a glazed intermediary space. By placing a cylindrical staircase asymmetrically where house and exhibition area meet and by allowing the outdoor area to penetrate indoors Van Eyck succeeded in creating a dynamically spatial design using the static circle shape.

N21 DE DONKSBERGEN

Berkvenseweg 2, Duizel

C.G. DAM | 1975-1988

J. Tor (medew.)

B. Lootsma – Cees Dam, architect, 1989

De twee bestaande woonpaviljoens en het zusterhuis van deze leefgemeenschap voor gehandicapten zijn door Dam in de loop der jaren uitgebreid met een aantal woonclusters en enige vrijstaande gebouwen met additionele voorzieningen. De gebouwen zijn onderling verbonden door een netwerk van op kleur gecodeerde, overdekte paden. Door de per uitbreiding afwijkende architectuur wordt een al te grote uniformiteit voorkomen. De gevels van de uit één bouwlaag bestaande woonclusters rond het plein en langs de straten zijn verhoogd uitgevoerd, waardoor het centrum van het complex een haast stedelijk karakter heeft verkregen.

▪ The two existing pavilions and the nurses' residence for this commune for the mentally handicapped were extended by Dam over the years with several clusters of accommodation and a few free-standing buildings containing additional facilities. The buildings are interlinked by a network of roofed paths coded by colour. Excess uniformity has been avoided by having the architecture of each new extension deviate from that of its predecessors. The façades of the single-storey clusters around the square and along the streets are raised to give the centre of the complex an almost urban character.

N22 MEDISCH CENTRUM, WOONHUIS/ MEDICAL CENTRE, PRIVATE HOUSE

Oude Provincialeweg 81/Lindenstraat, Hapert

W.M.J. ARETS | 1988-1989

Wiel Arets, architect, 1989; Domus 1990-4; Architectuur in Nederland. Jaarboek 1989-1990; Architecture + Urbanism 1994-2

Bij een splitsing van wegen markeert een kopgevel van glazen bouwstenen de toegang tot het dorp. De verhogingen in het langgerekte bouwvolume geven de entrees aan van respectievelijk een apotheek, een verloskundigen-, een tandartsen- en een huisartsenpraktijk. De praktijkruimten kijken uit op een binnenhof die wordt omsloten door een woonhuis en een tuinmuur. De opvallend laag geplaatste ramen van het medisch centrum zijn ook toegepast in het woonhuis, dat aan de stillere zijstraat is gesitueerd.

▪ At a fork in the road, a glass-block head elevation announces the entrance to the village of Hapert. Taller sections of the elongated volume mark the entrances to a pharmacy, practices for midwife and dentist and a doctor's surgery. The consulting and examination rooms look out onto a space enclosed by the house and a garden wall. The strikingly low placed windows are also found in the house, which stands in the quieter side street.

N23 TECHNISCHE UNIVERSITEIT/ UNIVERSITY OF TECHNOLOGY

De Wielen/De Zaale, Eindhoven

S.J. VAN EMBDEN, OD 205 | 1954-1964

(o.a.) **OD 205, J.L.C. Choisy, S.J. van Embden** (proj.) (Hoofdgebouw, Den Dolech, 1954-1964), **OD 205, J.L.C. Choisy, S.J. van Embden** (proj.) (W-Hal, De Wielen, 1964), **OD 205, J.L.C. Choisy, W.A.M. Nieuwhof, R.J. Ouendag** (proj.) (Werktuigbouwkunde, De Wielen, 1968-1975), **Maaskant, Van Dommelen, Kroos, Senf** (Studentencentrum, John F. Kennedylaan 3, 1969), **OD 205, S.J. van Embden, J.L.C. Choisy** (proj.) (Auditorium, Den Dolech, 1965), **OD 205, J.L.C. Choisy, T.P. van der Zanden** (proj.) (Rekencentrum en Transitorium, De Zaale, 1972)

Bouwkundig Weekblad 1964 p.293; Bouw 1976 p.485; Architectuur in Zuidoost Brabant, 1989; J. van Geest – S.J. van Embden, 1996

Karakteristiek voor het universiteitscomplex van de Technische Universiteit Eindhoven is het stelsel van glazen loopbruggen dat op circa vijf meter boven het maaiveld de verschillende faculteitsgebouwen met elkaar verbindt. Als uitgangspunt voor het ontwerp gold een geleidelijke groei van de universiteit en een daaraan parallel lopende diversificatie van onderwijs en onderzoek. Voor de stedenbouwkundige opzet is S.J. van Embden verantwoordelijk. De uitwerking van de verschillende faculteitsgebouwen gebeurde grotendeels onder zijn supervisie door medewerkers van zijn bureau OD 205. Met name de Zwitserse architect J.L.C. Choisy heeft een belangrijk stempel gedrukt op het architectonische uiterlijk van de eerste onderwijsgebouwen.

Een vijftal gebouwen is exemplarisch voor Choisy's combinatie van expressief gebruik van beton en een modulaire invulling van staal en glas; het Auditorium, het Hoofdgebouw; de Faculteit Werktuigbouwkunde, het Rekencentrum en de W-Hal. Het Auditorium heeft een sterk plastische draagconstructie die bestaat uit een stelsel van evenwijdige betonschijven. Het Hoofdgebouw, een enorme glazen schijf die het universiteitscomplex domineert, rust op expressieve betonpoten. Elke tweede verdieping van het gebouw bestaat uit een vaste vloer van gewapend beton, terwijl de dubbele hoogte daarboven naar behoefte kan worden ingevuld met tussenvloeren en galerijen. Voor de indeling is gebruikgemaakt van lichte stalen wanden en vloeren. Ook bij de overige drie gebouwen, voorbeelden van modulair bouwen, kan de indeling naar behoefte worden aangepast.

▪ Running through Eindhoven University of Technology like a leitmotif is the system of glazed footbridges set some five metres above ground level and stitching together the various faculty buildings. The design is premised on the university's steady growth and the parallel diversifying of education and research. S.J. van Embden drew up the underlying urban plan, going on to supervise the fleshing out of the faculty buildings by members of his firm OD 205. The Swiss architect J.L.C. Choisy was particularly responsible for the architectural look of the first buildings to arrive. Five buildings on the campus exemplify Choisy's combination of expressive concrete and a modular infill of steel and glass: the Auditorium, the Main Building, the Mechanical Engineering Faculty, the Computer Centre and the central block of workshops (W-Hal). The Auditorium is held aloft by a markedly sculptural system of parallel concrete piers. The Main Building, a colossal glass slab shouting down the rest of the complex, rests on an expressive concrete supporting structure. Every second storey comprises a permanent floor of reinforced concrete, the double-height above being filled in where required with intervening floors and galleries. Lightweight steel partitions and floors subdivide the space. In the other three buildings, paradigms of modular construction, the internal subdivision can be modified along similar lines.

N24 WARENHUIS/DEPARTMENT STORE DE BIJENKORF
Piazza 1, Eindhoven
G. PONTI, TH.H.A. BOOSTEN | 1965-1970
Domus 1969-mrt; Bouw 1970 p.142; Polytechnisch Tijdschrift Bouwkunde 1970 p.85; L.L. Ponti – Gio Ponti. The Complete Work 1923-1978, 1990

Dit warenhuis bestaat uit een groenbetegeld rechthoekig blok met verkoopruimtes, en een lager grijsbetegeld blok met nevenruimtes. De gevels zijn twee extra verdiepingen naar boven doorgetrokken, zodat het architectonische beeld bij een eventuele uitbreiding niet verandert. De gevelplaten zijn geplaatst tussen witte banden. De wisselende patronen van de geglazuurde groene tegels, de onregelmatige plaatsing van smalle verticale ramen, de verlichting en het honingraatpatroon zorgen voor een levendig gevelbeeld.

▪ This department store divides into a green-tiled rectangular sales block and a less-tall grey-tiled block of ancillary spaces. Façades broken up by vertical bands of white, continue up a further two storeys so that in the event of an extension the architectural whole would remain unchanged. The fluctuating patterns of the glazed green tiles, the irregular spacing of narrow vertical windows, the lighting and the honeycomb effect all add up to a lively exterior.

N25 HOOFDKANTOOR/HEADQUARTERS PHILIPS
Emmasingel/Mathildelaan, Eindhoven
D. ROOSENBURG, A.H. OP TEN NOORT, L.S.P. SCHEFFER | 1920-1928
H.H.L.M. Dirrix (rest.)
Forum 1991-1; Bouwwereld 1996-8

Ten westen van het centrum wordt het stadsbeeld gedomineerd door de veelal door Roosenburg ontworpen fabrieks- en kantoorgebouwen van Philips. Een markant punt is het gebouw ED, beter bekend als de Lichttoren, omdat op de hoogste verdiepingen van de 48 meter hoge toren de lampen werden beproefd. Voor de hierop aansluitende fabrieksgebouwen EE tot en met EF, tezamen bekend als de Witte Dame, ontwierp Bert Dirrix een transformatie tot verzamelgebouw voor onder meer een openbare bibliotheek, de academie voor industriële vormgeving en het European Design Centre.

▪ Dominating the cityscape west of the centre is the Philips complex of factory and office buildings, most of which are the work of the architect D. Roosenburg. A stand-out feature is his 48 metre high ED building, dubbed 'the lighthouse' as Philips lamps used to be tested on its uppermost floors. The abutting blocks (EE-EF), collectively known as 'the white lady', have been revamped by Bert Dirrix as a mixed-use block whose charges include a public library, the Academy of Industrial Design and the European Design Centre.

N26 VAN ABBE-MUSEUM
Bilderdijklaan 10, Eindhoven
A.J. KROPHOLLER | 1933-1935
A. Cahen (uitbr.)
Katholiek Bouwblad 1936/37 p.81; Plan 1978-9

Het gebouw bevat een centrale tentoonstellingsruimte met eromheen zalen-en-suite. Deze zalen hebben gesloten wanden en afgeschuinde hoeken. De belichting geschiedt door bovenlichten; de lichtsterkte is regelbaar met verstelbare schoepen. Typerend voor deze traditionele architectuur zijn de gesloten baksteengevels, de symmetrie en monumentale elementen als de toren en de trap met beeldhouwwerken. De tijdelijke uitbreiding, bestaande uit witte zeshoekige prefabelementen, ademt een moderne sfeer, hoewel de presentatie van de kunst in feite identiek is. Eind jaren negentig wordt naast het gebouw een uitbreiding naar ontwerp van Abel Cahen gerealiseerd.

▪ This museum consists of a main exhibition area surrounded by ancillary spaces with blank walls and splayed corners. Lighting is from above, its intensity adjustable by means of a system of slats. Typical of this traditional architecture are its solid brick façades, its symmetry and such grand elements as the tower and the sculpture-lined stair. A temporary extension of white hexagonal prefabs adds a modern touch, yet their manner of exhibiting remains traditional. Abel Cohen's extension, to stand alongside the present building, will be on site at the end of the nineties.

332

N27 WONINGBOUW/HOUSING

Jeroen Boschlaan, Eindhoven

C.J.M. WEEBER (ARCHITECTEN CIE) | 1984-1989

E. Taverne – Carel Weeber, architect, 1990

Dit groen-en-geelgestucte blok met studentenwoningen is gesitueerd langs de rondweg om het centrum. De wooneenheden zijn verdeeld over drie lagen en worden ontsloten vanuit vijf ruime, maar Spartaans gedetailleerde trappenhuizen. Deze trappenhuizen zijn voorzien van een genereuze lichtkap en eindigen op een gemeenschappelijk dakterras. Tussen de trappen zijn op de begane grond bergingblokken geplaatst.

▮ This green and yellow rendered block of student digs stands along the inner ring road round the city centre. Its units are distributed over three levels and accessed from five roomy if spartan stairwells topped off with a generous rooflight and leading up to a communal roof garden. Blocks of storage space sit between the stairs.

N28 MULTIFUNCTIONEEL WIJKCENTRUM/MIXED-USE CENTRE 'T KARREGAT

Broekakkerseweg, Eindhoven

F. VAN KLINGEREN, J. DE WEIJER, J.A.M. MULDER | 1970-1973

C. Passchier (ren.)

Bouw 1973 p.1581; Deutsche Bauzeitung 1974 p.440; Domus 1974-aug; Werk 1975 p.173; de Architect 1981-5

Experimentele samenvoeging 'onder één dak' van een winkelcentrum, scholen, gymzaal, bibliotheek, buurtcentrum en medisch centrum. De informele rangschikking zonder drempels en scheidingen heeft een systematisch, geprefabriceerd constructieschema als uitgangspunt: stabiele stalen paraplu's op een open kolom, waartussen vakwerkliggers met houten balklagen. Gevels en scheidingen blijven onafhankelijk van dit horizontale vlak. Dit product van inspraak en participatie is inmiddels verbouwd en dichtgetimmerd.

▮ This experimental amalgamation assembles 'under one roof' a shopping centre, schools, a gymnasium, a library, a community centre and a medical centre. Its informal arrangement without door-sills and partitions follows a systematic, prefabricated structural scheme: sturdy steel parasols each on one open column, in-between which are truss girders with a layer of timber joists. The entire horizontal plane is independent of façades and partitions. This product of local discussion and participation has since been altered and boarded up.

N29 WATERTOREN/WATER TOWER

Willem Elsschotlaan/Antoon Coolenlaan, Eindhoven

W.G. QUIST | 1968-1970

D.L. Sluimer (constr.)

Bouw 1972 p.327; A. van der Woud – Wim Quist, architect, 1989

Het programma van eisen, de berging van 1500 m³ water op verschillende hoogtes, en de wens van de ontwerper om het reservoir visueel te benadrukken, de constructie te minimaliseren en de verbindingsleidingen zichtbaar te maken, resulteren in drie witte stalen bolvormige reservoirs met een diameter van 10 meter, die elk op een verschillende hoogte over een stalen pijp zijn geschoven. Een stelsel van stalen trek- en drukstaven zorgt voor de stabiliteit.

▮ The programme, namely storage of 1500 m³ of water at different levels, and the designer's desire to visually emphasize the reservoir, minimize construction and expose all connecting pipes, resulted in three white steel globe-shaped receptacles 10 m. in diameter, each skewered on a steel pipe at a different height. A system of steel tie rods and compression bars ensures stability.

N30 EVOLUON

Noord Brabantlaan 1a, Eindhoven

L.C. KALFF, L.L.J. DE BEVER | 1962-1966

G. Grosfeld (DHVAIB), A.C.J.M. Eekhout (ren.)

Bouw 1966 p.1432, 1967 p.682; Architectuur & Bouwen 1992-10

De futuristische vormgeving en bouwtechnische hoogstandjes van dit gebouw hebben alles te maken met haar functie: een tentoonstellingspaviljoen voor technische vindingen en Philipsproducten. Het gebouw bestaat uit een schotel op twaalf v-vormige poten, afgedekt met een schaaldak. Beide schalen hebben een doorsnede van 35 m. en zijn opgebouwd uit prefabbetonelementen. De expositieruimte bevindt zich op drie rondlopende plateaus; in de middenruimte zijn een lift- en een ventilatieschacht geplaatst. Het Evoluon is tegenwoordig in gebruik als conferentiecentrum.

▮ The futuristic shape and tectonic bravura all point to the building's function: an exposition pavilion for technological discoveries and Philips products. It consists of a dish on twelve v-shaped supports, covered with a shell roof. Both shell and dish are 35 m. in diameter and assembled from precast concrete elements. Exhibition space is on three circular levels, with lift and ventilation shafts at their centre. These day the Evoluon serves as a conference centre.

N31 'T HOOL

Genovevalaan/Bisschop Bekkerslaan/Franklin D. Rooseveltlaan, Eindhoven

VAN DEN BROEK & BAKEMA | 1962-1972

G. Lans, J.M. Stokla (proj.)

Architectural Design 1975 p.113; J. Joedicke – Architektur-Urbanismus, 1976

Deze wijk is op initiatief van enkele bewoners gezamenlijk met Van den Broek & Bakema ontwikkeld. Door het gebruik van dezelfde materialen en constructiedetails ontstaan betaalbare woningen voor verschillende inkomensgroepen. De diverse woningtypen (o.a. patio-, rug-aan-rug-, drive-in- en rijtjeswoningen) liggen aan weerszijden van een centrale groene as. Slechts één weg voor autoverkeer en bus verbindt de cul-de-sacs met parkeerplaatsen waaraan de clusters van woningen liggen.

▮ This district was developed on the initiative of a number of residents jointly with Van den Broek & Bakema. The same materials and structural details were used to build affordable homes for differing wage brackets. Various types of dwelling (patio, back-to-back, drive-in, row-house etc.) line both sides of a central green axis. A single road for cars and buses connects the cul-de-sacs with parking lots cushioning the clusters of dwellings.

N32 KINDERDAGVERBLIJF/CHILD DAY CARE CENTRE

Cluselaan, Eindhoven

M.M. KROESE (AARTSEN & PARTNERS) | 1992

de Architect 1993-5

Tussen twee langgerekte, zwarte bakstenen wanden zijn de verschillende binnen- en buitenruimtes voor dit kinderdagverblijf als een klein beschermd dorp gegroepeerd. De verschillende groepen zijn ondergebracht in eigen ruimtes, elk met een eigen voordeur vanaf de centrale groepsruimte in het midden van het complex en een eigen buitenruimte langs de perifere muren. Het materiaalgebruik, verschillende soorten baksteen en hout, en de maat en schaal van de gebouwdelen en -elementen zijn aangepast op de belevingswereld van het kind zonder te vervallen in overdreven 'kinderlijkheid'.

▮ Like a tiny sheltered village, the various indoor and outdoor spaces of this crèche nestle between two extended walls of black brick. Each group has its own place in the complex, with its own front door off the centrally-placed main communal space, and its own outdoor area along the outer walls. A variety of brick and wood types, and the size and scale of building parts and elements are tuned to a childlike (rather than childish) view of the world.

N33 APOTHEEK EN ARTSENPRAKTIJK/PHARMACY AND MEDICAL CLINIC

Boshoverweg 90; Weert

W.M.J. ARETS | 1986-1987

Architecture d'Aujourd'hui 1988-6; Architectuur in Nederland. Jaarboek 1987-1988; Architectuur & Bouwen 1989-2; Wiel Arets, architect, 1989

Twee witgestucte, streng geordende gebouwen zijn zodanig op een rechthoekig terrein geplaatst dat ruimte voor een openbaar entreeplein en een besloten binnenhof ontstaat. Het materiaalgebruik, zwarte kozijnen, glazen bouwstenen, ruw beton en wit stucwerk, en de aandacht voor daglichttoetreding geven het geheel een ascetisch karakter. In de gelijktijdig gerealiseerde apotheek Lamens aan het Oranjeplein gebruikt Arets het unieke, translucente karakter van glazen bouwstenen ten volle door alle binnenwanden uit dit materiaal op te trekken.

▪ Two white rendered, severely ordered buildings are so set on a rectangular site as to create space for a public entrance square and an enclosed courtyard. Black frames, glass block, untreated concrete, white rendering and much thought given to daylight penetration give the whole an ascetic character. In the simultaneously realized Lamens pharmacy on Oranjeplein, Arets utilizes the unique translucent character of glass block to the full by erecting all inner walls in this material.

N34 EIGEN WOONHUIS/OWN HOUSE

Karel van Egmondstraat 139, Venlo

G.J. VAN DER GRINTEN | 1965-1967

Bouwkundig Weekblad 1968 p.357

De westgevel van deze op de rand van een heuvelrug gesitueerde woning is door een enorme glaspui met houten kozijnen geheel geopend. De overige gevels bestaan grotendeels uit metselwerk. Intern is de woning georganiseerd in twee functionele zones: verblijfsruimtes aan de open westzijde en utilitaire ruimtes aan de oostzijde, waar zich tevens de entree bevindt. De vloerniveaus van beide zones verschillen een halve verdieping. Deze split-levelindeling volgt de helling van het terrein en maakt een open relatie tussen de ruimtes in beide zones mogelijk.

▪ Perched on the crest of a hill, this house is opened up completely on the west side by an expanse of glass held in wooden frames. The remaining façades consist largely of brick. Inside, the house is organized into two functional zones: the living area on the open west side and services on the east side, which is where the entrance is. The floor levels of the two zones differ by half a storey. This split-level arrangement follows the slope of the site and enables an open relationship between the spaces in the two zones.

N35 KANTOORGEBOUW/OFFICE BUILDING MEGA

Westhoven 7, Roermond

J.M.J. COENEN | 1993-1996

Archis 1997-2; de Architect 1997-3; Architectuur in Nederland. Jaarboek 1996-1997

Het ontwerp voor dit kantoor- en servicecentrum van het provinciale energiebedrijf is gebaseerd op de logistieke en functionele verschillen tussen de afdelingen. Onder een schuin oplopend publiek podium bevinden zich parkeerruimten en, onder het hoogste deel, het servicecentrum. Op het podium is een vrij gevormde, glazen publieksruimte geplaatst. De rest van het podium is opengelaten. De kantoren bevinden zich verdeeld over twee lagen in een vierkant volume daarboven. Het kantorenblok wordt gedragen door een stelsel van betonnen schijven en kolommen. Het centrum is overdekt met een lichtkap.

▪ The design for this complex of offices and services for the provincial energy company takes its cue from logistic and functional differences between the various departments. It tucks parking space below a raked public deck, with the service centre underneath the tallest end of the ramp. On the deck is a free-form glazed public zone; the rest is left open. Up above, supported on a system of concrete piers and columns is a square volume containing two floors of offices. Crowning the whole is a rooflight.

N36 WOONHUIS MET PRAKTIJK/ PRIVATE HOUSE AND PRACTICE

Holsberg 79, Berg aan de Maas

R. VAN WYLICK (DIRRIX & VAN WYLICK) | 1987-1989

Archis 1990-4; Architectuur in Nederland. Jaarboek 1989-1990

Met respect voor het landschap vlijt deze villa zich tegen de hoge oever van de Maas. Een vrijstaand bouwdeel met praktijkruimte voor een arts en een tandarts is door middel van een smalle gang verbonden met het woonhuis. De spectaculaire locatie wordt ten volle benut door vanuit de woonkamer een ruim uitzicht over de bocht van de rivier te bieden. De verschillende woonniveaus zijn onderling verbonden dor een reeks trappen die in elkaars verlengde langs de gesloten noordgevel zijn geplaatst. De trappen afdalend heeft men, door een smalle verticale raamstrook, opnieuw uitzicht op de rivier.

▪ Showing due respect to the landscape, this villa nestles against the high bank of the River Maas. A free-standing volume containing doctor's and dentist's practices connects to the house by a narrow passage. The spectacular setting is exploited to the full by presenting from the living room a panoramic view of the bend in the river. The various living levels are interlinked by a series of stairs that line up along the introverted north façade. When descending the stairs one has once again a view of the river through a single narrow vertical window.

N37 WOONGEBOUW/HOUSING BLOCK

Wilhelminastraat, Sittard

W.J.M. NEUTELINGS | 1992-1995

Architectuur in Nederland. Jaarboek 1995-1996; Archis 1996-2; Architecture + Urbanism 1996-9

Door het gevraagde programma in een langgerekt blok langs de Wilhelminastraat onder te brengen kon een voor sloop bestemde negentiende-eeuwse villa worden behouden. Het blok bestaat uit drie duidelijk gearticuleerde lagen, elk met een eigen materiaaluitdrukking. De met breuksteen afgewerkte onderbouw bevat bergingen, winkels en kantoren. In het met grijze betonpanelen beklede middendeel zijn 26 appartementen ondergebracht. Het gebouw wordt bekroond met zes 'stadsvilla's' die bestaan uit een ritmisch en sculpturaal geheel van in- en uitspringende houten volumes. De appartementen worden ontsloten vanuit een besloten binnentuin achter de villa en het woongebouw.

▪ A nineteenth-century villa was saved from the wrecking ball by accommodating the requisite brief in a long block flanking Wilhelminastraat. The new block consists of three clearly articulated layers each distinguished by its material. The rubble-clad basement houses storerooms, shops and offices. Next come 26 apartments clad in grey concrete panels. Topping off the lot are six 'urban villas' in a rhythmic sculptural entity of timber volumes darting back and forth. The apartments are accessed from a secret courtyard behind the villa and the housing block.

N38 GROENE KRUIS-GEBOUW/HOME HELP BUILDING

Kloosterstraat 17, Brunssum

L. WILLEMS | 1934-1936

Architektuur uit de 20ste eeuw in Limburg, 1985

De architectuur van dit Groene Kruis-gebouw vormt een merkwaardige mengeling van Nieuwe Zakelijkheid, traditionele bouwtechnieken en decoratieve elementen, zoals de afrondingen van de portalen en de voordeur en de geprofileerde zonweringskoven. De gevel is deels gestuct, deels is het metselwerk in het zicht gelaten. De riante situering van het gebouw wordt benadrukt door de hoekoplossing.

▪ This architecture is a remarkable synthesis of Nieuwe Zakelijkheid, traditional techniques and decorative elements such as the curves of the entrance and front door and the profiled sun-break mouldings. The façade is of brick partly rendered and partly left exposed. The building's generous siting is emphasized by the treatment of its corner.

N39 RAADHUIS/TOWN HALL

Raadhuisplein, Heerlen

F.P.J. PEUTZ | 1936-1942

Forum 1949 p.2; W. Arets, W. van den Berg – F.P.J. Peutz. Architekt 1916-1966, 1981; de Architect 1982-4

Het raadhuis is opgedeeld in een administratief gedeelte aan de Geleenstraat en een representatief gedeelte aan het hoger gelegen Raadhuisplein. De administratieve ruimtes zijn gegroepeerd rond een hal met een door een glaskap overdekte vide. In het representatieve deel met afgeronde paddestoelkolommen leidt een zeer brede trap naar de raadzaal en de burgerzaal. De gevels, gebaseerd op de gulden snede, zijn bekleed met natuursteen. De korte zijde van de burgerzaal wordt geaccentueerd door een klassieke kolompartij.

▪ This town hall has its administrative section on Geleenstraat and representative section overlooking the higher level of Raadhuisplein. Administrative spaces are grouped around a hall with a glass-capped void. In the representative portion with its rounded mushroom columns, an extremely wide staircase leads up to the council chamber and civic hall. Façades based on the golden section are clad in cut stone. One short side of the civic hall is pointed up by a group of classical columns.

N40 MEERVOUDIGE WELZIJNSACCOMMODATIE/ CIVIC CENTRE

Raadhuisplein, Heerlen

J.M.J. COENEN, P.A.M. MERTENS | 1983-1985

Casabella 1984-sep; de Architect 1986-2; Architectuur & Bouwen 1986-3; Archis 1986-7; Bouw 1986-22; Architecture + Urbanism 1988-9

De verschillende gebouwdelen voor het stedelijk museum, de Kamer van Koophandel en de bibliotheek omsluiten een centrale binnenplaats. De bibliotheekruimtes worden op de laagste verdiepingen verbonden door een hellingbaan die met het terrein meeloopt. Bovenop de cilinder ligt een vergaderzaal met panoramaterras. Het gebouw is met zijn klassieke vormen en materiaalgebruik een waardige pendant van Peutz' raadhuis.

▪ Three building parts housing the municipal museum, Chamber of Commerce and library enclose a central courtyard, with library spaces linked on the lower floors by a ramp which follows the sloping line of the site. At the top of the cylinder is a meeting room with viewing terrace. With its classical forms and material application this building constitutes a worthy supplement to Peutz's town hall.

N41 WARENHUIS/DEPARTMENT STORE SCHUNCK

Nassaustraat/Bongerd, Heerlen

F.P.J. PEUTZ | 1933-1936

Bouwkundig Weekblad 1936 p.262; Het Bouwbedrijf 1937 p.61; W. Arets, W. van den Berg – F.P.J. Peutz. Architekt 1916-1966, 1981

Een overdekte markt voor kledingstoffen, met verkoopruimtes op de eerste lagen en werkruimtes op de vierde laag, is gesitueerd tussen twee in niveau verschillende pleinen. Op het dak is voor de eigenaar een woning in twee lagen gebouwd. De constructie bestaat uit paddestoelkolommen met betonnen vloeren. De glazen vliesgevel is 50 cm. vrijgehouden van de vloeren waardoor het gebouw door middel van luiken in het dak kon worden geventileerd. Het warenhuis, dat in de jaren zeventig ingrijpend is gewijzigd, zal naar gezamenlijk ontwerp van Jo Coenen en Wiel Arets worden gerestaureerd en ingericht als cultureel centrum.

▪ This indoor market selling clothing materials stands between two squares at different levels, with its sales department on the lower three floors and work spaces on the fourth. On its roof is the owner's two-storey residence. The structure consists of mushroom columns and concrete floor slabs. Glass curtain walls hang 50 cm. in front of each floor, so that the building can be ventilated through hatches in the roof. Radically recast in the seventies, Schunck is to be restored to a joint design by Jo Coenen and Wiel Arets and primed to continue life as a cultural centre.

N42 BIOSCOOP/CINEMA ROYAL

Stationsplein 5, Heerlen
F.P.J. PEUTZ | 1937
J. Bongaerts (medew.)
W. Arets, W. van den Berg – F.P.J. Peutz. Architekt 1916-1966, 1981

De bioscoop is gesitueerd op een driehoekig terrein. Op de open hoek bevinden zich de entree en, op de verdieping, de foyer, beide gericht op de Stationstraat. De ovale zaal is loodrecht op de gesloten achterwand gesitueerd. In de trappartij tussen zaal en entree/foyer worden de beide hoofdrichtingen opgenomen. In de afgeronde hoofdvormen en de detaillering worden de plastische mogelijkheden van beton ten volle benut.

▪ This cinema stands on a triangular site, its open corner containing the entrance downstairs and foyer upstairs, both facing onto Stationstraat. The oval auditorium sits at right angles to the closed rear façade. A stair between the auditorium and the entrance/foyer assimilates the two principal directions. The plastic possibilities of concrete have here been exploited to the full, as much in the rounded principal forms as in the details.

N43 EIGEN WOONHUIS/OWN HOUSE OP DE LINDE

Oude Lindestraat 1, Heerlen
F.P.J. PEUTZ | 1931
W. Arets, W. van den Berg – F.P.J. Peutz. Architekt 1916-1966, 1981;
N. Bisscheroux e.a. – Architectuurkaart Heerlen, 1987

Het eigen woonhuis annex bureau van Peutz bestaat uit twee in elkaar geschoven rechthoekige volumes, gekoppeld door het trappenhuis. Op de begane grond bevinden zich de kantoorruimtes, op de eerste verdieping de woonvertrekken en op de tweede en derde verdieping de slaapkamers. Hoewel het huis in plattegrond, gevels en detaillering sober en zakelijk oogt, lijkt de kolom met het reliëf 'de Bokkenrijder' van Charles Vos in de zijgevel een voorbode te zijn van Peutz' latere verwerking van historische architectuurstijlen in het Heerlense raadhuis.

▪ The house cum office of F.P.J. Peutz consists of two interlocking rectangular volumes linked by a stair-tower. On the ground floor are office premises, on the first floor the living quarters and on the second and third floors the bedrooms. Although the house looks sober and functional enough in plan, façades and detailing, the column in the side elevation bearing aloft Charles Vos's relief 'the goat rider' (the name for members of bands of robbers in 18th century Limburg) is a foretaste of Peutz's later assimilation of historical architectural styles in the Heerlen town hall.

N44 KANTOORGEBOUW/OFFICE BUILDING AZL

Akerstraat 92, Heerlen
W.M.J. ARETS | 1991-1995
D. Papa (proj.)
Architecture + Urbanism 1994-2; de Architect 1995-11; Casabella 1995-11; Archis 1996-4; Architectural Review 1996-4; Baumeister 1996-5; Architecture d'Aujourd'hui 1996-9; Architectuur in Nederland. Jaarboek 1995-1996; GA Document 48; El Croquis 1997-85

Een bestaand gebouw met karakteristieke gevel uit 1941 is in deze uitbreiding geïntegreerd. Het hoofdbestanddeel van de nieuwbouw bestaat uit een langgerekt voorzieningenblok dat, zwevend boven een betonnen veld, eveneens een intermediair vormt tussen twee haaks op het blok gesitueerde kantoorvleugels rond een streng geordende binnentuin. Hoewel het uiterst strak en scherp gedetailleerde gebouw met zijn tot staal, beton en glas teruggebrachte materiaalgebruik vooral gekarakteriseerd wordt door stilte en contemplatie, zorgen de werking van het licht en georchestreerde looplijnen en verschuivingen voor een dynamische beleving.

▪ This extension assimilates an existing building from 1941 with a distinctive façade. The lion's share of the new-build consists of an elongated facilities block which, hovering above an expanse of concrete, doubles as a link between two office wings set square to it round a severely ordered courtyard. Though the super-sleek and sharply detailed building, reduced as it is to steel, concrete and glass, oozes quiet and contemplation, the effect of the lighting and orchestrated circulation routes and shifts is by contrast dynamic.

338 **N45 RETRAITEHUIS/SANCTUARY MGR. SCHRIJNEN**

Oliemolenstraat 60, Heerlen

F.P.J. PEUTZ | 1932

Bouwkundig Weekblad 1934 p.63; W. Arets, W. van den Berg – F.P.J. Peutz. Architekt 1916-1966, 1981

Dit voormalige retraitehuis voor vrouwen bestaat uit een onderbouw met collectieve en administratieve ruimtes met daarop een schijfvormig blok met verblijfsruimtes en een dubbelhoge kapel. Aan de kwaliteit van de daglichttoetreding is veel aandacht besteed. Vanwege de slechte ondergrond is een puntsgewijze fundatie toegepast, waardoor de stalen draagconstructie plaatselijk kon worden opgevijzeld. De massief ogende buitenwanden bestaan uit een lichte binnenspouw en een buitenspouw van gestuct steengaas.

▮ This former sanctuary for women consists of a basement of communal and administrative spaces from which rises a slab-shaped block containing living quarters and a double-height chapel. Much care was taken over the quality of daylight penetrating the building. The unsatisfactory state of the ground led to a point-by-point foundation allowing the steel loadbearing structure to be raised up if necessary one segment at a time to its correct level. Outer walls that look solid in fact consist of a lightweight inner leaf and an outer leaf of plastered wire mesh and stucco.

N46 WOONHUIS/PRIVATE HOUSE VAN SLOBBE

Zandweg 122, Heerlen

RIETVELD VAN DILLEN VAN TRICHT | 1962-1964

G.Th. Rietveld (proj.)

Domus 1965-9; Bouw 1966 p.910; G. Rodijk – De huizen van Rietveld, 1991

Deze woning, een van Rietvelds laatste, is tegen de top van een heuvel gebouwd zodat de bewoners vanuit de woonvertrekken en de terrassen een prachtig uitzicht geboden wordt. De onderlaag bevat de entree en dienstruimtes, de middenlaag woon- en ontvangstruimtes en de bovenlaag de slaapvertrekken. Het betonskelet is ingevuld met grote stalen puien en witte geglazuurde baksteen.

▮ This house, one of Rietveld's last, stands against the top of a hill to give its occupants a magnificent view out from the living spaces and terraces. Its lower level contains the entrance and service spaces, the middle level living and reception areas and the upper level bedrooms. The concrete frame has an infill of large steel-framed glass sheets and white glazed brick.

N47 WATERTOREN/WATER TOWER

Torenstraat, Schimmert

J. WIELDERS | 1926

H. van der Veen – Watertorens in Nederland, 1989; C.J.M. Schiebroek e.a. – Baksteen in Nederland, 1991

Deze markant in het heuvellandschap gesitueerde en van expressieve rondingen voorziene watertoren is de enige gerealiseerde toren in Amsterdamse School-stijl. De architecten van deze stroming hadden een grote interesse in dit gebouwtype (De Klerk publiceerde in 1912 een ontwerp voor een watertoren) omdat bij deze vooral technische opgave de vormgeving vooropstaat.

▮ Set in a rolling landscape and furnished with expressive curves, this striking water tower is the only one realized in Amsterdam School style. The architects of this movement took a great interest in this building type (De Klerk, for instance, who in 1912 published a design for a water tower) the reason being that for such a predominantly technical task, the design was of prime importance.

N48 SEINHUIS/SIGNAL BOX

Spooremplacement, Maastricht

S. VAN RAVESTEYN | 1932-1933

De 8 en Opbouw 1933 p.231; H. Blotkamp e.a. – S. van Ravesteyn, 1977

Twee holle betonkolommen die respectievelijk een verwarmingsketel en een hijsinstallatie bevatten, dragen een betonnen dak met daarin de 10.000 kg. zware elektrische installatie. Het W-vormige dak hangt aan een betonnen juk, zodat vanuit de glazen ruimte op de betonbak een kolomvrij uitzicht op de spoorlijnen wordt geboden. Als NS-architect realiseerde Van Ravesteyn meerdere seinhuizen; alleen dit exemplaar is bewaard gebleven.

▮ Two hollow concrete columns, one housing a boiler and the other hoisting gear, carry a concrete tray containing 10,000 kg. of electrical equipment. The W-shaped roof is suspended from a concrete yoke to allow a view unobstructed by columns of the rails from the glazed compartment above the tray. This is the sole survivor of a clutch of signal boxes Van Ravesteyn built as architect to Netherlands Rail.

N49 KANTOORGEBOUW/OFFICE BUILDING

Maasboulevard 5, Maastricht

J.M.J. COENEN | 1988-1991

de Architect 1992-10; Architecture + Urbanism 1992-11; Bauwelt 1992 p.1010; Architectuur in Nederland. Jaarboek 1992-1993; A. Oxenaar – Jo Coenen, architect, 1994

Het kantorencomplex voor de Kamer van Koophandel en de Bouwvereniging Sint Servatius kent een collageachtig karakter. Het gebouw is op basis van een totaalconcept van Jo Coenen door twee architectenbureaus uitgewerkt. Het slanke witgestucte blokje op ronde kolommen langs het water is van Coenen, het donkere volume van AWG Architecten. Onder de haaks op elkaar staande bouwdelen bevindt zich een monumentale, hellende sokkel. In de dubbelhoge glazen onderbouw van het witgestucte blok is een verdiepingsvloer gehangen, waardoor de directievertrekken een fraai uitzicht over de Maas hebben.

▮ The office complex housing the Chamber of Commerce and the St. Servatius Building Association has a collegial air about it. Built to a general concept by Jo Coenen, the scheme was fleshed out by two architectural practices. Coenen's own office is responsible for the slender white-rendered block standing on round columns along the water; the darker volume is the work of AWG Architecten. Set square to one another, the two blocks sit atop a monumental raked plinth. Suspended in the double-height glass basement of the white-rendered block is a mezzanine floor affording a fine view across the River Maas.

N50 WONINGBOUW/HOUSING HOOGFRANKRIJK

Capucijnenstraat/Herbenusstraat/Hoogfrankrijk, Maastricht

CH. VANDENHOVE | 1993-1994

Ch. Vandenhove, P. de Wispelaere (proj.)

Archis 1994-5; Architectuur in Nederland. Jaarboek 1993-1994

Het werk van de Waalse architect Charles Vandenhove, die in Luik verschillende verfijnde stadsvernieuwingsprojecten realiseerde, komt zeer goed tot zijn recht in een verwante stad als Maastricht. De rode baksteen, de ronde dakvormen en de voor Vandenhove karakteristieke betonnen classicistische ornamenten vormen een homogeen geheel dat goed aansluit bij de omringende bebouwing. De woningen zijn gerealiseerd op een binnenterrein dat door middel van twee poortgebouwen in het stedelijke weefsel is opgenomen. Achter het poortgebouw aan de Capucijnenstraat bevindt zich een rond plein, dat de inleiding vormt tot de voetgangersstraat met aan weerszijden bebouwing over het hellende terrein, beëindigd door een toren van zeven lagen.

▮ The work of the Walloon architect Charles Vandenhove, responsible for various refined urban regeneration projects in Liège, is very much at home in a similar city like Maastricht. Here the red brick, curved roofs and concrete classical ornaments typical of Vandenhove have a homogeneous unity that weds well with the surrounding development. The houses sit in a courtyard drawn into the urban texture through two gateway buildings. Beyond the one in Capucijnenstraat is a circular plaza announcing a pedestrian street flanked by housing and sloping up to terminate at a block seven storeys high.

N51 ACADEMIE VAN BEELDENDE KUNSTEN/ ARTS ACADEMY

Herdenkingsplein, Maastricht

W.M.J. ARETS | 1990-1993

Architectuur & Bouwen 1993-8; de Architect 1993-11; Archis 1993-11; Architecture + Urbanism 1994-2; Domus 1994-2; Architecture d'Aujourd'hui 1994-6; Bauwelt 1994 p.820; W. Arets – Maastricht Academy, 1994; Architectuur in Nederland. Jaarboek 1993-1994; Architectural Review 1995-9

Het bestaande complex is uitgebreid met twee bouwdelen, verbonden door een brug die een poort vormt naar het Herdenkingsplein. De nieuwbouw bevat een auditorium, een bibliotheek, de kantine en een dakterras, verbonden door een hellingbaan die overgaat in de voetgangersbrug naar het andere bouwdeel met atelierruimtes en werkplaatsen. Het gehele gebouw is in de voor Arets kenmerkende sobere materialisering uitgevoerd, waarbij onbewerkt beton, glazen bouwstenen en zwartgeverfd staal domineren. Dit leidt tot een verstilde, welhaast poëtische ordening die contrasteert met het kleurrijke, rommelige karakter van een kunstschool.

▮ Arets has enlarged the existing complex with two new portions joined by a footbridge doubling as a gateway to the Herdenkingsplein. The new-build comprises an auditorium, a library, the canteen and a roof garden, all skewered together by a ramp which continues on over a pedestrian bridge to the second new portion of studios and workshops. The entire building is in familiar Arets garb with exposed concrete, glass block and black-painted steel uppermost. The result? A quiescent, almost poetic ambience that stands out starkly against the chaotic if colourful image of an art school.

N52 WONINGBOUW/HOUSING

Herdenkingsplein, Maastricht

MECANOO; BOOSTEN RATS ARCHITECTEN | 1990-1994; 1992-1995

E.L.J.M. van Egeraat, F.M.J. Houben, C. de Weijer (proj.); **A.C.M.M. Rats** (proj.)

Architectuur in Nederland. Jaarboek 1994-1995; Bauwelt 1995 p.1040; K. Somer – Mecanoo, architecten, 1995; Crimson – Re-Urb, 1997

Het Herdenkingsplein, nieuw aangelegd op een voormalig binnenterrein, wordt aan een zijde afgesloten door de Academie van Beeldende Kunsten en aan twee andere zijden door woningbouw van Boosten Rats Architecten en Mecanoo, die ook het stedenbouwkundig plan en de inrichting verzorgden. De beide langgerekte bouwblokken worden gedomineerd door een colonnade, maar zijn in materialisering sterk verschillend. De gekozen galerijontsluiting heeft bij het blok van Fons Rats tot een langgerekt gevelbeeld geleid, terwijl het blok van Mecanoo een afwisselender ritmiek kent.

▮ Laid out on a former courtyard, this new square is enclosed on one side by the Arts Academy and on two others by housing by the firms of Boosten Rats and Mecanoo, the latter being responsible for the urban plan and its infill. Though both dominated by a colonnade, the two elongated blocks are utterly distinct in their materiality. The access galleries in Fons Rats' block make for an expansive elevation, whereas Mecanoo's block opts for a greater rhythmic variety.

N53 UITBREIDING/EXTENSION RIJKSUNIVERSITEIT

Tongersestraat 53, Maastricht

J.M.J. COENEN | 1988-1991

de Architect 1992-10; Architecture + Urbanism 1992-11; Bauwelt 1992 p.776; Architectuur in Nederland. Jaarboek 1991-1992; Bouw 1993-5; A. Oxenaar – Jo Coenen, architect, 1994

De Rijksuniversiteit Limburg is gehuisvest in een aantal over de binnenstad verspreide historische gebouwen. Aan één daarvan, een voormalig jezuïetenklooster, is deels onder het bestaande gebouw en deels verdiept in de tuin een nieuw deel toegevoegd met de hoofdentree, een collegezaal en een auditorium. Het auditorium, dat behalve als collegezaal ook als representatieve ruimte functioneert, heeft een waaiervormige plattegrond; deze is ook in de betonnen dakconstructie zichtbaar. Het sobere interieur is voorzien van felgekleurde muurschilderingen van de Zuid-Afrikaanse Amandebele kunstenaarsgroep.

▮ Scattered about Maastricht's inner urban area in a number of historic premises is the Limburg State University. One of them, a former Jesuit monastery, has been extended with new-build half tucked under the existing building and half-sunken in the garden, containing the main entrance and a lecture hall/auditorium. The latter, which doubles as representative space, fans out in plan, a move visible in the concrete roof structure. The tempered interior is enlivened with murals in vivid colours done by the Amandebele group of artists from South Africa.

N54 CONSERVATORIUM/CONSERVATORY

Bonnefantenstraat 15, Maastricht

P.H. DINGEMANS | 1965

Bouw 1967 p.748

De grillige plattegrond, het bouwvolume en het schuine dak zijn geïnspireerd op de oorspronkelijke bebouwing over de rivier. De rode veldovensteen, de natuursteenbekleding van het betonskelet en de blauwe leien op het dak zijn typische materialen uit de Limburgse vakwerkbouw. Op de begane grond bevinden zich entree, docentenvertrekken en een concertzaal over drie lagen, op de verdiepingen leslokalen in diverse groottes en vormen, in de kelder een opnamestudio en oefenkamers.

▮ The fanciful plan, volume and sloping roof were all inspired by the old flour mill, since demolished, across the river. The local red brick, the stone cladding of the concrete frame and the blue slate roof are all characteristic of timber-framing in the Limburg region. On the ground floor are the entrance, lecturers' rooms and triple-height concert hall, the upper floors containing tuition rooms of various shapes and sizes and the basement a recording studio and rehearsal rooms.

N55 ROZ-STUDIO'S/BROADCASTING STUDIOS

Bankastraat 3, Maastricht

P.G.H. SATIJN | 1975-1979

P.L.M. Schuffelers (proj.), **Jak. Ritzen** (tuinarch.)

de Architect 1979-11

Deze huisvesting voor de regionale omroep voor Zuid-Nederland bestaat uit een laagbouwdeel met twee kleine en een grotere radiostudio, dat om akoestische redenen los is gehouden van een hoger deel met administratieve ruimtes en een kantine met daktuin. De gevels van het kantoordeel zijn opgebouwd uit zilverkleurig gemoffelde aluminium sandwichpanelen. Om een goede geluidsisolatie te verkrijgen zijn de aluminium platen bij het studiodeel voor een dikke betonstenen wand geplaatst.

▮ This building accommodating the regional network for the South Netherlands divides into a low-rise portion containing three broadcasting studios, two small plus one large, and a taller part housing the administrative department plus a canteen with roof terrace. The two are kept separate for reasons of acoustics. Façades of the office section are of silver powder-coated sandwich panels. To ensure satisfactory soundproofing the aluminium sheets of the studio section are set in front of a thick wall of concrete block.

N56 GOUVERNEMENTSGEBOUW/PROVINCIAL HOUSE

Hoge Weerd 10, Maastricht

B.G.J.J. SNELDER | 1978-1985

D. Elffers (int.)

Bouw 1985-22; Architectuur & Bouwen 1986-6/7

Het gouvernementsgebouw voor de provincie Limburg is gebouwd op de uiterwaarden van de Maas. Het complex bestaat uit een aantal kruisvormige bakstenen gebouwdelen van wisselende hoogte, afgedekt met schuine kappen. In het centrum van elk kruisgebouw bevinden zich trappen, liften en toiletten. De Statenzaal bestaat uit een cirkelvormige vergaderzaal met daaromheen halve ringen van aflopende lengte met verkeersruimtes en voorzieningen. Het representatieve deel is op een kunstmatig eiland gesitueerd.

▮ Standing among the water-meadows of the River Maas, this government building for the province of Limburg comprises a number of cruciform brick volumes of varying height, capped with sloping roofs. In the centre of each cross are stairs, lifts and toilets. The State Room consists of a circular conference hall with around it half-ring shapes of diminishing length containing circulation space and facilities. The representative section sits on an artificial island.

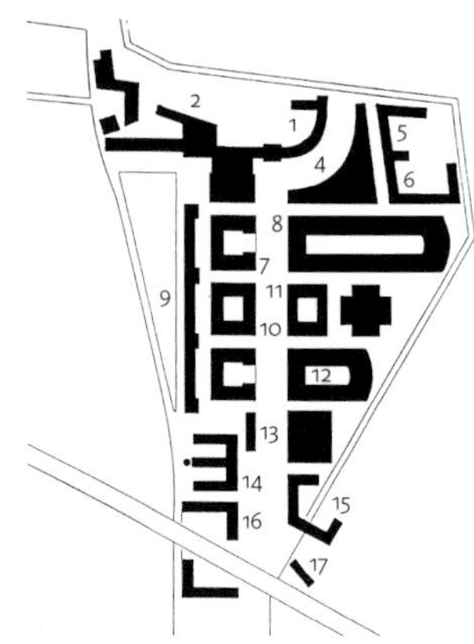

N57 SPHINX CÉRAMIQUE

Avenue Céramique e.o., Maastricht

DIVERSE ARCHITECTEN | 1987-

(o.a.) **J.M.J. Coenen** (stedenb.), **1 A.J.M. Siza Vieira** (Woningbouw, Woontoren), **2 A. Galfetti** i.s.m. **J.M.J. Coenen** (Woningbouw), **3 J.M.J. Coenen** (Stadsbibliotheek), **4 M. Botta** (Woningbouw), **5 Boosten Rats** (Woningbouw), **6 Th.H.C. Teeken** (Woningbouw), **7 B. van Reeth** (Woningbouw), **8 B. Albert** (Woningbouw Cortile), **9 L. Snozzi, A. Galfetti** (Woningbouw), **10 H.J.M. Gulikers** (Woningbouw), **11 H.A.J. Henket** (Kantoorgebouw), **12 MBM** (Woningbouw Jardin Céramique), **13 J.G. Wiebenga** (Wiebengahal, 1912), **14 A. Rossi** (Bonnefantenmuseum), **15 H. Hertzberger** (Kantoorgebouw), **16 A. Meijs** (Kantoorgebouw), **17 W.M.J. Arets** (Kantoorgebouw)

J. Molema, P. Bak – Jan Gerko Wiebenga, 1987; A. Oxenaar – Jo Coenen, architect, 1994; J.B.M. Vercauteren – Céramique Maastricht, 1996; Bouw 1997-5

N58 BONNEFANTENMUSEUM

Avenue Céramique 250, Maastricht

A. ROSSI (STUDIO DI ARCHITETTURA) | 1990-1995

S.U. Barbieri, G. da Pozzo (medew.)

de Architect 1991-4, 1995-1; Domus 1994-8; Baumeister 1994-9; Archis 1995-3; Bauwelt 1995 p. 118; Architecture d'Aujourd'hui 1995-6; Deutsche Bauzeitschrift 1995-8; Architectuur in Nederland. Jaarboek 1994-1995

Op het voormalige bedrijfsterrein van de aardewerkfabriek Société Céramique ontwierp Jo Coenen het stedenbouwkundig plan voor een nieuwe woonwijk. Het plan wordt gekenmerkt door een verkaveling van gesloten bouwblokken, waarvoor een keur aan internationale architecten is benaderd. In de lengterichting wordt het plan doorsneden door een centrale laan, de Avenue Céramique, waaraan het nieuwe Bonnefantenmuseum is gesitueerd. Van de industriële bebouwing rest nog de zgn. Wiebengahal, een van een schaaldak voorziene gewapendbetonconstructie, die thans als expositieruimte in gebruik is. Het Bonnefantenmuseum bestaat uit drie vleugels, aan de entreezijde verbonden door tussenleden, en een cilindrische toren met een sacrale koepelzaal als baken aan de Maas. De entreehal wordt gedomineerd door een inwendige telescopische toren, voorzien van een lantaarn. In de as van de entreehal bevindt zich een monumentale trap ingeklemd tussen twee veertien meter hoge bakstenen muren. De museumzalen op de verdiepingen zijn traditioneel uitgevoerd, waarbij veel aandacht is besteed aan de daglichttoetreding. Rossi's architectuur verwijst naar het Romeinse verleden van Maastricht en naar het industriële verleden van de locatie.

▪ Occupying the site of a former ceramics factory, this housing district was designed to a plan by Jo Coenen. Marked by a layout of perimeter blocks, the plan's architecture has been entrusted to an international galaxy of name architects. Chopping the plan in two lengthwise is the Avenue Céramique, along which stands the new Bonnefanten Museum. The sole survivor of the original factory is the so-called Wiebenga-hal, a workshop of reinforced concrete with a shell roof, which now serves as exhibition space. This museum building comprises three wings linked in an E-shape and a cylindrical tower crowned by a zinc dome, like a beacon on the Maas. Inside, the entrance hall is dominated by a telescopic toplit space. On axis with the entrance hall is a monumental flight of stairs wedged between two brick walls reaching up fourteen metres. The exhibition spaces upstairs are more traditional with a fine focus on daylight penetration. Rossi's architecture refers back to Maastricht's Roman past and the site's former industrial function.

N59 KAPEL EN KLOOSTER/CHAPEL AND MONASTERY
Mamelis 39, Lemiers
DOM H. VAN DER LAAN | 1956-1986
H. de Haan, I. Haagsma – Wie is er bang voor nieuwbouw, 1981; C.J.M. Schiebroek e.a. – Baksteen in Nederland, 1991; Domus 1992-2; Bauwelt 1992 p.586; Casabella 1996-5

Jarenlang onderzoekt de monnik/architect Van der Laan de essentie van architectuur. De resultaten van deze levenslange studie zijn uitgewerkt in twee boeken en enkele gerealiseerde werken, waarin de verhouding van de ruimte, het ritme en de proportie van de elementen, een sobere materialisering en contact met de natuur centraal staan. In deze uitbreiding van een abdij uit 1923 zijn ook de interieurs en de meubels door Van der Laan ontworpen.
▪ Hans van der Laan, a monk who trained as an architect, spent years searching for the essence of architecture. The results of this lifelong study are two books and a number of buildings in which the spatial relationships, the rhythm and proportion of elements, a restrained materiality and contact with nature form the central issues. In this extension of an abbey dating from 1923, the interiors and furniture are also by Van der Laan.

N60 POLITIEBUREAU/POLICE STATION
Maastrichterlaan/Randweg, Vaals
W.M.J. ARETS | 1993-1995
H.C.L. Harbers (proj.)
de Architect 1995-11; Archis 1996-4; Domus 1996-4; Architectuur in Nederland. Jaarboek 1995-1996; El Croquis 1997-85

Het programma voor dit politiebureau, als een wachtpost gesitueerd aan de rand van Vaals, is opgesplitst in drie langgerekte evenwijdige blokken. Elk blok heeft een eigen functie en een eigen materiaalgebruik: een zinken cellenblok, een houten administratieblok en een betonnen kantoorblok. Dit materiaal is ook op de verschillende daken toegepast. Het gebouw wordt ontsloten via een voetgangerspad dat twee niveaus uit de directe omgeving verbindt. Vanuit de entree midden in het zinken blok kan langs een zichtlijn haaks op de drie blokken de organisatie van het gebouw in een keer worden overzien.
▪ The brief for this police office, a sentinel posted on the outskirts of Vaals, splits into three elongated parallel blocks. Each has its own job to do and its own material: a zinc block of cells, a timber administration zone and an office block of reinforced concrete, a material also found on the various roofs of the complex. The whole is accessed by a pedestrian route bridging two levels in the immediate surroundings. By looking from the entrance in the centre of the zinc block along a sight line square to the trio of blocks, the building's organization can be taken in at a glance.

N61 ST. JOSEPHKERK/CHURCH
Maastrichterlaan, Vaals
J.H.A. HUYSMANS | 1958
Architectural Review 1959 p.128; Architectural Forum 1959 p.150; Bouw 1959 p.538

Deze kerk vormt een merkwaardige synthese van traditie en modernisme, in de Architectural Review omschreven als 'rococo in beton'. De nabijgelegen heuvelrug inspireerde tot het golfdak, waaruit vervolgens het cirkelmotief is voortgekomen. Het betonskelet is afgedekt met betonschalen van 6 cm. dikte en om akoestische redenen voorzien van gordingen. Voor de afwerking zijn lokale materialen gebruikt, door de specifieke ligging van Vaals (niet per trein bereikbaar) veelal uit Aken en de Eifel afkomstig.
▪ This church is a remarkable synthesis of the traditional and modern, described by the Architectural Review as 'Rococo in concrete'. The nearby range of hills inspired its corrugated roof, which in turn spawned the circle motif. Its concrete frame is capped with concrete shell roofing 6 cm. thick with purlins for the acoustics. Local materials provide the finish, mainly from Aachen and the Eifel Mountains in nearby Germany, Vaals being off the beaten track and without a train connection.

UPDATE 2000

De in **vet** gedrukte delen betreffen recente aanvullingen en/of correcties op de inhoud van deze gids. Er wordt gewerkt aan een digitale versie met de nieuwste gebouwen en ontwikkelingen op het internet.
Meer informatie hierover vindt u op www.archined.nl en www.010publishers.nl.

The **bold type** indicates recent additions and/or corrections to the contents of this guide. A digital version regularly updated to include the very latest buildings and developments is presently being prepared on the Internet. Further information available at www.archined.nl and www.010publishers.nl.

A.C. (Ton) Alberts (1927-**1999**)
S. (Stephan) Behnisch (1957) ▸ C24
P. (Piet) Blom (1934-**1999**)
C.**R.** de Boer
J.**M.M.** Bongaerts
H. **(Hendrik)** Brouwer **(1920-1974)**
G. (Gunnar) Daan **(1939)**
A.E. (Aldo) van Eyck (1918-**1999**)
G.P. (Gian Piero) Frassinelli **(1939)**
J. (Jan) Greve **(1872-1937)**
E.F. (Ernest) Groosman (1917-**1999**)
A. (Arie) Hagoort (OD 205) (1929-**1999**)
L.J. (Leo) Heijdenrijk (1932-**1999**)
G.W. van Hoogevest
J.M. Hudig
H.G. Jansen
R.**A.** (Rein) Jansma **(1959)**
F. (Frank) van Klingeren (1919-**1999**)
H.J.M. (Erik) Knippers
Th.K. van Lohuizen
Th.J. Martens
M.**H.** Meijs
A.A. van Nieuwenhu**y**zen
C.Th. Nix (1904-**1998**)
R.J. Ou**ë**ndag
L.C.**L.W.** (Wiek) Röling
N.P.H.J. Roorda van E**ij**singa
W.J. (Mien) Ruys **(1904-1999)**
L.S.P. Scheffer **(1887-1974)**
M.A.A. (Mart) van Schijndel (1943-**1999**)
R. **(Ruud)** Snikkenburg
V.E.L. (Victor) de Stuers
H.**G.** (Hendrik) Wouda

B08 Intern ingrijpend verbouwd; wordt mogelijk afgebroken/Radically altered inside; demolition likely
C24 Projectarchitect IBN-DLO: S. Behnisch
C40 Haussmannstraat **20**
G26 Afgebroken/demolished
H44 Stationshal gesloopt, perronoverkapping gehandhaafd/station concourse demolished, platform roof retained
J06 DAK moet zijn/has to be: **P. Drijver (Scala)**
J08 Waarschijnlijk in **2004** gereed/Completion expected in **2004**

PERSONENREGISTER/INDEX OF NAMES

Aalderen, B.(Bé) van (1933-1987)
B27 Arbeidsbureau Oldenzaal 1985-1987
E43 Woningbouw Haarlem 1986-1992
Forum 1988-1
Aalto, A. B24, L24, L51
Aartsen & Partners N32
AAS N03
Abbo, J.G.C. E07, E08
Abma, H. G85
Abma, J. F30
Abma, Dirks & Partners L48
ABT C19, D17, F26, J14, L50
8, De
B01 Stedenbouwkundig ontwerp Nagele 1947-1957
p18, 19, 20, 22
Z. Hemel, V. van Rossem – Nagele, een collectief ontwerp 1947-1957, Amsterdam 1984
8, Studio K40
Actiegroep Het Oude Westen
K40 Stadsvernieuwing Rotterdam 1970-
AGS M16
Ahrens, H.P. C22
Ahrens Kleijer Baller H08
Albert, B.(Bruno) (1941)
G70 Woningbouw Amsterdam 19890-1993
N57 Woningbouw Maastricht 1997-
Alberts, A.C. ▸ Alberts & Van Huut
Alberts & Van Huut A.C.(Ton) Alberts (1927), M.(Max) van Huut (1947)
H18 Meerzicht Zoetermeer 1972-1977
D13 Woonhuis De Waal Utrecht 1978-1980
G92 Hoofdkantoor NMB Amsterdam 1979-1987
A13 Hoofdkantoor Gasunie Groningen 1988-1994
p28, C40, C41, C70
Wonen-TA/BK 1977-24; Polytechnisch Tijdschrift Bouwkunde 1978 p.581; de Architect 1980-9; H. de Haan, I. Haagsma – Wie is er bang voor nieuwbouw, Amsterdam 1981; T. Alberts – Een Organisch Bouwwerk, Utrecht 1990
Alchimia A04
Alma, P. G81
Ambar, I. B21
Andersson, S.I. F38
Apon, D.C. p23, 24 ▸ Apon, Van den Berg, Ter Braak, Tromp
Apon, Van den Berg, Ter Braak, Tromp (ABTT)
D.C. Apon (1926), J.A. van den Berg (1923), A.J. ter Braak (1925-1991), W.B. Tromp (1917)
E01 Woningbouw Almere-Haven 1974-1979
J19 Ministerie Den Haag 1974-1984
J47
TABK 1968 p.563; Apon etc. – Woonplannen, Rotterdam 1982
Appel, K. C20, J52, L12
Aquino, Th. van p20
Archipel Ontwerpers E09, J58
Architecten Cie A05, A15, A25, E10, G69, J12, J15, J47, J58, K04, K18, L09, L46, L52, N27 ▸ P.B. de Bruijn ▸ F.J. van Dongen ▸ F.J. van Gool ▸ C.J.M. Weeber
Architectengroep, De B.(Ben) Loerakker (1931), K.(Kees) Rijnboutt (1939), H.J.M.(Hans) Ruijssenaars (1944), G.J. Hendriks, D.E.(Dick) van Gameren (1962), B.(Bjarne) Mastenbroek (1964) ▸ B. Loerakker ▸ K. Rijnboutt ▸ H.J.M. Ruijssenaars ▸ D.E. van Gameren ▸ B. Mastenbroek
Arets, W.M.J.(Wiel) (1955)
N33 Apotheek en Artsenpraktijk Weert 1986-1987
N22 Medisch Centrum Hapert 1988-1989
C40 Woonhuis Amersfoort 1990
N51 Academie Maastricht 1990-1993
G69 Woongebouw Amsterdam 1990-1995
N57 Kantoorgebouw Maastricht 1990-1995
N44 Kantoorgebouw AZL Heerlen 1991-1995
N60 Politiebureau Vaals 1993-1995
M30 Woningbouw Tilburg 1993-1995
p28, N41
Wiel Arets, architect, Rotterdam 1989; H. Ibelings – Modernisme zonder dogma, Rotterdam/Den Haag 1991; AA Files 1991-21; W. Arets – An Alabaster Skin, Rotterdam 1992; de Architect 1993-11; W. Arets – Maastricht Academy for the arts and architecture, Rotterdam 1994; de Architect 1995-11; B. Lootsma e.a. – W. Arets, strange bodies, Basel 1996; Archis 1996-4; El Croquis 1997-85
Aristoteles p20
Arkel, G. van (1858-1918)
F08 Kantoorgebouw Amsterdam 1904-1905
Bibliotheek voor de Moderne Hollandsche Architectuur, deel 3, aflevering 2. G. van Arkel, Bussum 1917
Aronsohn, Raadgevend Ingenieursbureau H49
Arquitectonica J58
Articon A.J. Fichtinger, J. Bak, J.A. van Belkum
D06 Hoofdkantoor RABO-bank Utrecht 1978-1983
H21
Asplund, E.G. p20
Atelier PRO H.(Hans) van Beek (1942), L.G.M.(Leon) Thier, tot 1981 Sj.(Sjoerd) Schamhart (1919)
J33 Woongebouw Couperusduin Den Haag 1972-1975
J21 Algemeen Rijksarchief Den Haag 1972-1979
J11 Woningbouw Den Haag 1984-1987
G73 IISG Amsterdam 1987-1989
G37 Woningbouw Nieuw-Sloten Amsterdam 1993
K40 Woningen en Winkels Rotterdam 1993
G69 Woningbouw Amsterdam 1989-1995
J14 Haagse Hogeschool Den Haag 1990-1996
A20 Hogeschool Leeuwarden 1992-1996
F25, J30, J40
Architext – De Katerstraat. Voorbeeld van Haagse Stadsvernieuwing, Haarlem 1987; H. van Dijk, M. Kloos – Sjoerd Schamhart, architect in Den Haag, Rotterdam 1996
Atelier Quadrat L46
AWG Architecten N49
B&D Architecten C24, N01
Baanders, J. F39
Baas, G.W. (1897-1977)
K38 Chabotmuseum Rotterdam 1938
Baas, J.H. B23, H44, K01
Bak, J. ▸ Articon
Bakema J.B. p7, 22, 23, 29 ▸ Van den Broek & Bakema
Bakker, G. E07
Bakker, H.D.(Herman) (1915-1988)
K14 Lijnbaanflat Rotterdam 1954-1956
L25
Bakker, R. L44
Bakker & Bleeker E43
Baljon, J.L. B34
Baneke, A.W. ▸ Baneke & Van der Hoeven
Baneke & Van der Hoeven A.W.(Guus) Baneke (1952), C.A. van der Hoeven (1951)
C27 Laboratorium Wageningen 1986-1990
C24
Barbieri, S.U. p30, N58
Barkema, M. H01
Bartels, C. F17
Bartning, O.(Otto) (1883-1959)
C04 Landhuis Wylerberg Beek 1921-1924
H.K.F. Meyer – Der Baumeister O. Bartning, Heidelberg 1951; Huis Wylerberg: een expressionistisch landhuis van Otto Bartning: architectuur en cultureel leven 1920-1966, Nijmegen 1988
Bauer, W.C. p11
Bazel, K.P.C. de (1869-1923)
C65 Hofstede Oud-Bussem Naarden 1902-1906
C12 Heidemaatschappij Arnhem 1912-1913
F15 Handel-Maatschappij Amsterdam 1919-1926
p11
Bouwkundig Weekblad 1923 p.495; A.W. Reinink – K.P.C. de Bazel, Amsterdam 1965; F. de Miranda – K.P.C. de Bazel, Bouwmeester tussen Oost en West, Wassenaar 1977; A.W. Reinink – K.P.C. de Bazel, Architect, Leiden/Rotterdam 1965/1993
Bedaux, Architectenbureau P.P.(Peer) Bedaux (1940), J.J.M.(Jacq) de Brouwer (1952)
M24 Woningbouw Tilburg 1986-1989
M26
Bedaux, J.H.A.(Jo) (1910-1989)
M27 Economische Hogeschool Tilburg 1957-1962
N13
F. v.d. Ven, J. de Heer – Jos Bedaux, architect, Tilburg 1989
Bedaux, P.P. ▸ Architectenbureau Bedaux
Beek, H. van ▸ Atelier PRO
Beese, C.I.A. ▸ C.I.A. Stam-Beese
Behnisch, G.
C24 Onderzoekscentrum Wageningen 1992-1998
Behrens, P. p11, 12, 14, C31
Beijsterveldt, C.A.M. van M26
Bekaert, G. K48
Beljon, J.J. D14
Belkum, J.A. van ▸ Articon
Bemmelen, L. van E08
Benini, D.(Dante) (1947)
G94 Kantoorgebouw Eurocetus Amsterdam 1987-1989
Bennehey, P. K40
Benthem, J. ▸ Benthem Crouwel
Benthem Crouwel J.(Jan) Benthem (1952), W.M.(Mels) Crouwel (1953)
E07 Eigen Woonhuis Almere-Stad 1982-1983
N04 Paviljoen Sonsbeek Rosmalen 1988
E22 Bedrijfsgebouw Opmeer 1987-1989
F02 Hotel, Kantoorgebouw Amsterdam 1988-1992
M28 Museum De Pont Tilburg 1990-1992
C59 Uitbreiding Woning Tienhoven 1991-1992
E48 Terminal-West Schiphol 1989-1993
B07 Poldermuseum Lelystad 1991-1993

J22 Hoofdkantoor VNO Den Haag 1993-1997
p29, M29, M30
H. de Haan, I. Haagsma – Wie is er bang voor nieuwbouw, Amsterdam 1981; Wonen-TA/BK 1983-17/18; Forum 1983-3; Deutsche Bauzeitung 1991-7; H. Ibelings – Modernisme zonder dogma, Rotterdam/Den Haag 1991; V. van Rossem – Benthem Crouwel, architecten, Rotterdam 1992; de Architect 1993-2, 1996-1; Archis 1993-2, 1996-6

Berg, J.A. van den ▸ Apon, Van den Berg, Ter Braak, Tromp

Berge, J. van G06, G72

Bergen, T. van H25

Bergh, W.H.J.(Wim) van den (1955)
C40 Woonhuis Amersfoort 1990

Berghoef, J.F.(Johannes) (1903-1994)
G32 Sloterhof Amsterdam 1955-1960
B28 Raadhuis Hengelo 1948-1963
p20, 21, 24, C12, F15, G59
J.F. Berghoef – De Stede, herstel van onze leefruimte, Zutphen 1980; H. de Haan, I. Haagsma – Wie is er bang voor nieuwbouw, Amsterdam 1981; Plan 1983-4; Archis 1994-5

Berkel, B.F. van ▸ Van Berkel & Bos

Berkel & Bos, Van B.F.(Ben) van Berkel (1957), C.(Caroline) Bos (1959)
C44 Kantoorgebouw Karbouw Amersfoort 1990-1992
C39 Schakelstation Amersfoort 1989-1993
G37 Woningbouw Nieuw-Sloten Amsterdam 1993
C42 Woonhuis Wilbrink Amersfoort 1992-1994
L43 Erasmusbrug Rotterdam 1990-1996
F07 Winkelcentrum De Kolk Amsterdam 1991-1996
B34 Uitbreiding Rijksmuseum Enschede 1992-1996
p32
H. Ibelings – Modernisme zonder dogma, Rotterdam/Den Haag 1991; Ben van Berkel, architect, Rotterdam 1992; B. van Berkel, C. Bos – Delinquent Visionaries, Rotterdam 1993; B. van Berkel – Mobile Forces, Mobile Kräfte, Berlin 1994; de Architect 1994-11, 1995-9, 1996-9; El Croquis 1995-72; B. Sanchez Lara – Arquitectos Holandeses: Van Berkel e.a., Sevilla 1995; H. Webbers e.a. – De brug, Geschiedenis, architectuur en kunst, Rotterdam 1996; Archis 1996-10

Berlage, H.P.(Hendrik Petrus) (1856-1934)
J43 Woonhuis Henny Den Haag 1898
F25 Diamantbewerkersbond Amsterdam 1898-1900
F01 Koopmansbeurs Amsterdam 1884-1903
A32 Modelboerderij De Schipborg Anloo 1914
G59 Amsterdam-Zuid Amsterdam 1915-1917
C30 Jachtslot St.-Hubertus Otterlo 1913-1919
J42 First Church of Christ Den Haag 1925-1926
G21 Mercatorplein Amsterdam 1925-1927
J38 De Nederlanden van 1845 Den Haag 1921-1927
G20 Woningbouw Amsterdam 1927
A02 Raadhuis Usquert 1928-1930
G59 Berlagebrug Amsterdam 1926-1932
J40 Gemeentemuseum Den Haag 1927-1935
p7, 11, 12, 13, 15, 16, 17, 18, 19, 20, C14, C31, E19, G94, J25, J50, L02, L15, L56, N01
J. Gratama – Dr. H.P. Berlage Bouwmeester, Rotterdam 1925; P. Singelenberg – H.P. Berlage. Idea and style, Utrecht 1972; Nederlands Kunsthistorisch Jaarboek 1974; P. Singelenberg e.a. – Nederlandse architectuur 1856-1934. Berlage, Amsterdam 1975; A.W. Reinink – Amsterdam en de beurs van Berlage, Den Haag 1975; F.F. Fraenkel – Het plan Amsterdam-Zuid van H.P. Berlage, Alphen aan de Rijn 1976; J. Kroes – Het paleis aan de laan, Amsterdam 1979; E. Taverne – Het raadhuis van Berlage in Usquert, Groningen 1980; Th. Van Velzen – Het Haags Gemeentemuseum, Den Haag 1982; M. Bock – Anfänge einer neue Architektur, Den Haag/Wiesbaden 1983; E. Fiorin, P. Cimarosti (red.) – Hendrikus Petrus Berlage, Disigni/Tekeningen, Venezia/Den Haag 1986; M. Bock e.a. – Berlage en Amsterdam, Amsterdam 1987; Archis 1987-3; Domus 1987-4; S. Polano (red.) – Hendrik Petrus Berlage, het complete werk, Alphen aan de Rijn 1988; R. Geurtsen, M. van Rooy – Een gat in de ruimte, Amsterdam 1991; M. van der Heijden – De Burcht van Berlage: van bondsgebouw tot vakbondsmuseum, Amsterdam 1991; K. Gaillard, B. Dokter – Berlage en Amsterdam Zuid, Amsterdam/Rotterdam 1992; J. van der Werf – Beurs van Berlage, Amsterdam 1994; P. Singelenberg – Het Haags Gemeentemuseum van H.P. Berlage, Den Haag 1996; M. Boot (red.) – De inrichting van de Beurs van Berlage, Zwolle 1996

Besten, P. den L11

Beurden, A.J.C. van N08

Bever, L.L.J. de (1930)
N30 Evoluon Eindhoven 1962-1966

Beyerman, L. J09

Bhalotra, A.(Ashok) (1943)
C43 Kattenbroek Amersfoort 1988-1994
M05
G. Wallis de Vries (red.) – City Fruitful, Rotterdam 1992; Bouw 1994-5/6; C. de Bruijn, I. Schwarz – Woonwijk Kattenbroek Amersfoort, Amsterdam 1994; G. Wallis de Vries, R. Borgonjen – Kattenbroek. Groeistad Amersfoort en Ashok Bhalotra, Rotterdam 1997

Bijvoet, B.(Bernard) (1889-1979)
J54 Villadorp Kijkduin Den Haag 1919-1922
E51 Woonhuis Suermondt Aalsmeer 1924-1925
G52 Openluchtschool Amsterdam 1927-1930
D28 Sanatorium Zonnestraal Hilversum 1926-1931
D27 Grand Hotel Gooiland Hilversum 1934-1936
E37 Woonhuis Looyen Aerdenhout 1948
C06 Schouwburg Nijmegen 1955-1961
M23 Schouwburg Tilburg 1953-1964
p14, 17, F19

Blaauw, C.J.(Cornelis) (1885-1947)
E23 Woonhuizen Bergen 1915-1918
C25 Microbiologie Wageningen 1919-1922
C25 Plantenfysiologie Wageningen 1919-1922
G20 Woningbouw Amsterdam 1927
p14, C24, G59

Blaisse, P. K50

Bloemsma, P.R. G27

Blokland, P. C58

Blom, A. G45

Blom, P.(Piet) (1934)
B38 Mensa Drienerlo 1962-1964
B38 Mensa De Bastille Drienerlo 1964-1969
B30 De Kasbah Hengelo 1969-1973
N16 Paalwoningen Helmond 1974-1975
N16 't Speelhuis Helmond 1972-1976
A06 Academie Minerva Groningen 1976-1984
K31 Paalwoningen Rotterdam 1978-1984
C41 Woonhuis De Waal Amersfoort 1989-1994
p23, 24, B35
de Architect 1978-4/5/6; S. Hiddema – Piet Blom en de Kunst van het Bouwen, Groningen 1984; P. Blom, H. Sanders, E. v. Rennes – 't Speelhuis, Helmond, Helmond 1980; H. de Haan, I. Haagsma – Wie is er bang voor nieuwbouw, Amsterdam 1981; Architecture + Urbanism 1985-11; Architectuur & Bouwen 1993-2; Archis 1994-7

Blom van Assendelft, R. B38

Bodegraven, W. van B01

Bodon, A.(Alexander) (1906-1993)
D31 Uitbreiding AVRO-Studio's Hilversum 1940
K46 Uitbreiding Boijmans Rotterdam 1963-1972
G68 RAI Amsterdam 1977-1981
G37 Woningbouw Nieuw-Sloten Amsterdam 1993
p22
J. László – Alexander Bodon, Budapest 1977; Forum 1982-4; M. Kloos – Alexander Bodon, architect, Rotterdam 1990

Boeken, A.(Albert) (1891-1951)
G58 Apollohal Amsterdam 1933-1935
p19, 20
A. Boeken – Architectuur, Amsterdam 1936/1982; Forum 1951 p.156

Boer, Den A35

Boer, C. de A26

Boer, N.A.(Niek) de (1924)
A35 Angelslo Emmen 1956-1969
A35 Emmerhout Emmen 1961-1974

Boeyinga, B.T. (1886-1969)
G17 Tuindorp Oostzaan Amsterdam 1922-1924

Bofill, R. p30

Bogaers, P.C.W.M. p24

Bogtman, W. F22

Böhtlingk, E.F. E08, H25

Boks, J.W.C. (1904-1986)
K05 Bouwcentrum Rotterdam 1946-1948
▸ EGM

Bolhuis, G. G66

Bolhuis, O. G66

Bolle, L. L11

Bolles+Wilson L43, L44

Bonesmo, G. B22

Bongaerts, J. N42

Bonies, B. L09

Bonnema, A.(Abe) (1926)
A18 Eigen Woonhuis Hardegarijp 1961-1963
A21 Girokantoor Leeuwarden 1972-1975
A22 Kantoorgebouw GSD Leeuwarden 1972-1975
E25 Woningbouw Alkmaar 1977-1979
E24 Kantoorgebouw PEN Alkmaar 1978-1982
A21 Kantoorgebouw OBF Leeuwarden 1978-1985
A19 Gemeentehuis Bergum 1982-1985
A21 Kantoorgebouw FBTO Leeuwarden 1980-1986
A21 Kantoorgebouw Avéro Leeuwarden 1991
K04 Nationale Nederlanden Rotterdam 1986-1991
M21 Hoofdkantoor Interpolis Tilburg 1991-1996

BOOM H25

Boon, G. A35

Boosten, Th.H.A.(Theo) (1920-1990)
N24 De Bijenkorf Eindhoven 1965-1970

Boosten Rats Architecten A.C.M.M.(Fons) Rats (1949)
N52 Woningbouw Maastricht 1992-1995
N57 Woningbouw Maastricht 1997
Boot, J. H21, H30, H34, K32
Booy, M.D. L08, L25
Borkent, H. F20
Bos, A. p22, 23
Bos, C. ▸ Van Berkel & Bos
Bos, F. H29
Bosboom, J.W.(Jan Willem) (1860-1928)
J30 Woonhuis Den Haag 1898
B. Moritz – Jan Willem Bosboom. Een Haags architect rond de eeuwwisseling, Den Haag 1981
Bosch, J. ▸ Bosch, Haslett & Kruunenberg
Bosch, J.H. H08
Bosch, Th.J.J.(Theo) (1940-1994)
F20 Nieuwmarkt Amsterdam 1970-1975
B13 Stadsvernieuwing Zwolle 1971-1975
F20 Nieuwmarkt Amsterdam 1975-1978
F20 Het Pentagon Amsterdam 1975-1983
F09 Letterenfaculteit Amsterdam 1976-1984
B20 Woningbouw Deventer 1985-1988
D19 Woningbouw Utrecht 1988-1993
p26 ▸ Van Eyck & Bosch
Archis 1994-5
Bosch, J. van den p18
Bosch, Haslett & Kruunenberg J.(John) Bosch (1960), G.(Gordon) Haslett (1962), G.S.(Gerard) Kruunenberg (1959)
G16 Woningbouw Amsterdam 1991-1993
M. Kuper (red.) – Nine + One, ten young dutch architectural offices, Rotterdam 1997
Boterenbrood, J.(Jan) (1886-1932)
G55 Huize Lydia Amsterdam 1922-1927
Bouwkundig Weekblad 1932 p.457
Botta, M. N57
Bouma, S.J.(Siebe) (1899-1959)
A14 Hendrik Westerschool Groningen 1927
A14 Simon van Hasseltschool Groningen 1926-1928
A07 Openbare Werken Groningen 1928
A14 Rabenhauptschool Groningen 1928-1929
A14 Van Houtenschool Groningen 1931-1932
p14
H. Hekkema – S.J. Bouma, architect 1899-1959, Groningen 1992
Bouman, A. A23
Bout, J.(Jouke) van den (1943)
G06 Bickerseiland Amsterdam 1975-1977
p26
Bouwcombinatie Maeslant Kering H37
Braak, A.J. ter ▸ Apon, Van den Berg, Ter Braak, Tromp
Brandes, J.J.(Co) (1884-1955)
J25 Villapark Marlot Den Haag 1923-1924
J53 Daltonlyceum Den Haag 1929-1939
Het Bouwbedrijf 1931 p.266
Breda, S.P. van K18
Breman, C. A33
Bremer, G.C.(Kees) (1880-1949)
H30 Scheikundige Technologie Delft 1938-1946
J13 Stationspostkantoor Den Haag 1939-1949
H30 Basisplan TU Delft 1947-1950
C. van der Peet, G. Steenmeijer (red.) – De rijksbouwmeesters, Rotterdam 1995
Breuer, M.(Marcel) (1902-1981)
K20 De Bijenkorf Rotterdam 1955-1957
G41 Van Leer Amstelveen 1957-1958
J29 Amerikaanse Ambassade Den Haag 1957-1959
Marcel Breuer, Buildings and Projects 1921-1961, Stuttgart 1961; A. Izzo, C. Gubitosi – Marcel Breuer Architettura 1921-1980, Napoli 1981
Brink, B.J. van den E08
Brinkman, J.A. ▸ Brinkman & Van der Vlugt
Brinkman, M.(Michiel) (1873-1925)
L07 Woningbouw Spangen Rotterdam 1919-1922
p15, 17, H55
Bouwen voor een open samenleving, Brinkman, Brinkman, Van der Vlugt, Van den Broek, Bakema, Rotterdam 1962; J.P. Baeten – Een telefooncel op de Lijnbaan, de traditie van een architectenbureau, Rotterdam 1995; K. Schomaker e.a. – Michiel Brinkman, 1873-1925, Rotterdam 1995
Brinkman, W.J.(Willem) (1931)
H20 Woningbouw Berkel en Rodenrijs 1969-1973
E16 Sluisdijk Den Helder 1974-1978
p25
Brinkman & Van der Vlugt J.A.(Jan) Brinkman (1902-1949), L.C.(Leendert) van der Vlugt (1894-1936)
G66 Vergadergebouw Amsterdam 1925-1927
L25 Woonhuis Van der Leeuw Rotterdam 1927-1929
G66 Administratiegebouw Amsterdam 1928-1929
L08 Van Nellefabriek Rotterdam 1925-1931
K54 Mees & Zonen Rotterdam 1929-1931
H46 Woonhuis De Bruyn Schiedam 1929-1931
H02 Telefooncel Noordwijk aan Zee 1931-1932
K37 Woonhuis Sonneveld Rotterdam 1929-1933
K39 Woonhuis Boevé Rotterdam 1931-1933
L15 Bergpolderflat Rotterdam 1932-1934
L50 Stadion Feijenoord Rotterdam 1934-1936
H02 Vakantiehuis Noordwijk aan Zee 1935-1936
p18, 19, K38, L48
Literatuur ▸ *L.C. van der Vlugt*
Broek, J.H.(Joop) van den (1898-1978)
L02 Woningbouw met Winkels Rotterdam 1927-1929
L19 Woningbouw De Eendracht Rotterdam 1929-1935
L16 Woningbouw Ungerplein Rotterdam 1931-1936
L18 Woonhuis Gestel Rotterdam 1937-1939
H30 Basisplan TU Delft 1947-1950
L27 Eigen Woonhuis Ypenhof Rotterdam 1948-1952
L48 Aankomsthal HAL Rotterdam 1937-1953
p15, 21, 22, 23, 24, H30 ▸ Van den Broek & Bakema
Bouwkundig Weekblad 1968 p.322; Bouwen voor een open samenleving, Brinkman, Brinkman, Van der Vlugt, Van den Broek, Bakema, Rotterdam 1962; TABK 1971 p.405; R. Stroink (red.) – Ir. J.H. van den Broek. Projekten uit de periode 1928-1948, Delft 1981
Broek & Bakema, Van den J.H.(Joop) van den Broek (1898-1978), J.B.(Jaap) Bakema (1914-1981)
K15 Warenhuis Ter Meulen Rotterdam 1948-1951
L27 Eigen Woonhuis Ypenhof Rotterdam 1948-1952
L48 Aankomsthal HAL Rotterdam 1937-1953
K40 Verbouwing 't Venster 1949-1953
K13 De Lijnbaan Rotterdam 1951-1953
K15 Warenhuis De Klerk Rotterdam 1949-1956
H33 Ketelhuis Delft 1952-1957
B01 Winkelcentrum Nagele 1955-1957
H42 Woonhuis Wieringa Middelharnis 1956-1957
L17 Montessorilyceum Rotterdam 1955-1960
L20 Woonhuis Van Buchem Rotterdam 1960-1961
D34 Wereldomroep Hilversum 1961
B02 Gereformeerde Kerk Nagele 1958-1962
H31 Aula Delft 1959-1966
H30 Bouwkunde Delft 1959-1967
B29 Hengelose Es Hengelo 1962-1968
N31 't Hool Eindhoven 1962-1972
M06 Raadhuis Terneuzen 1963-1972
H43 Hernesseroord Middelharnis 1966-1974
H34 Civiele Techniek Delft 1961-1975
M22 Kernwandgebouwen Tilburg 1964-1975
C29 Raadhuis Ede 1969-1976
K32 Centrale Bibliotheek Rotterdam 1977-1983
p7, 15, 21, 22, 23, 24, 29, J16, H32, L08, L25, L50, L58, L61
Forum 1957-6; Bauen + Wohnen 1959-10, 1963-4; Bouwen voor een open samenleving, Brinkman, Brinkman, Van der Vlugt, Van den Broek, Bakema, Rotterdam 1962; J. Joedicke – Architektur und Städtebau, Das Werk van den Broek und Bakema, Stuttgart 1963; J.B. Bakema – Van Stoel tot Stad, Zeist 1964; C. Gubitosi, A. Izzo – Van den Broek/Bakema, Roma 1976; J. Joedicke – Architektur-Urbanismus, Architectengemeenschap van den Broek en Bakema, Stuttgart, 1976; Plan 1980-8; J.B. Bakema – Thoughts about architecture, London 1981; H. de Haan, I. Haagsma – Wie is er bang voor nieuwbouw, Amsterdam 1981; de Architect 1993-2; J.P. Baeten – Een telefooncel op de Lijnbaan, de traditie van een architectenbureau, Rotterdam 1995
Broekema, G.B. (1866-1946)
A24 Centraal Apotheek Leeuwarden 1904-1905
Brouwer, H.
C15 Provinciehuis Arnhem 1950-1955
Brouwer, J.J.M. de ▸ Architectenbureau Bedaux
Brouwer, W.C. F22
Brouwer Steketee K04
Bruggen, J.P. van (1896-1985)
K56 Maastunnel Rotterdam 1937-1941
Bruijn, P.B.(Pi) de (1942)
G79 Wijkcentrum Transvaal Amsterdam 1970-1975
L39 Woongebouw Rotterdam 1981-1983
A15 Woningbouw Groningen 1986-1988
K04 Parkeergarage Rotterdam 1987-1988
J07 Uitbreiding Tweede Kamer Den Haag 1981-1992
J47 Casino Scheveningen 1996
K18 Beursplein Rotterdam 1992-1996
p31
H. de Haan, I. Haagsma – Wie is er bang voor nieuwbouw, Amsterdam 1981
Bruijne, D. E07, E08
Brunier, Y. K50
Bruyn, G.P. de C53, C61
Budding & Wilken G08
Buijs, J.W.E. ▸ Buijs & Lürsen
Buijs & Lürsen J.W.E.(Jan) Buijs (1889-1961), J.B.(Joan) Lürsen (1894-1995)
J49 Rudolf Steiner-kliniek Den Haag 1926-1928
J10 Coöperatie De Volharding Den Haag 1927-1928
J36 Woonhuis Leembruggen Den Haag 1935-1936
p19
Bouwkundig Weekblad 1959 p.392; C. Rehorst – Jan Buijs,

Architect van de Volharding, Den Haag 1983; C. Rehorst – Jan Buijs Interieurs 1891-1961, Rotterdam 1991
Buisman, J.J.L. C68
Buiter, R. K40
Bureau Zuiderzeewerken E15, E18
Buren, D. A21, G03
Burgdorffer, A.C. p15
Burgerhoudt, B. L31
Buy, T. A23
Cahen, A.(Abel) (1934)
F13 Woonhuis Amsterdam 1964-1975
C38 Kantoorgebouw ROB Amersfoort 1976-1988
p24, N26
M. Kloos e.a. – Cahen – Rietveldprijs 1991, Amsterdam 1991
Canta, A. L11
Carp, J.A. N15
Carp, J.C. ▸ Stichting Architecten Research
Castanheira, C. J16, J17

Cepezed M.E.(Michiel) Cohen (1946), J.H.(Jan) Pesman (1951)
C57 High-Tech Center Nieuwegein 1984-1987
H29 Dubbel Woonhuis Delft 1989-1990
H25 Woonhuis Delft 1991-1994
L34 Kinderdagverblijf Rotterdam 1992-1994
H36 Paviljoen Hoek van Holland 1993-1994
H05 Centre for Human Drug Research Leiden 1995
L45 Woningbouw Rotterdam 1994-1995
H26 Atelierwoning Blokland Delft 1992-1996
p29, E43
Wonen-TA/BK 1983-17/18; de Architect 1982-4, 1988-5, 1990-11, 1994-6; P. Vollaard – Cepezed, architecten, Rotterdam 1993
Chabot, H. K38, L50
Chareau, P. E37
Choisy, J.L.C. ▸ OD 205
Christiaanse, K.W.(Kees) (1953)
J58 Woningbouwfestival Den Haag 1988-
K27 Inrichting Boompjes Rotterdam 1989-1990
K15 Snackbar Bram Ladage Rotterdam 1990
J58 Woongebouw Den Haag 1988-1992
A15 Woningbouw Groningen 1989-1992
L31 Winkelcentrum Rotterdam 1994
G19 GWL-terrein Amsterdam 1993-1997
p32, F37, G09
de Architect 1994-3; B. Colenbrander, J. Bosman – Referentie: OMA, Rotterdam 1995
Ciriani, H. J58
Claassens, P. E08
Claus, F.M. ▸ Claus & Kaan
Claus & Kaan F.M.(Felix) Claus (1956), C.H.C.F.(Cees) Kaan (1961)
G39 Stadsdeelwerken Amsterdam 1990-1992
A16 Woningbouw Groningen 1991-1993
G14 Eurotwin Amsterdam 1992-1993
F06 Invulwoningen Amsterdam 1995
p29
C. Ferrater – Claus en Kaan, Barcelona 1997
Clercq Zubli, P.J. de
G04 Parkeergarage Amsterdam 1970-1971
▸ ZZ&P
Coates, N. E48
Coenen, J.M.J.(Jo) (1949)
N40 Welzijnsaccommodatie Heerlen 1983-1985
H21 Stadskantoor Delft 1984-1986
E06 Restaurant Almere-Stad 1984-1987
J12 Stationsbuurt Den Haag 1988-1991
N49 Kantoorgebouw Maastricht 1988-1991
N53 Rijksuniversiteit Maastricht 1988-1991
M25 Kantoorgebouw Haans Tilburg 1989-1991
J18 Vaillantlaan Den Haag 1987-1993
K48 Architectuurinstituut Rotterdam 1988-1993
G69 Woongebouw Amsterdam 1988-1995
M23 Kunstcluster Tilburg 1992-1996
N35 Kantoorgebouw Mega Roermond 1993-1996
N57 Bibliotheek Maastricht 1997
N57 Sphinx Céramique Maastricht 1987-
G69 KNSM-Eiland Amsterdam 1988-
p28, 30, G70, N41
H. de Haan, I. Haagsma – Wie is er bang voor nieuwbouw, Amsterdam 1981; Plan 1983-9; Wonen-TA/BK 1983-17/18; Casabella 1984-9; Architectural Review 1985-1; Architecture + Urbanism 1988-9; Archis 1987-9, 1989-9; de Architect 1980-6, 1982-2, 1992-10; L. Hermans, H. Ibelings – Jo Coenen. De ontdekking van de architectuur, Rotterdam 1989; A. Oxenaar – Jo Coenen, Architect, Rotterdam 1994; B. Sanchez Lara – Arquitectos Holandeses: Coenen e.a., Sevilla 1995; S. Brandolini e.a. – Jo Coenen, introductions, Barcelona 1995; A. Ravestein (red.) – Jo Coenen en de Vaillantlaan, Rotterdam 1996
Cohen, B. ▸ De Nijl
Cohen, M.E. ▸ Cepezed
Constant (Nieuwenhuys) p25
Coop Himmelb(l)au A04
Copijn, H. A33, E21
Corbusier, Le ▸ Le Corbusier
Cornubert, C. D17
Cox, D.H. F30
Crepain, J. G69
Croix, G.F. la (1877-1923)
E23 Dubbel Woonhuis Bergen 1915-1918
p14
Crouwel, W.M. ▸ Benthem Crouwel
Crouwel jr., J.(Joop) (1885-1962)
N15 Woonhuis Carp Helmond 1921
D07 Rijksveeartsenijkunde Utrecht 1921
D07 Kliniek Kleine Huisdieren Utrecht 1922
D02 Hoofdpostkantoor Utrecht 1917-1924
C. van der Peet, G. Steenmeijer (red.) – De rijksbouwmeesters, Rotterdam 1995
Cruijff, H.J. G85
Cuypers, Ed. p13
Cuypers, P.J.H. p10, 11, 12, 13
D3BN G38
Daan, G.(Gunnar) (1940)
A03 Galerie Waalkens Finsterwolde 1983-1984
A28 Atelierwoning Langezwaag 1985-1990
A09 Havenkantoor Groningen 1989-1990
G37 Woningbouw Nieuw-Sloten Amsterdam 1993
A23 Uitbreiding Museum Leeuwarden 1991-1995
J06
de Architect 1989-3; Forum 1991-3; B. Colenbrander – Gunnar Daan, architect, Rotterdam 1995
DAK J06, J12
Dalen, M. van der E08
Dam, C.G.(Cees) (1932)
J45 Residentie Seinpost Scheveningen 1975-1980
K04 Woongebouw Rotterdam 1981-1984
E04 Stadhuis Almere-Stad 1979-1986
F19 Stadhuis en Opera Amsterdam 1979-1987
N21 De Donksbergen Duizel 1975-1988
N04 Huis van de Toekomst Rosmalen 1988-1989
L47 Wilhelminahof Rotterdam 1994-1997
p28, F14, F16
Forum 1988-2; B. Lootsma – Cees Dam, architect, Rotterdam 1989; Bouw 1990-1
Daniels, B.H. G91
De 8 ▸ 8, De
De Nijl ▸ Nijl, De
Dekkers, J.P.Th. B35, K53
Derkinderen, A.J. F01
Dethmers, H. B25
DHV C48
DHVAIB N30
Dicke, H.A. F27
Dien, A. van p24, 25
Dienst Stadsontwikkeling Amsterdam
G25 Bosch en Lommer Amsterdam 1935-1940
G88 Bijlmermeer Amsterdam 1962-1973
E. Verhagen – Van Bijlmermeer tot Amsterdam Zuidoost, Den Haag 1987; M. Mentzel – Bijlmermeer als grensverleggend ideaal, Delft 1989
Dienst Volkshuisvesting Rotterdam L40
Dieterle, R.
H17 Bedrijvencentrum Zoetermeer 1989-1990
Dijk, D.J. J47
Dijkstra, R.J. J08
Dijkstra, Tj.(Tjeerd) (1931)
H08 Verbouwing 't Arsenaal Leiden 1975-1981
▸ VDL
Dillen, J.F.H. van ▸ G.Th. Rietveld
Dillen, F.W.J.(Frans) van (1932-1991)
N18 Lagere Technische School Vught 1962-1968
Dingemans, P.H.(Piet) (1910-1969)
N54 Conservatorium Maastricht 1965
Dirrix, H.H.L.M. ▸ Dirrix & Van Wylick
Dirrix & Van Wylick H.H.L.M.(Bert) Dirrix (1954), R.(Rein) van Wylick (1952)
N36 Woonhuis Berg aan de Maas 1987-1989
p29, J06, N25
H. Ibelings – Modernisme zonder dogma, Rotterdam/Den Haag 1991; Forum 1994-2
DKV (Dobbelaar De Kovel De Vroom) D.(Dolf) Dobbelaar (1952), H.J.(Herman) de Kovel (1953), R.P.(Paul) de Vroom (1953)
L13 Woongebouw Agniesebuurt Rotterdam 1984-1988
L59 Woongebouw Rotterdam 1986-1988
L30 Veerse Heuvel Rotterdam 1988-1991
J58 Patiowoningen Den Haag 1988-1992
L53 Tweebos Dwars Rotterdam 1991-1993
L33 Volkswoningen Rotterdam 1992-1994
G19 GWL-terrein Amsterdam 1993-1997
p29, G59
H. de Haan, I. Haagsma – Wie is er bang voor nieuwbouw, Amsterdam 1981; Wonen-TA/BK 1983-17/18; H. Ibelings – Modernisme zonder dogma, Rotterdam/Den Haag 1991; de Architect 1994-4; H. van Dijk – DKV Architecten, Rotterdam 1997

Dobbelaar, D. ▸ DKV
Dobbelaar De Kovel De Vroom ▸ DKV
Doesburg, Th.(Theo) van (1883-1931)
A26 De Papegaaienbuurt Drachten 1921-1922
p15, 16, 17, C52, H01, H35
C. Blotkamp (red.) – De beginjaren van De Stijl, Utrecht 1982; E. van Straaten – Theo van Doesburg (1883-1931), Den Haag 1983; E. van Straaten – Theo van Doesburg, schilder en architect, Den Haag 1988
Döll, H.J. ▸ Mecanoo
Dommelen, P.W. van ▸ H.A. Maaskant
Dongen, F.J.(Frits) van (1946)
L52 Woongebouw Natal Rotterdam 1985-1990
J58 Woongebouw Den Haag 1988-1992
E10 Woningbouw Bouw-RAI II Almere-Stad 1992
A25 De Harmonie Leeuwarden 1990-1995
L46 Woningbouw Rotterdam 1991-1997
G69 Woningbouw Amsterdam 1997
H. de Haan, I. Haagsma – Wie is er bang voor nieuwbouw, Amsterdam 1981; Wonen-TA/BK 1983-17/18; H. Ibelings – Modernisme zonder dogma, Rotterdam/Den Haag 1991
Dorst, M. ▸ De Jonge, Dorst, Lubeek, De Bruijn, De Groot
Dreissen, R.T.M. D18
Drewes, L. ▸ Kuiler & Drewes
Drexhage, G. (1914-1983)
H30 Werktuigbouwkunde Delft 1957
H30 Electrotechniek Delft 1959-1967
H30 Lucht- en Ruimtevaarttechniek Delft 1967
J55 Ontmoetingskerk Den Haag 1966-1969
H50 Raadhuis Krimpen aan den IJssel 1978-1980
W. Hammer – De architect G. Drexhage, Delft 1995
Drooglever Fortuijn, C.M. L48
DRO Rotterdam L31
DSBV G68, H30, H50, J55, K46 ▸ A. Bodon ▸ G. Drexhage
Du Pon, J.W. B35
Dudok, W.M.(Willem Marinus) (1884-1974)
D26 Geraniumschool Hilversum 1917-1918
D26 Gemeentelijk Sportpark Hilversum 1919-1920
D26 Dr. H. Bavinckschool Hilversum 1921-1922
D26 Badhuis Hilversum 1922
D26 Gem. Woningbouw Hilversum 1916-1923
D26 Jan v.d. Heydenschool Hilversum 1925-1926
D26 Fabritiusschool Hilversum 1925-1926
D26 Eigen Woonhuis Hilversum 1926
D26 Julianaschool Hilversum 1925-1927
D26 Catharinaschool Hilversum 1925-1927
D26 Nassauschool Hilversum 1927-1928
D26 Ruysdaelschool Hilversum 1928
D26 Vondelschool Hilversum 1928-1929
D26 Calvijnschool Hilversum 1929
D26 Kleuterschool Hilversum 1929
D25 Raadhuis Hilversum 1924-1930
D26 Noorderbegraafplaats Hilversum 1927-1930
D26 Lorentzschool Hilversum 1929-1930
D26 Multatulischool Hilversum 1928-1931
D26 Snelliusschool Hilversum 1930-1932
E15 Monument Afsluitdijk 1933
H45 HAV-Bank Schiedam 1931-1935
D26 Paviljoen Wildschut Hilversum 1936
D26 Havenkantoor Hilversum 1937
K21 Erasmusflat Rotterdam 1938-1939
C14 De Nederlanden van 1845 Arnhem 1938-1939
D03 Stadsschouwburg Utrecht 1937-1941
E30 Hoogovens Velsen-Noord 1948-1951
N04 Benzinestation Rosmalen 1950-1953
F03 Havengebouw Amsterdam 1957-1965
p18, 19, A14, A29, C13, C46, J38, K20
Wendingen 1924-8, 1928-1; W. Retera Wzn., G. Friedhoff – Nederlandsche bouwmeesters, W.M. Dudok, Amsterdam s.a.; R.M.H. Magnée – Willem M. Dudok, Amsterdam 1954; Bouw 1954 p.534; Architectural Review 1954 p.236; M. Cramer e.a. – W.M. Dudok, 1884-1974, Amsterdam 1980; GA 58, Tokyo 1981; Domus 1987-2; de Architect-thema-53; Y. Michon – Willem Marinus Dudok, stadsbouwmeester van wereldallure, Baarn 1993; H. van Bergeijk – Willem Marinus Dudok, Architect-stedebouwkundige 1884-1974, Naarden 1995; H. van Bergeijk – W.M. Dudok, componist van architectuur, Bussum 1996; M. Poorthuis – Dudok in Hilversum, Zeist 1996; D. Langmead – Willem Marinus Dudok, a Dutch modernist, a bio-bibliography, Greenwood/London 1996
Duiker, J.(Johannes) (1890-1935)
J54 Villadorp Kijkduin Den Haag 1919-1922
E51 Woonhuis Suermondt Aalsmeer 1924-1925
J26 Nirwana-flat Den Haag 1927-1929
G52 Openluchtschool Amsterdam 1927-1930
D28 Sanatorium Zonnestraal Hilversum 1926-1931
J44 Derde Ambachtsschool Scheveningen 1929-1931
F16 Cineac Handelsblad Amsterdam 1933-1934
D27 Grand Hotel Gooiland Hilversum 1934-1936
p17, 18, 19, 20, F17, G51, G60, L08
Forum 1972-5/6; Perspecta 13/14; G. Milelli – Zonnestraal Il sanatorio di Hilversum, Bari 1978; Duikergroep Delft – J. Duiker bouwkundig ingenieur, Rotterdam 1982; M. Casciato – Johannes Duiker 1890-1935, Le Scuole, Roma 1982; R. Zoetbrood – Jan Duiker en het sanatorium Zonnestraal, Amsterdam 1984; Architectural Review 1985-1; T. Idsinga – Zonnestraal, Amsterdam 1986; J. Molema – Ir. J. Duiker, Rotterdam 1989; Casabella 1989-11; A. Hofmans – Herinneringen aan Jan Duiker, Lelystad/Rotterdam 1990
Duin, L. van ▸ De Nijl
Duinker, M.J. ▸ Duinker Van der Torre
Duinker Van der Torre M.J.(Margreet) Duinker (1953), M.(Machiel) van der Torre (1946)
G78 Woningbouw Amsterdam 1987-1988
p29
Archis 1994-6
Duintjer, M.F.(Marius) (1908-1983)
G29 Opstandingskerk Amsterdam 1956
G40 Lyceum Buitenveldert Amsterdam 1959-1963
E28 Raadhuis Landsmeer 1956-1968
F30 Nederlandse Bank Amsterdam 1960-1968
E48 Luchthaven Schiphol 1961-1968
G95 Ac. Medisch Centrum Amsterdam 1968-1981
F15
P.K.A. Pennink e.a. – Marius Duintjer, architect, Amsterdam 1986
Duintjer, Istha, Kramer, Van Willegen G95
Duivenbode, R.M. van ▸ Van Duivenbode & De Jong
Duivenbode & De Jong, Van R.M.(Ronald) van Duivenbode (1953), T.B.(Tjeerd) de Jong (1957)
L10 Voorzieningencentrum Rotterdam 1993-1994
L21 Leger des Heils Rotterdam 1993-1995
L31 Woningbouw Rotterdam 1996
L54
Architectuur & Bouwen 1995-9
Duivesteijn, A.Th. p30
Dunlap, W.E. L04
Durand, J.N.L. L09
Eames, Ch. L24
Ebert, F. J47
Eekhout, A.C.J.M. F01, N30
Eesteren, C.(Cornelis) van (1897-1988)
J24 Molensloot Den Haag 1928-1940
H30 Basisplan TU Delft 1947-1950
p7, 16, 17, 19, 21, B01, C52, G25, G37, G43, H30
Bouwkundig Weekblad 1967 p.213; R. Blijstra – C. van Eesteren, Amsterdam 1968; Plan 1983-4; V. van Rossem, Z. Hemel – Cornelis van Eesteren architect urbanist, Rotterdam, 1993; C. Blotkamp e.a. – De vervolgjaren van De Stijl 1922-1932, Amsterdam 1996
Egeraat, E.L.J.M.(Erick) van (1956)
K51 Uitbreiding Museum Rotterdam 1992-1995
p29 ▸ Mecanoo
S. Cusveller – Mecanoo, vijfentwintig werken, Rotterdam 1988; H. Ibelings – Modernisme zonder dogma, Rotterdam/Den Haag 1991; L. Rood, N. Torrella Plat – Mecanoo architekten, Madrid 1994; K. Somer – Mecanoo architecten, Rotterdam 1996; de Architect 1997-4; D. Sudjic – EEA Erick van Egeraat, Basel/Boston/Berlin 1997; Archis 1997-11
EGM J.W.C. Boks (1904-1986), W. Eijkelenboom (1924), G. Gerritse (1931), A. Middelhoek (1923)
J47 Winkelpassage Scheveningen 1976-1982
B35 Gebouw voor Informatica Drienerlo 1983-1985
B35 Congres/Studiecentrum Drienerlo 1987
B35 Kinderdagverblijf De Vlinder Drienerlo 1989
K19 Uitbreiding Bank Rotterdam 1988-1993
L31 Bejaardenflat Rotterdam 1991-1993
K05, K53
Eibink, A. ▸ Eibink & Snellebrand
Eibink & Snellebrand A. Eibink (1893-1975), J.A. Snellebrand (1891-1963)
D32 VARA-Studio's Hilversum 1931
p14, 15
Eijkelenboom, W. ▸ EGM
Eijnde, H.A. van den F15, F22, J09
Eikelenboom, A. G08, L09
El Lissitzky ▸ Lissitzky, El
Elffers, D. L11, N56
Elffers Partners Corn.(Kees) Elffers (1898-1987)
L35 Erasmusuniversiteit Rotterdam 1965-1970
Ellerman, Lucas, Van Vugt K04
Elling, P.J.(Piet) (1897-1962)
D22 Woonhuis Hilversum 1929
D23 Woonhuis Hilversum 1930
D24 Woonhuis Hilversum 1936
G02 Uitbr. Lettergieterij Amsterdam 1949-1950
G84 Frankendael Amsterdam 1947-1951
K08 Rijnhotel Rotterdam 1949-1959
F31 Geïllustreerde Pers Amsterdam 1959
H30 Sportcentrum Delft 1958-1960
D32 VARA-Studio's Hilversum 1958-1961
p22, D27 ▸ Merkelbach & Elling

Elte, H.(Hans) (1880-1944)
G54 Synagoge Amsterdam 1928
Het Bouwbedrijf 1931 p.40
Elzas, A.(Abraham) (1907-1995)
G63 Synagoge Amsterdam 1934-1937
K20 De Bijenkorf Rotterdam 1955-1957
Wonen-TA/BK 1978-12; Archis 1995-10
Embden, S.J.(Sam) van (1904)
H30 Basisplan TU Delft 1947-1950
N23 Basisplan TU Eindhoven 1954-1964
B35 Campus TU Twente Drienerlo 1960-1964
H04 Soefi-tempel Katwijk aan Zee 1969-1970
p24, B35 ▸ OD 205
J. van Geest – S.J. van Embden, Rotterdam, 1996
Emmen, J.(Jan) (1889-1965)
E31 Sluisgebouwen IJmuiden 1930
J13 Stationspostkantoor Den Haag 1939-1949
Engel, H.J. ▸ De Nijl
Engel, H.J.J. J13
Enserink, J.W.B. G68
Environmental Design (ED) G.J. van der Grinten (1928), L.J.(Leo) Heijdenrijk (1932), L. Manche (1935)
B37 Toegepaste Wiskunde Drienerlo 1970-1973
D14 Tandheelkundig Instituut Utrecht 1970-1974
H56 Sterrenburg III Dordrecht 1972-1978
Environmental Design, Amersfoort 1974; de Architect 1979-3
Epen, J.C. van (1880-1960)
G56 Harmoniehof Amsterdam 1919-1923
p14
Het Bouwbedrijf 1931 p.80
Erk, R.B.(Rob) van (1942)
K17 World Trade Centre Rotterdam 1983-1986
K19 Bank Mees Pierson Rotterdam 1988-1993
Archis 1994-9
Erskine, R. M22
Evelein, M. F36
Eyck, A.E.(Aldo) van (1918)
G28 Bejaardenwoningen Amsterdam 1951-1954
B01 Stedenbouwkundig plan Nagele 1947-1957
B03 Lagere Scholen Nagele 1954-1957
G44 Burgerweeshuis Amsterdam 1955-1960
J56 Pastoor van Arskerk Den Haag 1964-1969
N20 Uitbreiding Woonhuis Bergeyk 1967-1969
A.E. van Eyck, Th.J.J.(Theo) Bosch (1940-1994)
F20 Nieuwmarkt Amsterdam 1970-1975
B13 Stadsvernieuwing Zwolle 1971-1975
A.E. van Eyck, H.(Hannie) van Eyck-van Roojen (1918)
F24 Moederhuis Amsterdam 1973-1978
N13 Uitbreiding Huize Padua Boekel 1980-1989
H03 Uitbreiding Estec Noordwijk 1985-1989
B21 Maranathakerk Deventer 1986-1992
E12 Gezondheidscentrum Almere-Stad 1993
G45 Kantoorgebouw Tripolis Amsterdam 1990-1994
J31 Uitbreiding Rekenkamer Den Haag 1993-1997
p7, 22, 23, 26, 27, 28, 29
Architecture d'Aujourd'hui 1975-1/2; Oppositions 9 (1977); Plan 1980-7; H. Hertzberger e.a. – Aldo van Eyck, Amsterdam 1982; Forum 1983-3; Wonen-TA/BK 1982-2, 1985-1; Casabella 1985-10; A. van Eyck – Niet om het even, wel evenwaardig, van en over Aldo van Eyck, Rotterdam/Amsterdam 1986; F. Strauven – Het burgerweeshuis van Aldo van Eyck, Amsterdam 1987; P. Buchanan e.a. – Aldo & Hannie van Eyck: recent werk, Amsterdam 1989; F. Strauven – Aldo van Eyck. Relativiteit en verbeelding, Amsterdam 1994; Archis 1997-11
Eygenbrood, R.J.A. E04
Fels, H.(Hendrik) (1882-1962)
C13 Schakelstation Arnhem 1927
Fichtinger, A.J. ▸ Articon
Finsterlin, H. p14
Fledderus, R.H.(Rein) (1911-1970)
K07 De Doelen Rotterdam 1955-1966
Förg, G. K49
Foster and Partners, Sir N.
L48 Simulatorcentrum Rotterdam 1993-1994
Franso, J. J51
Franswa, J.J.B. G23
Frassinelli, G.P.(Gian Piero)
G74 Vierwindenhuis Amsterdam 1983-1990
Friedhoff, G.(Gijsbert) (1892-1970)
B33 Raadhuis Enschede 1928-1933
p20
C. van der Peet, G. Steenmeijer (red.) – De rijksbouwmeesters, Rotterdam 1995
Froger, J.H.(Jules) (1903-1976)
H30 Basisplan TU Delft 1947-1950
Gaast, K.G.(Koenraad) van der (1923-1993)
H44 Station Schiedam 1959-1963
B23 Station Almelo 1960-1964
M20 Station Tilburg 1957-1965
Bouw 1964 p.622; Forum 1985-3
Gabo, N. K20
Galfetti, A. N57
Galis, B. H29
Gameren, D.E.(Dick) van (1962)
C05 Woongebouw Nijmegen 1991-1996
▸ De Architectengroep
Geel, Chr. van M07
Gemeentewerken Amersfoort C46
Gemeentewerken Rotterdam H40, H41, K40, K55, L42, L43, L60
Gendt, A.D.N. van F15, F22, J38
Gendt, A.L. van (1835-1901)
A33 Woonhuis Rams Woerthe Steenwijk 1895-1899
Gendt, J.G. van F22
Gent, C. van K40
Gerretsen, F. ▸ Gerretsen & Wegerif
Gerretsen, W.M. E08
Gerretsen & Wegerif F.(Frits) Gerretsen (1899-1974), Chr.(Chris) Wegerif jr. (1898-1984)
C70 Woonhuis Van Houten Laren 1929
Gerritse, G. ▸ EGM
Gerssen, P.J.(Peter) (1932)
C45 Hoofdkantoor Fläkt Amersfoort 1973-1974
C55 Zwolsche Algemeene Nieuwegein 1982-1984
H30 Kantoorgebouw TNO Delft 1990
L36
Plan 1984-9
Geurst, J.J. ▸ Geurst & Schulze
Geurst & Schulze J.J.(Jeroen) Geurst (1960), R.T.(Rens) Schulze (1960)
J58 Woongebouw Den Haag 1988-1992
A15 Woningbouw Groningen 1989-1992
p29
P. Deiters – Biennale jonge Nederlandse architecten 1989, Rotterdam 1989
Geuze, A.H. ▸ West 8
Gidding, J. F17, K56
Giedion, C. p23
Giedion, S. p23
Giesen, J.H.L.(Jan) (1903-1980)
G64 Atelierwoningen Amsterdam 1934
p19, 20
M. van Stralen – Atelierwoningen Zomerdijkstraat, Rotterdam 1989
Gimmie Shelter H30
Ginkel, H.P.D. van
B03 Lagere Scholen Nagele 1954-1957
Girod, J.P.H.C. F13 ▸ Girod & Groeneveld
Girod & Groeneveld J.P.H.C.(Patrice) Girod (1937), R.J.(Reynoud) Groeneveld (1932)
G06 Bickerseiland Amsterdam 1975-1977
K41 Clubhuis, Woningen Rotterdam 1979-1984
Gmelig Meyling, A.W.
G04 Parkeergarage Amsterdam 1970-1971
▸ ZZ&P
Goede, P.H. F30
Goldschmidt, M. L04
Gool, F.J.(Frans) van (1922)
B01 Woningbouw Nagele 1957
G30 Zaagtandwoningen Amsterdam 1959-1960
G15 Buikslotermeer Amsterdam 1963-1966
F33 Twee Kantoorvilla's Amsterdam 1976-1979
A21 Girokantoor Leeuwarden 1977-1982
A05 Hoofdkantoor PTT Groningen 1985-1990
K13
de Architect 1980-11; H. de Haan, I. Haagsma – Wie is er bang voor nieuwbouw, Amsterdam 1981; Forum 1993-2
Goor, M.J. van C37, G85
Graaf, A.J.B. van der K53
Grabowsky & Poort G90
Graeff, W. p16
Granpré Molière, M.J.(Marinus) (1883-1972)
L56 Tuindorp Vreewijk Rotterdam 1913
L26 Woonhuis De Boogerd Rotterdam 1929-1930
N05 Kerk Haaren 1938-1939
M18 Kerk Breda 1951-1953
C22 Raadhuis Oosterbeek 1956-1966
p15, 20, 21
Woorden en werken van Prof. Ir. Granpré Molière, Heemstede 1949; M.J. Granpré Molière – De eeuwige architectuur, Amsterdam 1957; Bouwkundig Weekblad 1958 p.513; Plan 1972-6
Grassi, G.(Giorgio) (1935)
A10 Bibliotheek Groningen 1990-1992
Gratama, J.(Jan) (1877-1947)
G20 Plan West Amsterdam 1922-1927
G85 Betondorp Amsterdam 1921-1928
H23 Uitbreiding Agnetapark Delft 1925-1928
p13
Graves, M. J06
Greiner, D.(Dick) (1891-1964)
G85 Woningbouw Betondorp Amsterdam 1921-1928
Greiner, O.(Onno) (1924)
C37 De Flint Amersfoort 1974-1977

G85
de Architect 1978-3; M. v.d. Marck – Onno Greiner, architect, Amsterdam 1985
Gremmen, B. H25
Greve, J.(Jan)
J32 Parkeergarage Den Haag 1928-1930
Greve, W.(Willem) (1880)
G85 Woningbouw Betondorp Amsterdam 1921-1928
Grinten, G.J. van der (1928)
N34 Eigen Woonhuis Venlo 1965-1967
D14, H44 ▸ Environmental Design
Groeneveld, R.J. ▸ Girod & Groeneveld
Groenewegen, J.H. (1901-1958)
E35 Montessorischool Bloemendaal 1930
p18
Groenewoud, G. A23
Groep '32 p7, 19, 20, 22, G58
Groosman, E.F.(Ernest) (1917)
L58 Zuidpleinflat Rotterdam 1941-1947
B01 Bankgebouw Nagele 1957
B01 Woningbouw Nagele 1957
Groosman Partners
K17 World Trade Centre Rotterdam 1983-1986
K38
S. Mulder, J. Schilt – Jonge architecten in de wederopbouw 1940-1960, Bussum 1993
Groot, J. A01
Groot, A.A. de ▸ De Jonge, Dorst, Lubeek, De Bruijn, De Groot
Groot, J.H. de p11, 12
Groot, J.M.A. de H31, H43
Gropius, W. p11, F31
Grosfeld, G. N30
Gulden & Geldmaker G24
Gulikers, H.J.M. N57
Haak, A.J.H.M.(Lex) (1930)
H07 Taffeh-zaal Leiden 1977-1979
P. Zwaal – Lex Haak, architect, Delft 1991
Haan, H.P.C.(Herman) (1914-1996)
B39 Studentenhuisvesting Drienerlo 1964-1965
B35 Sport- en Winkelcentrum Drienerlo 1969
B35 Stafwoningen Drienerlo 1969
B35 Studentenhuisvesting Drienerlo 1972
de Architect 1991-11; S. Mulder, J. Schilt – Jonge architecten in de wederopbouw 1940-1960, Bussum 1993; P. Vollaard – Herman Haan, architect, Rotterdam 1995
Habraken, N.J. ▸ Stichting Architecten Research
Hagen, T. van der M26
Hagenbeek, H.L.
F20 Nieuwmarkt Amsterdam 1979-1984
F20 Nieuwmarkt Amsterdam 1983-1985
Hagoort, A. ▸ OD 205
Haks, F. A04
Halewijn, T. van E07
Hamdorff, W.(Wouter) (1890-1965)
C58 Stormvloedkering Hagestein 1953-1960
M.E.Th. Estourgie-Beyer – Wouter Hamdorff, architect 1890-1965, Laren 1989
Hammel, P.P.(Pietro) (1933)
K40 Stadsvernieuwing Rotterdam 1970-
K40 Woningbouw, Winkels Rotterdam 1975-1977
K40 Wijkgebouw Odeon Rotterdam 1971-1976, 1982
P.P. Hammel – Unsere Zukunft: die Stadt/Een pleidooi voor de stad, Frankfurt/Tilburg 1972; Plan 1981-7; H. de Haan, I. Haagsma – Wie is er bang voor nieuwbouw, Amsterdam 1981
Hammink, J.E. E08
Harbers, H.C.L. N60
Hardeveld, J.M. van (1891-1953)
L55 Betonwoningen Stulemeijer Rotterdam 1925
S. Cusveller (red.) – Tuindorp in beton: bouwexperimenten op Zuid 1921-1929, Rotterdam 1989
Hardy, J. p23, 24
Haring, M. K30
Hartsuyker, E.(Enrico) (1925), **L.(Lucia) Hartsuyker-Curjel** (1926)
B01 Kerkhoven Nagele 1957
L57 De Zonnetrap Rotterdam 1976-1980
Polytechnisch Tijdschrift Bouwkunde 1968 p.44; de Architect 1981-5
Hartsuyker-Curjel, L. ▸ E. Hartsuyker
Hasselt & De Koning, Van B14
Haslett, G. ▸ Bosch, Haslett & Kruunenberg
Hazewinkel, Tj. B35, F27
Heeswijk, J.J.H.M.(Hans) van (1952)
F32 Kantoorgebouw Amsterdam 1989-1991
M14 Artotheek Breda 1989-1991
p29
Wonen-TA/BK 1983-17/18; H. Hertzberger – Hans van Heeswijk, architect, Rotterdam 1995
Heiden, P.A. v.d. F30
Heijdenrijk, L.J.(Leo) (1932)
C24 Bestuurscentrum Wageningen 1990
B35, B37, H56 ▸ Environmental Design
Heijligers, J.F. J40
Heijligers, W. E07
Heijne, R. J08
Heineke & Kuipers G20
Henkenhof, J.F. J47
Henket, H.A.J.(Hubert-Jan) (1940)
N07 Barth Lijstenfabriek Boxtel 1979
N11 Arbeidsbureau Veghel 1984-1987
K47 Tuinpaviljoen Boijmans Rotterdam 1989-1991
C03 Gemeentehuis Wehl 1990-1992
K28 Maastheater Rotterdam 1996
N57 Kantoorgebouw Maastricht 1997-
p29, C17
Hellendoorn, J.J. J25
Hennebique, F. p18
Henneman, J. G91
Henny, A.B. C52
Henny, C. C14, J43
Herk, A.W.(Arne) van (1944)
F04 Haarlemmer Houttuinen Amsterdam 1978-1983
p29 ▸ Van Herk & De Kleijn
Herk & De Kleijn, Van A.W.(Arne) van Herk (1944), S.E.(Simone) de Kleijn (1946)
G74 Woningbouw Wittenburg Amsterdam 1982-1984
E43 Woningbouw Haarlem 1986-1990
J12 Stationsbuurt Den Haag 1985-1991
J58 Woongebouw Den Haag 1988-1992
p29
Wonen-TA/BK 1983-17/18
Hertzberger, H.(Herman) (1932)
G26 Uitbreiding LinMij Amsterdam 1963-1964
F27 Studentenhuis Amsterdam 1959-1966
H27 Montessorischool Delft 1966
H28 Diagoonwoningen Delft 1971
B17 Centraal Beheer Apeldoorn 1967-1972
G31 De Drie Hoven Amsterdam 1971-1975
D01 Muziekcentrum Vredenburg Utrecht 1973-1979
F04 Haarlemmer Houttuinen Amsterdam 1978-1982
G50 Montessorischool Amsterdam 1980-1983
G50 Willemsparkschool Amsterdam 1980-1983
E03 De Overloop Almere-Haven 1980-1984
J23 Ministerie Den Haag 1979-1990
E09 Bouw-RAI I Almere-Stad 1990
B17 Uitbreiding Centraal Beheer Apeldoorn 1990
E11 Basisschool De Polygoon Almere-Stad 1990-1992
J05 Theatercentrum Den Haag 1986-1993
M13 Bibliotheek, Muziekcentrum Breda 1991-1993
H51 Anne Frank School Papendrecht 1992-1994
M15 Chassé-theater Breda 1992-1995
E11 Basisschool De Bombardon Almere-Stad 1995
N12 Theater Markant Uden 1993-1996
N57 Kantoorgebouw Maastricht 1997-
p23, 24, 27, 29, E43, G44
Architecture + Urbanism 1977-3, 1983-12; H. de Haan, I. Haagsma – Wie is er bang voor nieuwbouw, Amsterdam 1981; H. Hertzberger – Het Openbare Rijk, Delft 1984; H. Hertzberger – Ruimte maken, ruimte laten, Delft 1984; G. Descombes e.a. – Herman Hertzberger, Milano 1985; M. Kloos – Muziekcentrum Vredenburg, Utrecht 1985; Archis 1986-12; Archithese 1986-2; A. Lüchinger – Herman Hertzberger, Bauten und Projekte 1959-1986, Den Haag 1987; E. Steenkist (red.) – Herman Hertzberger: Uitnodigende vorm, Delft 1988; W. Reinink – Herman Hertzberger, architect, Rotterdam 1991; Architecture + Urbanism 1991-4; H. Hertzberger – Lessons for students in architecture, Rotterdam 1991, Tokyo 1995, Taipei 1997; M. van Vlijmen – Herman Hertzberger. Projekte/Projects 1990-1995, Rotterdam 1995; H. Hertzberger – Vom Bauen. Vorlesungen über Architektur, München 1995; H. Hertzberger – Lezioni di Architettura, Roma 1996; H. Hertzberger – Licoes de Arquitetura, Sao Paulo 1996; H. Hertzberger – Ruimte maken, ruimte laten, Rotterdam 1996
Herwijnen, L. van M12
Heukelom, G.W. van (1870-1952)
D05 Administratiegebouw NS Utrecht 1918-1921
H. van Heukelom-v.d. Brandeler – Dr. Ir. G.W. van Heukelom, De ingenieur, de bouwmeester, de mens, Utrecht 1953
Heukelom, mgr. Van p10
Heyden, A. van der K19
Heystee, A.M.A. E23
Hille, K. F39, G07
Hoek, B. K40
Hoek, R. J14
Hoeken, F.G. van E07
Hoenders Dekkers Zinsmeister H25
Hoeven, C.A. van der ▸ Baneke & Van der Hoeven
Hoff, R.(Robert) van 't (1887-1979)
C50 Woonhuis Løvdalla Huis ter Heide 1911
C51 Woonhuis Verloop Huis ter Heide 1915-1916
C52 Woonhuis Henny Huis ter Heide 1915-1919
p16, J51
Wonen-TA/BK 1979-11; Bouw 1979-12, 1979-13, 1979-

19; C. Blotkamp (red.) – De beginjaren van De Stijl, Utrecht 1982

Hofland, H.J.A. p27

Hollander, J.(Jord) den (1951)
E26 Gemaal Spijkerboor 1987-1990

Holt, G.H.M.(Gerard) (1904-1988)
E37 Woonhuis Looyen Aerdenhout 1948
C06 Schouwburg Nijmegen 1955-1961
E44 Pastoor van Arskerk Haarlem 1958-1961
M23 Schouwburg Tilburg 1953-1964
F19
Wonen-TA/BK 1983-4/5; H.P.G. de Boer – Architect G.H.M. Holt (1904), Amsterdam 1983

Holvast & Van Woerden E08

HOLY architecten H30

Holzbauer, W.(Wilhelm) (1930)
F19 Stadhuis en Opera Amsterdam 1979-1987
Hochschule für Angewandte Kunst Wien – Wilhelm Holzbauer, Bauten und Projekte 1953-1985, Salzburg 1985

Hondius, J.F. B28

Hoogevest, T. van D25

Hoogmoed, P.J. van M26

Hoogstad, J.(Jan) (1930)
H15 Raadhuis Driebruggen 1977-1981
B05 Stadhuis Lelystad 1976-1984
M16 Casino Breda 1985-1987
K04 Woongebouw Rotterdam 1988-1990
J04 Ministerie van VROM Den Haag 1986-1992
K04 Hoofdkantoor Unilever Rotterdam 1988-1992
p27, 28
Plan 1979-12, 1985-4; de Architect 1982-3; Wiederhall 10; Architectuur & Bouwen 1990-11; J. Hoogstad – Ruimte, tijd, beweging, Den Haag 1990; R. Dettingmeijer – Jan Hoogstad, architect, Rotterdam 1996

Horst, N. van der J45

Horsting, J.C. ▸ Tuns + Horsting

Hoshino, F. K49

Houben, F.M.J. ▸ Mecanoo

Houben, R. E04

Howard, E. p15, E39

Hudig, fam. H39

Huisman, J. A27

Hulsbosch, J.
G85 Woningbouw Betondorp Amsterdam 1923-1928
L55 Betonwoningen De Kossel Rotterdam 1921-1929

Hulshoff, A.R.
G20 Plan West Amsterdam 1922-1927

Huszar, V. p16

Huut, M. van ▸ Alberts & Van Huut

Huysmans, J.H.A.(Jean) (1913-1974)
N61 St. Josephkerk Vaals 1958

IJssel, A. van den K33

INBO E09, E10, K23

Israels, E. H25

Istha, D.J. G95

Jagt, W.J. van der C29, M22

Jahn, H. ▸ Murphy/Jahn Architects

Janga, M. E08

Jansen, G.J. F35

Jansma, R. ▸ Zwarts & Jansma

Jantzen Gzn., F.B. G20

Jarik, G.J. L04

Jellema, R. H01

Jencks, Ch. p27

Jerde, J. K18

Jong, G. de E10

Jong, A.J.M. de (1926)
A35 Angelslo Emmen 1956-1969
A35 Emmerhout Emmen 1961-1974
A35 Bargeres Emmen 1967-1983
A35 Rietlanden Emmen 1977-1996
P. Huygen – Emmen: de bouw van een aangename stad in het groen, Rotterdam 1995

Jong, H.L.(Hyman Louis) de (1882-1942)
F17 Tuschinski Theater Amsterdam 1918-1921
Architectural Review 1973 p.323

Jong, T.B. de ▸ Van Duivenbode & De Jong

Jong Hoogveld De Kat, De H25

Jonge, L.J. de ▸ De Jonge, Dorst, Lubeek, De Bruijn, De Groot

Jonge, Dorst, Lubeek, De Bruijn, De Groot, De L.J.(Leo) de Jonge (1919), M. Dorst, H. Lubeek, G. de Bruijn, A.A. de Groot
C63 Centraal Wonen Hilversumse Meent 1974-1977
K40 Renovatie Woningen Rotterdam 1983-1985
L07, L31
S. Mulder, J. Schilt – Jonge architecten in de wederopbouw 1940-1960, Bussum 1993

Jonges, J. B27, E43

Jongh, G.J. de p15, K50

Jonkheid, G. G43

Joosting, P.(Pieter) (1867-1942)
L41 De Hef Rotterdam 1924-1927
A. de Boode, P. van Oudheusden – De 'Hef', biografie van een spoorbrug, Rotterdam 1985

Jordens, B. F17

Kaan, C.H.C.F. ▸ Claus & Kaan

Kalff, L.C. (1897-1976)
N30 Evoluon Eindhoven 1962-1966
Bouwkundig Weekblad 1967 p.465

Kalfsbeek, C. A08, A10

Kamerling, M. B01

Kamerlingh Onnes, H.H. H01

Kampen, J. van G21

Karelse, A.J.(Thon) (1948)
A03 Galerie Waalkens Finsterwolde 1983-1984
▸ Karelse & Van der Meer

Karelse & Van der Meer A.J.(Thon) Karelse (1948), J.(Jurjen) van der Meer (1953)
A07 Gemeentewerken Groningen 1989-1990
A15 Woningbouw Groningen 1989-1992
J06
Karelse Van der Meer Architekten – Honderd maanden De Zwarte Hond, Groningen 1993

Karsten, Ch.J.F. ▸ B. Merkelbach

Kasteel, B.(Bart) van (1921-1988)
F12 Historisch Museum Amsterdam 1969-1975
H08 Universiteitsbibliotheek Leiden 1976-1982
J47

Kat, K. de ▸ De Kat & Peek

Kat & Peek, De K.(Kees) de Kat (1937), D.(Dick) Peek (1942)
G05 HAT-Eenheden Amsterdam 1983
G87 Woningbouw Venserpolder Amsterdam 1980-1984
G12 Woongebouw Amsterdam 1982-1984
de Architect 1981-3

Keppler, A. G17, G24, G85

Kerkhoff, F.M.L. H23

Kho Liang Ie E48

Kiesler, F. p16

Kilsdonk, P.A.M.(Peter) (1954)
G86 Station Duivendrecht Amsterdam 1987-1994

Kingma & Roorda G10, J58

Kinkel, D. E07

Kirkeby, P. A05

Klaarhamer, P.C.J. p16

Klarenbeek, H. C12

Klei, Th.J.N. van der G40

Kleihues, J.P. p30

Kleijn, S.E. de ▸ Van Herk & De Kleijn

Kleine Stad, De D07

Klerk, M.(Michel) de (1884-1923)
F39 Hillehuis Amsterdam 1911-1912
F22 Scheepvaarthuis Amsterdam 1912-1916
G07 Eigen Haard Amsterdam 1913-1920
G62 De Dageraad Amsterdam 1919-1922
G61 Vrijheidslaan Amsterdam 1921-1922
E52 Woonhuis Barendsen Aalsmeer 1923
p13, 14, G80, N47
Bouwkundig Weekblad 1954 p.33; Casabella 1957-4/5; GA 56, Tokyo 1984; M. Casciato, W. de Wit – Le Case Eigen Haard di De Klerk 1913-1921, Roma 1984; S.S. Frank – Michel de Klerk 1884-1923, An Architect of the Amsterdam School, Ann Arbor 1984; F. van Burkom – Michel de Klerk 1884-1923, Rotterdam 1991; M. Bock e.a. – Michel de Klerk, bouwmeester en tekenaar van de Amsterdamse School 1884-1923, Rotterdam 1997

Klingeren, F.(Frank) van (1919)
B08 De Meerpaal Dronten 1966-1967
N28 't Karregat Eindhoven 1970-1973
J57 Jeugdherberg Ockenburgh Den Haag 1971-1974
p25
Wonen 1971-mei; Bouw 1971 p.1414, 1973 p.1601

Kloe, R.J. de E07

Klompenhouwer, J.J.M. K04

Kloos, J.P.(Jan Piet) (1905)
H10 Rijnlands Lyceum Wassenaar 1937-1939
G33 Hangbrugmaisonnettes Amsterdam 1964-1970
G37 Woningbouw Nieuw-Sloten Amsterdam 1993
p22, B09
H. de Haan, I. Haagsma – Wie is er bang voor nieuwbouw, Amsterdam 1981; Plan 1983-4; de Architect 1983-11; J.P. Kloos – Architectuur een gewetenszaak, Den Haag 1985; M. Bock, K. Somer – Architect J.P. Kloos (1905), Amsterdam 1986

Klooster, J.G.L. van D27

Klopma, H. K13

Klunder, H.(Henk) (1935)
C49 Parkstad Leusden 1969-1972
H20 Woningbouw Berkel en Rodenrijs 1969-1973
E34 Woningbouw Spaarndam 1975-1977
E16 Sluisdijk Den Helder 1974-1978
K04 Weenahuis Rotterdam 1983-1987
K04 Kantoor en Woongebouw Rotterdam 1982-1990
p25, N02
Bouw 1983-11; de Architect 1983-6; Architectuur & Bouwen 1993-3

Knemeijer, G. B13, F20
Knippers, E. D03
Koeman, J. L03
Kok, A.J.Th. p16, L56
Kokon F.J.M.(Frans) van der Werf (1937)
D20 Woningbouw SAR Utrecht 1971-1982
Kollhoff, H.(Hans) (1946)
G71 Woongebouw Piraeus Amsterdam 1989-1994
F. Neumeyer – Hans Kollhoff, Barcelona 1991; C. Boekraad e.a. – Piraeus, een woongebouw van Kollhoff, Rotterdam 1994
Komter, A.(Auke) (1904-1982)
B15 Woonhuis De Witte Raaf Hattem 1927-1936
G80 Roeivereniging De Hoop Amsterdam 1950-1952
W. de Wit – Auke Komter, architect, Amsterdam 1978; M. Bock e.a. – Van het Nieuwe Bouwen naar een Nieuwe Architectuur. Groep '32, Den Haag 1983
Konijnenburg, J.J.(John) (1921-1985)
B14 Uitbreiding Stadhuis Zwolle 1963-1975
Koning, J. F13
Koning, M.C. de L12
Koolen, M. E08
Koolhaas, R.L. ▸ OMA
Koolhaas, T.(Teun) (1940)
E08 Woonhuis Polderblik Almere-Stad 1985
E09 Bouw-RAI I Almere-Stad 1990
L44 Kop van Zuid Rotterdam 1987-
p30, D14
Kooning, W. de K04
Koppelman, G. E08
Körmeling, J.(John) (1951)
A01 Starthuisje Roeibaan Harkstede 1991-1992
E48, L51
Wonen-TA/BK 1983-17/18; U. Barbieri, S. Cusveller – John Körmeling: architectonische constructies, Rotterdam 1986; de Architect 1989-9; John Körmeling – Een goed boek, Utrecht 1994
Kovel, H.J. de ▸ DKV
Kraaijvanger Architecten E.H.A.(Evert) Kraaijvanger (1899-1978), H.M.(Herman) Kraaijvanger (1903-1981)
K02 Stationspostkantoor Rotterdam 1954-1959
K07 De Doelen Rotterdam 1955-1966
J13 Expeditieknooppunt Den Haag 1984-1987
Kraaijvanger Urbis
L47 Wilhelminahof Rotterdam 1994-1997
K21, L40
Bouw 1978-5; de Architect 1993-4
Kramer, P.L.(Piet) (1881-1961)
F22 Scheepvaarthuis Amsterdam 1912-1916
E23 Tuinhuisje Bergen 1915-1918
G62 De Dageraad Amsterdam 1919-1922
J09 De Bijenkorf Den Haag 1924-1926
G20 Woningbouw Amsterdam 1927
G49 Brug en Boothuis Amsterdam 1928
p13, 14, G61
W. Retera Wzn. – Nederlandsche Bouwmeesters, P. Kramer, Amsterdam 1927; De Bijenkorf 's-Gravenhage, Amsterdam 1926; B. Kohlenbach – Pieter Lodewijk Kramer 1881-1961, Naarden 1994
Krier, R.(Rob) (1938)
J06 De Resident Den Haag 1988-
p30
Krijgsman, A.
K14 Lijnbaanflat Rotterdam 1954-1956
Kristensen, D. A20
Kroese, M.M.(Magdaleen) (1959)
N32 Kinderdagverblijf Eindhoven 1992
Kroll, L. H14
Kröller-Müller, H.E.L.J. A32, C30, C31
Kromhout, J. K08
Kromhout, W.(Willem) (1864-1940)
F35 American Amsterdam 1898-1902
B09 Ziekenhuis Kampen 1911-1916
L01 Scheepvaart Vereeniging Zuid Rotterdam 1920-1922
L01 Drukkerij Wyt & Zonen Rotterdam 1924-1925
p11, 13, 14, 15, 17
W. Retera Wzn. – Nederlandsche Bouwmeesters, W. Kromhout Czn., Amsterdam 1927; Bouwkundig Weekblad 1934 p.169; Nederlandse Architectuur 1893-1918, Architectura, Amsterdam 1975; I. Jager – W. Kromhout Czn., Rotterdam 1992
Kroon, H.G.
H48 Stormvloedkering Krimpen 1953-1959
Kroos, J. ▸ H.A. Maaskant
Krop, H.L. A33, F11, F22, G49, G62, J09
Kropholler, A.J.(Alexander) (1881-1973)
N01 Raadhuis Waalwijk 1929-1931
N26 Van Abbe-museum Eindhoven 1933-1935
E19 Raadhuis Medemblik 1940-1942
p20
G. Knuttel – Nederlandsche Bouwmeesters, A.J. Kropholler, Amsterdam s.a.; Katholiek Bouwblad 1950/51 p.369; Plan 1990-11/12
Kropholler, M. ▸ M. Staal-Kropholler
Kruiswijk, C. p14
Kruunenberg, G.S. ▸ Bosch, Haslett & Kruunenberg
Kruyne, L. M06
Kuijt, J.Th.A.M.(Jan) (1884-1944)
E40 Warenhuis Haarlem 1929
Kuilenburg, W. van L11
Kuiler, J. ▸ Kuiler & Drewes
Kuiler & Drewes J.(Jan) Kuiler (-1952), L. Drewes (1870-1969)
A11 Odd Fellowhuis Groningen 1923
Kuiper Compagnons C43
Kurokawa, K. F38
Laan, Dom H.(Hans) van der (1904-1991)
N09 Woonhuis Naalden Best 1982
N59 Kapel en Klooster Lemiers 1956-1986
p21, N08
Dom H. van der Laan – Le Nombre Plastique/Het Plastisch Getal, Leiden 1960/1967; Dom H. van der Laan – De Architectonische Ruimte, Leiden 1977; H. de Haan, I. Haagsma – Wie is er bang voor nieuwbouw, Amsterdam 1981; de Architect 1982-4, 1984-3, 1984-4, 1989-5; W. Pars Graatsma, H.J.M. Tilmans – Dom H. van der Laan, Maastricht 1989; B. Crouzen, F. Wolfs – Dom Hans van der Laan, architectuur en de noodzaak van begrenzingen, Maastricht 1989; R. Padovan – Dom Hans van der Laan, modern primitive, Amsterdam 1994
Laan, J.A. van der (1896-1966)
M27 Economische Hogeschool Tilburg 1957-1962
Lafour, L.L.(Lucien) (1942)
B38 Mensa De Bastille Drienerlo 1964-1969
▸ Lafour & Wijk
Lafour & Wijk L.L.(Lucien) Lafour (1942), R.(Rikkert) Wijk (1948)
G72 Slachthuisterrein Amsterdam 1987-1989
E10 Bouw-RAI II Almere-Stad 1992
Forum 1980-1, 1982-4; Wonen-TA/BK 1983-17/18; Architectural Review 1990-2; M. Kloos (red.) – Lafour & Wijk, architects, Amsterdam 1991
Lambeck, J.H. G66
Langhout, G.J. F11
Lans, G. H31, K15, N31
Lansdorp, N. p14
Lauweriks, J.L.M. p11
Le Corbusier p7, 18, 19, 20, 28, 29, A25, B15, E38, G48, G67, M25, N18
Leck, B. van der p16, D24, D32
Leeden, H.C. van der G73, J30
Leersum, E. van E07
Leeuw, C.H. van der p18, 19, L08, L25
Leeuwen, W.H. van H24
Lely, C.(Cornelis) (1854-1929)
E15 Afsluitdijk Den Oever 1918-1933
Lénárd, I. M05
Ley, P.(Paul) de (1943)
G06 Bickerseiland Amsterdam 1975-1977
G06 Woningbouw Westerdok Amsterdam 1980-1982
F20 Stadsvernieuwing Amsterdam 1986
L06 Het Witte Dorp Rotterdam 1986-1992
p26, B13, L05
Architectural Review 1990-2
Liem, H. E08
Ligtvoet, R.A.L.M. L47
Lim, R.(Roy) (1947)
C67 Bedrijfsgebouw Erco Naarden 1992
Linden, A. van der (1895-1985)
B16 Jachinschool Elspeet 1954
Linden, J. van der B10
Linge, E. van A11
Lion Cachet, C.A. F22
Lissitzky, El p14, 16, 17
Loerakker, B.(Ben) (1931)
G47 Kantongerecht Amsterdam 1970-1975
B06 Combinatiegebouw Lelystad 1981-1983
G47 Uitbr. Kantongerecht Amsterdam 1984-1990
K40 ▸ VDL
J. Schilt, D. van Gameren – Ben Loerakker, architect, Rotterdam 1996
Loerakker, P. E07
Loghem, J.B.(Han) van (1881-1940)
E39 Rosenhaghe Haarlem 1919-1922
E45 Tuinwijk-Zuid Haarlem 1920-1922
G85 Woningbouw Betondorp Amsterdam 1921-1928
B31 Woonhuis Zijlstra Enschede 1933
J34 Woonhuis Hartog Den Haag 1937
p17, 18, 19, 20, E31, E46, J10
J.B. van Loghem – Bouwen/Bauen/Bâtir/Building Holland, Amsterdam/Nijmegen, 1932/1980; de 8 en Opbouw 1940 p.51; Bouwkundig Weekblad 1940 p.97; Plan 1971-12; Plan 1981-12; W. de Wagt – J.B. van Loghem (1881-1940), Haarlem 1995
Lohuizen, K.T. van p19
Loof, M. ▸ Loof & Van Stigt

Loof & Van Stigt M.(Marianne) Loof (1960), J.A.(Jurriaan) van Stigt (1962)
G74 Verenigingsgebouw Amsterdam 1991-1992
E10 Bouw-RAI II Almere-Stad 1992
Loos, A. p29, H35
Lops, H.B.J. D34, H31, K15
LRR(H) B.(Ben) Loerakker (1931), K.(Kees) Rijnboutt (1939), H.J.M.(Hans) Ruijssenaars (1944), G.J. Hendriks (thans De Architectengroep) ▸ B. Loerakker ▸ K. Rijnboutt ▸ H.J.M. Ruijssenaars
Lubeek ▸ De Jonge, Dorst, Lubeek, De Bruijn, De Groot
Lucas & Niemeijer B17
Lucchi, M. de A04
Lürsen, J.B. ▸ Buijs & Lürsen
Luthmann, J.M.(Jules) (1890-1973)
C34 Radiostation Radio Kootwijk 1919-1922
p14, 15
Bouwkundig Weekblad 1960 p.29; Wonen-TA/BK 1979-2
Maar, D. de D08
Maas, W. ▸ MVRDV
Maaskant, H.A.(Hugh) (1907-1977)
G53 Drive-in Woningen Amsterdam 1937
L23 Plaslaanflat Rotterdam 1937-1938
G35 Luchtvaart Laboratorium Amsterdam 1938-1941
K35 Industriegebouw Rotterdam 1948-1951
K03 Groothandelsgebouw Rotterdam 1949-1951
M12 Tomado-fabriek Etten-Leur 1954-1955
K14 Lijnbaanflats Rotterdam 1954-1956
K55 Euromast Rotterdam 1958-1960
J47 Wandelpier Scheveningen 1955-1961
Maaskant, Van Dommelen, Kroos, Senf P.W. van Dommelen (1921-1981), J. Kroos, H.G. Senf (1926-1970)
H52 Tomado-huis Dordrecht 1959-1962
K04 Hilton Hotel Rotterdam 1960-1964
C53 Sportcentrum KNVB Zeist 1956-1965
C61 Johnson-Wax Mijdrecht 1964-1966
K04 Weenagebouw Rotterdam 1966-1968
N23 Studentencentrum Eindhoven 1969
L12 Scholencomplex Rotterdam 1955-1970
N02 Provinciehuis Den Bosch 1963-1971
L36 Adriaan Volkerhuis Rotterdam 1970-1973
p21, 22, L58
L. Ott – Van luchtkasteel tot koopmansburcht, Rotterdam/Den Haag 1969; Plan 1970-9; Bouw 1983-19; M. Fluks e.a. – Architect H.A. Maaskant (1907-1977), Amsterdam 1983; de Architect 1992-11
Magnée, R.M.H. E30, F03
Makkink, K. F20
Mallet-Stevens, R. p14
Manche, L. ▸ Environmental Design
Mandelbrot, B.M. p24
Mandele, K.P. van der p15, L26
Mani, V.(Victor) (1951)
B07 Sportmuseum Lelystad 1993-1995
K27
Wonen-TA/BK 1985-19/20
Margadant, D.A.N. (1849-1915)
E41 Station Haarlem 1899-1908
Mark, A. van der G71
Marken, J.C. van H23
Martens, G. K52
Mastenbroek, B.(Bjarne) (1964)
C05 Woongebouw Nijmegen 1991-1996
D09 Woonhuizen KBWW Utrecht 1994-1997
▸ De Architectengroep
Mateo, J.L. J58
Maters, B. D06
May, E. p29
MBM N57
Mecanoo H.J.(Henk) Döll (1956), F.M.J.(Francine) Houben (1955), C.(Chris) de Weijer (1956), tot 1988 R.(Roelf) Steenhuis (1956), tot 1996 E.L.J.M.(Erick) van Egeraat (1956)
K06 Jongerenhuisvesting Rotterdam 1981-1985
L51 Woningbouw Hillekop Rotterdam 1985-1989
K43 Woningbouw Rotterdam 1984-1990
A15 Corpus Den Hoorn Groningen 1986-1990
K27 Restaurant Boompjes Rotterdam 1989-1990
E09 Bouw-RAI I Almere-Stad 1990
J12 Stationsbuurt Den Haag 1985-1991
C26 Bibliotheek Wageningen 1986-1991
L24 Eigen Woonhuis Rotterdam 1989-1991
G36 Park Haagseweg Amsterdam 1990-1991
J58 Patiowoningen Den Haag 1988-1992
K36 Uitbreiding Parkhotel Rotterdam 1990-1992
C26 Botanisch Laboratorium Wageningen 1990-1992
C40 Woonhuis Amersfoort 1991-1992
E10 Bouw-RAI II Almere-Stad 1992
L32 Ringvaartplasbuurt Rotterdam 1989-1993
N52 Woningbouw Maastricht 1990-1994
B24 Bibliotheek Almelo 1991-1994
H25 Woonhuis Delft 1991-1994
C01 Isalacollege Silvolde 1990-1995
D16 Faculteit Utrecht 1991-1995
K36 Woningen en Winkels Rotterdam 1991-1995
H32 Centrale Bibliotheek Delft 1993-1997
p29, 32, C24, H30, J17
Forum 1983-1/2; Wonen-TA/BK 1985-19/20; H. Döll e.a. – Woningbouw Kruisplein, Delft 1985; S. Cusveller – Mecanoo, vijfentwintig werken, Rotterdam 1988; H. Ibelings – Modernisme zonder dogma, Rotterdam/Den Haag 1991; L. Rood, N. Torrella Plat – Mecanoo architekten, Madrid 1994; Archis 1995-7; K. Somer – Mecanoo architecten, Rotterdam 1996
Meer, H.M.A.(Hein) van (1928)
G11 Woningbouw Amsterdam 1982-1984
Meer, J. van der ▸ Karelse & Van der Meer
Meer, P.B.M. van der J20
Meerman, B.J.
C08 Benzinestation Nijmegen 1936
Meier, R.A.(Richard) (1934)
D30 Hoofdkantoor KNP Hilversum 1989-1992
J01 Stadhuis en Bibliotheek Den Haag 1986-1995
p30, G16, H17
Th. Hines e.a. – Stadhuis/bibliotheek Den Haag, Den Haag 1989; F. Feddes e.a. – Het stadhuis/bibliotheekcomplex van Richard Meier in Den Haag, Rotterdam 1995
Meijs, A. J47, N57
Meijs, M. E08
Meindersma, H. E28
Meinsma, H.M. L31
Meisner, E. G93
Melenhorst, M.F.J. M30
Mendelsohn, E. p14
Mendes da Costa, J. F01, F15
Mendini, A.(Alessandro) (1931)
A04 Groninger Museum Groningen 1988-1994
M. Martin e.a. – Alessandro en Francesco Mendini, Philippe Starck, Michele de Lucchi, Coop Himmelb(l)au in Groningen, Groningen 1995
Mendini, E. A04
Merkelbach, B.(Ben) (1901-1961)
D31 AVRO-Studio's Hilversum 1934-1936
G25
Merkelbach & Karsten Ch.J.F.(Charles) Karsten (1904-1979)
G24 Landlust Amsterdam 1932-1937
J24 Molensloot Den Haag 1928-1940
D31 Uitbr. AVRO-Studio's Hilversum 1940
G02 Uitbr. Lettergieterij Amsterdam 1949-1950
G84 Frankendael Amsterdam 1947-1951
Merkelbach & Elling P.J.(Piet) Elling (1897-1962)
G02 Uitbr. Lettergieterij Amsterdam 1949-1950
G84 Frankendael Amsterdam 1947-1951
K08 Rijnhotel Rotterdam 1949-1959
F31 Geïllustreerde Pers Amsterdam 1959
p18, 22, 24 ▸ P.J. Elling
R. Blijstra – B. Merkelbach, Amsterdam 1968; B. Rebel e.a. – Ben Merkelbach, architect en stadsbouwmeester, Amsterdam 1994
Mertens, H.F.(Herman) (1885-1960)
G85 Woningbouw Betondorp Amsterdam 1923-1928
K53 Kantoorgebouw Unilever Rotterdam 1930-1931
L03 Haka-gebouw Rotterdam 1931-1932
Het Bouwbedrijf 1930 p.518
Mertens, P.A.M. N40
Metzelaar, J.F. K51
Mey, J.M.(Johan) van der (1878-1949)
F22 Scheepvaarthuis Amsterdam 1912-1916
G20 Woningbouw Amsterdam 1927
G23 Woningbouw Amsterdam 1928-1930
p13, F26
Bouwkundig Weekblad 1949 p.329; H. Boterenbrood, J. Prang – Van der Mey en het Scheepvaarthuis, Den Haag 1989
Meyer, A. p11
Meyer, R.E. ▸ Meyer & Van Schooten
Meyer & Van Schooten R.E.(Roberto) Meyer (1959), J.W.(Jeroen) van Schooten (1960)
C18 Bedrijfsgebouwen KEMA Arnhem 1995
G19 GWL-terrein Amsterdam 1993-1997
de Architect 1995-3
Middelhoek, A. ▸ EGM
Miedema, S. K29
Mies van der Rohe, L. p17, 18, B22, C31, G39, K22, L28, M25, N17
Mik, A. G01
Min, M.J.M. ▸ Min 2 Produkties
Min-Kaufman, J. ▸ Min 2 Produkties
Min 2 Produkties M.J.M.(Maarten) Min (1951), J.(Jetty) Min-Kaufman
E29 Bezoekerscentrum Castricum 1992-1994
Wonen-TA/BK 1985-19/20; Van poppenhuis tot torenflat, de architectuur van Maarten Min, Tilburg 1986; Architectuur & Bouwen 1991-11
Moerman, I. K19

Mol, J. B37
Molenaar, J.J.H.M. ▸ Molenaar & Van Winden
Molenaar & Van Winden J.J.H.M.(Joris) Molenaar (1956), W.A.M.(Wilfried) van Winden (1955)
H22 Woningbouw Delft 1984-1992
H25 Woonhuis Delft 1991-1994
p29, H46
Architectuur & Bouwen 1992-8; Archis 1995-8
Molenbroek, W. (1863-1922)
K29 Het Witte Huis Rotterdam 1897-1898
F. Faro, H. Verschoor – Op het Witte Huis sta je hoger, Rotterdam 1978
Mondriaan, P. p16, 17
Moore, H. K05
Morris, R.(Robert) (1931)
B04 Observatorium Lelystad 1977
H. Lörzing – Een kunstreis door Flevoland, Rotterdam 1991
Morton, P. J29
Moser, K. p17, 18
Mourik, D.(Dick) van (1921)
B35 Werktuigbouwkunde Drienerlo 1966-1968
G95 Ac. Medisch Centrum Amsterdam 1968-1981
▸ Van Mourik & Vermeulen
Mourik & Vermeulen, Van D.(Dick) van Mourik (1921), P.G.(Peter) Vermeulen (1948)
J02 Dr. Anton Philipszaal Den Haag 1980-1987
D18 Hoofdkantoor VSB Utrecht 1991-1995
Mulder, B. C36, D10, D12, D21, G64
Mulder, J. L40
Mulder, J.A.M. N28
Mulder, J.H. G85
Müller, J. L48
Munster, J.(Jan) van (1939)
M07 Paviljoen Plus Min Renesse 1995
K09
Murphy/Jahn Architects H.(Helmut) Jahn (1940)
K23 Blaak Office Tower Rotterdam 1990-1995
MVRDV W.(Winy) Maas (1959), J.J.(Jacob) van Rijs (1964), N.A.(Nathalie) de Vries (1965)
C33 Portiersloges Otterlo 1994-1995
D33 Villa VPRO Hilversum 1993-1997
G34 Woonzorgcomplex Amsterdam 1994-1997
D09 Woonhuizen KBWW Utrecht 1994-1997
D33 Hoofdkantoor RVU Hilversum 1994-1997
p32
Architectuur & Bouwen 1993-10; de Architect 1994-12; B. Colenbrander, J. Bosman – Referentie: OMA, Rotterdam 1995; W. Ellenbroek – Villa VPRO, Hilversum 1997
Naber, Z. A35
NACO E48
Nagelkerke, C.(Cees) (1944)
F04 Haarlemmer Houttuinen Amsterdam 1978-1983
p29
Natalini, A.(Adolfo) (1941)
A08 Waagstraat Groningen 1991-1996
J06
Neutelings, W.J.M.(Willem Jan) (1959)
N37 Woongebouw Sittard 1992-1995
M29 Woningbouw Tilburg 1996
G19 GWL-terrein Amsterdam 1993-1997
D15 Minnaertgebouw Utrecht 1995-1997
p32
P. Deiters – Biennale jonge Nederlandse architecten 1989, Rotterdam 1989; Willem Jan Neutelings, architect, Rotterdam 1991; de Architect 1994-3; B. Colenbrander, J. Bosman – Referentie: OMA, Rotterdam 1995
Nicolaï, A.C. A35
Niegeman, J. B01
Niemeyer, O. A25
Nieskens, J. K24
Nieuwenhuis, T. F22
Nieuwenhuizen, A.A. van K19, K33
Nieuwenhuys, C. ▸ Constant
Nieuwhof, W.A.M. N23
Nieuwpoort, W.A. H25, H29
Nijl, De B.(Ben) Cohen (1948), L.(Leen) van Duin (1944), H.J.(Henk) Engel (1949), Chr.H.(Chris) Scheen (1941)
K40 Woningbouw Rotterdam 1983-1985
K42 Woningbouw Rotterdam 1983-1985
K44 Woningbouw Rotterdam 1985-1991
p29
Wonen-TA/BK 1983-17/18; de Architect 1986-2; Bouw 1986-8
Nio, M.H.L. ▸ NOX
Nix, C.Th. ▸ Taen & Nix
NOX L.M.M.(Lars) Spuybroek (1959), tot 1995 M.H.L.(Maurice) Nio (1959)
M05 Waterpaviljoen Neeltje Jans 1993-1997
p32
Nuis, W. J11
OD 205 S.J.(Sam) van Embden (1904), N.P.H.J. Roorda van Eysinga, J.L.C.(Jacques) Choisy (1928), H.G. Smelt (1921-1974), J.E.B. Wittermans, A.(Arie) Hagoort (1929)
N23 Basisplan TU Eindhoven 1954-1964
B35 Hallencomplex Drienerlo 1962-1964
N23 Hoofdgebouw TU Eindhoven 1964
N23 W-Hal Eindhoven 1964
N23 Auditorium Eindhoven 1965
B35 Electrotechniek en Fysica Drienerlo 1967
K52 Medische Faculteit Rotterdam 1965-1968
N17 Eigen Woonhuis Geldrop 1969-1971
N23 Rekencentrum en Transitorium Eindhoven 1972
C68 Maxis Supermarkt Muiden 1972-1974
N23 Werktuigbouwkunde Eindhoven 1968-1975
J20 Koninklijke Bibliotheek Den Haag 1973-1982
G91 Hoofdkantoor KBB Amsterdam 1975-1982
K52 Sophia Kinderziekenhuis Rotterdam 1987-1994
p29 ▸ S.J. van Embden
A. Oosterman – Arie Hagoort, architect, Rotterdam 1991; J. Van Geest – S.J. van Embden, Rotterdam 1996
Offringa, P.B. B14
OMA (Office for Metropolitan Architecture) R.L.(Rem) Koolhaas (1944)
G08 IJ-Plein Amsterdam 1980-1982
G10 Openbare Basisschool Amsterdam 1986
J02 Nederlands Danstheater Den Haag 1980-1987
G09 Woongebouw Amsterdam 1983-1987
K01 Busstation Rotterdam 1985-1987
J58 Woningbouwfestival Den Haag 1988-
L28 Twee Patiovilla's Rotterdam 1985-1989
F37 Byzantium Amsterdam 1985-1991
K49 Kunsthal Rotterdam 1988-1992
K50 Museumpark Rotterdam 1985-1993
B22 Woonhuis Geerlings Holten 1992-1994
D17 Educatorium Utrecht 1992-1997
J08 Souterrain Den Haag 1990-1998
p7, 30, 31, 32, J01, K48
Architectural Design 1977-2; R. Koolhaas – Delirious New York, New York/Rotterdam 1978/1994; Wonen-TA/BK 1978-11, 1982-13/14; Architecture d'Aujourd'hui 1985-4, 1989-4; AMC 1987-18; Architectural Record 1988-3; Architecture + Urbanism 1988-10; J. Lucan – OMA Rem Koolhaas; architecture 1970-1990, Paris/New York 1990/1991; Rem Koolhaas: projectes urbans (1985-1990), Barcelona 1991; El Croquis 53; de Architect 1994-1; B. Colenbrander, J. Bosman – Referentie: OMA, Rotterdam 1995; R. Koolhaas, B. Mau – S,M,L,XL, Rotterdam 1995; Kenchiku Bunka 1995-1; El Croquis 1996-79
Oorthuys, F. F20
Oosterhuis, K.(Kas) (1951)
J58 Patiowoningen Den Haag 1988-1992
B26 Afvalverwerking Zenderen 1995
M05 Waterpaviljoen Neeltje Jans 1993-1997
p32
H. de Haan, I. Haagsma – Wie is er bang voor nieuwbouw, Amsterdam 1981; Wonen-TA/BK 1983-17/18; G. Wallis de Vries (red.) – City Fruitful, Rotterdam 1992; K. Oosterhuis, I. Lénárd – Sculpture City, The Electronic Fusion of Art & Architecture, Rotterdam 1995; Archis 1996-8
Oosterman, A.A. A35
Op ten Noort, A.H. (1881-1975)
B32 Woningbouw Pathmos Enschede 1914-1927
N25 Hoofdkantoor Philips Eindhoven 1920-1928
Op ten Noort Blijdenstein L15
Opbouw p17, 18, 19, 20, 22, L61
Östberg, R. p20, B33
Oud, H.E. B25, C20, H53, J39
Oud, J.J.P.(Bob) (1890-1963)
H01 Vakantiehuis De Vonk Noordwijk 1917-1918
L05 Reconstructie Directiekeet Rotterdam 1923
K12 Café De Unie Rotterdam 1924-1925
H35 Woningbouw Hoek van Holland 1924-1927
L54 Apostolische Kerk Rotterdam 1928-1929
L54 Woningbouw Kiefhoek Rotterdam 1925-1930
J27 Kantoorgebouw BIM/Shell Den Haag 1938-1946
K33 Spaarbank Rotterdam 1942-1955
J52 Lyceum Den Haag 1949-1956
C20 Bio-Herstellingsoord Arnhem 1952-1960
J39 Nederlands Congresgebouw Den Haag 1956-1969
B25 Stadhuis Almelo 1962-1973
p7, 15, 16, 17, 18, 19, 21, A14, A15, C52, J51, K16, L06
Forum 1951-5/6; G. Veronesi – J.J.P. Oud, Milano 1953; J.J.P. Oud, London 1978; Bouw 1979-5, 1979-6; Plan 1981-6; C. Blotkamp e.a. – De beginjaren van De Stijl 1917-1922, Utrecht 1982; Wonen-TA/BK 1983-3; H. Oud – J.J.P. Oud, Architekt 1890-1963, Den Haag 1984; G. Stamm – J.J.P. Oud, Bauten und Projekte 1906 bis 1963, Mainz 1984; S.U. Barbieri – J.J.P. Oud, Milano/Rotterdam 1987; B. Colenbrander – Het Witte Dorp, Rotterdam 1987; S. Cusveller – De Kiefhoek, een woonwijk in Rotterdam, Rotterdam 1990; E. Reinhartz-Tergau – J.J.P. Oud: meubelontwerpen en interieurs, Rotter-

dam 1990; E. van der Hoeven – J.J.P. Oud en Bruno Taut, Rotterdam 1994; E. Taverne, D. Broekhuizen – Het Shell-gebouw van J.J.P. Oud – Rotterdam 1995

Ouendag, R.J. N23

Overeynder, W.F. ▸ De Roos & Overeynder

Ozenfant, A. p14

Paardekooper Overman, E. A20

Papa, D. N44

Passchier, C. N28

Patijn, W.(Wytze) (1947)

L40 Filtergebouwen Rotterdam 1979-1983

G21, L05, L54

J. Mulder, W. Patijn (red.) – Jongerenhuisvesting, De Filtergebouwen, Rotterdam 1982

Patmo, M. J47

Paul, D. M06

Pauwert, H.E. van de p18

Peek, D. ▸ De Kat & Peek

Peeters, J.M. G52

Pek, J.E. van der (1865-1919)

G76 Woningbouw Rochdale Amsterdam 1912

Pelli, C. J06

Pesman, J.H. ▸ Cepezed

Peters, C.F.G. G20

Peters, C.H.(Cornelis Hendrik) (1847-1932)

F10 Postkantoor Amsterdam 1893-1899

J31

C. van der Peet, G. Steenmeijer (red.) – De rijksbouwmeesters, Rotterdam 1995

Peters & Boogers L55

Petri, H. L35

Peutz, F.P.J.(Frits) (1896-1974)

N43 Eigen Woonhuis Heerlen 1931

N45 Retraitehuis Mgr. Schrijnen Heerlen 1932

N41 Warenhuis Schunck Heerlen 1933-1936

N42 Bioscoop Royal Heerlen 1937

N39 Raadhuis Heerlen 1936-1942

p19, N40

Bouwkundig Weekblad 1966 p.309; W. Arets, W. van den Berg, W. Graatsma – F.P.J. Peutz architekt 1916-1966, Eindhoven 1981; de Architect 1982-4; Bouw 1984-19; Casabella 1987-4; P.V. Delhey, M.J.N. Put – Heerlen Peutzstad, Heerlen 1994; W. Graatsma – Glaspaleis Schunck, Nuth 1996

Piano, R.(Renzo) (1937)

F23 New Metropolis Amsterdam 1990-1997

Pieck, A. E16

Pijll, J. van der

C08 Benzinestation Nijmegen 1936

Plate, A. p15, L07

Ploeger, J.H. G68

Pol, E.M.(Liesbeth) van der (1959)

G77 Woningbouw Amsterdam 1990-1992

G18 Twiske-West Amsterdam 1991-1993

G19 GWL-terrein Amsterdam 1993-1997

Architectuur & Bouwen 1993-12; H. Zeinstra – Liesbeth van der Pol, architect, Rotterdam 1993

Polet, J. C25, J09

Pont, J.H. de M28

Ponti, G.(Gio) (1891-1979)

N24 De Bijenkorf Eindhoven 1965-1970

L.L. Ponti – Gio Ponti, The Complete Work 1923-1978, London 1990

Pontier, J.G. H29

Post Ter Avest Van Remundt L03

Posthumus Meyjes, C.B. (1859-1922)

E21 Snouck van Loosenpark Enkhuizen 1897

Pot, J.W.H.C. (1909-1972), **J.F. Pot-Keegstra** (1908-1997)

G83 Penitentiair Centrum Amsterdam 1972-1978

Pozzo, G. da N58

Priester, E. L47

Prins, F. L31

PRO ▸ Atelier PRO

Prouvé, J. K52

Quint, H. H56

Quint, M. M26

Quist, W.G.(Wim) (1930)

H38 Drinkwaterbedrijf Berenplaat 1959-1965

N29 Watertoren Eindhoven 1968-1970

M17 Kantoorgebouw Suikerunie Breda 1973-1976

C31 Museum Kröller-Müller Otterlo 1969-1977

L37 Drinkwaterbedrijf Rotterdam 1973-1977

K34 Uitbreiding Kerk Rotterdam 1976-1981

H49 Scheepsbouwloods Krimpen 1978-1982

K40 School en Woningen Rotterdam 1982-1984

J41 Onderwijsmuseum Den Haag 1980-1985

J41 Omniversum Den Haag 1980-1985

M04 Dienstgebouw Neeltje Jans 1980-1985

K24 Maritiem Museum Rotterdam 1981-1986

K09 Schouwburg Rotterdam 1982-1988

K26 Willemswerf Rotterdam 1983-1989

G89 Kantoorgebouw Randstad Diemen 1987-1990

K22 Kantoorgebouw Robeco Rotterdam 1987-1992

J46 Museum Scheveningen 1990-1994

G42 Cobra-museum Amstelveen 1992-1995

H37 Stormvloedkering Hoek van Holland 1987-1997

p22, 28, L35

de Architect 1979-10, 1979-11; H. de Haan, I. Haagsma – Wie is er bang voor nieuwbouw, Amsterdam 1981; R.W.D. Oxenaar – W.G. Quist, Rijksmuseum Kröller-Müller, Nieuwbouw 1970-1977, Otterlo 1981; Wonen-TA/BK 1984-3; de Architect 1984-11; Forum 1986-1; A. van der Woud – Wim Quist, architect, Rotterdam 1989; A. van der Woud – Wim Quist Projecten 97-92, Rotterdam 1992

Raedeker, J. E19, F22, J09

Rapp, Chr.(Christian) (1962)

G71 Woongebouw Piraeus Amsterdam 1989-1994

B. Colenbrander (red.) – Christian Rapp, Höhne & Rapp Architekten, Rotterdam 1997

Rats, A.C.M.M. ▸ Boosten Rats Architecten

Ravesteyn, S.(Sybold) van (1889-1983)

N48 Seinhuis Maastricht 1932-1933

D11 Eigen Woonhuis Utrecht 1932-1934

H53 Holland van 1859 Dordrecht 1937-1939

H54 Verbouwing Schouwburg Dordrecht 1938-1940

L11 Diergaarde Blijdorp Rotterdam 1937-1941

C07 Station Nijmegen 1954

K01 Centraal Station Rotterdam 1950-1957

C11 Benzinestation Arnhem 1957

C07 Stationspostkantoor Nijmegen 1964

p19, 20

Bouwkundig Weekblad 1959 p.459; H. Blotkamp, E. de Jong – S. van Ravesteyn, Amsterdam 1977; Wonen-TA/BK 1977-20; Joh. de Vries – Diergaarde Blijdorp, Ir. S. van Ravesteyn, Rotterdam 1986; K. Rouw – Sybold van Ravesteyn, architect van Kunstmin en De Holland, Rotterdam 1988

Reeth, B. van N57

Reijers, C.A.M. H29, H30

Reijn, Th. van G81

Reijnders, H.C.H.(Harry) (1954)

G86 Station Sloterdijk Amsterdam 1983-1986

K30 Station Blaak Rotterdam 1987-1993

Reitsma, E.(Egbert) (1892-1976)

E20 Gereformeerde Kerk Andijk 1930

A29 Noordersanatorium Zuidlaren 1935

J.H. Furnée, J.H.G. Jonkman – Het Noorder Sanatorium te Zuidlaren, Zuidlaren 1994

Rhijn, P.H.(Sier) van (1922-1989)

N18 Technische School Valkenswaard 1965-1967

N18 Lagere Technische School Vught 1962-1968

TABK 1971 p.569; de Architect 1980-4; Archis 1989-2

Richter, H. p16

Rickey, G. K09

Rietveld, G.Th.(Gerrit) (1888-1964)

D12 Schröderhuis Utrecht 1924

D08 Chauffeurswoning Utrecht 1927-1928

D10 Woningbouw Utrecht 1930-1931

M19 Woonhuis Klep Breda 1931-1932

D21 Woningbouw Utrecht 1932

M19 Woonhuis Nuyens Breda 1932-1933

F14 Toonzaal Metz & Co Amsterdam 1933

D10 Woningbouw Utrecht 1934

J35 Woonhuis Hillebrandt Den Haag 1934-1935

J35 Woonhuis Mees Den Haag 1934-1936

J35 Woonhuis Wyburg Den Haag 1938-1939

C60 Vakantiehuis Breukeleveen 1941

C09 Woonhuis Stoop Velp 1950-1951

C09 Woonhuis Slegers Velp 1952-1954

C32 Sonsbeek-paviljoen Otterlo 1954

N19 Weverij De Ploeg Bergeyk 1956

N20 Woonhuis Visser Bergeyk 1956

B01 Woningbouw Nagele 1957

E27 Woonhuis Van den Doel Ilpendam 1957-1959

C36 De Zonnehof Amersfoort 1958-1959

C17 Academie Arnhem 1957-1962

B11 Schrale's Beton Zwolle 1958-1963

Rietveld Van Dillen Van Tricht J.F.H.(Joan) van Dillen (1930-1966), J.(Johan) van Tricht (1928)

N46 Woonhuis Van Slobbe Heerlen 1962-1964

E47 Aula Begraafplaats Hoofddorp 1958-1966

G46 Rietveld Academie Amsterdam 1959-1967

C02 Scholengemeenschap Doetinchem 1964-1971

F38 Museum Vincent van Gogh Amsterdam 1963-1973

p7, 16, 17, 19, 21, 22, C52, D01, G78

Th.M. Brown – The work of G. Rietveld, architect, Utrecht 1958; Forum 1958 p.72-112; A. Buffinga – G.Th. Rietveld, Amsterdam 1968; B. Mulder, G.J. de Rook – Rietveld-Schröderhuis 1924-1975, Utrecht 1975; D. Baroni – Gerrit Thomas Rietveld Furniture, London 1978; G. Rietveld – Teksten, Utrecht 1979; Forum 1980-1, 1981-1; F. Bless – Rietveld 1888-1964. Een biografie, Amsterdam/Baarn 1982; C. Blotkamp e.a. – De beginjaren van De Stijl 1917-1922, Utrecht 1982; De Rietveld Academie, Amsterdam 1984; Rietveld-Schröderhuis, Utrecht 1985; P. Overy e.a. – Het Rietveld-Schröderhuis, Utrecht 1988; P. Drijver, J. Niemeijer – Rietveld Architectuurgids,

Delft 1988; D. de Rond, A. Terstal – Rietveld in Amsterdam, Rotterdam 1988; Domus 1988-12; H. Boterenbrood – Weverij De Ploeg, Rotterdam 1989; G.H. Rodijk – De huizen van Rietveld, Zwolle 1991; M. Küper, I. van Zijl – Gerrit Rietveld 1888-1964, het volledige werk, Utrecht 1992; P. Vöge – The complete Rietveld furniture, Rotterdam 1993; B. Mulder – Gerrit Thomas Rietveld: leven, denken, werken, Nijmegen 1994; C. Blotkamp e.a. – De vervolgjaren van De Stijl 1922-1932, Amsterdam 1996

Rietveld, J.C.(Jan) (1919-1986)
C59 Vakantiehuis Klein Tienhoven 1951
G28 Bejaardenwoningen Amsterdam 1951-1954
G27 Woongebouw Amsterdam 1956
B01 Woningbouw Nagele 1957
Forum 1980-2; P. Salomons, S. Doorman – Jan Rietveld, Rotterdam 1990

Rietveld, R. J01
Rijkswaterstaat
H48 Stormvloedkering Krimpen 1953-1959
C58 Stormvloedkering Hagestein 1953-1960
M02 Zeelandbrug Zierikzee 1961-1965
M01 Deltawerken Zeeland 1953-1986
M03 Stormvloedkering Oosterschelde 1965-1986
H. de Haan, I. Haagsma – De Deltawerken, Delft 1984; K. Bosma – De kunstwerken van Rijkswaterstaat, Rotterdam 1993; T. Lauwen, Tj. Boersma – Nederland als kunstwerk, Rotterdam 1995

Rijn, W. van E07
Rijnboutt, K.(Kees) (1939)
G93 Woningbouw Hoptille Amsterdam 1975-1982
J31, K40

Rijnsdorp, J.E. H33
Rijs, J.J. van ▸ MVRDV
Risseeuw, J.I.(Joan) (1926)
C54 IONA-Gebouw Driebergen 1976-1978

Ritzen, Jak. N55
Roebers, H.
C67 Bedrijfsgebouw ERCO Naarden 1992

Roland Holst, R.N. F01, F25, M11
Röling, L.C.(Wiek) (1936)
N04 Paviljoen Sonsbeek Rosmalen 1988
E43
H. de Haan, I. Haagsma – Wie is er bang voor nieuwbouw, Amsterdam 1981; T. Asselbergs – Wiek Röling stadsarchitect Haarlem 1970-1988, Haarlem 1988

Röntgen, F.E.
C24 Landmeetkunde Wageningen 1953

Roode, L. van K02
Roodenburgh, J. G20
Roorda van Eysinga, N.P.H.J. ▸ OD 205
Roos, F. G06
Roos, J.H. de ▸ De Roos & Overeynder
Roos & Overeynder, De J.H. de Roos (1875-1942), W.F. Overeynder (1875-1942)
J28 Kantoorgebouw Petrolea Den Haag 1921-1924

Roosenburg, D.(Dirk) (1887-1962)
N25 Hoofdkantoor Philips Eindhoven 1920-1928
G85 Woningbouw Betondorp Amsterdam 1923-1928
J50 Woonhuis Windekind Den Haag 1927-1928
E18 Gemaal Lely Medemblik 1928-1930
M09 Wooldhuis Vlissingen 1932
E15 Uitwateringssluizen Afsluitdijk 1933
G57 Rijksverzekeringsbank Amsterdam 1937-1939
Bouwkundig Weekblad 1962 p.56; Forum 1991-april; F. Bekker, M. van den Bos, W. Hofman – Het Wooldhuis, Vlissingen 1996

Roosmalen Van Gessel, Van H25
Roovers, R. K40
Rosdorff, Ph.M.(Flip) (1933)
H16 Ministerie Zoetermeer 1976-1985
J39

Rossi, A.(Aldo) (1931-1997)
J15 Slachthuisterrein Den Haag 1988-1991
N58 Bonnefantenmuseum Maastricht 1990-1995
p30, 31

Roth, E. p17, 18
Rothuizen, J.(Jan) (1892-1994)
C23 Heveadorp Doorwerth 1916-1918
Wonen-TA/BK 1978-2

Rouw & De Kock H54
Ruijssenaars, H.J.M.(Hans) (1944)
B19 Openbare Bibliotheek Apeldoorn 1980-1984
F36 Casino, Lido Amsterdam 1985-1991
C28 CABO Wageningen 1988-1991
E32 Woningbouw IJmuiden 1988-1992
B18 Stadhuis Apeldoorn 1988-1992
C28 ATO Wageningen 1991-1993
F10 Magna Plaza Amsterdam 1993
K40
de Architect 1993-12; F. Bless – Hans Ruijssenaars, architect, Apeldoorn 1993; Archis 1994-3

Rutgers, G.J. p14, F35, G20, G59
Ruys, M. A18, B01, E24, G67, G71, N19
Saarinen, E. p12
Salomonson, H.(Hein) (1910-1994)
G48 Woonhuis Orlow Amsterdam 1961
G67 Kantoorgebouw Amsterdam 1964-1966
p22, K46
B. Colenbrander, L. Hermans – Hein Salomonson, Amsterdam 1987; Archis 1994-6

Sambeek, B.M.J. van ▸ Van Sambeek & Van Veen
Sambeek & Van Veen, Van E43, L31
Sanders, H. N16
Sangster, H.(Hendrik) (1892-1971)
E50 Watertoren Aalsmeer 1928

Sant, W. van 't J50
SAR ▸ Stichting Architecten Research
Satijn, P.G.H.(Piet) (1932-1995)
N55 ROZ-Studio's Maastricht 1975-1979

Scarpa, C. G94
Schaaf, G.J. van der (1943)
A27 Jopie Huisman Museum Workum 1992

Schalk, W.C.Th. van der M11
Schamhart, Sj. ▸ Atelier PRO
Scheen, Chr.H. ▸ De Nijl
Scheffer, L.S.P.
N25 Hoofdkantoor Philips Eindhoven 1920-1928

Schelling, H.G.J. (1888-1978)
C64 Station Bussum 1925-1928
G81 Amstelstation Amsterdam 1939
Bouwkundig Weekblad 1958 p.509

Scheltens, E.G. C07
Schijndel, M.A.A.(Mart) van (1943)
E42 Bedrijfsgebouw Lumiance Haarlem 1986
F18 Effectenkantoor Amsterdam 1988-1990
C40 Woonhuis Amersfoort 1991
D14

Schipper, J.(Jaap) (1915)
F12 Historisch Museum Amsterdam 1969-1975
J. Schilt, S. Mulder – Jonge architecten in de wederopbouw 1940-1960, Amsterdam 1993

Schippers, W.T. B35
Schmidt, H. p17, 18
Schoenmaekers, M.H.J. p16
Schooten, J.W. van ▸ Meyer & Van Schooten
Schrieke, J.
C24 Jan Kops-huis Wageningen 1982

Schröder-Schräder T.(Truus) (1889-1985)
D12 Schröderhuis Utrecht 1924
D10 Woningbouw Utrecht 1930-1931
D10 Woningbouw Utrecht 1934
p16
C. Nagtegaal – Tr. Schröder-Schräder, bewoonster van het Rietveld-Schröderhuis, Utrecht 1987

Schuffelers, P.L.M. N55
Schulze, R.T. ▸ Geurst & Schulze
Schuster, A. C04
Schuster, M. C04
Schuurman, R.H.M. (1938)
G90 Amsterdam Arena Amsterdam 1990-1996

Schwier, E. G47
Semper, G. p12
Senf, H.G. ▸ H.A. Maaskant
Siekman, K. (1878-1958)
A17 Woonhuis Vink Zuidhorn 1925

Siemerink, T. H25
Sijmons, K.L.(Karel) (1908-1989)
G64 Atelierwoningen Amsterdam 1934
E38 Adventskerk Aerdenhout 1958
p19, 20
M. van Stralen – Atelierwoningen Zomerdijkstraat, Rotterdam 1989

Sitte, C. p12, 13, G59
Siza Vieira, A.J.M.(Alvaro) (1933)
J16 Woningbouw Den Haag 1985-1989
J17 Pleinbebouwing Den Haag 1985-1989
N57 Woningbouw Maastricht 1997-
p30
D. Boasson – Visie op de stad, Alvaro Siza in de Schilderswijk, Den Haag 1988; A. Siza – Alvaro Siza: architectures 1980-1990, Paris 1990

Skidmore, Owings & Merrill (SOM)
L04 Europoint Rotterdam 1971-1975

Slawik, H. E08
Slobbe, P.J.A. van H25
Sluimer, D.L. N29
Smagge, P.F.
M08 Loodsenwoningen Vlissingen 1910

Smelt, H.G. (1921-1974)
N17 Eigen Woonhuis Geldrop 1969-1971
▸ OD 205

Smithson, R.(Robert) (1938-1973)
A34 Broken Circle and Spiral Hill Emmen 1971

Smulders, W.A.M. M26
Snelder, B.G.J.J.(Boudewijn) (1943)
N56 Gouvernementsgebouw Maastricht 1978-1985

Snellebrand, J.A. ▸ Eibink & Snellebrand

Snikkenburg, R.(René) (1944)
G79 Wijkcentrum Transvaal Amsterdam 1970-1975
Snozzi, L. N57
Soeters, Sj.(Sjoerd) (1947)
E46 Woonhuis Bakels Haarlem 1983-1984
E36 Circustheater Zandvoort 1986-1991
E10 Bouw-RAI II Almere-Stad 1992
E14 Supermarkt met Woningen Zeewolde 1993
G37 Woningbouw Nieuw-Sloten Amsterdam 1993
G69 Java-eiland Amsterdam 1988-
J06 De Resident Den Haag 1988-
p28, 30, G90, G93
H. de Haan, I. Haagsma – Wie is er bang voor nieuwbouw, Amsterdam 1981; de Architect 1981-3; Wonen-TA/BK 1983-17/18; H. Ibelings – Sjoerd Soeters, architect, Rotterdam 1996
Spanjer, C. F01, F36
Spruyt De Jong Heringa A21
Spuybroek, L.M.M. ▸ NOX
Staaden, J. van E07
Staal, A. p19, 20
Staal, J.F.(Jan Frederik) (1879-1940)
E23 Woonhuizen Bergen 1915-1918
G55 Woningbouw Amsterdam 1922-1924
G20 Woningbouw Amsterdam 1927
G60 De Wolkenkrabber Amsterdam 1927-1930
F11 Kantoorgebouw De Telegraaf Amsterdam 1927-1930
K16 Koopmansbeurs Rotterdam 1925-1940
p12, 14, 18, 19, 20, G59, J09
Forum 1993-aug.
Staal-Kropholler, M.(Margaret) (1891-1966)
E23 Woonhuizen Bergen 1915-1918
M11 Atelierwoning Achtmaal 1918-1919
G65 Woningbouw Amsterdam 1921-1922
G20 Woningbouw Amsterdam 1927
p14
E. van Kessel, M. Kuperus – Margaret Staal-Kropholler, architect, Rotterdam 1991
Staalenhoef, A. J22
Stam, M.A.(Mart) (1899-1986)
G51 Montessorischool Amsterdam 1935
G53 Drive-in Woningen Amsterdam 1937
B01 Woningbouw Nagele 1957
p7, 17, 18, 19, 22, A15, F31, F32, G25, G84, L08
Bouwkundig Weekblad 1969 p.541; Mart Stam, Documentation of his work, 1920-1965, London 1970; Forum 1983-1/2; Archis 1986-11; Archithese 1986-1/6; S. Rümmele – Mart Stam, Zürich 1991; Mart Stam, Eine Reise in die Schweiz, Zürich 1991; Wiederhall 14; W. Moller – Mart Stam 1899-1986, Tübingen 1997
Stam-Beese, C.I.A.(Lotte) (1903-1988)
G51 Montessorischool Amsterdam 1935
G53 Drive-in Woningen Amsterdam 1937
L61 Pendrecht Rotterdam 1949-1953
H. Damen, A. Devolder – Lotte Stam-Beese, 1903-1988, Rotterdam 1993
Standke, G.R.(Gunter)
H17 Bedrijvencentrum Zoetermeer 1989-1990
J01
Starck, Ph. A04
Steenhuis, R. ▸ Mecanoo
Stegeman, B.A.S.S.(Benno) (1930)
H19 Woningbouw Zoetermeer 1971-1973
H47 Woningbouw Capelle aan den IJssel 1972-1978
Steiner, R. F37
Steiner, R. C54, C70, J49
Stella, F. A04
Stelt, M.J.(Chiel) van der (1950)
K15 Snackbar Bram Ladage Rotterdam 1990
Sterenberg, J.J. A35
Stern, R.A.M.(Robert) (1939)
H09 Hoofdkantoor Mexx Voorschoten 1985-1987
N10
Steur, A.(Adrianus) van der (1893-1953)
L40 Filtergebouwen Rotterdam 1928-1929
K45 Boijmans Van Beuningen Rotterdam 1928-1935
K56 Maastunnel Rotterdam 1937-1941
K56 Filtergebouwen Rotterdam 1937-1941
L40 Filtergebouwen Rotterdam 1941
L40 Filtergebouwen Rotterdam 1950
H30 Werktuigbouwkunde Delft 1957
p20
A.C. Vreugdenhil – De Maastunnel, Haarlem s.a.
Steur, J.A.G. van der H48
Stichting Architecten Research (SAR) N.J.(Nico) Habraken (1928), J.C.(John) Carp (1939)
D20 Woningbouw SAR Utrecht 1971-1982
p24, 25
N.J. Habraken – De dragers en de mensen, Haarlem 1961/1972; H. de Haan, I. Haagsma – Wie is er bang voor nieuwbouw, Amsterdam 1981
Stichting Nieuwe Woonvormen p24, 25, 26, 27, E34
Stigt, A.J. van
G75 Verbouwing Entrepotdok Amsterdam 1985-1988
Stigt, J.(Joop) van (1934)
B36 Personeelskantine Drienerlo 1963-1965
H12 Raadhuis Ter Aar 1965-1970
E02 Woningbouw Almere-Haven 1974-1977
H08 Faculteitsgebouw Leiden 1976-1982
G75 Verbouwing Entrepotdok Amsterdam 1985-1988
p24, B35
TABK 1968 p.54; Bauen + Wohnen 1976-1; Architectuur & Bouwen 1987-6/7
Stigt, J.A. van ▸ Loof & Van Stigt
Stokla, J.M. B29, K15, L17, N31
Storimans, A.J.M. M26
Strasser, E.E. J40
Strien, J.C. van B14
Strik, J.(Jan) (1912-1992)
N06 Kerk Maria Regina Boxtel 1960
Strikwerda, T. A35
Struijs, M.(Maarten) (1946)
H40 Windscherm Rozenburg 1983-1985
L60 Rookgasreiniger Rotterdam 1990-1993
Struycken, P.(Peter) (1939)
C16 Omgevingskunstwerk Arnhem 1972-1978
J12, K48, K52, L09
P. Struycken, beelden en projecten, Otterlo 1977
Stübben, J. p12, 13
Studio 8 K40
Studio di Architettura J15, N58
Stuers, V. de p10, 11
Sullivan, L. p12
Suyver, H. J25
Swieten, P.M.J. van H25
T&T Design K18
Taen, Th.J. ▸ Taen & Nix
Taen & Nix Th.J. Taen (1889-1970), C.Th. Nix (1904-1970)
N14 Raadhuis Cuijk 1953-1957
Tajiri, S. G42
Tak, C.B. van der
L48 Kantoorgebouw HAL Rotterdam 1901-1920
Tak, C.B. van der (1901-1977)
C46 Gymnasium Amersfoort 1931-1933
Tange, K. p22, 23
Taut, B. p14, A15
Team 4 A04
Teeken, Th.H.C. N57
Teeuwisse, H.Th. (1880-1960)
N15 Woonhuis Carp Helmond 1921
C24
Tengbom, I. p20
Thier, L.G.M. ▸ Atelier PRO
Thole, J.P.F.M.
N03 Molukse Kerk Den Bosch 1980-1982
Thomas, J. B22
Thorbecke, J.R. p9
Thorn Prikker, J. J48
Tijen, W.(Willem) van (1894-1974)
L55 Betonwoningen De Kossel Rotterdam 1921-1929
K57 Parklaanflat Rotterdam 1933
L15 Bergpolderflat Rotterdam 1932-1934
G51 Montessorischool Amsterdam 1935
L22 Clubgebouw Rotterdam 1936
G53 Drive-in Woningen Amsterdam 1937
L23 Plaslaanflat Rotterdam 1937-1938
G35 Luchtvaart Laboratorium Amsterdam 1938-1941
L58 Zuidpleinflat Rotterdam 1941-1947
K35 Industriegebouw Rotterdam 1948-1951
K03 Groothandelsgebouw Rotterdam 1949-1951
C24 De Dreijenborch Wageningen 1956-1961
B35 Campus TU Twente Drienerlo 1960-1964
B35 Hoofdgebouw Drienerlo 1964
B35 Studentenhuisvesting Drienerlo 1964
p15, 17, 21, 24
De 8 en Opbouw 1937 p.237; TABK 1970 p.474; Plan 1970-9; T. Idsinga, J. Schilt – Architect Van Tijen 1894-1974, Den Haag 1987; Wiederhall 14
Toorop, J.Th. F01
Tor, J. E04, N21
Tordoir, N. G70
Torre, M. van der ▸ Duinker Van der Torre
Treub, M.W.F. F01
Tricht, J. van ▸ G.Th. Rietveld
Tromp, W.B. ▸ Apon, Van den Berg, Ter Braak, Tromp
Tromp Meesters, J.H. A33
Tromp Meesters, S. A33
Trotz, A.J. J20
Tuijnman, D. F20
Tuynman, G.W. D27
Tuns, A.G.L. ▸ Tuns + Horsting
Tuns + Horsting A.G.L.(Ad) Tuns (1939), J.C. Horsting
A30 Gezondheidscentrum Assen 1980-1982
K25 Hotel, Imax Theater Rotterdam 1986-1989
Tupker, H.(Hans) (1935)
E05 Arbeidsbureau Almere-Stad 1989-1990
H. de Haan, I. Haagsma – Wie is er bang voor nieuwbouw, Amsterdam 1981

Uiterwaal, J. L11
Ungers, O.M. p30
Uyl, J.M. den p27
Uytenhaak, R.H.M. (Rudy) (1949)
B12 Woonhuis, Werkplaats Zwolle 1982-1985
F05 Woongebouw Amsterdam 1986-1989
C40 Woonhuis Amersfoort 1990-1992
E28 Uitbreiding Raadhuis Landsmeer 1992-1993
G37 Woningbouw Nieuw-Sloten Amsterdam 1993
F28 Woongebouw Amsterdam 1980-1994
p28, M29, M30
M. Kloos – Rudy Uytenhaak, architect, Amsterdam 1993; de Architect 1993-6; B. Sanchez Lara – Arquitectos Holandeses: Uytenhaak e.a., Sevilla 1995; T. Verstegen – Rudy Uytenhaak, architect, Rotterdam 1996
Vákár, L.I. G86, K30
Valk, H.W. G85
Vandenhove, Ch. (Charles) (1927)
J12 Stationsbuurt Den Haag 1988-1991
G03 Woningbouw De Liefde Amsterdam 1988-1993
N50 Woningbouw Maastricht 1993-1994
de Architect 1992-11; G. Bekaert – Charles Vandenhove 1985-1995, Rotterdam 1994
Vantongerloo, G. p16
VDL J. (Jan) Verster (1924), Tj. (Tjeerd) Dijkstra (1931), B. (Ben) Loerakker (1931) (later LRR(H) en De Architectengroep)
B35 Cultureel Centrum Drienerlo 1970
G47 Kantongerecht Amsterdam 1970-1975
H08 Verbouwing 't Arsenaal Leiden 1975-1981
G93 Woningbouw Hoptille Amsterdam 1975-1982
Veen, R.P.M. van ▸ Van Sambeek & Van Veen
Veerling, C. (1926)
L42 Willemsbrug Rotterdam 1975-1981
H41 Metrostations Spijkenisse 1978-1985
Vegter, J.J.M. (Jo) (1907-1982)
C15 Provinciehuis Arnhem 1950-1955
p20, 21, A08
C. van der Peet, G. Steenmeijer (red.) – De rijksbouwmeesters, Rotterdam 1995
Velde, H. (Henry) van de (1863-1957)
J48 Woonhuis Leuring Den Haag 1903
C31 Museum Kröller-Müller Otterlo 1919-1938
H35
Henry van de Velde – Geschichte meines Lebens, München 1962; A.M. Hammacher – De wereld van Henry van de Velde, Antwerpen 1967; R.W.D. Oxenaar e.a. – Kröller-Müller: honderd jaar bouwen en verzamelen, Haarlem 1988
Veldhoen, H. E24
Velsen, K.J. (Koen) van (1952)
D29 Eigen Woonhuis Hilversum 1980-1982
C62 Woonhuis Cramer Vinkeveen 1983-1984
E13 Bibliotheek Zeewolde 1985-1989
F29 Rijksakademie Amsterdam 1987-1992
E43 Woongebouw Haarlem 1986-1993
K10 Megabioscoop Rotterdam 1992-1996
D04 Universiteitsmuseum Utrecht 1993-1996
M06 Uitbreiding Raadhuis Terneuzen 1993-1996
p31, 32, D27
Wonen-TA/BK 1983-17/18; Archis 1988-5; Architectuur & Bouwen 1990-10; H. Ibelings – Modernisme zonder dogma, Rotterdam/Den Haag 1991; J. Rodermond – Koen van Velsen, architect, Rotterdam 1995; de Architect 1996-4
Ven, C.J.M. (Cornelis) van de (1942)
M10 Woongemeenschap Roosendaal 1980-1989
N10 Golfcentrum Best 1989-1991
H. de Haan, I. Haagsma – Wie is er bang voor nieuwbouw, Amsterdam 1981
Ven, M. van de C03
Venhoeven, E.A.J. (Ton) (1954)
G01 Politiebureau, Woningen Amsterdam 1991-1993
de Architect 1996-3
Venturi, R. E36, N10
Verbeek, A.H. K17
Verboom, L. H29
Verhaagen, B.N. C23
Verhagen, P. L56
Verheijen, A.P.J.M. (Fons) (1949)
H06 Stadsvilla's, Flatrenovatie Leiden 1987-1989
E09 Bouw-RAI I Almere-Stad 1990
E10 Bouw-RAI II Almere-Stad 1992
H25 Schuttersstraat Delft 1991-1994
L29 Winkelcentrum Alexandrium Rotterdam 1996
de Architect 1985-6
Verheijen Verkoren De Haan L29
Verheul, J.G. J41, K24
Verheul Dzn., J. H54
Verhoeven, J. (Jan) (1926-1994)
C35 Eigen Woonhuis Hoevelaken 1965-1966
C35 Woningbouw Hoevelaken 1968-1971
H20 Woningbouw Berkel en Rodenrijs 1969-1973
C35 Woningbouw Hoevelaken 1975
E16 Sluisdijk Den Helder 1974-1978
C69 De Postkoets Laren 1977-1979
C21 Rijksbrandweeracademie Arnhem 1975-1980
C56 Woningbouw Nieuwegein 1976-1980
L14 Woningbouw Hofdijk Rotterdam 1977-1983
p24, 25
Katholiek Bouwblad 1967 p.120; Bauen + Wohnen 1976-1; Bouw 1982-23; Architectuur & Bouwen 1987-2
Vermeulen, P.G. ▸ Van Mourik & Vermeulen
Verschoor, W. J25
Verschuyl, P.J. p18
Versteeg, G.
G20 Plan West Amsterdam 1922-1927
G85 Betondorp Amsterdam 1921-1928
G24
Verster, J. ▸ VDL
Viollet-le-Duc, E.E. p10, 11, 12
Visch, H. K49
Visser, I. L29
Vlaming, F.W. de K04
Vlugt, L.C. (Leendert) van der (1894-1936)
A12 MTS Groningen 1922-1923
A17 Woonhuis Vink Zuidhorn 1925
G66 Vergadergebouw Amsterdam 1925-1927
L25 Woonhuis Van der Leeuw Rotterdam 1927-1929
G66 Administratiegebouw Amsterdam 1928-1929
L08 Van Nelle-fabriek Rotterdam 1925-1931
K54 Mees & Zonen Rotterdam 1929-1931
H46 Woonhuis De Bruyn Schiedam 1929-1931
H02 Telefooncel Noordwijk aan Zee 1931-1932
K37 Woonhuis Sonneveld Rotterdam 1929-1933
K39 Woonhuis Boevé Rotterdam 1931-1933
L50 Stadion Feijenoord Rotterdam 1934-1936
H02 Vakantiehuis Noordwijk aan Zee 1935-1936
p18, 19, 20, G52, K38
Bouwen voor een open samenleving, Brinkman, Brinkman, Van der Vlugt, Van den Broek, Bakema, Rotterdam 1962; J. Joedicke – Architektur und Städtebau, Das Werk Van den Broek und Bakema, Stuttgart 1963; J.B. Bakema – L.C. van der Vlugt, Amsterdam 1968; J. Geurst, J. Molenaar – Van der Vlugt, architect 1894-1936, Delft 1983; J.J.H.M. Molenaar – Van Nelle's fabrieken, Utrecht 1985; Global Architecture 73; Wiederhall 14; J.P. Baeten – Een telefooncel op de Lijnbaan, de traditie van een architectenbureau, Rotterdam 1995
Voets, A.A.M. H29
Völker, H. K40
Voorberg, J. G08
Vorkink, P. ▸ Vorkink & Wormser
Vorkink & Wormser P. (Pieter) Vorkink (1878-1960), Jac.Ph. Wormser (1878-1935)
H39 Het Reigersnest Oostvoorne 1918-1921
p14, G24
Vos, Ch. N43
Vos, F. C65
Vreedenburgh, E.B. E09
Vries, A. de K48, L42
Vries, N.A. de ▸ MVRDV
Vries, P. de A19
Vriesendorp, M. J02
Vroom, J. A29
Vroom, R.P. de ▸ DKV
Waal, H. de C41, D13
Wagenaar, J. E08
Wagner, O. p12
Walenkamp, H.J.M. p11
Walker, D. p30

Weber, J. M06
Weeber, C.J.M. (Carel) (1937)
H13 Arenaplan Alphen aan de Rijn 1976
H55 Bleyenhoek Dordrecht 1973-1976
L49 De Peperklip Rotterdam 1979-1982
G87 Venserpolder Amsterdam 1980-1982
H30 Studentenhuisvesting Delft 1980-1983
H41 Metrostations Spijkenisse 1978-1985
J03 Woningbouw Den Haag 1982-1985
H30 Studentenhuisvesting Delft 1984-1986
N27 Woningbouw Eindhoven 1984-1989
L09 De Schie Rotterdam 1985-1989
J12 De Struyck Den Haag 1993-1996
p27, 28, 30, 31, J02, K12
Plan 1979-11, 1979-12; de Architect 1980-9; H. de Haan, I. Haagsma – Wie is er bang voor nieuwbouw, Amsterdam 1981; Bouw 1983-18; Architectuur & Bouwen 1986-2; E. Taverne – Carel Weeber, architect, Rotterdam 1990
Weeda, P.D. (Pieter) (1941)
K40 Renovatie Woningen Rotterdam 1983-1986
K40 Woningbouw Rotterdam 1984-1986
K44 Woningbouw Rotterdam 1985-1990
C63
Wegener Sleeswijk, C. F08
Weger, F.C. de E48, K38
Wegerif, A.H. (Henk) (1888-1963)
H24 Woonhuis Solheim Delft 1932

Wegerif, Chr. ▸ Gerretsen & Wegerif
Weijer, C. de ▸ Mecanoo
Weijer, J. de N28
Weijsenfeld, H. E08
Well, J.H.M. & R.M. van E08
Werf, F.J.M. van der ▸ Kokon
Werker, H.W.M. E41
West 8 A.H.(Adriaan) Geuze (1960)
K11 Schouwburgplein Rotterdam 1992-1997
G19 GWL-terrein Amsterdam 1993-1997
G69 Borneo-eiland, Sporenburg Amsterdam 1994-
p30, D18, M03, M21
de Architect 1993-3; Archis 1994-2; B. Lootsma, I. Breugen – Adriaan Geuze/West 8, Rotterdam 1995; A. Geuze/West 8 – In Holland staat een huis, Rotterdam 1995
Westerman, A.J. p14
Wibaut, F.M. p13, G62
Wickham, J. E12
Wiebenga, J.G.(Jan Gerko) (1886-1974)
N57 Hoofdgebouw Céramique Maastricht 1912
A12 MTS Groningen 1922-1923
J26 Nirwana-flat Den Haag 1927-1929
D28 Sanatorium Zonnestraal Hilversum 1926-1931
E49 ULO-School Aalsmeer 1931-1932
B10 Uitbreiding Ziekenhuis Zwolle 1931-1935
L08
J. Molema, P. Bak – Jan Gerko Wiebenga, Apostel van het Nieuwe Bouwen, Rotterdam 1987; Wiederhall 14
Wiegerinck Architecten C19
Wielders, J.(Jos) (1883-1949)
N47 Watertoren Schimmert 1926
Jos Wielders Architect BNA, Elberfeld 1928
Wijdeveld, H.Th. (1885-1987)
C66 Woonhuis Bendien Naarden 1920
G22 Woningbouw Amsterdam 1923-1926
C47 Woonhuis De Wachter Amersfoort 1925-1926
G20 Woningbouw Amsterdam 1927
C10 Woonhuis Klaassen Velp 1962-1963
p13, 14, D25, E23
Bouwkundig Weekblad 1965 p.333; Forum 1975-1; Domus 1987-9; H. de Haan, I. Haagsma – Wie is er bang voor nieuwbouw, Amsterdam 1981; H.Th. Wijdeveld – H.Th. Wijdeveld 1885-1985, mijn eerste eeuw, Oosterbeek 1985; Forum 1995-1
Wijk, R. ▸ Lafour & Wijk
Wijnen, G.M.C. (1930)
N08 Raadhuis Oirschot 1977-1981
Wijngaarden, G.A. van K40
Wijs, W.K. de (1884-1964)
B32 Woningbouw Pathmos Enschede 1914-1927
Wildenberg, M.J.G.M. van den M07
Wilhelmina J50
Willem I p8
Willems, L.
N38 Groene Kruis-gebouw Brunssum 1934-1936
Wils, J.(Jan) (1891-1972)
J51 Woningbouw Daal en Berg Den Haag 1919-1922
G43 Olympisch Stadion Amsterdam 1926-1928
J37 Kantoorgebouw Den Haag 1933-1935
F34 Citytheater Amsterdam 1934-1935
p14, 16, C52
Jan Wils, Genf 1930; O. Kiers – Jan Wils, het Olympisch stadion, Amsterdam 1978; C. Blotkamp e.a. – De beginjaren van De Stijl 1917-1922, Utrecht 1982; V. Freijser (red.) – De Stijl van Jan Wils, Den Haag 1989
Winden, W.A.M. van ▸ Molenaar & Van Winden
Wint, R.W.(Rudi) van de (1942)
E17 Nollen Project Den Helder 1981-
J07
Wintermans, F.J.E. G69, L31
Wintermans, P.P.E. G69, L31
Wispelaere, P. de N50
Wissing, W. B01
Wit, F.(Frans) de (1942)
H40 Windscherm Rozenburg 1983-1985
E33 Klimwand en Uitzichtpunt Spaarnwoude 1992
L31 Vierkant Eiland in de Plas Rotterdam 1996
Witstok, N.(Nico) (1930)
H20 Woningbouw Berkel en Rodenrijs 1969-1973
E16 Sluisdijk Den Helder 1974-1978
p25
Witte, J.A.M. de H25
Wittermans, J.E.B. ▸ OD 205
Woensel Kooy, J. van C65
Worm, P. L11
Wormser, Jac.Ph. ▸ Vorkink & Wormser
Wouda, Architectenbureau D03
Wouda, H.(Hendrik) (1885-1946)
H11 Woonhuis De Luifel Wassenaar 1923-1924
M. Theunissen, A. Veldhuisen – Hendrik Wouda 1885-1946, architect en meubelontwerper, Rotterdam 1989
Wouda, J.H. (1945)
A27 Jopie Huisman Museum Workum 1992
Wright, F.L. p7, 12, 14, 16, 17, A14, C46, C51, C52, C61, C64, G43, G54, H11, J25, J42, J54
Wyatt, G.S. H09
Wylick, R. van ▸ Dirrix & Van Wylick
Yanovshtchinsky, V.D. H30
Zaaijer, A. J58
Zaanen, P.(Pieter) (1931-1994)
F01 AGA-zaal Amsterdam 1990
F36 Verb. Huis van Bewaring Amsterdam 1983-1991
Zadkine, O. H52, M12
Zanden, T.P. van der C68, G91, N23
Zanstra, P.(Piet) (1905)
G64 Atelierwoningen Amsterdam 1934
G04 Parkeergarage Amsterdam 1970-1971
p19, 20
M. van Stralen – Atelierwoningen Zomerdijkstraat, Rotterdam 1989
Zanten, H. van G13
Zeinstra, H.L.(Herman) (1937)
F21 Eigen Woonhuis Amsterdam 1977
G05 HAT-Eenheden Amsterdam 1983
G77 Woningbouw Amsterdam 1990-1992
Zijl, L. F01, F15
Zocher, L.P. (1820-1915)
H23 Agnetapark Delft 1882-1885
F01
Zuiderhoek, D.(Daan) (1911-1993)
C48 Kantoorgebouw DHV Amersfoort 1967-1970
C49 Parkstad Leusden 1969-1972
Zuiderzeewerken, Bureau E15, E18
Zuuk, R.H. van E07, G90
Zwart, P. J42
Zwarts, M.E.(Moshé) (1937)
A31 Industriële Woning Shell Assen 1967
G13 Polymerencentrum Amsterdam 1972-1975
▸ Zwarts & Jansma
Zwarts & Jansma M.E.(Moshé) Zwarts (1937), R.(Rein) Jansma
F26 Kas Hortus Botanicus Amsterdam 1990-1993
L50 Renovatie Stadion Rotterdam 1993-1994
p29, G37
Zweedijk, W. G58
ZZ&P
K04 Stad Rotterdam Rotterdam 1985-1990
G38 Kantoorgebouw Nissan Amsterdam 1989-1991
G82 Rembrandt Tower Amsterdam 1989-1995

Woningbouw/Housing

H23 Agnetapark Delft **L.P. Zocher, F.M.L. Kerkhoff** 1882-1885
E21 Snouck van Loosenpark Enkhuizen **C.B. Posthumus Meyjes** 1897
F39 Hillehuis Amsterdam **M. de Klerk** 1911-1912
G76 Rochdale Amsterdam **J.E. van der Pek** 1912
L56 Tuindorp Vreewijk Rotterdam **Granpré Molière, Verhagen, Kok** 1913
G59 Amsterdam-Zuid Amsterdam **H.P. Berlage** 1915-1917
C23 Heveadorp Doorwerth **J. Rothuizen** 1916-1918
G07 Eigen Haard Amsterdam **M. de Klerk** 1913-1920
L07 Spangen Rotterdam **M. Brinkman** 1919-1922
G62 De Dageraad Amsterdam **M. de Klerk, P.L. Kramer** 1919-1922
E39 Rosenhaghe Haarlem **J.B. van Loghem** 1919-1922
J51 De Papaverhof Den Haag **J. Wils** 1919-1922
E45 Tuinwijk-Zuid Haarlem **J.B. van Loghem** 1920-1922
G65 Woningbouw Amsterdam **M. Staal-Kropholler** 1921-1922
G61 Woningbouw Amsterdam **M. de Klerk** 1921-1922
D26 Gemeentelijke Woningbouw Hilversum **W.M. Dudok** 1916-1923
G56 Harmoniehof Amsterdam **J.C. van Epen** 1919-1923
G55 Woningbouw Amsterdam **J.F. Staal** 1922-1924
G17 Tuindorp Oostzaan Amsterdam **B.T. Boeyinga** 1922-1924
J25 Villapark, Parkflat Marlot Den Haag **J.J. Brandes** 1923-1924
L55 Betonwoningen Rotterdam **J.M. van Hardeveld** 1925
G22 Woningbouw Amsterdam **H.Th. Wijdeveld** 1923-1926
B32 Pathmos Enschede **W.K. de Wijs, A.H. Op ten Noort** 1914-1927
G20 Plan West Amsterdam **Diverse Architecten** 1922-1927
H35 Woningbouw Hoek van Holland **J.J.P. Oud** 1924-1927
G21 Mercatorplein Amsterdam **H.P. Berlage** 1925-1927
G85 Betondorp Amsterdam **Diverse Architecten** 1921-1928
H23 Uitbreiding Agnetapark Delft **J. Gratama** 1925-1928
L55 Betonwoningen Rotterdam **J. Hulsbosch, W. van Tijen** 1921-1929
L02 Woningbouw met Winkels Rotterdam **J.H. van den Broek** 1927-1929
J26 Nirwana-flat Den Haag **J. Duiker, J.G. Wiebenga** 1927-1929
L54 Kiefhoek Rotterdam **J.J.P. Oud** 1925-1930
G60 De Wolkenkrabber Amsterdam **J.F. Staal** 1927-1930
G23 Hoofddorpplein Amsterdam **J.M. van der Mey, J.J.B. Franswa** 1928-1930
D10 Woningbouw Utrecht **G.Th. Rietveld** 1930-1931
D21 Woningbouw Utrecht **G.Th. Rietveld** 1932
K57 Parklaanflat Rotterdam **W. van Tijen** 1933
L15 Bergpolderflat Rotterdam **W. van Tijen, Brinkman & Van der Vlugt** 1932-1934
D10 Woningbouw Utrecht **G.Th. Rietveld** 1934
L19 De Eendracht Rotterdam **J.H. van den Broek** 1929-1935
L16 Ungerplein Rotterdam **J.H. van den Broek** 1931-1936
G24 Landlust Amsterdam **Merkelbach & Karsten** 1932-1937
G53 Drive-In Woningen Amsterdam **W. van Tijen, M.A. Stam, C.I.A. Stam-Beese, H.A. Maaskant** 1937
L23 Plaslaanflat Rotterdam **W. van Tijen, H.A. Maaskant** 1937-1938
J24 Molensloot Den Haag **C. van Eesteren, Merkelbach & Karsten** 1928-1940
G25 Bosch en Lommer Amsterdam **Dienst Stadsontwikkeling** 1935-1940
L58 Zuidpleinflat Rotterdam **W. van Tijen, E.F. Groosman** 1941-1947
G84 Frankendael Amsterdam **Merkelbach & Karsten/Elling** 1947-1951
L61 Pendrecht Rotterdam **C.I.A. Stam-Beese** 1949-1953
G28 Bejaardenwoningen Amsterdam **A.E. van Eyck, J.C. Rietveld** 1951-1954
K14 Lijnbaanflats Rotterdam **H.A. Maaskant, A. Krijgsman, H.D. Bakker** 1954-1956
G27 Woongebouw Amsterdam **J.C. Rietveld** 1956
B01 Woningbouw Nagele **Diverse Architecten** 1957
A35 Emmermeer Emmen **Den Boer, Z. Naber** 1947-1960
G32 Sloterhof Amsterdam **J.F. Berghoef** 1955-1960
G30 Zaagtandwoningen Amsterdam **F.J. van Gool** 1959-1960
G15 Buikslotermeer Amsterdam **F.J. van Gool** 1963-1966
B29 Hengelose Es Hengelo **Van den Broek & Bakema** 1962-1968
A35 Angelslo Emmen **N.A. de Boer, A.J.M. de Jong** 1956-1969
G33 Hangbrugmaisonnettes Amsterdam **J.P. Kloos** 1964-1970
C35 Woningbouw Hoevelaken **J. Verhoeven** 1968-1971
H28 Diagoonwoningen Delft **H. Hertzberger** 1971
N31 't Hool Eindhoven **Van den Broek & Bakema** 1962-1972
C49 Parkstad Leusden **H. Klunder, D. Zuiderhoek** 1969-1972
G88 Bijlmermeer Amsterdam **Dienst Stadsontwikkeling** 1962-1973
B30 De Kasbah Hengelo **P. Blom** 1969-1973
H20 Woningbouw Berkel en Rodenrijs **Brinkman, Klunder, Verhoeven, Witstok** 1969-1973
H19 Woningbouw Zoetermeer **B.A.S.S. Stegeman** 1971-1973
A35 Emmerhout Emmen **N.A. de Boer, A.J.M. de Jong** 1961-1974
M22 Kernwandgebouwen Tilburg **Van den Broek & Bakema** 1964-1975
B13 Stadsvernieuwing Zwolle **Van Eyck & Bosch** 1971-1975
A22 Woningbouw GSD Leeuwarden **A. Bonnema** 1972-1975
J33 Couperusduin Den Haag **Sj. Schamhart, H. van Beek** 1972-1975
N16 Paalwoningen Helmond **P. Blom** 1974-1975
C35 Woningbouw Hoevelaken **J. Verhoeven** 1975
H55 Bleyenhoek Dordrecht **C.J.M. Weeber** 1973-1976
H13 Arenaplan Alphen aan de Rijn **C.J.M. Weeber** 1976
H18 Meerzicht Zoetermeer **A.C. Alberts** 1972-1977
E02 Woningbouw Almere-Haven **J. van Stigt** 1974-1977
K40 Oude Westen Rotterdam **P.P. Hammel** 1975-1977
E34 Woningbouw Spaarndam **H. Klunder** 1975-1977
G06 Bickerseiland Amsterdam **P. de Ley, J. van den Bout** 1975-1977
G06 Woningbouw Amsterdam **Girod & Groeneveld** 1975-1977
H47 Woningbouw Capelle aan den IJssel **B.A.S.S. Stegeman** 1972-1978
H56 Sterrenburg III Dordrecht **Environmental Design** 1972-1978
E16 Sluisdijk Den Helder **Brinkman, Klunder, Verhoeven, Witstok** 1974-1978
F20 Nieuwmarkt Amsterdam **Th.J.J. Bosch** 1975-1978
K40 Oude Westen Rotterdam **Studio 8** 1978
E01 Almere-Haven **Apon, Van den Berg, Ter Braak, Tromp** 1974-1979
C69 De Postkoets Laren **J. Verhoeven** 1977-1979
E25 Woningbouw Alkmaar **A. Bonnema** 1977-1979
J45 Residentie Seinpost Scheveningen **C.G. Dam** 1975-1980
C56 Woningbouw Nieuwegein **J. Verhoeven** 1976-1980
K40 Oude Westen Rotterdam **G.A. van Wijngaarden** 1979-1981
K40 Oude Westen Rotterdam **LRR** 1981
D20 Woningbouw SAR-methodieken Utrecht **Kokon, SAR** 1971-1982
G93 Hoptille Amsterdam **K. Rijnboutt** 1975-1982
F04 Haarlemmer Houttuinen Amsterdam **H. Hertzberger** 1978-1982
L49 De Peperklip Rotterdam **C.J.M. Weeber** 1979-1982
G87 Venserpolder Amsterdam **C.J.M. Weeber** 1980-1982
G08 IJ-Plein Amsterdam **OMA** 1980-1982
G06 Westerdok Amsterdam **P. de Ley** 1980-1982
A35 Bargeres Emmen **A.J.M. de Jong** 1967-1983
F20 Het Pentagon Amsterdam **Th.J.J. Bosch** 1975-1983
L14 Hofdijk Rotterdam **J. Verhoeven** 1977-1983
F04 Haarlemmer Houttuinen Amsterdam **A. van Herk, C. Nagelkerke** 1978-1983
F20 Nieuwmarkt Amsterdam **H. Borkent** 1979-1983
L39 Woongebouw Rotterdam **P.B. de Bruijn** 1981-1983
B06 Combinatiegebouw Lelystad **B. Loerakker** 1981-1983
K31 Paalwoningen, Blaakoverbouwing Rotterdam **P. Blom** 1978-1984
K41 Oude Westen Rotterdam **Girod & Groeneveld** 1979-1984
F20 Nieuwmarkt Amsterdam **H.L. Hagenbeek** 1979-1984
G87 Venserpolder Amsterdam **De Kat & Peek** 1980-1984
K04 Woongebouw Rotterdam **C.G. Dam** 1981-1984
K40 Oude Westen Rotterdam **W.G. Quist** 1982-1984
G74 Wittenburg Amsterdam **Van Herk & De Kleijn** 1982-1984
G12 Woongebouw Amsterdam **De Kat & Peek** 1982-1984
G11 Woningbouw Amsterdam **H.M.A. van Meer** 1982-1984
J03 Woningbouw Den Haag **C.J.M. Weeber** 1982-1985
K42 Woningbouw Rotterdam **De Nijl** 1983-1985
F20 Nieuwmarkt Amsterdam **H.L. Hagenbeek** 1983-1985
K40 Oude Westen Rotterdam **P.D. Weeda** 1984-1986
F20 Nieuwmarkt Amsterdam **P. de Ley, F. Oorthuys** 1986
G09 Woongebouw met Voorzieningen Amsterdam **OMA** 1983-1987
J11 Katerstraat Den Haag **Atelier PRO** 1984-1987
E06 Restaurant met Woningen Almere-Stad **J.M.J. Coenen** 1984-1987
L13 Agniesebuurt Rotterdam **DKV** 1984-1988
B20 Woningbouw Deventer **Th.J.J. Bosch** 1985-1988
G75 Entrepotdok Amsterdam **A.J. & J. van Stigt** 1985-1988
A15 Corpus Den Hoorn Groningen **P.B. de Bruijn** 1986-1988
L59 Kop St. Janshaven Rotterdam **DKV** 1986-1988
G78 Woningbouw Amsterdam **Duinker Van der Torre** 1987-1988

J16 Woningbouw Den Haag **A.J.M. Siza Vieira** 1985-1989

L51 Hillekop Rotterdam **Mecanoo** 1985-1989

M24 Woningbouw Tilburg **Architectenbureau Bedaux** 1986-1989

F05 Woongebouw Amsterdam **R.H.M. Uytenhaak** 1986-1989

G72 Slachthuisterrein Amsterdam **Lafour & Wijk** 1987-1989

H06 Stadsvilla's, Flatrenovatie Leiden **A.P.J.M. Verheijen** 1987-1989

K04 Woongebouw Rotterdam **H. Klunder** 1982-1990

K43 Woningbouw Rotterdam **Mecanoo** 1984-1990

L52 Woongebouw Natal Rotterdam **F.J. van Dongen** 1985-1990

K44 Oude Westen Rotterdam **P.D. Weeda** 1985-1990

A15 Corpus Den Hoorn Groningen **Mecanoo** 1986-1990

K04 Woongebouw Rotterdam **J. Hoogstad** 1988-1990

E09 Bouw-RAI I Almere-Stad **Diverse Architecten** 1990

K44 Woningbouw Rotterdam **De Nijl** 1985-1991

J12 Stationsbuurt Den Haag **Diverse Architecten** 1985-1991

F37 Byzantium Amsterdam **OMA** 1985-1991

J15 Slachthuisterrein Den Haag **A. Rossi** 1988-1991

L30 Veerse Heuvel Rotterdam **DKV** 1988-1991

G36 Park Haagseweg Amsterdam **Mecanoo** 1990-1991

H22 Woningbouw Delft **Molenaar & Van Winden** 1984-1992

K04 Plazacomplex Rotterdam **Ellerman, Lucas, Van Vugt** 1984-1992

L06 Het Witte Dorp Rotterdam **P. de Ley** 1986-1992

E32 Woningbouw IJmuiden **H.J.M. Ruijssenaars** 1988-1992

H14 Ecolonia Alphen aan de Rijn **Diverse Architecten** 1988-1992

A15 Corpus Den Hoorn Groningen **Diverse Architecten** 1989-1992

G77 Woningbouw Amsterdam **E.M. van der Pol** 1990-1992

E10 Bouw-RAI II Almere-Stad **Diverse Architecten** 1992

E43 Zuiderpolder Haarlem **Diverse Architecten** 1986-1993

D19 Woningbouw Utrecht **Th.J.J. Bosch** 1988-1993

G03 De Liefde Amsterdam **Ch. Vandenhove** 1988-1993

L32 Ringvaartplasbuurt Rotterdam **Mecanoo** 1989-1993

G70 Woningbouw Amsterdam **B. Albert** 1989-1993

L53 Tweebos Dwars Rotterdam **DKV** 1991-1993

G16 Woningbouw Amsterdam **Bosch Haslett & Kruunenberg** 1991-1993

G18 Twiske-West Amsterdam **E.M. van der Pol** 1991-1993

A16 Woningbouw Groningen **Claus & Kaan** 1991-1993

G01 Woningbouw Amsterdam **E.A.J. Venhoeven** 1991-1993

K40 Oude Westen Rotterdam **Atelier PRO** 1993

F28 Woongebouw Amsterdam **R.H.M. Uytenhaak** 1980-1994

G71 Piraeus Amsterdam **H. Kollhoff, Chr. Rapp** 1989-1994

N52 Herdenkingsplein Maastricht **Mecanoo** 1990-1994

N50 Hoogfrankrijk Maastricht **Ch. Vandenhove** 1993-1994

L31 Prinsenland Rotterdam **Diverse Architecten** 1994

G69 Woongebouw Amsterdam **J.M.J. Coenen** 1988-1995

G69 Woningbouw Entrepot-West Amsterdam **Atelier PRO** 1989-1995

G69 Woongebouw Amsterdam **W.M.J. Arets** 1990-1995

K36 Woningen en Winkels Rotterdam **Mecanoo** 1991-1995

N52 Herdenkingsplein Maastricht **Boosten Rats Architecten** 1992-1995

N37 Woongebouw Sittard **W.J.M. Neutelings** 1992-1995

M30 Woningbouw Tilburg **W.M.J. Arets** 1993-1995

L45 Woningbouw Rotterdam **Cepezed** 1994-1995

F06 Invulwoningen Amsterdam **Claus & Kaan** 1995

A35 Rietlanden Emmen **A.J.M. de Jong** 1977-1996

L38 DWL-terrein Rotterdam **Diverse Architecten** 1983-1996

C05 Woongebouw Nijmegen **D.E. van Gameren, B. Mastenbroek** 1991-1996

K18 Schielandtoren Rotterdam **P.B. de Bruijn** 1996

M29 Woningbouw Tilburg **W.J.M. Neutelings** 1996

L46 Woningbouw Rotterdam **F.J. van Dongen** 1991-1997

G19 GWL-terrein Amsterdam **Diverse Architecten** 1993-1997

N57 Sphinx Céramique Maastricht **Diverse Architecten** 1987-

J58 Woningbouwfestival Den Haag **Diverse Architecten** 1988-

G37 Nieuw-Sloten Amsterdam **Diverse Architecten** 1993-

Vrijstaande woonhuizen/Freestanding houses

J43 Woonhuis Henny Den Haag **H.P. Berlage** 1898

A33 Woonhuis Rams Woerthe Steenwijk **A.L. van Gendt** 1895-1899

J48 Woonhuis Leuring Den Haag **H. van de Velde** 1903

M08 Loodsenwoningen Vlissingen **P.F. Smagge** 1910

C50 Woonhuis Løvdalla Huis ter Heide **R. van 't Hoff** 1911

A32 Modelboerderij De Schipborg Anloo **H.P. Berlage** 1914

C51 Woonhuis Verloop Huis ter Heide **R. van 't Hoff** 1915-1916

E23 Park Meerwijk Bergen **Diverse Architecten** 1915-1918

C30 Jachtslot St.-Hubertus Otterlo **H.P. Berlage** 1913-1919

C52 Woonhuis Henny Huis ter Heide **R. van 't Hoff** 1915-1919

M11 Atelierwoning Achtmaal **M. Staal-Kropholler** 1918-1919

C66 Woonhuis Bendien Naarden **H.Th. Wijdeveld** 1920

H39 Het Reigersnest Oostvoorne **P. Vorkink, Jac.Ph. Wormser** 1918-1921

N15 Woonhuis Carp Helmond **J. Crouwel jr., H.Th. Teeuwisse** 1921

J54 Villadorp Kijkduin Den Haag **J. Duiker, B. Bijvoet** 1919-1922

E52 Woonhuis Barendsen Aalsmeer **M. de Klerk** 1923

C04 Landhuis Wylerberg Beek **O. Bartning** 1921-1924

H11 Woonhuis De Luifel Wassenaar **H. Wouda** 1923-1924

D12 Schröderhuis Utrecht **G.Th. Rietveld** 1924

E51 Woonhuis Suermondt Aalsmeer **J. Duiker, B. Bijvoet** 1924-1925

A17 Woonhuis Vink Zuidhorn **L.C. van der Vlugt, K. Siekman** 1925

C47 Woonhuis De Wachter Amersfoort **H.Th. Wijdeveld** 1925-1926

D26 Eigen Woonhuis De Wikke Hilversum **W.M. Dudok** 1926

D08 Chauffeurswoning Utrecht **G.Th. Rietveld** 1927-1928

J50 Woonhuis Windekind Den Haag **D. Roosenburg** 1927-1928

L25 Woonhuis Van der Leeuw Rotterdam **Brinkman & Van der Vlugt** 1927-1929

C70 Woonhuis Van Houten Laren **Gerretsen & Wegerif** 1929

D22 Woonhuis Hilversum **P.J. Elling** 1929

L26 Woonhuis De Boogerd Rotterdam **M.J. Granpré Molière** 1929-1930

D23 Woonhuis Hilversum **P.J. Elling** 1930

H46 Woonhuis De Bruyn Schiedam **Brinkman & Van der Vlugt** 1929-1931

N43 Eigen Woonhuis Op de Linde Heerlen **F.P.J. Peutz** 1931

M19 Woonhuis Klep Breda **G.Th. Rietveld** 1931-1932

H24 Woonhuis Solheim Delft **A.H. Wegerif** 1932

M09 Wooldhuis Vlissingen **D. Roosenburg** 1932

K37 Woonhuis Sonneveld Rotterdam **Brinkman & Van der Vlugt** 1929-1933

K39 Woonhuis Boevé Rotterdam **Brinkman & Van der Vlugt** 1931-1933

M19 Woonhuis Nuyens Breda **G.Th. Rietveld** 1932-1933

B31 Woonhuis Zijlstra Enschede **J.B. van Loghem** 1933

D11 Eigen Woonhuis Utrecht **S. van Ravesteyn** 1932-1934

J35 Woonhuis Hillebrandt Den Haag **G.Th. Rietveld** 1934-1935

B15 Woonhuis De Witte Raaf Hattem **A. Komter** 1927-1936

J35 Woonhuis Mees Den Haag **G.Th. Rietveld** 1934-1936

H02 Vakantiehuis Noordwijk **Brinkman & Van der Vlugt** 1935-1936

J36 Woonhuis Leembruggen Den Haag **J.W.E. Buijs, J.B. Lürsen** 1935-1936

D24 Woonhuis Hilversum **P.J. Elling** 1936

J34 Woonhuis Hartog Den Haag **J.B. van Loghem** 1937

K38 Chabotmuseum Rotterdam **G.W. Baas** 1938

L18 Woonhuis Gestel Rotterdam **J.H. van den Broek** 1937-1939

J35 Woonhuis Wyburg Den Haag **G.Th. Rietveld** 1938-1939

C60 Vakantiehuis De Braamakkers Breukeleveen **G.Th. Rietveld** 1941

E37 Woonhuis Looyen Aerdenhout **B. Bijvoet, G.H.M. Holt** 1948

C09 Woonhuis Stoop Velp **G.Th. Rietveld** 1950-1951

C59 Vakantiehuis Klein Tienhoven **J.C. Rietveld** 1951

L27 Eigen Woonhuis Ypenhof Rotterdam **J.H. van den Broek** 1948-1952

C09 Woonhuis Slegers Velp **G.Th. Rietveld** 1952-1954

N20 Woonhuis Visser Bergeyk **G.Th. Rietveld** 1956

H42 Woonhuis Wieringa Middelharnis **Van den Broek & Bakema** 1956-1957

E27 Woonhuis Van den Doel Ilpendam **G.Th. Rietveld** 1957-1959

L20 Woonhuis Van Buchem Rotterdam **Van den Broek & Bakema** 1960-1961

G48 Woonhuis Orlow Amsterdam **H. Salomonson** 1961

A18 Eigen Woonhuis Hardegarijp **A. Bonnema** 1961-1963

C10 Woonhuis Klaassen Velp **H.Th. Wijdeveld** 1962-1963

N46 Woonhuis Van Slobbe Heerlen **Rietveld Van Dillen Van Tricht** 1962-1964

C35 Eigen Woonhuis Hoevelaken **J. Verhoeven** 1965-1966

N34 Eigen Woonhuis Venlo **G.J. van der Grinten** 1965-1967

A31 Industriële Woning Shell Assen **M.E. Zwarts** 1967

N20 Uitbreiding Woonhuis Visser Bergeyk **A.E. van Eyck** 1967-1969

N17 Eigen Woonhuis Geldrop **H.G. Smelt** 1969-1971

D13 Woonhuis De Waal Utrecht **A.C. Alberts** 1978-1980

N09 Woonhuis Naalden Best **Dom H. van der Laan** 1982

E07 Eigen Woonhuis Hardglas Almere-Stad **Benthem Crouwel** 1982-1983

E46 Woonhuis Bakels Haarlem **Sj. Soeters** 1983-1984

C62 Woonhuis Cramer Vinkeveen **K.J. van Velsen** 1983-1984

E07 De Fantasie Almere-Stad **Diverse Architecten** 1982-1986

J17 Pleinbebouwing Den Haag **A.J.M. Siza Vieira** 1985-1989

L28 Twee Patiovilla's Rotterdam **OMA** 1985-1989

N36 Woonhuis met Praktijk Berg aan de Maas **R. van Wylick** 1987-1989
N04 Huis van de Toekomst Rosmalen **C.G. Dam** 1988-1989
A28 Atelierwoning Langezwaag **G. Daan** 1985-1990
C40 De Etalage Amersfoort **Arets & Van den Bergh** 1990
E08 De Realiteit Almere-Stad **Diverse Architecten** 1985-1991
L24 Eigen Woonhuis Rotterdam **Mecanoo** 1989-1991
H29 'Twee Onder een Dak' Delft **Diverse Architecten** 1989-1991
C40 De Etalage Amersfoort **M.A.A. van Schijndel** 1991
C40 De Etalage Amersfoort **R.H.M. Uytenhaak** 1990-1992
C40 De Etalage Amersfoort **Mecanoo** 1991-1992
C41 Woonhuis De Waal Amersfoort **P. Blom** 1989-1994
B22 Woonhuis Geerlings Holten **OMA** 1992-1994
C42 Woonhuis Wilbrink Amersfoort **Van Berkel & Bos** 1992-1994
M26 Zes Woonhuizen Tilburg **Diverse Architecten** 1992-1995

Stadswoonhuizen/City houses
J30 Woonhuis Den Haag **J.W. Bosboom** 1898
F13 Woonhuis Amsterdam **A. Cahen** 1964-1975
F21 Eigen Woonhuis Amsterdam **H.L. Zeinstra** 1977
D29 Eigen Woonhuis Hilversum **K.J. van Velsen** 1980-1982
B12 Woonhuis en Werkplaats Zwolle **R.H.M. Uytenhaak** 1982-1985
H25 Schuttersstraat Delft **Diverse Architecten** 1991-1994
H26 Atelierwoning Blokland Delft **Cepezed** 1992-1996
D09 Woonhuizen KBWW Utrecht **B. Mastenbroek, MVRDV** 1994-1997

Architectenwoningen/Self-designed houses
D26 Eigen Woonhuis De Wikke Hilversum **W.M. Dudok** 1926
N43 Eigen Woonhuis Op de Linde Heerlen **F.P.J. Peutz** 1931
D11 Eigen Woonhuis Utrecht **S. van Ravesteyn** 1932-1934
L27 Eigen Woonhuis Ypenhof Rotterdam **J.H. van den Broek** 1948-1952
A18 Eigen Woonhuis Hardegarijp **A. Bonnema** 1961-1963
C35 Eigen Woonhuis Hoevelaken **J. Verhoeven** 1965-1966
N34 Eigen Woonhuis Venlo **G.J. van der Grinten** 1965-1967
N17 Eigen Woonhuis Geldrop **H.G. Smelt** 1969-1971
F21 Eigen Woonhuis Amsterdam **H.L. Zeinstra** 1977
D29 Eigen Woonhuis Hilversum **K.J. van Velsen** 1980-1982
E07 Eigen Woonhuis Hardglas Almere-Stad **Benthem Crouwel** 1982-1983
L24 Eigen Woonhuis Rotterdam **Mecanoo** 1989-1991

Bijzondere huisvesting/Special accommodation
H01 Vakantiehuis De Vonk Noordwijk **J.J.P. Oud** 1917-1918
G55 Huize Lydia Amsterdam **J. Boterenbrood** 1922-1927
N45 Retraitehuis Mgr. Schrijnen Heerlen **F.P.J. Peutz** 1932
G64 Atelierwoningen Amsterdam **Zanstra, Giessen, Sijmons** 1934
C20 Bio-Herstellingsoord Arnhem **J.J.P. Oud** 1952-1960
G44 Burgerweeshuis Amsterdam **A.E. van Eyck** 1955-1960
B35 Studentenhuisvesting Drienerlo **W. van Tijen** 1964
B39 Studentenhuisvesting Drienerlo **H.P.C. Haan** 1964-1965
F27 Studentenhuis Amsterdam **H. Hertzberger** 1959-1966
B35 Studentenhuisvesting Drienerlo **Tj. Hazewinkel** 1967
B35 Stafwoningen Drienerlo **H.P.C. Haan** 1969
B35 Studentenhuisvesting Drienerlo **H.P.C. Haan** 1972
H43 Hernesseroord Middelharnis **Van den Broek & Bakema** 1966-1974
G31 De Drie Hoven Amsterdam **H. Hertzberger** 1971-1975
C63 Centraal Wonen Hilversumse Meent **De Jonge, Dorst, Lubeek, De Bruijn, De Groot** 1974-1977
G83 Bijlmerbajes Amsterdam **J.W.H.C. Pot, J.F. Pot-Keegstra** 1972-1978
F24 Moederhuis Amsterdam **A.E. van Eyck** 1973-1978
L57 De Zonnetrap Rotterdam **E. Hartsuyker, L. Hartsuyker-Curjel** 1976-1980
H30 Studentenhuisvesting Delft **Gimmie Shelter** 1978-1981
L40 Hergebruik Filtergebouwen Rotterdam **W. Patijn, J. Mulder** 1979-1983
H30 Studentenhuisvesting Delft **C.J.M. Weeber** 1980-1983
G05 HAT-Eenheden Amsterdam **De Kat & Peek** 1983
E03 De Overloop Almere-Haven **H. Hertzberger** 1980-1984
K06 Jongerenhuisvesting Rotterdam **Mecanoo** 1981-1985
H30 Studentenhuisvesting Delft **C.J.M. Weeber** 1984-1986
N21 De Donksbergen Duizel **C.G. Dam** 1975-1988
N13 Uitbreiding Huize Padua Boekel **A.E. & H. van Eyck** 1980-1989
M10 Sterrebos Roosendaal **C.J.M. van de Ven** 1980-1989
N27 Woningbouw Eindhoven **C.J.M. Weeber** 1984-1989
L09 Penitentiaire Inrichting Rotterdam **C.J.M. Weeber** 1985-1989
G74 Vierwindenhuis Amsterdam **G.P. Frassinelli** 1983-1990
L31 Bejaardenflat Rotterdam **F. Prins** 1991-1993
J12 Studentenhuisvesting Den Haag **C.J.M. Weeber** 1993-1996
G34 Woonzorgcomplex Amsterdam **MVRDV** 1994-1997
H30 Studentenhuisvesting Delft **C.A.M. Reijers** 1997

Stadsvernieuwing/Urban renewal
K40 Oude Westen Rotterdam **Actiegroep Het Oude Westen, P.P. Hammel** 1970-
F20 Nieuwmarkt Amsterdam **Van Eyck & Bosch** 1970-1975
B13 Stadsvernieuwing Zwolle **Van Eyck & Bosch** 1971-1975
H55 Bleyenhoek Dordrecht **C.J.M. Weeber** 1973-1976
G06 Bickerseiland Amsterdam **P. de Ley, J. van den Bout** 1975-1977
E16 Sluisdijk Den Helder **Brinkman, Klunder, Verhoeven, Witstok** 1974-1978
F04 Haarlemmer Houttuinen Amsterdam **H. Hertzberger** 1978-1982
F04 Haarlemmer Houttuinen Amsterdam **A. van Herk, C. Nagelkerke** 1978-1983
M24 Woningbouw Tilburg **Architectenbureau Bedaux** 1986-1989
H06 Stadsvilla's, Flatrenovatie Leiden **A.P.J.M. Verheijen** 1987-1989
J12 Stationsbuurt Den Haag **Diverse Architecten** 1985-1991
J18 Vaillantlaan Den Haag **J.M.J. Coenen** 1987-1993
N50 Hoogfrankrijk Maastricht **Ch. Vandenhove** 1993-1994

Stedenbouwkundige plannen/Urban plans
H23 Agnetapark Delft **L.P. Zocher, F.M.L. Kerkhoff** 1882-1885
E21 Snouck van Loosenpark Enkhuizen **C.B. Posthumus Meyjes** 1897
G76 Rochdale Amsterdam **J.E. van der Pek** 1912
L56 Tuindorp Vreewijk Rotterdam **Granpré Molière, Verhagen, Kok** 1913
G59 Amsterdam-Zuid Amsterdam **H.P. Berlage** 1915-1917
C23 Heveadorp Doorwerth **J. Rothuizen** 1916-1918
G62 De Dageraad Amsterdam **M. de Klerk, P.L. Kramer** 1919-1922
L07 Spangen Rotterdam **M. Brinkman** 1919-1922
J51 De Papaverhof Den Haag **J. Wils** 1919-1922
E45 Tuinwijk-Zuid Haarlem **J.B. van Loghem** 1920-1922
D26 Gemeentelijke Woningbouw Hilversum **W.M. Dudok** 1916-1923
G56 Harmoniehof Amsterdam **J.C. van Epen** 1919-1923
B32 Pathmos Enschede **W.K. de Wijs, A.H. Op ten Noort** 1914-1927
G20 Plan West Amsterdam **J. Gratama, G. Versteeg, A.R. Hulshoff** 1922-1927
G21 Mercatorplein Amsterdam **H.P. Berlage** 1925-1927
G85 Betondorp Amsterdam **J. Gratama, G. Versteeg** 1921-1928
L02 Woningbouw met Winkels Rotterdam **J.H. van den Broek** 1927-1929
L54 Kiefhoek Rotterdam **J.J.P. Oud** 1925-1930
G24 Landlust Amsterdam **Merkelbach & Karsten** 1932-1937
J24 Molensloot Den Haag **C. van Eesteren, Merkelbach & Karsten** 1928-1940
G25 Bosch en Lommer Amsterdam **Dienst Stadsontwikkeling** 1935-1940
H30 TU Delft **J.H. Froger, S.J. van Embden, C. van Eesteren, G.C. Bremer, J.H. van den Broek** 1947-1950
G84 Frankendael Amsterdam **Merkelbach & Karsten/Elling** 1947-1951
L61 Pendrecht Rotterdam **C.I.A. Stam-Beese** 1949-1953
K13 De Lijnbaan Rotterdam **Van den Broek & Bakema** 1951-1953
B01 Nagele **De 8** 1947-1957
A35 Emmermeer Emmen **Den Boer, Z. Naber** 1947-1960
G30 Zaagtandwoningen Amsterdam **F.J. van Gool** 1959-1960
N23 TU Eindhoven **S.J. van Embden, OD 205** 1954-1964
B35 Campus TU Twente Drienerlo **W. van Tijen, S.J. van Embden** 1960-1964
G15 Buikslotermeer Amsterdam **F.J. van Gool** 1963-1966
B29 Hengelose Es Hengelo **Van den Broek & Bakema** 1962-1968
A35 Angelslo Emmen **N.A. de Boer, A.J.M. de Jong** 1956-1969
N31 't Hool Eindhoven **Van den Broek & Bakema** 1962-1972
C49 Parkstad Leusden **H. Klunder, D. Zuiderhoek** 1969-1972
G88 Bijlmermeer Amsterdam **Dienst Stadsontwikkeling** 1962-1973
B30 De Kasbah Hengelo **P. Blom** 1969-1973
H20 Berkel en Rodenrijs **Brinkman, Klunder, Verhoeven, Witstok** 1969-1973
A35 Emmerhout Emmen **N.A. de Boer, A.J.M. de Jong** 1961-1974
M22 Kernwandgebouwen Tilburg **Van den Broek & Bakema** 1964-1975
H13 Arenaplan Alphen aan de Rijn **C.J.M. Weeber** 1976

E02 Almere-Haven **J. van Stigt** 1974-1977
H47 Woningbouw Capelle aan den IJssel **B.A.S.S. Stegeman** 1972-1978
E01 Almere-Haven **Apon, Van den Berg, Ter Braak, Tromp** 1974-1979
C56 Woningbouw Nieuwegein **J. Verhoeven** 1976-1980
D20 Woningbouw SAR-methodieken Utrecht **Kokon, SAR** 1971-1982
G93 Hoptille Amsterdam **K. Rijnboutt** 1975-1982
L49 De Peperklip Rotterdam **C.J.M. Weeber** 1979-1982
G08 IJ-Plein Amsterdam **OMA** 1980-1982
G87 Venserpolder Amsterdam **C.J.M. Weeber** 1980-1982
A35 Bargeres Emmen **A.J.M. de Jong** 1967-1983
L14 Hofdijk Rotterdam **J. Verhoeven** 1977-1983
K31 Blaakoverbouwing Rotterdam **P. Blom** 1978-1984
L51 Hillekop Rotterdam **Mecanoo** 1985-1989
L30 Veerse Heuvel Rotterdam **DKV** 1988-1991
G36 Park Haagseweg Amsterdam **Mecanoo** 1990-1991
L06 Het Witte Dorp Rotterdam **P. de Ley** 1986-1992
L32 Ringvaartplasbuurt Rotterdam **Mecanoo** 1989-1993
L53 Tweebos Dwars Rotterdam **DKV** 1991-1993
C43 Kattenbroek Amersfoort **A. Bhalotra** 1988-1994
A35 Rietlanden Emmen **A.J.M. de Jong** 1977-1996
L38 DWL-terrein Rotterdam **Diverse Architecten** 1983-1996
G19 GWL-terrein Amsterdam **K.W. Christiaanse, West 8** 1993-1997
L31 Prinsenland Rotterdam **DRO Rotterdam** 1982-
L44 Kop van Zuid Rotterdam **T. Koolhaas** 1987-
N57 Sphinx Céramique Maastricht **J.M.J. Coenen** 1987-
J58 Woningbouwfestival Den Haag **K.W. Christiaanse, OMA** 1988-
J06 De Resident Den Haag **R. Krier, Sj. Soeters** 1988-
G69 KNSM-eiland Amsterdam **J.M.J. Coenen** 1989-
G69 Java-eiland Amsterdam **Sj. Soeters** 1989-
G69 Borneo-eiland, Sporenburg Amsterdam **West 8** 1994-

Bestuursgebouwen/Administrative buildings
D25 Raadhuis Hilversum **W.M. Dudok** 1924-1930
A02 Raadhuis Usquert **H.P. Berlage** 1928-1930
N01 Raadhuis Waalwijk **A.J. Kropholler** 1929-1931
B33 Raadhuis Enschede **G. Friedhoff** 1928-1933
N39 Raadhuis Heerlen **F.P.J. Peutz** 1936-1942
E19 Raadhuis Medemblik **A.J. Kropholler** 1940-1942
C15 Provinciehuis Arnhem **J.J.M. Vegter, H. Brouwer** 1950-1955
N14 Raadhuis Cuijk **Th.J. Taen, C.Th. Nix** 1953-1957
B28 Raadhuis Hengelo **J.F. Berghoef, J.F. Hondius** 1948-1963
C22 Raadhuis Oosterbeek **M.J. Granpré Molière** 1956-1966
E28 Raadhuis Landsmeer **M.F. Duintjer** 1956-1968
H12 Raadhuis Ter Aar **J. van Stigt** 1965-1970
N02 Provinciehuis Den Bosch **Maaskant, Van Dommelen, Kroos** 1963-1971
M06 Raadhuis Terneuzen **Van den Broek & Bakema** 1963-1972
B25 Stadhuis Almelo **J.J.P. Oud, H.E. Oud** 1962-1973
B14 Uitbreiding Stadhuis Zwolle **J.J. Konijnenburg** 1963-1975
C29 Raadhuis Ede **Van den Broek & Bakema** 1969-1976
H50 Raadhuis Krimpen aan den IJssel **G. Drexhage** 1978-1980
N08 Raadhuis Oirschot **G. Wijnen, A.J.C. van Beurden** 1977-1981
H15 Raadhuis Driebruggen **J. Hoogstad** 1977-1981
B05 Stadhuis Lelystad **J. Hoogstad** 1976-1984
N56 Gouvernementsgebouw Maastricht **B.G.J.J. Snelder** 1978-1985
A19 Gemeentehuis Tietjerksteradeel Bergum **A. Bonnema** 1982-1985
E04 Stadhuis Almere-Stad **C.G. Dam** 1979-1986
H21 Stadskantoor Delft **J.M.J. Coenen** 1984-1986
F19 Stadhuis Amsterdam **W. Holzbauer, C.G. Dam** 1979-1987
B18 Stadhuis Apeldoorn **H.J.M. Ruijssenaars** 1988-1992
G39 Stadsdeelwerken Amsterdam **Claus & Kaan** 1990-1992
C03 Gemeentehuis Wehl **H.A.J. Henket** 1990-1992
E28 Uitbreiding Raadhuis Landsmeer **R.H.M. Uytenhaak** 1992-1993
J01 Stadhuis Den Haag **R.A. Meier** 1986-1995
A08 Reconstructie Waagstraat Groningen **A. Natalini** 1991-1996
M06 Uitbreiding Raadhuis Terneuzen **K.J. van Velsen** 1993-1996

Overige overheidsgebouwen/Other government buildings
F10 Postkantoor Amsterdam **C.H. Peters** 1893-1899
D02 Hoofdpostkantoor Utrecht **J. Crouwel jr.** 1917-1924
D26 Havenkantoor Hilversum **W.M. Dudok** 1937
G57 Rijksverzekeringsbank Amsterdam **D. Roosenburg** 1937-1939
J13 Stationspostkantoor Den Haag **G.C. Bremer, J. Emmen, H.J.J. Engel** 1939-1949
K02 Stationspostkantoor Rotterdam **E.H.A. & H.M. Kraaijvanger** 1954-1959
J29 Amerikaanse Ambassade Den Haag **M. Breuer** 1957-1959
C07 Stationspostkantoor Nijmegen **S. van Ravesteyn** 1964
G47 Kantongerecht Amsterdam **B. Loerakker** 1970-1975
J21 Rijksarchief Den Haag **Sj. Schamhart, H. van Beek** 1972-1979
J19 Ministerie Den Haag **Apon, Van den Berg, Ter Braak, Tromp** 1974-1984
H16 Ministerie van Onderwijs Zoetermeer **Ph.M. Rosdorff** 1976-1985
J13 Expeditieknooppunt Den Haag **Kraaijvanger Architecten** 1984-1987
N11 Arbeidsbureau Veghel **H.A.J. Henket** 1984-1987
B27 Arbeidsbureau Oldenzaal **B. van Aalderen, J. Jonges** 1985-1987
J23 Ministerie van Sociale Zaken Den Haag **H. Hertzberger** 1979-1990
G47 Uitbreiding Kantongerecht Amsterdam **B. Loerakker** 1984-1990
E05 Arbeidsbureau Almere-Stad **H. Tupker** 1989-1990
J07 Uitbreiding Tweede Kamer Den Haag **P.B. de Bruijn** 1981-1992
J04 Ministerie van VROM Den Haag **J. Hoogstad** 1986-1992
G01 Politiebureau Amsterdam **E.A.J. Venhoeven** 1991-1993
N60 Politiebureau Vaals **W.M.J. Arets** 1993-1995
J31 Uitbreiding Rekenkamer Den Haag **A.E. & H. van Eyck** 1993-1997
L47 Wilhelminahof Rotterdam **C.G. Dam, Kraaijvanger Urbis** 1994-1997

Onderwijsgebouwen/Buildings for education
D26 Geraniumschool Hilversum **W.M. Dudok** 1917-1918
D07 Rijksveeartsenijkunde Utrecht **J. Crouwel jr.** 1921
C25 Plantenfysiologie Wageningen **C.J. Blaauw** 1919-1922
C25 Microbiologie Wageningen **C.J. Blaauw** 1919-1922
D26 Dr. H. Bavinckschool Hilversum **W.M. Dudok** 1921-1922
A12 MTS Groningen **L.C. van der Vlugt, J.G. Wiebenga** 1922-1923
D26 Jan van der Heydenschool Hilversum **W.M. Dudok** 1925-1926
D26 Fabritiusschool Hilversum **W.M. Dudok** 1925-1926
D26 Julianaschool Hilversum **W.M. Dudok** 1925-1927
D26 Catharinaschool Hilversum **W.M. Dudok** 1925-1927
A14 Hendrik Westerschool Groningen **S.J. Bouma** 1927
A14 Simon van Hasseltschool Groningen **S.J. Bouma** 1926-1928
D26 Nassauschool Hilversum **W.M. Dudok** 1927-1928
D26 Ruysdaelschool Hilversum **W.M. Dudok** 1928
A14 Rabenhauptschool Groningen **S.J. Bouma** 1928-1929
D26 Vondelschool Hilversum **W.M. Dudok** 1928-1929
D26 Calvijnschool Hilversum **W.M. Dudok** 1929
D26 Kleuterschool Nelly Bodenheim Hilversum **W.M. Dudok** 1929
G52 Openluchtschool Amsterdam **J. Duiker, B. Bijvoet** 1927-1930
D26 Lorentzschool Hilversum **W.M. Dudok** 1929-1930
E35 Montessorischool Bloemendaal **J.H. Groenewegen** 1930
D26 Multatulischool Hilversum **W.M. Dudok** 1928-1931
J44 Derde Ambachtsschool Scheveningen **J. Duiker** 1929-1931
D26 Snelliusschool Hilversum **W.M. Dudok** 1930-1932
E49 ULO-School Aalsmeer **J.G. Wiebenga** 1931-1932
A14 Van Houtenschool Groningen **S.J. Bouma** 1931-1932
C46 Gymnasium Amersfoort **C.B. van der Tak** 1931-1933
G51 Montessorischool Amsterdam **W. van Tijen, M.A. Stam, C.I.A. Stam-Beese** 1935
J53 Daltonlyceum Den Haag **J.J. Brandes** 1929-1939
H10 Rijnlands Lyceum Wassenaar **J.P. Kloos** 1937-1939
H30 Scheikundige Technologie TU Delft **G.C. Bremer** 1938-1946
C24 Landmeetkunde Wageningen **F.E. Röntgen** 1953
B16 Jachinschool Elspeet **A. van der Linden** 1954
J52 Tweede Vrijzinnig Christelijk Lyceum Den Haag **J.J.P. Oud** 1949-1956
B03 Lagere Scholen Nagele **A.E. van Eyck, H.P.D. van Ginkel** 1954-1957
H30 Werktuigbouwkunde TU Delft **A. van der Steur/G. Drexhage** 1957
L17 Montessorilyceum Rotterdam **Van den Broek & Bakema** 1955-1960
C24 De Dreijenborch Wageningen **W. van Tijen** 1956-1961
M27 Hogeschool Tilburg **J.H.A. Bedaux, J.A. van der Laan** 1957-1962
C17 Academie Arnhem **G.Th. Rietveld** 1957-1962
G40 Lyceum Buitenveldert Amsterdam **M.F. Duintjer** 1959-1963
N23 Hoofdgebouw TU Eindhoven **OD 205** 1954-1964
B35 Hallencomplex Drienerlo **OD 205** 1962-1964
B35 Hoofdgebouw Drienerlo **W. van Tijen** 1964
N23 W-Hal TU Eindhoven **OD 205** 1964

N54 Conservatorium Maastricht **P.H. Dingemans** 1965
N23 Auditorium TU Eindhoven **OD 205** 1965
H31 Aula TU Delft **Van den Broek & Bakema** 1959-1966
H27 Montessorischool Delft **H. Hertzberger** 1966
G46 Academie Amsterdam **Rietveld Van Dillen Van Tricht** 1959-1967
H30 Electrotechniek TU Delft **G. Drexhage** 1959-1967
H30 Bouwkunde TU Delft **Van den Broek & Bakema** 1959-1967
A35 Lagere Scholen Emmen **G. Boon** 1961-1967
N18 LTS Don Bosco Valkenswaard **P.H. van Rhijn** 1965-1967
B35 Electrotechniek en Fysica Drienerlo **OD 205** 1967
H30 Lucht- en Ruimtevaarttechniek TU Delft **G. Drexhage** 1967
N18 LTS Vught **P.H. van Rhijn, F.W.J. van Dillen** 1962-1968
B35 Werktuigbouwkunde Drienerlo **D. van Mourik, J.W. du Pon** 1966-1968
N23 Studentencentrum TU Eindhoven **Maaskant, Van Dommelen, Kroos, Senf** 1969
L12 Technikon Rotterdam **Maaskant, Van Dommelen, Kroos, Senf** 1955-1970
L35 Erasmusuniversiteit Rotterdam **Elffers Partners** 1965-1970
C02 Scholengemeenschap Doetinchem **Rietveld Van Dillen Van Tricht** 1964-1971
N23 Rekencentrum en Transitorium TU Eindhoven **OD 205** 1972
B37 Rekencentrum Drienerlo **Environmental Design** 1970-1973
D14 Tandheelkundig Instituut Utrecht **Environmental Design** 1970-1974
H34 Civiele Techniek TU Delft **Van den Broek & Bakema** 1961-1975
N23 Werktuigbouwkunde TU Eindhoven **OD 205** 1968-1975
C54 Vrije Hogeschool Driebergen **J.I. Risseeuw** 1976-1978
C21 Rijksbrandweeracademie Arnhem **J. Verhoeven** 1975-1980
H08 Verbouwing 't Arsenaal Leiden **Tj. Dijkstra** 1975-1981
H08 Faculteitsgebouw Leiden **J.H. Bosch** 1975-1982
H08 Faculteitsgebouw Leiden **J. van Stigt** 1976-1982
C24 Jan Kops-huis Wageningen **J. Schrieke** 1982
K40 Basisschool Rotterdam **Gemeentewerken** 1982
H08 Faculteitsgebouw Leiden **Ahrens Kleijer Baller** 1975-1983
G50 Montessorischool Amsterdam **H. Hertzberger** 1980-1983
G50 Willemsparkschool Amsterdam **H. Hertzberger** 1980-1983
F09 Letterenfaculteit Amsterdam **Th.J.J. Bosch** 1976-1984
A06 Academie Minerva Groningen **P. Blom** 1976-1984
K41 School Rotterdam **Girod & Groeneveld** 1979-1984
K40 School Rotterdam **W.G. Quist** 1982-1984
B35 Informatica Drienerlo **J.P.Th. Dekkers** 1983-1985
G10 Openbare Basisschool Amsterdam **OMA** 1986
B35 Congres/Studiecentrum Drienerlo **J.P.Th. Dekkers** 1987
B35 Kinderdagverblijf Drienerlo **J.P.Th. Dekkers** 1989
C27 Erfelijkheidsleer Wageningen **Baneke & Van der Hoeven** 1986-1990
C24 Bestuurscentrum Wageningen **L.J. Heijdenrijk** 1990
D14 Uitbreiding Tandheelkunde Utrecht **M.A.A. van Schijndel** 1990
N53 Uitbreiding Rijksuniversiteit Maastricht **J.M.J. Coenen** 1988-1991
C28 CABO Wageningen **H.J.M. Ruijssenaars** 1988-1991
F29 Rijksakadamie Amsterdam **K.J. van Velsen** 1987-1992
C26 Botanisch Laboratorium Wageningen **Mecanoo** 1990-1992
E11 Basisschool De Polygoon Almere-Stad **H. Hertzberger** 1990-1992
N32 Kinderdagverblijf Eindhoven **M.M. Kroese** 1992
G10 Uitbreiding Basisschool Amsterdam **Kingma & Roorda** 1992
N51 Academie Maastricht **W.M.J. Arets** 1990-1993
C28 ATO Wageningen **H.J.M. Ruijssenaars** 1991-1993
M13 Muziekcentrum Breda **H. Hertzberger** 1991-1993
L31 School Rotterdam **L. de Jonge** 1992-1993
L34 Kinderdagverblijf Rotterdam **Cepezed** 1992-1994
H51 Anne Frank School Papendrecht **H. Hertzberger** 1992-1994
L48 Maritiem Simulatorcentrum Rotterdam **Sir Norman Foster** 1993-1994
C01 Isalacollege Silvolde **Mecanoo** 1990-1995
D16 Faculteit Economie & Management Utrecht **Mecanoo** 1991-1995
E11 Basisschool De Bombardon Almere-Stad **H. Hertzberger** 1995
J14 Haagse Hogeschool Den Haag **Atelier PRO** 1990-1996
A20 Hogeschool Leeuwarden **Atelier PRO** 1992-1996
D17 Educatorium Utrecht **OMA** 1992-1997
D15 Minnaertgebouw Utrecht **W.J.M. Neutelings** 1995-1997
C24 Onderzoekscentrum Wageningen **G. Behnisch & Partner** 1992-1998

Gebouwen voor de gezondheidszorg/Health service buildings
B09 De Engelenbergstichting Kampen **W. Kromhout** 1911-1916
D07 Kliniek voor Kleine Huisdieren Utrecht **J. Crouwel jr.** 1922
J49 Rudolf Steiner-Kliniek Den Haag **J.W.E. Buijs, J.B. Lürsen** 1926-1928
D28 Zonnestraal Hilversum **J. Duiker, B. Bijvoet, J.G. Wiebenga** 1926-1931
B10 Uitbreiding Sophiaziekenhuis Zwolle **J.G. Wiebenga** 1931-1935
A29 Noordersanatorium Zuidlaren **E. Reitsma** 1935
N38 Groene Kruis-gebouw Brunssum **L. Willems** 1934-1936
C20 Bio-Herstellingsoord Arnhem **J.J.P. Oud** 1952-1960
K52 Medische Faculteit Rotterdam **OD 205** 1965-1968
H43 Hernesseroord Middelharnis **Van den Broek & Bakema** 1966-1974
G95 AMC Amsterdam **Duintjer, Istha, Kramer, Van Willegen** 1968-1981
K40 Medisch Centrum Rotterdam **LRR** 1981
A30 Gezondheidscentrum Assen **Tuns + Horsting** 1980-1982
N33 Apotheek en Artsenpraktijk Weert **W.M.J. Arets** 1986-1987
N21 De Donksbergen Duizel **C.G. Dam** 1975-1988
M10 Sterrebos Roosendaal **C.J.M. van de Ven** 1980-1989
N13 Uitbreiding Huize Padua Boekel **A.E. & H. van Eyck** 1980-1989
N22 Medisch Centrum Hapert **W.M.J. Arets** 1988-1989
E12 Gezondheidscentrum Almere-Stad **A.E. & H. van Eyck** 1993
K52 Sophia Kinderziekenhuis Rotterdam **OD 205** 1987-1994

Sociaal-culturele gebouwen/Socio-cultural buildings
A11 Odd Fellowhuis Groningen **Kuiler & Drewes** 1923
B08 De Meerpaal Dronten **F. van Klingeren** 1966-1967
B35 Cultureel Centrum Drienerlo **VDL** 1970
N28 't Karregat Eindhoven **F. van Klingeren, J. de Weijer, J.A.M. Mulder** 1970-1973
G79 Wijkcentrum Amsterdam **P.B. de Bruijn, R. Snikkenburg** 1970-1975
K40 Wijkgebouw Odeon Rotterdam **P.P. Hammel** 1971-1976
H18 Wijkcentrum Meerzicht Zoetermeer **A.C. Alberts** 1972-1977
C37 Cultureel Centrum De Flint Amersfoort **O. Greiner** 1974-1977
B06 Combinatiegebouw Lelystad **B. Loerakker** 1981-1983
K41 Clubhuis Rotterdam **Girod & Groeneveld** 1979-1984
B35 Kinderdagverblijf Drienerlo **J.P.Th. Dekkers** 1989
G74 Verenigingsgebouw Amsterdam **Loof & Van Stigt** 1991-1992
L31 Activiteitencentrum Rotterdam **F.J.E. & P.P.E. Wintermans** 1992
N32 Kinderdagverblijf Eindhoven **M.M. Kroese** 1992
L34 Kinderdagverblijf Rotterdam **Cepezed** 1992-1994
H30 Cultureel Centrum TU Delft **V.D. Yanovshtchinsky** 1995

Musea en tentoonstellingsgebouwen/Museums and exhibition buildings
L05 Directiekeet Oud-Mathenesse Rotterdam **J.J.P. Oud** 1923
J40 Gemeentemuseum Den Haag **H.P. Berlage, E.E. Strasser** 1927-1935
K45 Boijmans Van Beuningen Rotterdam **A. van der Steur** 1928-1935
N26 Van Abbe-museum Eindhoven **A.J. Kropholler** 1933-1935
C31 Museum Kröller-Müller Otterlo **H. van de Velde** 1919-1938
K05 Bouwcentrum Rotterdam **J.W.C. Boks** 1946-1948
C32 Sonsbeek-paviljoen Otterlo **G.Th. Rietveld** 1954
C36 De Zonnehof Amersfoort **G.Th. Rietveld** 1958-1959
N30 Evoluon Eindhoven **L.C. Kalff, L.L.J. de Bever** 1962-1966
K46 Uitbreiding Boijmans Van Beuningen Rotterdam **A. Bodon** 1963-1972
F38 Rijksmuseum Vincent van Gogh Amsterdam **Rietveld Van Dillen Van Tricht** 1963-1973
F12 Restauratie Historisch Museum Amsterdam **B. van Kasteel, J. Schipper** 1969-1975
C31 Uitbreiding Museum Kröller-Müller Otterlo **W.G. Quist** 1969-1977
H07 Taffeh-zaal Leiden **A.J.H.M. Haak** 1977-1979
G68 Tentoonstellingsgebouwen RAI Amsterdam **A. Bodon** 1977-1981
A03 Galerie Waalkens Finsterwolde **G. Daan, A.J. Karelse** 1983-1984
M04 Dienstgebouw Neeltje Jans **W.G. Quist** 1980-1985
J41 Museum voor het Onderwijs Den Haag **W.G. Quist** 1980-1985
K24 Maritiem Museum Rotterdam **W.G. Quist** 1981-1986
N04 Paviljoen Sonsbeek Rosmalen **Benthem Crouwel** 1988
N04 Paviljoen Sonsbeek Rosmalen **L.C. Röling** 1988
N04 Huis van de Toekomst Rosmalen **C.G. Dam** 1988-1989
K47 Tuinpaviljoen Boijmans Van Beuningen Rotterdam **H.A.J. Henket** 1989-1991
M14 Artotheek Breda **J.J.H.M. van Heeswijk** 1989-1991
K49 Kunsthal Rotterdam **OMA** 1988-1992
M28 Museum De Pont Tilburg **Benthem Crouwel** 1990-1992
A27 Jopie Huisman Museum Workum **J.H. Wouda, G.J. van der Schaaf** 1992
K48 Nederlands Architectuurinstituut Rotterdam **J.M.J. Coenen** 1988-1993
B07 Poldermuseum Lelystad **Benthem Crouwel** 1991-1993

A04 Groninger Museum Groningen **A. Mendini** 1988-1994
J46 Museum Beelden aan Zee Scheveningen **W.G. Quist** 1990-1994
E29 Bezoekerscentrum De Hoep Castricum **M.J.M. Min** 1992-1994
H36 Tentoonstellingspaviljoen Hoek van Holland **Cepezed** 1993-1994
N58 Bonnefantenmuseum Maastricht **A. Rossi** 1990-1995
A23 Uitbreiding Fries Museum Leeuwarden **G. Daan** 1991-1995
G42 Cobra-museum Amstelveen **W.G. Quist** 1992-1995
K51 Uitbreiding Museum Rotterdam **E.L.J.M. van Egeraat** 1992-1995
B07 Sportmuseum Lelystad **V. Mani** 1993-1995
C33 Portiersloges Kröller-Müller Otterlo **MVRDV** 1994-1995
M07 Paviljoen Plus Min Renesse **J. van Munster** 1995
B34 Uitbreiding Rijksmuseum Twente Enschede **Van Berkel & Bos** 1992-1996
D04 Universiteitsmuseum Utrecht **K.J. van Velsen** 1993-1996
F23 Science Centre New Metropolis Amsterdam **R. Piano** 1990-1997
M05 Waterpaviljoen Neeltje-Jans **Nox, K. Oosterhuis** 1993-1997

Bibliotheken/Libraries

J20 Koninklijke Bibliotheek Den Haag **OD 205** 1973-1982
H08 Universiteitsbibliotheek Leiden **B. van Kasteel** 1976-1982
K32 Centrale Bibliotheek Rotterdam **Van den Broek & Bakema** 1977-1983
B19 Bibliotheek Apeldoorn **H.J.M. Ruijssenaars** 1980-1984
N40 Meervoudige Welzijnsaccommodatie Heerlen **J.M.J. Coenen, P. Mertens** 1983-1985
E13 Bibliotheek Zeewolde **K.J. van Velsen** 1985-1989
G73 IISG Amsterdam **Atelier PRO** 1987-1989
C26 Bibliotheek Wageningen **Mecanoo** 1986-1991
A10 Bibliotheek Groningen **G. Grassi** 1990-1992
M13 Bibliotheek Breda **H. Hertzberger** 1991-1993
B24 Bibliotheek Almelo **Mecanoo** 1991-1994
J01 Bibliotheek Den Haag **R.A. Meier** 1986-1995
H32 Centrale Bibliotheek TU Delft **Mecanoo** 1993-1997

Kantoorgebouwen/Office buildings

K29 Het Witte Huis Rotterdam **W. Molenbroek** 1897-1898
F25 Diamantbewerkersbond Amsterdam **H.P. Berlage** 1898-1900
F01 Koopmansbeurs Amsterdam **H.P. Berlage** 1884-1903
F08 Levensverzekeringsbank Amsterdam **C. van Arkel** 1904-1905
C12 Heidemaatschappij Arnhem **K.P.C. de Bazel** 1912-1913
F22 Scheepvaarthuis Amsterdam **J.M. van der Mey** 1912-1916
L48 HAL Rotterdam **J. Müller, C.M. Droogleever Fortuijn, C.B. van der Tak** 1901-1920
D05 Administratiegebouw NS Utrecht **G.W. van Heukelom** 1918-1921
L01 Scheepvaart Vereeniging Zuid Rotterdam **W. Kromhout** 1920-1922
J28 Petrolea Den Haag **J.H. de Roos, W.F. Overeynder** 1921-1924
L01 Drukkerij Wyt & Zonen Rotterdam **W. Kromhout** 1924-1925
F15 Nederlandsche Handel-Maatschappij Amsterdam **K.P.C. de Bazel** 1919-1926
J38 De Nederlanden van 1845 Den Haag **H.P. Berlage** 1921-1927
N25 Philips Eindhoven **D. Roosenburg, A.H. Op ten Noort, L.S.P. Scheffer** 1920-1928
J10 De Volharding Den Haag **J.W.E. Buijs, J.B. Lürsen** 1927-1928
A07 Openbare Werken Groningen **S.J. Bouma** 1928
G66 Administratiegebouw Amsterdam **Brinkman & Van der Vlugt** 1928-1929
F11 De Telegraaf Amsterdam **J.F. Staal, G.J. Langhout** 1927-1930
K54 Mees & Zonen Rotterdam **Brinkman & Van der Vlugt** 1929-1931
K53 Unilever Rotterdam **H.F. Mertens** 1930-1931
H45 HAV-Bank Schiedam **W.M. Dudok** 1931-1935
J37 Centrale Onderlinge Den Haag **J. Wils** 1933-1935
G57 Rijksverzekeringsbank Amsterdam **D. Roosenburg** 1937-1939
H53 Holland van 1859 Dordrecht **S. van Ravesteyn** 1937-1939
K21 HBU Rotterdam **W.M. Dudok** 1938-1939
C14 De Nederlanden van 1845 Arnhem **W.M. Dudok** 1938-1939
K16 Koopmansbeurs Rotterdam **J.F. Staal** 1925-1940
G35 Luchtvaart Laboratorium Amsterdam **W. van Tijen, H.A. Maaskant** 1938-1941
J27 Kantoorgebouw BIM/Shell Den Haag **J.J.P. Oud** 1938-1946
E30 Hoofdgebouw Hoogovens Velsen-Noord **W.M. Dudok** 1948-1951
K03 Groothandelsgebouw Rotterdam **H.A. Maaskant, W. van Tijen** 1949-1951
K33 Spaarbank Rotterdam **J.J.P. Oud** 1942-1955
G41 Van Leers Vatenfabrieken Amstelveen **M. Breuer** 1957-1958
F31 Geïllustreerde Pers Amsterdam **Merkelbach & Elling** 1959
H52 Tomado-huis Dordrecht **Maaskant, Van Dommelen, Kroos, Senf** 1959-1962
B11 Schrale's Beton Zwolle **G.Th. Rietveld** 1958-1963
F03 Havengebouw Amsterdam **W.M. Dudok, R.M.H. Magnée** 1957-1965
G67 Turmac Amsterdam **H. Salomonson** 1964-1966
C61 Johnson-Wax Mijdrecht **Maaskant, Van Dommelen, Kroos, Senf** 1964-1966
F30 Nederlandse Bank Amsterdam **M.F. Duintjer** 1960-1968
K04 Weenagebouw Rotterdam **H.A. Maaskant** 1966-1968
C48 Kantoorgebouw DHV Amersfoort **D. Zuiderhoek, DHV** 1967-1970
B17 Centraal Beheer Apeldoorn **H. Hertzberger** 1967-1972
L36 Adriaan Volkerhuis Rotterdam **Maaskant, Van Dommelen, Kroos, Senf** 1970-1973
C45 Hoofdkantoor Fläkt Amersfoort **P.J. Gerssen** 1973-1974
L04 Europoint Rotterdam **Skidmore, Owings & Merrill** 1971-1975
A22 Kantoorgebouw GSD Leeuwarden **A. Bonnema** 1972-1975
A21 Girokantoor Leeuwarden **A. Bonnema** 1972-1975
M17 Suikerunie Breda **W.G. Quist** 1973-1976
F33 Kantoorvilla's Amsterdam **F.J. van Gool** 1976-1979
G91 Hoofdkantoor KBB Amsterdam **OD 205** 1975-1982
A21 Uitbreiding Girokantoor Leeuwarden **F.J. van Gool** 1977-1982
E24 Kantoorgebouw PEN Alkmaar **A. Bonnema** 1978-1982
D06 RABO-bank Utrecht **Articon** 1978-1983
C55 Zwolsche Algemeene Nieuwegein **P.J. Gerssen** 1982-1984
A21 Kantoorgebouw OBF Leeuwarden **A. Bonnema** 1978-1985
A21 Kantoorgebouw FBTO Leeuwarden **A. Bonnema** 1980-1986
K17 WTC Rotterdam **Groosman Partners** 1983-1986
E42 Lumiance Haarlem **M.A.A. van Schijndel** 1986
G92 NMB Amsterdam **Alberts & Van Huut** 1979-1987
K04 Weenahuis Rotterdam **H. Klunder** 1983-1987
C57 High-Tech Center Nieuwegein **Cepezed** 1984-1987
H09 Mexx Voorschoten **R.A.M. Stern** 1985-1987
C38 Kantoorgebouw ROB Amersfoort **A. Cahen** 1976-1988
K26 Willemswerf Rotterdam **W.G. Quist** 1983-1989
H03 Uitbreiding Estec Noordwijk **A.E. & H. van Eyck** 1985-1989
G94 Eurocetus Amsterdam **D. Benini** 1987-1989
E22 Mors Opmeer **Benthem Crouwel** 1987-1989
K04 Kantoorgebouw Rotterdam **H. Klunder** 1982-1990
A05 Hoofdkantoor PTT Groningen **F.J. van Gool** 1985-1990
K04 Stad Rotterdam Rotterdam **ZZ&P** 1985-1990
G89 Randstad Diemen **W.G. Quist** 1987-1990
F18 Effectenkantoor Amsterdam **M.A.A. van Schijndel** 1988-1990
A09 Havenkantoor Groningen **G. Daan** 1989-1990
A07 Gemeentewerken Groningen **Karelse & Van der Meer** 1989-1990
H17 Bedrijvencentrum Zoetermeer **G. Standke & R. Dieterle** 1989-1990
H30 TNO Delft **P.J. Gerssen** 1990
B17 Uitbreiding Centraal Beheer Apeldoorn **H. Hertzberger** 1990
K04 Nationale Nederlanden Rotterdam **A. Bonnema** 1986-1991
N49 Kantoorgebouw Maastricht **J.M.J. Coenen** 1988-1991
M25 Haans Tilburg **J.M.J. Coenen** 1989-1991
F32 Kantoorgebouw Amsterdam **J.J.H.M. van Heeswijk** 1989-1991
G38 Nissan Amsterdam **ZZ&P** 1989-1991
A21 Avéro Leeuwarden **A. Bonnema** 1991
A21 Aegon Leeuwarden **Spruyt De Jong Heringa** 1991
K22 Robeco Rotterdam **W.G. Quist** 1987-1992
F02 Wagon-Lits Amsterdam **Benthem Crouwel** 1988-1992
K04 Unilever Rotterdam **J. Hoogstad** 1988-1992
D30 KNP Hilversum **R.A. Meier** 1989-1992
C44 Karbouw Amersfoort **Van Berkel & Bos** 1990-1992
K04 Kantoorgebouw Rotterdam **J.J.M. Klompenhouwer** 1986-1993
K19 Uitbreiding Bank Mees Pierson Rotterdam **R.B. van Erk** 1988-1993
G14 Eurotwin Business Centre Amsterdam **Claus & Kaan** 1992-1993
A13 Gasunie Groningen **Alberts & Van Huut** 1988-1994
G45 Tripolis Amsterdam **A.E. & H. van Eyck** 1990-1994
L33 Volkswoningen Rotterdam **DKV** 1992-1994
G82 Rembrandt Tower Amsterdam **ZZ&P** 1989-1995
K23 Blaak Office Tower Rotterdam **Murphy/Jahn Architects** 1990-1995
D18 Hoofdkantoor VSB Utrecht **Van Mourik & Vermeulen** 1991-1995
N44 Kantoorgebouw AZL Heerlen **W.M.J. Arets** 1991-1995
C18 Bedrijfsgebouwen KEMA Arnhem **Meyer & Van Schooten** 1995

M21 Interpolis Tilburg **A. Bonnema** 1991-1996
N35 Mega Roermond **J.M.J. Coenen** 1993-1996
J22 Hoofdkantoor VNO Den Haag **Benthem Crouwel** 1993-1997
L47 Wilhelminahof Rotterdam **C.G. Dam, Kraaijvanger Urbis** 1994-1997

Omroepgebouwen/Buildings for TV and radio

D32 VARA-Studio's Hilversum **A. Eibink, J.A. Snellebrand** 1931
D31 AVRO-Studio's Hilversum **B. Merkelbach** 1934-1936
D31 Uitbreiding AVRO-Studio's Hilversum **B. Merkelbach, Ch. Karsten, A. Bodon** 1940
D32 Uitbreiding VARA-Studio's Hilversum **P.J. Elling** 1958-1961
D34 Wereldomroep Hilversum **Van den Broek & Bakema** 1961
N55 ROZ-Studio's Maastricht **P.G.H. Satijn** 1975-1979
D33 Villa VPRO Hilversum **MVRDV** 1993-1997
D33 Hoofdkantoor RVU Hilversum **MVRDV** 1994-1997

Bioscopen en theaters/Cinemas and theatres

F17 Tuschinski Theater Amsterdam **H.L. de Jong** 1918-1921
F16 Cineac Handelsblad Amsterdam **J. Duiker** 1933-1934
G58 Apollohal Amsterdam **A. Boeken, W. Zweedijk** 1933-1935
F34 Citytheater Amsterdam **J. Wils** 1934-1935
D27 Gooiland Hilversum **J. Duiker, B. Bijvoet** 1934-1936
N42 Bioscoop Royal Heerlen **F.P.J. Peutz** 1937
H54 Verbouwing Schouwburg Kunstmin Dordrecht **S. van Ravesteyn** 1938-1940
D03 Stadsschouwburg Utrecht **W.M. Dudok** 1937-1941
K40 Verbouwing 't Venster Rotterdam **J.B. Bakema** 1949-1953
C06 Schouwburg Nijmegen **G.H.M. Holt, B. Bijvoet** 1955-1961
M23 Schouwburg Tilburg **B. Bijvoet, G.H.M. Holt** 1953-1964
K07 De Doelen Rotterdam **E.H.A. & H.M. Kraaijvanger, R.H. Fledderus** 1955-1966
J39 Congresgebouw Den Haag **J.J.P. Oud, H.E. Oud** 1956-1969
L12 Hofpleintheater Rotterdam **Maaskant, Van Dommelen, Kroos, Senf** 1955-1970
N16 't Speelhuis Helmond **P. Blom** 1972-1976
D01 Muziekcentrum Vredenburg Utrecht **H. Hertzberger** 1973-1979
J41 Omniversum Den Haag **W.G. Quist** 1980-1985
F19 Opera Amsterdam **W. Holzbauer, C.G. Dam** 1979-1987
J02 Danstheater Den Haag **OMA** 1980-1987
J02 Concertzaal Den Haag **Van Mourik & Vermeulen** 1980-1987
K09 Schouwburg Rotterdam **W.G. Quist** 1982-1988
K25 Imax Theater Rotterdam **Tuns + Horsting** 1986-1989
F01 AGA-zaal Amsterdam **P. Zaanen** 1990
E36 Circustheater Zandvoort **Sj. Soeters** 1986-1991
J05 Theatercentrum Den Haag **H. Hertzberger** 1986-1993
J47 Circustheater Scheveningen **A. Meijs** 1993
A25 De Harmonie Leeuwarden **F.J. van Dongen** 1990-1995
M15 Chassé-theater Breda **H. Hertzberger** 1992-1995
K10 Megabioscoop Rotterdam **K.J. van Velsen** 1992-1996
M23 Kunstcluster Tilburg **J.M.J. Coenen** 1992-1996
N12 Theater Markant Uden **H. Hertzberger** 1993-1996
D03 Uitbreiding Stadsschouwburg Utrecht **Architectenbureau Wouda** 1996
H25 Theater Delft **A.P.J.M. Verheijen** 1996

Hotels, cafés, restaurants

J47 Kurhaus Scheveningen **J.F. Henkenhof, F. Ebert** 1883-1886
F35 American Amsterdam **W. Kromhout, G.J. Jansen** 1898-1902
K12 Café De Unie Rotterdam **J.J.P. Oud** 1924-1925
D27 Grand Hotel Gooiland Hilversum **J. Duiker, B. Bijvoet** 1934-1936
D26 Paviljoen Wildschut Hilversum **W.M. Dudok** 1936
K08 Rijnhotel Rotterdam **Merkelbach & Elling** 1949-1959
K04 Hilton Hotel Rotterdam **H.A. Maaskant, F.W. de Vlaming** 1960-1964
B38 Mensa Drienerlo **P. Blom** 1962-1964
B36 Personeelskantine Drienerlo **J. van Stigt** 1963-1965
B38 De Bastille Drienerlo **P. Blom, R. Blom van Assendelft, L. Lafour** 1964-1969
J57 Jeugdherberg Ockenburgh Den Haag **F. van Klingeren** 1971-1974
M16 Casino Breda **J. Hoogstad** 1985-1987
K25 Hotel Rotterdam **Tuns + Horsting** 1986-1989
K27 Restaurant Boompjes Rotterdam **Mecanoo** 1989-1990
F36 Casino, Lido Amsterdam **M. Evelein, H.J.M. Ruijssenaars** 1985-1991
F02 Hotel Amsterdam **Benthem Crouwel** 1988-1992
K36 Uitbreiding Parkhotel Rotterdam **Mecanoo** 1990-1992
K28 Maastheater Rotterdam **H.A.J. Henket** 1996
J47 Casino Scheveningen **P.B. de Bruijn** 1996

Overige recreatieve gebouwen/Miscellaneous leisure facilities

D26 Badhuis Hilversum **W.M. Dudok** 1922
L11 Diergaarde Blijdorp Rotterdam **S. van Ravesteyn** 1937-1941
K55 Euromast Rotterdam **H.A. Maaskant** 1958-1960
J47 Wandelpier Scheveningen **D.J. Dijk, H.A. Maaskant, D.C. Apon** 1955-1961
K55 Spacetower Euromast Rotterdam **Gemeentewerken** 1970
C19 Oerwoudhal Arnhem **ABT, Wiegerinck Architecten** 1986-1988
E36 Circustheater Zandvoort **Sj. Soeters** 1986-1991
F26 Kas Hortus Botanicus Amsterdam **Zwarts & Jansma** 1990-1993
C19 Uitbreiding Oerwoudhal Arnhem **ABT, Wiegerinck Architecten** 1994

Sportcomplexen/Sports centres

D26 Gemeentelijk Sportpark Hilversum **W.M. Dudok** 1919-1920
G43 Olympisch Stadion Amsterdam **J. Wils, C. van Eesteren, G. Jonkheid** 1926-1928
G58 Apollohal Amsterdam **A. Boeken, W. Zweedijk** 1933-1935
L50 Stadion Feijenoord Rotterdam **Brinkman & Van der Vlugt** 1934-1936
L22 Clubgebouw Zeil- en Roeivereniging Rotterdam **W. van Tijen** 1936
G80 Roeivereniging De Hoop Amsterdam **A. Komter** 1950-1952
H30 Sportcentrum TU Delft **P.J. Elling** 1958-1960
C53 Sportcentrum KNVB Zeist **Maaskant, Van Dommelen, Kroos, Senf** 1956-1965
B35 Sportcentrum Drienerlo **H.P.C. Haan** 1969
N10 Golfcentrum Best **C.J.M. van de Ven** 1989-1991
A01 Starthuisje Roeibaan Harkstede **J. Körmeling** 1991-1992
L50 Uitbreiding Stadion Feijenoord Rotterdam **Zwarts & Jansma** 1993-1994
G90 Arena Amsterdam **R.H.M. Schuurman** 1990-1996

Religieuze gebouwen/Religious buildings

J42 First Church of Christ, Scientist Den Haag **H.P. Berlage** 1925-1926
G66 Vergadergebouw Amsterdam **Brinkman & Van der Vlugt** 1925-1927
G20 Kerk Amsterdam **F.B. Jantzen Gzn.** 1927
G54 Synagoge Amsterdam **H. Elte** 1928
L54 Hersteld Apostolische Kerk Rotterdam **J.J.P. Oud** 1928-1929
D26 Noorderbegraafplaats Hilversum **W.M. Dudok** 1927-1930
E20 Gereformeerde Kerk Andijk **E. Reitsma** 1930
G63 Synagoge Amsterdam **A. Elzas** 1934-1937
N05 Kerk Groot Seminarie Haaren **M.J. Granpré Molière** 1938-1939
M18 Kerk Breda **M.J. Granpré Molière** 1951-1953
G29 Opstandingskerk Amsterdam **M.F. Duintjer** 1956
B01 Kerkhof Nagele **W. Wissing, E. Hartsuyker** 1957
B01 Kerkhof Nagele **M. Ruys, E. Hartsuyker** 1957
E38 Adventskerk Aerdenhout **K.L. Sijmons** 1958
N61 St. Josephkerk Vaals **J.H.A. Huysmans** 1958
N06 Kerk Maria Regina Boxtel **J. Strik** 1960
E44 Pastoor van Arskerk Haarlem **G.H.M. Holt** 1958-1961
B02 Gereformeerde Kerk Nagele **Van den Broek & Bakema** 1958-1962
E47 Aula Hoofddorp **Rietveld Van Dillen Van Tricht** 1958-1966
J56 Pastoor van Arskerk Den Haag **A.E. van Eyck** 1964-1969
J55 Ontmoetingskerk Den Haag **G. Drexhage** 1966-1969
H04 Soefi-tempel Katwijk aan Zee **S.J. van Embden** 1969-1970
K34 Uitbreiding St. Laurenskerk Rotterdam **W.G. Quist** 1976-1981
N03 Molukse Kerk Den Bosch **J.P.F.M. Thole** 1980-1982
N59 Kapel en Klooster Lemiers **Dom H. van der Laan** 1956-1986
B21 Maranathakerk Deventer **A.E. & H. van Eyck** 1986-1992
L21 Leger des Heils Rotterdam **Van Duivenbode & De Jong** 1993-1995

Winkels/Shops

A24 Centraal Apotheek Leeuwarden **G.B. Broekema** 1904-1905
J09 De Bijenkorf Den Haag **P.L. Kramer** 1924-1926
E40 V&D Haarlem **J.Th.A.M. Kuijt** 1929
F14 Toonzaal Metz & Co Amsterdam **G.Th. Rietveld** 1933
N41 Warenhuis Schunck Heerlen **F.P.J. Peutz** 1933-1936
K15 Warenhuis Rotterdam **Van den Broek & Bakema** 1948-1951
K13 De Lijnbaan Rotterdam **Van den Broek & Bakema** 1951-1953
K15 Meubelwarenhuis Rotterdam **Van den Broek & Bakema** 1949-1956

K20 De Bijenkorf Rotterdam **M. Breuer, A. Elzas** 1955-1957
B01 Bankgebouw Nagele **E.F. Groosman** 1957
B01 Winkelcentrum Nagele **Van den Broek & Bakema** 1955-1957
B35 Winkelcentrum Drienerlo **H.P.C. Haan** 1969
N24 De Bijenkorf Eindhoven **G. Ponti, Th.H.A. Boosten** 1965-1970
C68 Maxis Muiden **OD 205** 1972-1974
C69 De Postkoets Laren **J. Verhoeven** 1977-1979
J47 Winkelpassage Scheveningen **W. Eijkelenboom** 1976-1982
B06 Combinatiegebouw Lelystad **B. Loerakker** 1981-1983
E06 Restaurant met Woningen Almere-Stad **J.M.J. Coenen** 1984-1987
F36 Verbouwing Huis van Bewaring Amsterdam **P. Zaanen** 1983-1991
K04 Plazacomplex Rotterdam **Ellerman, Lucas, Van Vugt** 1984-1992
E14 Supermarkt met Woningen Zeewolde **Sj. Soeters** 1993
F10 Magna Plaza Amsterdam **H.J.M. Ruijssenaars** 1993
L31 Winkelcentrum Rotterdam **K.W. Christiaanse** 1994
K36 Woningbouw en Winkels Rotterdam **Mecanoo** 1991-1995
A08 Reconstructie Waagstraat Groningen **A. Natalini** 1991-1996
F07 Winkelcentrum De Kolk Amsterdam **Van Berkel & Bos** 1991-1996
K18 Winkelcentrum Beursplein Rotterdam **P.B. de Bruijn** 1992-1996

L29 Winkelcentrum Alexandrium Rotterdam **A.P.J.M. Verheijen** 1996

Utiliteitsbouw/Industrial and public-utility buildings
C65 Hofstede Oud-Bussem Naarden **K.P.C. de Bazel** 1902-1906
N57 Wiebengahal Maastricht **J.G. Wiebenga** 1912
A32 Modelboerderij De Schipborg Anloo **H.P. Berlage** 1914
C34 Radiostation Radio Kootwijk **J.M. Luthmann** 1919-1922
C13 Schakelstation PGEM Arnhem **H. Fels** 1927
L40 Filtergebouwen Rotterdam **A. van der Steur** 1928-1929
L08 Van Nelle-fabriek Rotterdam **Brinkman & Van der Vlugt** 1925-1931
L03 Haka-Gebouw Rotterdam **H.F. Mertens, J. Koeman** 1931-1932
L40 Filtergebouwen Rotterdam **A. van der Steur** 1941
G02 Lettergieterij Amsterdam **Merkelbach & Karsten/Elling** 1949-1950
L40 Filtergebouwen Rotterdam **A. van der Steur** 1950
K35 Industriegebouw Rotterdam **H.A. Maaskant, W. van Tijen** 1948-1951
M12 Tomado-fabriek Etten-Leur **H.A. Maaskant, L. van Herwijnen** 1954-1955
N19 Weverij De Ploeg Bergeyk **G.Th. Rietveld** 1956
H33 Ketelhuis TU Delft **Van den Broek & Bakema** 1952-1957
B01 Werkplaatsen Nagele **W. Wissing** 1957
B01 Werkplaatsen Nagele **Van den Broek & Bakema** 1957
G26 Uitbreiding LinMij Wasserijen Amsterdam **H. Hertzberger** 1963-1964
H38 Drinkwaterproductiebedrijf Berenplaat **W.G. Quist** 1959-1965
C61 Johnson-Wax Mijdrecht **Maaskant, Van Dommelen, Kroos, Senf** 1964-1966
G13 Polymerencentrum Amsterdam **M.E. Zwarts** 1972-1975
L37 Drinkwaterproductiebedrijf Rotterdam **W.G. Quist** 1973-1977
N07 Lijstenfabriek Boxtel **H.A.J. Henket** 1979
H49 Scheepsbouwloods Krimpen aan den IJssel **W.G. Quist** 1978-1982
M04 Dienstgebouw Neeltje Jans **W.G. Quist** 1980-1985
E42 Bedrijfsgebouw Lumiance Haarlem **M.A.A. van Schijndel** 1986
C57 High-Tech Center Nieuwegein **Cepezed** 1984-1987
G94 Laboratorium Eurocetus Amsterdam **D. Benini** 1987-1989
E22 Bedrijfsgebouw Mors Opmeer **Benthem Crouwel** 1987-1989
H17 Bedrijvencentrum Zoetermeer **G. Standke & R. Dieterle** 1989-1990
C67 Bedrijfsgebouw Erco Naarden **R. Lim, H. Roebers** 1992
C39 Schakelstation Remu Amersfoort **Van Berkel & Bos** 1989-1993
L60 Rookgasreiniger Rotterdam **M. Struijs** 1990-1993
L10 Voorzieningencentrum Rotterdam **Van Duivenbode & De Jong** 1993-1994
B26 Afvalverwerking Zenderen **K. Oosterhuis** 1995
H05 Centre for Human Drug Research Leiden **Cepezed** 1995

Verkeersgebouwen/Traffic-related buildings
E41 Station Haarlem **D.A.N. Margadant** 1899-1908
C64 Station Bussum **H.G.J. Schelling** 1925-1928
J32 Parkeergarage Den Haag **J. Greve** 1928-1930
N48 Seinhuis Maastricht **S. van Ravesteyn** 1932-1933
C08 Benzinestation Nijmegen **B.J. Meerman, J. van der Pijll** 1936
G81 Amstelstation Amsterdam **H.G.J. Schelling** 1939
L48 Aankomsthal Rotterdam **Brinkman, Van den Broek & Bakema** 1937-1953
N04 Benzinestation Rosmalen **W.M. Dudok** 1950-1953
C07 Station Nijmegen **S. van Ravesteyn** 1954
K01 Centraal Station Rotterdam **S. van Ravesteyn** 1950-1957
C11 Benzinestation Arnhem **S. van Ravesteyn** 1957
H44 Station Schiedam **K. van der Gaast, J.H. Baas** 1959-1963
B23 Station Almelo **K. van der Gaast** 1960-1964
M20 Station Tilburg **K. van der Gaast** 1957-1965
E48 Luchthaven Schiphol **M.F. Duintjer, F.C. de Weger, NACO** 1961-1968
G04 Parkeergarage Amsterdam **Zanstra, Gmelig Meyling, De Clercq Zubli** 1970-1971
H41 Metrostations Spijkenisse **C.J.M. Weeber, C. Veerling** 1978-1985
G86 Station Sloterdijk Amsterdam **H.C.H. Reijnders** 1983-1986
K01 Busstation Rotterdam **OMA** 1985-1987
K04 Parkeergarage Rotterdam **P.B. de Bruijn** 1987-1988
K30 Station Blaak Rotterdam **H.C.H. Reijnders** 1987-1993
E48 Terminal-West Schiphol **Benthem Crouwel, NACO** 1989-1993
G86 Station Duivendrecht Amsterdam **P.A.M. Kilsdonk** 1987-1994
J08 Souterrain Den Haag **OMA** 1990-1998

Civiele werken/Civil engineering works
N47 Watertoren Schimmert **J. Wielders** 1926
L41 De Hef Rotterdam **P. Joosting** 1924-1927
G49 Brug en Boothuis Amsterdam **P.L. Kramer** 1928
E50 Watertoren Aalsmeer **H. Sangster** 1928
E18 Gemaal Medemblik **D. Roosenburg, Bureau Zuiderzeewerken** 1928-1930
E31 Sluisgebouwen Noordersluis IJmuiden **J. Emmen** 1930
G59 Berlagebrug Amsterdam **H.P. Berlage** 1926-1932
E15 Afsluitdijk Den Oever **C. Lely, Bureau Zuiderzeewerken** 1918-1933
E15 Uitwateringssluizen Afsluitdijk **D. Roosenburg** 1933
K56 Maastunnel Rotterdam **J.P. van Bruggen, A. van der Steur** 1937-1941
H48 Stormvloedkering Krimpen aan den IJssel **H.G. Kroon, J.A.G. van der Steur** 1953-1959
C58 Stormvloedkering Hagestein **W. Hamdorff, Rijkswaterstaat** 1953-1960
M02 Zeelandbrug Zierikzee/Colijnsplaat **Rijkswaterstaat** 1961-1965
N29 Watertoren Eindhoven **W.G. Quist** 1968-1970
L42 Willemsbrug Rotterdam **C. Veerling** 1975-1981
H40 Windscherm Calandkanaal Rozenburg **M. Struijs** 1983-1985
M01 Deltawerken Zeeland **Rijkswaterstaat** 1953-1986
M03 Stormvloedkering Oosterschelde **Rijkswaterstaat** 1965-1986
E26 Gemaal Spijkerboor **J. den Hollander** 1987-1990
L43 Erasmusbrug Rotterdam **Van Berkel & Bos** 1990-1996
H37 Stormvloedkering Hoek van Holland **W.G. Quist** 1987-1997

Openbare objecten/Public objects
H02 Telefooncel Noordwijk **Brinkman & Van der Vlugt** 1931-1932
K27 Boompjes Rotterdam **K.W. Christiaanse** 1989-1990
K15 Snackbar Rotterdam **K.W. Christiaanse, M.J. van der Stelt** 1990
K50 Museumpark Rotterdam **OMA** 1985-1993
K11 Schouwburgplein Rotterdam **A.H. Geuze** 1992-1997

Monumentale kunst/Monumental art
A26 De Papegaaienbuurt Drachten **Th. van Doesburg** 1921-1922
E15 Monument Afsluitdijk **W.M. Dudok** 1933
A34 Broken Circle and Spiral Hill Emmen **R. Smithson** 1971
B04 Observatorium Lelystad **R. Morris** 1977
C16 Omgevingskunstwerk Arnhem **P. Struycken** 1972-1978
B35 Kunstwerk Drienerlo **W.T. Schippers** 1979
H40 Windscherm Calandkanaal Rozenburg **M. Struijs** 1983-1985
A01 Starthuisje Roeibaan Harkstede **J. Körmeling** 1991-1992
E33 Klimwand en Uitzichtpunt Spaarnwoude **F. de Wit** 1992
L31 'Vierkant Eiland in de Plas' Rotterdam **F. de Wit** 1996
E17 Nollen Project Den Helder **R.W. van de Wint** 1981-

PLAATSNAMENREGISTER/INDEX OF PLACES

Aalsmeer E49-E52
Achtmaal M11
Aerdenhout E37-E38
Alkmaar E24-E25
Almelo B23-B25
Almere E01-E12
Almere-Haven E01-E03
Almere-Stad E04-E12
Alphen aan de Rijn H13-H14
Amersfoort C36-C48
Amstelveen G41-G42
Amsterdam F01-F39, G01-G95
Andijk E20
Anloo A32
Apeldoorn B17-B19
Arnhem C11-C21
Assen A30-A31

Beek (Geld.) C04
Berenplaat H38
Berg aan de Maas N36
Bergen E23
Bergeyk N19-N20
Bergum A19
Berkel en Rodenrijs H20
Best N09-N10
Bloemendaal E35
Boekel N13
Boxtel N06-N07
Breda M13-M19
Breukeleveen C60
Brunssum N38
Bussum C64

Capelle aan den IJssel H47
Castricum E29
Colijnsplaat M02
Cuijk N14

Delft H21-H34
Den Bosch N02-N03
Den Haag J01-J58
Den Helder E16-E17
Den Oever E15
Deventer B20-B21
Diemen G89
Doetinchem C02
Doorwerth C23
Dordrecht H52-H56
Drachten A26
Driebergen C54
Driebruggen H15
Drienerlo B35-B39
Dronten B08
Duizel N21

Ede C29
Eindhoven N23-N32
Elspeet B16
Emmen A34-A35
Enkhuizen E21
Enschede B31-B34
Etten-Leur M12

Finsterwolde A03

Geldrop N17
's-Gravenhage ▸ Den Haag
Groningen A04-A16

Haaren N05
Haarlem E39-E46
Hagestein C58
Hapert N22
Hardegarijp A18
Harkstede A01
Hattem B15
Heerlen N39-N46
Helmond N15-N16
Hengelo B28-B30
's-Hertogenbosch ▸ Den Bosch
Hilversum D22-D34
Hilversumse Meent C63
Hoek van Holland H35-H37
Hoevelaken C35
Holten B22
Hoofddorp E47
Huis ter Heide C50-C52
Huize Padua N13

IJmuiden E31-E32
Ilpendam E27

Jispersluis E26

Kampen B09
Kamperland M03
Katwijk aan Zee H04
Kornwerderzand E15
Krimpen aan den IJssel H48-H50

Landsmeer E28
Langezwaag A28
Laren C69-C70
Leeuwarden A20-A25
Leiden H05-H08
Lelystad B04-B07
Lemiers N59
Leusden C49

Maastricht N48-N58
Medemblik E18-E19
Middelharnis H42-H43
Mijdrecht C61
Muiden C68

Naarden C65-C67
Nagele B01-B03
Nieuwegein C55-C57
Nijmegen C05-C08
Noordwijk(erhout) H01-H03

Oirschot N08
Oldenzaal B27
Oosterbeek C22
Oostvoorne H39
Opmeer E22
Otterlo C30-C33
Oud-Bussum C65

Papendrecht H51

Radio Kootwijk C34
Renesse M07
Roermond N35
Roosendaal M10
Rosmalen N04
Rotterdam K01-K57, L01-L61
Rozenburg H40

Schaarsbergen C21
Scheveningen J44-J47
Schiedam H44-H46
Schimmert N47
Schiphol E48
Silvolde C01
Sittard N37
Spaarndam E34
Spaarnwoude E33
Spijkenisse H41
Spijkerboor E26
Steenwijk A33

Ter Aar H12
Terneuzen M06
Tienhoven C59
Tilburg M20-M30

Uden N12
Usquert A02
Utrecht D01-D21

Vaals N60-N61
Valkenswaard N18
Veghel N11
Velp C09-C10
Velsen-Noord E30
Venlo N34
Vinkeveen C62
Vlissingen M08-M09
Voorschoten H09
Vught N18

Waalwijk N01
Wageningen C24-C28
Wassenaar H10-H11
Weert N33
Wehl C03
Werkeiland Neeltje Jans M04-M05
Westenschouwen M03
Wolfheze C20
Workum A27
Zandvoort E36
Zeewolde E13-E14
Zeist C53
Zenderen B26
Zierikzee M02
Zoetermeer H16-H19
Zuidhorn A17
Zuidlaren A29
Zwolle B10-B14

Algemeen/General publications

J.G. Wattjes – Nieuw Nederlandsche Bouwkunst, Amsterdam 1924, 1926, 1929
A. Eibink e.a. – Hedendaagse Architectuur in Nederland, Amsterdam 1937
Architectural Review 1948-616 (themanummer)
G. Friedhoff, J.H. van den Broek – Nederlandse architectuur, Amsterdam 1956
J.J. Vriend – Architectuur van deze eeuw, Amsterdam 1959
Baumeister 1961-juni (themanummer)
R. Blijstra – Nederlandse bouwkunst na 1900, Amsterdam 1957, Utrecht/Antwerpen 1962
Bauen + Wohnen 1968-5 (themanummer)
G. Fanelli – Moderne architectuur in Nederland 1900-1940, Firenze 1968, Den Haag 1978
D. Boasson e.a. – Kijk uit om je heen: de geschiedenis van de moderne architectuur in Nederland, Den Haag 1980
Archithese 1981-5 (themanummer)
S.U. Barbieri, C. Boekraad – Kritiek en ontwerp, Nijmegen 1982

M. Stenchlak – Architectuurgids van Nederland, Rijswijk 1983
S.U. Barbieri (red.) – Architectuur en planning, Nederland 1940-1980, Rotterdam 1983
H. de Haan, I. Haagsma – Een onderwerp van voortdurende zorg. Het naoorlogse bouwen in Nederland, Utrecht 1983
A. van Dien e.a. – Nederlandse architectuur en stedebouw 1945-1980, Amsterdam 1983
Architectural Review 1985-1 (themanummer)
Ottagono 1987-maart (themanummer)
Bauwelt 1987-5 (themanummer)
R. Brouwers, W. Vierling – Architectuur 1986, Amsterdam 1987
Spécial Hollande, Architecture d'Aujourd'hui 1988-6
H. van Dijk (red.) – Architectuur in Nederland. Jaarboek 1987-1988, Deventer 1988
R. Brouwers (red.) – Architectuur in Nederland. Jaarboek 1988-1989, Deventer 1989
R. Brouwers (red.) – Architectuur in Nederland. Jaarboek 1989-1990, Deventer 1990
R. Koolhaas e.a. – Hoe modern is de Nederlandse architectuur?, Rotterdam 1990
R. Brouwers (red.) – Architectuur in Nederland. Jaarboek 1990-1991, Rotterdam 1991
B 1991-47/48 (themanummer)
R. Brouwers (red.) – Architectuur in Nederland. Jaarboek 1991-1992, Rotterdam 1992
R. Brouwers (red.) – Architectuur in Nederland. Jaarboek 1992-1993, Rotterdam 1993
P. Groenendijk, V. van Oostrom, P. Vollaard – Moderne architectuur in Nederland, Tilburg 1993
R. Brouwers, H. Ibelings, A. Oosterman – Architectuur in Nederland, Utrecht 1993
J. Buch – Een eeuw Nederlandse architectuur 1880-1990, Rotterdam 1993
B. Colenbrander (red.) – Stijl, Norm en handschrift in de Nederlandse architectuur van de negentiende en twintigste eeuw, Rotterdam 1993
R. Brouwers (red.) – Architectuur in Nederland. Jaarboek 1993-1994, Rotterdam 1994
C. Boekraad (red.) – Van ruimte tot rizoom: standpunten in de Nederlandse architectuur, Rotterdam 1994
R. Brouwers (red.) – Architectuur in Nederland. Jaarboek 1994-1995, Rotterdam 1995
H. Ibelings – Nederlandse architectuur van de 20ste eeuw, Rotterdam 1995
R. Brouwers (red.) – Architectuur in Nederland. Jaarboek 1995-1996, Rotterdam 1996
D. Langmead – Dutch Modernism. Architectural Resources in the English Language, Westport 1996
Architecture d'Aujourd'hui 1996-9 (themanummer)
R. Brouwers (red.) – Architectuur in Nederland. Jaarboek 1996-1997, Rotterdam 1997

Bouwstijlen/Architectural styles

L'Ecole d'Amsterdam, L'Architecture Vivante 1926-I
J.B. van Loghem – Bouwen/Bauen/Bâtir/Building, Amsterdam 1932, Nijmegen 1980
Nederland bouwt in baksteen 1800-1940, Rotterdam 1941
B. Zevi – Poetica dell'Architettura Neoplastica, Milano 1953
J.P. Mieras – Na-oorlogse bouwkunst in Nederland, Amsterdam 1954
H.L.C. Jaffé – De Stijl 1917-1931, Amsterdam 1959
I. Szénàssy – Architectuur in Nederland 1960-1967, Amsterdam 1969
J.J. Vriend – Amsterdamse School, Beeldende Kunst en Bouwkunst in Nederland, Amsterdam 1970
J. Nycolaas e.a. – Bouwen '20-'40. De Nederlandse bijdrage aan het Nieuwe Bouwen, Eindhoven 1971
Nederlandse Architectuur 1893-1918, Architectura, Amsterdam 1975
Nederlandse Architectuur 1880-1930, Americana, Otterlo 1975
Nederlandse Architectuur 1910-1930, Amsterdamse School, Amsterdam 1975
Strukturalismus, Bauen + Wohnen 1976-1
Beeldreportage Rudolf Steiner in Nederland, de Architect 1980-12
H. de Haan, I. Haagsma – Wie is er bang voor nieuwbouw. Confrontatie met Nederlandse architecten, Amsterdam 1981
A. Lüchinger – Strukturalismus in Architektur und Städtebau, Stuttgart 1981
C. Blotkamp e.a. – De beginjaren van De Stijl 1917-1922, Utrecht 1982
M. Friedman (ed.) – De Stijl 1917-1931, Visions of Utopia, New York/Amsterdam 1982
N.J. Troy – The De Stijl Movement, Cambridge (Mass.) 1983
Het Nieuwe Bouwen, De Stijl, De Nieuwe Beelding in de architectuur, Delft 1983
W. de Wit (ed.) – The Amsterdam School, Dutch Expressionist Architecture 1915-1930, Cambridge (Mass.) 1983
Het Nieuwe Bouwen, Voorgeschiedenis, Delft 1983
Het Nieuwe Bouwen, Internationaal, CIAM, Volkshuisvesting, Stedebouw, Delft 1983
B. Rebel – Het Nieuwe Bouwen, het Functionalisme in Nederland 1918-1945, Assen 1983
M. Bock e.a. – Van het Nieuwe Bouwen naar een Nieuwe Architectuur. Groep '32: Ontwerpen, gebouwen, stedebouwkundige plannen 1925-1945, Den Haag 1983
G. Fanelli – Stijl-Architektur, Bari 1983, Stuttgart 1985
R. Mens, B. Lootsma, J. Bosman – Le Corbusier en Nederland, Utrecht 1985
Theo van Doesburg – De Stijl en de Europese architectuur, Nijmegen 1986
M. Casciato – La Scuola di Amsterdam/De Amsterdamse School/The Amsterdam School, Bologna 1987, Rotterdam 1991, 1996
T. Eliëns – Het Nieuwe Bouwen in Nederland 1924-1936, Rotterdam 1990
H. Ibelings – Modernisme zonder dogma, Rotterdam/Den Haag 1991
C. de Bruijn, I. Schwartz – Langs Jugendstil en Art Deco, Utrecht/Antwerpen 1992
W.J. van Heuvel – Structuralisme in de Nederlandse architectuur/Structuralism in Dutch Architecture, Rotterdam 1992
J. Schilt, S. Mulder – Jonge architecten in de wederopbouw 1940-1960, Amsterdam 1993
E. de Lange – Sober en Solide. De wederopbouw van Nederland 1940-1965, Rotterdam 1995
K. Bosma, C. Wagenaar (red.) – Een geruisloze doorbraak, Rotterdam 1995
C. Blotkamp e.a. – De vervolgjaren van De Stijl 1922-1932, Amsterdam 1996
J. Molema – The New Movement in the Netherlands 1924-1936, Rotterdam 1996
H. de Haan, I. Haagsma – Plastisch Lexicon. Een beknopt lexicon van de 'Bossche School', Haarlem 1996
H. Ibelings – De moderne jaren vijftig en zestig, Rotterdam 1996

Gebouwtypes/Building types

H. van der Kloot Meijburg – Landhuisbouw in Nederland, Amsterdam 1921
J.G. Wattjes – Moderne Nederlandsche Villa's en Landhuizen, Amsterdam 1931
F. Ottenhof – Goedkope arbeiderswoningen, Rotterdam 1936, Amsterdam 1982
F. Hausbrand – Kleine landhuizen in Holland, Amsterdam 1938
Moderne bouwkunst in Nederland, 20 delen, Rotterdam 1941
J.J. Vriend – Na-oorlogse kleine landhuizen in Nederland, Amsterdam 1956
P. Groetelaars, H. Priemus – Huizen in Holland, Den Haag 1971
W.J. van Heuvel – Experimentele woningbouw, Den Haag 1976
H. de Boer e.a. – Kunst & Omgeving, Den Haag 1977
M. Casciato, F. Panzini, S. Polano – Architektuur en Volkshuisvesting, Nederland 1870-1940, Milano/Delft 1980
J.W. van Dal – Architectuur langs de rails, Deventer 1981
L. v. Paddenburgh, J.G.C. v.d. Meene – Spoorwegstations in Nederland, Deventer 1981